Lothar Vogel / Der dreigliedrige Mensch

DER DREIGLIEDRIGE MENSCH

MORPHOLOGISCHE GRUNDLAGEN
EINER ALLGEMEINEN MENSCHENKUNDE

LOTHAR VOGEL

MIT ZEICHNUNGEN VON
ALFRED STOLLE

HERAUSGEGEBEN VON DER NATURWISSENSCHAFTLICHEN UND DER
PÄDAGOGISCHEN SEKTION DER FREIEN HOCHSCHULE FÜR
GEISTESWISSENSCHAFT AM GOETHEANUM, DORNACH

PHILOSOPHISCH-ANTHROPOSOPHISCHER VERLAG
GOETHEANUM DORNACH / SCHWEIZ

1. Auflage 1967

2. erweiterte Auflage 1979

Einbandgestaltung Alfred Stolle

©

Copyright 1979 by Philosophisch-Anthroposophischer Verlag,
Goetheanum, Dornach/Schweiz
Alle Rechte, auch die des auszugsweisen Nachdrucks und der
photomechanischen Wiedergabe, vorbehalten.
Werner Druck AG, Basel
Buchbinderei Grollimund, Reinach
ISBN 3 7235 0204 0

Inhalt

Vorwort zur Neuauflage 9

I. *Zum menschenkundlichen Lehrplan der Waldorfschule*
Klasse 1–8 11
Klasse 9–12 13

II. *Erkenntnismethodische Betrachtungen zur Morphologie*
Begründung der Erkenntnismethode der Morphologie 18
Das Wesen der Gestalt 23
Vom Goetheschen Begriff des Typus zum organischen Prinzip der Dreigliederung des Menschen 29

III. *Das Knochensystem*
Die Aufrechte 34
Das Skelett 37
Die Wirbelsäule 40
Der Schädel 55
Die Entwicklung des dreigliedrigen Schädels 67
Das Brustskelett (Gerippe) 76
Das Becken 80
Das Gliedmassenskelett (Gebein) 85
Die Gesamtgliederung der Gliedmassen 92

IV. *Das Sinnes-Nervensystem*
Das Sinnes-Nervensystem in seiner Beziehung zum dreigliedrigen Organismus 97
Die Sinnesorganisation 106

V. *Der Säfteorganismus*
Über das Wesen flüssig-organischen Geschehens (Betrachtungen zur Humorallehre) 116
Der Lymphorganismus 118

VI. Der rhythmische Organismus

I

Der Rhythmus 130
Der Rhythmus in seinen organischen Manifestationen 136
Der Kreislauf 139
Das Herz und der grosse Kreislauf 152

II

Die Atmung 176
Der pneumatische Mensch – Sprache und Gesang 190
Der Sprachorganismus 200

VII. Das ernährende System

Der Nahrungsstrom 209
Die vier grossen Leibesdrüsen 219
Die Leber 219
Die Niere 225
Die Milz 232
Die Bauchspeicheldrüse (Pankreas) 238

VIII. Bewegung

Sinn der Bewegung 247
Der dreigliedrige Bewegungsorganismus 258
Der Gliedmassen-Bewegungsorganismus 271
Entwicklungsgeschichte der Muskulatur 280
Muskeltonus und Muskelfunktion 298
Wärme und Bewegung 307
Der Bewegungssinn 313

IX. Die Temperamente

Jahreslauf und Temperament 319
Die vier Elemente, die vier Ätherarten und die Temperamente 322
Gestalt und Funktion des Temperamentsorganismus 325
Temperament und Lebensalter 328
Zur Darstellung der Temperamente im Lehrplan der zehnten Waldorfschulklasse 341
Die Einheit der Temperamentenvierheit in der menschlichen Natur .. 344

X. Leben und Gestalt

Das Problem der Zelle 347

XI. Mensch und Tier 354

XII. Dreigliederung
   Von der Zukunftsbedeutung einer organischen Natur- und Geistesanschauung 358

Anmerkungen 362
Verzeichnis der Abbildungen 403
Literaturhinweise 406
Sachregister 411

Meiner Lebensgefährtin

Vorwort zur Neuauflage

Bei der neuen Herausgabe des Buches *Der dreigliedrige Mensch* darf mit Dankbarkeit auf die positive Wirkung der ersten Auflage zurückgeblickt werden. Es hat sich gezeigt, dass dieses Buch einem grossen Kreis von Pädagogen, Medizinern, Kunststudierenden, Therapeuten und Sozialgestaltern zum praktischen Wegleiter geworden ist, der die aus der Anthroposophie gewonnene menschenkundliche Grundlage erschliesst.

In der Thematik wird ein Hinweis verfolgt, den Rudolf Steiner im Jahre 1917 gegeben hatte, als er zum erstenmal mit seiner grossen morphologischen Entdeckung der *Dreigliederung der menschlichen Organisation* hervortrat. Er schrieb damals:

«Skizzenhaft möchte ich nun auch darstellen, was sich mir ergeben hat über die Beziehungen des Seelischen zu dem Physisch-Leiblichen. Ich darf wohl sagen, dass ich damit die Ergebnisse einer dreissig Jahre währenden geisteswissenschaftlichen Forschung verzeichne... Ihre Begründung kann durchaus mit den heute vorhandenen wissenschaftlichen Mitteln gegeben werden. Dies würde der Gegenstand eines umfangreichen Buches sein, das in diesem Augenblicke zu schreiben mir die Verhältnisse nicht gestatten» (Von Seelenrätseln).

Seither wurde in einzelnen Aufsätzen und Arbeiten (siehe Literaturverzeichnis) immer wieder das Thema «Dreigliederung des Menschen» verfolgt. Man kann sagen, dass es als Motiv die gesamte Literatur der auf Anthroposophie bauenden Pädagogik, Medizin und Sozialwissenschaft durchzieht.

Auch diese erweiterte Auflage dient dem Ziel, suchenden Menschen für die Berufspraxis und für die Lösung der Alltagsprobleme einen Schlüssel zu selbständiger Beobachtung in die Hand zu geben. Dazu kann die aus goetheanistischer Methode erworbene Zusammenfassung der Dreigliederung eine Hilfe sein. Insofern jeder Mensch in seinem Erkennen und Handeln an der Gegenwart und Zukunft des Daseins mitgestaltet, kommt es zutiefst auf das ihn leitende Menschenbild an. Es ist das Anliegen dieser Arbeit, dazu beizutragen, dass menschliche Wesenserkenntnis im Sinne der organischen Dreigliederung ausstrahlen möge auf eine menschengemässe organische Sozialordnung.

Ganz neu ist die Gestaltung der Bilder. Alfred Stolle, Zürich, hat sich mit grossem Einfühlungsvermögen in die anatomische Darstellung eingearbeitet. Mit Sorgfalt und Konsequenz hat er die von Rudolf Steiner zur Erneuerung der graphischen Kunst angegebene Schraffurmethodik angewandt. Es hat sich gezeigt, dass organisch-ätherische Bildungen in der Durchlichtung, die diese Schraffur ermöglicht, wesensgemäss zur Darstellung gelangen. Ausführliche Bildlegenden ergänzen den Text.

Dass ich diese Arbeit schreiben konnte, verdanke ich der zwanzigjährigen Tätigkeit als Arzt und Lehrer, meinem Lehrauftrag für Menschenkunde an der Rudolf-Steiner-Schule Wuppertal, an der Freien Schule Ulm und am Lehrerbildungsseminar der Freien Waldorfschule Stuttgart. Besonderen Dank schulde ich Herrn Dr. Hermann Poppelbaum, der mich vor 18 Jahren zur Niederschrift veranlasste und mir wertvolle Unterstützung angedeihen liess. Auch der reichen Anregungen möchte ich an dieser Stelle dankbar gedenken, die mir vor allem in wissenschaftlicher Hinsicht durch Gespräche und Literaturaustausch von meinem Bruder, Dr. H.H. Vogel, zuteil wurden.

Bei der Neuauflage stand mir Dr. Hans Jürgen Scheurle, besonders im Hinblick auf sinnesphysiologische Fragen, mit Rat und Hilfe zur Seite, ebenso Dr. Volker Seelbach bei den Fragen der vergleichenden Anatomie. Beiden sei hier sehr herzlich gedankt.

Besonderen Dank möchte ich auch dem Verlag aussprechen, der es in grosszügiger Weise ermöglicht hat, dem Buche diese erweiterte neue Gestalt zu geben.

Februar 1979   *Lothar Vogel*

I. Zum menschenkundlichen Lehrplan der Waldorfschule

Klasse 1–8

Der Menschenkundeunterricht nimmt in der Pädagogik Rudolf Steiners eine zentrale Stellung ein. Da jedes Unterrichtsgebiet von den untersten Klassen bis zum Abschluss des zwölften Schuljahres menschenkundlich begründet ist, so ist es verständlich, dass die Menschenkunde als eigenes Unterrichtsgebiet höchste Bedeutung erlangt, da sie ja in allen Gebieten den methodischen Ausgangspunkt und das Ziel bestimmt. Die Menschenkunde, aus der heraus der Lehrer seinen Stoff ordnet und gliedert, bildet das Medium, durch das alle Gebiete in ihrer inneren Übereinstimmung vom Kinde erlebt werden können, zumal es gerade in der Menschenkunde den Schlüssel erhält, durch den es sich jedes Gebiet, das den Menschen umgibt, aufzuschliessen vermag.

In den ersten beiden Schuljahren gliedert sich freilich noch keine Menschenkunde aus dem Lernen des Kindes heraus. Alle Arbeitsgebiete bilden noch miteinander eine Einheit, die stark von der kosmischen Erlebniskraft des Kleinkindes durchdrungen sein darf. Märchen, Legenden und Fabeln sind es, die alles Einzelne miteinander zu innerer Einheit verschmelzen. Aber gerade die Märchenwelt mit ihren kosmischen Beziehungen (Sternenwanderung, Geburts- und Lebensmythos) darf als mythische Menschenkunde angesprochen werden, die Fabel als märchenhafte Psychologie, die Legende als Schilderung eines geistigen Menschenbildes.

Im vierten Schuljahr, also mit dem Übergang vom neunten zum zehnten Lebensjahr, beginnt der eigentliche Naturkundeunterricht, und zwar im Zeichen der Menschenkunde. Die Menschenkunde erbringt die richtige Vorbereitung für alle naturgeschichtlichen Gebiete[1]. Gleich am Anfang soll das Kind erleben: «Der Mensch selbst ist der Gipfel und die Einheit der Naturreiche», in ihm finden sie ihre Steigerung und Vollendung.

Rudolf Steiner erwartet hier, dass der Lehrer mit höchstem Nachdruck die «Wichtigkeit des Menschen innerhalb der ganzen Weltordnung» darstellt. Bei dieser Darstellung geht Rudolf Steiner sofort auf die Gestalt des Menschen, auf die Dreigliederung zu. Er weist darauf hin, dass man das Kind aufmerksam machen soll auf die Hauptgliederung des Menschen in
          Kopf
          Rumpf
          Gliedmassen.

Dabei soll mehr auf die äussere Erscheinung, auf die äussere Form Rücksicht genommen werden. Aufbauend auf dem vorher gepflegten Formenzeichnen kann für das Hauptsächlichste in der Menschenform eine Vorstellung davon hervorgerufen werden, dass der Kopf kugelförmig ist. Das ruft dann zu gleicher Zeit Gefühls- und Willenselemente wach. Dadurch erlebt das Kind den Kopf von der künstlerischen Empfindung her als Kugel. – Dann soll in dem Kinde die Vorstellung hervorgerufen werden, dass der Rumpf gewissermassen ein Fragment des Kopfes ist. – Für die Gliedmassen soll dann die Vorstellung geweckt werden, dass sie von aussen in den Rumpf eingesetzt erscheinen.

Abb. 1: *Der dreigliedrige Mensch* (nach Rudolf Steiner).

Es ist wohl selbstverständlich, dass diese Dreigliederung in Kopf, Rumpf und Gliedmassen in dieser fast symbolisch anmutenden Vereinfachung nur auf dem Hintergrund gründlicher Studien über die dreigliedrige Organisation des Menschen dargestellt werden darf. Denn diese Gliederung sollte nie als eine blosse Dreiteilung missverstanden werden, sondern muss mit den Erfahrungen über die Funktionen des Sinnes-Nervensystems, des rhythmischen Systems und des Stoffwechsel-Gliedmassensystems erfüllt sein, wie sie durch Rudolf Steiner immer wieder dargestellt wurden. Für das Kind aber ist die Einführung in die Naturkunde durch dieses einfache Bild des Menschen aufs bedeutsamste eröffnet.

Das Erlebnis des Kindes wird dann vom Menschenbild ausgehend durch die Naturreiche, durch Tier- und Pflanzenreich bis zum Mineralreich herabgeführt.

Das in dieser Weise zusammengefasste Naturerleben führt von hier aus wieder zum Menschen herauf, zunächst in einer allgemeinen, umfassenden Form in der Gesundheits- und Ernährungslehre des siebenten Schuljahrs. Diese Gesundheitslehre ist vor allem Funktionslehre (bei der man an die hygienische Medizin des Griechentums denken kann), sie berührt gerade noch die Physiologie, macht aber Halt vor der Anatomie[2].

Der Lehrplan der Menschenkunde erfährt dann im achten Schuljahr einen ersten Abschluss, indem der Schüler jetzt schon ein vorläufiges Bild des Menschen als einer Ganzheit im harmonischen Zusammenwirken der Organsysteme erhalten kann.

Klasse 9–12

Mit dem neunten Schuljahr beginnt im Aufbau der Waldorfschule ein in sich geschlossener, menschenkundlich begründeter vierjähriger Zyklus, der der organischen und seelisch-geistigen Entwicklung des jungen Menschen mit Eintritt der Erdenreife entspricht[3].

Während sich im Heranwachsenden im Wachstumsprozess der Organe, in der Verdichtung und Mineralisierung des Knochengerüsts, in der Vertiefung der Atmung bis zur Umstimmung der Stimmbänder und der Spannungsverhältnisse innerer und äusserer Bewegungsorgane (Stoffwechsel und Ernährungsorganismus, Gliedmassen-Muskelsystem) die Reife vollzieht, wobei gleichzeitig ein seelisch bewussteres Sinnesorganleben einsetzt, bietet auch der Unterricht jetzt für diese physisch-seelischen Organprozesse das ordnend harmonisierende Übungsfeld.

Die Eurythmie betont für dieses Lebensalter in der Dreiheit ihrer Kunstelemente (Charakter, Gefühl und Bewegung) den in die Ich-Organisation des Menschen eingreifenden «Charakter», während Gefühl und Bewegung vorübergehend zurücktreten können.

In den gymnastischen Übungen tritt das «Schwereerlebnis» dieses Alters und die Überwindung der Schwere besonders in den Mittelpunkt der Übungen.

Der Kunstunterricht behandelt ebenfalls vorwiegend das Körper- und Raumerleben in der bildenden Kunst, beginnend mit der Plastik der Ägypter und Griechen, weitergeführt in Plastik und Malerei der Renaissance bis zur Entwicklung der nordischen Kunst in Hell und Dunkel.

Die Erdkunde schildert in der Behandlung der Gebirgsformationen den «Knochenbau der Erde».

So wird der Unterricht des neunten Schuljahres fast durchgängig aus den Elementen des Raum- und Körpererlebens gestaltet. Dieses Erleben gipfelt im Menschenkundeunterricht selbst in der Behandlung des Knochenskeletts in seiner statischen und mechanisch-körperlichen Gesetzmässigkeit (Gelenkmechanik, Hebel, Gewicht, Bewegungsmechanik) und in der Behandlung der Sinnesorgane als physischer, physikalisch-gesetzmässiger Organisation (Refraktion, Schall).

Der Lehrplan ergibt also im ganzen – was dem inneren Wesen des Pubertätsgeschehens im Organismus entspricht – das Erlebnis der physischen Welt und des physischen Menschen.

Gleichwie eine längere, einseitige Übung des Hell-Dunkel, der Schwarz-Weisstechnik im künstlerischen Unterricht der Vierzehn-, Fünfzehnjährigen ein entschiedenes, seelisches, ja bis ins Leibliche wirkendes Bedürfnis zu einer Neueroberung der Farbe und der «flüssigen» Malweise weckt, so legt auch die entschieden einseitige Behandlung physisch-mechanischer Zusammenhänge im Unterrichtsgeschehen den Grund für ein neues Bedürfnis, die Weltgegenstände in ihren umfassenden Lebenszusammenhängen kennenzulernen. Nach der «verarmenden, kausal-begrifflichen Hell-Dunkel-Manier» der verschiedenen repräsentativen Unterrichtsgebiete, die den Reifeprozess therapeutisch begleitet, darf nun eine lebensvolle, farbig bewegte Weltansicht folgen.

In diesem Sinne ist der Menschenkundeunterricht der zehnten Klasse vorbildlich für den ganzen Lehrplan dieser Altersstufe. Der Mensch wird in der Ganzheit seiner dynamisch flüssigen Leiblichkeit behandelt. Der «Flüssigkeitsmensch» ist am meisten der Mensch der ätherischen Organisation.

Im strömenden, fliessenden Leben der inneren Organe erscheint der Lebensleib am unmittelbarsten in Phänomenen, die in zarter Weise die seelischen Impulse in allen rhythmischen Vorgängen aufnehmen, bei denen Spannung und Lösung, Systole und Diastole, Formung und Auflösung aufeinander folgen, wie im Wechselgeschehen von Tag und Nacht, Sommer und Winter, Schlafen und Wachen, Einatmung und Ausatmung usw. Alle diese rhythmischen Ereignisse des Natur- und Organlebens haben ihre Grundlage in der strömenden Matrix, in die sich die Seelendynamik hineinformt und wieder herauszulösen vermag. Am deutlichsten werden uns diese Wechselfunktionen in Freude und Schmerz, in Mut und Angst, in Lust und Unlust als die Wirkung seelischer Kräfte bewusst, die tief in die Leiblichkeit gestaltend, fördernd, aber auch hemmend oder sogar zerstörend einzugreifen vermögen.

Die Thematik des Herzens, des Blutkreislaufes und der Atmung erfüllen am vollkommensten diese Lehrplanaufgaben, welche nach der Formulierung Caroline von Heydebrands für dieses Lebensalter lauten: «In der Anthropologie werden Organe und Organverrichtungen im Zusammenhang mit Seelisch-Geistigem geschildert.»

Im Umkreis des Herzens sind alle übrigen Organe (Lunge, Leber, Milz, Niere), wenn wir sie auf ihre jeweils charakteristische Durchblutung, auf ihre innere Gefässstruktur (Angioarchitektonik) hin betrachten, Metamorphosen des Blutkreislaufs. Für jedes Organ, für jede Kreislaufmetamorphose, die wir in ihm antreffen, ist der seelisch-geistige Organbezug herauszuarbeiten; nur so ist das Organ als ein Zentrum besonderer Kräfte im Organismus verständlich.

Auch in den übrigen Hauptepochen des zehnten Schuljahres wird die Welt vorwiegend von ätherischen Vorgängen her geschildert. Hier ist es besonders wieder die Erdkunde, die, nun mit dem Thema «die Erde als Ganzheit», vorwiegend strömende, bewegte Prozesse behandelt, die die Erde als einen lebendigen Leib erscheinen lassen. Die Schollenbewegung der Kontinente, die Meeresströmungen, Wasserkreisläufe und Mäander, die Wetterbildung, Wolken und Luftbewegung, dies alles regt im jungen Menschen wiederum auf das mannigfaltigste das Erlebnis lebendig-ätherischer und seelischer Kräfte an[4].

Der Lehrplan des elften Schuljahres führt zu einer weiteren, höheren Erlebnisstufe. Durch alle Unterrichtsgebiete hindurch zieht das Erlebnis einer selbständigen Geist-Seelenwelt, der sich der junge Mensch innerlich aufzuschliessen vermag.

Diese innere Seelenwelt findet vor allem durch die ausführliche Behandlung des Parzivalepos Pflege und Nahrung. Das Menschenwesen wird hier durch die verschiedensten Stufen seelenhafter Erlebnisse bis zur höchsten und geistigsten Liebe heraufgeführt (Jeschute, Sigune, Kondviramur), und Parzival erscheint zuletzt auf der höchsten Stufe als Gralskönig, als der siegreiche Herr der Seelenwelten.

> Was der Planeten Bahn umzirkt,
> Wohin ihr Glanz sich nur erstreckt,
> Dem bist zum Herrscher du erwirkt;
> So weit ist dir dein Ziel gesteckt.
> Der Gral gewähret alles Dir.
>
> Wolfram v. Eschenbach

In gleichem Sinne entwickelt der Lehrplan auf dem Felde der Biologie für dieses Lebensalter eine neue, höhere Stufe der «Menschenkunde» durch die Vermittlung des weiten Geist-Seelenerlebnisses in der Polarität, die sich in den Unterrichtsgebieten Astronomie und Mikroskopie eröffnet. Beide Gebiete führen den Menschen in eine Welt kosmischer Gestaltungskräfte, die im grössten wie im kleinsten Massstab walten und die als Gesetzes- und Formgeistigkeit den jungen Menschen unmittelbar zu einer seelischen Kultur führen können.

Wenn die Menschenkunde über niedere Botanik und Zoologie nun unter besonderer Betrachtung organischer Mikrostrukturen des menschlichen Organismus behandelt wird, dann gewinnen wir für dieses zunächst spezielle Gebiet wieder den vollen Bedeutungswert, wenn wir erkennen, dass in Form und Gestaltbildung im Menschen wie in Einzellern (Foraminiferen, Radiolarien, Algen usw.) kosmisch-astrale Kräfte unmittelbar anschaulich zum Erlebnis kommen.

Über das seelische Erleben und die Entwicklung seelisch-geistiger Kräfte in der elften Klasse führt der Lehrplan des zwölften Schuljahres noch hinaus, indem durch alle Gebiete hindurch ein erstes Icherlebnis vermittelt werden kann. Hier werden dem Geschichtsunterricht, dem Sozialkundeunterricht und dem Kunstunterricht die gewichtigsten Aufgaben gestellt, die auch von der Mathematik und der Naturkunde im allgemeinen gestützt werden.

Wie die Menschenkunde jetzt zur Darstellung der Ichnatur heraufgeführt werden kann, ist besonders bedeutungsvoll. Darin steht der Lehrplan der zwölften Klasse in einem polaren Verhältnis zum Menschenkundeunterricht der neunten mit der Betrachtung der physischen Gesetze des Leibeslebens. Leibesnatur und Ichgestalt stehen einander gegenüber. Die Menschenkundeepoche der zwölften Klasse kann in diesem Sinne unter dem Motto des Okenschen Wortes dargestellt werden: «Die Tierwelt ist eigentlich der auseinandergelegte ganze Mensch»[5].

Der «Kuppelbau» des Waldorflehrplanes schliesst sich für die Menschenkunde dann zusammen, wenn es gelingt, den Tierkreis morphologisch durch alle Formen und Bildungen so zu verfolgen, dass die *Gestalt des Menschen* in der «Kreismitte» als Ideen- und Freiheitswesen, als Ichgestalt geistig erlebt wird. Dies geschieht umso deutlicher, je mehr es gelingt, den Menschen im «Tierkreis» gleichsam intervallisch auszusparen[6], ihn als die beziehungsreichste Kraft in der *Mitte des Seins* zu erleben. Die Geistgestalt des Menschen erscheint, wenn auch – dieser Altersstufe gemäss – immer noch mehr empfindungsmässig, als der wahre Pantokrator in der Natur, der bei herannahender Ichgeburt um das einundzwanzigste Lebensjahr immer bewusster erlebt werden kann.

Innerhalb der Polarität des neunten und zwölften Schuljahres steht der Lehrplan des zehnten und elften Schuljahres, der, wie wir zeigten, vorwiegend Funktionen des ätherischen und astralischen Organgeschehens beinhaltet. Beide Klassen bilden also eine echte Mitte zwischen dem lehrplanmässigen Erlebnis des physischen Geschehens und der ersten empfindungsmässigen Ichwahrnehmung.

Zwischen ätherischem Leben und astralisch-seelischer Formkraft erscheint als Steigerung innerhalb des Ganzen der Rhythmus. Die rhythmischen Lebensfunktionen der Organe stehen in ihren fliessenden, pulsierenden und atmenden Wechselströmen im Mittelpunkt der Arbeit. Der Rhythmus schafft in seinem Wechselleben für jede Entwicklung im Organischen den Freiheitsraum zu Steigerungen auf höhere Seinsstufen, er erzeugt jene Wendeprozesse, in denen sich die Metamorphosen verwirklichen.

Aus dem Lehrplan der vier oberen Klassen geht also schon das Bild des dreigliedrigen Menschen in voller methodischer Konsequenz hervor.

Es ist das Ziel der Darstellung, das leibliche und seelisch-geistige Wechselleben, so weit es in unseren Kräften steht, von materialistisch-mechanischen Vorstellungen zu befreien, die falsche Empfindungen und Schlüsse da wecken, wo das Erlebnis des geistigen Wirkens in der Gestalt und in der Funktion des

Organlebens wahrgenommen werden sollte als Grundlage eines zur Freiheit veranlagten Menschentums. Wenn wir den am Lehrplan gemachten Unterrichtserfahrungen unmittelbar auch in der Darstellung dieser Arbeit folgen, so erhalten wir, wie ich hoffe, ein Ergebnis, das aus der Menschenkunde heraus für künftige Menschenkundearbeit im Studium und in der Unterrichtsvorbereitung fruchtbar sein wird.

II. Erkenntnismethodische Betrachtungen zur Morphologie

Begründung der Erkenntnismethode der Morphologie

> Goethe fordert von uns, dass wir mit ihm arbeiten, mit ihm denken, mit ihm fühlen, dass wir seine Aufgabe, so wie wenn er überall hinter uns stünde und uns auf die Schulter klopfte und Rat erteilte, weiterführen. In diesem Sinne ist das ganze neunzehnte Jahrhundert und bis in unsere Zeit herein – man kann sagen – von Goethe abgefallen. Und die Aufgabe unserer Zeit ist: den Weg zu Goethe wieder zurückzufinden.
> Rudolf Steiner

Bevor wir in die eigentliche Menschenkunde eintreten, ist es erforderlich, einiges über die Grundlage unserer Methode darzulegen. Die Aufgabe, die wir uns gestellt haben, können wir nur erfüllen, wenn wir sie im Geiste der Goetheschen Morphologie als Wissenschaft ergreifen. Zunächst muss einmal festgestellt werden, dass diese Morphologie zwar anfangs in hoffnungsvoller Weise auf den Hochschulen Fuss fasste und sich vielfach direkt auf Goethe berief (siehe Hueck und Troll), dann aber sowohl in der Konsequenz der Methode als auch dem Stand der Sache nach weit hinter Goethe zurückblieb, womit sich dann ihr Schicksal vorläufig besiegelte. In Botanik, Zoologie und Medizin siegte in weiten Bereichen die kausalgebundene und zweckgerichtete Sachwissenschaft. In sich selber aber musste die dem heutigen Wissenschaftsbetrieb konvenierende morphologische Schule scheitern, weil sie weder Fähigkeit noch Mut besass, sich wirklich der künstlerischen Ideenunmittelbarkeit Goethes zu bemächtigen, noch die moralische Kraft, ein uneingeschränktes Ja zur Erkenntnistheorie der Goetheschen Weltanschauung zu sagen, die durch Rudolf Steiner in allen ihren philosophischen Konsequenzen («Grundlinien einer Erkenntnistheorie der Goetheschen Weltanschauung», «Philosophie der Freiheit») entwickelt worden ist. Die Metamorphosenlehre war als Prinzip anerkannt und an vielen Beispielen methodisch nachvollzogen. Sie wurde aber nicht, wie es Goethe bereits vor dem inneren Blick stand, bis zur archetypischen Seinssphäre des Menschen gesteigert. Die höchste morphologische Stufe in der Gliederung des menschlichen Organismus, die sich bei Goethe urphänomenal ankündigte, wurde einzig und allein durch Rudolf Steiner erkannt und in zahlreichen methodischen Hinweisen für die künftige wissenschaftliche Ausarbeitung erschlossen[1]. Die morphologische Schule dagegen scheute sowohl vor der Tiefe der Quellen, aus der sie schöpfte, als auch vor allem vor dem Menschenbild, das nun weltverwandelnd entstehen musste, zurück.

Der eigentliche Grund dieses Versagens liegt aber in der Erkenntnisfrage selbst. Angesichts einer immer weiter fortschreitenden Wissenschaft, die durch ihre wertneutrale Tatsachenmethodik nicht vor der Zerstörung der Naturzusammenhänge und nicht einmal vor der menschlichen Sphäre selbst zurückschreckt, genügte eine blosse Ganzheitsbetrachtung nicht, solange sie nur aus einem an sich gesunden Gemütsbedürfnis, aber ohne durchgreifende Erkenntnisbegründung gesucht wurde.

Die Entdeckung der Dreigliederung des menschlichen Organismus durch Rudolf Steiner (1917) dagegen stellt die Weiterführung der Goetheschen Morphologie aus einer erkenntnismethodisch exakt begründeten Wissenschaftlichkeit dar, durch welche die Morphologie als Wissenschaft eine vollkommen neue Ausgangsbasis erhalten hat, die nicht übersehen werden kann.

Skizzenhaft soll nun die Erkenntnistheorie der Morphologie in ihren Hauptzügen zur Darstellung kommen.

Unseren Ausgangspunkt haben wir von der zentralen menschlichen Geistigkeit zu nehmen, vom Selbstbewusstsein. Das Selbstbewusstsein ist das Urphänomen, das unmittelbar demjenigen der aufrechten menschlichen Haltung entspricht. Bewusstsein kommt auch der tierisch-seelischen Organisation im Zusammenwirken mit einer oft hochspezialisierten Sinneswahrnehmung zu. Es führt aber nicht zum «Selbstbewusstsein», bleibt gewissermassen horizontal-sinnengebunden, während sich das Selbstbewusstsein über den Sinneshorizont «vertikal» erhebt. Das Wort in Goethes Dramenentwurf Prometheus: «ich stand, als ich zum erstenmal bemerkte die Füsse stehn» charakterisiert das Wesen der Urerkenntnis. Es ist ein innerer Aufrichteakt, der uns als Bewusstsein bewusst wird, wenn er bereits vollzogen ist. Was hier vorliegt, ist ein innerer Identitätsakt, in welchem unser ganzes organisches Sein – eine ganze Natur – sich seiner selbst bewusst wird.

Zu diesem vertikalen Selbsterleben kommt das Tier nicht, weil es sich nicht über seine sinnenweltbezogene Organisation zu dem Selbst-sein erheben kann. *Selbstbewusst-sein* ist immer bereits Bewusst-sein des Bewusst-seins – d.h. urphänomenaler Seinszustand. Diese innere Erkenntniseinheit des wesenhaften *Selbstes*, das sich mit dem *Sein* der Welt durch die *Bewusstheit* verbindet, ist zwar in der Urerkenntnisanlage des Menschen von Anfang an als innere Aufrichtekraft gegeben, aber in ihrer Fülle und Totalität in der neueren Philosophie, die sich auf Kant stützt, nicht mehr erlebt worden. Das Denken wurde als bloss subjektive Seelentätigkeit aufgefasst, die über das wirkliche Wesen des Seins, der Objektwelt nichts auszusagen in der Lage sein sollte, d.h. das Denken wurde auf die Stufe eines nur seelischen Bewusstseins, wie es auch den Tieren zukommt, herabargumentiert. Dabei wurde vollständig übersehen, dass das Urteil: hier Objektwelt, hier seelisch begrenztes Subjekt, bereits durch eine über beiden stehende Erkenntnisinstanz entschieden worden ist.

Durch die Kantsche Denkoperation wurde aber nicht nur dem Denken seine innere Wirklichkeitskraft abgesprochen, sondern auch der Sinneswahrnehmung. Was die Sinne erleben, soll nur die organgebundene Reaktion auf Reize sein (physikalische Schwingungsenergien ganz verschiedener Herkunft), deren objektiv-wesenhafter Ursprung (das Ding an sich) uns ewig verborgen bleiben muss.

Hier setzt nun die Goethesche Weltanschauung ein, die zur Begründung der Morphologie als Wissenschaft führt. Die Wahrnehmungsseite des Erkenntnisprozesses ist für Goethe von Anfang an der Ausgangspunkt seiner Forschung. Der einseitigen naturwissenschaftlich-philosophischen Strömung seiner Zeit ruft er zu: «Die Sinne trügen nicht», und in dem Gedicht «Vermächtnis» wird es bekräftigt:

> Den Sinnen hast du dann zu trauen:
> Kein Falsches lassen sie dich schauen,
> Wenn dein Verstand dich wach erhält.

Goethe, als schaffender, produktiver Mensch, geht also vom Seinspol aus, dem er sich durch reine, ungetrübte Sinne aufschliesst, während Bewusstsein und Selbsterleben zunächst naiv mitschwingen, ohne für ihn in gleicher Weise Gegenstand der Forschung zu sein.

In dieser sinnesoffenen Art tritt das Erkennen bereits im Kinde in einem sehr frühen Lebensalter auf. Man kann sagen, das Kind ist von Anfang an bis zum dritten Lebensjahr ein durchaus geistiges Wesen, dessen ganze Bewusstseinskraft aber in der Wahrnehmung, also im Seinserleben liegt[2]. In dieser reinen Sinnesoffenheit wirken die Naturkräfte in den Menschen herein und wirken an dem Aufbau der wachsenden Organe lebendig mit.

Dieses reine Sinnes- und Wahrnehmungsleben hat sich Goethe durch sein ganzes Leben hindurch erhalten, indem er bewusst alles Störende und Trübende um dieser reinen Wahrnehmung willen von sich fernhielt. Seine «Treue, das Auge Licht sein zu lassen» übte er schon von frühen Jahren an mit bewusster Konsequenz. Am 11. März 1781 schrieb er in einem Brief: «... so still bin ich lange nicht gewesen, und wenn das Auge Licht ist, wird der ganze Körper licht sein et vice versa[3].»

Er war sich dieses Motivs, wie viele Briefstellen zeigen, voll bewusst. Wir müssen uns diese Goethesche Fähigkeit noch genauer charakterisieren. Es handelt sich um eine höhere und höchste Stufe der Wahrnehmung, bei welcher durch vollkommene Sinnesoffenheit Wesenskräfte der Welt noch organschaffend und bildend in uns wirksam werden.

> Wär' nicht das Auge sonnenhaft,
> Die Sonne könnt' es nie erblicken;
> Läg' nicht in uns des Gottes eigne Kraft,
> Wie könnt' uns Göttliches entzücken?

Die Sonne selbst, das Licht hat das Auge geschaffen, wie umgekehrt im Auge eigene Geisteskräfte unmittelbar ausstrahlen. Es ist daher «ein Unterschied zwischen Sehen und Sehen, dass die Geistesaugen mit den Augen des Leibes in stetem lebendigen Bunde zu wirken haben, weil man sonst in Gefahr gerät zu sehen und doch vorbeizusehen» (Goethe*). Für Goethe wird der ganze Mensch zum Sinnes-Wahrnehmungsorgan, das sich mit der Naturwesenheit so identisch macht, dass ihm das Wahrgenommene ähnlich nahe kommt wie die Wahrnehmung des eigenen Wesens.

Der Wahrnehmungsgegenstand ist nicht äusseres Objekt nur, sondern Erscheinung von Wesenskräften innerhalb eines grösseren naturorganischen Prozesses, den wir als Phänomen bezeichnen. Ein Phänomen ist nicht blosses Beobachtungsfaktum, das in irgendeinem Sinnesbereich auftaucht und als Sinnesreiz empfunden wird, sondern im Phänomen begegnet dem geistig-physischen Auge eine physisch-geistige Natur- und Welterscheinung, d.h. eine Erscheinung, die ihre geistig-ideelle Wesenheit unmittelbar der Wahrnehmung übergibt. Die gewöhnliche Wahrnehmung trennt den Bewusstseinsakt von der Objektwelt, die Wahrnehmung im Sinne Goethes aber verbindet sich durch willenshaft geistige Steigerung der Sinnesorganisation mit dem Phänomen, indem zunächst alles kritisch-urteilende, hypothetisch theoretisierende Denken verbannt bleibt; so kommt es zur reinen Wahrnehmung, durch die uns die Natur selbst wesenhaft als Urgestein, Urpflanze, Urtier und als menschliche Entelechie entgegentritt. Die Urphänomene der reinen Wahrnehmung sprechen ihr Wesen unmittelbar aus.

Über den charakteristischen Besonderheiten dieser Wesenserscheinungen, die sich in den Urbildern und im archetypischen Sein des Menschen offenbaren, wird das Ganze der Natur als ein einziger monadischer Ideenorganismus erlebt, dessen Erscheinungsstufen durch die Metamorphosen miteinander verbunden sind.

«Die Idee ist ewig und einzig; dass wir auch den Plural brauchen, ist nicht wohlgetan. Alles, was wir gewahr werden und wovon wir reden können, sind nur Manifestationen der Idee...» (Goethe**). So steigt vor Goethes reiner Beobachtung des «ewig Einen» die Natur zum erstenmal wieder als Wesenheit, ja als Gottheit auf [4].

In der Faustdichtung erscheint der göttlichen Natur gegenüber der erkennende Mensch im «Höhlengleichnis» der modernen Menschheit [5].

* Nat. Schr. Bd. 1
** Nat. Schr. Bd. 4

> Erhabner Geist, du gabst mir, gabst mir alles,
> Warum ich bat. Du hast mir nicht umsonst
> Dein Angesicht im Feuer zugewendet.
>
> Gabst mir die herrliche Natur zum Königreich,
> Kraft, sie zu fühlen, zu geniessen. Nicht
> Kalt staunenden Besuch erlaubst du nur,
> Vergönnest mir, in ihre tiefe Brust,
> Wie in den Busen eines Freunds, zu schauen.
> Du führst die Reihe der Lebendigen
> Vor mir vorbei und lehrst mich meine Brüder
> Im stillen Busch, in Luft und Wasser kennen...
>
> Dann führst du mich zur sichern Höhle, zeigst
> Mich dann mir selbst, und meiner eignen Brust
> Geheime tiefe Wunder öffnen sich.

Hier haben wir auch bereits den grossen Wendepunkt der Goetheschen Erkenntnis erreicht. Die reine Wahrnehmung führte zur Wesenserkenntnis der Natur und des Menschen, durch die alles Äussere, Sinnliche abfällt.

> Denn die Natur ist aller Meister Meister!
> Sie zeigt uns erst den Geist der Geister.
>   Künstlers Apotheose

«Die Natur gehört sich selbst an, Wesen dem Wesen; der Mensch gehört ihr, sie dem Menschen.»

Mit diesen Formulierungen ist ein Selbsterkenntnisakt im Wahrnehmungsbereich bezeichnet, durch welchen die Wahrnehmung wie das Wahrgenommene eine vollkommen neue Bedeutung gewinnen.

«Die Geistesaugen» haben «mit den Augen des Leibes in stetem Bunde zu wirken», das ist es, was ein *Sehen des Sehens* bewirkt. Dieses Geistesauge ist es nun aber auch, was das Sinnes-Chaos zu einem Sinneskosmos gestaltet, das den Wahrnehmungsgegenstand zum Phänomenon jener Kräfte macht, denen es seine Entstehung verdankt. Diesem schauenden Blick präsentiert jede empirische Pflanze die Urpflanze, jedes Tier den Typus, jeder Organismus das Urbild, durch das er von innen heraus verstanden werden kann. So wurde Goethes Morphologie eine geisteswissenschaftliche Naturanschauung, bei der der Naturgeist in der reinen Wahrnehmung selber als Lehrer die Lehre gab. Mit dieser Natur- und Weltanschauung stand Goethe einer Wissenschaftslehre gegenüber, die ja gerade der Wahrnehmung – aber nicht nur dieser, sondern auch dem Denken selbst alle innere Kraft absprach.

Da nun nach der gültigen Wissenschaftslehre das Denken als das nur subjektiv beschränkte Spekulationsbild der Psyche aufgefasst wird, dem nur hypothetische Bedeutung zugemessen werden kann, erhält von dieser Seite die Goethesche Morphologie keine Stütze, im Gegenteil. Wenn die Goethesche Sinnes- und Wahrnehmungslehre (Morphologie) Bestand haben sollte, dann bedurfte sie der erkenntnistheoretischen Begründung, die zu dem Goetheschen «die Sinne trügen nicht» ein «das Denken trügt nicht» hinzufügte.

Rudolf Steiner hat durch seine Erkenntnistheorie der Goetheschen Weltanschauung der Morphologie erst die Wissenschaftsgrundlage bereitet. Der Wahrnehmung der äusseren Erscheinungen entspricht im Inneren die Wahrnehmung des Gedankens. Beide werden «beobachtet», und zwar von einer Bewusstseinsinstanz, die ihrem Wesen nach zugleich über «subjektiver» Innenwelt und äusserer «Objektwelt» steht. Wird nun das bisher als bloss subjektiv aufgefasste Denken einem echten inneren Beobachtungsprozess unterworfen, so erhebt es sich selbst als geistiges Objekt vor dem inneren Auge.

Wir können jetzt im Hinblick auf die Wahrnehmung der Phänomene umgekehrt sagen: Der Beobachtung des Denkens steht auf der Sinnesseite das Denken des Phänomens (ein Sehen mit geistigem Auge) gegenüber. Das den Denkprozess *beobachtende* «Ich» wird erst zum wahren objektiven *Denker*, zum Erkenner der Ideenwirklichkeit. Das den Sinnesprozess *denkend* erfassende Ich wird dagegen erst zum wahren *Beobachter* der Natur, zum Schauer der Naturgeistigkeit. Im inneren Wahrnehmungsprozess wird der Gedanke als echtes Objekt erfasst, im Sinneswahrnehmungsprozess das Phänomen als Ausdruck eines in ihm wirkenden und schaffenden Wesens (Weltsubjekt)[6]. Damit ist das Wesen der Morphologie in der Einheit mit ihrer erkenntnistheoretischen Begründung ausgesprochen.

Das Wesen der Gestalt

Bei der Betrachtung des Gestaltwesens eröffnet sich eine ganze Fragenreihe: Was bedeutet die menschliche Gestalt im Ganzen der Welt, innerhalb der Naturbildungen und Naturformen? Wie erscheint die menschliche Gestalt gegenüber dem Mineralreich, dem Pflanzenreich und vor allem gegenüber der Tierwelt? Zuletzt, wie stellt sich das Gestalterlebnis im Menschen selbst als Ausdruck der geistigen Physiognomie seines eigenen Wesens dar?

Das Menschenbild der Griechen zeigt die Gestalt des betenden Knaben mit erhobenen Händen in tiefer «Inspirationsstellung», völlig in kosmischer Orientierung. Der Naturphilosoph erlebt den Menschen «Anthropos» als den nach oben Schauenden.

Unter allen «Gestalten» der Natur ist diejenige des Menschen die vollkommenste. Nur beim Menschen können wir im eigentlichen Sinne des Wortes von Gestalt sprechen, insofern das Gestaltete sprachlich mit dem «Gestellten» verwandt ist und bereits die aufrechte Haltung ausspricht[7].

Die Gestalt des Menschen ist die Gestalt aller Gestalten. Den Formen und Gebilden der Natur verleiht sie, indem sie den Massstab gibt, die ihnen zukommende Bedeutung.

> Sie steiget hernieder in tausend Gebilden,
> Sie schwebet auf Wassern, sie schreitet auf Gefilden,
> Nach heiligen Massen erglänzt sie und schallt,
> Und einzig veredelt die Form den Gehalt,
> Verleiht ihm, verleiht sich die höchste Gewalt.
> Mir erschien sie in Jugend – in Frauengestalt.

In der Pandora hat Goethe das Wesen der Gestalt, die alle Naturformen in sich einschliesst, dargestellt. In diesem Sinne geht Goethes gesamte Morphologie, die als Wissenschaft mineralogische, botanische, zoologische und meteorologische Gegenstände behandelt, vom umfassendsten Objekte, von der Menschengestalt aus. Das Urbild des Menschen ist es, das aus allen Naturerscheinungen die Massstäblichkeit, den Gehalt und die Bedeutung heraustreten lässt. Dies hat Goethe vor allem in der Dichtung aufs deutlichste ausgesprochen. Pandora offenbart dieses umfassende Wesen menschlich göttlicher Gestalt[8]. In ihr ist die Gesamtnatur lebendig.

> «Sie zog die Welt auf ihren Pfaden nach sich her.»
> «Gewundne Riesenblumen, Füllhorn jegliche.»
> «Den reichen Kelchen mutiges Gewild entquoll.»
> «Das Reh, zu fliehen; es zu verfolgen, sprang der Leu.»

Wer Pandora erkennt, erkennt die Allnatur – und erkennt damit erst ganz sich selbst.

> Der Allbegabten wusst' ich nichts zu geben mehr;
> Die Schönste, die Geschmückteste, die Meine war's!
> Ich gab mich selbst ihr, gab mich mir zum erstenmal!

Dies höchste Gestaltwesen Pandora, das in sich zugleich die mythisch göttlichen Kräfte der Artemis-Persephone trägt, führt uns zu dem geistigen Urbilderhintergrund der Goetheschen Morphologie. Es offenbart sich durch die Metamorphosen auf allen Naturstufen, um zuletzt im vollbewusst erfassten Menschenbild zu gipfeln. Dieser Ausgangspunkt und dieses Ziel charakterisieren das Ganze der Goetheschen Morphologie. Gestalt schliesst immer die höchste, lebendig geistige Gestaltung ein.

> Alle Gestalten sind ähnlich,
> und keine gleichet der andern;
> und so deutet das Chor
> auf ein geheimes Gesetz,
> auf ein heiliges Rätsel...
>
> Metamorphose der Pflanzen

Dies heilige Rätsel und geheime Gesetz bezieht sich hier auf das Pflanzenurbild, die Urpflanze, die allen Pflanzen zugrunde liegt, die aber vor allem auch geistig ideell im Menschenwesen lebt, – «denn wodurch könnten wir bei der Mannigfaltigkeit der Formen auf den ersten Blick erkennen, dass diese oder jene Bildung eine Pflanze sei, wenn nicht das Urbild in uns lebte» (Ital. Reise). Das «heilige Rätsel» der Metamorphose und der Morphologie bezieht sich also im tiefsten Sinne auf uns selbst, – auf das Vermögen des Menschen, die Urbilder aller Natur, die Urgestalten in sich selbst zu erleben und exakt zu erfassen.

Die allgemeine Bedeutung des Begriffes «Gestalt» ist es, die ihn gerade für die Wesenserfassung des Menschen selbst so geeignet macht, denn er schliesst alle Gestaltung der Natur im Umkreis des Menschen ein.

Als Goethe die «Gestaltlehre», die Morphologie begründete, betrachtete er die ganze Natur vom Menschen her für den Menschen. Von der menschlichen Gestalt her sind alle Seinsstufen in ihren Bildeprinzipien verständlich. Nur bedurfte er für die Anschauung dieser grossen Natureinheit eines umfassenden Wandlungsgesetzes der Bildung und Umbildung organischer «Naturen».

«Betrachten wir alle Gestalten, besonders die organischen, so finden wir, dass nirgend ein Bestehendes, nirgend ein Ruhendes, ein Abgeschlossenes vorkommt, sondern dass vielmehr alles in einer steten Bewegung schwanke. Daher unsere Sprache das Wort Bildung sowohl von dem Hervorgebrachten als von dem Hervorgebrachtwerdenden gehörig genug zu brauchen pflegt» (Goethe, Nat. Schr. Bd. 1).

Um die Gestaltwesen der Natur in ihrem grossen Zusammenhang zu erleben, muss zu der zeitlos ewigen Uridee des Seins das Anschauungsvermögen des zeitlichen Bildeprozesses methodisch entwickelt werden. Diesen Weg hat Goethe in seiner Metamorphosenlehre beschritten. Das Pflanzenreich gab ihm dabei in seinem jahreszeitlich periodischen Zyklus das vollkommenste Forschungsfeld ab; aber die Metamorphosenlehre war ihm darüber hinaus der methodische Schlüssel für die Beobachtung des Werdens aller Natur und des Menschen. «Alles ist Metamorphose im Leben, bei den Pflanzen und bei den Tieren, bis zum Menschen und bei diesem auch. Je vollkommener, je weniger Fähigkeit, aus einer Form in die andere überzugehen» (Biedermann: Goethegespräche).

Metamorphosengesetz und Urbilderlebnis bilden das dynamische Instrumentarium der Goetheschen Morphologie, in der Mensch und Welt eine Einheit bilden.

Immer wieder, in Natur- und Kunstanschauung, findet sich die morphologische Methode. Reihen werden aufgestellt, die den Lebensprozess in Kunst und Natur als Ganzheit, als Organon verstehen lehren, Reihen, in denen die Lebensprozesse durchgehend menschenkundlich erscheinen.

So findet sich eine Reihe in den Noten und Abhandlungen zum Divan, in der Goethe wichtige Teile einer «Organischen Poetik» im Sinne der Morphologie darstellt. Es werden «Gestaltstufen» zwischen «Form» und «Stoff» beschrieben und damit die Durchgangsphasen der Metamorphose bezeichnet.

«Die Besonnenheit des Dichters bezieht sich eigentlich auf die Form, den Stoff gibt ihm die Welt nur allzu freigebig, der Gehalt entspringt freiwillig aus der Fülle seines Innern; bewusstlos begegnen beide einander und zuletzt weiss man nicht, wem eigentlich der Reichtum angehöre. Aber die Form, ob sie schon vorzüglich im Genie liegt, will erkannt, will bedacht sein und hier wird Besonnenheit gefordert, dass Form, Stoff und Gehalt sich zueinander schicken, sich ineinanderfügen, sich einander durchdringen.» Die Reihe: «Form», «Gehalt», «Stoff» begegnet uns in ähnlicher Folge immer wieder, z.B. in dem Gedicht «Dauer im Wechsel». Da drückt Goethe ebenfalls aus, wie sich Gehalt und Form in der menschlichen Natur eingliedern.

> Den Gehalt in deinem Busen
> und die Form in deinem Geist.

Und weiter aus Sprüche in Prosa: «Den Stoff sieht jedermann vor sich, den Gehalt findet nur der, der etwas dazu zu tun hat, und die Form ist ein Geheimnis der Meister.»

Nun ist es leicht möglich, die Reihe zu vervollständigen, indem wir im Sinne der bestehenden polaren Beziehungen den Begriff der Gestalt als «den Komplex des Daseins eines wirklichen Wesens, als festgestellt, abgeschlossen und in seinem Charakter fixiert» und den Begriff der «Bildung, bei der alles in steter Bewegung schwanke», hinzufügen. Wir gelangen dann im Sinne Goethes zu folgender Funktionsreihe, die uns Aufschluss über die Kräfteverwirklichung der ganzen Natur gibt:

> Form
> Gestalt
> Gehalt
> Bildung
> Stoff

Für eine «Begriffsmorphologie» ergibt sich aus dieser Reihe die ganze Naturstufung, wenn wir die Polarität Geist – Natur, die im ganzen Werke Goethes eine so umfassende Rolle spielt, hinzufügen.

Geist
Form
Gestalt
Gehalt
Bildung
Stoff
Natur

In den Begriffen Geist und Natur erscheint uns die Polarität des gesamten Weltwesens ausgesprochen. Form und Stoff stellen die Kräftepolarität des mineralischen Seins dar. Die Form offenbart sich im reinen Kristall, der Stoff in der amorphen Masse. Gestalt und Bildung repräsentieren gemeinsam das Reich des Lebens.

Der Gestaltbegriff im Wirkensbereich der seelisch-geistigen Formkraft beschreibt die Gestalt als *Raumfunktion*. Bildung dagegen umschreibt ein Gestalthaftes, das in der *Zeitfunktion* erst heranreift und sich wachsend bildet.

Tritt in einem Naturwesen die Bildung im zeitlichen Werden stark hervor und bleibt dabei die den Raum ergreifende Gestaltdynamik mehr verhüllt, wirkt also mit der Überbetonung des Wachstums vorwiegend die Bildekraft, dann haben wir es mit der physisch-ätherischen Erscheinung der Pflanze zu tun. Tritt die Gestaltfunktion gegenüber der Bildung stärker hervor, dann erscheint das Formelement, dessen sich die Seelenleiblichkeit bedient, in der tierischen Organisation verwirklicht.

Zuletzt der Gehalt, der geheimnisvolle Begriff, durch welchen Goethe die vollkommene Mitte unseres Begriffsorganons charakterisiert. Im Gehalt liegt die höchste Steigerung der Gesamtpolarität der ganzen Reihe. Dieser Begriff birgt das Geheimnis des Menschseins, die Qualitätssphäre, in welcher das Ich zu erscheinen vermag, die individualisierte Welt als Kraft im Zentrum des Seins.

Der Gehalt steht mit der Weltpolarität Natur und Geist in einem unmittelbaren trinitarischen Verhältnis. Indem Natur und Geist in ihrer vollkommenen sinnlich-übersinnlichen Polarität die gesamte Welteinheit umschliessen, ist durch sie die Morphé des Alls gegeben. Für beide gibt es zunächst keine Fassbarkeit, sie sind völlig allgemein und unendlich, aber im Gehalt haben sie sich individualisiert, zu Wirklichkeit und Gegenwart gesteigert. Nur in der organischen Zentralsphäre des Herzens kann ihre Unendlichkeit in der Erlebniskraft des Ichs zusammengefasst werden[9].

Letztlich können wir sagen, dies alles – Geist, Form, Gestalt, Gehalt, Bildung, Stoff, Natur – ist ja der ganze Mensch. Aller dieser Stufen bedarf er zur Verkörperung seines Ichs und zur Verwandlung der Welt.

Wenn wir die Gestaltlehre Goethes so verstehen, wird es uns deutlich, wie durch ihn die Wendung einer Wissenschaft als blosser Stoffkunde zu einer Wissenschaft als Wesenskunde eingeleitet worden ist[10].

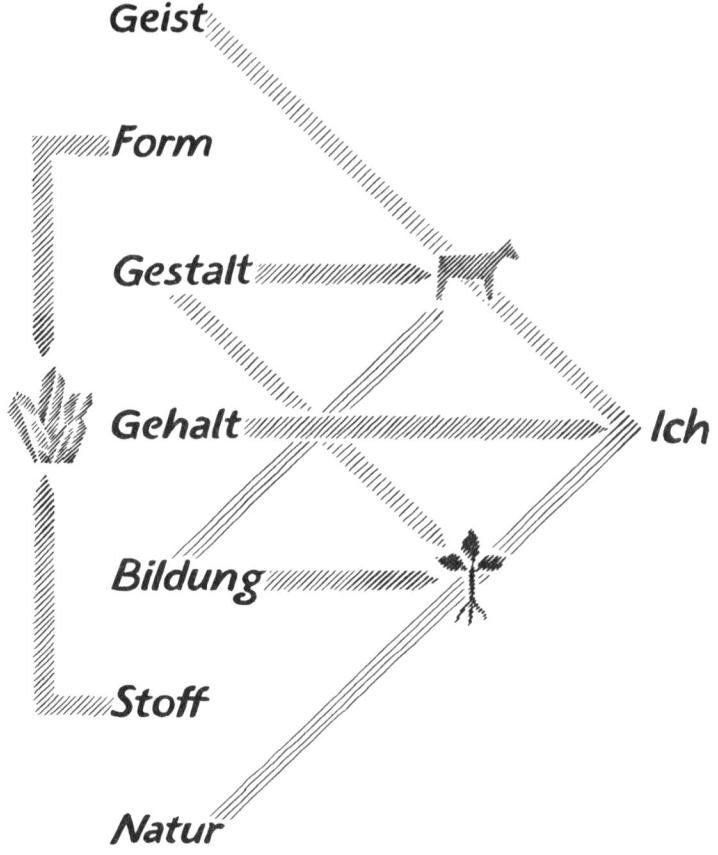

Mit dem Ganzen der menschlichen Gestalt hat man sich bisher noch viel zu wenig beschäftigt. Wo es geschah, wagte man nicht, entschieden genug den vollen Wesensgehalt der Natur- und Geisteskräfte des Menschen als Einheit zu fassen, sondern man verharrte mehr oder weniger bei der Beschreibung der Teile und Funktionen[11].

Vor allem für die Medizin ist der Gesichtspunkt der Gestalt, wie wir ihn hier gefasst haben, noch kaum erschlossen worden. Morphologie als Grundlage von Anatomie und Pathologie reicht meist nur bis zur Formbetrachtung einzelner Organbereiche, geht aber selten von der Gestalt als Einheit und Ganzheit aus, die dann bis in die Organsysteme und zuletzt erst in die Formdifferenzierung zelliger Gefüge zu verfolgen wäre. Mit dem vollgehaltlichen Begriff der Gestalt ist der Mensch über die Naturreiche in den Kosmos hereingestellt, so wie die Kunstgestalt des antiken Menschen als Götterbild erscheint.

Bei der Betrachtung der aufrechten Haltung erscheint uns die vollkommene Einheit des geistigen Vermögens mit der gefügigen physischen Organisation, deren sich der Mensch viel zu wenig bewusst ist. Die Aufrechtheit der menschlichen Gestalt ist das vollkommene Realsymbol der geistigen Würde, die in der organischen Welt den Vorrang über alle Gestalten einnimmt.

Vom Goetheschen Begriff des Typus zum organischen Prinzip der Dreigliederung des Menschen

> Die menschliche Gestalt tritt in alle ihre Rechte und das übrige fällt mir wie Lumpen vom Leibe. Ich habe ein Princip gefunden, das mich wie ein ariadnischer Faden durch die Labyrinthe der menschlichen Bildung durchführen wird.
>
> Goethe

Von der Betrachtung der Gestalt aus hat sich uns zugleich die Methode der Goetheschen Morphologie erschlossen. Goethe betrachtet die Natur in allen ihren Stufen und Formen, um über das Wesen des Menschen Licht zu bekommen. Im Aufsatz über den Granit rührt er an die Urentwicklung des menschlichen Herzens[12]. In seinem Naturgedicht «Die Metamorphose der Pflanzen» regt Goethe zuletzt im Miterleben die menschliche Empfindung eigener Entwicklungsgesetze an.

> Aber entzifferst du hier der Göttin heilige Lettern,
> Überall siehst du sie dann, auch in verändertem Zug:
> Kriechend zaudre die Raupe, der Schmetterling eile geschäftig,
> Bildsam ändre der Mensch selbst die bestimmte Gestalt!

Mit der geistigen Wahrnehmung des Typus, der über der gesamten Tierwelt steht, ist Goethe schon dem Menschenbild nahe, wo er diesen im Interesse einer neu zu begründenden morphologisch-vergleichenden Anatomie von der gattungsgebundenen Einseitigkeit mehr und mehr befreit und ihm die allgemeinste Gültigkeit verleiht. Der Typus muss über jeder Einseitigkeit tierischer Bildung stehen, wenn von ihm aus jede der tausendfältigen Verirrungen der Arten untereinander vergleichbar werden soll.

Wiederum ist der Typus ein Urbild, das im geistig-schauenden Menschen der Tierwelt gegenüber lebt. Wir dürfen im Sinne Goethes sagen: «Denn wodurch könnten wir bei der Mannigfaltigkeit der Formen auf den ersten Blick erkennen, dass diese oder jene Bildung... ein Tier sei...» Vom Typus aus gewinnt die schrankenlose Mannigfaltigkeit tierischer Formen ihre Einheit «Tierwelt».

> Freue dich, höchstes Geschöpf der Natur! Du fühlest dich fähig,
> ihr den höchsten Gedanken, zu dem sie schaffend sich aufschwang,
> nachzudenken. Hier stehe nun still...
> Metamorphose der Tiere

Die Erfahrung, dass die Metamorphosengesetzmässigkeit für alles Leben gilt unter Einschluss des Menschen, lässt uns mit Goethe auf die bedeutendsten morphologischen Entdeckungen über das Wesen des Menschen hoffen.

«Hätten wir aber nötig gehabt, uns durch die Betrachtung der Pflanzen- und Insekten-Metamorphose herauf zu winden, wenn wir nicht hoffen könnten, dadurch auch über die Gestalt der vollkommeneren Tiere einigen Aufschluss zu erhalten?» (Goethe*). Hier gibt uns Goethes Ausdrucksweise schon die Richtung auf die Problematik seines Forschens und Suchens, bei der er das letzte Motiv durchaus verschweigt, und zwar im Sinne des Gültigkeitsbereichs der Metamorphose bis zum Menschen selbst. Hier liegt das bedeutendste Problem der morphologischen Forschung Goethes, über das wir von ihm nie eindeutig Aufschluss erhalten, und doch können wir kraft der Überschau über das Ganze des vorliegenden Materials den Schlussstein in den Bogen einfügen: Die Metamorphosen-Gesetzmässigkeit bis herauf zum Menschen. Durch sie erhalten alle anderen Metamorphosen erst ihren tiefsten Sinn.

«Es ist immer nur die selbe Metamorphose oder Verwandlungsfähigkeit der Natur, die aus dem Blatt eine Blume, eine Rose, aus dem Ei eine Raupe und aus der Raupe einen Schmetterling heraufführt...»[13].

Wie weit Goethe die Metamorphose in der Dichtung auch zu entwickeln vermochte, auf dem Felde der Naturerkenntnis hatte er zuerst seine Entdeckungen zu sichern. Der Metamorphosengang bei Tier und Mensch forderte zuerst die Prüfung des organisch Gemeinsamen. Diese Prüfung führte zur Entdeckung des Zwischenkieferknochens beim Menschen. Die vergleichend-anatomische Forschung vor Goethe hatte beim Menschen den Zwischenkieferknochen nicht gefunden und hatte in diesem scheinbaren Mangel das wichtigste Unterscheidungsmerkmal zwischen Tier und Mensch konstatiert.

Jetzt erst erscheint über der organischen Metamorphosenreihe des «höchsten Geschöpfes höchster Gedanke», der Entwicklungsgedanke selber. Die schaffende, verbindende und verwandelnde Entität bei der Metamorphose ist die Idee, die sich auf den verschiedensten Stufen realisiert. Sie leuchtet durch die Erscheinungen als «Urgestein», als «Urpflanze», als «Typus» und erscheint schliesslich als entelechische Persönlichkeit.

Der nahe Zusammenhang tierischer und menschlicher Organisation verbietet es Goethe aber, vom «Urtier» zu sprechen. Er fasst seinen Begriff höher, wenn er

---

* Nat. Schr. Bd. 1

den Ausdruck «Urtier» meidet und Typus setzt. Er erkennt das Wesen, «worin die Gestalten sämtlicher Tiere der Möglichkeit nach enthalten» sind.

«Die Tierwelt ist eigentlich der auseinandergebreitete ganze Mensch.» Dieser Okensche Satz charakterisiert durchaus das Verhältnis Goethes zu Tierwelt und Mensch. Goethe stellt zunächst klar, dass die Organik des Menschen mit derjenigen der höheren Tiere identisch ist. Um aber das Wesen des Menschen zu erfassen, muss eine höhere Metamorphose aufgesucht werden in dem Bereich, in dem das «höchste Geschöpf» den «höchsten Gedanken» denkt: «Alle Metamorphosen in der Natur machen den Menschen aus.» Wenn wir daher den Typus als den urbildlichen Organismus der Tierwelt im Goetheschen Sinne näher betrachten, so verlieren wir dabei nichts vom Menschen, – ganz im Gegenteil: Der Typus als reine Ideenerfahrung ist selbst das über allem tierischen Sein schwebende Urbild des Menschen. «Die Erfahrung muss uns vorerst die Teile lehren, die allen Tieren gemein sind, und worin diese Teile verschieden sind. Die Idee muss über dem Ganzen walten und auf eine genetische Weise das allgemeine Bild abziehen... *Schon aus der allgemeinen Idee eines Typus folgt, dass kein einzelnes Tier als ein solcher Vergleichungskanon aufgestellt werden könne;* kein einzelnes kann Muster des Ganzen sein.»

Der Typus aber, der über aller Kreatur steht, ist von Goethe in folgender Weise umschrieben worden:

«Alle einigermassen entwickelten Geschöpfe zeigen schon am äusseren Gebäude drei Hauptabteilungen. Man betrachte die vollendeten Insekten! Ihr Körper besteht in drei Teilen, welche verschiedene Lebensfunktionen ausüben, durch ihre Verbindung untereinander und Wirkung aufeinander die organische Existenz auf einer hohen Stufe darstellen. – Diese drei Teile sind das Haupt, der Mittel- und Hinterteil; die Hilfsorgane findet man unter verschiedenen Umständen an ihnen befestigt. – Das Haupt ist seinem Platze nach immer vorn, ist der Versammlungsort der abgesonderten Sinne und enthält die regierenden Sinneswerkzeuge in einem oder mehreren Nervenknoten, die wir Gehirn zu nennen pflegen, verbunden. – Der mittlere Teil enthält die Organe des inneren Lebensantriebes und einer immer fortdauernden Bewegung nach aussen... Der hinterste Teil enthält die Organe der Nahrung und Fortpflanzung, sowie der gröberen Absonderung. – Sind nun die genannten drei Teile getrennt und oft nur durch fadenartige Röhren verbunden, so zeigt dies einen vollkommenen Zustand an...» (Goethe, Nat. Schr. Bd. 1).

Noch an anderer Stelle findet sich diese Gliederung bei Goethe dargestellt, nämlich in den Fragmenten zur Anatomie und Zoologie:

«Allgemeinste Einteilung des Typus
Haupt, Rumpf, Extremitäten.
Haupt: Hauptsitz der Sinne und Sensibilität, Konzentration der Lebenskräfte, Führung, Leitung, Beherrschung des Ganzen. Immer oben, oder vorn...

Rumpf: Dreierlei Systeme von Kräften enthaltend. Lebensantrieb, Ernährung, Erzeugung.
Extremitäten: Besser Hilfsorgane. Adminicula, untere Kinnlade, Arme, Beine.
Rechtfertigung dieser Einteilung durch die Ausarbeitung»[14].

Zuletzt sei als dritter Zeuge für die Gliederung des Typus eine Notiz aus den Paralipomena der Naturwissenschaftlichen Schriften angeführt.

«Drei Systeme im organischen einigermassen vollkommenen Wesen.
Das empfangende, herrschende
Das bewegende
Das nährende, fortpflanzende.
Das empfangende Haupt:
Sowohl der obere Teil durch die Sinne, als der untere durch die Empfänglichkeit für Speise und Trank.
Die bewegende Brust:
Innerlich durch Herz und Lunge, äusserlich durch Arme, Flügel, Beine.
Der nährende Unterleib:
Sowohl indem er das Empfangene mitteilt, als die fortpflanzenden Teile in sich enthält.»

Hier hat Goethe die Gliederung des Typus bereits klar als *Dreigliederung*, wie sie erstmalig von Rudolf Steiner 1917 erkannt und beschrieben wurde, dargestellt. Obwohl diese Typusdarstellungen eindeutig auf die menschliche Gestalt zutreffen (Arme!), hält sich Goethe zurück, dies auszusprechen. Überhaupt vermeidet er es angesichts der Charakteristik des Typus, einen Unterschied zwischen Mensch und Tier hervorzuheben. Man hat vielmehr den Eindruck, dass er das Menschenbild vorläufig völlig in der Sphäre des Urbildlichen zurückhält (wo es mit dem Typus ideell eine Einheit bildet), um der Mannigfaltigkeit der Tierwelt unter der geheimen Leitung des Typus keinen Zwang anzutun. Das Goethewort: «Der Mensch belehrt die Organe», während die Tiere durch die Organe belehrt werden[15], offenbart sein Geheimnis. Der Mensch ist reiner Typus und daher frei, «nur ein Bild des eigenen Geistes», während das Tier den Typus in der elementaren und organischen Unterordnung zeigt[16].

Das Goethesche Gesetz des Typus – oder wie wir im Hinblick auf den Menschen und seine Gestalt mit Rudolf Steiner sagen können, das Gesetz der Dreigliederung lautet nun: Die Glieder des Organismus: Haupt, Brust, Stoffwechselorganismus stehen in der Weise in einem Harmonie-Verhältnis zueinander, «dass keinem Teil etwas zugelegt werden könne, ohne dass einem andern dagegen etwas abgezogen werde, und umgekehrt».

In dieser geistigen Harmonie der Teile liegt die grenzenlose Mannigfaltigkeit und Willkür der tierischen Erscheinungswelt, wie auch die Einseitigkeit und physiologische Gebundenheit der Tierarten. «Hier sind die Schranken der tierischen Natur, in welchen sich die *bildende Kraft* auf die wunderbarste und beinahe auf die willkürlichste Weise zu bewegen scheint, ohne dass sie im mindesten fähig wäre, den Kreis zu durchbrechen oder ihn zu überspringen... Wir wollen ihn (den Leitfaden des Typus) an der Form prüfen, um ihn nachher auch bei den Kräften brauchen zu können.»

Das Wesentliche bei den mannigfaltigen Erscheinungen und Formen liegt nicht so sehr in der nach aussen gekehrten Verschiedenartigkeit, als vielmehr in dem bei aller Einseitigkeit tierischer Bildung konsequent waltenden Balancement der dreigliedrigen Grundorganisation. Denn wenn ein Glied immer nur auf Kosten eines anderen Gliedes verstärkt ausgebildet werden kann, so verschwindet zwar das Urbild des Typus in der Erscheinung, bleibt aber in der Funktion in voller Herrschaft. Die Einseitigkeit der tierischen Organisation fordert ihre lebensnotwendige Ergänzung durch die elementaren Sphären der Natur. (Der Fisch ist auf das Wasser bezogen, der Vogel auf die Luft, der Wurm auf die Erde.) Der Mensch jedoch steht über den Elementen. Ein Organismus tritt um so vollkommener in Erscheinung, je harmonischer das organische Balancement der Kräfte vom Typus her erscheint, je vollkommener er sich in der Harmonie seiner Glieder, in sich selbst ausbildet und sichtbar wird, «ein Bild des eigenen Geistes».

«Daher entspringt aus der völligen Entschiedenheit der *Glieder* die Würde der vollkommensten Tiere und *besonders des Menschen*. Hier hat in der regelmässigsten Organisation alles bestimmte Form, Stelle, Zahl, und was auch die mannigfaltige Tätigkeit des Lebens für Abweichungen hervorbringen mag, wird das Ganze sich immer wieder in sein Gleichgewicht stellen» (Goethe, Nat. Schr. Bd. 1).

Die von Goethe eingeleitete Methode morphologischer Naturbetrachtung konnte nicht bei der «Gestalt» in unbestimmter Betrachtungsart (einer sogenannten Ganzheit) stehenbleiben[17], sondern sie war erst wirklichkeitsgemäss erfüllt mit der genauen Gliederung sowohl der organischen Bildungen als auch ihrer Funktionen, die Rudolf Steiner mit der Erkenntnis der *Dreigliederung des Menschen* in ihr Ziel führte. Metamorphosenlehre und Morphologie bildeten den Weg[18].

III. Das Knochensystem

Die Aufrechte

> Es gibt nur einen Tempel in der Welt, und das ist der menschliche Körper. Nichts ist heiliger als diese hohe Gestalt.
>
> Novalis

> Das Knochengebäude ist das deutliche Gerüst aller Gestalten, einmal wohl erkannt, erleichtert es die Erkenntnis aller übrigen Teile, ja ich behandle die Knochen als einen Text, woran sich alles Leben und Menschliche angliedern lässt.   Goethe

Die menschliche Gestalt zeichnet sich durch ihre innere und äussere Freiheit aus.

Das Gestein ruht, in sein festes Lager gefügt. Die Pflanze ist an bestimmte Lebensströmungen in Verbindung mit den sie umgebenden Elementen des Lichtes, der Luft, des Wassers und der Erde gebunden. Das Tier ist zwar durch seinen Organismus beweglich, aber es ist dennoch in eine organisch begrenzte Umwelt eingeschlossen, die es nicht ohne Schaden zu verlassen vermag.

Nur der Mensch ist bereits vom Organismus her frei. Wie die Kunst, die der Mensch schafft, über der gewordenen Natur steht, so steht seine Leibesgestalt über allen Naturstufen.

Ohne dass wir hier schon auf anatomische oder physiologische Einzelheiten des menschlichen Leibes eingehen, tritt uns das Wesen seiner Gestalt in ihrer Gesamtordnung und Gliederung klar und deutlich entgegen.

Das Haupt ist sowohl in seiner knöchernen Grundlage, in seiner geschlossenen, der Kugel angenäherten Form, wie auch in seiner aller Vitalität entgegengesetzten Nervenfunktion am meisten Körper, d.h. als Organ am entschiedensten physische Natur.

Der Rumpf, Brust und Leib vereint, ist in seiner elliptischen Bildung am meisten «Leib».

Die Gliedmassen verwirklichen weitgehend ein Radialprinzip, durch welches der Organismus sich zu den dynamisch geistigen Kräften des Umkreises in eine unmittelbare Beziehung zu setzen vermag.

Die Besonderheit der menschlichen Organisation beruht auf der harmonischen Ausgewogenheit dieser Dreigliederung der Gestalt in Haupt, Rumpf und Gliedmassen*. Sie stellt sich bei genauerem Zusehen in drei Gestaltfunktionen dar, die einander ergänzen und durchdringen.

Zuerst die *aufrechte Gestalt*. In ihr wirkt die zentralmenschliche Kraft, der aus der Mitte heraus individualisiert wirkende geistige Wille des Ichs.

Aus dem Umkreis wirkend und mit den Kräften des Umkreises verbunden erscheint die *Bewegungsgestalt*, die sich hauptsächlich in den Gliedmassen- und Gebärdenbewegungen ausspricht.

Zuletzt die *Formgestalt*, in der alle Funktionen zur Ruhe kommen. Sie hat sich in der Hauptbildung am vollkommmensten abgeschlossen, ja abgesondert.

Diesen organischen Funktionsdreiklang wollen wir als allgemeine Vorbetrachtung – ehe wir das Knochensystem darstellen – noch etwas genauer anschauen[1].

Die wichtigste Grundfunktion der menschlichen Gestalt, durch die sie sich elementar als menschlich erweist, ist ihr Aufgerichtetsein, ist die Aufrechte. Sie beherrscht den Kräftestrom der Bewegung, der aus den Gliedmassen einströmt, sie allein erhebt das Haupt über das Ganze. Tragen, in sich selbst aufgerichtet sein und aufrechtes Schreiten bilden die dreieinige Dimension der menschlichen Raumgestalt.

In dieser Raumgestalt hat sich der Mensch über alle Seinsstufen erhoben, in deren Kräftefelder Stein, Pflanze und Tier in ihrer charakteristischen Weise hineingebannt sind[2].

Der Aufrichteimpuls des Menschen ist der Eigengehalt, den er allen Naturwesen voraus hat. Es ist das Urphänomen der Individuation, das wir nicht erst im höchsten Endergebnis bei der sich bewusst tragenden Persönlichkeit wahrnehmen, sondern das wir bereits in jeder Entwicklungsphase der innerorganischen Bildung vorfinden.

Wir werden die Aufrichtekraft in der besonderen Anlage des menschlichen Blutkreislaufs, des Lymphsystems, aber auch in der Besonderheit des menschlichen Nervensystems, der Gehirnanlage und in der Sinnesorganisation sowie in der dazu polaren Generationsorganisation finden. Schon im Organismus der Embryonalzeit wirkt durchgängig die Kraft der Aufrichte voraus[3], die sich erst viel später in den selbständigen Lebensphasen als geistig-physisches Freiheitsphänomen äussern wird. Und zwar finden wir diese Aufrichtekraft der Embryonalentwicklung in der harmonischen Gliederung des Hauptes, des Rumpfes und der Gliedmassen, in deren Gleichgewichtigkeit das spätere Gleichgewicht der aufrechten Gestalt begründet ist. Gerade in der embryonalen Phase der «Aufrichtung», eben in der inneren Gliederung, lässt sich ablesen, was harmonikale Gliederung des Menschenwesens im Vergleich zum Tierwesen bedeutet, das dispropor-

---

* Wir gehen hier zunächst von dieser einfachen und augenfälligen «Dreigliederung» aus, um später zu vertiefteren Anschauungen zu kommen.

tioniert aus der Dreigliederung herausfällt bis zu Verhältnissen, die die Urordnung kaum mehr erkennen lassen, und das daher die Aufrichtung verliert.

Die harmonische Dreigliederung des Ganzen ist also der Grund der Möglichkeit zur Aufrichtung der Gestalt. Die Aufrichte allein im festen, statischen Knochenapparat begründet und begreiflich zu finden, zeigt nur den ausserhalb alles organischen Verständnisses gefassten Standpunkt. Wir wollen dagegen das Knochensystem als das Ende eines strömend bewegten, dynamisch gliedernden Lebensprozesses anschauen. Das kann uns über die blosse Mechanik, die im Skelett scheinbar vorliegt, zu höheren Lebenserfahrungen heraufheben[4].

Haben wir im Betrachten der Embryonalentwicklung die Aufrichte auf die harmonische Dreigliederung zurückgeführt, so bleibt uns jetzt noch die sorgfältigere Betrachtung dessen, was die einzelnen Glieder der ausgebildeten Gestalt in besonderer Art zur Aufrechten beitragen.

Rhythmus ist funktionelle Gliederung. Im mittleren Glied des Organismus herrschen die rhythmischen Funktionen vor (vor allem Herz-Blutkreislauffunktion und Atmung). Aber im mittleren Organismus finden wir vor allem auch die Gliederung der Wirbelsäule. Hier ist alles rhythmische Geschehen in die Eigenaufrichtefunktion umgewandelt. Durch die Wirbelsäule und von der Wirbelsäule ausgehend, verwirklicht sich die «Aufrichtegestalt» des Menschen. Für die Aufrichte gebührt der Mitte der menschlichen Organisation das Primat[5].

Das Haupt ist am meisten Formgestalt, zu Ende gekommene Willensbewegung, verklungener Rhythmus, beide zur Ruhe gelangt. In dieser Ruhe vollzieht sich die Metamorphose zur letzten Funktion, die wiederum über die blosse Leiblichkeit hinausführt – zum Selbst-Bewusstsein, zum Denken. Im knöchernen Haupte haben wir daher die Architektur als Bild des geistig bewussten Seins, die vollkommene Formgestalt, vor uns. Sie kann nur getragen werden.

Die Bewegungsgestalt, die sich in den Gliedmassen ausgebildet hat, gehört dagegen dem Umkreis an. Die Bewegungsdynamik gliedert sich der Mensch aus den Weltkräften ein, wie er sich durch seine Gliedmassen mit den Weltumkreiskräften in Verbindung setzt. Hier, wo die Weltkräfte im Menschen als Wille zur Wirkung kommen, schläft das Selbst-Bewusstsein. Der Bewegungsorganismus (und alle dynamischen Funktionen des Willensbereiches) leisten ihren Dienst «selbstlos».

Nur in der mittleren Organisation der «Aufrichtegestalt» ist Welt und Selbst in vermittelnder Rhythmik wirksam. Aus dieser Kräftevereinigung entspringt die Aufrechte.

Die Ich-Geistigkeit, die hier als Steigerung aus dem Zentrum heraus wirkt, richtet von hier aus die menschliche Gestalt auf. Aus dieser Mitte strahlen alle Aufrichtemuskeln.

Das Skelett

> Das Hauptorgan, und zwar in der äussersten und tiefsten Beziehung, ist nun aber das Knochensystem, sozusagen ein Typolith des irdischen Lebensgeistes... Das Skeleton[6] ist demnach das wichtigste und gültigste physiognomische Zeichen, welch ein schaffender Geist und welch eine geschaffene Welt sich im irdischen Leben durchdrangen.   Troxler

Das Urbild der menschlichen Gestalt tritt uns im Skelett am reinsten entgegen. Es erfüllt als Gestaltträger in seiner «geprägten Form» am vollkommensten, was Goethe unter «Typus» verstand. Daher schloss er seine Morphologie, um dem Typus möglichst nahe zu sein, unmittelbar an die Ur-Teile der Skelettbildungen an.

Die drei Organeinheiten des Typus, die Goethe beobachtete, Kopf, Rumpf und Gliedmassen, entsprechen demselben um so mehr, je klarer und deutlicher die Gliederung erscheint. Diese Gliederung findet sich unter allen Wesen, die wir kennen, am eindeutigsten beim Menschen und innerhalb der Systeme am unmittelbarsten beim menschlichen Skelett. In diesem Sinne dient uns die ausführliche Betrachtung des Skeletts als Übungskanon der Dreigliederung für die Gesamtorganisation.

Nach dieser morphologischen «Vorschule» sind wir dann in der Lage, die mannigfaltigen funktionellen Gliederungen und Kräfteproportionen der drei Systeme:

    Nerven-Sinnessystem
    Rhythmisches System
    Stoffwechsel-Gliedmassensystem

genauer kennenzulernen.

Schon die sprachliche Charakteristik des menschlichen Knochensystems folgt der in seinem Wesen liegenden klaren Dreigliederung:

    Schädel
    Gerippe
    Gebein.

Der Begriff des «Schädels» fasst die Besonderheit des knöchernen Hauptes[7].

«Gerippe» gilt schon für das ganze Skelett, wenn es auch seinen Wesensausdruck vom Brustkorb-Wirbelbereich, also eigentlich nur vom «mittleren Glied» des Ganzen erhält. Die Mitte steht für das Ganze.

«Gebein», als Begriff von den unteren Gliedmassen hergeleitet, bezeichnet die allgemeinste Anschauung des Ganzen[8].

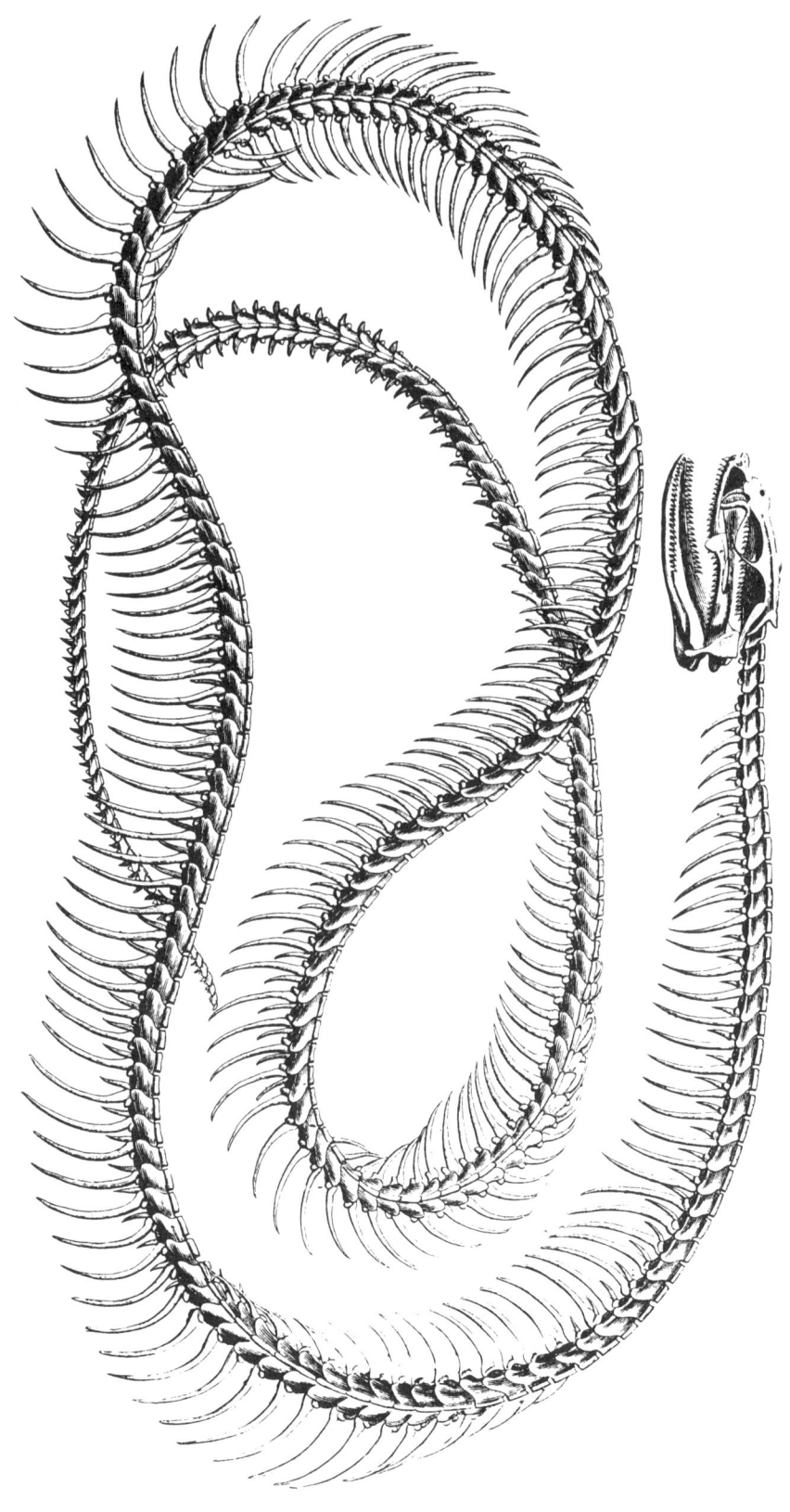

Abb. 2: *Schlangenskelett* (nach Oken). Extreme Wirbel- und Rippengliederung (Metamerie), die von den Funktionen einer übermässigen Lungenanlage, von Darm und Bewegungsorganen (Rippen wie Gliedmassen) bestimmt ist.

Die Gesamtgliederung ist daher im Schädelskelett, im Brust-Rumpf-Skelett und im Gliedmassenskelett gegeben.

Durch die Halswirbelsäule ist der Schädel zum selbständigen Glied erhoben, durch die Lendenwirbelsäule der Becken-Gliedmassenorganismus. Der Schultergürtel mit den Armen bildet eine Metamorphose des Beckenringes.

Im Sinne der Metamorphose zieht sich im Hals- und Lendenbereich der Skelettorganismus ganz in die Wirbelbildung zurück. Schädel, Brust-, Rippen- und Beckenknochen sind Metamorphosen des Wirbels, so dass von diesem Gesichtspunkt aus der Wirbel als Urtyp des Skeletts erscheint*.

Die gliedernden Gestaltungen der Hals- und Lendenwirbelsäule, bei welchen die Wirbelsäulenfunktion für sich allein zur Wirkung kommt, sind besonderer Beachtung wert, denn gerade in ihnen erhält die ganze Gestalt die zentrale Aufrichtedynamik.

Die durch Wirbelmetamorphose herausgegliederten sphärischen Skelettteile – Schädel, Brustkorb und Becken – dagegen bilden geschützte Innenraumzentren im Dienste höherer Organfunktionen. Für diese Organfunktionen wird im Haupt durch die Schädelkapsel vollkommen geschützte Ruhe bewirkt. Im Becken wird schreitende und tragende Bewegung der unteren Gliedmassen in tragende Geborgenheit für die inneren Beckenorgane transponiert. Die Organisation des Brustkorbs vereinigt in rhythmischer Wechselfunktion für die inneren Lebensorgane schützende Umhüllung und die für die Atmung erforderliche Beweglichkeit, wobei jede einzelne Rippe eine gewisse Verwandtschaft mit der Gliedmassenorganisation zeigt[9]. Ruhe und Bewegung wirken im Brustbereich zusammen (Rhythmus).

Es treten also drei Funktionen des ganzen Skeletts hervor:

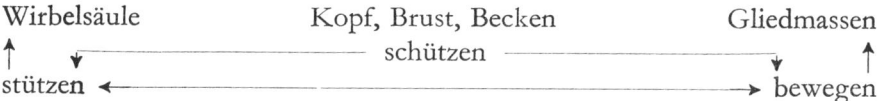

Wirbelsäule	Kopf, Brust, Becken	Gliedmassen
↑ ↓	——— schützen ———	↓ ↑
stützen ←	——————————→	bewegen

Die Konsequenz dieser Gliederung wird offenbar, wenn wir beobachten, dass nicht allein das Ganze in drei Gliedern erscheint, sondern dass jedes dieser Glieder für sich wiederum selbst wie ein Ganzes wirkt, das die dreigliedrige Gestalt mehr oder weniger deutlich zum Ausdruck bringt.

In diesem Sinne ist das Hauptskelett des Menschen eine vollkommene Einheit, die in ihrer Dreigliederung eindeutig ausgestaltet und geprägt ist, – es ist selber Bild des reinsten Typus, Physiognomie des wirkenden Geistes[10].

                Gehirn-Schädel
                Sinnesorgan-Schädel
                Stoffwechsel-Gliedmassen-Schädel

* Vgl. Metamorphosen des Urskeletts.

Auch die Rumpfgestalt und die Gliedmassen sind in sich wieder dreigegliedert, worauf wir am gegebenen Orte eingehen wollen. Jedes einzelne Glied ist in sich, was die Gliederung betrifft, ein Bild des Ganzen.

Die Wirbelsäule

> Die erste Anlage der Wirbelsäule im Embryo geht jener aller übrigen Knochen des Skeletts voraus[11]. Es sollte deshalb die beschreibende Osteologie mit der Betrachtung der Wirbel beginnen.
> Hyrtl

Die Wirbelsäule bildet für das ganze Skelett die Mitte, ja man kann sagen, sie selbst ist das Urskelett, von dem sich der bewegliche, mannigfaltige Gliederbau der «Grundsäulen des Körpers», wie Goethe das Skelett nennt, herleitet. Als Säule, Wirbelkörper auf Wirbelkörper aufgebaut, Säulentrommel auf Säulentrommel, durch elastisch polsternde Zwischenwirbelscheiben der reinen Schwere enthoben, vermittelt sie als Zentralorgan der aufrechten Haltung ein urarchitektonisches Erlebnis.

Überall, wo wir in der Tierwelt der Wirbelsäule oder auch nur ihrer Vorläuferin, der Chorda dorsalis, begegnen, kündigt sich der Mensch in der Tendenz zur Aufrichte an.

In der Tierreihe erscheint die Wirbelsäule als Chorda dorsalis in frühester Vorwegnahme späterer Zustände bereits bei der Tunicatenlarve, während der ausgebildete Tunicatenorganismus wieder völlig in vegetative Organisation zurück-

---

Abb. 3: *Wirbelsäule des Menschen* (von vorne und von der Seite in symmetrischer Anordnung). Die seitlichen Ansichten geben den Rhythmus der Wirbelsäulenbiegungen. Von oben nach unten: Halslordose vom Atlas bis zum siebten Halswirbel; Brustkyphose von den zwölf Brustwirbeln gebildet; Lendenlordose von fünf Lendenwirbeln gebildet; Kreuzbeinkyphose von fünf miteinander verwachsenen Kreuzbeinwirbeln gebildet. – Die Vorderansicht der Wirbelsäule (mittleres Bild) zeigt die charakteristische Anschwellung der Wirbelkörper um den siebten Halswirbel und im Lendenbereich, die der inneren Anschwellung des Rückenmarks im Wirbelkanal entspricht. Deutlich tritt zwischen fünftem Lendenwirbel und Kreuzbein das «Vorgebirge» (Promontorium) hervor.

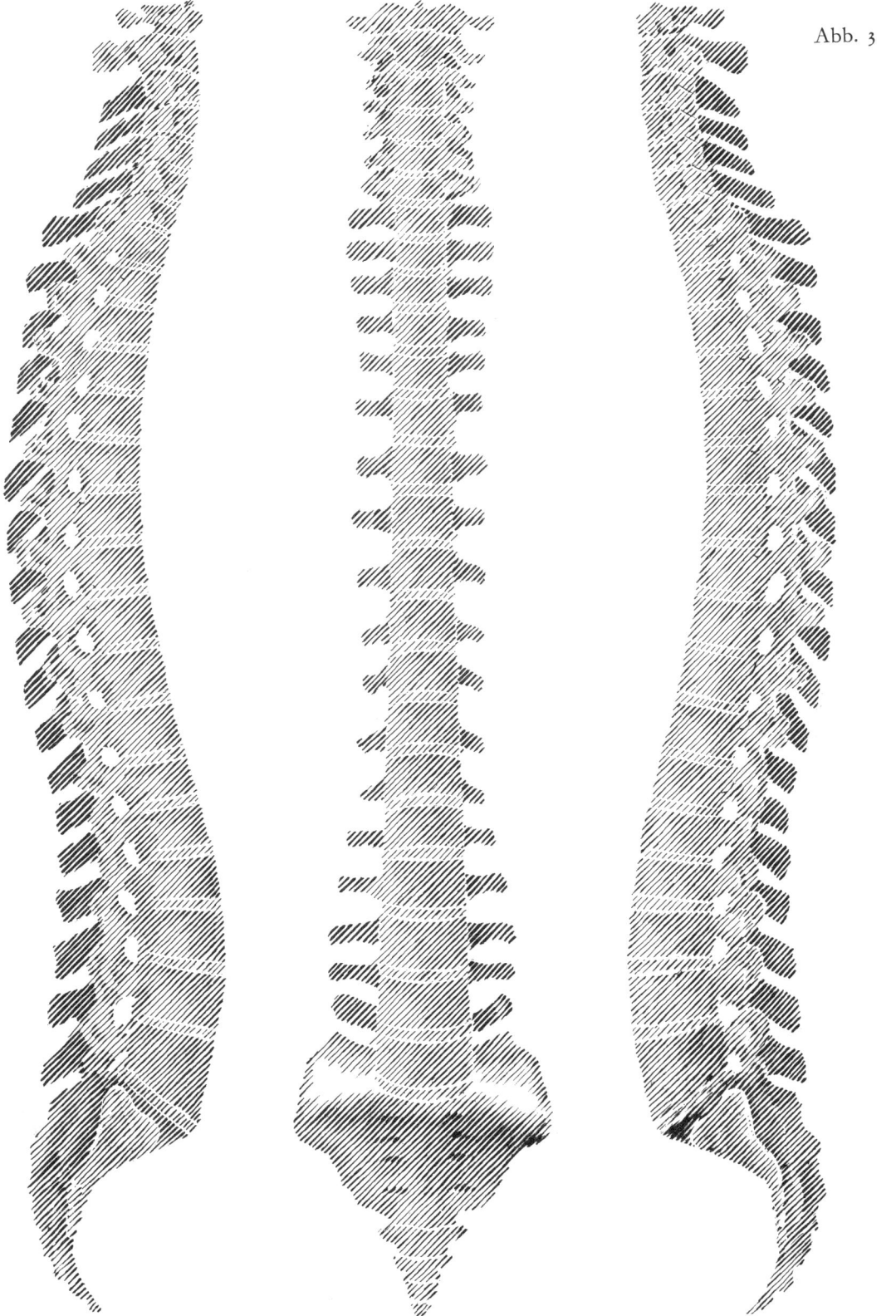

Abb. 3

kehrend die potentielle Aufrichtetendenz, die mit der Chorda gegeben war, verliert. Erst die Fische führen von der Rückensaite, der Chorda dorsalis, die Metamorphose zum knorpelig und knöchern ausgebildeten und gegliederten *Rückgrat* herauf, von dem man nunmehr mit Goethe sagen kann, dass damit die «vertikale Tendenz» erreicht ist, die «wie ein geistiger Stab» anzusehen ist, «welcher das Dasein begründet und solches auf lange Zeit zu erhalten fähig ist.»

In der Evolutionsreihe der Tiere tritt für die Aufrichtetendenz der Wirbelsäule eine dramatisch anmutende Spannung zwischen Reptilien und Vögeln ein. Die Reptilien, besonders die Schlangen (Abb. 2), steigern die Wirbelgliederung ins «Unendliche». (Es gibt Schlangen, die über vierhundert Wirbel ausgebildet haben.) Aber die blosse Gliederung ins «Unendliche» führt noch nicht zur Steigerung, zu dem, wozu die Rückgratbildung, wenn sie zur Wirbelsäule wird, berufen ist, zur «*Aufrichtung der Schlange*»[12]. Der Vogel hinwiederum erhebt sich in seiner ganzen Leibesgestalt in die Lüfte, seine «Aufrichte» erobert sich das schwerefreie Element, verliert dabei aber die Erde. Nur der Mensch erreicht das höchste organische Ziel des freien Aufgerichtetseins, indem er die seelische Hingabe der Vogelnatur an die erdfreien Elemente der Luft und des Lichtes und die einseitige Erdgebundenheit des Schlangenwesens meidet und beide Übertendenzen durch die Ichkräfte in die Harmonie bändigt. So erscheint in der Wirbelsäule das zentrale Prinzip des menschlichen Skeletts, das über alles Organische hinaus noch in der Kunstwirklichkeit der Tempelsäule wirksam ist.

Die Wirbelsäule als *Urskelett*, als die potentielle Einheit des gesamten Knochensystems, birgt in sich die ganze dreigliedrige Organisation[13].

Die Halswirbelsäule, mit ihrem geweiteten Wirbelkanal und der beweglichgleichgewichtigen Aufgabe, den Kopf zu tragen, hat in ihrer Grazilität und Durchformtheit am meisten den Charakter des Sinnesnervensystems. Sie bringt in der Art, wie sie das Haupt trägt, eine seelisch-bewusste Gebärdensprache zum Ausdruck. Die Brustwirbelsäule zeigt – wie wir sehen werden – den Charakter der rhythmischen Mitte; die Lendenwirbelsäule in ihrem kraftvollen Gefüge Gliedmassencharakter. Die Lendenwirbelsäule ist diejenige, die am entschiedensten trägt und stützt. Sie bewirkt die Haltung des Ganzen.

Die Wirbelsäule leistet diese mannigfaltigen Funktionen nicht statisch, sondern in dynamisch-elastisch bewegten Schwüngen, in wechselnder Streckungs- und Beugungsstellung der drei Funktionsglieder in der Symmetrie-Ebene.

Die grösste und wichtigste Kurvatur bilden die zwölf Brustwirbel, die durch ihre Rückenbiegung (Brustkyphose)* den gewissermassen halbmondförmigen Brustraum einschliessen und den Brustkorb tragen. Da die einhüllende und schützende Brustwirbelkurvatur gemeinsam mit dem Brustkorb die zentralen rhythmischen Organe Herz und Lunge umhüllt, kommen wir auf die Bedeutung dieser

---

* Κύφωσις = Biegung (rückwärts im Sinne der Konkavität).

Abb. 4: Die *Chorda dorsalis* (Rückensaite) wandelt sich zum Linsenkern der Zwischenwirbelscheiben um. Verbindungen von Linsenkern zu Linsenkern (rudimentär) sind hier noch erhalten gezeichnet.

Kurvatur bei unserer Zusammenfassung über die Wirbelsäule im Gesamtzusammenhang des Skeletts noch einmal zu sprechen.

Durch die mächtigsten Wirbelkörper der ganzen Säule, durch die fünf Lendenwirbel, wird die Kurvatur der Lendenstreckung (Lenden-Lordose*) gebildet. Die Lendenstreckung in der Symmetrieachse, d.h. die Aufrichte aus der Beugehaltung des Rumpfes, ist die wichtigste Aufrichtebewegung der ganzen Gestalt. Der Lendenwirbelsäule ist nur diese Aufrichtebewegung und die Beugung möglich, dagegen keine wesentlichen Seitwärtsdrehungen oder -beugungen.

Gleichsinnig mit der Lendenstreckung ist die Streckung der Halswirbelsäule, die durch sieben Halswirbel gebildet wird. Durch die Hals-Lordose wird das Haupt erhoben, Beugung, Neigung und Drehung ergänzen die reine Streckbewegung der Wirbelsäule zur freiesten Bewegungsmöglichkeit. Sogar eine Spiraldrehung ist der Halswirbelsäule möglich; auch die Brustwirbelsäule vermag sie neben geringer Streckung bei der Inspiration in gemässigter Weise auszuführen, während der Lendenwirbelsäule die reine Aufrichtestreckung bleibt.

* Λόρδωσις = Vorwärtsbiegung.

Die Wirbelkörper sind in ihrer Gesamtheit aus der Chorda dorsalis, der Rückensaite der Urorganisation, hervorgegangen. In der knorpeligen Wirbelanlage der frühen Embryonalzeit finden sich in den Körpern noch die Spuren der Saite, die in den Zwischenwirbelscheiben sogar erhalten bleibt. Diese, die als elastische Polster in die «Gelenkkette» (G. Husemann) der Wirbelsäule eingefügt sind, sind die Restorgane dieser Chorda, deren «Schwingungsbäuche» sich in diese Zwischenscheiben mit ihren quellend federnden Linsenkernen verwandelt haben, während sich die Knochensubstanz der Wirbelkörper gewissermassen in den «schwingungsarmen Zonen» der Chorda ablagerte.

Die aus der urrhythmischen Chorda hervorgegangene Wirbelsäule bleibt in ihrer Gestalt und in ihrer federnden Elastizität auch später ein Organ des rhythmischen Systems.

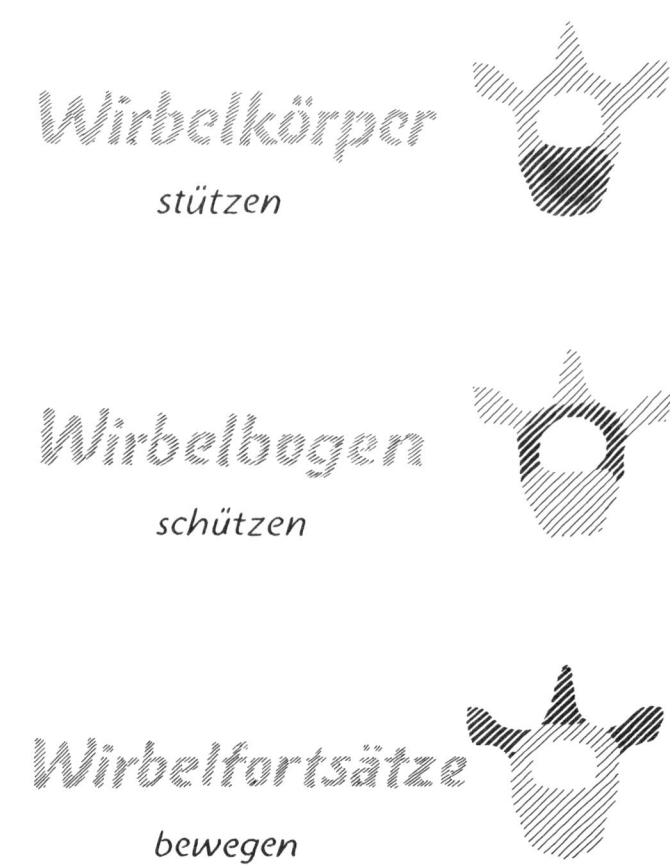

Wirbelkörper
stützen

Wirbelbogen
schützen

Wirbelfortsätze
bewegen

Der Bau der einzelnen Wirbel

Alle Wirbelkörper zusammen bilden die tragende Achse, jeder einzelne Körper ist Säulentrommel, tragendes Glied, das dem Ganzen die Haltung verleiht. Wie die ganze Wirbelsäule, so vereinigt auch der einzelne Wirbel in sich alle drei charakteristischen Skelettfunktionen. Er besteht aus dem Wirbelkörper, dem Wirbelbogen und aus den Wirbelfortsätzen. Der Wirbelkörper trägt. Der Wirbelbogen schützt und umhüllt. Er ist das Urbild aller schalig-schützend-umhüllenden Knochenfunktionen des Skeletts, wie sie sich besonders in der Schädelbildung zeigen. Die Wirbelbogen sämtlicher Wirbel bilden gemeinsam den Wirbelkanal, in welchem das vom Rückenmarkwasser umströmte Rückenmark geschützt und geborgen ist. Die Wirbelfortsätze wirken im Dienste der Bewegung als Hebel und als Bewegung richtende Gelenkführungen von Wirbel zu Wirbel (Gliedmassenfunktionen).

Brustwirbel

Die gemeinsame Grundform, der Typus aller Wirbel ist charakteristischerweise wieder im Bereich der Mitte im Brustwirbelbereich gegeben. Dieser Typus der reinen (rhythmischen) Gliederung zeigt sich noch bei der ganzen Wirbelsäule des Neugeborenen. Erst nach und nach differenzieren sich die Wirbel der Lenden- und Halswirbelsäule nach ihren besonderen Funktionen.

Der *Wirbelkörper* des Brustwirbels ist fast zylindrisch mit einer dünnen kompakten Aussenschicht. Er ist innen stark porös und von auffallend weiten Venen durchströmt. Diese Struktur nimmt beckenwärts zu. Die Wirbelkörper tragen seitlich Gelenkflächen für die Rippenköpfchen.

Abb. 5: *Typus des Brustwirbels* (sechster Brustwirbel) in symmetrischer Darstellung. 1. Der mittlere Brustwirbel von oben zeigt die Dreigliedrigkeit der Wirbelgestalt: a) Wirbelkörper herzförmig, mit seinem Schalenbett zur Aufnahme der Zwischenwirbelscheibe. Seitlich am Wirbelkörper gegen den Wirbelring links und rechts die Gelenkflächen für die Rippenköpfchen. b) Wirbelring: annähernd rund, den Wirbelkanal bildend, er trägt am hinteren Bogen die Gelenkflächen zum nächst oberen Wirbel. c) Wirbelfortsätze: in der Sagittalachse nach hinten der Dornfortsatz, links und rechts die beiden Querfortsätze, abschliessend mit der zweiten Gelenkfläche für die Rippen. – 2. Brustwirbel in seitlicher Ansicht: a) Beide Wirbelkörper zylindrisch. b) Rippenbogen seitlich nur als Taille des Wirbels erscheinend. Unten das Nervendurchtrittstor (incissura inferior); nach oben hinten der Gelenkfortsatz zum nächsten oberen Wirbel. c) Wirbelfortsätze: Dornfortsatz, 30 Grad nach abwärts geneigt; unten der Gelenkflächenwulst für den nächst unteren Wirbel; Querfortsätze, leicht nach hinten oben ansteigend (10 Gradwinkel) mit dem zweiten Rippengelenkansatz am äusseren Ende.

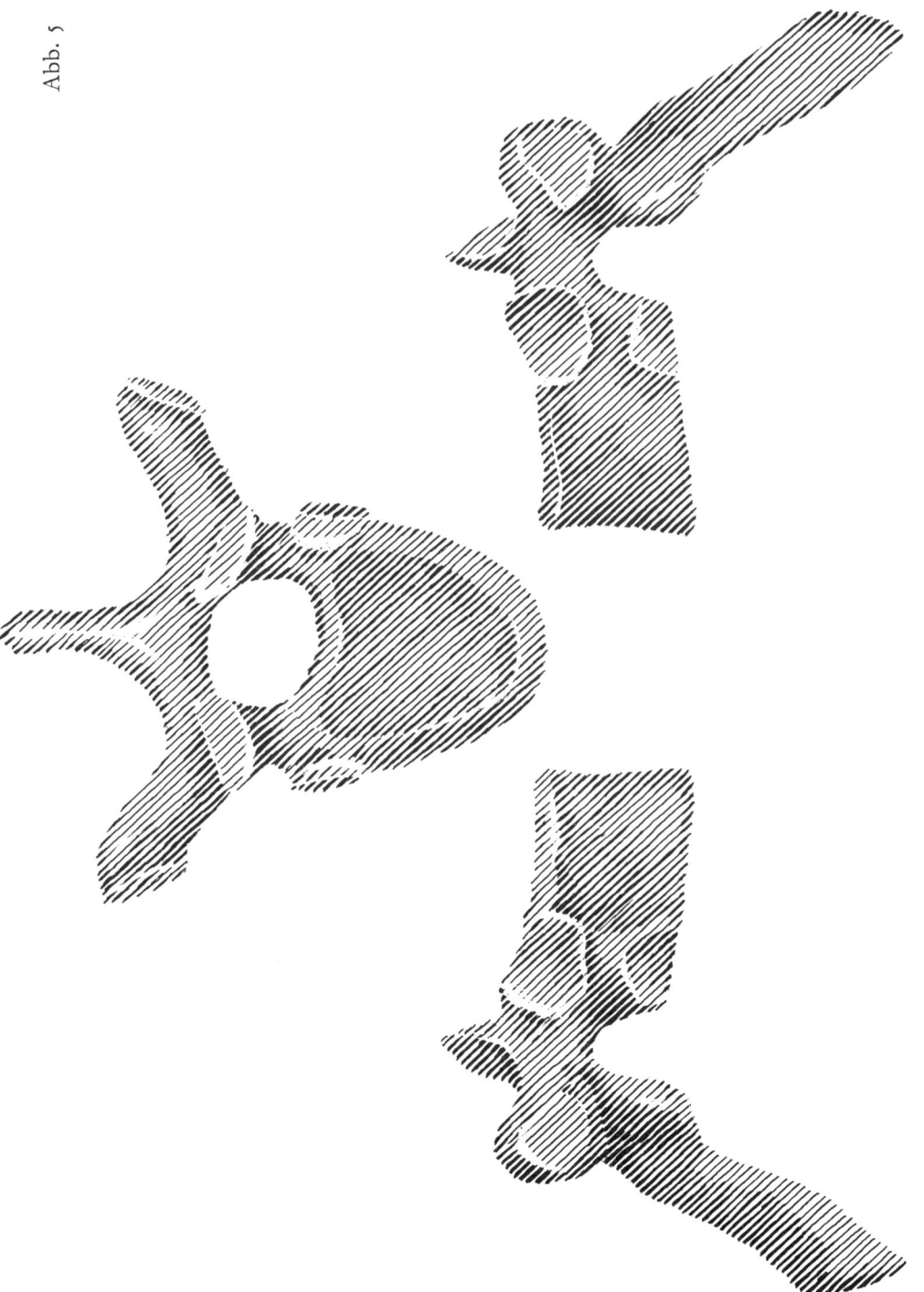

Abb. 5

Abb. 6

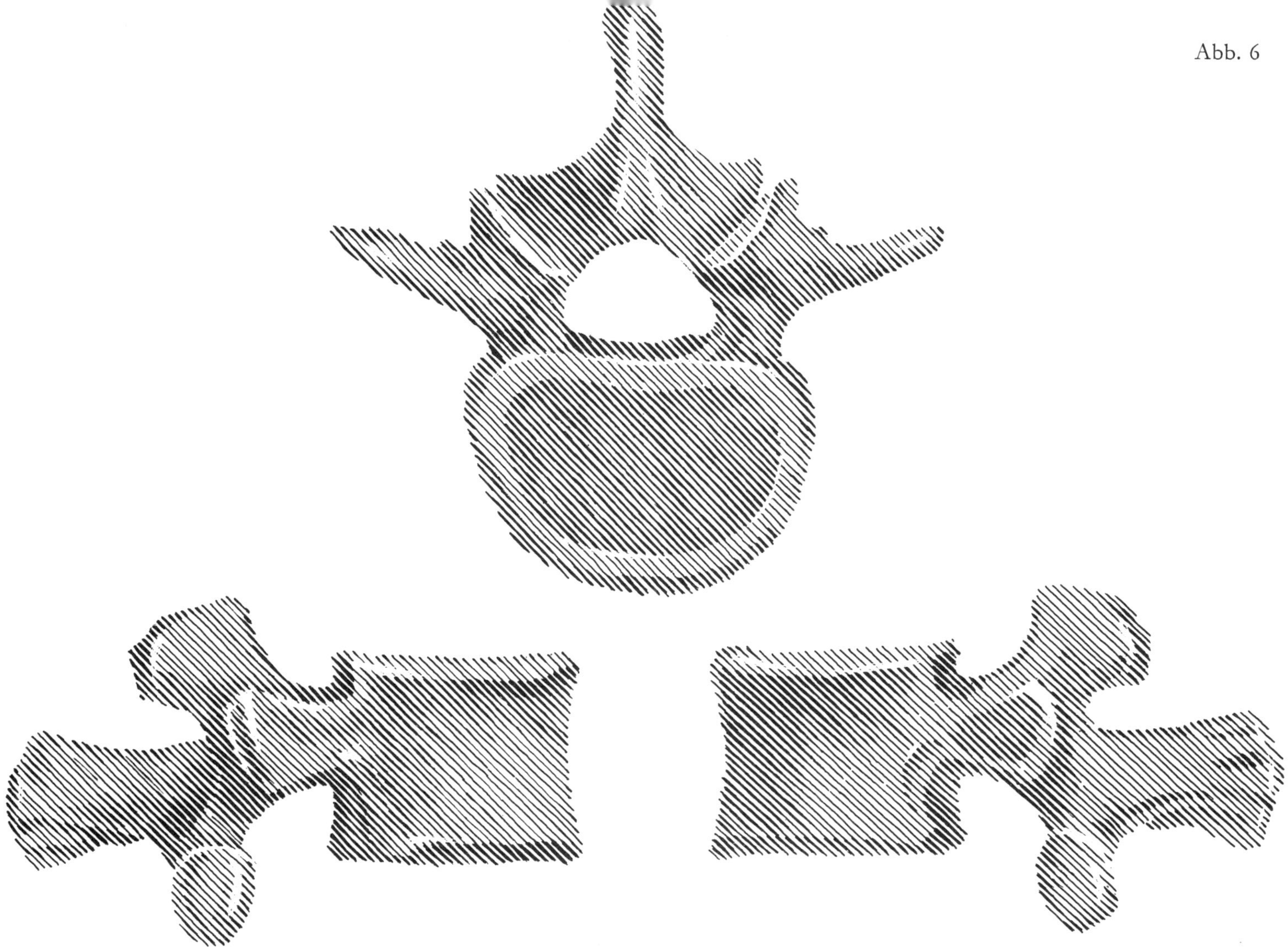

Der *Wirbelkanal* ist im Brustwirbelbereich verhältnismässig eng und – verglichen mit den Hals- und Lendenabschnitten – im Querschnitt rund. Die Fortsätze sind bei den Brustwirbeln harmonisch zu den übrigen Gliedern der Wirbel ausgebildet. Die Dornfortsätze in der rückwärtigen Symmetrieachse sind schlank und von verhältnismässiger Länge und neigen sich gegen die Wirbelbasis etwa um dreissig Grad nach abwärts.

Die *Querfortsätze*, vom Wirbelring ausgehend symmetrisch, etwa zehn Grad über die Wirbelkörperbasis nach oben hinten aufsteigend, tragen Gelenkflächen für den zweiten Gelenkansatz der Rippen (Rippenhöcker) und sind besonders kräftig. Zwischen Querfortsatzwurzel und Wirbelkörper setzen oben und unten die Gelenkfortsätze zur gelenkigen Verbindung der Wirbel untereinander an. Diese Gelenkflächen sind bei den Brustwirbeln besonders flach und annähernd frontal gestellt, so dass die Bewegung der Brustwirbel gegeneinander nur eine geringe Streckung und Spiraldrehung zulässt.

Charakteristisch für die Brustwirbel sind die Harmonie der Glieder (Wirbelkörper, Wirbelring, Wirbelfortsätze) sowie die Gelenkansätze für die Rippen.

Lendenwirbel

Die fünf Lendenwirbel bilden den Stoffwechselgliedmassencharakter der Wirbelsäule aus, daher sind alle ihre Glieder morphologisch und funktionell zunehmend derb und grobflächig ausgebildet. Die Wirbelkörper vergrössern gegen das

---

Abb. 6: *Typus des Lendenwirbels* (dritter Lendenwirbel). 1. Der mittlere Wirbel von oben: a) querovaler Wirbelkörper mit fast bohnenförmigem Schalenbett zur Aufnahme der Zwischenwirbelscheibe. b) Wirbelring: schliesst einen dreieckigen Wirbelkanal ein. c) Wirbelfortsätze: Der Dornfortsatz im Zuge der starken Lendenmuskulatur sehr kräftig gebildet; ebenfalls die Querfortsätze (entwicklungsgeschichtlich Rippenrudimente). – 2. Seitliche Lendenwirbelansicht: a) Charakteristischer Wirbelkörper, Profilansicht. b) Die Mitteltaille, die dem Wirbelring entspricht, gibt wieder die Nervendurchgangseinschnitte, vor allem unten (incissura vertebralis inferior), aber bei den Lendenwirbeln auch oben sehr deutlich (incissura vertebralis superior). c) Fortsätze: Der Dornfortsatz in seitlicher Ansicht, mächtig ausgebildet, fast rechteckig. Querfortsätze: waagrecht, leicht nach hinten geneigt (verwachsene Rippenrudimente). Nach oben und unten vom hinteren Wirbelbogen abzweigend der obere und untere Gelenkfortsatz zu den nächst gelegenen Wirbeln, annähernd in die sagittale Richtung gestellt.

Kreuzbein zu ihre Zwischenwirbelgelenkflächen in sagittaler*, vor allem aber in seitlicher Richtung, auch die Einbettung der Zwischenwirbelscheiben wird vertieft – Ausdruck der zu tragenden Last – so dass die Wirbelkörperflächen bei ebenfalls stark erweitertem Wirbelkanal bohnenförmig erscheinen.

Der Wirbelkanal nimmt dreieckige Form (Basis Wirbelkörper) an, die Weitung deutet auf funktionell-nervliche Schwerpunktbildung der Streckungszone hin.

Die Querfortsätze verstärken in ihrem massigen Bau nochmals den Gliedmassencharakter des ganzen Abschnitts. Sie haben die Rippen in sich funktionell aufgenommen, erscheinen daher verstärkt. Die Dornfortsätze sind in seitlicher Ansicht in quadratischen Flächen ausgebreitet mit kräftigem Rückenfalz; über sie ziehen mächtige, die Wirbel miteinander verbindende Bänder und Muskeln.

Die Gelenkflächen von Lendenwirbel zu Lendenwirbel stehen sagittal, so dass nur Beugung und Streckung harmonisch ausgeführt werden können (Benninghoff).

Halswirbel

Die sieben Halswirbel stehen polar zu den Lendenwirbeln. Hier herrscht nicht der massive Stoffwechsel-Gliedmassencharakter, sondern alle Glieder der Wirbel

* Sagittal von lat. sagitta Pfeil = Richtung von vorne.

Abb. 7: *Halswirbel*. 1. Der mittlere Halswirbel von oben gesehen: a) Fast rechteckiger Wirbelkörper mit querem Bett für die Zwischenwirbelscheibe. b) Sehr weiter Wirbelring, dreieckiges Lumen des Wirbelkanals. c) Wirbelfortsätze: Dornfortsatz gespalten (nach unten gezeichnet). Querfortsätze: In einem vorderen Teil mit Öffnungen für die Wirbelarterien und einem hinteren Teil mit den Gelenkflächen zu den folgenden Wirbeln nach oben und unten – 2. Halswirbel von der Seite: Charakteristisch die Abwärtsneigung der Dornfortsätze (40 Grad) und der unteren und oberen Gelenkflächen.

Abb. 8: *Atlas und Epistropheus* (Axis, Dreher). 1. Atlas, Ansicht von oben: a) Kein Wirbelkörper. b) Vollkommen ausgebildeter Wirbelring. Vorderer Bogen, innen mit Gelenkfläche für den Zahn des Drehers, aussen Höcker. c) Fortsätze: Am hinteren Bogen zwei rudimentäre Höckerchen, den Dornfortsatz andeutend. d) Querfortsätze: seitliche Öffnungen für die Wirbelarterien. e) Nach oben die länglich fusssohlenartigen Gelenkbetten zur Aufnahme der walzenförmigen Gelenkswulste der Schädelbasis (vgl. Abb. 18). Nach unten ovale Gelenksflächen zur drehenden Artikulation mit Epistropheus. – 2. Epistropheus: a) Wirbelkörper (zierlich entwickelt) bildet mit dem Zahn (Drehachse) eine Einheit. b) Wirbelring mit weitem dreieckigem Lumen. c) Mässig ausgebildeter Dornfortsatz; Querfortsätze mit Öffnungen für die Wirbelarterien.

Abb. 7

Abb. 8

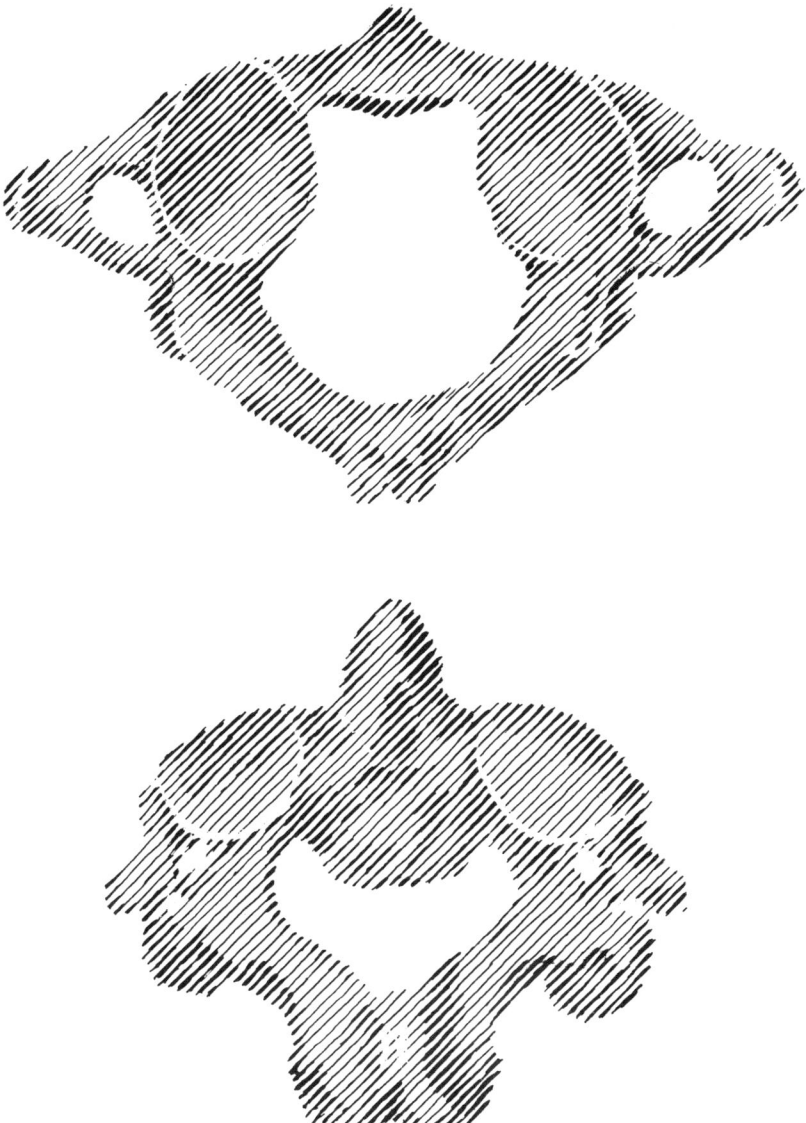

sind aufs feinste durchformt. Die Form hat die Masse aufgezehrt. Traten bei den Lendenwirbeln besonders die Fortsätze hervor, so dominiert jetzt der Wirbelring als Ausdruck der sphärischen Gestaltungskräfte, die den Kopfpol des Skeletts auszeichnen. Der Wirbelkanal selbst zeigt dabei wieder wie im Lendenbereich dreieckiges Lumen. Die Wirbelkörper sind im Halswirbelbereich besonders zart gegliedert; queroval, querkonkav zeigen sich die Zwischenwirbelflächen einem länglichen Rechteck angenähert. Die Halswirbel selbst zeigen die geringste Porosität, welche nach abwärts immer mehr zunimmt. Die Dornfortsätze nehmen nach unten langsam an Länge zu und sind an der Dornspitze leicht gespalten; der siebte (Vertebra prominens, der hervorragende) erreicht die volle Länge der folgenden Brustwirbeldornfortsätze, ist aber durch seine mehr waagrechte Stellung besonders hervorgehoben und daher gut tastbar, die Spitze ist nicht mehr gespalten. Die Querfortsätze nehmen im Halswirbelbereich wie im Lendenbereich Rippenrudimente auf und verschmelzen so mit ihnen, dass eine charakteristische Blutgefässöffnung für die Wirbelarterie, die zum Gehirn führt, offen bleibt. Die Gelenkfortsätze von Wirbel zu Wirbel sind flach und etwa um 45 Grad gegen die Horizontalebene von vorn nach hinten geneigt. Die Bewegungsmöglichkeit ist ausserordentlich gross: Beugung und Hebung des Hauptes, Neigung und Drehung. Die allerzartesten Bewegungen der Halswirbelsäule haben stärkste gebärdenmässige und physiognomische Ausdruckskraft. Die wichtigste Bewegung der Halswirbelsäule als unmittelbarer Trägerin des Hauptes ist aber die Streckung nach rückwärts (Hals-Lordose), wobei sich das Antlitz und der Blick des Menschen nach oben richten.

Je höher wir im Bereich der Halswirbelsäule von Wirbel zu Wirbel emporsteigen, um so mehr erweitern sich auf Kosten der Wirbelkörper und der Fortsätze

---

Abb. 9: *Kreuzbein.* Ansicht von oben: die Gliederung des Ganzen wie bei den Wirbeln. a) Quer-ovales, fast nierenförmiges Gelenkbett (wie bei den Lendenwirbelkörpern). b) Nach rückwärts oben die Öffnung des Kreuzbeinkanals (unteres Ende des Rückenmarkkanals), dreieckiges Lumen wie im Lendenabschnitt. c) Seitenteile (partes oder massae laterales), verschmolzene Querfortsätze, deutlich radial einstrahlende Struktur, sie schliessen von Kreuzbeinwirbel zu Kreuzbeinwirbel die Kreuzbeinnervenöffnungen ein (entsprechend den «Zwischenwirbelöffnungen» der freien Wirbelsäule). Die Verbindung zwischen Kreuzbein und Hüftbein (Darmbein) des Beckens ist als Seitenfläche hier nicht sichtbar (vgl. Abb. 24), reicht aber von der Kreuzbeinbasis bis zur unteren Begrenzung der zweiten Kreuzbeinöffnung (Knochennaht). d) Die Dornfortsätze der Wirbelsäule sind beim Kreuzbein zur höckerigen Kreuzbeinleiste verschmolzen (crista sacralis). e) Es folgt dem Kreuzbein nach unten das Steissbein mit drei (vier) rudimentären Wirbelbildungen.

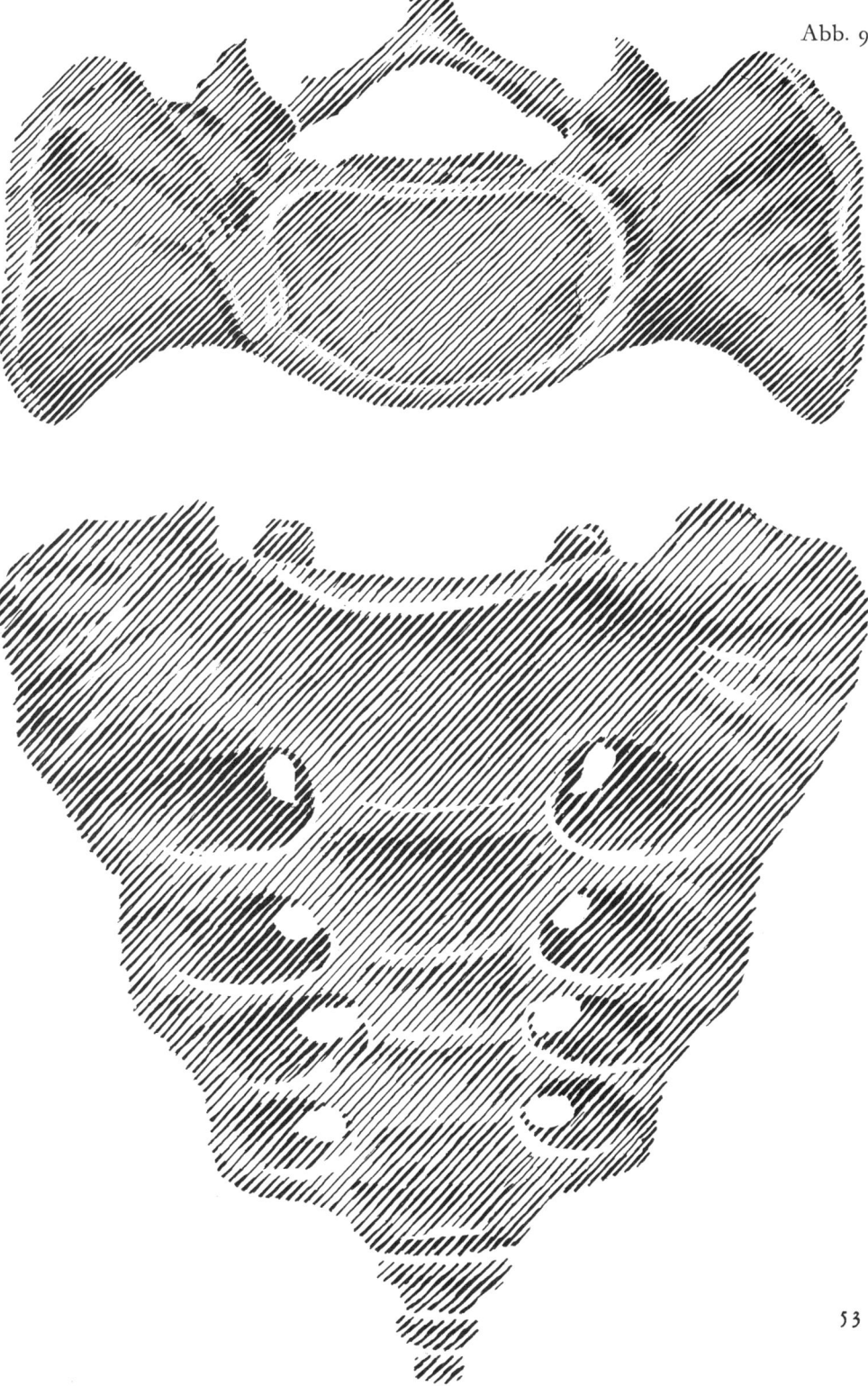

Abb. 9

die Wirbelringe[14]. Den höchsten Grad dieser Entwicklung erreichen die beiden obersten Halswirbel Axis (Epistropheus) und Atlas. «Atlas, besonders in die Breite gebildet. Deutet auf Verwandtschaft mit den Schädelknochen» (Goethe, Nat. Schr. Bd 1). Der Atlas verliert dabei vollkommen seinen Wirbelkörper, so dass sich bei ihm nur ein mächtiger Wirbelbogen findet. Auch der Dornfortsatz ist gewissermassen in die harmonische Sphäre des tragenden Ringes eingeschmolzen. Der Atlas bildet mit seinen beiden oberen, seitlich gelegenen längsovalen, leicht nach hinten zur Mittelachse gerichteten Gelenkpfannen das schalenförmige Lager des Hauptes[15]. Das Hinterhauptbein, das deutlich einen in die Schädelsubstanz eingeschmolzenen Wirbel erkennen lässt, ruht mit seinen fast walzenförmigen Gelenkflächen (Condylen*) in diesen Gelenkpfannen des Atlas. Beide Gelenkverbindungen wirken gemeinsam als Scharniergelenk, der Kopf vermag sich in ihm zu senken und zu heben. Der Atlas dreht sich um den Zahnfortsatz des Axiswirbels und nimmt dabei das Haupt mit. Der Axiswirbel hat in seinem Achsenstab (Dens-axis) den eigenen Wirbelkörper mit dem «Wirbelkörper» des Atlas verbunden und so die senkrechte Drehachse für den Atlas gebildet.

Die Gliederung der Wirbelsäule als Ganzheit

Unsere Betrachtung richtete sich bisher auf die bewegliche Wirbelsäule:

> Halswirbelsäule
> Brustwirbelsäule
> Lendenwirbelsäule

Zu dieser Beschränkung berechtigt uns die funktionelle Betrachtungsweise[16].

Die Morphologie stellt uns aber noch vor eine umfassendere Aufgabe: Die Wirbelsäule als Urskelett, als Mitte des ganzen Systems, steht zwischen den Polen des Schädels und des Beckens. Aus der Verwandlung der Wirbel von der Mitte des harmonischen Urwirbels gegen die Pole zu können wir schon etwas Wesentliches vom Bildegesetz des Ganzen ablesen. Je näher wir zum Beispiel gegen das Becken vorrücken, um so kräftiger erscheinen neben den Wirbelkörpern und Zwischenwirbelscheiben (die gleichsam einen mächtigeren Rhythmus antönen) die Fortsätze, insbesondere die Querfortsätze.

Im Beckenbereich aber stossen wir auf eine völlig neue Erscheinung. Deutlich in seinem Ursprung erkennbar, finden wir das *Kreuzbein* aus fünf Wirbeln zusammengewachsen, die die Bildetendenz der letzten Lendenwirbel noch verstärkt haben[17]. Neben den Wirbelkörpern sind es vor allem die Massae laterales des Kreuzbeins, das heisst die massigen Querfortsätze und eingeschmolzenen Rippen-

* Κόνδυλος = Kopf = Knochengelenk.

hälse, also die Gliedmassenelemente der idealen Wirbel, die hier dominieren und flächenbildend zum zentralen Schlussstein des «Beckengewölbes» verschmolzen sind.

Die letzten Halswirbel dagegen haben uns ganz die gegenteilige Entwicklung gezeigt. Nicht die Querfortsätze und Wirbelkörper gehen hier, wie im Beckenbereich, in Metamorphose, sondern polar dazu sind es nun die Wirbelbogen, die durch Ausweitung das dem Becken polare sphärische Knochensystem, den Schädel bilden.

Jetzt sind wir durchaus veranlasst, durch Vereinigung morphologischer und funktioneller Betrachtungsweise zum Ganzen der Wirbelsäule auch das Kreuzbein (Becken) und das Schädelsystem (besonders der Schädelbasis) hinzuzurechnen. Die vollständige Folge aller fünf Kurvaturen (Kyphosen und Lordosen) unserer rhythmisch gegliederten Säule nötigt uns sogar dazu: Zuerst die Brustkyphose als die reine Mitte gemeinsam mit dem Brustgerippe die rhythmischen Organe bergend. Nach unten anschliessend die Lendenstreckung, Ausdruck des organischen Aufrichtewillens. Von der Brustkyphose nach oben die Halsstreckung, Ausdruck bewusstseinserfüllter Aufrichtefähigkeit für das Haupt. Und jenseits der Lenden- und Halsstreckung die Polarität der Beckenkreuzbeinkyphose, welche die inneren Generationsorgane birgt, und die Schädelkyphose (Schädelkapsel), welche unser Bewusstseinsorgan, das Gehirn umschliesst.

Der *geistige Stab* unserer inneren Aufrichte wird von rhythmischer Kräftefolge umspielt, wobei seelische (streckende) und ätherische (umhüllende) Wirkungen im organischen Aufbau einander ablösen. Der Merkurstab mit der aufgerichteten Schlange ist Wirklichkeit.

Der Schädel

> Wie unser Haupt auf Rückenmark und Lebenskraft aufsitzt!
> Wie die ganze Gestalt als Grundpfeiler des Gewölbes dasteht,
> in dem sich der Himmel bespiegeln soll! Wie unser Schädel
> sich wölbt gleich dem Himmel über uns, damit das reine Bild
> der ewigen Sphären drinnen kreisen könne.   Goethe

Das Schädelskelett zeigt einen vollkommenen organisch-architektonischen Bau. Vom übrigen Skelett ist es am entschiedensten herausgegliedert und es verdient gegenüber diesem durchaus die Bezeichnung «das Haupt», denn es erscheint in seiner leiblich-seelisch-geistigen Einheit und Würde mit solcher Bedeutungskraft, dass der ganze übrige Organismus und eben auch der Skelettorganismus gegenüber dem «Hauptskelett» gleichsam untergeordnet wirkt.

Während die Gliedmassen in die Rumpfgestalt nur eingefügt erscheinen und die Gliederung eines Armes, eines Fusses als blosse Umkreisgliederung im Raume wirkt, spricht die Gliederung des Schädels unmittelbar den geistig physiognomischen Ausdruck des Menschenwesens aus. Was wir in der Rumpfgestalt und in der Gliedmassenperipherie als Vielheit in der Gliederung sehen, ist im Schädel zur Einheit zusammengefasst.

Um den geistig-seelischen Ausdruck der Schädelarchitektur hervorzubringen, bedient sich der Organismus auch hier einer polaren Komposition, nämlich der Sphärengestalt bei der Schädelkapsel (Kugelellipsoid), welche das Ganze bestimmt, sich aber besonders rein in Stirnhaupt, Scheitelhaupt und Hinterhaupt verwirklicht, und des Gesichtsschädels. Der Gesichtsschädel bildet im Antlitz des lebenden Menschen ebenfalls ein Ellipsoid, welches durch Stirnbildung, Augenstellung, Nasenbildung und durch Mund und Kinnbildung die intimste Formensprache der Persönlichkeit offenbart[18].

Das Gesicht, das Antlitz ist darin so bedeutend, dass es nicht nur wie alle übrigen Glieder vorwiegend durch Leibesbildung anschaubar ist, sondern dass es selber «schaut», durch die Augen etwas hervorleuchten lässt[19], durch die gesamte Mimik etwas ausspricht, was seelisch-geistige Bedeutung hat, was das Innere offenbart.

Dieses Antlitz ist in sich selbst wiederum «dreigegliedert». Vom Stirnhaupt erhält es die geistige Klarheit und Grösse, vom bewegten Mund, von der Kraft der Ober- und Unterkieferentwicklung den Ausdruck starken organischen Willens und aus dem Mittelbereich den lebendig beseelten individuellen Blick.

Der Gesichtsschädel gliedert sich also in:

Stirnhaupt (Os frontale)
Sinnesorganschädel (er umfasst Augenhöhle, Ohranlage und Nase)
Gliedmassenschädel (Ober- und Unterkiefer).

Die Schädelkapsel

Das vollkommenste Bild des Schädels im Sinne eines sphärischen Körpers ergibt sich beim Blick auf das Scheitelhaupt. Fünf Schalenknochen (das Stirnbein ist aus zwei Knochenkernen gebildet) fügen sich zum Aufbau des Kugelellipsoids zusammen und bilden eine vollkommen schützend gestaltete, im Charakter einer Eischale ähnliche Hülle. Schützende Hülle um das Gehirn zu bilden, ist hier die reine Aufgabe, in der die übrigen Skelettfunktionen (Stützen und Bewegen) aufgegangen sind. Wo sich die einzelnen Schalenknochen begegnen, ergeben sich Fugen, die sich im Laufe der Entwicklung mäandrisch verzahnen. Zwischen dem Stirnbein und den beiden Scheitelbeinen bildet sich so die Kranznaht. Die Scheitelbeine fügen sich entsprechend der Symmetrieachse in der Pfeilnaht zusammen. Das Hinterhauptbein fügt sich in kräftig mäandernder Verzahnung an die rückwärtigen Grenzen der Scheitelbeine mit der Lambdanaht an und bildet den kräftig knöchernen Pol zum Stirnbein.

Wir haben eben das «Eirund» des Schädels beim Anblick von oben hervorgehoben, in welchem sich das Ätherische im Physischen ausspricht (siehe Lymphkapitel). Da dem Knochen als dem «Erdig-Mineralischen» des Organismus immer eine, wenn auch meist ganz verdeckte Beziehung zum Kristall eignet, darf an dieser Stelle die kristalloide Grundstruktur des Schädelrundes erwähnt werden, welche besonders in den frühen Ossifikationsstadien (z.B. noch deutlich beim Neugeborenen) erscheint. Die Knochenschalen (Stirnbein [paarig], Scheitelbeine, Hinterhauptbein), die strahlig von Zentren (Knochenkernen) aus aufeinander zuwachsen, gestalten das Ganze zu einem deutlichen Pentagon.

Einen besonders eindeutig architektonischen Charakter zeigt der Schädelbau von der rückwärtigen Ansicht. Das Hinterhauptbein, abgesetzt gegen die hinteren Abschnitte der Scheitelbeine, verstärkt seine Knochenmassen in wellenförmigen Wülsten (Linien starker Muskelansätze) bis herab zu dem Knochenwall, der das grosse Hinterhauptsloch umschliesst und seitlich durch die Gelenkwülste (Condylen) zum Atlasgelenk verstärkt ist. Die warzenartigen Fortsätze der Schläfenbeine

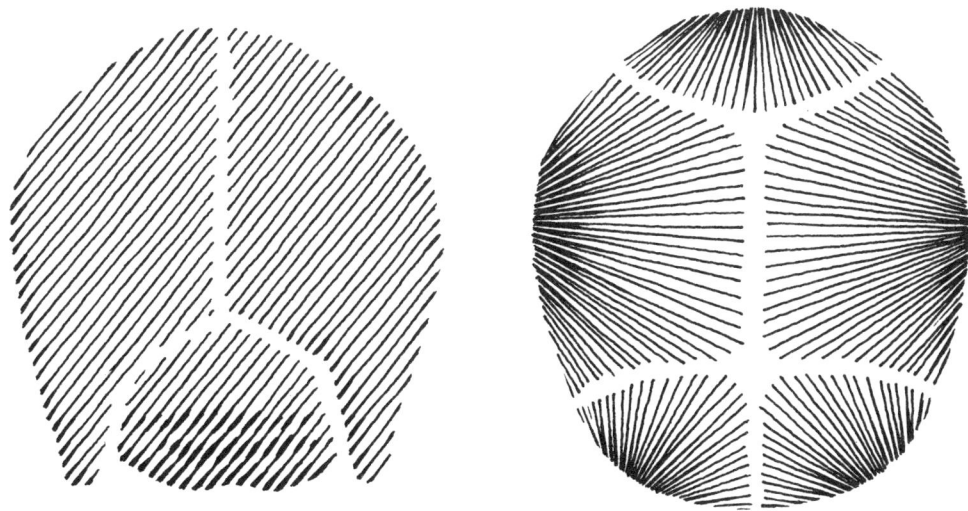

Abb. 10 (links): *Ansicht des Schädels von hinten*, warzenartige Fortsätze der Schläfenbeine.

Abb. 11 (rechts): *Schädelentwicklung aus fünf Knochenkernen.*

wirken wie seitliche robuste Stützpfeiler. Auch hier schimmert gewissermassen das Pentagon durch die sphärische Bildung hindurch.

Die Warzenfortsätze bilden sich erst nach der Geburt mit der Aufrichtung der Gestalt als Ausdruck der bis zum Haupte heraufreichenden Gliedmassenaktivität.

Der Gesichtsschädel

Das Stirnhaupt bildet den geistigen Pol des Gesichtsschädels. Seine Wölbung bringt bedeutungsvoll zur Anschauung, was es im Innern schützend birgt. Dabei steht es in charakteristischer Weise mit dem mittleren Schädelbereich im Zusammenhang dadurch, dass es das Dach der Augenhöhle und den Ansatz der Nasenwurzel bildet und vor allem dadurch, dass funktionell der mittlere Schädel gewissermassen in den Stirnbereich durch die Bildung der durchlüfteten Stirnhöhlen übergreift.

Den entschiedensten Gegensatz zum Stirnbein und überhaupt zu allen knöchernen Elementen, die die Schädelkapsel als «Kuppelbau» zusammenschliessen, stellt das Ober-Unterkiefersystem dar.

Ober-Unterkieferbereich (Gliedmassenschädel)

Ober- und Unterkiefer bilden gemeinsam das Gliedmassensystem des Schädels. Vor allem der Unterkiefer entspricht schon weitgehend dem Gliedmassentypus, indem er durch seine Äste der sphärischen Bildung des Hauptes entwächst. Charakteristisch für das Haupt ist am Unterkiefer, dass er sich zum Kinnbogen zusammenschliesst[20], also seine Gliedmassenäste sozusagen vereint. Die parabelförmigen Zahnbögen deuten auf diese Metamorphose hin.

Besonders deutlich ist am jeweiligen Gelenk und Muskelast des Unterkiefers der Gliedmassencharakter zu sehen. Die gliedmassenartige Streckung beider Äste zeigt schon hyperboloiden Bau, wie er bei den Gliedmassen besonders gegen die Peripherie zu immer deutlicher hervortritt. Das Gelenk des Unterkiefers ist in seiner embryonalen Anlage wie ein Oberschenkelgelenkkopf mit Trochanterknorren und Oberschenkelhals gebildet. Das durch den Kinnbogen vereinte, paarige Gelenk bildet ein Scharniergelenk[21].

Gegenüber den typisch radial gebildeten reinen Gliedmassen behält das Kiefersystem, bei hufeisenförmigem Zusammenschluss seiner Äste in der Einordnung unter die sphärische Formtendenz des Hauptes, dennoch ein Urphänomen aller Gliedmassenbildung bei, nämlich die aus der Peripherie einstrahlende Radialstruktur vieler Teile in loser Fügung, die Zähne[22].

Charakteristisch für die Hauptesbildung ist es nun, dass nur der Unterkiefer eine der Gliedmassenorganisation entsprechende Bewegung zeigt, die aber gegen den Oberkiefer exakt greift und mit ihm gemeinsam so das «Gliedmassenskelett» des Hauptes bildet. Die herrschende Formtendenz des Hauptes wird unmittelbar auch deutlich beim Vergleich zwischen Oberkieferbogen und Unterkieferbogen. Der Unterkieferbogen bildet am unteren Rand eine klare Parabel, am Zahn-Alveolar-Rand eine an die Ellipse angenäherte Parabel, während die Alveolarlinie des Oberkiefers bereits eine eindeutige Halbellipse bildet (Abb. 14).

Beim tierischen Schädel greift bereits der Oberkiefer viel weiter gliedmassenartig aus, denn hier bilden ja die Kiefer durchaus Greiforgane, während beim Menschen der Gliedmassencharakter des Kieferbereichs völlig in den Sprachbildungsorganismus umgewandelt ist und die Greiffunktion den Bewusstseinsfunktionen untergeordnet erscheint. Es stehen einander also in Stirn- und Kiefersystem höchste Ruhe und Abgeschlossenheit der Form und entschiedene Offenheit und Beweglichkeit der Bildung gegenüber. Die Mitte aber, die diese polaren Glieder in sich zur Steigerung bringt, vollendet erst die Gesichtsbildung durch den beseelten Gehalt in der Gestaltung des menschlichen Antlitzes.

Der Sinnesorganschädel

Die mittlere Organisation des Schädels zu beschreiben ist eine besondere Aufgabe, da der Schädel ja in seiner Ganzheit wie kein anderes Glied des Organismus die Dreigliedrigkeit offenbart, wobei gerade hier der Mitte – dem Sinnesorganbereich des Schädels – wieder durch Mannigfaltigkeit der Form und der Funktion die grösste Bedeutung zukommt.

Die Sinnesorgane im Ganzen der Organisation können erst an späterer Stelle unserer Arbeit dargestellt werden, da uns hierzu jetzt noch die notwendigen Elemente fehlen. Hier soll nur soviel gesagt sein: Die Sinnesorganisation bildet zwischen Blut- und Nervenorganisation eine funktionelle Mitte, eine höchste Steigerung des organischen Lebens überhaupt.

Der unserer Betrachtung vorliegende mittlere Bezirk des Schädels (Abb. 13) zeichnet sich dadurch aus, dass er in sich zugleich drei der wichtigsten Sinnesorgane in der knöchernen Raumgestaltung ausspart und aufnimmt[23]: das Auge, das Ohr und den Geruchsinn.

Das Auge repräsentiert unter diesen drei Sinnesorganen in seiner Funktion und im Ausdruck seiner sphärischen Gestalt das bewussteste, im Sinne der Dreigliederung dem Kopf am nächsten zugeordnete Organ[24]. Das Auge ist am ent-

---

Abb. 12: *Gesichtsschädel von vorne.* Klare Dreigliederung; «Stirnhaupt»; «Sinnesorganschädel» (Augenhöhlen, Nasenöffnung); «Gliedmassenschädel» (Ober- und Unterkieferbereich).

Abb. 12

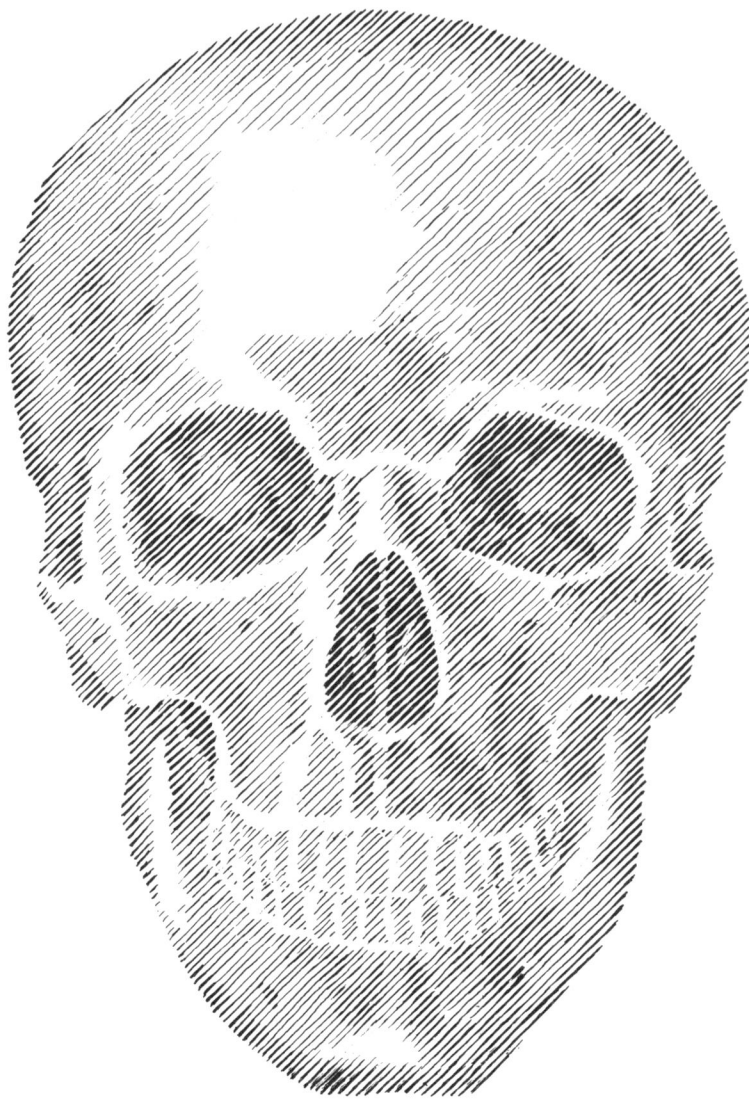

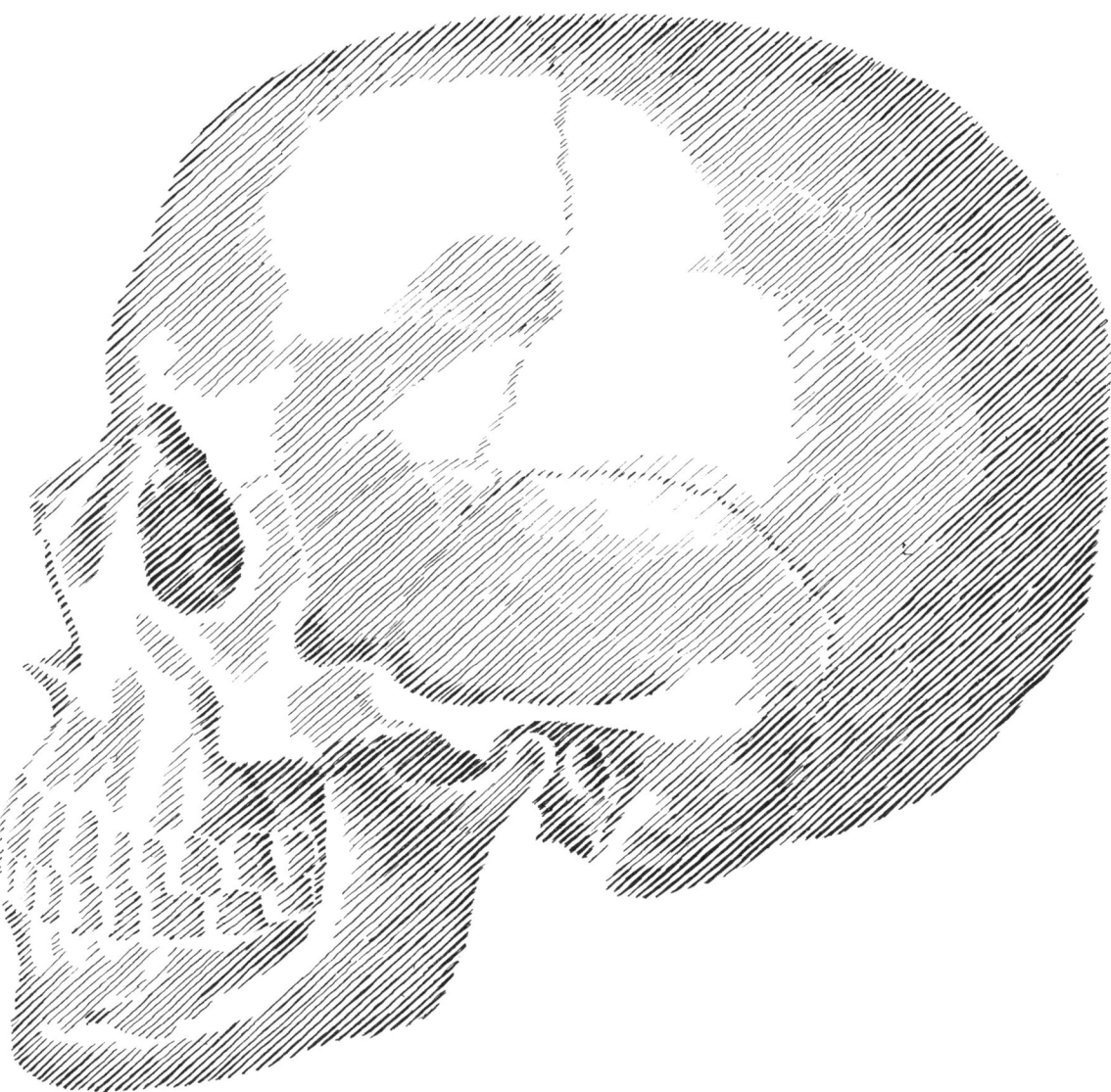

Abb. 13

schiedensten «Nervensinnesorgan». Die Augenhöhlen des Schädels fügen sich aus den Teilen von sieben Knochen zusammen:

> Nasenbein
> Stirnbein
> Jochbein
> Oberkieferbein
> Tränenbein
> Siebbein
> Keilbein

Diese bilden deutliche Hohlpyramiden, deren Kanten die Spalten offen lassen, durch die Nerven und Blutgefässe aus dem Schädelinneren in die Augenhöhlen treten. Der «Sehnerv» tritt durch eine eigene Öffnung in der Gegend der Pyramidenspitze in die Augenhöhle ein.

Im Gegensatz zum Auge, das ganz in die freie Raumeswelt hinaus orientiert ist, ist das Ohr tief in das Felsenbein hineinversenkt und eingekapselt. Als statisches und akustisches Doppelsinnesorgan erscheint es einerseits mehr dem Gliedmassensystem, andererseits mehr dem Stoffwechselsystem in seinem Charakter zu entsprechen[25].

Auf das Gliedmassenelement im Ohr deuten schon Hammer, Amboss und Steigbügel, die drei zartesten Gebilde unseres Skeletts. Sie bilden gewissermassen ein Skelett im Skelett, wie das Felsenbein ein Schädel im Schädel genannt werden könnte, wozu sowohl seine Gestalt als auch seine Knochenhärte auffordern.

Die Lymphströme im Innenohr und im Bogengangsystem des Gleichgewichtsorgans akzentuieren das Stoffwechselwesen im Sinnesorganbereich.

So charakterisiert sich das Ohr vorzugsweise als «Stoffwechsel-Gliedmassensinnesorgan».

Das Felsenbein schliesst in sich die Ohrschnecke, die drei Bogengänge und das Mittelohr (mit der Brücke, die durch Hammer, Amboss und Steigbügel vom Trom-

---

Abb. 13: *Schädel in seitlicher Ansicht.* Stirnhaupt mit oberem Augenrand (margo supraorbitalis), die Kranznaht, die Schläfenbeinschuppe und das Hinterhauptbein. b) Sinnesorganschädel: Augenhöhle, Nasenhöhle, Backenknochen (maxilla), Gehörgang (porus accusticus externus). c) Gliedmassenschädel: Oberkieferbein (maxilla), Unterkiefer (mandibula). – Man beachte vor allem den Gliedmassencharakter des hinteren Unterkieferastes mit dem Gelenkköpfchen und Hals. Wichtig für die Architektur des Gesichtsschädels ist besonders das Nasenbein, das Wangenbein (os zygomaticum) und der anschliessende Jochbogen, sowie hinter der Öffnung des äusseren Gehörgangs das Warzenfortsatzbein.

Abb. 14: *Oberkieferbogen* (Zahnleiste und Alveolen sind nur angedeutet), elliptische Rundung. *Unterkieferbogen*, paraboloide Bildung.

melfell zum ovalen Fenster der Ohrschnecke gebildet wird) ein. Das Schläfenbein umschliesst den äusseren Gehörgang.

Zwischen und unterhalb der Augen- und Ohrregion des Sinnesorganschädels gestaltet sich die atmende Mitte, der Nasenraum aus, als unmittelbare Entsprechung des rhythmischen Atemsystems der Brust, mit dem Geruchsinnesorgan.

Bei der Geburt ist die atmende Mitte charakteristischerweise noch nicht vollständig ausgebildet. Gehirnschädel und Stoffwechselgliedmassenschädel sind noch nicht durch die Mitte harmonisiert. Zwischen den Kräften des Nerven-Bewusstseinspols und des Stoffwechsel-Willenspols muss sich die atmende Mitte erst aus der Funktion heraus entfalten.

Diesen mittleren Abschnitt des Gesichtsschädels können wir den *pneumatischen* Schädel nennen, denn es ist der atmende Mensch selber, der ihn aufbaut und mittels des Atemstroms durchgestaltet.

Abb. 15 und 16: *Die pneumatischen* (beatmeten) *Räume des Schädels in Frontal- und Seitenansicht.* Man beachte die Ausdehnung dieser Räume, die projektiv in einer Ebene gezeichnet sind. Die Seitenansicht (Abb. 16) zeigt die gleichen pneumatischen Höhlen in ihrer räumlichen Folge: a) Stirnhöhle, b) Siebbeinzellen, c) Kiefernhöhle (sinus maxilaris), d) Keilbeinhöhle (unter der Hypophysengrube in der Schädelbasismitte), e) Mittelohr mit Ohrtrompete (tuba auditiva, gestrichelt) und f) die hinter dem Ohr gelegenen pneumatischen Zellen des Warzenbeins.

Abb. 15

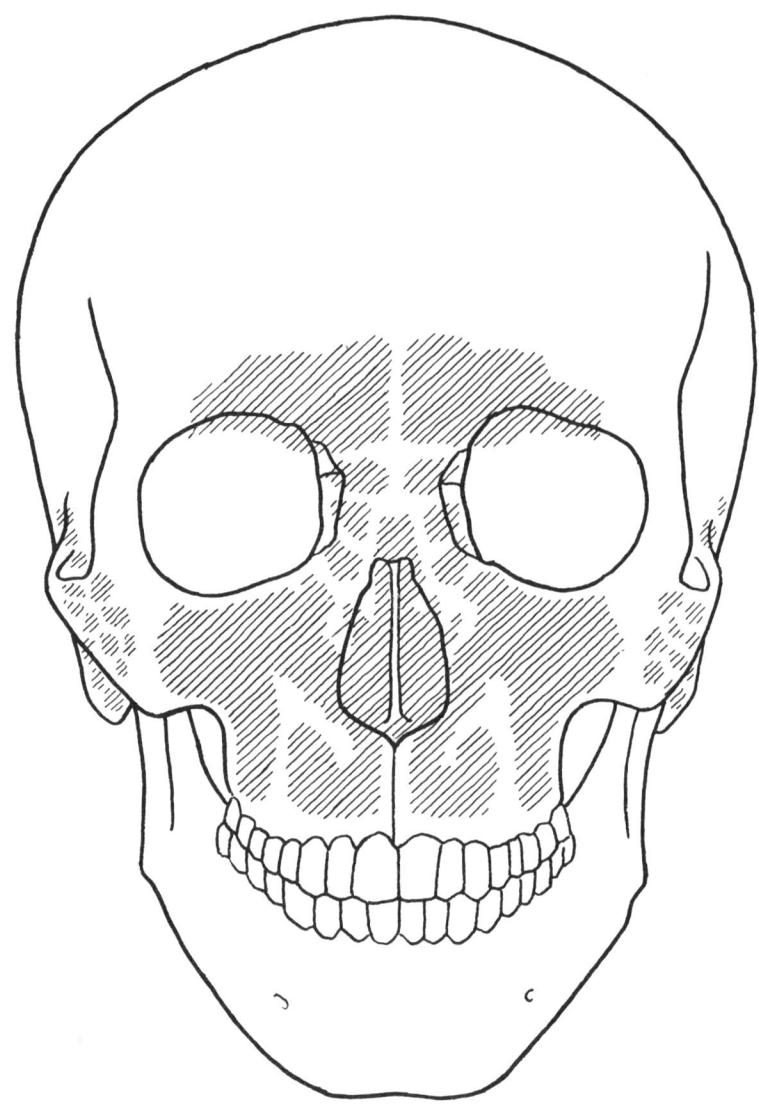

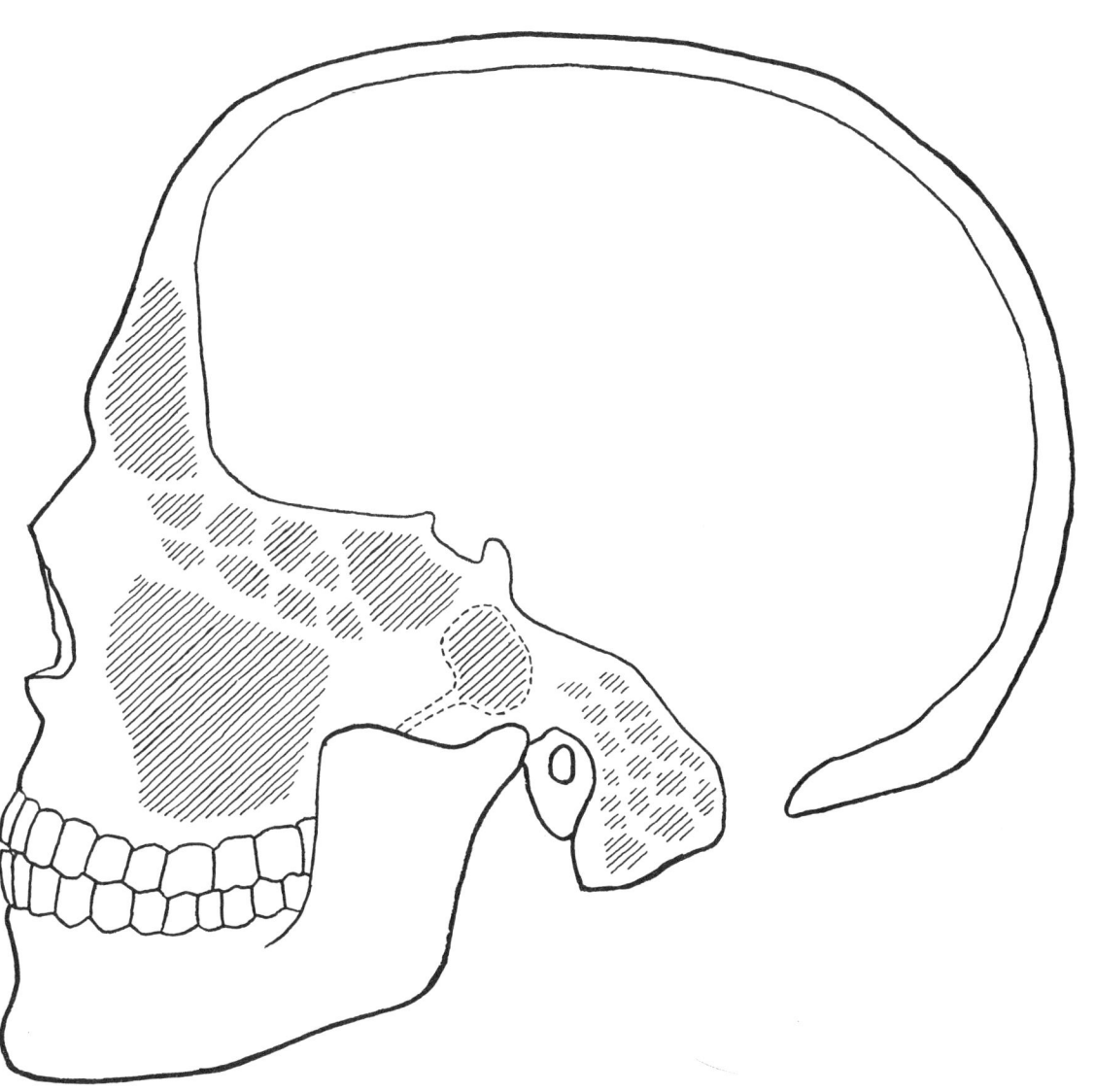

Abb. 16

Der pneumatische Teil des Sinnesorganschädels fügt sich aus folgenden Schädelknochen zusammen:
Die in ihrer Grundform dreieckige knöcherne Nasenöffnung (Apertura piriformis*) bildet sich aus dem

        Nasenbein
        Tränenbein
        Oberkieferbein.

Im Innern der Öffnung: Pflugscharbein (untere Mitte)
        Perpendicularplatte (obere Mitte)
        drei Nasenmuscheln (seitlich).

Neben der eigentlichen Nasenöffnung befinden sich im Atmungssystem der Nase noch weitere pneumatische Räume (Nasennebenhöhlen):

        Stirnhöhle
        Siebbeinzellen
        Keilbeinhöhle
        Kieferhöhle.

Das pneumatische System greift bei der Stirnhöhle über die Mitte hinaus nach oben, bei den Kieferhöhlen gegen den «Gliedmassenschädel» zu, bei den Siebbeinzellen und bei der Keilbeinhöhle greift es in den Bereich der Schädelbasis hinüber und im Bereich des Felsenbeins erweitert es im Mittelohrbereich die Paukenhöhle und dringt noch weiter hinterhauptwärts bis in die Warzenfortsätze, wo es noch recht eindrucksvoll ausgeweitete Zellenräume bildet.

Über die Bedeutung des pneumatischen Systems hat man viel herumgerätselt und in der wissenschaftlichen Literatur letztlich wenig darüber ausgesagt[26]. Und doch spricht die Signatur dieser ausgedehnten Mitte eine bedeutsame Sprache. Zunächst hatten wir Veranlassung, die Atemorganisation des Schädels, den Nasenraum innerhalb des Sinnesorganschädels zwischen das «Nerven-Sinnesorgan» (Auge) und das «Stoffwechsel-Sinnesorgan» (Ohr) in die Mitte zu stellen. Jetzt erkennen wir, dass diese Mitte durch die Nasennebenhöhlen die Sinnesorgane überflügelnd umgreift: Die Stirnhöhle das Auge, die Warzenbeinzellen das Ohr. Die zusammenfassende Besprechung der Atmung wird über die pneumatischen Räume des Schädels und über ihre Entwicklung mit Inspiration und Exspiration noch Wesentliches eröffnen. Bei der reinen Betrachtung des Schädelskeletts müssen wir zunächst auf alle diese funktionellen Zusammenhänge verzichten. Um so mehr drängt sich uns die Bedeutung der Nasennebenhöhlen für den architektoni-

* Apertura (lat.) = Öffnung; piriformis = birnenförmig.

schen Bau des Ganzen auf. Sie bilden den mittleren Funktionsbereich zwischen den vom Gehirn ausgehenden sphärischen Formkräften, die den Kuppelbau der Schädelkapsel bestimmen, und den Zugkräften, die von der Kaumuskulatur über die Kiefer den Aufbau mächtiger Verstärkungspfeiler (Unterkiefer, Oberkiefer, Jochbein, Warzenfortsatz) bewirken. (Auch die Zugkräfte, die den Schädel im Gleichgewicht tragen, wirken verstärkend auf die Knochenpfeiler des Warzenfortsatzes und des Hinterhauptes[27].) Die pneumatischen Höhlen aber, die sich weitgehend erst nach der Geburt entwickeln, geben der Gesichtsarchitektur im ganzen Mittebereich bis in die Mittelachse der Schädelbasis hinein (Siebbeinzellen, Keilbeinhöhle) die innere funktionelle Aufrichte und Leichtigkeit, die dem Bau die physiognomische Freiheit und Würde verleiht[28].

Die Entwicklung des dreigliedrigen Schädels

Die Schädelbasis, der Gesichtsschädel und die Schädelkuppel als Einheit

Jeder, der den Schädel von unten betrachtet, kann leicht zu dem Eindruck gelangen, dass das Hinterhauptbein mit der grossen Hinterhauptsöffnung und den seitlichen Gelenkswülsten ein ausgeweiteter und eingeschmolzener Wirbel ist. Diese Beobachtung führt uns zu der Frage nach der Schädelentwicklung überhaupt. Goethe war es, der im Jahre 1790 auf dem Judenfriedhof in Venedig an einem auseinandergeborstenen Schöpsenschädel zum erstenmal die Idee von der Wirbelnatur des Schädels fasste[29]. Die Betrachtung der Schädelbasis führt uns nun ebenfalls in diesen Fragenkreis.

Die Schilderung des Schädels aus der Polarität des sphärischen Gehirnschädels, der Kuppel des ganzen Gebäudes und des Gesichtsschädels, bleibt unvollständig, solange nicht die Schädelbasis als das wesentlichste Bindeglied und Zentralstück zwischen diesen Polen dargestellt ist.

Das Stirnbein und das Schläfenbein (mit der Felsenbein-Pyramide) bilden gemeinsam mit dem Hinterhauptbein, das schon unmittelbar zur Schädelbasis zählt, die Kuppelwölbung der Schädelkapsel. Sie fügen sich aber beide zur vorderen und mittleren Schädelgrube so an die Glieder der zentralen Schädelbasis an, dass sie ebenfalls an der Schale der Basis mitbilden, die das Gehirn trägt.

Die zentralen Knochen der Schädelbasis liegen in der Längsachse, und zwar vorn, zwischen den basisbildenden Teilen des Stirnbeins: das Siebbein, in der Mitte das Wespenbein (Keilbein), hinten das Hinterhauptbein.

Gerade diese Mittelachse der Schädelbasis, mit dem zentralen Wespenbein als dem knöchernen Zentrum des ganzen Schädels, führt uns zu den Entwicklungstatsachen des Knochensystems, wie wir sie schon bei der Betrachtung der Wirbelsäule aufgesucht haben. Wenn wir die Schädelentwicklung verstehen wollen, haben wir wieder von der funktionellen Morphologie der Wirbel in ihrer Gliederung von Wirbelkörper, Wirbelring und Wirbelfortsatz auszugehen. Wir haben festgestellt, dass in dieser Wirbelgliederung die Urkräfte aller Skelettbildung veranlagt sind, die sich nun auch für die Schädelentwicklung bewähren sollen.

Zunächst haben wir die Segmentation des perichordalen Mesenchyms, dessen rhythmische Gliederung von der Chorda dynamisch induziert wird, zu betrachten, die zuletzt zur rhythmischen Gliederung der Wirbelkörper und Zwischenwirbelscheiben führt. Ernst Haeckel als Zoologe und Gegenbauer als Anatom waren der Meinung, die segmentale Gliederung der Wirbelorganisation sei von der niederen Tierwelt herauf das Ergebnis vegetativer Sprossung. Beide Forscher erlebten bei dem Prozess der Gliederung vor allem das ätherische Wachstum.

Neuere Forscher sahen in der Teilung des Mesenchyms zu regelmässig und scharf abgeformten Segmenten die Induktion der nervalen Formkräfte. Die neuesten Ergebnisse zeigen aber den Entwicklungsweg weder von der einen noch von der anderen Seite her einseitig bestimmt. Das Mesenchym, aus dem Bindegewebe, Muskulatur und das Skelett hervorgehen, sammelt sich um die Chorda dorsalis zunächst in völlig kontinuierlichem Fluss. Dieses Mesenchym gliedert sich als Ganzes noch vor der Differenzierung der spinalen Nervensegmente. Ebenso vollzieht sich das Wachstum in jedem vorgebildeten Gliede, also nicht sprossend.

Diese Urwirbelbildung ist der Grundvorgang jeder später folgenden Segmentierung, derjenigen des Nervensystems und des Eingeweide-Ernährungssystems[30]. Hier handelt es sich um den rhythmischen Bildeprozess der mittleren Organisation, bei dem die ätherisch-vegetativen und die animal-astralischen Bilde- und

---

Abb. 17: *Architektonische Raumgliederung des inneren Schädelbaues:* a) der Gehirnkapselraum mit Gewölbedach (calvaria) und Schädelbasis. Letztere gliedert sich in die vordere Schädelgrube, die Hypophysengrube und der zur Schädelbasis gehörenden Neigungsfläche (clivus) zur hinteren Schädelgrube mit der grossen Hinterhauptsöffnung. b) Mittelraumverhältnisse: zum Stirnbein übergreifend die Stirnhöhle, zur Schädelbasis übergreifend die Keilbeinhöhle (die übrigen pneumatischen Räume liegen seitlich und sind im Sagittalschnitt nicht sichtbar). Nasenraum mit Nasenscheidewand, vom Oberkiefer rückwärts strahlend das Pflugscharbein, nach unten der knöcherne Gaumen mit dem «foramen incissivum» (Zwischenkieferregion, Goethe). c) Mundhöhle: Gaumenwölbung oben; von Ober- und Unterkiefer gebildet: der «Gliedmassenschädel». Beim Unterkiefer hinten oben der Gelenkast (prozessus condylaris mit ramus mandibulae) und der Unterkieferkörper mit dem für den Menschen so charakteristisch ausgebildeten Kinn (mentum).

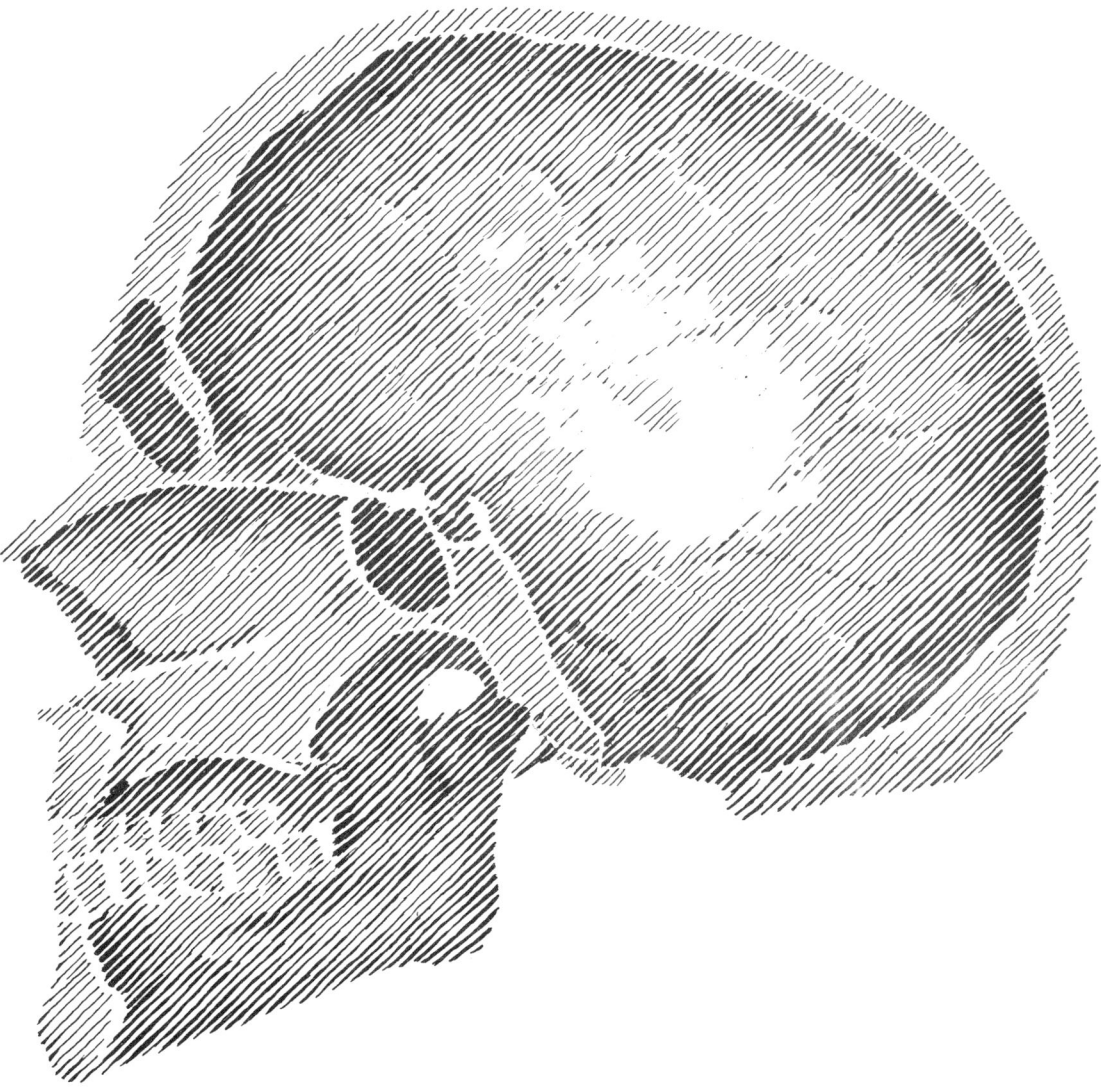

Abb. 17

Abb. 18

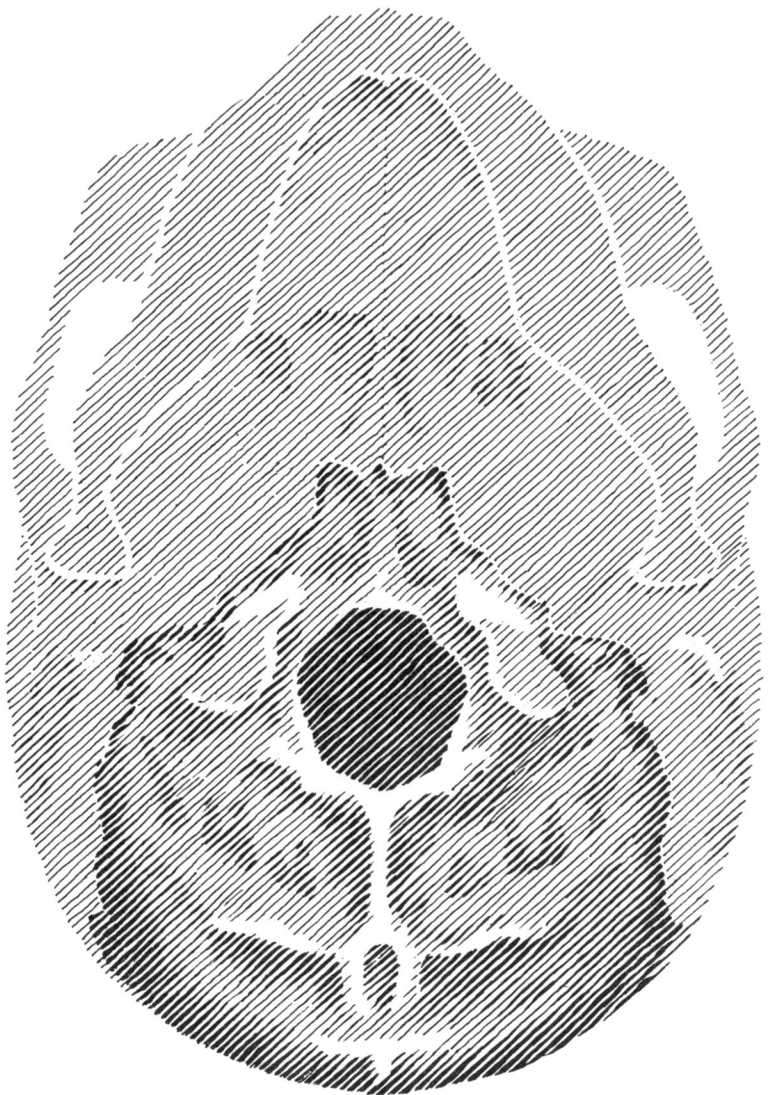

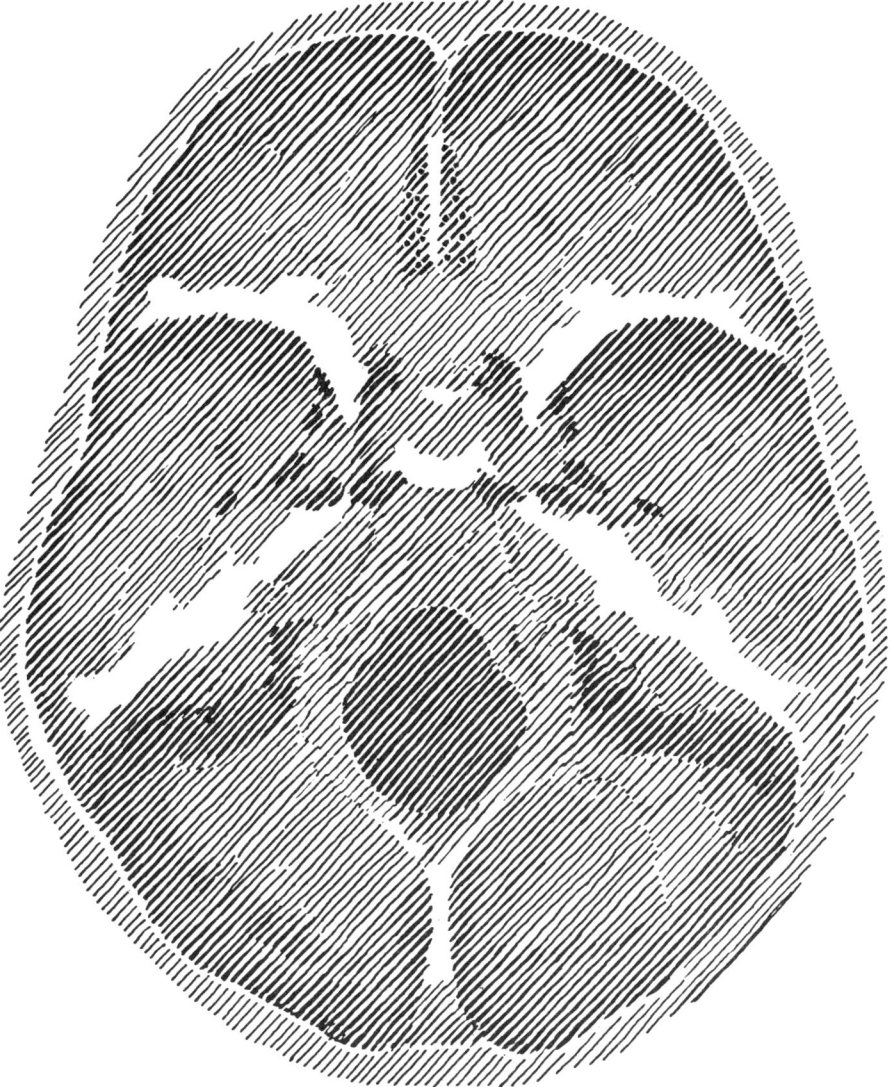

Abb. 19

Formkräfte im Wechsel zur Wirkung kommen. Aber in dem blossen Wechsel der ätherischen und astralischen Funktionskräfte haben wir noch nicht das Wesentliche des Bildeprozesses, denn bevor sie zur Wirksamkeit kommen, ist schon die Rückensaite und der sie umgebende Mesenchymstrom veranlagt, die Urfunktion der Aufrichtekraft des Ichs, in der wir auch das eigentliche Regulativ im rhythmischen Prozess, die steuernde Mitte der organischen Kräftepolarität sehen, ohne welche die blosse Wechselwirkung astral-ätherischer Kräfte unfruchtbar wäre und bald zum Erliegen kommen müsste. Alle organische Entwicklung geht aus diesen entelechisch gesteuerten rhythmischen Prozessen hervor. Dies gilt für die Entwicklung der Wirbelsäule im besonderen und der Rumpforganisation im allgemeinen. Alle diese Funktionen und Gestaltformen sind nun für den Schädel durch Metamorphose auf eine wesentlich höhere Bildungsstufe heraufgehoben, in der dennoch im Sinne Goethes der Urtypus ablesbar ist. Wir dürfen also nicht erwarten, im Schädel lediglich umgebildete Rumpfwirbel wieder zu entdecken. Im Sinne der Dreigliederung gilt für Kopfsystem, Rumpfsystem und Gliedmassensystem bei aller Übereinstimmung des Urtypus jeweils ein eigenes vorherrschendes Gesetz, das sich durch die morphologische Entwicklung frühzeitig geltend macht, uns aber deshalb nicht völlig vom Urtypus zu trennen braucht.

Abb. 18: *Schädel von unten:* a) Hinterhaupt mit den mächtigen Hinterhauptschuppen. b) Rhythmische Region der Gefäss- und Nervenöffnungen. c) Der stark gegliederte Vorderschädel: 1. Oberkieferregion, 2. die Jochbeinbögen, 3. die Gaumenflügelfortsätze des Keilbeins (nicht dargestellt), 4. um die grosse Hinterhauptsöffnung (foramen occipitale magnum) die walzenförmigen Gelenke zum Atlas. Mehr oder weniger deutlich sind in dieser Region beim Originalschädel etwa drei erweiterte und miteinander verschmolzene Wirbel in der Knochenmasse zu erkennen (Goethe).

Abb. 19: *Schädelbasis* in der Aufsicht *von innen* (Dreigliederung der Schädelgruben). a) Vordere Schädelgrube, vom Stirnbein über den Augenhöhlen gebildet. In der Mittelachse das Siebbein mit dem Mittelkamm (crista galli), Siebbeinplatte mit Siebbeinlöchern. b) Mittlere Schädelgrube und Wespenbein mit den grossen und kleinen Flügeln. In der mittleren Vorderfront des Wespenbeins der vordere Sattelrand (sella turcica, Türkensattel) mit den beiden Sehnervenaustrittskanälen. Nach hinten der hintere Sattelrand und die Neigungsfläche (clivus) zur grossen Hinterhauptsöffnung. c) Seitlich zweigt, vom hinteren Sattelrand des Wespenbeins durch eine tiefe Furche getrennt, das Felsenbeinpaar in einem Winkel von etwa 40 Grad nach hinten aussen ab. Das Felsenbein birgt in sich das statisch akustische Sinnesorganpaar. d) Hintere Schädelgrube: sie wird hauptsächlich vom Hinterhauptbein (os occipitale) gebildet, das die grosse Hinterhauptsöffnung nach hinten abschliesst.

Für die Schädelentwicklung erhebt sich nun die Frage: wie weit lässt sich die Chorda, die der Urwirbelbildung zugrunde liegt, auch in der Schädelentwicklung nachweisen[31]?

Die Entwicklung der Schädelbasis geht von der Chorda dorsalis aus, ebenso wie die Entwicklung der Wirbelsäule, nur steht sie hier unter der Herrschaft anderer Kräfte. Im Brustbereich bildeten sich in jedem einzelnen Urwirbel drei Glieder*, die Chorda bildete dabei das Zentrum der rhythmisierten Säule. Im Haupt hat das Mesenchym, das die Chorda begleitet, ein anderes Schicksal. Es bildet sich hier vielmehr eine einheitliche mittlere Platte, welche schon jetzt an ihren Rändern, Golfen vergleichbar (Rudolf Steiner), Räume für Ohr, Auge und Nase offen lässt. Die Chorda selbst ist in der Mittelachse bis zur Hypophysengrube, bis ins Zentrum des Wespenbeins nachzuweisen. Auch vor dem vorderen Chordaende sammelt sich Mesenchym und wandelt sich knorpelig zur Anlage der Nasenkapsel, welche mit der übrigen Schädelbasis verschmilzt. Auffallend ist es, dass im ganzen Schädelbereich für die Chorda und das sie umfliessende Mesenchym keine rhythmische Gliederung mehr eintritt, im Gegenteil. Die ätherischen und astralen Kräfte wirken hier nicht mehr rhythmusbildend, sondern gehen direkt in die Vorbereitung der Nerven- und Sinnesorganbildung über.

In der knöchernen Schädelbasis aber, vor allem im Wespenbein erscheint in der physischen Bildung die reine Ichorganisation. Während das Ich in der Wirbelsäule die Aufrechte induziert, wirkt es im Schädelbasisbereich als Träger der grossen Sinnesorgane. Wir können bei diesem Schädelanteil vom Ichorganisationsschädel sprechen.

Wie aber kommt es zur vollen Schädelbildung?

Über der Schädelbasis, dem Skelett der Ichorganisation, entfaltet sich das mächtige Gehirn, so dass das ursprüngliche Nervenrohr gewissermassen gesprengt wird und die Nervensubstanz in die volle Gehirnsphäre auswächst.

Nun aber überwölbt sich die voll entwickelte Gehirnnervensphäre aus der mitwachsend lebendig-häutigen Hülle zur dreigliedrigen Schädelkuppel von Stirnbein, paarigem Scheitelbein und Hinterhauptbein, Knochenbildungen, die in ihrer Einheit und Gestalt an das «Hautskelett» des Eirundes erinnern können. Auch diese knöcherne Hülle hat sich gewissermassen von aussen – oder wenn man will «von oben» – zum Ganzen hinzugefügt. (Man spricht von Beleg- oder Deckknochen.)

Was hier kugelellipsoider Abschluss und Hülle des Gehirns ist, war beim Urwirbel sphärisch umschliessender Rückenmarksnervenring. Das Gehirn schliesst alles zu einer Einheit zusammen. Es kommt hier nicht mehr zu einer rhythmischen

---

* Wirbelkörper, Wirbelring, Wirbelfortsatz.

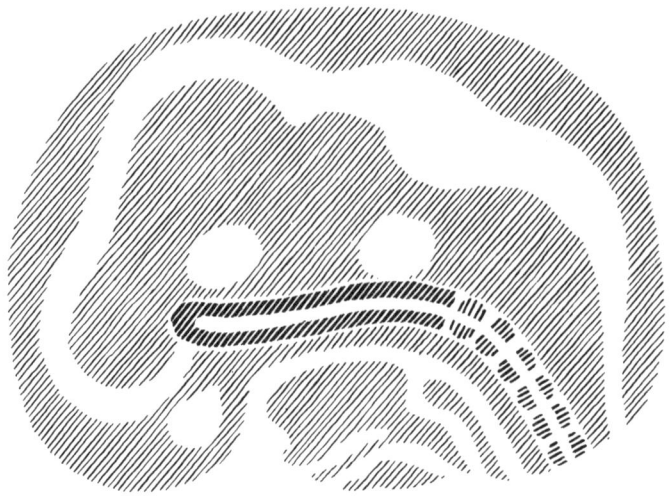

Abb. 20: *Schema der embryonalen Schädelbasisentwicklung.* Die chorda dorsalis erscheint im Schädelbasisbereich ohne rhythmische Somitengliederung (in der Zeichnung weiss gelassen) mit homogenem parachordalem Mesenchym (schwarz schraffiert). Nasenbläschen (birnenförmig); Augenbläschen, oben über der chorda; Ohrbläschen über der chorda mehr nach hinten gelagert. Im Umkreis ist Vorder-, Mittel- und Hinterhirnanlage durch Schraffur angedeutet (nach Hamilton, vereinfacht).

Gliederung, sondern zur geschlossenen Kuppel, deren Bildung rein ätherischen Charakter zeigt.

Zum Ichorganisationsskelett der Schädelbasis fügt sich das *Ätherskelett*, das Eirund der Schädelwölbung.

Beim Gesichtsschädel finden wir ebenfalls keine unmittelbare Verwandlung aus Elementen der Urwirbel, dagegen eine durchgreifende Metamorphose des atmenden Kiemenskeletts[32], das bei niederen Tieren (Fischen und Amphibien) als Kiemenspangen – ähnlich wie Rippen – das Brusteingeweide umschliesst. Diese Kiemenorganisation ist bei den im Wasser atmenden Tieren durchaus seelenleiblicher, astralischer Natur. Die Metamorphose dieser Brustorgane zum Haupte hin führt hauptsächlich zur Gestaltung jenes Teiles des Gesichtsschädels, den wir Gliedmassenschädel genannt haben (Ober- und Unterkiefer)[33].

Der Schädel als Ganzes besteht daher aus dem Schädelanteil des *Ichorganisationsskeletts* (Schädelbasis, unmittelbare Metamorphose der Urwirbelsäule), aus dem Anteil des *Ätherskeletts* (Schädelwölbung, Belegknochen) und aus dem *Astralskelett* (Gesichtsschädel – Gliedmassenschädel, Metamorphose des Kiemenskeletts).

Es besteht damit eine Dreigliederung der Ganzheit des Schädels, die unmittelbar aus den Wesensgliederfunktionen hervorgeht. Die Funktionen jedes Wesensgliedes treten als «Organisatoren» eines der drei Schädelbereiche auf. In weitgehender Selbständigkeit sind sie durch die übergeordnete Funktion des Bewusstseinspoles zur Einheit komponiert.

Im Urwirbel waren die Glieder in gleicher Weise wesenhaft vereinigt: «Körper», «Ring» und «Fortsatz» des Wirbels in dichter Verbindung von Wirbel zu Wirbel in rhythmischer Folge. Im Haupte kommen die rhythmischen Funktionen zur Ruhe, dafür weitet sich das Ganze zu einem architektonisch anmutenden Bau, bei welchem der Körper zur Basis, der Ring zur Schale, der Fortsatz zum Gliedmassenschädel verwandelt und gesteigert ist.

Bei aller Verschiedenheit zwischen Wirbelskelett und Hauptskelettbildung besteht so eine echte Metamorphose zwischen beiden im Sinne Goethes. Der Schädel ist dabei das vollendetere, reifere Glied[34], das in seiner Entwicklung dem Rumpfskelett vorangeht. In ihm erscheint früh der physiognomische Ausdruck der Persönlichkeit. Die Rumpforganisation und das Rumpfskelett dagegen verharren länger in keimhafter Indifferenz.

> Doch mir Adepten war die Schrift geschrieben,
> Die heil'gen Sinn nicht jedem offenbarte,
> Als ich inmitten solcher starren Menge
> Unschätzbar herrlich ein Gebild gewahrte,
> Dass in des Raumes Moderkält' und Enge
> Ich frei und wärmefühlend mich erquickte,
> Als ob ein Lebensquell dem Tod entspränge.
> Wie mich geheimnisvoll die Form entzückte!
> Die gottgedachte Spur, die sich erhalten!
> Ein Blick, der mich an jenes Meer entrückte,
> Das flutend strömt gesteigerte Gestalten.
> Geheim Gefäss, Orakelsprüche spendend,
> Wie bin ich wert, dich in der Hand zu halten,
> Dich höchsten Schatz aus Moder fromm entwendend
> Und in die freie Luft, zu freiem Sinnen,
> Zum Sonnenlicht andächtig hin mich wendend!
> Was kann der Mensch im Leben mehr gewinnen,
> Als dass sich Gott-Natur ihm offenbare:
> Wie sie das Feste lässt zu Geist verrinnen,
> Wie sie das Geisterzeugte fest bewahre.
>
> Goethe, Schillers Reliquien

Das Brustskelett (Gerippe)

Was sich als Formung im pneumatischen Sinnesorganschädel in weitgehend starrer Verhärtung ausgebildet findet, das erscheint beweglich im Brustskelett. Die Brustkorbmitte, diese Mitte des Ganzen, ist im Gegensatz zur «Schädelmitte» (vor allem des pneumatischen Schädels) aus dem übrigen Skelett vollkommen herausgegliedert; denn gegen das Haupt und gegen das Becken ist der Brustkorb durch Gestaltengen, durch die nur stengelhaft tragende Hals- und Lendenwirbelsäule abgesetzt.

Wenn wir das Skelett als Ganzes betrachten, zeigt sich uns in der Mitte eine Steigerung polarer Kräfte. Diese polaren Kräfte sind die Sphäre bildenden Kopfkräfte und die radial wirkenden Gliedmassenkräfte. Die Steigerung ist in der Vereinigung der sphärischen Gestalt und der radialen Bewegungsfunktion gegeben.

Aber die Steigerung über eine blosse Poldurchdringung hinaus liegt darin, dass die aus dem radialen Umkreis stammende Bewegungsfunktion des Brustsystems der innerlichen, seelisch-geistig bestimmten Rhythmusbewegung dienstbar gemacht wird, und dass die schützende Sphärengestalt des Brustkorbs sich hinwiederum vollständig aus den Elementen der dynamischen Bewegungsgestalt in jeder einzelnen Rippe aufbaut. Verinnerlichung der radialen Umkreiskräfte bedeutet Inspiration; Ausweitung der inneren (eigen-seelischen) Kräfte Exspiration.

Das Kugelellipsoid des Hauptes wiederholt sich nicht in der Brustgestalt, sondern es erscheint eine neue, höher dynamisierte Bildung, die dem Gliedmassenartigen – wir wollen es vorläufig als zylindrisch-radial charakterisieren – entgegenkommt.

In der Kräftevereinigung des Sphärischen und des Radialen wird die gesamte Rumpfgestalt (unter Einschluss von Schulter und Beckengürtel) verständlich.

Aber der Brustkorb zeigt seine eigenen Gestalt- und Funktionskräfte noch

---

Abb. 21: *Das Brustskelett* (Gerippe), Ansicht von vorne. 1. Gliederung: a) Wirbelsäule = Rückgrat, b) Brustbein = Brustgrat, c) Rippen. – 2. Rippen, Gelenkansätze an der Wirbelsäule: a) Rippengelenkköpfchen, b) Rippenhals, c) Rippenkörper (nur bei der ersten Rippe sichtbar). – Unterschiede zwischen gebundenen und freien Rippen (10., 11. und 12. Rippe sind nicht durch Knorpelbrücken mit dem Brustbein verbunden, sondern frei). Besonders zu beachten: obere Brustkorböffnung, erster Brustwirbel, erste Rippe und Knorpelverbindung zum Brustbein fast rund. Untere Brustkorböffnung bei 10., 11. und 12. Rippe paraboloid erweitert. Bei 9., 8., 7. und 6. Rippe bildet sich durch miteinander verwachsene Knorpelbrücken der untere Rippenbogen (arcus costalis).

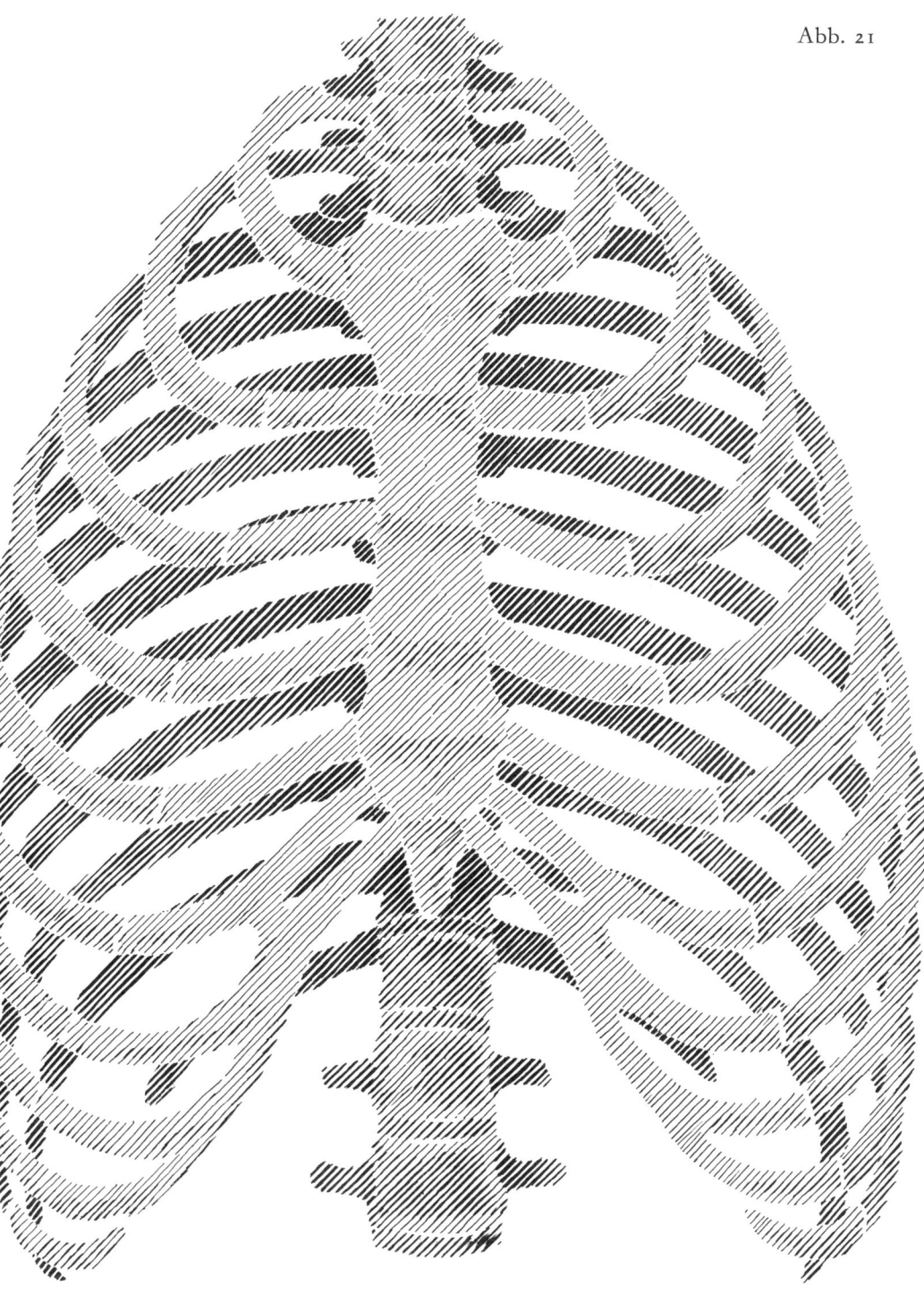
Abb. 21

deutlicher auf: Der obere Pol des Thorax* ist vom ersten bis zum vierten Rippenbogen entsprechend der Kopfgestalt eindeutig sphäroid gestaltet. Das untere Drittel des Thorax von der achten bis zur zwölften Rippe dagegen zeigt der Radialgestalt angenäherte, gestreckte Rippenbogen. Die oberen Rippenbogen verhalten sich in ihrer Geschlossenheit vorwiegend inspirativ, die unteren in ihrer Streckung dagegen vorwiegend exspirativ. Der fünfte, sechste und siebente Rippenbogen halten die vollkommene Mitte, indem sie in der Hebung sich der Sphäre, in der Senkung sich der Streckung leicht annähern.

Es ist für das Brustskelett, für die Mittelsphäre unseres Gerippes, bezeichnend, dass wir ihm keine eindeutige Gestaltbestimmung geben können. Das war beim Kugelellipsoid des Schädels durch die charakteristische feste Fügung der Teile noch möglich. Beim Brustkorb aber ist das Ganze beweglich und die Funktionskräfte bewirken einen dauernd rhythmisch sich vollziehenden Gestaltwechsel durch Inspiration und Exspiration. Das gesamte menschliche Leben vollzieht ja diese grosse Inspiration und Exspiration in den Lebensaltern, im Jahres- und Tageslauf bis herab zum einzelnen Atemzug und zu Systole und Diastole des Herzens.

In der Kindheit und Jugend hält sich der Gesamtthorax in relativer Inspirationsstellung, also vorwiegend sphärisch; im späteren Alter dagegen in relativer Exspirationsstellung, vermehrt radial gestreckt.

Diese Polarität der Inspirations- und Exspirationsstellung des Brustkorbes ist auch in der Polarität des männlichen und weiblichen Thorax ausgeformt. Der weibliche Organismus, der im Physischen das Ätherische stärker bewahrt, behält im Brustkorb deutlich den kindlichen sphärischen Typus bei (Inspiration – Leichte). Der männliche Organismus dagegen, entschiedener physisch-astralisch organisiert, wirkt im Brustkorb straffer, das Rippensphäroid erscheint im Ganzen in deutlicherer Streckung und Senkung (Exspiration – Schwere). In dieser Stellung verliert er etwa um das dreissigste Lebensjahr langsam seine inspiratorisch hebende und exspiratorisch senkende Beweglichkeit und erstarrt nach und nach, während der weibliche Thorax die Atmungsbewegung weitgehend bis ins höhere Alter behält.

Der Typus des Brustkorbes darf im Ganzen, gegenüber dem Kugelellipsoid des Hauptes, als ein Ellipsoparaboloid aufgefasst werden. Die Polarität der elliptischen und der parabolischen Funktionen wogt in Ein- und Ausatmung gegeneinander. Diese mathematisch nicht eindeutig fassbare Gesamtgestalt des Thorax kommt durch die Folge der mit den Brustwirbeln zusammengeschlossenen Rippenbögen zustande. Die Rippen bilden «Glied um Glied» eine Kurvenschar, die in ihrem Zusammenschluss am Brustbein zugleich ein schützendes System wie die

---

* Thorax = Brustkorb von θώραξ = Panzer.

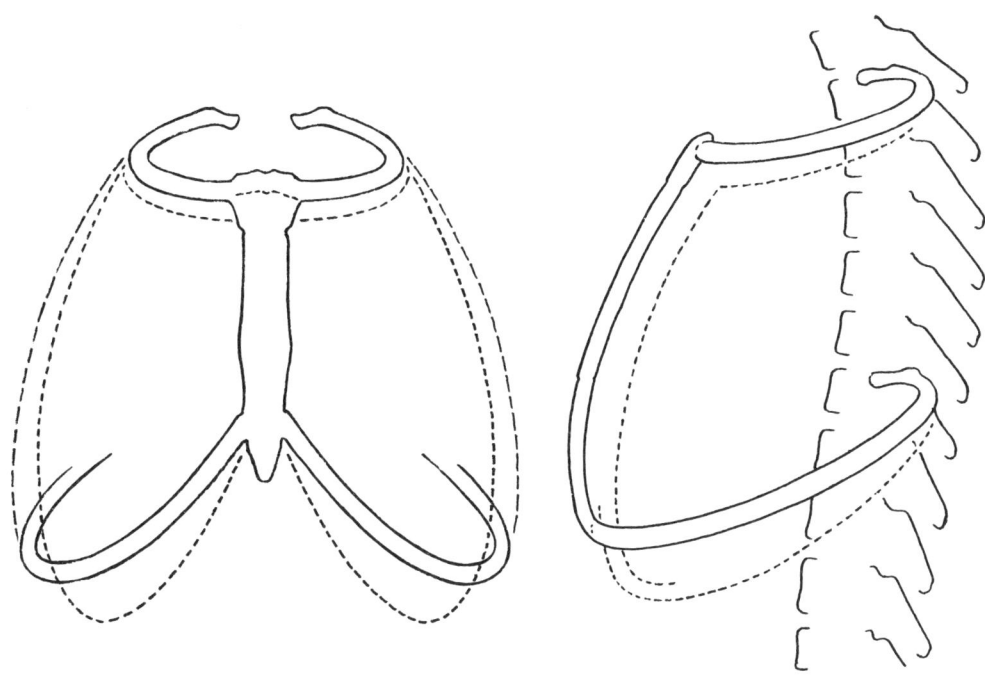

Abb. 22: *Hebung und Senkung der Rippen und des Brustbeins bei Inspiration und Exspiration.*

Gehirnschale und ein Bewegungssystem wie die Gliedmassen bildet, beides in völliger Vereinigung.

An jeden einzelnen Wirbel schliesst sich ein Rippenpaar, fast wie echte Gliedmassen gestaltet, an[35], und zwar mit Gelenkkopf am Wirbelkörper (Rippenköpfchen, Rippenhals – dem Oberschenkelhals vergleichbar) und dem Rippenkörper. Rippenkopf und zweiter Gelenkansatz am Wirbelquerfortsatz bilden gemeinsam ein echtes «Scharniergelenk».

Alle Rippenbögen sind mit dem Brustbein durch Knorpelbrücken verbunden (echte Rippen), nur drei Rippenpaare endigen frei[36].

Die Dreigliedrigkeit der Bildung ist auch hier vollkommen verwirklicht. Der Wirbelanteil des geschlossenen Rippenbogens ist das Gestaltungszentrum, denn die Rippen sind in ihrer Bildung vom Urwirbelsystem ausgegangen, auch sind in der Embryonalzeit Rippen und Wirbelfortsätze am Anfang noch identisch.

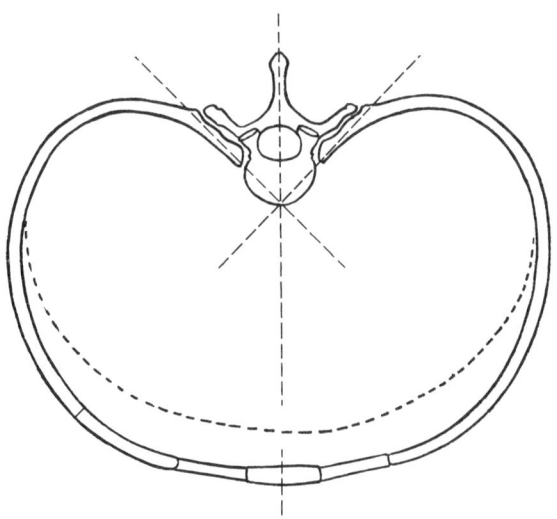

Abb. 23: *Rippenbogen und Rippenwirbelgelenkverbindung* zu einem der Brustwirbel (Rippenköpfchen, Rippenhals, Rippenhöcker). Darstellung der Gelenkachsen durch den Rippenhals. Die punktierte Linie zeigt die Rippensenkung bei der Exspiration; Rippenhebung bei Inspiration ist ausgezeichnet.

Die Rippenkörper selber stellen den rhythmisch organisierten Mittelteil dar. Das alle Rippenbogen knorpelig zusammenfassende Brustbein ist in Gestalt und Funktion wieder entschiedener vom Vegetationsorganismus her bestimmt[37]. Es ist daher charakteristisch, dass es sich weitgehend der Verknöcherung entzieht und im Knorpelzustand verharrt.

Das Becken

Das Becken ist das Skelett des Lebenskräftepols. Es ist tiefer als der Brustkorb in die Rumpfgestalt einbezogen und innig mit den unteren tragenden und bewegenden Gliedmassen verbunden.

Nach oben trägt es die Wirbelsäule und in seiner weiten Schale die unteren Lebensorgane.

Nach unten bildet es eine Einheit mit den tragenden-schreitenden Gliedmassen. Beide Oberschenkel sind in die die Waage haltenden Hüftbeine des Beckens mit ihren mächtigen Kugelgelenkköpfen eingelassen. Von ihnen aus nimmt das Becken die tragend-stützenden Funktionen im Stehen und Schreiten gleichgewichtig auf und leitet sie wie über «Schwingbögen» in ihrer Architektur durch den Beckenring zum Kreuzbein, dem «Schlussstein» des Beckengewölbes, dem «Grundstein» der aufgerichteten Wirbelsäule.

Das Becken gliedert sich in drei Gefügeglieder. Zuerst im Zentrum das Kreuzbein, von dem wir schon im Zusammenhang mit der Wirbelsäule sprachen, und die beiden Hüftbeine. Sie bilden gemeinsam den Beckengürtel oder Beckenring. Die beiden Hüftbeine vereinigen sich vorn in der Schossfuge (Symphyse), wo sie eine überaus dichte Bändervereinigung eingehen; auch zu dem Kreuzbein sind die Hüftbeine durch eine elastisch dichte «Verbänderung» im Sinne von Scheingelenken angefügt, so dass eine gewisse Nachgiebigkeit bei grosser Festigkeit erreicht ist.

Das Hüftbein besteht wiederum aus drei knöchernen Anteilen, die bis zur Pubertät getrennt bleiben und ihre Fugen genau in der Hüftgelenkpfanne vereinigen. Zu oberst das Darmbein, nach vorn das Schambein, nach hinten unten – mit dem Schambein gemeinsam eine ovale Öffnung bildend – das Sitzbein.

In sich gliedert sich das Becken in das grosse Becken, das sich nach oben wie eine flache Schale öffnet, und in das kleine Becken, das durch eine «Grenzlinie» vom oberen grossen Beckenraum deutlich geschieden ist. Das kleine Becken, von der Kreuzbeinkyphose und den inneren Flächen des Schambeinringes und des Sitzbeines gebildet, schliesst in seiner oberen Öffnung beim männlichen Becken einen herzförmigen, beim weiblichen einen mehr querovalen Raum ein. Der untere Beckenausgang ist viel kleiner und durch elastische Bänder zwischen den Knochenteilen, vor allem zwischen Kreuzbein und Sitzbein, teilweise abgeschlossen. Das männliche Becken ist enger und höher, das weibliche weiter (queroval) und niedriger gebaut.

Während der Schädel zur ganzen Gestalt dadurch in «Opposition» steht, dass er sich am meisten herausgegliedert und in allen seinen Teilen weitgehend abge-

---

Abb. 24: *Becken und Beckengürtel* (weiblicher Typus). 1. In der Mitte das Kreuzbein als Basis der Wirbelsäule. 2. Die beiden Hüftbeine, auch Darmbeine genannt, mit dem Kreuzbein durch ein «Scheingelenk» mit überaus starker Verbänderung zusammengefügt; vorne durch die beiden Schossfugenäste ebenfalls durch «Verbänderung» dicht verbunden (Schossfuge = Symphysis). 3. Die beiden Sitzbeinkufen bilden mit der Kreuzbeincavität das «kleine Becken» (der Beckendurchgang, durch die linea terminalis nach dem grossen Becken zu begrenzt, weiblich queroval, männlich längsoval ausgebildet). Zu beachten ist vor allem noch die Artikulation der mächtigen Gelenkköpfe der Oberschenkelknochen in ihren Kugelgelenkpfannen.

Abb. 24

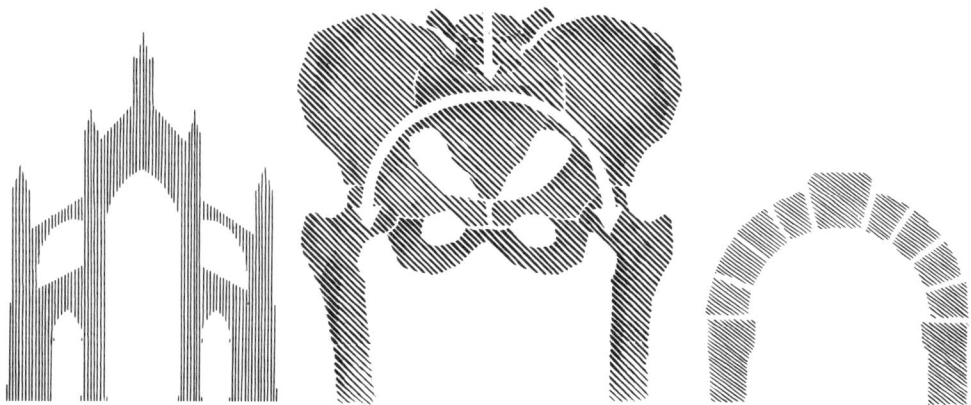

Abb. 25: *Architektur des Beckenbaues:* Kreuzbein als «Schlussstein» des «Gewölbes», Oberschenkel als «Pfeiler».

schlossen hat, erscheint das Becken umgekehrt in allen Teilen entfaltet und zu unmittelbarer Kräfteverbindung zu Rumpf und Gliedmassen aufgeschlossen.

Die Beckengestalt wird uns noch verständlicher, wenn wir ihre Orientierung zu den Lebensorganen des Rumpfes und zu den Bewegungsfunktionen der unteren Gliedmassen betrachten.

Die Bezeichnung des dritten Gliedes unserer Organisation als «Stoffwechsel-Gliedmassensystem» (Rudolf Steiner) wird in der Einheit und in der gleichzeitigen Doppelbeziehung des Beckens zu den unteren Gliedmassen wesenhaft anschaulich.

Die obere Beckenschale nimmt ja die unteren Peritonealorgane*, das Darmsystem, auf (Darmbeinschaufeln). An ihrer Aussen- und Innenfläche setzt die mächtigste Bewegungsmuskulatur, die Hüft- und Oberschenkelmuskulatur an.

Die Generationsorgane dagegen nehmen (vor allem beim weiblichen Organismus unmittelbar anschaulich) zwischen dem Ernährungssystem und dem Bewegungssystem unterhalb der Grenzlinie des grossen Beckens zum kleinen Becken extraperitoneal wiederum eine eigene Mittelsphäre ein. Die männlichen Generationsorgane ausserhalb des Beckens sind dagegen gliedmassenhaft organisiert.

In die Beckenöffnung, von oben herabblickend, lässt das Skelett des Beckenrings einen imponierenden freien Raum, der in seiner Weite und Offenheit das Erlebnis der Polarität zum abgeschlossenen Schädelrund unmittelbar weckt.

* Peritoneum = das Herumgespannte = Bauchfell; Peritonealorgane = Organe innerhalb des Bauchfells.

Die Raumordnung in der inneren Schädelbasis und die Raumordnung im Beckengrund zeigen auffallende Analogien, die wir nicht übergehen wollen: hier drei in der Sagittalrichtung einander folgende Schädelgruben mit der Hypophysengrube (Türkensattel) im Zentrum und mit den diagonal seitlich zu diesem Zentrum einstrahlenden Felsenbeingraten, die das innere Ohr bergen. Im Becken – im

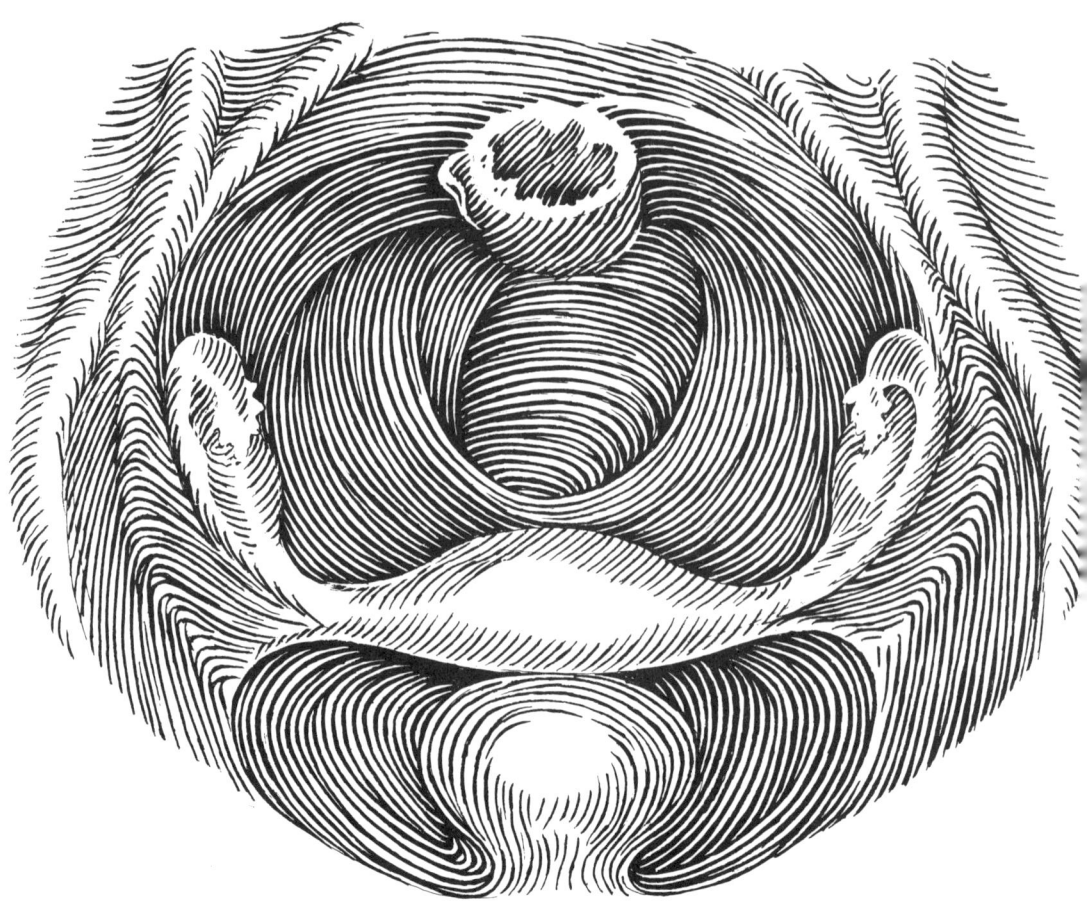

Abb. 26: *Die Weichteilorgane im weiblichen kleinen Becken*, von oben: Vorne Blase; Mitte Uterus mit den Tuben und den beiden Mutterbändern und dem linken und rechten Ovarium; hinten der retrouterine Raum mit Rektum = Enddarm (nach Corning). Man ziehe zum Vergleich Abb. 19, die Schädelbasisebene, heran: Metamorphosenbeziehung zur Beckenbodenebene.

Zentrum –, nur bindegewebig von seitlich hereinstrahlenden Bändern getragen, der Uterus. Als hinterer Abschluss einer seitlichen Vertiefung die Ovarialtuben (Tuba ovarii) mit den seitlich rückwärts gelegenen Ovarien, vor dem Uteruskörper die kleinere Blasengrube, hinter ihm die grössere Beckengrube, durch die der Enddarm hindurchzieht (Excavatio vesicouterina, Excavatio rectouterina).

Die Organe, die diesen Raum ausfüllen, sind also nicht verknöchert, bilden keine feste Basis, aber die Analogie der Raumordnung und die Organbeziehung zwischen Hypophysengrube, Hypophyse und dem Lebensorganismus des Uterus, wie auch die Analogie der Lage zwischen Ovarium und Ohr, sollen nicht unbeachtet bleiben; es liegt eine bedeutsame Oben-Untenspiegelung vor. Formpol und Lebenspol erscheinen wie Stufen des Zeitorganismus, in dem Vergangenheitskräfte oben, Zukunftskräfte unten wirken. Vollkommene Gestaltbildung Haupt – entschiedene Lebensdynamik Becken – stehen einander gegenüber.

Das Gliedmassenskelett (Gebein)

> Wollen Sie daher studieren, wie sich in den äusseren Leibesformen der Welt der Wille offenbart, so studieren Sie Arme und Beine, Hände und Füsse.
> Indem wir in der Welt herumgehen, indem wir handelnd auftreten in der Welt, sind wir der Mensch der Gliedmassen.
>
> Rudolf Steiner

Mit dem Gliedmassenskelett treten wir in den dritten Bereich des knöchernen Baues ein, der die Organe trägt. Wir sind dem Gliedmassenelement schon mehrmals begegnet. Den Lendenteil der Wirbelsäule zum Beispiel fanden wir gegenüber ihrem übrigen Bau gliedmassenverwandt. Auch bei den Rippen fanden wir, besonders bei den untersten, freien, den Charakter der Gliedmassen angedeutet. Vor allem aber erkannten wir die Kiefer des Schädels als echte Metamorphosen des Gliedmassensystems, die hier allerdings den Formkräften des Hauptes unterworfen sind.

Wir können von einer dreifachen Gliedmassenorganisation des Skeletts sprechen, die jeweils zu einem der Glieder des Ganzen Bezug haben:

1. Die Kiefer zum Schädel*
2. Die Arme zum Brustkorb-Schultergürtel
3. Die Beine zum Becken.

* Siehe Rudolf Steiner, Allgemeine Menschenkunde.

Die reinste Manifestation des Gliedmassenprinzips findet sich natürlich da, wo es sich gewissermassen in seinem eigenen Bereich, in der vollkommenen Polarität zur Hauptesbildung ausbilden kann. Gerade in den unteren Gliedmassen, unmittelbar der Beckenorganisation eingefügt, spricht sich das Gliedmassensystem am kräftigsten aus.

Um das Bildungsprinzip der Gliedmassen im Typus zu erfassen, gehen wir in unserer Betrachtung wieder vom Urtypus des Skeletts aus, von der Wirbelsäule, und innerhalb dieser vom einzelnen Wirbel des mittleren Brustabschnittes. Zugleich erinnern wir uns hier noch einmal der eingangs angeführten Skelettfunktionen «Schützen», «Stützen» und «Bewegen». Im Schalenskelett des Schädels verwirklicht sich die schützende Funktion, am Wirbel findet sie sich im Wirbelring, der das Rückenmark umhüllt. Im Brustskelett fanden wir die Funktionen des Schützens und Bewegens zugleich ausgebildet. Für das Gliedmassenskelett bleiben uns nun noch die Funktionen des Stützens und Bewegens, durch die sie ihre Willensfunktion für das Ganze aussprechen. Die zylindrische Gestalt des Wirbelkörpers ergibt die Funktionsgestalt der «Stützfunktion». Was im zylindrischen Wirbelkörperbau nur keimhaft anschaulich ist, offenbart sich im eigentlichen Gliedmassenbereich, vor allem der tragenden Gliedmassen, vollständig; die zylindrische Form als stützende Funktionsgestalt vereinigt sich mit dem Gestaltprinzip der reinen Gliedmassenfunktion, die wir urbildhaft als Radialprinzip zu charakterisieren haben[38].

Gegenüber dem Sphärenbau des Schädels und dem Schalenbau des Beckens bilden die Gliedmassen den «Strahl» aus. Das Gliedmassenskelett ist ein Strahlenskelett. Für das Erlebnis der menschlichen Gestalt ist diese Polarität besonders wesenhaft. Das Kleinkind lebt zuerst ganz im Erleben der Kugelgestalt. Kindermalereien zeigen bis zum dritten Jahr meist dieses Kugel-Kopferlebnis in den immer wiederholten Kreis-Spiral-Kugelbildern. Eines Tages fügt sich dann plötzlich das radiale Element hinzu, und die menschliche Gestalt ist, wenn auch nur als «Kopf-Füssler» (noch ohne Mitte) im polaren Erlebnis vorhanden[39]. Erst nach

---

Abb. 27: *Das männliche und das weibliche Skelett:* Dreigliederung als konstituierendes Prinzip der ganzen menschlichen Gestalt. Die männlich-weibliche Polarität ist im Hinblick auf Proportion und Wesensgliederkonstitution zu betrachten. Die Unterschiede sind vor allem bei der Schädelwölbung, bei der Brustkorbbildung und bei den Beckenproportionen zu beachten. Die Gelenkgefüge sind beim weiblichen Skelett lockerer. (Die Zeichnung wurde nach Dürers Kupferstich «Adam und Eva» angefertigt. Es wurden dabei Originalskelette genau vermessen. Dürer ging bei seinem Stich bereits von exakten Proportionsstudien aus.)

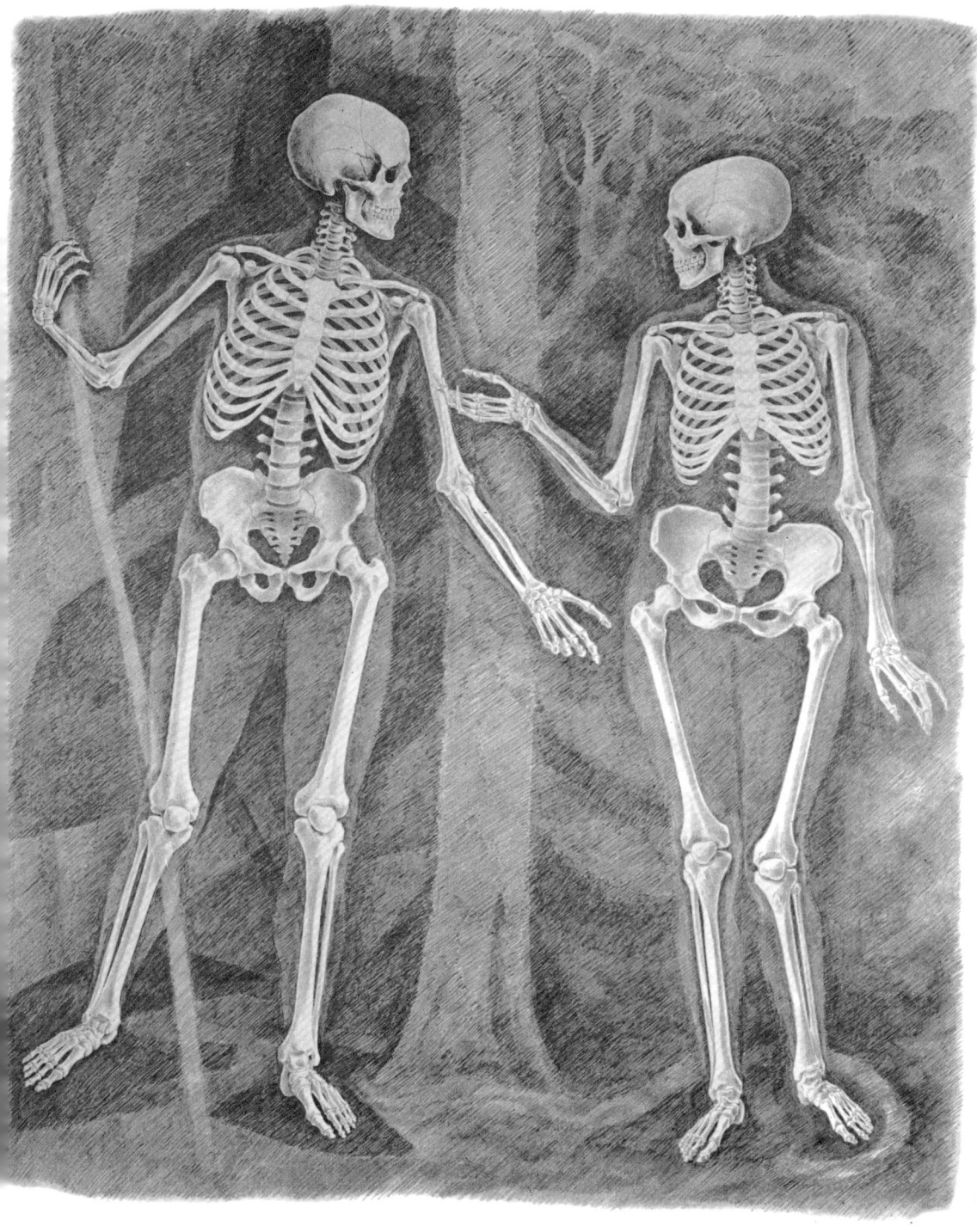

Abb. 27

und nach, mit dem fünften, sechsten bis siebten Jahr, tritt zum Kopf- und Gliedmassenerlebnis dann das Bild des Rumpfes in den Kinderzeichnungen auf.

Um das Wesen der Gliedmassen zu verstehen, haben wir unseren Blick auf die Dynamik ihrer Entwicklung zu richten. Wieder gehen wir von der Mitte der Organisation aus, von der mittleren Wirbelsäule. Hier umgreift das Knochensystem einerseits schützend das Rückenmark (Wirbelring), andererseits durch die Rippen den Brust-Eingeweideraum; es bildet also um Rückenmark und Eingeweideraum «Achtertouren». Aus dieser funktionellen Urform des Knochensystems der Mitte bildet sich bei Entfaltung des Nervensystems nach oben mit der Dehnung der hinteren Lemniskate der Nervenpol des Skeletts, der Schädelraum. Nach unten neigen und öffnen sich die Rippen immer mehr und der von ihnen umfasste Bogen wird immer weiter. Die Rippen erreichen schliesslich das Brustbein nicht mehr, sondern bilden sich zu flacheren und flacheren Bogenstücken um, die ergänzt einen immer grösseren Kreis bilden müssten. Die letzten Rippen orientieren sich schon nahezu in die Senkrechte der unteren Gliedmassen ein[40]. Während sich so die Rippenschleife der Lemniskate mehr und mehr erweitert und öffnet, verengt sich gleichzeitig die Wirbelschleife immer mehr.

Die Gliedmassen erweisen sich nunmehr bei einer dynamischen Betrachtungsweise als Funktionsglieder unendlich grosser Lemniskatenäste, deren Gegenpol, die Rückenmarksschlinge, verkümmert ist. Die hintere Lemniskatenschlinge ist verschwunden, die vordere, unendlich grosse, hat sich um neunzig Grad in die Richtung der Erdschwere gedreht[41]. Die dynamische Bedeutung dieser Anschauung ist erst ganz ausgeführt, wenn wir uns sagen, dass die Polarität Kopf-Gliedmassen noch weiteres ausspricht: Der Enge der Schädelkapsel, Bild der räumlich irdischen Endlichkeit, steht das Strahlenprinzip der Gliedmassen als Bild unendlicher Raumeskräfte gegenüber. Was am oberen Pol zum Abschluss kam, ist im Gliedmassenbereich – morphologisch-funktionell gesprochen – offen geblieben. Hierin spricht sich aber das Entwicklungsprinzip des Gliedmassenskeletts selbst aus: Es ist eingegliedert aus den Kräften des Umkreises.

Wenn wir die Embryonalentwicklung des Skeletts betrachten, so finden wir, dass tatsächlich das Gliedmassenskelett aus der Peripherie entsteht und zentralwärts auf das Achsenskelett zuwächst. Zuerst bilden sich die Strahlen der Finger und Zehen, dann die der Mittelhand, des Mittelfusses, der Arme und Beine und verhältnismässig spät gliedern sich die Achsenstrahlen von Oberarm und Oberschenkel in Schulter und Beckenorganisation ein. Dies ist das Ergebnis neuester Untersuchungen: Schon die Rippenbildung fügt sich aus der Peripherie gegen die Zentralachse zu ein, geht also weder von der Nervenanlage noch von der Chorda aus und erweist sich damit als Gliedmassen-verwandt. Die Glieder bilden aber sogar ein «selbstdifferenzierendes System», das sich unabhängig von den nervlichen Zentren entwickelt. Man hat hier ganz erstaunliche Tatsachen gefunden: Wenn Gliedknospen von Embryonen verpflanzt werden, ehe Nervenfasern in sie eingewachsen sind, dann differenzieren sich die Gliederenden dennoch normal. Ja sogar wenn Ursegmente (mesenchymale Substanz, die den Gliedknospen zugrunde liegt) zerstört oder entfernt werden, so entwickelt sich dennoch die Muskulatur des betroffenen Gliedes in seiner gewöhnlichen Weise. Es bleibt noch die Frage, ob das Mesoderm der Gliedknospe fähig ist, eine eigengesetzliche Differenzierung zu bewirken, oder ob sogar das darüberliegende Ektoderm massgeblich in den Prozess der Gliedmasseneinstrahlung und -einformung einbezogen ist. Dies ist ja bei den Zähnen der Fall, die wir an den Gliedmassen des Schädels als die periphersten Glieder durchaus in Analogie zu Fingern und Zehen entstanden denken können. Vom Ektoderm aus senkt sich die Zahnleiste, eine einfache Verstärkung des Mundepithels, in das tieferliegende Mesoderm ein und gliedert sich dabei bis zur Ausbildung der Zähne, die man als radial vereinfachte, extrem sklerotisierte «Eingliederungen» auffassen kann, die wie in funktionslosen Gelenken in ihre Alveolen eingefügt sind.

Bei Markierungsversuchen an Hühnerembryonen und Amphibienlarven hat es sich gezeigt, dass der aktivste Wachstumsteil eines Gliedkeimes seine äusserste Peripherie ist, also nicht seine Wurzelzone. Gliedmassen wachsen und gliedern sich also von aussen nach innen und gewinnen erst zuletzt Anschluss an das Rumpfskelett, an Schulter- und Beckengürtel. Der Bewegungsorganismus hat seine eigene kosmische Dynamik. Auch das Kreislaufgeschehen, die kapillare Venenperipherie und die umkreisbildende Lymphströmung müssen hier mitbetrachtet werden, wenn das Wesen einströmender, ernährender, bewegender und Willen anfachender Kräfte aus dem «Umkreis» verständlich werden soll.

Abb. 28: *Skelett der linken Hand.* Ansicht vom Handrücken (pronation). Die sieben Handwurzelknochen bilden gemeinsam ein kompliziertes Kugelgelenk. An Speiche (Radius, rechts) und Elle (Ulna, links) anschliessend: 1. Kahnbein, 2. Mondbein, 3. Dreiecksbein, und über dem Mittelhandknochen des Daumens beginnend von rechts nach links: 4. Vieleckbein (os trapezium), 5. trapezoides Bein (os trapezoideum), 6. Hauptbein, 7. Hakenbein. Es folgen die fünf Mittelhandknochen und zuletzt die dreigliedrigen Finger. Nur der Daumen ist zweigliedrig.

Abb. 29: *Linker Fuss* (Fussgewölbebrücke). 1. Schienbein (Tibia) und Wadenbein (Fibula), Ansatz in gelenkiger Verbindung zum Sprungbein (Talus). 2. Sprungbein, 3. Hakenbein (Calcaneus), 4. Fusswurzelknochen: a) Kahnbein, b) Cuboid, c) drei keilförmige Fusswurzelknochen, 5. Mittelfussknochen, 6. Zehen.

Abb. 28

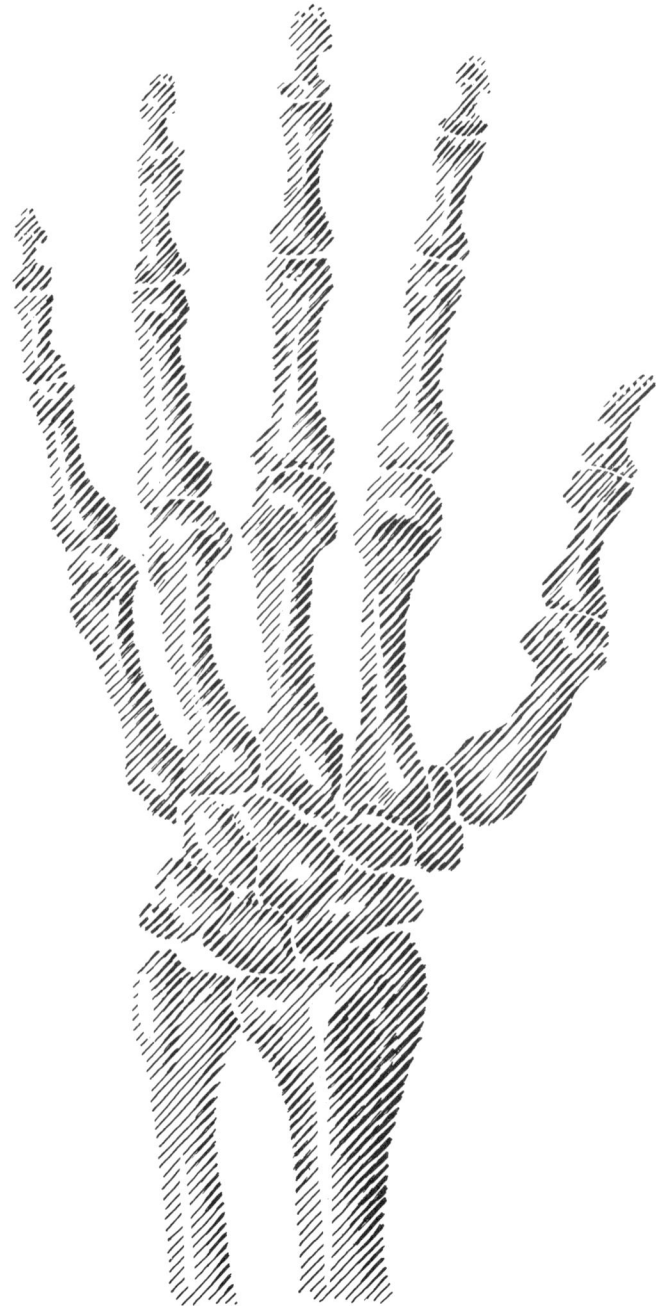

Abb. 29

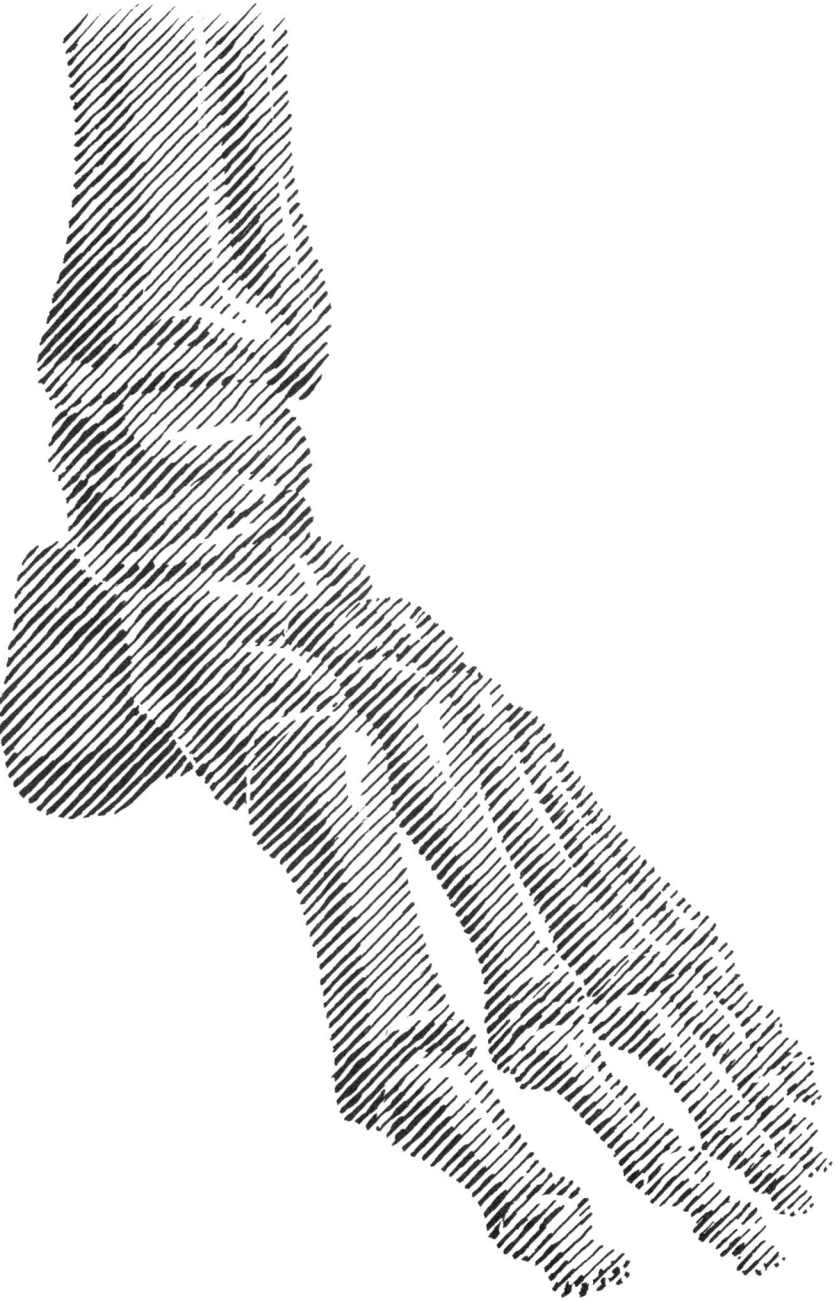

Die Gesamtgliederung der Gliedmassen

Das Bild des dreigliedrigen Typus unseres Organismus vollendet sich in der Dreigliederung der Gliedmassenordnung, in der sich die Gesamtgliederung des Skeletts wiederholt. Bei dieser haben wir drei Skelett-Funktionskreise:

Das Kopfskelett (Kugelellipsoid),
das Rumpfskelett mit den drei Einheiten von Brustkorb, Wirbelsäule und Becken,
das Gliedmassenskelett.

Die Gliedmassenorganisation fügt sich in das Schulter- und Hüftgelenk als Kugelgelenkkopf in die Rumpfgestalt ein (Wiederholung des Kopf-Kugelprinzips). Oberarm-Unterarmsystem und Oberschenkel-Unterschenkel wiederholen in radial-strahliger Form die zylindrische Wirbelkörpergestalt. Dabei bildet sich analog zur Bewegungsfunktion des Brustkorbes die Eigenfunktion der Ellen-Speichendrehung, durch die – wie bei Hebung und Senkung der Rippen – hier einholend-empfangende, da abweisend-abstossende Bewegung (Pronation und Supination) für die Hand ermöglicht wird. Man könnte bei dieser Wendung der Hand nach oben und nach unten von einer «Gebärdenatmung» sprechen, durch die wir uns in Sympathie oder Antipathie zur Welt wenden. (Bei den unteren Gliedmassen fügt sich das der Speiche entsprechende Wadenbein ganz in die Stützfunktion des Schienbeins ein und wirkt hier als Pfeiler ohne eigene Bewegungsfunktion.)

Hand- und Fussskelett bilden zuletzt die «Gliedmassen des Gliedmassensystems». Aber auch dieser periphere dritte Funktionskreis wiederholt noch einmal in Vollkommenheit das Ganze. Die sphäroiden Hand- und Fusswurzelknochen korrespondieren mit dem Kugelprinzip der Kopfgestalt, Zwischenhand und Zwischenfuss wiederholen die rhythmische Gliederung der Mitte, bei der Hand die Handfläche, beim Fuss mit den Fusswurzelknochen das federnde Fussgewölbe bildend. Die fünfstrahligen Finger bilden dann das höchst bewegliche reinste

---

Abb. 30: *Gliederung des Arm- und Beinskelettes:* 1. rechtes Bein mit Oberschenkelkopf: a) Oberschenkel (Femur), b) Kniegelenk mit Kniescheibe (Sesambein = Sehnenbein), c) Schienbein und Wadenbein (Tibia und Fibula), d) Fussskelett (s. Abb. 29). – 2. rechter Arm: a) Oberarm mit Oberarmkopf (Humerus), b) Ellenbogengelenk mit Speiche und Elle (Radius und Ulna), gekreuzt in Pronationsstellung (Handfläche nach unten), c) Handwurzelknochen (Carpus), d) Mittelhand (Metacarpus), e) Finger (Phalangen).

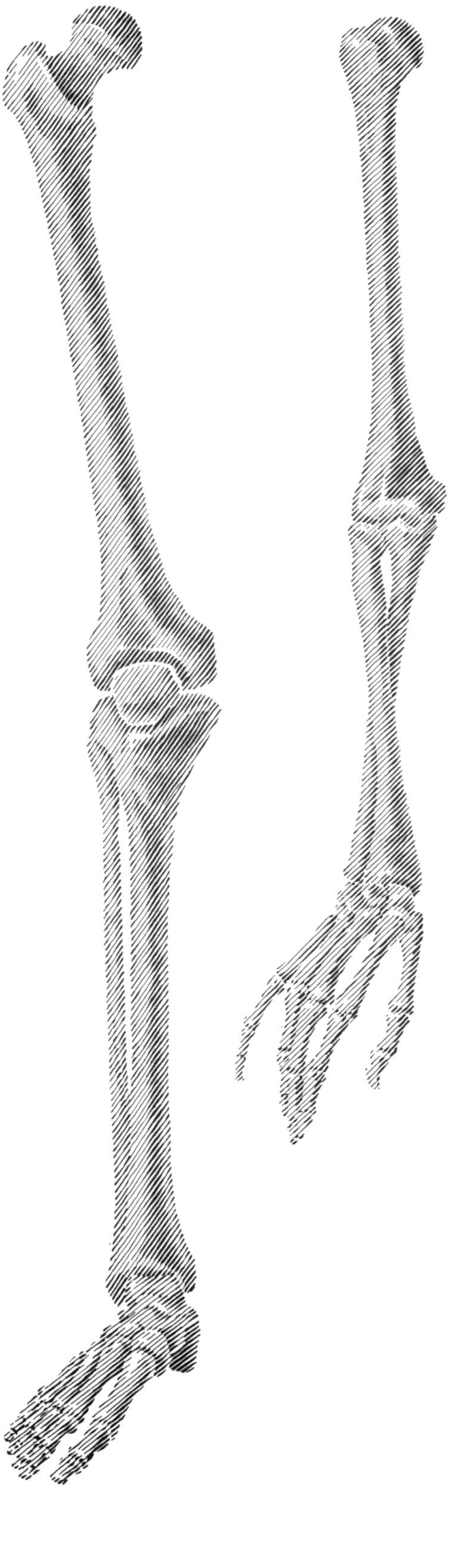

Gliedmassenelement, je aus drei Gliedern bestehend, aus. Nur der Daumen bleibt in Opposition zu den übrigen Fingern um ein Glied zurück, dafür aber jedes einzelne Glied verstärkend und sich mit seinem Mittelhandanteil beweglich haltend. Die Endglieder zeigen als Formprinzip die um den zentralen Achsenstrahl gedrehte Hyperbel. Durch dieses Kurvenelement wird die Unendlichkeitsfunktion der einstrahlenden Raumeskräfte ausgedrückt (vgl. Bauer).

Hand und Fuss sprechen im höchsten Sinne das Wesen des Menschen aus. Dies offenbart schon der Sprachgebrauch: Die Hand gehört zum «Handeln», zu heiligen und profanen «Handlungen». Die Gebärden der Hand tragen den vollkommensten Ausdruck seelischen und geistigen Wirkens, das durch die grosse Bewegungsfreiheit der Arme sich geradezu unbeschränkt entfalten kann. Die Hand ist ein universelles Glied, durch das sich der Mensch nicht spezialisiert und wie die Tiere an das Ende einer Entwicklung gestellt hat, sondern sich als ein universell freies Wesen in seinen Handlungen zu erkennen gibt. Die Werke der Hand sind im eigentlichen Sinne Kunstwerke. Handlung ist geistige Tat der Vernunft. Die Füsse dienen, tragen, sie beziehen sich aber im besonderen auf Willensfunktionen. Welche Schicksalsbedeutung kann in dem «Schritt» liegen, den wir tun! Und durchmessen und bemessen wir nicht mit unseren Gliedern die Welt?

Für das Verständnis der Gliedmassenorganisation ist die Betrachtung der Gestaltebenen, in die sie einstrahlen, besonders wesentlich. Wir haben dabei drei Ebenen anzuschauen, deren mittlere, der Schultergürtel, die freie Bewegung unserer Arme trägt und empfängt. Die beiden anderen Gestaltebenen, Beckengürtel und Schädelbasis, verhalten sich dabei zur gesteigerten Mitte in charakteristischer Polarität.

Am Hauptespol gelangt das Bewegungssystem der Kiefer, wie wir schon darstellten, weitgehend unter die Herrschaft der sphärebildenden Kräfte, so dass nur noch ein einziger hyperbelartiger Gliedmassenbogen, der Unterkiefer, scharniergelenkartig mit der Schädelbasis verbunden ist. Die Schädelbasis selber in ihrer totalen Verknöcherung, mit dem Wespenbein im Zentrum, wird bei unserer

---

Abb. 31: *Schultergürtel:* Vorne in der Mitte das Brustbein; nach den Seiten ausschwingend die beiden Schlüsselbeine, die die Bewegungsfreiheit der Schulter gemeinsam mit den relativ frei beweglichen Schulterblättern gewährleisten (höhere Säugetiere – Rind, Pferd, Hund usw. – besitzen kein Schlüsselbein, vgl. Kap. Mensch und Tier). – Metamorphose: Schultergürtel – Beckengürtel. Die Brustwirbel entsprechen der Kreuzbeinbildung. Die Schulterblätter der Darmbeinbildung. Die Schlüsselbeine den Schossfugenästen des Beckens. Beim Schultergürtel alles beweglich, beim Becken alle Glieder durch dichte Verbänderung fixiert.

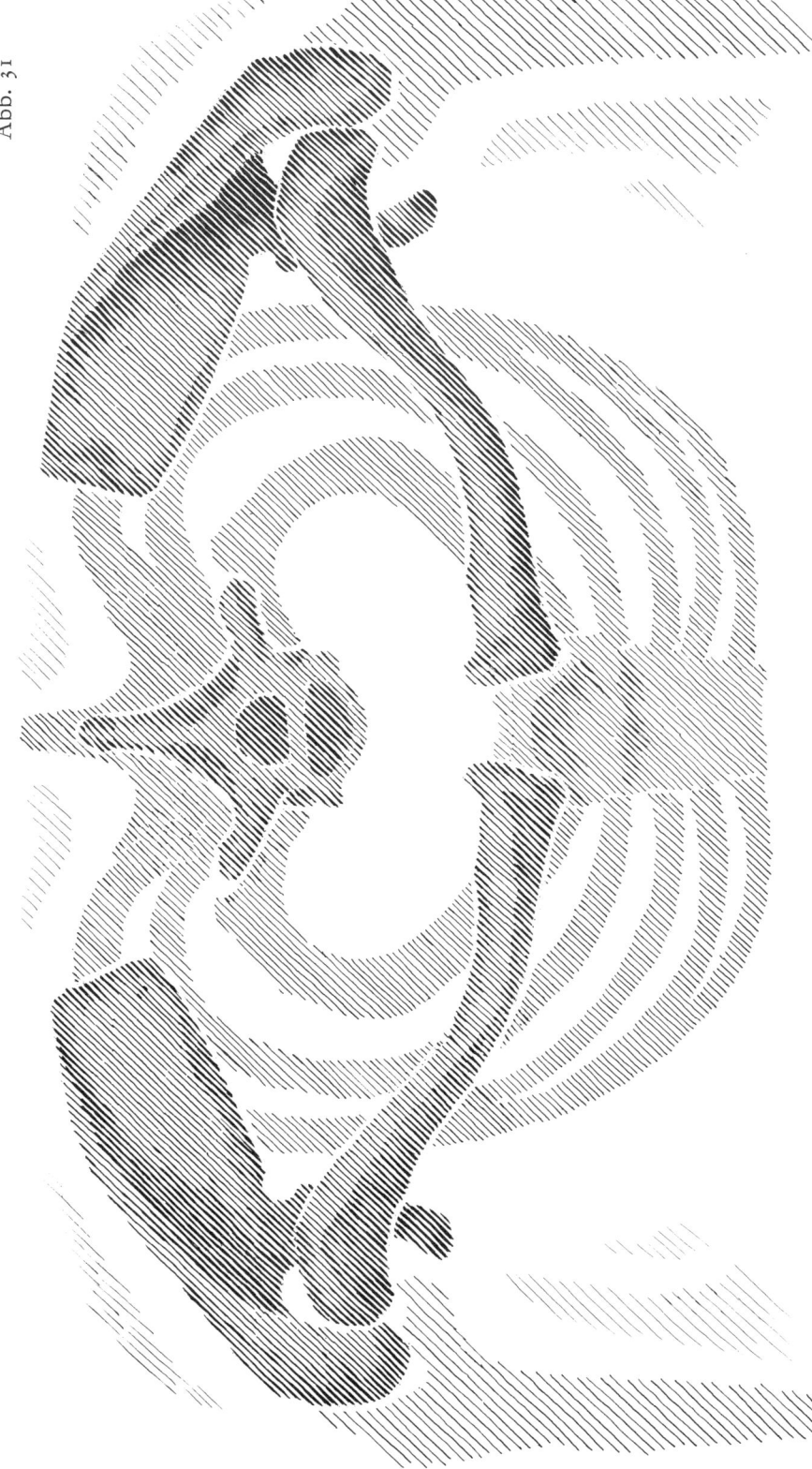

Abb. 31

Betrachtung nach Polaritäten zum analogen Bereich der Beckenebene, wobei hier nur angedeutet werden braucht, dass das grosse und kleine Becken gegenüber dem Zentrum der Schädelbasis sich durch seine vitalen Weichteilorgane auszeichnet. Die unteren Gliedmassen als tragende Säulen unserer Gestalt übernehmen senkrecht zur Erde hin die Vertikaltendenz der Wirbelsäule. In ihrer Bewegung sind sie vor allem durch die Festigkeit des Beckens immer ihrer statischen Aufgabe unterworfen und gewinnen nur im Tanze, in dem sie dem ganzen Leib ihre Bewegungskräfte übertragen, selbst grössere Bewegungsfreiheit. Die höchste, und man muss schon sagen, die den Menschen als Bewegungswesen auszeichnende Freiheit ist durch den Schultergürtel für unsere Arme und Hände ermöglicht. Während die Schädelbasis fest mit dem Schädel verbunden und der Beckengürtel über das Kreuzbein an die übrige Wirbelsäule fixiert ist, besitzt der Schultergürtel überhaupt keine statische Befestigung gegen den Rumpf hin, sondern ist nur durch die beiden Schlüsselbeingelenke mit dem Brustbein verbunden, das seinerseits, bei der Atmung sich hebend und senkend, beweglich ist. Goethe nennt das Brustbein auch Brustgrat, und es ist für den Menschen charakteristisch, dass das Oberarm-Schlüsselbeinsystem diesem «Gegengrat» des Rückgrates zugeordnet ist, womit auch eine Beziehung der Schulter-Armkreise zum «Gesichtskreis» des menschlichen Blickfeldes gegeben ist.

Die Schulterblätter sind frei beweglich schwebend in einer besonders dynamischen Muskulatur eingebettet. Die Schlüsselbeine bilden eine artikulierende Verbindung zwischen Brustbein und Schulterblättern. Wie ein Bogen spannt sich der Schultergürtel waagrecht nach links und rechts in den Raum über die Kuppel des Brustkorbes hinaus und empfängt so die sphärischen Einstrahlungen aller radialen Oberarmbewegungen. Die frei kreisende Bewegung des Oberarmgelenkkopfes wird durch die weitere Kreisbewegungsfähigkeit, die durch die flache Schulterblattgelenkspfanne und durch die kreisende Beweglichkeit von Schulterblatt und Schlüsselbein ermöglicht wird, noch wesentlich gesteigert. Diese Fülle von Bewegungsmöglichkeiten findet in der geradezu grenzenlosen Differenzierung der menschlichen Gebärdensprache ihren Ausdruck.

So wie die Schädelbasis in ihrem Zentrum das geheimnisvolle Wespenbein, den Träger der Hypophyse, einschliesst, und das Becken die dynamischen Lebensorgane Uterus und Ovarien, so erscheint über dem Schultergürtel der Kehlkopf als ein ins Geistige gewendetes Bewegungsorgan, als ein Übergang von der sichtbaren zur hörbaren Bewegung. Er ist der Erzeuger der Stimme, der Geburtsort der Sprache. Bewegungs- und Sprachorganismus bilden einen gemeinsamen ichhaft menschlichen Bereich.

IV. Das Sinnes-Nervensystem

Das Sinnes-Nervensystem in seiner Beziehung zum dreigliedrigen Organismus

Die Betrachtung des Skeletts führte uns schon zur Anschauung der Dreigliederung des Menschen, vor allem in der physisch-räumlichen Ausprägung des Typus. Mit der Schilderung des Sinnes-Nervensystems treten wir zum erstenmal in die Betrachtung der Dreigliederung in morphologisch-funktioneller Beziehung ein.

Jedes der drei Glieder unserer Organisation vereinigt in sich ja wieder alle Systeme, wiederholt im Teil, was im Ganzen als Grundordnung waltet, wobei allerdings jeweils das charakteristische Funktionselement gestaltprägend hervortritt. Im rhythmischen System herrschen die Kreislauf-Atmungsfunktionen vor, während Nerven und Stoffwechseltätigkeit zurücktreten. Im Stoffwechsel-Gliedmassensystem herrschen die Funktionen der Bewegung und der Ernährung (Wachstum und Zeugung) vor, während Nerventätigkeit und Zirkulation nur in dienender Funktion tätig sind.

Im Haupte finden wir die Vorherrschaft der bewusstseintragenden Funktionen, des Sinnesnervensystems, dem gegenüber die rhythmischen und die stoffwechselartigen Funktionen zwar durchaus nicht fehlen, aber, wenn sie die Bewusstseinsbildung nicht stören sollen, stark zurücktreten müssen. Diese verschränkt ineinander greifenden Verhältnisse der Dreigliederung werden wir bei der folgenden Darstellung des Sinnes-Nervensystems und der beiden weiteren Systeme des dreigliedrigen Menschen immer wieder zu betrachten haben.

So finden wir im Haupte, dem Träger des Sinnes-Nervensystems, wieder den ganzen dreigliedrigen Menschen: In der Schädelhöhle das Zentrum des Nervensystems, den Formpol, im Mundbereich den stoffwechsel-gliedmassen-verwandten Willenspol und in der Mitte, gleichsam als ein überhöhtes, mehr von Formkräften gestaltetes rhythmisches System, die Sinnesorganisation. (Im Hinblick auf diese Mitte sprachen wir im vorangegangenen Kapitel vom Sinnesorganschädel. Den Willenspol des Hauptes werden wir besonders im Zusammenhang mit dem Sprachorganismus behandeln.) Wenn wir also nunmehr die Sinnes-Nervenorganisation betrachten, wenden wir uns zunächst zu dem Haupte des Menschen, wo wir sie am ausgeprägtesten finden; wir betrachten dann aber auch, wie dieses System vom Haupte aus den ganzen übrigen Menschen durchdringt[1].

Das Gehirn

Wenn sich der Seelenleib unmittelbar mit dem physischen Leib verbindet, dann kommen Organverhältnisse zustande, bei welchen die formauflösenden und formverwandelnden Ätherkräfte weitgehend zurücktreten, um so stärker aber Struktur und symmetrische Gestalt erscheinen.

Dies ist nächst dem Knochensystem bei der Nervenorganisation der Fall, wobei das Gehirn für den ganzen Leib den Formpol selber bildet. Das Gehirn liegt in der Schädelkapsel in drei Häute eingebettet. Die äussere Haut (Dura mater) gehört zugleich als innere Knochenhaut dem Schädel an. Die innerste Haut (Pia mater) bildet für das Gehirn die ernährende Hülle. Sie folgt aufs genaueste allen Windungen und Buchten des Gehirns. Zwischen diesen beiden Häuten findet sich die Spinnwebenhaut (Arachnoidea), die netzartig den freien Raum ausspinnt. In den Maschen der Spinnwebenhaut strömt besonders zwischen Spinnwebenhaut und Pia mater das Gehirnwasser, welches das ganze Gehirn und Rückenmark umgibt und damit das Eigengewicht der hydrogelartigen Nervenmasse des Gehirns nahezu aufhebt. Das Gehirnwasser hat seine Brunnenstuben in den Gehirnhöhlen[2], wo es aus Gefässkapillarhäuten (Tela chorioidea) austritt und, in entsprechenden kapillaren Venengefässen wieder aufgenommen, mit dem Blute einen Kreislauf bildet (vgl. Lymphkapitel); durch das Gehirnwasser berührt das Rhythmische System unmittelbar das Nervensystem.

Wenn sich bei der Einatmung das Zwerchfell senkt, steigt unter dem Zwerchfell der Eingeweidedruck und überträgt sich auf die Venengeflechte (Venenplexus), welche das herzwärts strömende Blut der Rückenmarkshöhle empfangen. Der so entstehende Venendruck lässt die ganze Liquorsäule des Rückenmarkkanals und das Gehirnwasser inspirativ ansteigen. Umgekehrt sinkt mit der Ausatmung das Gehirnwasser mit dem abflutenden Venenblut etwas tiefer, gleichzeitig strömt aber entsprechend mehr arterielles Blut zum Gehirn. Ausatmung wirkt also auf die Nervensubstanz vermehrt arterialisierend, verdichtend – Einatmung vermehrt venosierend – und über den Liquor ätherisierend[3]. Die Atemwogen schlagen also an das Nervensystem an.

Wie ein Embryo im Fruchtwasser, schwimmt das Gehirn im Gehirnwasser. Als Lymphe hat das Gehirnwasser ganz sicher noch eine tiefere Bedeutung als die, die breiig flüssige Gehirnsubstanz «schwebend» zu erhalten. Gegenüber anderen «Körperlymphen» zeichnet es sich durch seine Armut an «Zellelementen» aus. Dies deutet darauf, dass in ihm nur sehr geringe Stoffwechselprozesse, aber sicher

---

Abb. 32: *Ansicht des menschlichen Gehirns von oben.* Die Gehirnwindungen sind von der Spinnwebenhaut bedeckt.

Abb. 32

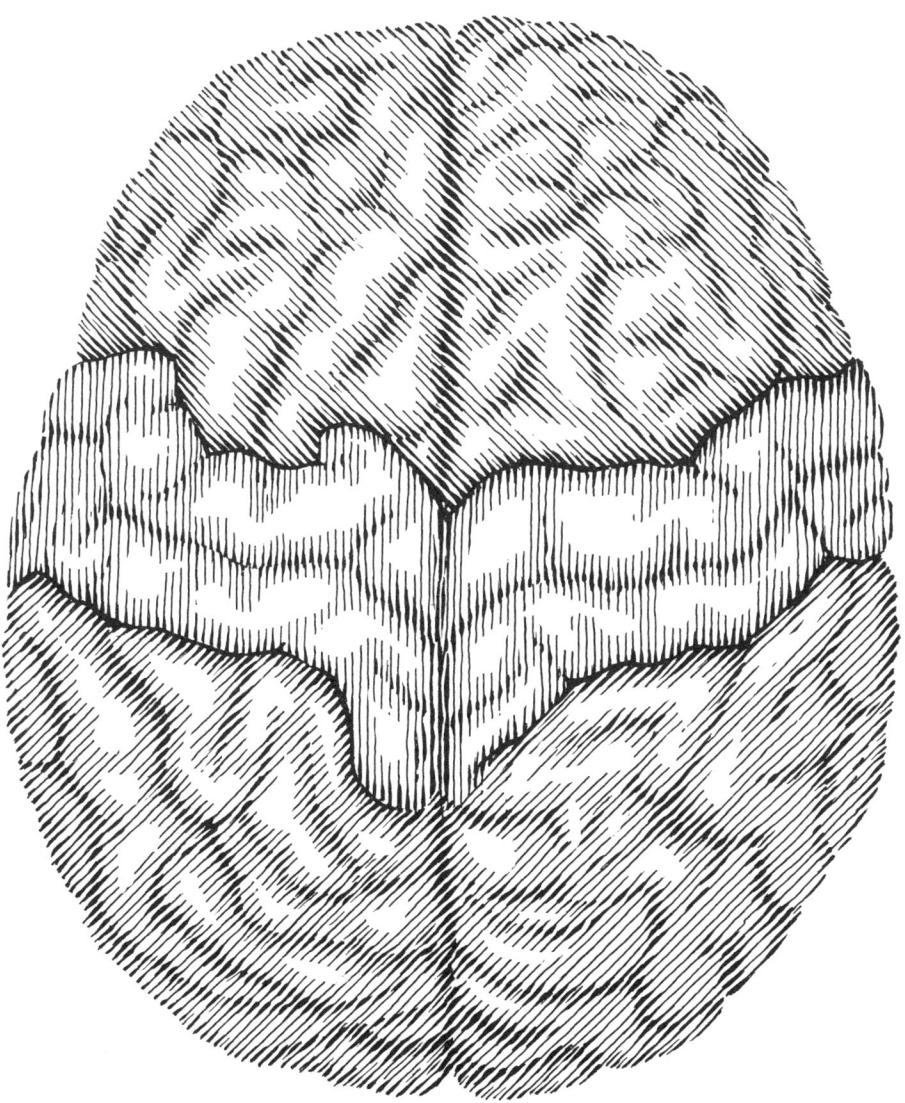

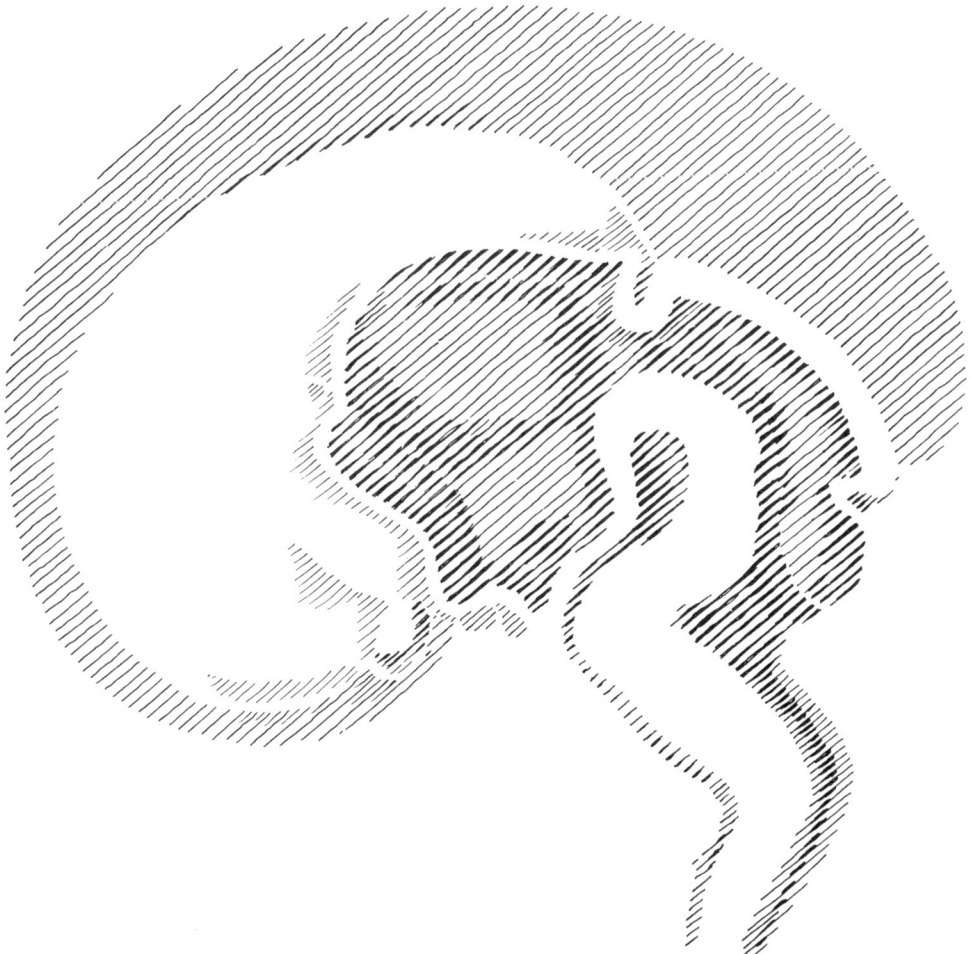

Abb. 33/34: *Embryonale Gehirnentwicklung:* Entwicklungsphase des dritten Monats; Vorderhirn, Mittelhirn, Nachhirn (verlängertes Mark) (nach Sobotta). – Im Vergleich hierzu der ganze Embryo (7,5 mm) Abb. 34 (nach Lewis).

höchst reine ätherische Austauschfunktionen stattfinden, wie wir das in ähnlicher Weise bei der klaren Augenkammerlymphe zu beschreiben haben.

Das Gehirn selber zeigt trotz seiner plastisch-flüssigen Gestalt einen streng symmetrischen Aufbau; im Innern ist es durch strahliges Nervengewebe bis ins letzte durchformt. In der sphärischen Gesamtgestalt und Weichheit und in seiner strahligen Innenstruktur vereint es im Reich des organischen Seins die grössten

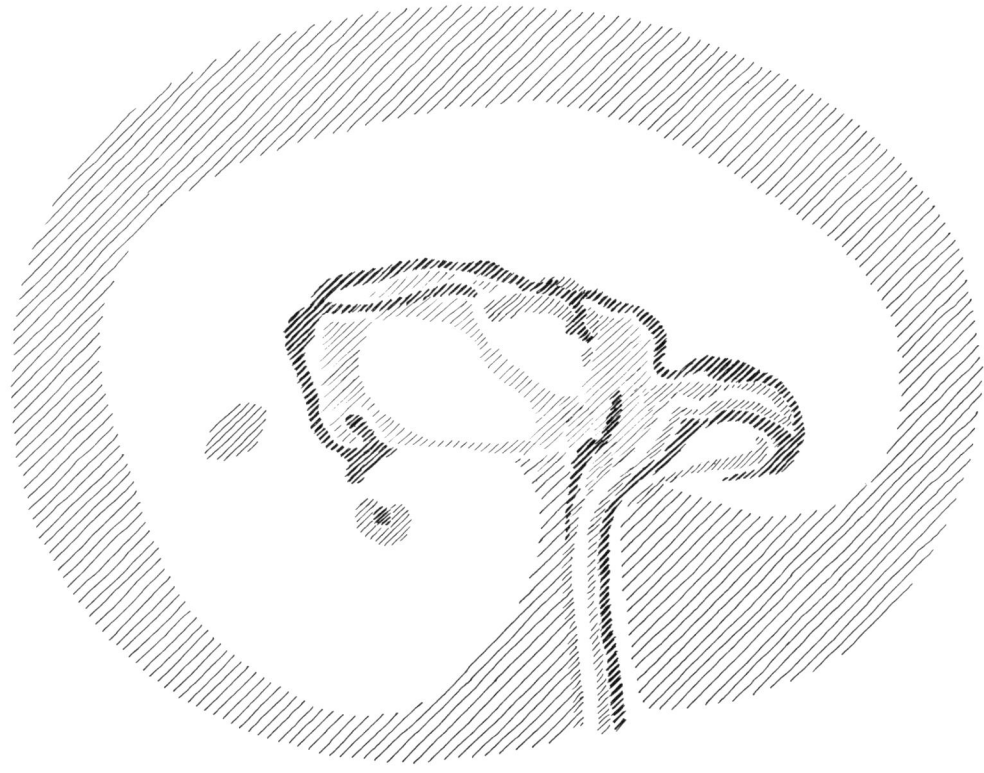

Gestaltungsgegensätze! Diese treten äusserlich zwischen sphärischem Gehirn und dem als Nervenstrahlenbündel aufgebauten Rückenmark noch einmal hervor.

Entwicklungsgeschichtlich bilden sich Gehirn und Rückenmark gleichzeitig aus. Zunächst erscheint ein mit durchsichtiger Flüssigkeit gefüllter Kanal, dessen vorderes Ende sich zur Hirnblase ausdehnt. Diese primäre Hirnblase gliedert sich etwa in der dritten Woche in drei miteinander verbundene Blasenräume, nämlich in eine vordere Hirnblase, aus der sich später das Grosshirn bildet, in eine mittlere, aus der sich dann die Vierhügelzone und die Mittel- und Zwischenhirnabschnitte bilden, und in eine hintere, aus der Kleinhirn und verlängertes Mark hervorgehen. Aus dieser Uranlage bildet sich also unmittelbar das dreigliedrige Gehirn, bestehend aus Vorderhirn (Grosshirn), Mittelhirn und Kleinhirn mit dem Stammhirn (verlängertes Mark).

Diese Gesamtgliederung offenbart uns aber wiederum die Beziehungen zu den Funktionen des ganzen Menschen. Das Grosshirn wird Träger des Bewusstseins, das sich im Stirnhirn bis zum Selbsterleben der Persönlichkeit steigert. Das Mittelhirn birgt besonders im Zwischenhirnabschnitt die Koordinierungsfunktionen für die rhythmischen Organprozesse. Es macht sich in der Wärmeregulation und in der Regulation des Zuckerstoffwechsels geltend; im Seelischen aber lässt es Gemütswärme und Liebesempfindung zum Bewusstsein gelangen[4]. Kleinhirn und verlängertes Mark tragen die tief in der Organisation schlummernden Willensfunktionen, die sich im Tier als Instinkt-Organisation ausweisen. Es handelt sich vor allem um Ernährungs-, Bewegungs- und Triebnatur, um alle in der Nacht des Unterbewussten schlummernden Organfunktionen, die hier ihre Synthese finden.

Bei der Entwicklung des spezifisch menschlichen Gehirns vollzieht sich im Mittelabschnitt eine Beugung, wodurch das Gehirn die Achse des Rückenmarks stirnwärts verlässt. Dadurch tritt gleichzeitig die entscheidende grosse «Stauung» der Nervensubstanz ein, als deren Folge das Grosshirn erscheint. Gegenüber der Grosshirnentwicklung bleibt das Mittelhirn, das anfangs am stärksten hervortritt, in seinem Wachstum so zurück, dass es bei stärkerer Entwicklung des hinteren und gewaltiger Ausbildung des vorderen Hirns ins Innere des Ganzen eingeschlossen wird. Das Grosshirn breitet seine Oberfläche wie einen Mantel zuletzt so weit aus, dass es, bis zum Hinterhaupt reichend, sogar das Kleinhirn bedeckt.

Das Gehirn tritt in seiner eindeutig dreigliedrigen Entwicklung auch mit drei grossen Sinnesorganen hervor, wie es ja überhaupt mit den Sinnen in einem engen Zusammenhang steht. Leonardo nennt das Gehirn den Gemeinsinn (Sensus communis), den Vereiniger aller Sinne. Aus der Grosshirnanlage geht der Geruchsinn hervor, aus der Mittelhirnanlage der Sehsinn und aus dem Hinterhirn entwickelt sich das stato-akustische Organ[5], der Gehör- und Gleichgewichtssinn.

Der Nervenmensch

Die Betrachtung der Dreigliedrigkeit der menschlichen Natur ergibt, dass unser Haupt vorwiegend Träger des Nervensystems ist und dass in den beiden verbleibenden Bereichen das Nervensystem zurücktritt. Die Art, wie dies im mittleren rhythmischen Menschen und im Stoffwechselbereich geschieht, lässt deutlich eine Dreigliederung des Gesamtnervensystems hervortreten. Der rhythmische Mensch macht sich dem Formelement der Nervlichkeit gegenüber im Gehirn nicht mehr entschieden geltend, daher entfaltet es sich zur vollen Eigenbildung. Dagegen unterordnet sich das Nervensystem im Wirbelbereich entschieden der dem Rhythmusgeschehen entstammenden Gliederung (Metamerie).

Das Rückenmark ist gestaltlich von der rhythmischen Wirbelsäule, nicht die Wirbelsäule vom Rückenmark her gegliedert aufzufassen (siehe «Die Wirbelsäule»). So ergeben sich für das «Nervensystem der Mitte»: acht Halsnerven (der erste tritt bereits zwischen Hinterhauptbein und Atlaswirbel aus), zwölf Brustnerven, fünf Lendennerven, fünf Kreuzbeinnerven und zwei Endwirbelnerven. Sie treten alle bei den Zwischenwirbelöffnungen seitlich aus dem Rückenmark aus und vermitteln so ein koordiniertes Bewusstsein vom Bewegungsablauf und von mannigfaltigen Empfindungsqualitäten. Dass die Ordnung der Rückenmarksnerven eben die Ordnung des rhythmischen Wirbelorganismus ist, spricht die Anzahl der Nervenpaare deutlich aus. Denn wenn die Wirbelzahl variiert – was bei einer Störung im Entwicklungsrhythmus der Fall sein kann –, ändert sich übereinstimmend auch die Verteilung der segmentalen Nerven (Benninghoff). Der erste Halsnerv, der oberhalb der Wirbelsäule die Zahl der Halsnervenpaare um eines erhöht (es sind ja nur sieben Halswirbel vorhanden), deutet wieder darauf hin, dass der Schädel einer Wirbelmetamorphose entstammt.

Ganz vom Charakter des kosmisch orientierten Stoffwechsel-Gliedmassensystems her bestimmt und vollkommen umkreishaft orientiert erscheint, im Gegensatz zu den mehr zentral gestalteten Nervenabschnitten, das sympathische Nervensystem. Es entspricht gestaltlich ganz entschieden den Bildekräften der Organperipherie. In der Gliedmassenmuskulatur und in den Organgeweben finden sich feinste Nervengeflechte mit Ganglien von mikroskopischer Feinheit[6]. Eine zweite Stufe wird durch netzartige Gangliengeflechte gebildet, die sich um die Lebensorgane in der tiefsten Zone des Beckens bis herauf in die Herz- und Halsgegend ausbreiten (Sonnengeflecht, Ganglion coeliacum und Ganglion stellatum). Als dritte Stufe erscheint in schon rhythmisch geformter Folge die Ganglienkette zu beiden Seiten der Wirbelsäule, der sympathische Grenzstrang[7].

Polarität des zentralen und des peripheren Nervensystems

Zwischen dem zentralen (cerebro-spinalen) Nervensystem und dem peripheren (sympathischen) Nervensystem besteht eine entschiedene Polarität. Ist das Zentralnervensystem streng symmetrisch angelegt, so zeichnet sich das sympathische durch die Asymmetrie seiner Ganglien und Netzgeflechte aus (nur der doppeltangelegte Grenzstrang nähert sich der zentralen Rückenmarkssymmetrie). Ist das Zentralnervensystem im Rückenmark und im Gehirn zusammengefasst, so charakterisiert sich das sympathische System durch seine geradezu äusserste Peripherieausdehnung. Die sympathischen Nervenfasern verbreiten sich über den ganzen Organismus, indem sie den Rückenmarksnerven folgen oder sich Gefässen anschliessen oder die Organe mit eigenen Netzen durchziehen[8].

Das Zentralnervensystem dient weitgehend dem Bewusstsein, das sympathische System dagegen den organisch-vegetativen im Blut und Säfteleben wirkenden Prozessen. Auch hier waltet aber ein Bewusstsein, wenn auch ein andersgeartetes, tieferes, das «Bewusstsein des Lebenssinns», das sich im Organgefühl in Gesund-

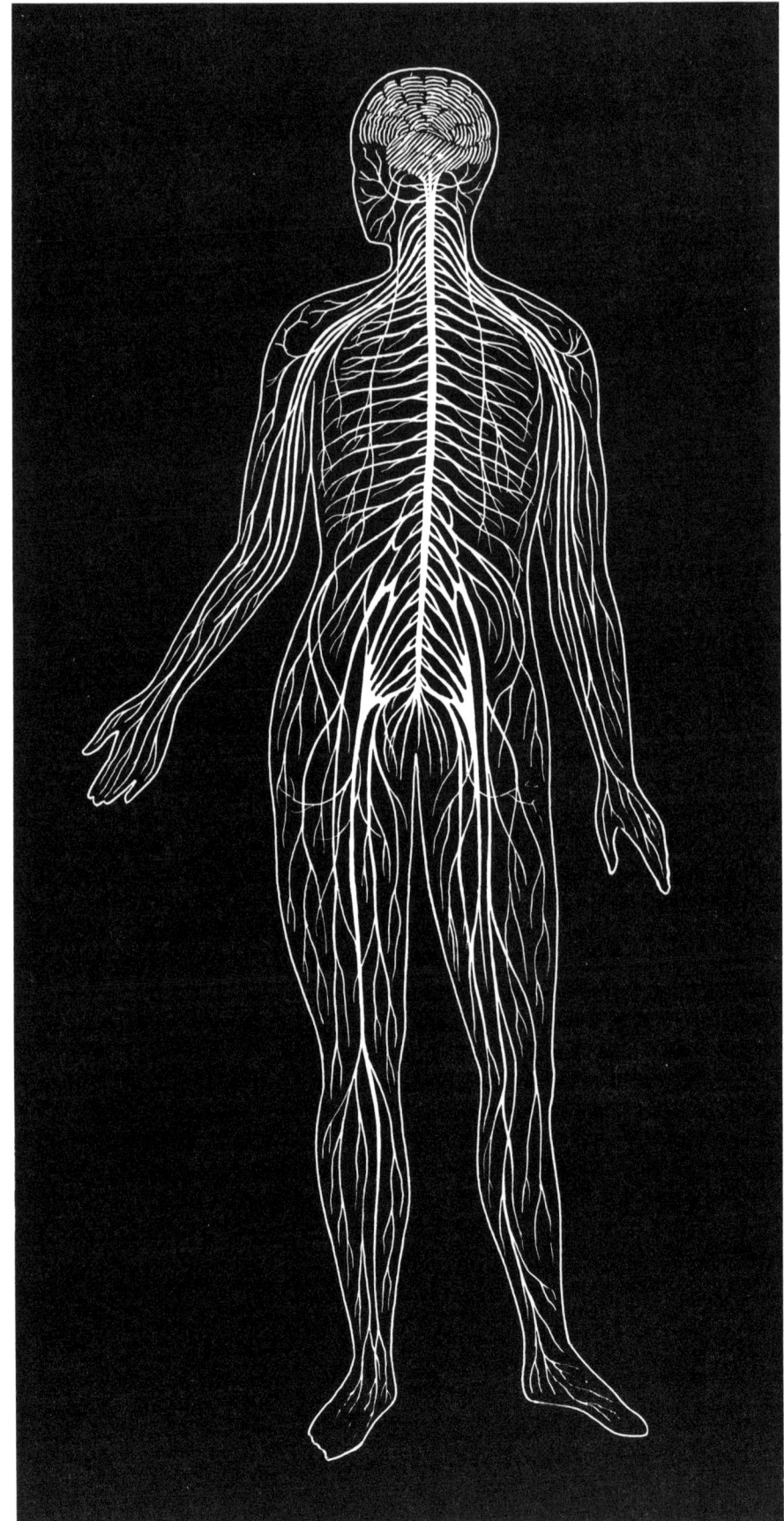
Abb. 35

heit und Krankheit äussert. Das «Mitgefühl» der Organe untereinander beruht auf diffus überfliessender Sympathie, die universell den ganzen Organismus durchzieht. Während im Zentralnervenbereich eine Verletzung die Funktion meistens aufhebt, stellt sich im Sympathikusbereich nach chirurgischer Entfernung ganzer Nervennetze nach einiger Zeit die Funktion wieder her[9].

Während das sympathische System sich im tiefen Organleben dem Bewusstsein des «oberen» Menschen weitgehend entzieht, wirkt es doch wesenhaft in das Seelenleben herein. In der Freude beschleunigt es den Puls und die Blutbewegung, im Erröten türmt es einen Schutzwall auf usw. Im Augenblick höchster Gefahr, in dem furchtsames Denken den Willen lähmen würde, weckt es ein bewusstlos «höher bewusstes» Handeln, das wir ein Handeln aus Geistesgegenwart nennen können, an dem unser Alltagsbewusstsein keinen Anteil hat. Dem abgeschlossenen Gehirn steht im sympathischen System ein «Ganglienhimmel» vorwiegend der unteren Leibesorganisation entgegen. Beachten wir die intuitiv bedeutsam gewählten Namen. «Sympathie» bedeutet Mitgefühl, Mitfreude, Mitleid. In der Mitte steht das Sonnengeflecht (Plexus solare), über ihm das «gestirnte» Ganglion (Ganglion stellatum), in der Leibeshöhle das Ganglion coeliacum (coelum = Himmel), denn die Leibeshöhle ist ein «Himmel», eine kosmische Enklave. Der Sympathie des Systems, die eine kosmisch-geistige Gesamtfunktion ermöglicht, steht die Antipathiekraft des Grosshirnbewusstseins gegenüber. Greifen seine Formkräfte zu tief herab in die Leiblichkeit, dann wird das Leben verdrängt. Der Puls wird verlangsamt, der Atem krampfhaft, der Stoffwechsel wird flüchtig. Aber diese Formkräfte vermögen dabei auch das Übermass der von unten auflodernden sympathischen Kräfte zu zügeln und zu beruhigen und so einer höheren Ökonomie, die über diesen Polaritäten steht, zu dienen[10].

Mit dem sympathischen Nervensystem berühren wir den kosmisch-geistigen Willenspol unserer Existenz, während das Gehirn – in kosmischer Opposition – das individuelle Bewusstsein trägt. Hier wirkt irdisches Bewusstsein als Form, die im Organischen Gestalt annehmen will. Da wirkt natur-kosmisches Leben, das in die Bildung organischer Substanz einströmt. Der Geist des Menschen, der zur Freiheit berufen ist, einigt beide durch das schöpferische Ich, das nicht an das Nervenleben gebunden ist[11].

Abb. 35: *Der Nervenmensch* (morphologische Gesamtgliederung, nach Ranke): 1. Gehirn, 2. Rückenmark, 3. periphere Nerven. – Das Rückenmark zeigt sich metamersymmetrisch gegliedert: 8 Halsnervenpaare; 12 Brustnervenpaare; 5 Lendennervenpaare; 5 Kreuzbeinnervenpaare; 2 Endwirbelnervenpaare.

Die Sinnesorganisation

Das Geistige, das nicht durch die Sinne gegangen ist, ist nichtig.
Leonardo da Vinci

Vom Nervensystem zur Sinnesorganisation fortschreitend, wenden wir uns von einem inneren zu einem mehr äusseren Organbereich. Die Einheit «Sinnes-Nervensystem» stellt also eine Polarität dar. Auch in den beiden anderen Bereichen des dreigliedrigen Menschen finden wir diese Innen-Aussen-Polaritäten wieder. Im rhythmischen System die Polarität des Blutkreislaufs als eines inneren Geschehens und der Atmung als eines mit der äusseren Atmosphäre verbundenen Prozesses. Im dritten Bereich wirkt der Stoffwechsel vorzugsweise in den inneren Organen, während das dazu polare Gliedmassensystem in seiner Bewegung dem Raum um uns hingegeben ist.

Die Sinnesorganisation stellt gegenüber dem Nervensystem insofern einen äusseren Bereich dar, als sie mit ihren «Golfen» das Äthermeer, das uns umgibt, in sich aufnimmt. In der Verbindung des inneren Nervenelementes mit der uns umflutenden Ätherwelt sind die Sphären gegeben, die das Sinnesorgan aufbauen. Es ist aber wiederum das Blut, das als rhythmisch-organisches Element die eigentliche Sinnesorganfunktion trägt, denn nur durch die Vereinigung von Blut und Nerv kommt Sinneserregung, Sinnesempfindung und Wahrnehmung zustande. Der Nerv für sich allein ist «tot» und unempfindlich für das Sinnesleben[12].

Das Blut vermag die zunächst getrennten Sphären, die das Sinnesorgan aufbauen, zu vereinigen. Gegenüber dem Nervensystem wirkt es ernährend, dynamisierend und vitalisierend, gegenüber der in den Sinnesgolf einströmenden Ätherwelt wirkt das Blut als Träger einer höheren Organatmung, indem es den kosmischen Äther in sich aufnimmt und dem Nervenelement übermittelt. Diese sinnesorganische «Inspiration» können wir wegen ihrer tiefgreifenden Bedeutung auch für das innere Organleben als «kosmische Ernährung» bezeichnen, denn ohne diese einströmenden Ätherkräfte müssten wichtige Organfunktionen absterben[13].

Vom Blutelement her gesehen können wir die Sinnesorgane als Willensorgane bezeichnen. Dies trifft vor allem für die Epoche der frühen Kindheit zu, in der die ganze Menschenwesenheit auf der Stufe eines Sinnesorgans entwickelt ist. Dieses «Gesamtsinnesorgan» entfaltet eine gewaltige Willenstätigkeit, durch die sich das Kind mit der Welt vereint. Zugleich durchdringt die den Weltenäther aufnehmende Blut-Nervenorganisation vom Haupte her in diesem Lebensabschnitt die gesamte Leiblichkeit. Das Kind ist daher ein wahrnehmend-nachahmendes Wesen[14].

Die gesamte Blutrhythmusorganisation ist gegenüber dem Nervensystem Willenspol. Das Sinnesorgan bildet zwischen Nerven- und Blutpol ein Rhythmusorgan auf höherer Stufe.

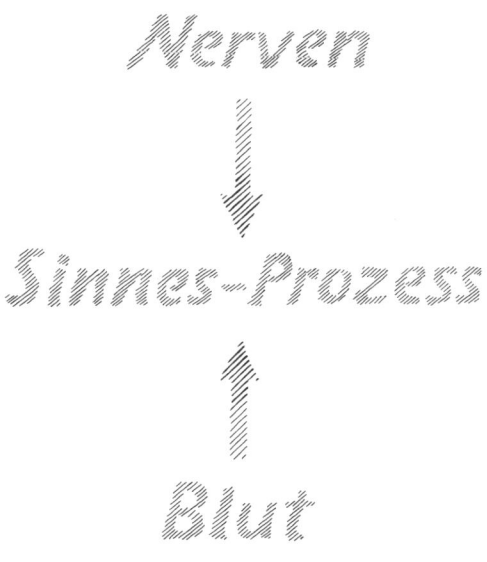

Die Sinnesorganisation, dargestellt am Beispiel des Auges

> Jene unmittelbare Verwandtschaft des Lichtes und des Auges wird niemand leugnen; aber sich beide zugleich als eins und dasselbe zu denken, hat mehr Schwierigkeit.
> Das Auge ist das letzte, höchste Resultat des Lichtes auf den organischen Körper. Das Auge als ein Geschöpf des Lichtes leistet alles, was das Licht selbst leisten kann.
>
> Goethe

Im Bereich des Sinnessystems tritt uns das Wesen des Organs auf einer besonders hohen Stufe entgegen. Unserer Betrachtung der inneren Organe (Leber-Niere usw.) vorgreifend, können wir sagen: Organe sind kosmische Sinne für die Welt, Sinne sind irdische Organe für den Kosmos.

Das Auge spricht dies in klarer Weise aus, denn es zeigt sich uns, wie kaum ein anderes Sinnesorgan, als ein physisches, ja als ein vollkommenes physikalisch gebautes Instrument[15], das aber zugleich das Wesen des Organs in seiner kosmischen Gestalt verwirklicht: Es ist als ein nahezu ideales Sphäroid (genau als Kugelellipsoid) gebildet. Wir sprechen vom Auge und meinen das Augenpaar, das dem menschlichen Antlitz den höchsten beseelt geistigen Ausdruck verleiht. Als Körper fast ganz verborgen in der Augenhöhle, spricht es uns durch Sklera, Iris und Pupille in dreifacher Weise seine Wesensnatur als Lichtorgan aus. Die lichtabweisende bläulich-weisse Sklera in der Peripherie, die lichtempfangende tief-schwarze Pupille im Zentrum und zwischen beiden die farbige Irisscheibe bilden als Organ ein Gegenbild zu dem, was das Licht im Reich der irdischen Finsternis tätig erleidet.

Die innere Gliederung des Auges

Bei der Augenentwicklung begegnen einander die Nervensphäre und die Sphäre des Lichtes als des spezifischen Sinneselementes für das Auge. Vom Gehirn her bildet Nervensubstanz zuerst die Augenblase, die sich an ihrem vorderen Pol, mit dem sie dem Licht entgegenstrebt, einstülpt und so den Augenbecher bildet. Der Augenbecher ist der «Golf», in den der Lichtäther einströmt. Aus der äusseren Haut, unter der sich dieser Organkeim entwickelt, gehen stufenweise drei gesonderte Teile hervor: Hornhaut, Linse und Glaskörper. Der Glaskörper hat in diesem System die Besonderheit, dass nachträglich noch Mesenchym einwanderte, damit im Auge eine funktionell ätherische Mitte bildend. Hornhaut, Linse und Glaskörper bilden dadurch, dass sie eine vollkommene Durchsichtigkeit erlangen, den optischen Pol des Auges. In diesem optischen Bereich steht die Linse, «Lens cristallina», beweglich in der Mitte zwischen Hornhaut (vordere und hintere Augenkammer) und Glaskörper. Vordere und hintere Augenkammer sind von kristallklarer Augenlymphe (dem Kammerwasser) erfüllt, durch die auch die Linse ernährt wird. Die Linse erscheint als ein «organischer Kristall» mit drei inneren Kristallflächen.

Sie schwebt im Bereich des vorderen Augenpols, in die optische Achse durch feinste radiale Fasern (Linsenfasern) hereinzentriert. Diese Fasern, die Muskelsehnen entsprechen, sind ringförmig im Muskelring des Ciliarmuskels ausgespannt. Spannt sich der Ciliarmuskel, dann erschlaffen die radialen Linsenfasern und die Linse wölbt sich stärker zur Kugelgestalt, ihrer Eigenelastizität folgend. (Akkommodation zum Sehen in der Nähe und umgekehrt.) Hornhaut, Linse und Glaskörper bilden als Lichtätherorganisation des Auges den kosmischen Pol des Organs, der Nervenbecher, der als Retina* den Augenhintergrund auskleidet, den physischen Pol.

---

* Retina = Netzhaut von Rete = Netz.

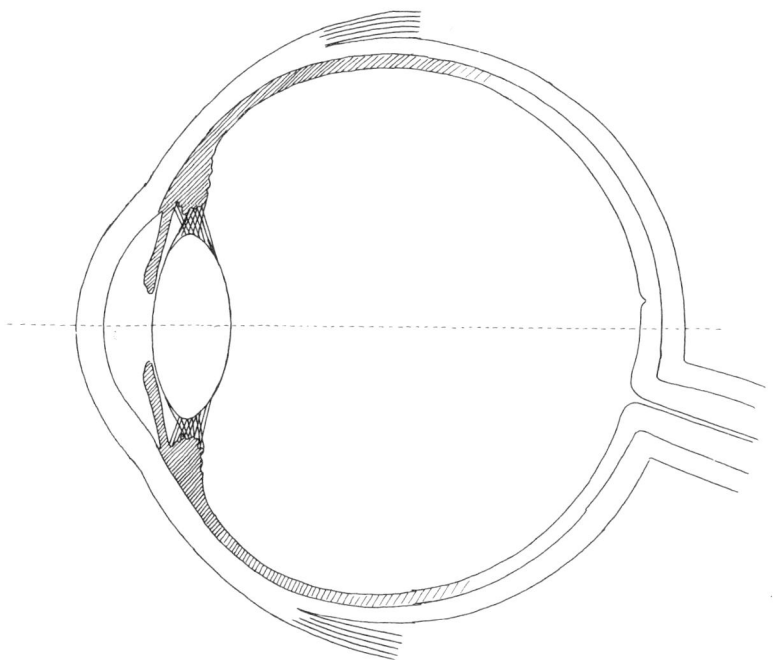

Abb. 36: *Gliederung des Auges.*

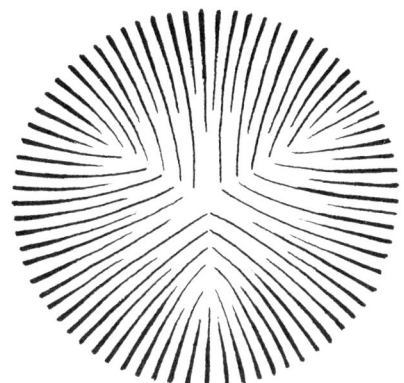

Abb. 37: *Die Linse* erscheint in der Feinstruktur ihrer durchsichtigen Fasern als ein «organischer Kristall».

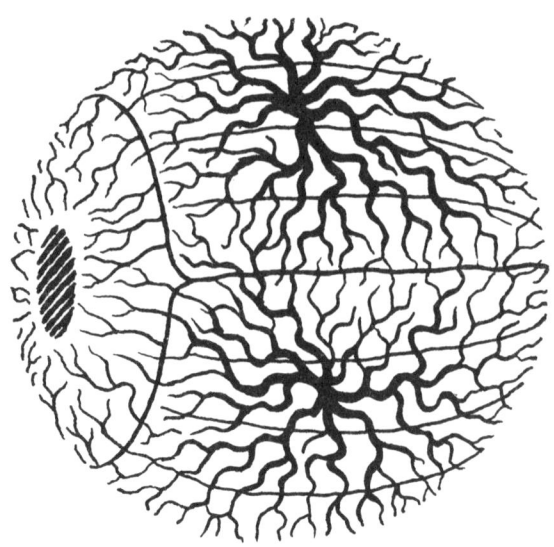

Abb. 38: *Wirbelvenen der Aderhaut* mit den charakteristischen sinusartigen Zusammenflüssen. Vorderer Pol Pupille, hinterer Pol Nerveneintrittszone (schematisch vereinfacht, nach Sobotta).

In diese polaren Augensphären ordnet sich das Blutsystem wiederum als organische Mitte ein. Im Augenhintergrund hüllt das Blut die Netzhaut durch die Bildung einer mächtigen Aderhaut ein. Besonders merkwürdig sind hier die überaus stark gewundenen blutstauenden Wirbelvenen, die oberflächlich netzbildend die Aderhaut bedecken und damit das Nervennetz der Retina gewissermassen mit einer CO_2-Sphäre einhüllen[16].

Am vorderen Augenpol bildet das Blutsystem zwischen vorderer und hinterer Augenkammer, der Linse vorgelagert, die Iris (Regenbogenhaut). Iris, Aderhaut und zwischen beiden der dynamische Linsenmuskelring (Corpus ciliare = Strahlenkörper) bilden die Dreieinheit des Augenblutsystems, wobei die Iris dem Licht

---

Abb. 39: *Beziehung des Auges zum Nervenmenschen* als Ganzheit, halbschematischer Horizontalschnitt durch die Augenhöhlenregion. Wir verfolgen die Sehnerven, ihre Kreuzung im Zentralbereich der Schädelbasis (Türkensattel), Weiterverlauf der optischen Nervenfaserzüge (tractus optici) bis in den optischen Grenzbereich des Hinterhauptshirns, Seh- und Erinnerungsfelder.

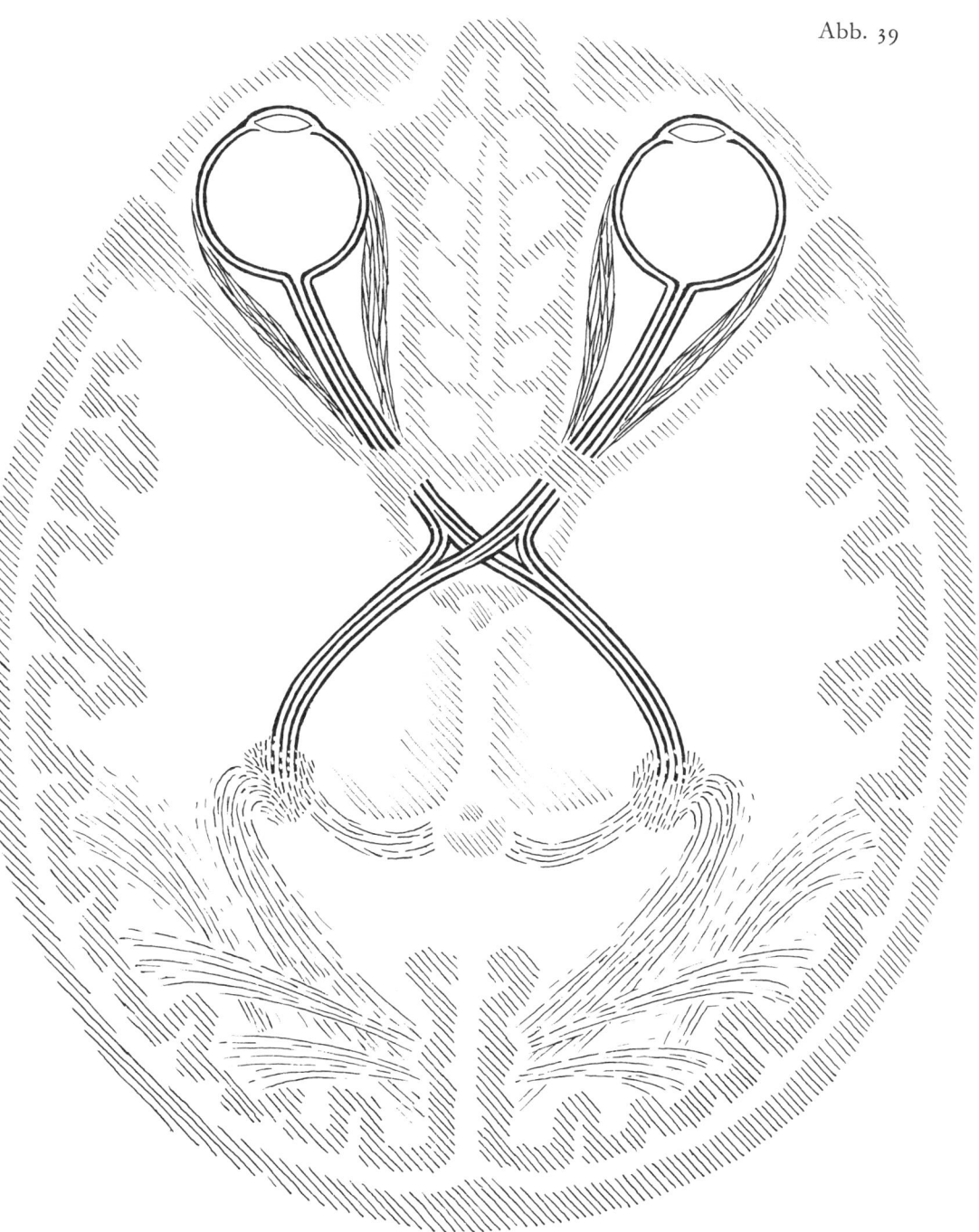

Abb. 39

am nächsten ist. Sie bildet im Zentrum die Pupille, das weitere oder engere Tor des Lichtes ins Augeninnere, die Blende des optischen Systems. Die Iris wurzelt am vorderen Rand des Ciliarmuskels und berührt mit ihrem inneren Pupillenrand die Linse. Von der Rückseite her ist die Iris stets tief schwarz durch die Einlagerung dunkler Pigmente; in der Vorderseite, in die das Licht in feinste Gefässnetze eindringt, erscheinen mannigfaltige individuelle (und sogar vom Seelischen her wechselvolle) Farben von blau bis tief dunkelbraun. Alle Irisfarben, aber vor allem die blaue Farbe, gehören zu den schönsten Beispielen der Farbenentstehung nach der Goetheschen Farbenlehre – blau: durchlichtete Sphäre vor Finsternis. Da man an der Iris wie an keiner Stelle des ganzen Leibes Blutkapillaren unmittelbar in wechselnden Zustandsformen beobachten kann, ist es möglich, von hier aus solche Leibesprozesse zu beobachten, die sich unmittelbar auf den kapillaren Blutstrom auswirken (z. B. Entzündung oder Sklerose u.a.m., Augendiagnose). Durch die Irismuskulatur kann die Pupille verengt oder erweitert werden (Ergänzung der Akkommodationsvorgänge). Nicht nur die Lichtverhältnisse bewirken diese Veränderungen, sondern auch rein seelische Vorgänge.

Am hinteren nervlichen Augenpol wirkt also das Blut vor allem ernährend-ätherisierend, am vorderen Augenpol vor allem bewegend-dynamisch-willenshaft[17].

Der Sinnesorganismus

Im gleichen Sinne, wie wir vom «Nervenorganismus» gesprochen haben, können wir vom «Sinnesorganismus», ja vom «Sinnesmenschen» sprechen.

Die Sinnesorganisation als Ganzes macht sich in den drei Gliedern der menschlichen Natur geltend.

Es versteht sich von selbst, dass wir mit dieser Betrachtungsart die Grenzen der physiologischen Sinneslehre, die sich auf den reinen Wahrnehmungscharakter beschränkt, überschreiten. Bisher unbekannte Sinne tauchen auf.

Überall, in allen Organbereichen des Menschen, wo sich Blut und Nerv begegnen, kann von Sinnesprozessen gesprochen werden. So wie sich das geistige Wesen des Menschen im Rhythmus manifestiert, sehen wir in der Sinnesorganisation einen höheren, universelleren Rhythmusprozess, durch den der Geist im Menschen zur Welt in ein wahrnehmendes Verhältnis tritt.

Der Sinnesmensch bildet in den drei Bereichen seiner Organisation drei Gruppen wesenhaft voneinander verschiedener Sinnesfunktionen aus. Für alle gilt der universelle Funktionsbegriff der «Wahrnehmung». Was sie für den Menschen bedeutet, spricht das Wort «Aisthesis» aus, von dem wir den Begriff der Wahrnehmung des Kunstschönen, Ästhetik herleiten.

Die Wahrheit nehmen, das ist ja der Vorgang aller Wahrnehmung. In diesem Vorgang vollzieht sich ein rhythmisches Geschehen. Das Organ gibt der Geistnatur die Möglichkeit, durch Hingabe die Weltwahrheit zu empfangen und im gleichen Sinnesprozess wieder zur Offenbarung zu bringen.

Der volle Sinnesprozess ist also durchaus nicht passiv-rezeptiv allein, sondern zugleich ein Gestaltungsakt.

Wahrnehmung ist Organbildung im Welt-empfangenden und Welt-gestaltenden Wirken des Menschen.

Im Gesamtsinnesprozess des Menschen gliedert sich diese rhythmisch-polare Funktion in vorwiegend *empfangende* und vorwiegend *organgestaltende* Sinnestätigkeiten. Den ersteren zugeordnet sind:

  Hörsinn
  Wortsinn
  Gedankensinn
  Ichwahrnehmungssinn

Was von diesen wahrgenommen wird, ist die Idee als Weltordnungskraft. Polar hierzu finden sich die vorwiegend organgestaltenden Sinnesfunktionen. Die Sinnestätigkeit des Menschengeistes verbindet sich in den Tiefen der Organik mit dem aufbauenden Substanzstrom. Sie bewirkt Organplastik, Organbewegung und Organkomposition (Raumordnung der Organe). Die dergestalt wirkenden Sinne sind:

  Tastsinn
  Lebenssinn
  Eigenbewegungssinn
  Gleichgewichtssinn

In den mittleren Sinnen durchdringen sich die empfangenden Bewusstseinssinne und die gestaltenden Willenssinne zu einem mittleren, differenzierenden Gefühlssinnesbereich:

  Geruchsinn
  Geschmacksinn
  Sehsinn
  Wärmesinn

Die Sinneslehre, wie sie Ruldolf Steiner in zahlreichen Kursen und Vorträgen angelegt hat, bildet für sich bereits eine geschlossene, erst in der Zukunft in allen ihren Konsequenzen auszuarbeitende Anthropologie.

Abb. 40

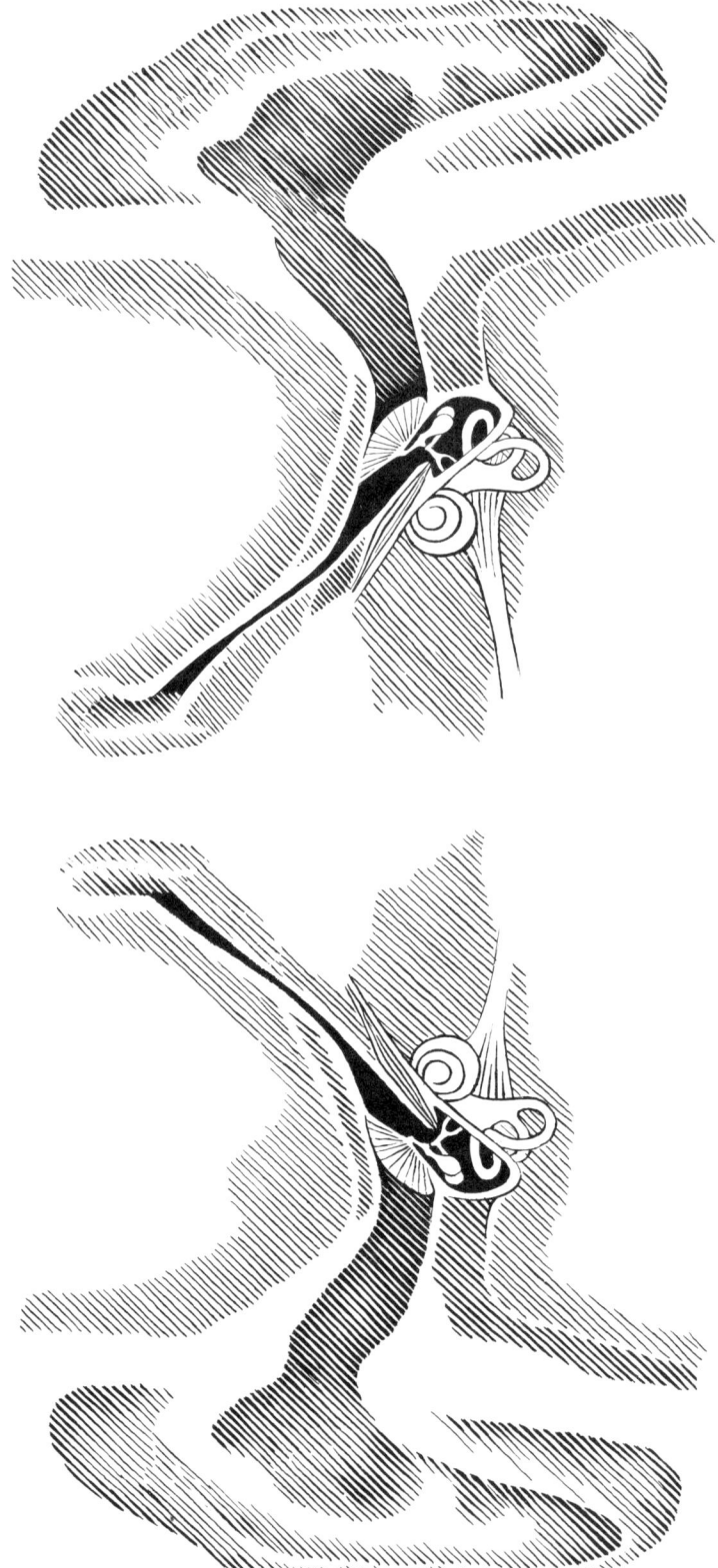

Abb. 40: *Das Gehör- und Gleichgewichtsorgan* in symmetrischer Gesamtdarstellung. 1. Äusseres Ohr: a) Ohrmuschel, b) äusserer Gehörgang, c) Trommelfell. – 2. Mittelohr: a) Hinter dem Trommelfell Hammer, Amboss und Steigbügel (die schwingende Brücke vom Trommelfell zum ovalen Fenster). b) Die Ohrtrompete (tuba auditiva) führt von der unteren Region des Mittelohres nach unten zum hinteren Rachenraum. – 3. Innenohr: a) Schnecke (cochlea), b) das statische Organ (Bogengangsystem), c) Gehör- und Gleichgewichtsnerv (nervus vestibulo cochlearis; vgl. auch den Abschnitt «Sinnesorganlymphe, Ohrlymphe»). – Das Innenohr ist tief in das Felsenbein eingebettet.

V. Der Säfteorganismus

Antimechanisch und antihydraulisch legt der Naturforscher ein organisches Chaos allen Organismen zu Grunde, denn eh wir ein Gebildetes mit Augen erblicken, sehen wir ein Ungebilde, in welchem und aus welchem jenes sich gestaltet...

Es sollte nicht Evolution sein, auch nicht Epigenese im angenommenen Sinn, nicht Präformation, nicht Prädevination, weil alle diese Worte den Begriff eines freien Werdens beschränken...

Nicht die Gefässe machen die Säfte, nein die Säfte bringen die Gefässe hervor... Goethe

Wie Wenige haben sich noch in die Geheimnisse des Flüssigen vertieft. Novalis

Über das Wesen flüssig-organischen Geschehens
(Betrachtungen zur Humorallehre)

In der Gestalt des Skeletts wurde uns das Bild des höchsten Geistigen in der Verkörperlichung offenbar. Damit haben wir zugleich das «Bild des Todes» gezeichnet. Im Lymphstrom, der aller Säfteströmung zugrunde liegt, begegnen wir dagegen der reinsten Erscheinung des Lebens. Im leiblichen Säftestrom sahen die Griechen die Mischung der Elemente, die auch den Weltbau als Ganzen durchströmen:

> Sie herrschen wechselnd in des Kreises Umlauf,
> In sich entstehend, schwindend, festen Wandels.
> Denn Elemente sind's, die sich vermengen
> Und Menschen so wie Tiergeschlechter zeugen,
> In einer Ordnung bald vereint durch Liebe,
> Bald eins vom andern abgetrennt durch Streit,
> Bis dieses Eins gewordne All zerfällt.
> Weil so aus mehrerem oft Eins entsteht
> Und Eins durch Spaltung wieder sich vervielfacht,
> So ist ein Werden ohne feste Dauer;
> Doch weil dies Wechselspiel kein Ende nimmt,
> So ist im Kreislauf wandelloses Sein. Empedokles

In der harmonischen Mischung der Säfte* liegt nicht nur Leibesgesundheit, sondern auch die Harmonie des wohlabgestimmten (temperierten) Seelenlebens. Die Krankheit beruht auf schlechter Mischung der Säfte, wie zuletzt der Tod auf einer «Entmischung» der Elementar-Ströme beruht[1].

Der Organismus ist einzig durch seine Säfteströmung eine Ganzheit, der Säftestrom bildet durch alle und über aller Gestaltdifferenzierung die belebende und ernährende Kontinuität.

Die historische Säftelehre, wie sie seit der griechisch-hippokratischen Medizin bis zu Karl von Rokitansky (1804–1878) vorherrschte, lässt den ganzen Organismus mit allen seinen Zellarten und Geweben aus flüssigen und fliessenden Prozessen hervorgehen. Alle Gewebearten, auch die geformtesten und festesten, wie das Nerven-, Knochen- und Bindegewebe, sind nur scheinbar fixe Gebilde. Alle sind in ihren Formen in flüssig fliessenden Übergängen vom Hydrosol bis zum Hydrogel zu beobachten. Erst jenseits der Grenzen des Lebens erscheint das «Mineral», der Kristall, als ein Ergebnis der Entmischung der fliessenden Lebenselemente, oder aber die Umwandlung und Wiederauflösung zu neuem Leben. Das Leben ist an den Fluss der Elemente, an die fliessende Gestaltverwandlung gebunden.

Es leuchtet ein, dass diese Tatsachen im frühembryonalen Zustand am unmittelbarsten beobachtet werden können. Hier ist der Organismus, der noch zahllose Form-Verwandlungen vor sich hat, am unmittelbarsten als ein fliessendes Gewebe anschaubar. Die Gewebsflüssigkeit selbst dominiert funktionell über die zelligen Elemente. Sie ist das Urmesenchym, ist organische Urbewegung, organischer Bildungsursprung überhaupt**. Alle Bindegewebe sind aus ihr hervorgegangen, sie stellen urprotoplasmatische Organisationsverdichtungen dar, die in ihrer letzten Formung im Nerven- und Knochengewebe den Todespol des Lebens berühren.

Die meisten Gewebe zeigen daher auch in ihren dichtesten und sogar noch in atrophischen Zuständen das Strömungsbild, aus dem sie hervorgegangen sind, während die lebendig strömende Gewebsflüssigkeit sich selbstverständlich nicht als Bild darstellen lässt! Nur die Kongelationen werden sichtbar. Über diesen Tatbestand muss man sich im Hinblick auf die eigene Lebensanschauung Rechenschaft geben. Die Anatomie und die Pathologie gehen zunächst nur von den festen, geronnenen Formbestandteilen, gewissermassen von den letzten «Abgüssen» des Lebens aus. Die Beurteilung der Lebenszusammenhänge nach dem festen (solidaren) niedergeschlagenen Stofflichen entspringt dem Hang der Naturwissenschaft seit der Mitte des neunzehnten Jahrhunderts, nur die statische Dokumentation als «exakt» gelten zu lassen, wobei der auf die Materie gerichtete Blick die

---

 * Krasis = Mischung; Eukrasie = gute Mischung = Gesundheit; Dyskrasie = schlechte Mischung, Krankheit.
 ** Mesenchym von μεσεγχέω = mitten hineingiessen.

funktionellen Zusammenhänge leicht übersehen kann. So werden bereits in der protoplasmatischen Urlymphe – im reinen Mesenchym – die ersten vereinzelten zelligen Elemente als «Gewebe» angesprochen und das fliessende Urmesenchym lediglich als «Interzellularsubstanz» oder als «Grundsubstanz» bezeichnet – nicht aber als das, was es seiner Bedeutung nach eigentlich ist, als Organlymphe, als die fliessende Bildesubstanz, aus der alle Organgestaltung und Umgestaltung hervorgeht, in deren ununterbrochenem Strömen alle Bildungen, Gewebe, alle abgesonderten Organe wachsen, ernährt werden und wiederum aufgelöst einmünden[2]. Zwar bleiben die einmal gebildeten Formen das Leben hindurch im wesentlichen erhalten, aber der Substanz nach befinden sie sich in einem dauernden fliessenden Austauschprozess.

Der Lymphorganismus

>Allgegenwärtiger Balsam allheilender Natur.
>Goethe

In den Wechselströmen der Säfte des Organismus wirkt, wie wir bereits schilderten, die reinste Lebenstätigkeit. Ja, es darf gesagt werden: die Lymphe, die «klare Feuchte», wie das Wort vom Griechischen her zu verstehen ist*, bildet im ganzen gleichsam einen universellen Organismus.

Unter allen Säften des Leibes ist die Lymphe das indifferenteste und allgemeinste Element. Sie bildet kein in sich abgeschlossenes System, sondern sie durchdringt, durchflutet und durchfeuchtet als ein wahres «Wasser des Lebens» den ganzen Organismus, alle Organe, ja sogar die festesten und dichtesten Gewebe.

Wenn man sich das besondere Wesen dieser universellen Durchflutung des Organismus durch einen Vergleich verdeutlichen will, so kann man eine der mannigfaltigen Kreislauferscheinungen des Wassers im Erdorganismus heranziehen, die laminare Strömung des Grundwassers**. Diese fliesst nicht wie Bäche und Flüsse vor unseren Augen, sondern unserem Blick entzogen in den Kapillaren und Spalten des Erdreiches. Die Grundwassersickerströmung breitet sich im Verborgenen um ein Vielfaches der Ausbreitung der Oberflächenwasserläufe aus und bildet so den strömenden Lebensgrund für das Pflanzenreich. Sie besitzt keine Mäanderung, kein Gefälle, keine Wirbel- und Uferbildung, sondern ein stilles, saugendes Fliessen und Steigen.

* Lympha = klares Wasser; lemphos = schleimig, schlammig.
** lamina = ausgebreitet, flächenhaft.

In ähnlicher Art zieht der Lymphstrom im Organismus seine Bahn, diffus verbreitet, nicht wie das Arterien- und Venenblut in Adern gefasst. Die Durchfeuchtung der Organe und des ganzen Organismus vollzieht sich ohne spezielle Leitungsbahnen, ohne Kanäle. In Gewebespalten, Organscheiden, Fascien und Hülsen, zwischen den Schichten der Blutgefässwandungen, zwischen den Muskelfibrillen, in den Nervenscheiden und im Nervenbindegewebe, überall steigt die Lymphe durch die kapillaren Spalten. In freien Körperhöhlen vermag sie, durch besondere «Aquädukte» geleitet, in reicher Fülle in Erscheinung zu treten, oder sie überzieht in zartesten Schleiern die Flächen der inneren Organe.

Es gibt freilich in allen Bereichen unseres Organismus auch eigene Lymphbahnen, vor allem Gefässe des Lymphzusammenstroms. Diese bilden aber gleichsam nur die «Endstrombahnen» der geschilderten allgemeinen Saugströmung, denn alle interkapillaren, alle zwischenzelligen und umzelligen Durchströmungsräume, selbst Spalten und Scheiden, die mikroskopisch kaum nachweisbar sind, sie alle sind Brunnenstuben der Lymphe; ja es gibt keine Bindegewebsfaser, keine Zelle, die nicht perilymphatisch umflutet und ernährt wäre.

Die reine Lymphe lässt sich am besten an den Phänomenen des *Protoplasmas*[3]*, der Lymphe des einzelligen Organismus, studieren. Im Protoplasma zeigt sich das ätherische Lebensphänomen am unmittelbarsten in seiner Aktion. Ohne äussere Verursachung zirkuliert die Lymphe der Zelle! – das Urphänomen jeder organischen Strömung. Alle weiteren Protoplasmaeigenschaften nehmen bereits hochdifferenzierte Organfunktionen in einer universellen Weise voraus. Zuerst:

        Ernährung,
        Wachstum,
        Vermehrung;

dann die rhythmischen Funktionen:

        Pulsation,
        Kreislauf,
        Atmung;

zuletzt Funktionen des Bewusstseins (hier natürlich noch ohne Ausbildung eines eigenen Nervensystems):

        Kontraktilität,
        Sensibilität,
        Gestaltung.

---

* Protoplasma = urplastische Substanz; von gr. πρῶτος = der Erste; es ist aber auch an Proteus, den Gott der Verwandlungen zu denken. πλάσμα = Gebilde, plastische Substanz. Nach Purkinje.

Abb. 41

Alle diese reichen und verschiedenartigen Leistungen vermag die undifferenzierte «Zell-Lymphe» bereits im Sinne des dreigliedrigen Organismus funktionell zu vollziehen.

Es war der Goetheanist Purkinje, der dieses universelle Lebenselement als Bildungssubstanz jüngster Embryonen Protoplasma nannte. Die englische Biologie deutet Gleiches mit dem Begriff «the building matter» an. Es ist die Substanz, die am unmittelbarsten dasjenige trägt, was Rudolf Steiner die ätherische Bildekraft nennt [4].

Begegnet uns die Lymphe im selbständigen Protoplasmaorganismus (z.B. im einzelligen Lebewesen im flüssigen Milieu), so bildet sie ihrer Natur gemäss die Kugelgestalt aus. Als Lebensfunktion ist diese Neigung im höheren Organismus dadurch erhalten, dass sie über alle Organe hinüber ihren lebendigen Mantel, ihre ätherische Umhüllung zieht und so die absolute Lebenseinheit herstellt. So kann man sagen: *Protoplasma ist die Lymphe der Zelle; Lymphe ist das Protoplasma des ganzen Organismus.* Unzählbare protophytisch-protozoische (urpflanzlich-urtierische) Organismen bilden die «*Kugelsphäre*», dieses vollkommenste *Urbild des Lebens* ab, die wesenhaft über allem Organischen, auch über dem höchsten Organismus, als Urgestalt steht.

> So liegt im dichten Schoss der Harmonie
> Die Kugelsphäre, des Alleinseins froh;
> Nicht lebt unheil'ger Streit und Zwist in ihm...
> Von allen Seiten gleich und endlos ist
> Die Kugelsphäre, des Alleinseins froh,
> Ihr zweigen nicht zwei Arme von den Schultern,
> Sie hat nicht Fuss, noch Knie, noch zeugend Glied,
> Ruhend ist sie und in sich gleich von allen Seiten.
>
> Empedokles

Ernährende Lymphe

Die Lymphe, die vor jeder Organdifferenzierung und über aller Organbildung als die Trägerin der Lebenseinheit wirkt, hat ihre entscheidendste Funktion als ernährende Lymphe [5]. Im höheren Organismus bildet die Lymphe da, wo sie den Ernährungsstrom aufnimmt, regelrechte Stromufer, die allerdings – mit den Blut-

---

Abb. 41: *Oberflächenlymphbahnen der Leber* (nach einer photographischen Aufnahme aus Ruszynyak/Földi/Szabó). Die Mannigfaltigkeit der Verzweigungen und die quellenden Formen sind überaus charakteristisch.

bahnen verglichen – durch ihren unregelmässigen, zarten Bau auffallen. Diese Lymphgefässe sind charakteristische «Endstrombahnen», welche die Lymphströmung aus der äusseren Peripherie der Gliedmassen und aus dem Inneren der Organe, vor allem aus dem Darmbereich, aufnehmen. Besonders umfangreich sind solche Bahnen in den Gliedmassen ausgebildet, wo sie die aus der Peripherie zusammenströmende Lymphe über die Lymphknoten der Leistenbeuge und der Achselhöhle in Becken und Brustbereich führen. In der Beckentiefe finden sich charakteristische, mannigfaltig erweiterte Lymphgefässnetze, sogenannte Zisternen, die mit ihrem Strom den Brustlymphgang speisen. In den Lymphgefässen der Dünndarmzotten, in Spalträumen der arteriovenösen Anastomosen wird der Chymus des Darmlumens als Chylus aufgesaugt[6]. Der Brustlymphgang erhält diesen besonderen Zustrom der ernährenden fett- und eiweissreichen «Milch». Dabei erscheint es uns wesentlich, dass der Chylus nicht in einer eigenen, vom übrigen Lymphstrom gesonderten Bahn fliesst, sondern seinen Strömungsimpuls, seine Vorflutung aus dem Gliedmassen-Lymphstrom der äussersten Peripherie erhält[7]. (Was diese «Peripherie» im Kräftedynamismus der Leiblichkeit bedeutet, das wurde schon bei der Betrachtung der Polarität Kopf-Gliedmassen berührt.)

Der Brustlymphgang steigt nun, der Wirbelsäule folgend, aufwärts, verlässt die Bauchhöhle, indem er durch das Zwerchfell hindurchtritt und steigt weiter durch den Mittelraum der Brusthöhle rechts der Wirbelsäule, bis er im oberen Brustraum in Höhe des sechsten Halswirbels auf die linke Seite herüberwechselt, um hier zuletzt unter dem linken Schlüsselbein in die linke Jochvene einzumünden. Hier fliesst in den Venenwinkel der Jochvene (Jugularis) und der linken Schlüsselbeinvene (Subclavia) alle Lymphe aus beiden Beinen, aus dem gesamten Bauchraum, dem linken Arm, der linken Brust- und Lungenseite und aus der linken Kopfhälfte zusammen. In den rechten Jochvenen-Schlüsselbeinvenenwinkel strömt nur die Lymphe der rechten Brustseite, des rechten Arms und der rechten Kopfhälfte ein. Das Lymphsystem zeigt also entschiedene Asymmetrie (was für das Wirken ätherischer Kräfte charakteristisch ist, während das Einwirken astraler Kräfte symmetrische Bildungen hervorruft). Die linke Jochvene führt das Venenblut der linken Haupthälfte über die obere Hohlvene zum Herzen.

Unter dem linken Schlüsselbein also vereinigt sich die vegetativ-ernährende Chylus-Lymphmilch mit einer oberen Venenblutströmung, die organische Qualitäten aus dem Sinnes-Nervenbereich des Hauptes (Auge, Ohr, Gehirnperipherie) zum Herzen leitet. Der irdisch ernährende Strom hat sich mit den Lichtqualitäten des Sinnes-Nervenpols vereint[8]. Für diese erstaunliche Signatur hat die allgemeine Naturwissenschaft bisher noch keine Deutung gefunden. Uns spricht diese Vereinigung polarer Sphären allerdings eine beredte Sprache über das Geheimnis der Ernährung überhaupt.

Muttermilch

Die erste Nahrung des neugeborenen Kindes ist die Muttermilch. Vor der Geburt flossen dem werdenden Kinde alle ernährenden Ströme durch die Nabelgefässe vom mütterlichen Venenblut her zu. Die erste Nahrung, die das Brustkind aufnimmt, ist nicht mehr in gleicher Weise von innenorganischer Qualität wie das Blut, und doch ist ihre Qualität und Zusammensetzung kaum weniger intim. Wir haben das Quellgebiet des uns ernährenden Chylus in den Darmzotten kennengelernt und erfahren, wie der Lymphstrom, der den Chylus aufnimmt, bereits aus der Peripherie der unteren Gliedmassen einströmt. Ähnlich ist es auch mit dem Lymphstrom der Arme, auch er mündet in den Brustlymphgang (bzw. rechten Lymphgang) ein und gelangt auf diesem Weg zuletzt in das Venenblut der oberen Hohlvene. Aber ein Teil dieses Lymphstromes nimmt einen eigenen Weg.

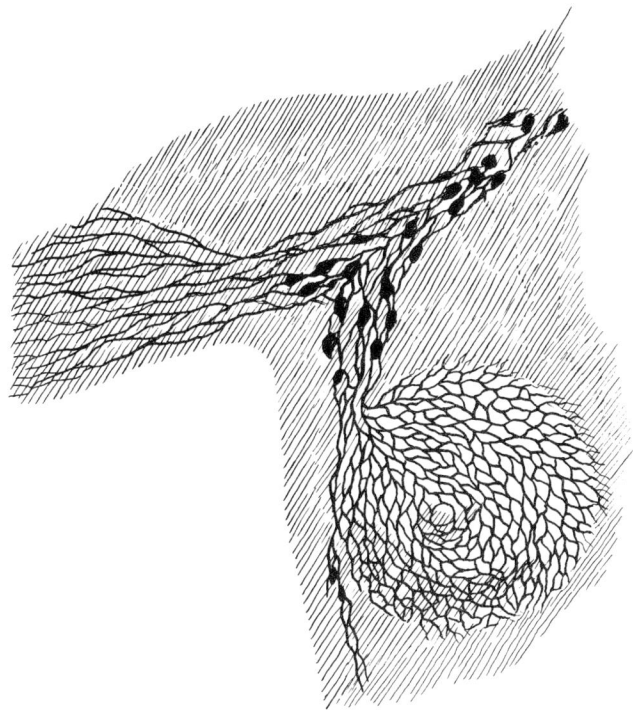

Abb. 42: *Armlymphsystem* in seiner Beziehung zur Brust (nach Corning).

Bei der stillenden Mutter fliesst ein wesentlicher Lymphstrom aus Händen und Armen unmittelbar zur Brust. Wie im Darmbereich alle Darmzotten den Chymus des Darminhaltes ansaugen, so spendet umgekehrt die Brust der Mutter die Milch für das Kind. Diese Lebensspende der Muttermilch ist aber nicht allein Leistung der Brustmilchdrüsen, die einen Teil ihrer Substanz bei immer erneutem Wiederaufbau in «Chylus», d.h. in die fliessende Milch verwandeln, sondern hier – wie im unteren Ernährungsgebiet – gibt der Lymphstrom selber das Seine dazu.

Für das gesamte Lymphsystem ist die Einströmung aus der Peripherie (zentripetale Strömung) charakteristisch. Der ernährenden Lymphe aus den Darmzotten (Chylus) wie der Muttermilch aus der Brustdrüse fügt sich dieser Gesamtstrom als notwendige Anflutung oder Vorflutung bei. Es ist dabei gar keine Frage, dass unsere Gliedmassenbewegung, ihre Bewegungsqualität und Intensität sich als ausserordentlich wesentlich erweisen, sowohl für die ätherische Strömungsdynamik selbst als auch für die inneren Ernährungsqualitäten bei Chylus- und Milchbildung[9].

Sinnesorganlymphe

Eine der wunderbarsten Erscheinungsformen einer Organflüssigkeit ist die «Sinnesorganlymphe», wie wir sie als Augenlymphe (Kammerwasser) und als Ohrlymphe (Otolymphe) finden.

Kein Organ lenkt so unmittelbar wie das Auge unsere Aufmerksamkeit auf seine innere Strömungs- und Säfteorganisation. Sein sphärischer Bau schon spricht die deutlichste Sprache. Würde nicht unser ganzer Leib zur Sphäre, zur Kugelgestalt hintendieren, wenn allein die ätherisch flüssige Organisation dominierte? Von diesem Gesichtspunkt aus ist das Auge morphologisch das vollkommenste Organ unserer Leiblichkeit, ja es ist geradezu symbolisch in der Art, wie seine Gestalt sein Wesen ausdrückt. Nach allem, was sich bisher vom Wesen der Lymphe in der Organisation aussprach, wundert es uns nicht, dass bei einem solchen Organ die Lymphe ganz entschieden hervortritt, und dass dagegen das Blut fast vollkommen in die Peripherie des Organs hinausgedrängt wird und nur von der umhüllenden Adernhaut aus hereinwirkt[10].

Beim Auge können wir die alles durchdringende Organlymphe in drei Bereichen finden: zuerst im kolloidalen Glaskörper. Dann im mittleren rhythmischen Organbereich des Auges, wo sich die Linse, durch Radialfasern gehalten, gegen den ringförmigen Ciliarmuskel abflachend oder von ihm losgelassen durch Eigenelastizität zur Kugelgestalt hin bewegt (Akkommodation) und wo sich der zirkuläre Irismuskel dem Licht gegenüber pupillenerweiternd oder verengend einstellt. Hier fliesst freie Lymphe des Auges zwischen Linse (Lens cristallina) und Iris einerseits (hintere Augenkammer) und Iris und Hornhaut andererseits (vordere Augenkammer) – als Kammerwasser. Diese Lymphe entspringt im Kapillarbereich der Blutgefässe des Ciliarkörpers und fliesst von innen nach aussen, dabei die Linse umspülend. Da die Kristall-Linse als lichtklares Organ ausgebildet ist, könnte sie nicht durch Blut ernährt werden, ohne dass Trübung einträte. Hier ist die Lymphe selber kristallklar, zur reinsten Organnahrung kohibiert. Sie ernährt und belebt die fast mineralisch-klare, kristalloid strukturierte Linse. Der Lymphabfluss erfolgt durch einen Lymphkanal im Iris-Hornhautwinkel der äusseren Augenkammer. Der dritte Lymphstrom, die Tränenflüssigkeit, fliesst ununterbrochen von der Tränendrüse her über die Hornhaut und ernährt sie auf gleiche Weise. Dieser Lymphstrom wird durch den Tränennasengang abgesaugt und im Bereich der Nasenschleimhaut der mittleren Muschel resorbiert.

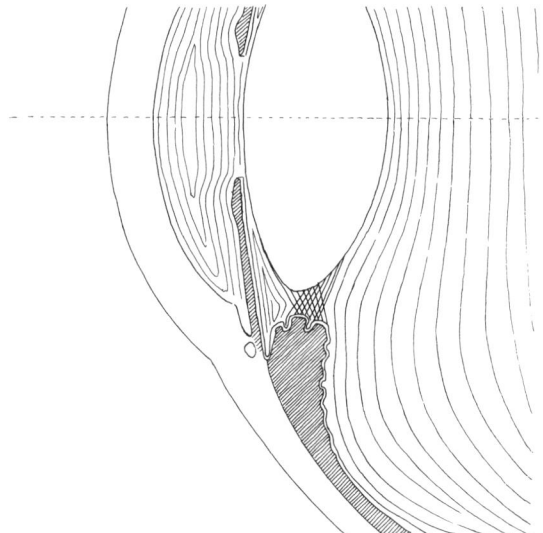

Abb. 43: *Kammerwasser der hinteren und vorderen Augenkammer.* Das Kammerwasser (Sinnesorganlymphe) entspringt im Kapillarnetz des Ziliarkörpers und fliesst, nachdem es die hintere Augenkammer (Raum zwischen Hinterfläche der Iris und der Linse) erfüllt hat, durch die Pupille in die vordere Augenkammer und wird zuletzt durch ein Ableitungssystem (Schlemmscher Kanal) zu skleralen Gefässen geleitet. Das kristallklare Kammerwasser ernährt das blutgefässfreie optische System. Als Durchströmungsmenge wird in 24 Stunden bis zu 10 Liter angegeben.

Ohrlymphe

Die Ohrlymphe bildet einen mittleren Bereich zwischen Augenlymphe und dem «Gehirnwasser». Zugleich erscheint die Lymphe hier, wie sonst nirgends im Organismus, tief mit der Physis verbunden, denn sie befindet sich im Zentrum des Knochensystems, im Felsenbein eingeschlossen. Hier bildet sie den rhythmisch-funktionellen Mittler zwischen der vom äusseren Ohr durchs Mittelohr (Hammer, Amboss und Steigbügel) herübergeführten Luftklangschwingung einerseits und dem Nervensystem im Innenohr andererseits (Nervus statoacusticus). Jedes rhythmische System ist nach seinen Polen hin orientiert, also gewissermassen doppelt veranlagt; das rhythmische System des ganzen Organismus im Blut hauptsächlich zum Stoffwechselgliedmassensystem hin, im Atem mehr dem Nervensinnespol zu. Das Doppelorgan des Hörens und Raumerlebens (Gleichgewicht) orientiert auch die Lymphe doppelt. In der Schnecke bildet sie strömende Wirbel von ungeheurer Feinheit, die vom Klangäther impulsiert werden, und die die empfindenden Hörsaiten anregen. Dieser Lymphstrom ist eine Metamorphose des ernährenden Chemismus selbst – seine Organisation eine Metamorphose des Stoffwechselgliedmassensystems. Die Lymphbewegung im Bogengangsystem des statischen Organs rührt unmittelbar an das Nervensystem, vermittelt durch isoliert mineralische Körper, die Statolithen[11]. Hinter diesen Funktionen der stato-akustischen Lymphe darf auch wiederum ihr Urwesen nicht vergessen werden, – gerade im Ohr glauben wir es besonders deutlich zu empfinden: das bewegte Fliessen eines Urmeeres, eines Urströmens tritt uns hier entgegen.

Gehirnlymphe und Fruchtwasserlymphe

Die letzte organische Erscheinung der Lymphe begegnet uns im Gehirnwasser (Liquor cerebrospinalis). Jetzt kann es uns deutlich werden, wie die Lymphe in jedem Bereich des dreigliedrigen Menschen vom Ätherischen her die gestaltende Dynamik offenbart. In der Gliedmassenperipherie bildet sie einströmende Bahnen, in der Leibesmitte vereinigt sie sich mit dem rhythmischen System unmittelbar (Pleuralymphe – Brustlymphgang – Einstrom ins Venenblut), und hier im Bereich des Gehirns und Rückenmarks bildet sie einen vollkommenen, in sich abgeschlossen ruhig strömenden Kreislauf, der eine Sphärenhülle um das Gehirn bildet. Das Gehirnwasser entspringt in eigenen Blutkapillarnetzen* in den Gehirnkammern. Von hier gelangt der Lymphstrom durch besondere «Aquädukte» in die Gehirnperipherie und breitet sich nun im Raum zwischen Spinnwebenhaut und weicher

---

* Tela chorioidea = Adergewebe der Gehirnkammern.

Hirnhaut – alle Buchten und Einschnitte der Gehirnwindungen umströmend – um das ganze Gehirn aus. (Von den Quellorten in den Seitenkammern –Ventrikeln – des Gehirns fliesst das Gehirnwasser durch die dritte Kammer und den Aquädukt des Mittelhirns zur vierten Kammer. Von hier aus steigt es in die obere Peripherie des Gehirns bis unter die Spinnwebenhaut (Subarachnoidalraum), umfliesst das ganze Gehirn und strömt hinab in den Rückenmarkskanal, auch hier das Rückenmark umfliessend.) Diese Strömung vollzieht sich in einem stillen Kreisen, bis das Gehirnwasser zuletzt in Lymphbahnen und Venenkapillaren abfliesst. Über die Einwirkung des Blutpulses und des Atemrhythmus auf die Gehirnflüssigkeit haben wir das Wichtigste im Gehirnkapitel mitgeteilt. Da das Gehirn auf diese Weise wie das Kind im Fruchtwasser schwimmt, drückt es kaum mehr auf seine Unterlage. Blutgefässe und Nerven der Gehirnbasis können ihre Funktionen erfüllen, ohne unter dem Eigengewicht des Gehirns (1400 g) gepresst zu werden[12]. Wie das Augenkammerwasser und die Ohrlymphe ist auch das Gehirnwasser im normalen Leben vollkommen klar (zellarm), es ist das Bild des reinen Ätherischen, das am Pol unseres physischen Bewusstseins wesenhaft erscheint – polar zur ernährenden Lymphe in Chymus und Chylus.

Als Beispiel der Bedeutung der Lymphe für das Leben und ihre gewaltige Eigenleistung sei hier noch die Funktion des Fruchtwassers bei der Embryonalentwicklung erwähnt (Petry). Das Kind schwimmt am Ende der Schwangerschaft in etwa 1500 bis 2000 ccm Fruchtwasser-Lymphe. Diese wird täglich innerhalb weniger Stunden vollständig ausgetauscht und vom mütterlichen Organismus her über die Eihäute neu gebildet – eine kaum fassbare Leistung der ätherischen Organisation! «Der Embryo nimmt das Fruchtwasser durch Schluckbewegungen in den Darm, aber auch durch Einatmungsbewegungen über die Bronchien in die Lungen auf. Dort wird es wie im Darm resorbiert und in das Blutgefässsystem gebracht. Auch die embryonale Haut spielt wahrscheinlich bei der Aufnahme des Fruchtwassers eine Rolle.» Die Eihäute, besonders das Amnion*, haben also eine bedeutende lymph-ätherische Funktion für das Werden des Kindes. Sowohl die gewaltige Fruchtwasserströmung als auch die offenbar ernährende Durchflutung des embryonalen Darm- und Lungensystems kann uns das ätherische Wesen der Lymphe offenbaren. Hier tritt uns eine deutliche Analogie zwischen Gehirnhäuten, Gehirnlymphe und Gehirn- und Eihäuten, Fruchtwasser und Embryo entgegen.

---

* Amnion = Schafhaut, Eihaut.

Die Lymphe als Wesensorgan des ätherischen Menschen

Die Lymphe bildet in unserer Organisation die protoplasmatische Einheit des ätherischen Menschen. Ihre allgemeine Ausbreitung als das organische «Wasser des Lebens» war den Anatomen schon in früherer Zeit interessant. Sie suchten dieses System auch gestaltlich zu fassen, aber sie fanden – vom netzförmigen Grundtypus abgesehen – immer wieder die zahlreichsten Variationen dieses gewaltigen Themas des elementar fliessenden Lebens. Regelmässig fanden sich Lymphgefässnetze zu Lymphdrüsen vereinigt; bestimmte Lymphbahnen, selbst der zentrale Brustlymphgang, zeigten ebenso regelmässig Abweichungen (z.B. geht seine Bahn aus netzförmigen Bildungen hervor, welche wie die Nebenströme eines Urstromgebietes die verschiedensten Wege einschlagen). Ausserdem muss der gesamte Bindegewebsbereich des Organismus für das Lymphsystem ohne besondere Bahnen in Anspruch genommen werden (Gegenbauer). So stand das Lymphsystem, charakteristisch für seine ätherischen Qualitäten, wegen seiner formverneinenden Überfülle dem beschreibenden Geist der Anatomie und Topographie entgegen, und im gleichen Masse trat auch das Interesse für dieses Reich zurück. Erst in neuerer Zeit wendet sich die Forschung vor allem im Zusammenhang mit dem Krebsproblem entschiedener der Lymphe und ihren Funktionen zu.

Es ist unglaublich, wie wenig man sich bisher mit dem Lebensprimat, das der Lymphe in allen organischen Entwicklungsstadien zukommt, beschäftigte. Man kann eine ganze Embryologie durchlesen, ohne Sonderliches über ihre Rolle im Lebensaufbau zu erfahren. Bei der einseitigen Blickrichtung auf ausgeformte und solidar differenziert zellige Gestaltungen konnte ihr nur eine beiläufige Bedeutung zuerkannt werden. So entzog sich die Lymphe der Beurteilung. Wer im Hinblick auf die organischen Leistungen technischen Anthropomorphismus betreibt, wird immer wieder nur physikalisch-chemischen Stofftransport und «Stoffwechsel» finden. Das Wesen der Lymphe aber verfehlt völlig, wer lediglich in diesem mechanischen Sinne vom «Wasserhaushalt» spricht. Gewiss nehmen wir Wasser auf, aber was jenseits der Darmwand kreist, ist kein Wasser mehr, sondern ist lebendige Lymphe.

Kommt es im Organismus zu Ödembildungen (Wasser im Gewebe, Anasarka), dann liegt ein Versagen des Ätherorganismus im umfassenden Sinne vor. Die Flüssigkeitsausscheidungen (Schweiss, Harn) sollten im Grunde nicht als Wasserausscheidung bezeichnet werden, da in ihnen ein ganzer Teil abgelebter Organsubstanz enthalten ist. Zwischen dem, was wir den Wasserhaushalt der Natur nennen und was im flüssigen Organprozess geschieht, kann nur ein übertragener Vergleichszusammenhang, kein identisches Geschehen gesucht werden.

Ebenso entschieden wird Wesen und Bedeutung der Lymphe verkannt, wenn man sie nur als Nebenkreislauf des Blutsystems auffasst, was mit grosser Regelmässigkeit in der Fachliteratur geschieht[13]. Wir stellen dagegen die Identität der zellulären Endolymphe und Perilymphe, des Protoplasmas und des die Zelle ernährenden und tragenden Plasmas in ihrem funktionellen Austausch fest, welcher im ganzen Organismus gilt, schon ehe sich ein Blutkreislauf ausgebildet hat. Nicht die Lymphe bildet einen Nebenkreislauf zum Blutkreislauf, sondern umgekehrt nimmt der Blutkreislauf – als organisch höher dynamisierter Funktionskreis – einen Teil der ursprünglichen allgemeinen Lymphe als Plasma auf. Nicht das Plasma unterscheidet den Blutkreislauf vom Lymphstrom, sondern die Dynamik, die im arteriellen und venösen Blutsystem besteht. Das Plasma ist mit der Lymphe wesensgleich. Es tritt im Venenbereich ins Blut ein und wird in der arteriellen Kapillarperipherie in das gewaltige Gebiet des freien Lymphstromes ins Bindegewebe des Gesamtorganismus (im Sinne eines organischen Gleichgewichtes) zurückgegeben. Die Lebenstätigkeit der Lymphe wirkt also auch im Blut. Das Besondere des Blutes liegt darin, dass es Träger höherer menschlicher Wesenskräfte ist, die sich in der Kreislaufdynamik der Adern und des Herzens ausdrücken, während die Lymphe in ihrem allgemeinen Fluten und Strömen im ätherischen Organisationsprinzip verharrt. *Die Lymphe*, kann man sagen, *ist in uns die Pflanze*, das Ernährende und Wachsende; aber verglichen mit der Pflanze unserer Umwelt, sind wir in unserer Lymphe «pflanzlicher als die Pflanze»[14].

VI. Der rhythmische Organismus

I

Wie kann sich der Mensch gegen das Unendliche stellen, als wenn er alle geistigen Kräfte, die nach vielen Seiten hingezogen werden, in seinem Innersten, Tiefsten versammelt, wenn er sich fragt: Darfst du dich in der Mitte dieser ewig lebendigen Ordnung auch nur denken, sobald sich nicht gleichfalls in dir ein beharrlich Bewegtes, um einen reinen Mittelpunkt kreisend, hervortut? Und selbst wenn es dir schwer würde, diesen Mittelpunkt in deinem Busen aufzufinden, so würdest du ihn daran erkennen, dass eine wohlwollende, wohltätige Wirkung von ihm ausgeht und von ihm Zeugnis gibt.
Alle organischen Bewegungen manifestieren sich durch Diastolen und Systolen...
                  Goethe

Die gesamte Morphologie wird sich einst auflösen lassen in eine ideelle Rhythmologie.
                  C. L. Schleich

Der Rhythmus

Es gibt wohl kein Erlebnis im Reich des lebendigen Seins, das uns so elementar begegnet, wie dasjenige des Rhythmus. Man kann sagen, das Erlebnis des Rhythmus ist das Erlebnis des Lebens. Demjenigen aber, der sich über dieses Lebensphänomen Klarheit zu schaffen sucht, wird es sehr schwer, mit seinem Bewusstsein in dieses Reich vorzudringen.

Rhythmus* begegnet uns als Funktionsform der Lebensabläufe so allgemein, dass die Frage, was ist Rhythmus – geradezu Verlegenheit oder sogar Verwirrung auslösen muss.

Gerade die Seinsordnungen, in die wir selbst am tiefsten eingebettet leben, werden uns am wenigsten bewusst. Ist nicht unser ganzes Leben auf Rhythmus veranlagt, ein steter Fluss rhythmischer Prozesse in unendlicher Wiederholung – in kaum merkbarer Wandlung, der unser Lebenserlebnis, unsere Lebenserwartung, unser Vertrauen und Hoffen trägt? Unser Einschlafen und Erwachen, unser

---

* Rhythmus = Zeitmass, Ebenmass; ῥυθμός von ῥέω = fliessen

Arbeiten und Ermüden, unser Hungern und unsere Sättigung, unser Ein- und Ausatmen, der Pulsschlag unseres Blutlebens und alles dasjenige, was wir unbewusst als Lebensrhythmus erleben, vollzieht sich in diesem wiederholendlichen, unmerkbar sich wandelnden Geschehen, dessen geheimnisvolles Steigen – Fallen und wieder Anfluten das Leben ausmacht.

Alle Entwicklung im Lebensbereich der Erde ist rhythmisches Geschehen. Rhythmus ist daher nicht Wiederholung eines ewig Gleichen. Jedes Momentbild des Lebensablaufs ist Teil eines rhythmischen Flusses fortschreitender Verwandlungen. Aber so vertraut unserem Miterleben dieses Geschehen ist, weil wir eben mitten darinnen stehen, so schwer wird es uns, die Frage zu beantworten, was der Rhythmus ist! Mit dieser Frage treten wir in ein Allerinnerstes des lebendigen Seins ein.

Goethe war in seinem Streben nach Naturerkenntnis der erste Rhythmusforscher, denn seine ganze Methodik richtete sich auf Erforschung rhythmischer Entwicklungsphänomene. Die Metamorphosenlehre ist durchaus Rhythmuslehre. Goethe war sich des Wagnisses seiner Methodik, das Leben lebensgemäss – d.h. aus der Dynamik des Rhythmischen heraus zu erfassen – voll bewusst. Er sagt: «Die Idee der Metamorphose ist eine höchst ehrwürdige, aber zugleich höchst gefährliche Gabe von oben. Sie führt ins Formlose, zerstört das Wissen, löst es auf.»

Da die lebendige Natur in Rhythmen lebt, kann sie nur durch eine *Verwandlungslehre*, die dem Fluss des Lebens selber folgt, wesenhaft verstanden werden. Aber in diesem *fliessenden Erkennen* löst sich alles abgegrenzte, starre Faktenwissen auf, es wird vernichtet.

Dem Dichter, der in der Ideenwelt lebt und der in diesem Bereich schöpferisch frei und ungebunden gestaltet, wird es nicht schwer, «wie die Natur» selber im lebendigen Prozesse zu empfinden und zu wirken. – Dem isolierten und isolierend wirkenden Verstande aber zerfällt die sinnlich erfahrbare Welt in Raum- und Zeitelemente, die der Künstler der Idee und dem Leben gemäss vereint.

Gleiches fordert Goethe letztlich aber auch vom wahren Naturforscher: «Die Schwierigkeit, Idee und Erfahrung miteinander zu verbinden, erscheint sehr hinderlich bei aller Naturforschung; die Idee ist unabhängig von Raum und Zeit, die Naturforschung ist in Raum und Zeit beschränkt; daher ist in der Idee Simultanes und Sukzessives innigst verbunden, auf dem Standpunkt der Erfahrung hingegen immer getrennt, und eine Naturwirkung, die wir der Idee gemäss als simultan und sukzessiv zugleich denken sollen, scheint uns in eine Art Wahnsinn zu versetzen. Der Verstand kann nicht vereinigt denken, was die Sinnlichkeit ihm gesondert überlieferte, und so bleibt der Widerstreit zwischen Aufgefasstem und Ideeiertem immerfort unaufgelöst» (Goethe, Nat. Schr. Bd. 1).

Der isolierte Verstand kann die Lebenseinheit, in der die Ideenwirklichkeit selber zum Ausdruck kommt, nicht fassen; die Welt fällt ihm in Stücken auseinander. Eine solche Naturwirkung aber, die wir der Idee gemäss als simultan und sukzessiv zugleich zu denken haben, ist der Rhythmus.

Der Rhythmus ist naturhaft und ideenhaft zugleich; er enthält die Spannung der wirkenden Urpolarität von Raum und Zeit, die zwar erlebt, aber in der Verstandeserfahrung zunächst nicht nachvollzogen werden kann. Der Verstand, der sich immer für das Erfassen des Raumes oder der Zeit entscheiden muss, ergibt nur noch ein quantitativ errechnetes Schattenbild eines ursprünglich einheitlichen Lebensgeschehens.

Für unsere Betrachtung ist die Goethesche Problemstellung so fruchtbar, weil sie uns als Schlüssel zum Verständnis desjenigen dienen kann, was als Prozess allen Metamorphosen, ja was dem Rhythmus überhaupt wesenhaft als Raum-Zeitgeschehen zugrundeliegt. Die Naturforschung ist in Zeit und Raum beschränkt. Goethe aber löst diese Beschränkung auf, indem er Zeit und Raum nicht als starre Begriffe weiterführt, sondern von vornherein Raum und Zeit als Ergebnisse eines Prozesses zu verstehen sucht. Der Raum als Prozess ist das *Simultane*, d.h. ein Sein in der Gleichzeitigkeit. Zeit dagegen ist das *Sukzessive* – ein Sein in raumverändernder Folge. Diese polaren Funktionsbegriffe des Simultanen und des Sukzessiven sagen also mehr aus als «Zeit» und «Raum». Sie durchdringen einander prozessual. Das Leben selber (im Sinne Goethes die schaffende Idee) bewegt sich rhythmisch zwischen den Polen, die es selber schafft und durch die es sich wieder aus der Erscheinung zurückzieht. Raum-Zeitdurchdringung ist das Leben im organischen Sein. Reine Zeit ist Ewigkeit. Reiner Raum der Tod (absolute Physis). Der Rhythmus stellt also die Durchdringung beider Seinskräfte im Organischen her, da in ihm – nach Goethes Worten – das Räumliche und Zeitliche innigst verbunden ist, ja sogar als Einheit erscheint. Er ist so im irdischen Sein der Verwirklicher des Geistigen, des Ideellen.

Lassen wir uns nun vom Rhythmusphänomen als dem dynamischen Ausdruck des Lebens selber weiterführen, so müssen wir zunächst fragen, wie Räumlichkeit und Zeitlichkeit entstehen. Es wird uns leicht, zu beobachten, wie sich Räumlichkeit bildet. Sie erscheint unmittelbar vor unseren Augen, wir betasten sie mit unseren Händen, sie lebt in unserer Vorstellung. Wenn in dem Kugelgallert eines Radiolarienkeimes das dauerhafte Gittergerüst des Kieselskeletts erscheint, dann steht als Resultat ein messbares Raumgefüge vor unseren Augen.

Aber es war der Zeitorganismus, der Zeitleib[1], der den raumbildenden Formkräften entgegenkam, ihnen die lebendige Matrix darbot und die Lebenskräfte im Dienste der Gestaltbildung opferte. Der Natur des Ätherischen, wie es sich uns im protoplasmatischen Lymphstrom als raum- und gestaltverneinender Proteus erwies, der aber gerade darum fähig ist, alle Gestaltbildung mit Leben zu erfüllen, wäre es angemessener, rein im Zeitfluss in ewiger Wandlung zu strömen. *Der Ätherleib selber ist der Zeitleib, der in uns im Werden, Wachsen und Verwandeln das Zeiterlebnis bewirkt.*

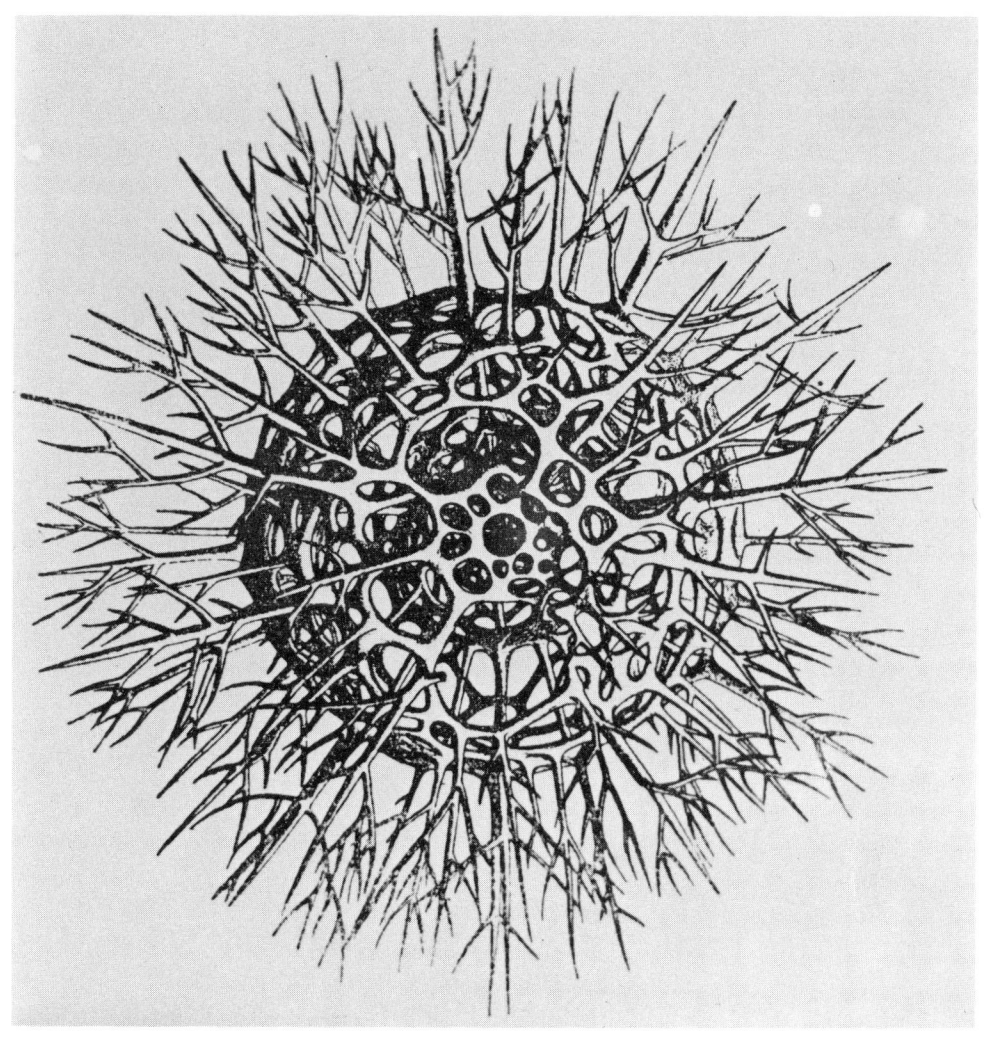

Abb. 44: *Raumgefüge eines Radiolaren Skeletts* (nach Haeckel).

Näher unserem Bewusstsein, unserem sinnlichen Erfassen, steht der Raumbildner, weil er mit unserer Seelentätigkeit identisch ist; es ist der astralische Leib. Hat sich uns der ätherische Leib am reinsten in der formverneinenden Lymphe, im Protoplasma offenbart, so tritt uns der astralische Leib nirgends ausgeprägter entgegen als in der Formgestalt und in der Funktion des Nervensystems. *Raum-*

bildender Formprozess und Lebensfülle spendender Zeitprozess stehen uns jetzt als klare Polarität gegenüber. Die materielle Grundlage dieser raum- und zeitschaffenden Funktionen ist wesenlos und die äussere Wahrnehmung allein vermag uns über ihre Natur kaum Aufschluss zu geben. Astralisches und Ätherisches sind geistiger Natur, sie müssen, wo auch immer sie im Lebensprozess wirkend erscheinen, als geistige Kräfte erkannt und gewürdigt werden[2].

Im Organismus konstituieren sie als Polarität die Einheit des Lebens in ihren simultan wirkenden (Raum und Körper schaffenden) und in ihren sukzessiven (im Zeitstrom als Lebensbildekraft wirkenden) Prozessen. Diese Wesenskräfte durchdringen einander in den verschiedenen Organbereichen und Organprozessen in einer jeweils charakteristischen Weise, wobei die hier oder da vorherrschende Wirkung des einen Pols nie ohne die Mitwirkung des anderen zu finden ist. So lange das Leben währt, lassen die Pole bei noch so entschiedener Herrschaft ätherischer oder astralischer Wirkungen nie die entsprechenden Gegenkräfte vermissen.

Astralische Raumkräftewirkungen verdichten – lebensätherische Zeitkräftewirkungen lösen wieder auf. Diese systolisch-diastolischen Urfunktionen wogen im Wechselleben gegeneinander auf und ab. Wenn wir die verdichtenden und die lösenden Kräfte als regelmässig einander ablösende Wirkungen annehmen, dann kommen wir zu einer Folge, die sich im Bild der Sinuskurve darstellen lässt. Unregelmässige, von zufälligen Einflüssen gestörte Kräftewirkungen führen zur blossen Oszillation. Beide sind aber noch nicht das, was wir unter Rhythmus zu verstehen haben, wenn wir vom reinsten Zusammenwirken raum-zeitlicher Kräfte ausgehen.

Im Organismus findet sich der Rhythmus aus diesen Gründen nicht in den polaren Bereichen. Dies bestätigt sich sowohl bei der Betrachtung der Morphologie als auch bei der Beobachtung der Funktionen.

Die räumlich-strukturelle Durchformung des Nervensystems (Überformung gegenüber einem lebendig protoplasmatischen Organgeschehen) schliesst rhythmische Funktionen nahezu aus, und soweit sie im Bildeprozess hereingewirkt haben, sind sie hier zur Ruhe gekommen. Auch die Bewusstseinsfunktionen, die sich auf das Nervensystem stützen, sind nicht rhythmischer Natur. Im Nervensystem hat sich der astralische Leib struktur-(raum-)schaffend mit dem physischen Leib dicht verbunden und dabei, z.B. in den «Pyramidenzellen» der Gehirnrinde, eine fast ans Mineralische grenzende Signatur geschaffen. Bei diesem Grenzprozess des physisch-astralen Geschehens wird das Ätherische weitgehend frei, aber Rhythmus entsteht nicht.

Auch am organischen Gegenpol kann nicht von Rhythmus gesprochen werden. Das Organleben ist nahezu vollständig in die ätherischen Funktionen eingetaucht. Die Lebenskräfte, die sich hier im Zeitstrom entfalten, fliessen zwar in einem flutenden und ebbenden Wechsel, der weitgehend von kosmischen Einflüssen bewirkt wird (es handelt sich um die Periodenströmung, die durch Tag und Nacht, durch terrestrisches und planetarisches Geschehen bewirkt wird), aber diese Gezeiten sprechen mehr den Charakter der Periode als denjenigen des Rhythmus aus. Der ätherische Chemismus, der in unserem Ernährungssystem waltet, zeigt eine Transformation des Rhythmus, die bis in das Werden und in das Vergehen der Substanz reicht, wobei die kosmisch-ausserorganischen Kräfteeinflüsse die Periodik bestimmen.

Von der Betrachtung dieser Polarität aus liegt es nahe, den Zeit und Raum schaffenden Wechselprozess der ätherischen und astralen Funktionen, wie sie in der organischen Mitte unserer Leiblichkeit einander durchdringen, genauer anzuschauen.

Der Rhythmus der menschlichen Mitte geht nicht von ätherisch-astralen Wechselwogen aus, sondern erhält seine Impulse von einer weiteren Kraft, die

Die Ich-Organisation der rhythmischen Mitte

Atem-Rhythmus = Ich und Seelenleib

Herz-Rhythmus = Ich und Ätherleib

Aufrichte-Rhythmus = Ich und physischer Leib

von dem Rhythmusforscher Thrasybulos Georgiades in seinem Buch «Musik und Rhythmus bei den Griechen» in einer suchend-tastenden Umschreibung anklingt: «Rhythmus ist die Kontaktfläche, an der sich das Geistige entzündet»[3]. In unserem mittleren System greift im Sinne des Goetheschen Gesetzes von Polarität und Steigerung als geistige Entität das Ich an den dynamischen Kontaktflächen des Ätherischen und Astralischen, des formenden und lösenden Gewoges ein[4]. Jede Systole und jede Diastole, jede Ein- und Ausatmung erhält von diesem höchsten menschlichen Geistigen einen Einschlag. Dadurch erst wird die Wechselwirkung des Ätherischen und Astralischen zum Rhythmus, zu einem ganz individuellen, innerlich schicksalhaften Evolutionsprozess, durch den sich das Ich von Puls zu Puls, von Atemzug zu Atemzug im zeitlich-räumlichen Organprozess durch Steigerung, Verwandlung und Vertiefung mehr und mehr verwirklicht.

Nicht aus dem blossen Wechselspiel der polaren ätherisch-astralen Kräfte ergibt sich der Rhythmus, sondern aus der Steigerung, die die menschliche Mitte durch das Eingreifen des Ichs erfährt.

Der Rhythmus in seinen organischen Manifestationen

Der Rhythmus ist das Zentralphänomen des dreigliedrigen Organismus. Die Aufgerichtetheit der menschlichen Gestalt, so stellten wir bei der Betrachtung der Wirbelsäule fest, ist Ergebnis der harmonischen Dreigliedrigkeit. Jetzt können wir auch sagen: Rhythmus als Icheinschlag in die organischen Prozesse macht die Dreigliedrigkeit überhaupt aus, bewirkt von allem Anfang an ihre Entstehung und führt die menschlichen Funktionen durch alle späteren Entwicklungsstadien.

Die Bildung der Wirbelsäule aus der Chorda dorsalis und dem perichordalen Mesenchym ist ein frühestes Ergebnis rhythmischer Prozesse der Mitte. Die Wirbelsäule als Urskelett geht in ihrer rhythmischen Gliederung der Hauptesbildung und der Gliedmassenbildung in gleicher Weise voran. Die Segmentation der Nerven wie auch die Gliederungen im Stoffwechsel-Gliedmassensystem folgen erst der Wirbelgliederung. Vor allem bestätigt sich wieder unsere Auffassung, dass Rhythmus nicht Wiederholung des gleichen, nicht Gliederung ins Unendliche ist, sondern evolutionäre Folge, Metamorphose aus der Mitte nach oben und nach unten.

Die Tierwelt nimmt an dieser ichhaften Ordnung nicht teil, sondern ist gegenüber dem aus der Mitte heraus organisierten Menschen extrem von den Polen her bestimmt! Das Amphibium zum Beispiel ist in seiner Natur einseitig physisch-ätherisch organisiert, wobei das Nervensystem stark zurücktritt. Die Natur des Vogels zeigt dagegen einen einseitig überastralen Luft-Nervenorganismus. Die Rhythmik beider Gattungen zeigt nun im Blutpuls in sehr interessanter Weise

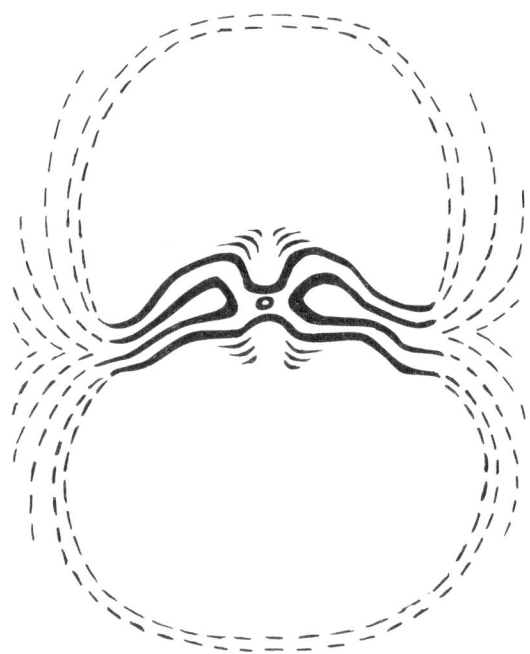

Abb. 45: *Bildung der Chorda dorsalis* in der Organismusmitte des embryonalen Keimes – Zentrum der rhythmischen Prozesse. Der obere punktierte Halbkreis stellt den Amnion-Lymphraum dar, der untere die Dottersphäre. In der Mittelzone Einstrom des «extraembryonalen» Mesenchyms (nach Hartmann).

jeweils das polare Gegenbild; nämlich das ätherische Amphibium hat eine langsame Pulsfolge, wie sie vom Nervensystem induziert wird, während der überastralisierte Vogel gewissermassen den «fliegenden» Puls und die Blutwärmequalitäten des Stoffwechselpoles aufzeigt. Bei beiden wirkt das rhythmische System zwar ausgleichend, aber nicht steigernd; es nimmt bei Wesen, die nicht dreigliedrig organisiert sind, selber nur eine polare Stellung ein. Die Tierpolarität Amphibium – Vogel macht deutlich, dass nur in einem harmonisch dreigliedrigen Organismus ein autonomes (ichhaftes) rhythmisches System wirksam sein kann, ja dass nur aus dieser rhythmischen Mitte ein dreigliedriger Organismus hervorgehen konnte. Die Tiere bilden keine Mitte aus, sondern werden von den polaren Kräften beherrscht. Was uns im Tier als Gattung begegnet, das erscheint in ganz verwandter Art beim Menschen als einseitige Konstitution oder direkt als Krankheit.

Nur im dreigliedrigen Menschen findet sich als mittleres System die rhythmische Organisation selbständig ausgebildet. Die Funktionen des rhythmischen Systems durchdringen aber den ganzen Organismus. Der Charakter des Rhythmischen wird dabei in den polaren Gliedern des Organismus, im Stoffwechsel-Gliedmassenbereich wie im Sinnesnervenbereich, verwandelt. Doch bleibt es auch in diesen Sphären rhythmisches System, das von der Mitte aus auf das Ganze übergreift. Die Abwandlung des Blutrhythmusgeschehens in den polaren Bereichen wird sofort deutlich, wenn wir die Wesensfunktionen des Nervenpols und diejenigen des ernährenden Leibes unmittelbar in jeweiligen besonderen Wirkungen beobachten.

Im Nervensystem vollzieht sich eine Leibesverdichtung, die die Lebensdynamik umformt und zu fast kristallhafter Ruhe konzentriert. Der Lebensprozess wird «Bild». Greift das Nervensystem auf die rhythmische Mitte unserer Organisation über, dann tritt Verlangsamung der Pulsfolge und Verlangsamung der inspiratorisch-expiratorischen Atemfolge ein. Darüber hinaus ist aber zu erkennen, dass es sich nicht nur um eine zeitliche Verlangsamung handelt, die der Rhythmus durch die astrale Nervenfunktion erleidet, sondern dass eine Singularisierung, eine Vereinzelung, gewissermassen eine Verräumlichung der rhythmischen Impulse eintritt, wobei der Fluss des rhythmischen Geschehens in den Intervallen sogar abreissen kann. Entrhythmisierung tritt ein, und zuletzt wird der Rhythmusstrom gelähmt, er steht still.

Umgekehrt werden die rhythmischen Wogen, die im Dienste der Lebenserhaltung der Nervensphäre ins Haupt eintreten, geglättet, d.h. weitgehend ihrer Eigendynamik enthoben; denn nur in dem Masse, wie sich die rhythmische Dynamik beruhigt, vermag sich das Wachbewusstsein zu entfalten.

Wir können also im Hinblick auf unsere Hauptesorganisation von abklingendem Rhythmus sprechen.

Ganz andere Kräfte wirken im Bereich der Stoffwechsel-Gliedmassenorganisation. In der Leber begegnen wir einer vorwiegenden Nachtfunktion, in der Niere einer Tagesperiodizität, die Milz zeigt annäherungsweise eine Vierstundenperiode usw. bis zur Periodik der Generationsorganisation von 28 Tagen bzw. von 280 Tagen des siderischen Mondzyklus der Embryonalzeit (es wäre wesenhaft richtiger, nach Nächten zu zählen). Im Gegensatz zum rhythmusstillen Haupte begegnen uns also im Ernährungs- und Generationsorganismus unterhalb des Zwerchfelles zyklische und periodische Wiederholungen, in denen wir kosmische Kräfte, kosmische Rhythmen ablesen können, welche in ihrem Einstrom in die unteren Leibeszonen unsere Inkarnation und die nächtlich sich erneuernde Regeneration der Lebenskräfte bewirken.

Wenn nun aber der aus kosmischer Periodizität der ernährend-aufbauenden Organe hervorquellende Kräftestrom sich in das mittlere rhythmische System ungehemmt ergiesst und womöglich den Eigenrhythmus der Mitte überwältigt, dann setzt beispielsweise eine heftige Beschleunigung des Blutpulses ein.

Sowohl Rhythmusbeschleunigung als auch Rhythmusverlangsamung bedeuten für den Menschen Krankheit, die er wiederum von der Mitte her überwinden muss.

Der Kreislauf

> Das Blut ist der Inbegriff aller Kräfte und Säfte des Organismus, die Hauptflüssigkeit, aus welcher der Weltkörper des Menschen selbst ausschiesst; und wie in einem licht und leis aus einer überirdischen Welt herüberquellenden Äthermeer die Himmelskörper schwimmen, so wallt des Menschen Blut mit tausend Sphären im Pneuma des Lebens.
>
> Das Herz ist die Werkstätte des innigsten und erhabensten irdischen Lebensprozesses. Sanguification, Pulsation, Zirkulation, Respiration und so fort, alles, was ihr in euern gelehrten Lehrbüchern davon aufzuzählen wisset, sind nur profane Zeichen seiner eigenen Tatkraft.
>
> Wer aber nicht geistlos je einen Blick in sein eigenes Wesen geworfen, dem wird das Herz vorzugsweise als Organ des Geistes sich offenbaren, und er wird als die Funktion des Herzens die Begeisterung des irdischen Lebens anerkennen...
>
> Troxler

Die Entwicklung des Blutkreislaufs als erste Stufe der Organbildung

Das Blutleben führt uns im Vergleich zur Lymphe auf eine neue und höhere Stufe der organischen Lebensentfaltung. Ehe das Blut erschien, war der Organismus eine mehr oder weniger vollkommene protoplasmatische Kugelsphäre, wie sie Empedokles als den ätherischen Organismus schildert.

Der Organismus war noch Ei. Erst mit dem Erscheinen des Blutlebens tritt gegenüber dem Urätherischen die *Differenzierung* in die *Form* auf. Was bedeutet diese Differenzierung, diese Gliederung und Formung, wie erscheint sie und auf welche Funktionen zielt sie hin?

Zunächst ist es für unsere Erfahrung wichtig zu wissen, wie sich die erste Formung in der Organismusanlage noch in ihrer fliessenden Vorstufe andeutet, denn jeder Form geht strömende Bewegung voraus.

Bei der Entwicklung des befruchteten Eies setzt im Protoplasma des Dotters eine Strömung ein, welche ihrem Wesen nach über die Protoplasma- und Lymphströmung hinausgeht. Bei dieser Strömung konzentriert sich der Ei-Dotter-Organismus in der Strömungsdichte, wobei es zur ersten Gestaltbildung kommt[5]. Das Ergebnis dieses Gestaltbildungsprozesses ist die Polarisierung des Ei-Dotter-Organs, es erscheint der animalische und der vegetative Pol. Vom vegetativen Pol geht bei der weiteren Entwicklung das protoplasmatische Wachstum aus. Der animalische Pol dagegen induziert die Formkräfte. Die Begriffe «vegetativ» und «animalisch» sind wesensgemäss gewählt, denn sie bezeichnen genau die wirkenden Kräfte. Die vegetativ-ätherisch polarisierte Sphäre verhält sich weiterhin pflanzenhaft strömend und alle Wachstumskräfte fördernd. Animal, d.h. beseelt empfindend, sensitiv und formend, verhält sich der Gegenpol, von dem von jetzt an alle seelenleiblichen Funktionen ausstrahlen.

Beim Menschen prägt sich die Seelenleiblichkeit in das befruchtete Ei ein, indem sich zwischen animal-astralischem und vegetativ-ätherischem Pol ein

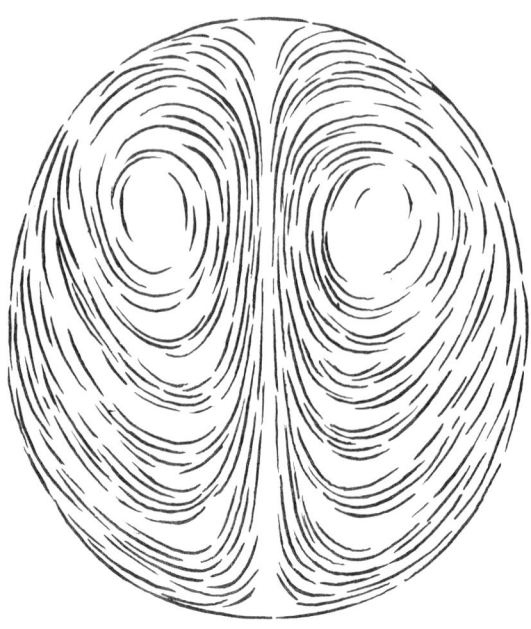

Abb. 46: *Protoplasmaströmung bei der frühen Eientwicklung* (Umzeichnung, nach Grosser).

neues, zunächst rein dynamisches Funktionselement als dritte, mittlere Kraft geltend macht. Während sich am astralen Pol zuerst eine Längsfurche ausbildet, die in sich wieder einen oberen (animal-zentralen) und einen unteren (peripheren) Pol andeutet, kommt die ganze Vegetationsscheibe des der Längsfurche polar gegenüberliegenden, ätherisch-peripheren Dotters in Tätigkeit. Seine verhältnismässig dichte protoplasmatische Substanz verwandelt sich an verschiedenen Stellen, so dass seine Oberfläche, die bisher homogen erschien, ein fleckiges Aussehen erhält. Diese gefleckten Stellen werden als «Blutinseln», besser als «Blutseen» bezeichnet, deren strömende Elemente bald ineinander überfliessen und gegen den astralen Pol zuströmen. Die allererste Blutströmung folgt also der oben geschilderten Ei-Dotter-Protoplasmaströmung. Die Blutseen werden gleichsam von einer elementaren «Dünung» erfasst und bilden dabei durch eigene zellige Elemente Blutufer, die wechselnd als Urblutzellen oder erste Blutgefässwandzellen aufgefasst werden. Die Strömung aller Blutseen fliesst charakteristischerweise gegen den astralen Pol hin und von da – von gewissermassen formenden Kräften erfasst –

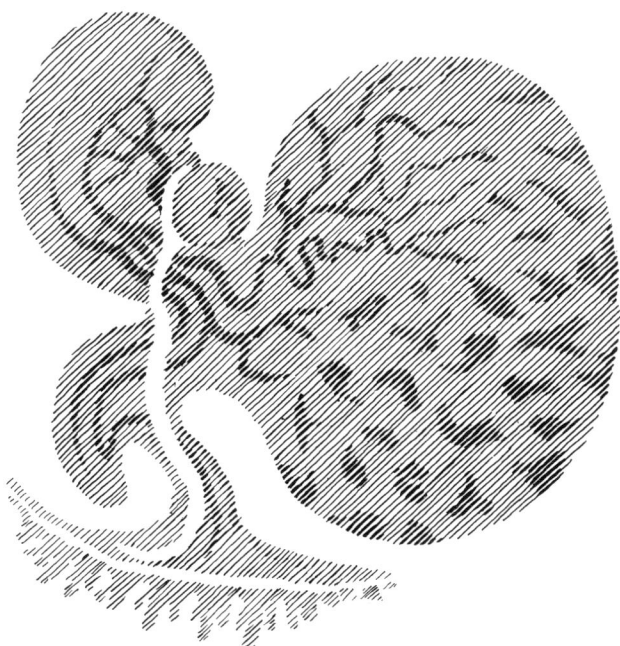

Abb. 47: *Blutinseln und Dottersackgefässe*. In der Dotterwand entwickeln sich zunächst «Blutseen», im Anschluss daran aus der Eigenbewegung des Blutes die Dottergefässe, die den Anschluss an den eigentlichen Kreislauf finden (nach Kollmann und Clara).

rhythmisch pulsierend wieder zurück in das Bett, aus dem die Blutfülle durch immer neue Blutbildung im Dotterbereich in der weiteren Entwicklung mehr und mehr anschwillt, um aufs neue gegen den astralen Pol anzufluten.

Schon bevor das Blut der Blutseen und peripheren venenartigen Gefässe in die Organismusmitte eingeströmt ist, pulsiert hier Lymphe im flüssigen Milieu in selbständigen systolischen und diastolischen Wirbeln, die sich dann eine elastisch mitbewegte und mitbewegende Ufergrenze als zarte, endotheliale Herzhülle anlegt. Diese Urherzhülle (endothelialer Herzschlauch) ist aber jetzt noch nicht muskulär, auch ist die Pulsation noch nicht muskelbedingt. Zur Herzmuskelbildung kommt es erst, nachdem die Herzanlage nachträglich mit dem bereits selbständig peripher strömenden Blut erfüllt wird und diesem den Rhythmus verleiht. Innerhalb des Blutkreislaufes wie innerhalb des ganzen Organismus ist also die Herzmitte nicht nur in ihrer Funktion und Gestalt, sondern auch in ihrer Entwicklungsgeschichte selbständig. Zur Herzmuskelbildung (myoepicard) kommt es bei blutdurchströmtem Herzen durch das Mesenchym, das an den endothelialen Herzschlauch von aussen heranströmt und sich zu elastischen Muskelfasern verdichtet.

Im Herzinneren die Blutströmung – in der Herzumgebung umströmendes Mesenchym – Herzendothel zwischen beiden, gewissermassen die Strömungsgleitfläche der beiden unabhängigen Strömungen bildend, dies ist die erste Phase der Herzorganbildung. Da sich die Bindegewebsströme des Myoepicards ganz der Innenströmung des Herzens anpassen, bleibt auch hier die Einheit des strömenden Blutes und des Herzens gewahrt. Das Herz ist «Blutufer» wie jede Ader, freilich an bedeutendster Stelle, vom selbständigen Rhythmus der Mitte bewegt. Die Blutufer der Peripherie erscheinen zuletzt als echte Blutgefässe. Der Dotter wird auf diese Weise durch die Gefässbildung durch und durch organisiert, «animalisiert» und zuletzt aufgesaugt.

Blutbahnen und Herz zeigen also im frühesten Entwicklungsstadium rein dynamische Strömungsphänomene. Blutufer und Herzströmungswirbel sind Flüsse im Flüssigen, Bewegung im Urbeweglichen, bilden dabei aber durch die Pulsation bereits erstes rhythmisches, individuelles Leben im universell Lebendigen.

Hier erkennen wir, was Organbildung ist, wie die ätherisch-astrale Dynamik sich selbst, vor jeder physischen Substitution als überstofflich kontinuierliches Leben verwirklicht und erhält. Deutlich kann das Eingreifen astral-differenzierender Kräfte beobachtet werden, das am animalen Pol zu vollkommener Formung (Neuralrohr, Gehirn- und Rückenmarksanlage) ansetzt. Im Dotterbereich dagegen erkennen wir die Verwandlung des mesenchymalen Protoplasmas in Blut. Zwischen dem astralen und dem ätherischen Pol des Ganzen vollzieht sich jetzt der ätherisch-astrale Wechsel von Lebensfülle (Diastole) und Form (Systole). Dieses Wechselleben bildet einen neuen selbständigen Mittelbereich eines bisher unbekannten Rhythmus. Dabei muss besonders hervorgehoben werden, dass dieser selbständige Rhythmus erscheint, ehe noch das Nervensystem als solches physisch ausgebildet ist und bevor es ein selbständiges Stoffwechselsystem gibt. Vegetativätherischer und animal-astralischer Pol bildeten bisher selbst nur dynamischpotentielle Zonen, während sich der eigentliche Organismus und vor allem das Herz aus den rhythmischen Kräften der Mitte entwickelt.

Der Gehalt des Blutes ist zunächst durch die Kräfte, die wir schon mit der Lymphe kennengelernt haben, aus dem ätherischen Leben heraus begründet (Lymphe – Plasma – Serum). Die jetzt erreichte neue organische Stufe aber ist durch ihre Animalisation, durch die in ihr wirkende seelische Dynamik ausgezeichnet. Überall, wo in der Tierwelt zum erstenmal rotes Blut, zum erstenmal Zirkulation und Rhythmus auftreten, wird der Organismus erst wirklich Tier. Mit Hilfe des rhythmischen Sytems wird die ätherisch-pflanzenhafte Natur astralisiert. Wird aber der Einzug der seelischen Kräfte zu stark, dann wird das protoplasmatisch-lymphatische Leben verdrängt und auch die Blutbildung wird verhindert.

Dies ist bei den Insekten der Fall. Die Raupe – gegenüber dem Schmetterling nur der vegetativ-ätherische Embryo mit äusserlich vollständiger, innerlich unvollständiger Segmentation – kriecht wie ein «animalisierter Dotter» in verfrühter Selbständigkeit umher, um sich übergefrässig die für seine Weiterentwicklung notwendige Ätherkraft anzufressen. Dann aber verpuppt er sich, verfällt vollkommen der Erdenschwere und macht nach Ablauf einer Entwicklungspause eine neue rasche «Embryonalentwicklung» für ein zweites, höheres Leben durch. Aus der Puppe schlüpft der Schmetterling aus, wird die «Psyche» frei, ein beflügelter Seelenleib steigt auf, um in Licht und Luft ein rein astralisches Gattungsleben zu führen. Das ganze Wesen scheint aus Licht und Luftempfindung heraus geformt. Tracheen, luftführende «Arterien» durchziehen den Leib, die Flügel und der Organismus sind nur noch von geringer durchsichtiger Lymphe durchzogen. Die Metamorphose vollzog sich aus dem überätherischen Zustand der Raupe zur Überastralität des Schmetterlings, für den nur noch ein kurzes Blütenleben vorbehalten bleibt. Die Ausbildung einer rhythmischen Mitte zwischen beiden Stufen der Metamorphose kommt nicht zustande. Die Raupe steht zu tief (im Ätherischen) – der Schmetterling zu hoch (im Astralischen). Die Herzorganisation ist nicht möglich.

Wenn sich die Blutseen im Hin- und Wiederströmen zu Blutufern, d.h. zu Blutgefässen organisiert haben, und alle «Adern» aus der Peripherie der Keimscheibe zum astralen, zum animal-cranialen* Teil der Nervenfurche hinstreben und ihr Blut zum Urherzen schicken und es pulsierend wieder empfangen, dann

---

* Cranial = zum Kopf gehörig.

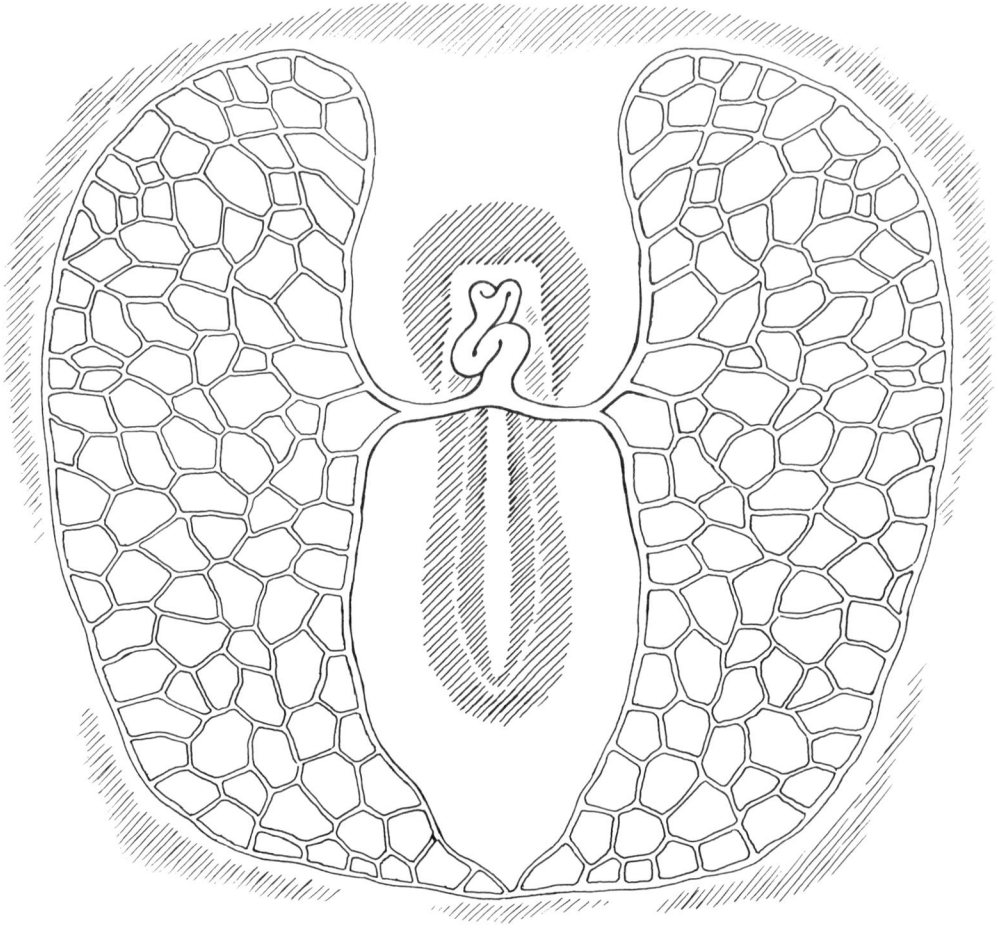

Abb. 48: *Vollständige Gefässbildung über der Dotterscheibe* (beim Hühnchen). Das Gefässbild erinnert an den vascularisierten mit «Tracheen» und «Adern» durchastralisierten Schmetterling.

haben wir hier im einheitlichen Entwicklungsgang, was bei Raupe und Schmetterling in zwei zeitlich selbständigen Lebensstufen getrennt ist. Der Dotter, der dem Raupenzustand entspricht, löst sich auf (Verpuppung). Aus dem Flüssigen bilden sich Gefässe, die sich zentral vereinigen. Das Gefässbild auf der Dotterscheibe erinnert unmittelbar an den vaskularisierten, mit «Tracheen» und «Adern» aufs feinste durch-astralisierten Schmetterling.

Es muss also zur Bildung des Herzens vor allem ein funktionelles Gleichgewicht zwischen den astralen Formkräften und den ätherischen Bildekräften bestehen, die im Organbildeprozess durch die höhere Kraft der Mitte zu rhythmischer Wechselwirkung vereinigt werden, noch ehe die polaren Sphären des Organismus zu selbständigen Gliedern ausgebildet sind.

Der Blutkreislauf

> Die Systole und Diastole des menschlichen Geistes war mir stets wie ein zweites Atemholen, niemals getrennt, immer pulsierend.
> Goethe

Das Blutleben findet seinen vollkommensten Ausdruck in Systole und Diastole des Herzens und der systolisch-diastolischen Blut-Puls-Bewegung. Dies Geschehen ruft im Blut die formenden und gestaltenden Kräfte auf, um sie dann, wie es der Lebensgang erfordert, wieder gegenüber der ätherisch strömenden Venosität zu lösen und zu entspannen.

Zum Verständnis des Blutkreislaufs und des Herzens haben wir am Beispiel der Embryonalentwicklung den Einzug seelenleiblicher Kräfte in den ätherischen Organismus geschildert. Damit sind wir in den Bereich des *rhythmischen Organismus* eingetreten. Der Rhythmus besteht im geistig gesteuerten Wechselvollzug der atmenden Beseelung durch die Lunge und der ernährenden Belebung des ganzen Organismus durch das Blut.

Atmung und Herztätigkeit bilden innerhalb des rhythmischen Systems wiederum die Polarität, die alles organische Leben begleitet. Im Atemrhythmus sind vorwiegend die seelenleiblichen Funktionen wirksam (astralischer Leib), im Blut vorwiegend das ätherische Geschehen.

Das Leben des Blutes reicht weit über die ernährenden Aufgaben der Lymphe hinaus. Vor allem steht die Erscheinung der Blutwärme, des Blutzuckers und die Gestaltung der Blutbahnen hoch über den bisher betrachteten Lebenserscheinungen der Lymphe. Gerade von ihnen erfahren wir etwas von der Ichkraft der Mitte, die im Blute unmittelbar wirkt.

Der Kreislauf ist in der Tierreihe früher vorhanden als das Herz. Bei den Coelenteraten (Quallen) ist der Darm Ernährungs- und Zirkulationsorgan –

«Gastrovascularsystem». Die inneren Organe saugen aus dem Darm und geben wieder zum Darm zurück, was sie abzugeben haben. So entsteht hier der Kreislauf. Wenn sich bei niederen Tieren eine Leibeshöhle bildet, zirkuliert das «Blut» ohne besondere Blutbahnen. Die Ernährungs- und Atmungsflüssigkeit strömt in offenen Räumen, die vom Parenchym umgeben sind. Die Zirkulation ist in den einfachen tierischen Organismen ursprünglicher als Wand- und Gefässbildung. Je stärker sich die strömenden Elemente von ruhenden abheben, desto mehr werden letztere zur Wand. Viele Blutelemente vermögen sogar im ausgebildeten Organismus die Gefässe quer zur Wandung zu verlassen, um frei im Gewebe zu zirkulieren. Vielfach sind frühe Gefässbildungen kontraktil und können der Blutströmung rhythmische Impulse vermitteln (bei Anneliden das Rückengefäss, bei Regenwürmern die Schlingen zwischen den Hauptgefässen, beim Lanzettfischchen das Bauchgefäss). Der gesamte Kreislauf, soweit er sich schon ein Gefässystem geschaffen

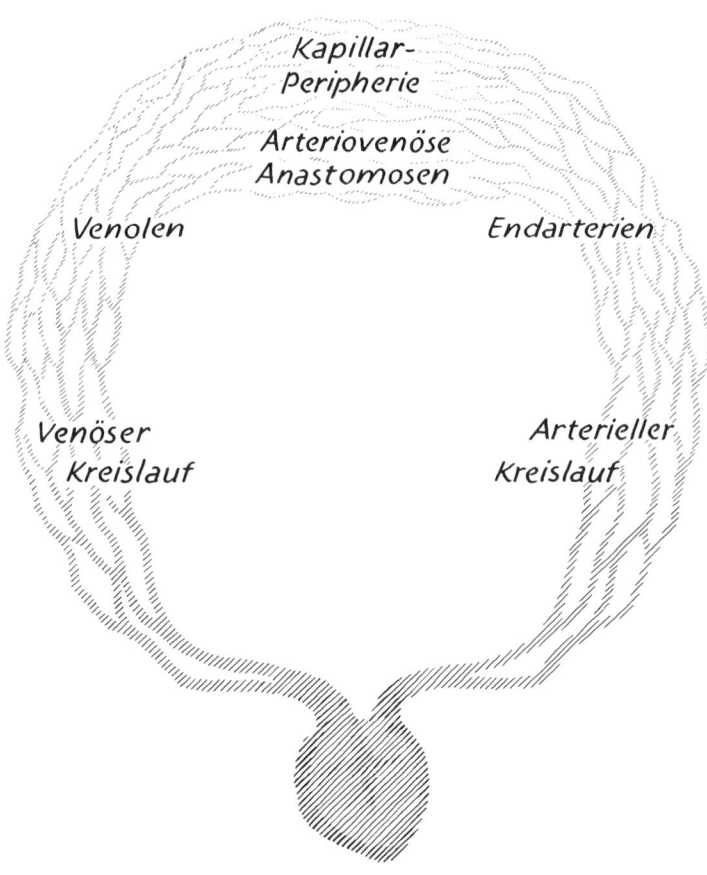

hat, ist potentiell auch zur Herzbildung veranlagt, jedenfalls findet sich rhythmisch kontraktile Funktion an den verschiedensten peripheren Abschnitten. «*Ursprünglich ist der ganze Kreislauf Herz*. Als solches aber erscheint es erst, wenn es seine Kräfte an einer Stelle voll zur Geltung bringen kann» (Kolisko).

Gegenüber der Lymphe, die ja auch im Blutkreislauf (als Blutserum, Plasma) strömt, bildet der Kreislauf (neben den Elementen der Blutkörperchen, der Blättchen und des Hämoglobins) vor allem durch seinen Rhythmus den höheren Funktionsorganismus. Dieser Rhythmus kommt uns im Blutkreislauf besonders im arteriellen Bereich zum Erlebnis. Aber nicht nur im Blutpuls der Arterie lebt der Rhythmus, sondern im Ganzen des Kreislaufphänomens, insofern das Blut zwischen arteriellen und venösen Phasen wechselt.

Die arterielle Seite des Blutkreislaufs wird entschieden von den seelenleiblich-astralen Kräften beherrscht. Aber das arterielle Rhythmusgeschehen ist nicht allein aus der formenden Kraft des Astralischen heraus verständlich, wie das venöse nicht allein vom Ätherischen her verstanden werden kann. Im Arteriellen finden sich ätherische Kräfte, wie im Venösen die astralen Funktionen nicht völlig fehlen können, wenn nicht Krankheit eintreten soll.

Die Wirksamkeit der Polaritäten im Blutkreislauf ist durch ihre Rhythmisierung einem höheren Lebensprozess dienstbar gemacht.

Das Blut

Et incarnatus est.

Das Blut ist das Universalorgan des Organismus. Die Blutbildung steht vor und über aller Organbildung. Die Inkarnation beginnt mit dem Auftauchen des Blutes aus dem Schoss des allgemein Lebendigen im Eidotter und mit der Pulsation der Urherzanlage. Was für Goethe die Urpflanze als schaffendes Urbild über jeder einzelnen Pflanzenerscheinung war, das ist das Blut gegenüber allen Einzelorganen. Es ist das flüssige Urorgan, das jedem Organleben zugrunde liegt, das zugleich als höheres vereinigendes Prinzip alle Organe miteinander verbindet.

Alle Pflanzenorgane sind nach Goethes Metamorphosenlehre ihrem Wesen nach Blatt. Jeder einzelne Teil hat in seiner Vegetativkraft etwas vom Ganzen, daher vermag auch der Teil das Ganze weitgehend hervorzubringen.

Die Organe des höheren Organismus dagegen sind nach besonderen physischen und vor allem auch nach seelischen Funktionen entschieden aus dem Ganzen herausdifferenziert. Die vegetativ-ätherischen Kräfte treten in dem Masse zurück, als diese Organe Träger eines besonderen seelischen Innenlebens werden. Das Wesen der Organe tritt dabei um so stärker hervor, je mehr sie sich aus dem Ganzen herausgliedern.

Das Blut allein vermag diese seelisch-leibliche Auseinandergliederung der Einzelorgane wieder zusammenzufassen und zu einer höheren seelisch-geistigen Funktion zu vereinen; denn es steht vor und über aller Organbildung.

Das Blut vereinigt in sich die Kräfte aller Wesensglieder des Menschen: Im Flüssigsein von Lymphe, Serum und Plasma wirkt der ätherische Leib; im Bluteiweiss (Albumine und Globuline), in der Gerinnungsfähigkeit, in der Blutatemfunktion und in der geformten systolischen Bewegung greift der astralische Leib ein; in der Blutwärme, im Blutfarbstoff und im Blutzucker das Ich. Der physische Leib tritt am wenigsten hervor, da die Blutsalze im Lösungszustand den höheren Funktionen untergeordnet bleiben. – Überhaupt muss wohl die Gesamtkonstitution dieses Universalorgans von seiner Aufgabe her, Ichträger zu sein, begriffen werden. Diese Funktionseinheit der Wesensgliederkräfte macht auch die Entwicklungsfolge des Blutes verständlich.

Die erste embryonale Entwicklungsphase haben wir schon geschildert. Das Urblut bildet sich in der äussersten Peripherie der Ei-Dotteranlage, also extraembryonal unmittelbar aus dem Umkreis-Mesenchym. Der Lymph-Plasmastrom herrscht vor. Die geformten Blutelemente stammen ebenfalls aus dem retikulärmesenchymalen Strom, wobei die roten Blutkörperchen zuerst noch kernhaltig sind.

Die zweite Phase zeigt den Inkarnationsprozess der Blutbildung etwa von der Mitte der Embryonalzeit an in den Blutinseln der Milz und Leber (im Retikulo-endothelialen System). Jetzt sind die Blutkörperchen bereits zur Kernlosigkeit herangereift. Charakteristisch ist die Tatsache, dass die Peripherie in der ganzen frühen Embryonalzeit blutbildend ist, indem das Blut wie in den Dottergefässen jetzt noch in Organkapillaren zu entstehen vermag. Von der Mitte der Embryonalzeit an erscheint die Blutbildung im innersten Zentrum der Ichorganisation, im Knochenmark.

Im späteren Leben zieht sich die Blutbildekraft immer mehr zum physischen Gestaltmittelpunkt, zum Schädel hin zurück, wo in der schützenden Kugelkapsel zugleich die ätherische Funktion erhalten bleibt. Es ist zu beobachten, wie die Blutseen im Kapillargebiet der Milz und Leber verschwinden. Bei der Geburt ist noch das Mark aller Knochen blutbildend; aber auch dieses rote Mark zieht sich nach und nach aus den peripheren Gliedern der Hände und Füsse zurück über Unterschenkel, Unterarm, Oberschenkel, Oberarm bis in den Bereich der Wirbelkörper, schliesslich in die sphäroiden Rippenknochen, in die Schulterblätter und ins Mark der Schädelkapsel.

Dieser «Inkarnationsprozess» des Blutes in die Leiblichkeit wird von der Lymphe nicht mitvollzogen. Für die Lymphe ist es charakteristisch, dass sie ihre Peripheriefunktionen nie aufgibt, sondern nur im höchsten Alter in der Durchflutungskraft (Turgor) des Bindegewebes und der zwischenzelligen Räume «welkt».

Das Blut umfasst die gesamte Polarität des organischen Seins. Seine Urheimat ist die äusserste Peripherie des embryonal-organischen Lebens. Dann aber trägt es in seinen Formelementen, den Blutkörperchen, auch den Todespol prozesshaft in sich. Die roten Blutkörperchen haben ihren Kern, ihr vegetatives Zentrum aufgelöst und auch die weissen Blutkörperchen, Leukozyten und Lymphozyten, zeigen in ihren Kernstrukturen überreife Zellentwicklung. Im strömenden Blut kommen auch keine Blutkörperchenteilungen mehr vor.

Darin aber, dass sich der Lebensquell des Blutes in der Periode der Vollinkarnation im Knochenmark – in der Sphäre des Todespols findet, tritt uns die grösste Daseinsantinomie als Lebensgesetz entgegen. Der Blutorganismus umfasst die Pole, die in *Form und Leben* gegeben sind, umfasst das ganze Sein, denn in ihm wirkt das Geistige unmittelbar.

> Schau den Knochenmann – Du schaust den Tod.
> Schau ins Innere des Knochens – Du schaust den Erwecker.
> Rudolf Steiner

Der ätherische Kreislauf

Wie im Ei der Urkreislauf noch vor Ausbildung des Herzens im peripheren Kapillarsystem entspringt und ohne Pulsation strömt, so strömt beim ausgebildeten Organismus ebenfalls ohne Pulsation das Blut im Kapillarsystem, das mit seinen weitverbreiteten Anastomosennetzen zwischen arteriellem und venösem Kreislauf ein eigenes gewaltiges Gebiet darstellt. Dieses kapillare Strömungsgebiet befindet sich aber nicht nur an der Körperoberfläche als räumlich-äussere Peripherie, sondern es durchdringt auch den ganzen inneren Organismus, vor allem die inneren Organe (innere Organperipherie). Wenn wir also auf das innere und äussere Kapillarsystem blicken, dann beobachten wir die geschlossene umfassende Funktionsperipherie des ätherischen Kreislaufs. Gegenüber dem Blutstrom des Herzens und den herznahen Blutbahnen befinden wir uns hier in Zonen eigenen, selbständigen Strömens (Fluktion), wo sich die Durchflutung der Organe im Dienste der mannigfaltigsten Lebensprozesse manchmal beschleunigt, manchmal verlangsamt vollzieht, je nach Intensität des jeweiligen Organlebens. Hier kann man sagen: «Die Funktion der Organe bewegt das Blut.» Äussere und innere Organprozesse saugen in verschiedenen Funktionszuständen aktiv das Blut in sich auf. Dies ist bei jeder Muskelarbeit zu beobachten, besonders aber bei der periodischen Tätigkeit innerer Organe, die im Eigenfunktionsrhythmus unabhängig vom Gesamtblutkreis das Blut ansaugen, um es ebenso selbständig wieder zurückzugeben. «Was heisst das, die Funktionen der Organe bewirken den Kreislauf? Das heisst, dass die Gesamtheit der Lebensfunktionen, der Lebensleib, das

Blut strömen lässt. Die tätigen Organe des Lebensleibes lassen das Blut zu sich hinströmen. Zu jedem Organ gehört seine Blutversorgung mit dazu» (Kolisko).

In dieser Kapillarperipherie sind auch die bereits geschilderten Brunnenstuben der Lymphe, die sich sogar vielfach in offenen Strombahnen zwischen Kapillarnetz und Bindegewebe sammelt.

Für das arterielle Blut ist diese Peripherie Endstromgebiet, es verebbt die Pulswelle, die rhythmisch geformte Schwingungsfolge der Systolen des Herzens verklingt und damit auch die bis in den Stoffwechsel hineinreichenden differenzierenden (oxydativ wirkenden) Prozesse. In dieser Kapillarperipherie bleibt der embryonal-ätherische Urstromzustand durch das ganze Leben hindurch erhalten. Gegenüber den arteriellen Formimpulsen, die sich vom Herzen her systolisch dem Blutstrom mitteilen und hier in der Peripherie ausklingen, bildet die *Kapillarperipherie als Ganzheit eine einzige grosse funktionelle Diastole,* d.h. grösstmögliche

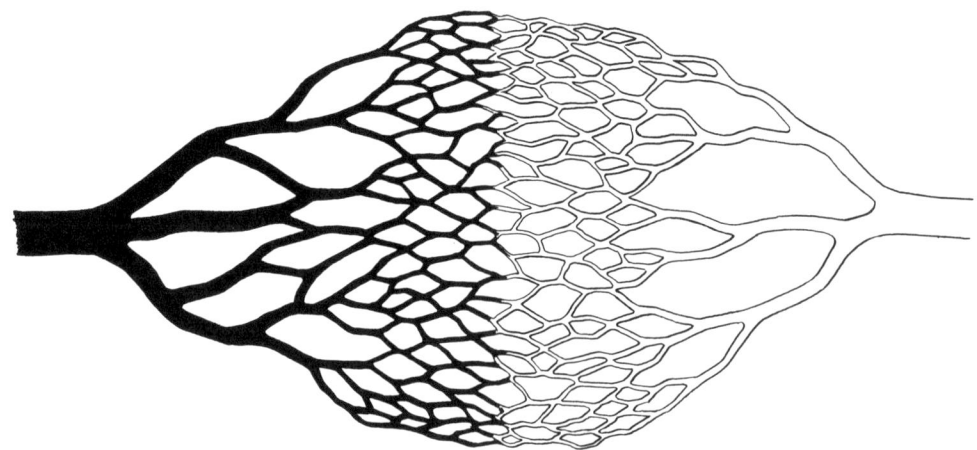

Abb. 49: *Der Kapillar-Kreislauf:*

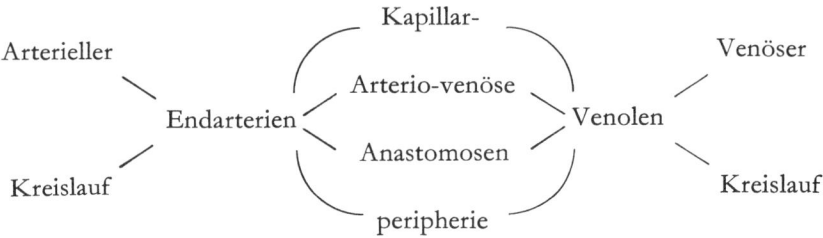

Ausdehnung des Blutlebens, wobei das Blut sogar in der organischen Peripherie verströmen könnte, wenn nicht die rhythmische Umkehr mit Notwendigkeit einsetzte (Verbluten ins Splanchnikusgebiet)[6].

Der embryonale Blutbildungs- und Bewegungsstrom war ein vorwiegend zentripedaler (darin der Lymphe unmittelbar verwandt). Dotterbluteinstrom – Placentarbluteinstrom, beide dazu noch aus der ausserembryonalen Eihüllenperipherie, sie alle bilden zusammen mit der Kapillarströmung des ausgebildeten Organismus drei Stufen gleichen Strömungscharakters.

Die Strömungsperipherie als typischer Funktionsbereich bringt das Wesen des Ätherischen im Kreislaufgeschehen unmittelbar zur Anschauung. Erst jenseits dieser arterio-venösen Kapillarströmung mündet das Blut in die Venolen, die den eigentlichen venösen Kreislauf eröffnen.

Der astrale Kreislauf

Wo immer pulsierender Blutstrom wahrnehmbar ist, handelt es sich um astralische Dynamik, die in die Blutfülle formend, die Raum-Zeitgestalt des Pulsvolumens bildend und gliedernd, eingreift.

Das arterielle Blut erhält von der rhythmischen Bewegung des Herzens von Systole zu Systole Impuls um Impuls, der durch die Eigendynamik der Arterie (durch ihre Elastizität und eigensystolische Kontraktilität) aufgenommen und bis in die entfernteste Peripherie der Endarterien hinausgetragen wird. Wir haben bereits geschildert, wie der arterielle Blutpuls in den arterio-venösen Anastomosen ausklingt. Die systolische Gliederung des Blutstroms zur Pulswelle darf man nicht quantitativ verstehen; denn in der Spannung, im Tonus, der sich zwischen Blutfülle und Blutgefäss einstellt, greifen unmittelbar die Seelenkräfte ein. Die Blutpulsbewegung darf daher auf keinen Fall als hydromechanische Stosswelle aufgefasst werden; sie ist vielmehr seelenleibliche Einformung geistig-astraler Impulse, die vor allem vom linken Herzen ausgeht und über das arterielle Adernsystem den ganzen Organismus durchdringt. Blutbewegung und Säfteströmung, wie sie sich im Venenbereich und im Lymphsystem finden, haben ihre Ursache im ätherischen Wesen des Blutes und der Lymphe; Pulsation und Rhythmik dagegen im arteriellen Anteil des Kreislaufs, im Seelisch-Geistigen.

Polarität und Steigerung im Kreislaufgeschehen

Zwei Prinzipien, die nach dem Goetheschen Polaritätengesetz wirken und in der Steigerung der Kräfte zu einem neuen höheren Sein gelangen, sind im Kreislaufganzen zusammengeschlossen.

Venosität und *Arterialität* sind einander nicht übergeordnet, sondern bilden polare Sphären, über denen die höhere Einheit steht. Die grosse *Gesamtdiastole* des Blutkreises – so dürfen wir die Venosität der Blutströmung nennen – verlangt nach der funktionellen *Gesamtsystole* in der Arterialisation. Die Steigerung dieses organischen Geschehens ist die Bildung und Tätigkeit des Herzens selbst. Es vereint nicht nur die arterielle und venöse Kreislaufsphäre, Seelenleiblichkeit und ätherische Kraft in einem Organ in der Mitte der Brust, sondern es allein vermittelt dem ätherischen Strom der ernährend vegetativen Organisation die seelenhaft gestaltenden Kräfte des atmenden Menschen, wie es umgekehrt den formend eingreifenden Seelenmächten die schaffenden Bildekräfte einflösst. Das Herz ist Organ gewordener Rhythmus, in dem der ätherische Leib und der Seelenleib einander belebend und impulsverleihend schwingen. Überall aber, wo die Polaritäten dieser Kräfte im Herzen einander austauschen (und darin liegt das Wesen dieses Organs), wirkt impulsierend das Ich.

Das Herz und der grosse Kreislauf

Venenströmung und Arterienströmung zeigen sich in der ganzen Organisation wie im einzelnen Organ als Kräftewirkung entweder der ätherischen oder mehr der astralischen Funktion. Ginge es im Organismus nur um einen reinen Säftestrom, dann wäre nicht einmal diese Kräftepolarisierung vonnöten, geschweige

---

Abb. 50: *Schematische Übersicht über den Kreislauf.* Dreigliederung des Ganzen: 1. Hauptessphäre; 2. Herz-Lungen-Sphäre; 3. Stoffwechsel-Gliedmassen-Sphäre. – Wir betrachten die Strömungsfolge vom unteren Stoffwechselgliedmassen-Kapillarbereich aus. Untere Hohlvene (Pfortader-Leber), rechter Vorhof des Herzens; hier Zusammenfluss mit dem Blut der oberen Hohlvene aus dem Kapillargebiet des Sinnes-Nerven-Bereichs. Rechter Vorhof des Herzens, Einstrombahn, rechte Kammer. Ausstrombahn aus der Herzkammer bei der Kammersystole; venöses Blut strömt pulsierend durch die «Lungenarterie» zur linken und rechten Lunge; hier Arterialisation des Blutes im Lungen-Kapillargebiet der Lungenbläschen; Sammlung des arterialisierten Blutes in den Lungenvenen zum Herzen hin. Einstrom in den linken Vorhof des Herzens, Einstrombahn bei der Kammerdiastole in die linke Herzkammer. Systole der linken Herzkammer, das Blut fliesst durch die Ausstrombahnklappe in den Aortenansatz (bulbus aortae). Aortenbogen, Abzweigung der Carotiden zur Blutversorgung des Hauptes (Brustaorta). Durchtritt der Aorta durch das Zwerchfell. (Wir sprechen jetzt von Bauchaorta.) Aufzweigung in die unteren Organbereiche, vor allem zu den Nieren und zum Darmsystem; Endarterien; arterio-venöse Anastomosen; venöser Rückstrom zum Herzen.

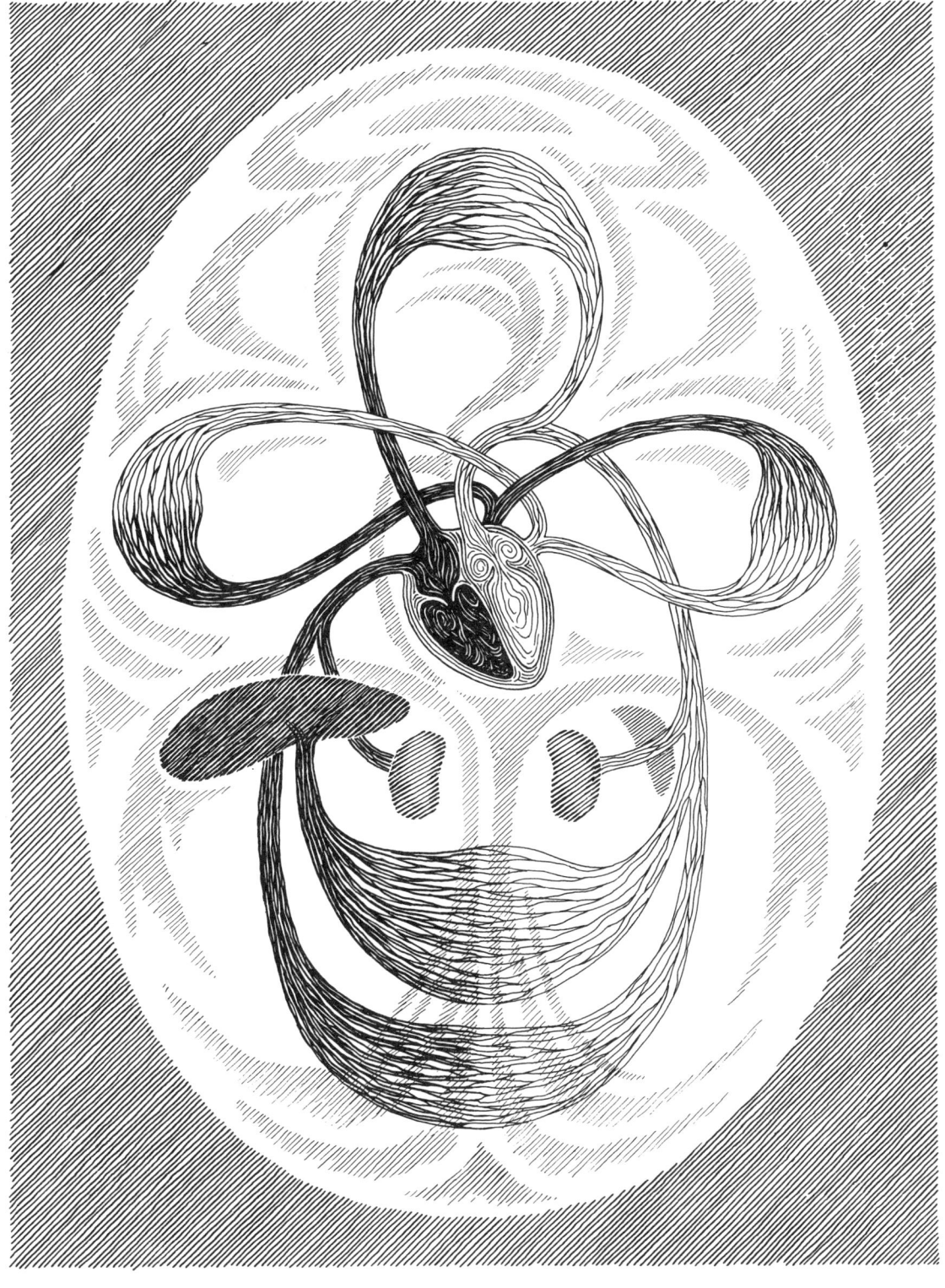

ein Herz. Ein pflanzenhaft adynamischer Kreislauf wäre denkbar. Demgegenüber hebt sich aus dem Kreislauf als Steigerung das Herzorgan heraus, durch das sich beim Menschen die Dreigliederung der Organisation vollendet (Abb. 50).

Die Leiblichkeit findet im Haupt ihre körperlichste, an die Mineralwelt nahe angrenzende, ausgeformteste Prägung. Unterhalb des Zwerchfells – im Stoffwechsel-Gliedmassenbereich – wirkt dagegen polar die Kräftedynamik der Ernährung, des Wachstums und der Zeugung. Irdische Kräfte im Hauptespol, kosmische Kräfte im Organpol wirkend, vermögen für sich noch nicht den eigentlichen Menschen auszusprechen. Im Herzen werden dagegen die kosmischen und die irdischen Kräfte durch das Ich zu einem selbständigen rhythmischen Geschehen vereinigt. Von der Mitte her wird der dreigliedrige Mensch Wirklichkeit.

Da die Entwicklung des ganzen Organismus aus der Bildung des Kreislaufs und des Herzens hervorging und die polare Organisation des physischen Hauptes und des kosmischen Leibes von der Mitte her organisch konstituiert wurde, können wir das Herz das Organ der Organe nennen. Aristoteles nannte das Herz wegen seiner Zentralstellung «das Tier im Tiere». Werden wir nicht dazu bewegt, zu sagen: Das Herz ist der Mensch im Menschen?

Im Herzen liegt die dichteste Vereinigung der Wesensglieder zu einem plastisch-rhythmischen Organ vor (siehe S. 147). Kein Organ ist so ätherisch, so durchaus astralisch und so unmittelbar aus der Ichwirksamkeit heraus gebildet wie das Herz. Es ist eine Wirkung der Ichkraft, dass hier die polaren Wesenskräfte zu einem einzigen Koinzidenzpunkt zusammengerückt sind (Coincidentia oppositorum). Das Gesetz von Polarität und Steigerung tritt uns als Organ entgegen.

Je enger aber die Polaritäten zusammenrücken, um die Einheit des Organs zu bilden, um so höher muss die vereinigende Kraft, die jedoch in der Vereinigung die entschiedenste Trennung aufrechterhält, angeschlagen werden. Die Nähe der Polaritäten des venös-ätherischen und arteriell-astralischen Blutes führt nicht zur blossen Durchmischung, nicht zur Abschwächung der Spannung dieser polaren Blutkräfte, sondern zur Steigerung über Systole und Diastole hinaus.

Nun wollen wir aus der Funktion heraus die organischen Verhältnisse schildern. Das Venenblut fliesst gegen das Herz zu in immer rascheren, saugend-flutenden Strömen. Von unten führt die untere Hohlvene das Blut aus dem Stoffwechsel-Gliedmassen-Bereich (Ernährungsorganisation – Leber – irdische Ernährung), von oben die obere Hohlvene aus dem Sinnesnervenbereich (lichtätherischer Bereich – kosmische Ernährung). Gegen den Vorhof des rechten Herzens zu wird die Lichtung der Hohlvenen immer weiter, bis sich beide Blutströme in einer charakteristischen Strömungsspirale miteinander quirlend vereinigen und so in der Diastole des rechten Vorhofs vom Herzen aufgenommen werden. Hier finden wir auch die Einmündung des dem venösen Strom verwandten ernährenden Brustlymphgangs (siehe «Lymphe» S. 123). Er mündet in Höhe des sechsten Halswirbels unter dem linken Schlüsselbein in den Joch- und Schlüsselbeinvenenwinkel kurz vor ihrer Einmündung in die obere Hohlvene. Untere und obere Ätherströme vereinigen sich. Der untere und der obere Venenstrom finden im rechten Herzen gemeinsam mit der Lymphe des Brustlymphganges ihre Durchmischung.

Bei äusserster Füllung des rechten Vorhofs mit Hohlvenenblut und bei beendigter Systole der rechten Herzkammer durchbricht die Blutfülle des Vorhofs die Vorhofkammerklappe (Einstromklappe) und strömt in den Kammerraum des rechten Herzens, der nun – indem er das Blut empfängt – in die volle diastolische Dehnung übergeht.

Der Blutstrom, der jetzt die Kammer völlig erfüllt, bildet im Inneren einen nach rückwärts gewendeten Strömungswirbel, der die drei segelförmigen Flächen der Einstromklappe (Tricuspidalis) von unten her erfasst, aufbläht und damit gegen den Vorhof schliesst.

Nun ist die Herzkammer in ihrer diastolischen Blutfülle für einen Augenblick vollkommen geschlossen. Der Blutwirbel kommt zur Ruhe, das Herz wird der ganzen Blutfülle und Blutwärme inne. In dieser intervallischen Pause bildet sich durch die Stauung der Impuls zu der folgenden Systole.

Bis zu dieser Strömungsphase wirkten die ätherischen Kräfte des Blutes und des Herzens zusammen, jetzt greift Spannung und Form verleihend die astralische Dynamik in das Ganze ein.

Hier sei daran erinnert, dass das Wasser seiner Natur nach die Neigung hat, sich maximal auszudehnen. Wenn es gestaut wird, tritt Druck auf, ohne dass dazu pressende Kräfte von aussen in Aktion treten müssen. Dieser Druck ist nicht mechanisch, sondern entspringt der elastischen Natur des flüssigen Elementes selber.

Das diastolisch gedehnte Blutufer des Kammerblutes, der Herzmuskel, umschliesst im Prozess der Stauungswende die Blutfülle fester und fester bis zu dem Augenblick, in dem das Blut seine innere Druckdynamik entfaltet und die Ausstrompforte (Semilunarklappe) von innen aufstösst und sich im befreiten Strahl über die Kammerebene (Ventilebene) hinaus- und emporhebt.

Das Blut der Kammersystole des rechten Herzens strömt nun pulsierend in den beiden Lungenarterien (mit venösem Blut) zur rechten und linken Lunge (kleiner Kreislauf). Der Vorgang, den wir beschrieben haben, ist im rechten und im linken Herzen im Vorhof und in der Kammer im wesentlichen gleich.

Zum linken Herzen strömt das Blut von der Lunge her arterialisiert (durch die Lungenvenen) zum linken Vorhof (Vorhofdiastole) und in die linke Kammer (Kammerdiastole) durch die der rechten Segelklappe entsprechende gleichartige Einstromklappe (Bicuspidalis), die linken Vorhof und linke Kammer verbindet.

In der Diastole der linken Kammer wird das Stauungsphänomen des Blutes im Herzen besonders deutlich. Der einströmenden arteriellen Blutdynamik entspricht der mächtige Bau des Stauwehrs, der Muskelwandung der linken Herzkammer.

Auch hier ist die intervallische Pause am Ende der Kammerdiastole und bei Beginn der Systole von höchster Wichtigkeit. Der Blutwirbel kommt zur Ruhe; aus dem Gesamtkreislauf ist ein Quantum Blut, eine individualisierte Einheit für einen Augenblick völlig herausgesondert. Das Verweilen dieses Urquantums muss qualitativ gewertet werden, sowohl für das Blut als auch für das Herz selbst. Die Bluttemperatur steigt an, zwischen Blut und Herz vollzieht sich ein humoraler Crescendoprozess, bis das Blut auf die Stauung mit wachsendem Druck antwortet und die Ausstrombahn, die Aortenklappe, durchbricht.

Was nun geschieht, ist die bedeutendste Entfaltung des Blutlebens im ganzen Kreislauf. Das Blut hebt sich in der Kammersystole wiederum über die Ventilebene der Aortenklappe, wobei es die Einheit seines Volumens bei aufsteigender Wirbelströmung wahrt und der Kammerhohlmuskel sich in entgegengesetzter Richtung nach unten von der Fülle entbindet (Herzspitzenstoss gegen die Brustwand).

Die aufsteigende Blutströmung entfaltet sich oberhalb des Herzens und weitet den Aortenansatz weiter und weiter (Aortendiastole), solange die Kammersystole andauert, wobei der systolische Springquell des Blutes im Aortenansatz eine «Strömungsblüte» bildet. Das Diagramm des Strömungswirbels, das bereits Leonardo da Vinci bei seinen hämodynamischen Herzstudien entdeckt hat und als Strömungswirbel-Diagramm in zahlreichen Skizzen darstellte, ist uns ein Urphänomen des höheren Blutlebens, an dem sich die Wesensgliederwirkungen, besonders die ätherischen Kräfte, ablesen lassen. Die diastolische Gestalt des Aortenansatzes wird von der anatomisch-physiologischen Beschreibung sehr charakteristisch als Aortenzwiebel (Bulbus aortae) gekennzeichnet. Der rückströmende Wirbel in der Aortenzwiebel speist interessanterweise die Herzgefässe, die dem gesamten Hohlmuskel angehören (Herzkranzgefässe). Diese Adern «saugen» ihr Blut während der Dehnungsphase der Aorta. Sie sind die einzigen Gefässe, die in der Diastole arterielles Blut empfangen.

Die systolische Pause der rechten und linken Kammer bewirkt aber, trotz der vollkommenen Absonderung des Blutvolumens am Anfang jeder Systole, keine

---

Abb. 51: *Diastole und Systole des Herzens.* 1. Linke Zeichnung Diastole: Das Blut strömt aus dem Vorhof in die Kammer; die Segelklappe ist geöffnet, die Ausstrombahnklappe (Semilunarklappe) ist geschlossen. – 2. Rechte Zeichnung Systole: Die Einstrombahn (Segelklappe) hat sich inzwischen durch umgreifende Blutwirbel, also durch die Blutströmung, geschlossen. Der Herzmuskel umfasst die Blutfülle, zieht sich zusammen, das Blut öffnet von innen die Ausstrombahnklappe. Beide Bilder sind halbschematisch und lassen sich sowohl für das Geschehen im linken wie im rechten Herzen lesen.

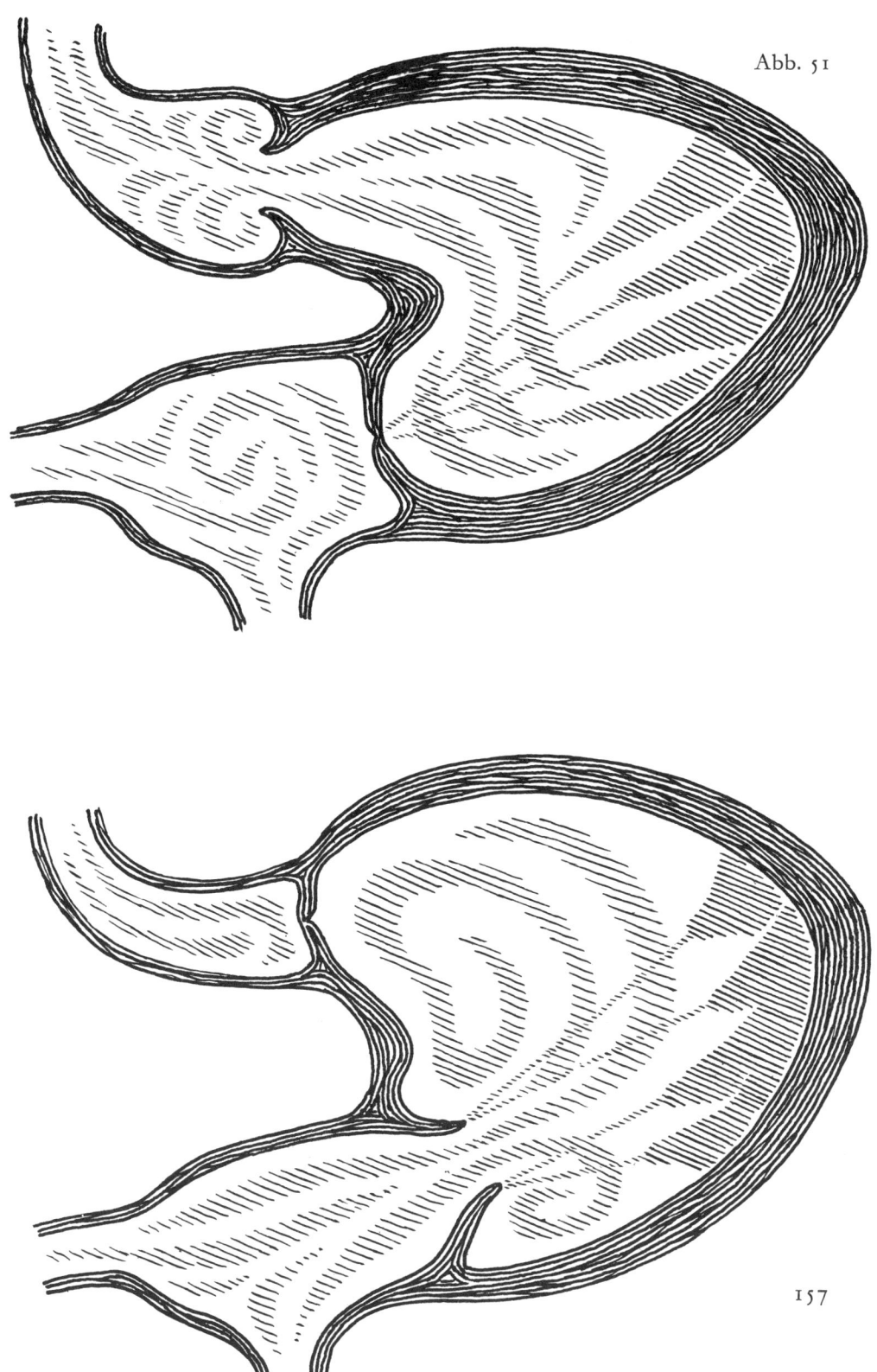

Abb. 51

Abb. 52

Strömungsunterbrechung, denn während jeder Kammerdiastole schwingt der Aortenansatz mit seiner Blutfülle (Aortenzwiebel) wie auch der Ansatz der Lungenarterien systolisch aus, und so kommt es im Kreislauf nur zur Pulsebbe, nicht aber zu einer Blutströmungsunterbrechung.

Auch die ausklingende Systole der Herzkammern gibt noch einen geheimnisvollen Hinweis auf das Wesen der Herzfunktion. Es bleibt nämlich nach jeder Systole eine Restblutmenge zurück (Paede), die sich mit dem Blutquantum der folgenden Diastole in der Kammer mischt! Dieser Vorgang entspricht genau der Potenzierung bei der homöopathischen Heilmittelbereitung. Nur eine qualitative Betrachtungsweise vermag zu beurteilen, wie die innere Natur von «Tropfen» zu «Tropfen» Wesenskräfte heraufkohibiert und wie das Äthermeer des Blutes mehr und mehr vom Feuer des Ichs verwandelt wird.

Die arterielle Blutwelle, der Puls

Das arterielle Blut verlässt mit kräftigen Pulswellen das Herz. Besonders imposant ist die Folge der Pulswogen bei der Aorta, die das Blut im Aortenbogen zuerst über das Herz empor, dann aber durch den Mittelraum der Brust (Mediastinum) zwischen den Lungen herab zum Zwerchfell (Brustaorta) und durch das Zwerchfell hindurch in den Bauchraum (Bauchaorta) führt. Allen Organen wird von der Aorta durch besondere Strömungsabzweigungen das arterielle Blut zugeführt, bis sie sich im Becken zu den unteren Gliedmassen aufzweigt und sich so in den Organen des Stoffwechselsystems und in den Gliedmassen kapillarisiert.

Bei der arteriellen Strömungsdynamik, die von der Systole des Herzens ausgeht und als Blutwoge diastolisch in die Gefässperipherie hinauseilt, können mannigfaltige Pulsqualitäten beobachtet werden. Für das Verständnis dieser Qualitäten ist es gut, etwas vom Bau der arteriellen Gefässe zu wissen.

Während Venen und kapillare Venolen keine muskulär-zirkulären Muskelfasern besitzen, zeigen die arteriellen Gefässe drei Gefässwandschichten. Die mächtige Aorta ist hauptsächlich mit elastischen Fasern ausgestattet. Die mittleren Körperarterien zeigen in ihrem Bau drei charakteristische Schichten: die zarte bindegewebige Innenschicht (Intima), die elastisch-muskuläre Mittelschicht (Media), die bindegewebige Aussenschicht (Externa). Die Endarterien (Arteriolen),

---

Abb. 52: *Strömungsdiagramm* des aus der linken Herzkammer durch die Aortenklappe (Ausstrombahn) bei der Systole herausströmenden Blutes (nach Leonardo da Vinci). – Das Blutwirbeldiagramm im Aortenansatzbereich (bulbus aortae = Aortenzwiebel) erinnert unmittelbar an das griechische Akroterion auf der Giebelspitze des Tempels oder der Grabstele.

die vor dem Eintritt des Arterienblutes ins arteriell-venös indifferente Kapillarnetz das arterielle Endstromgebiet bilden, zeigen vorwiegend die zirkulär-muskuläre Mittelschicht, so dass bei allen Endarterien wieder entschiedener das muskuläre Element überwiegt, wie dies beim linken Herzen gegenüber dem rechten der Fall ist. Von diesem Gesichtspunkt aus kann man von einem «peripherischen Herzen» sprechen. Systole und Diastole des Herzens verhalten sich dabei polar zu Systole und Diastole des Kreislaufs. Die Pulswoge, die systolisch das Herz verlässt, ist für den Gefässabschnitt, den sie durcheilt, Diastole. Die Pulsebbe, die im Herzen durch die Kammerdiastole entsteht, wirkt im Kreislauf überall, wo sie erscheint, als systolische Phase. Die Pulswelle, also die diastolische Phase der Blutbewegung im Gefässbereich, vermittelt dem Organismus die dehnende, entspannende Funktion des ätherischen Blutgeschehens. Je ätherischer die Organsphäre ist, in die die arterielle Blutströmung eintritt, um so weiter und weicher wird hier die Pulswelle durch die Gefässe gleiten. Im Extrem können solche Pulswogen in ihrem Folgerhythmus ineinander übergehen und ein deutlicher geformtes Intervall (die systolische Phase der Blutbewegung) vermissen lassen. Der Puls erscheint dann zunächst gross (Pulsus altus), aber zugleich weich (Pulsus mollis et altus). Entwickelt sich das Kreislaufgeschehen in gleicher Richtung weiter, etwa so, wie es sich kaum merklich im Schlafe einstellt, dann kann er sogar extrem weich und flau werden. Er gestaltet sich in der Blutfülle nicht mehr aus, sondern erscheint verwischt, und die Strömungsart wird dem Venenblutstrom ähnlich. Ist ein solcher Pulstypus bei einem Menschen konstitutionell vorhanden, so wird der Organismus als Ganzer mehr zur vegetativen Seite neigen. Der Blutdruck wird schwach, und Venen und Lymphsystem breiten sich gemeinsam gegenüber dem Arteriensystem, welches sich in der geschilderten Weise entformt, aus. Die rhythmischen Prozesse sind jetzt ausdruckslos, und bis ins Seelisch-Bewusstseinsmässige kann es zur Dämpfung, ja zur Abstumpfung kommen.

Greift dagegen die formende Phase im Pulsgeschehen kräftig ein und wirken die systolisch astralen Momente zwischen den ätherischen Pulswogen, dann erscheint der gut geformte Puls. Jeder intensiv einformenden Gefässsystole antwortet die folgende Pulswoge als lösendes, elastisch sich dehnendes Element, das nur für einen Moment von seelenleiblichen Formkräften zusammengepresst werden kann. Spannen aber die astralen Formkräfte über die ring- und spiralförmige mittlere Gefässmuskulatur zu stark an, dann erscheint ein anderer Extremzustand: der Puls wird überformt und hart (Pulsus durus et altus). In der weiteren Übersteigerung dieser Tendenz folgt der überspannte harte und zugleich kleine Puls (Pulsus durus et parvus). Greift aber die seelenleibliche Formkraft immer noch tiefer in das Blutleben ein, dann wird der Puls dünn und gespannt (tenuis).

So schreibt die Seele ihre astrale Schrift tiefer und tiefer in die «Bluttafel» ein, in jedem Pulsintervall der unendlichen Pulsfolge, die vom Herzen ausgeht, bis diese ätherische «Bluttafel» gleichsam zerbricht[7]. Dies ist der Todesaugenblick:

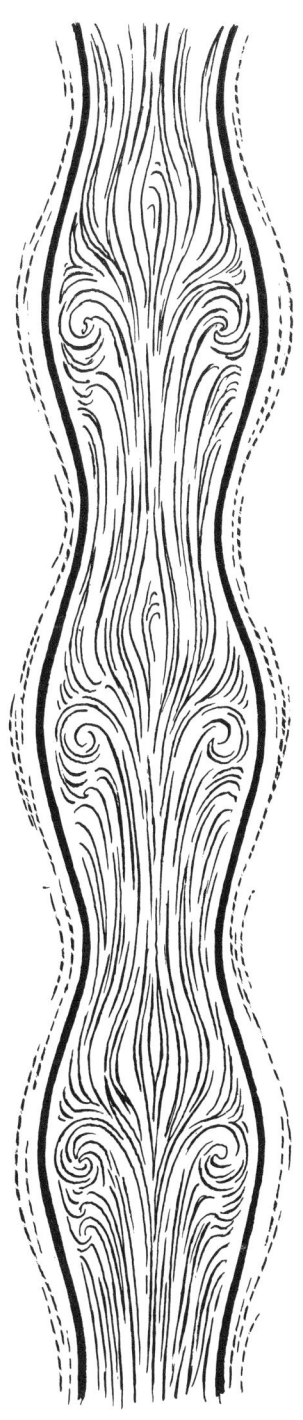

Der astralische Leib überformt das quellende Leben, presst es aus. Die Arterien werden blutleer, und das Blut strömt in das indifferente Kapillarnetz hinaus. Die Seelenspannung in ihrer letzten tiefsten Inkarnation erfasst die gesamte Muskulatur (nicht nur die der Gefässe, sondern auch die der Gliedmassen) und überspannt den Lebensbogen, so dass alle dehnenden, lösenden, quellenden Kräfte weichen müssen. Die letzte Streckung, diese tiefste Einprägung und formende Verkörperung der Seele in den Leib, drängt alles ätherische Leben in den «Umkreis» – der Tod tritt ein.

Die griechischen Ärzte schilderten die Arterien als Gefässe des Pneuma (Aristoteles «de spirito»). Der höhere Begriff «Luft» der Vier-Elementenlehre rechtfertigt dies. «Luft» ist danach das Seelenelement, das sich von der Lunge her ins Blut herein arterialisiert hat, so wie wir dies nach der rein physiologischen Betrachtungsweise über die Verbindung des Sauerstoffs mit dem Blute in den Lungenkapillaren wissen. Die Auffassung der Griechen ist wohl begründet, wenn wir sie nur in ihrem vollen geistigen Sinne verstehen. Eigentliches Blut kommt nach ihrer Auffassung nur den Venen zu, mit Ausnahme der Lungenvene (Vena arteriosa), welche den Lufthauch, das «Πνεῦμα ζωτικόν» aus den Lungen zum Herzen bringt. Die Arterien sind mit Pneuma erfüllt, welches durch die äussere Luft (beim Atmen)

Abb. 53: *Verlauf der Pulswelle* (Systole und Diastole in der Arterie). Man beachte auch hier das Strömungsdiagramm im Arterienlumen (Achsenströmung, Randwirbel).

seine gesunde Mischung (σωτήριον κρᾶσιν) empfängt. Doch enthalten sie nicht blosse Luft, sondern ein feineres, reineres und luftartigeres Blut als die Venen (Schubert, Geschichte der Seele).

Damit sind wir zum Abschluss unserer Betrachtung über das Herz-Kreislaufgeschehen gekommen. Herz und Kreislauf, Mittelpunkt und Sphäre, verhalten sich vollkommen polar zueinander. Aber der Kreislauf ist in sich wieder polar ausgebildet in verschiedenen Sphären eines Kreises, die das Herz als steigernde Mitte vollkommen in sich vereint. Die venöse Sphäre, die grosse Gesamtdiastole des Blutes, ist in sich vorwiegend ätherisch wirksam. C. G. Carus bezeichnet sie als die Nachtseite des Blutlebens, welche den grösseren Anteil bildet. Die arterielle Sphäre, die grosse Systole – nach Carus die Tagseite des Blutlebens – ist von den seelenleiblichen Kräften geformt und bewegt. Beide Sphären sind nur durch die höhere Einheit verständlich, die sie vom Herzen her bilden.

Das Herz als Organ der Organe

> Es schlägt im Gemüte das Herz der mittleren Lebenssphäre und schlägt in der Mitte von Seele und Leib zwei Welten zu, in welchen die Punkte festgesetzt sind, die sein Leben und seinen Tod bezeichnen, die Seligkeit und Verdammnis des Menschen.   Troxler

Diese Überordnung im Organismus ergab sich bei unserer Betrachtung aus der Gesamtentwicklung in der Embryonalzeit, wo es sich zeigte, dass die Herz-Blutkreislaufbildung der Ausgestaltung der übrigen Systeme vorauseilt.

Hier darf gefragt werden, was überhaupt das Wesen eines Organs sei. In der griechischen Sprache spricht das Wort Organon ein ganz umfassendes Geschehen aus und die Übersetzung «Werkzeug» verbirgt geradezu seine urschöpferische, göttliche Bedeutung. Sein elementarer Sinn lebt in dem Verbum: ὀργάω = das lebendige Schwellen und Heranreifen der Früchte, das das Quellen und Strotzen feuchter Lebenskraft ausdrückt. Orgé deutet starken Charakter, kraftvollen Trieb an. Die höchste Bedeutung, die sich in diesem Wortkreise findet, liegt in Orgia, dem heiligen geheimen Dienst, dem Götteropfer der Kabiren, der Demeter und des Dionysos, also dem Dienst der Götter des Lebens und der Erde – der Organwelt[8].

Das Organ der Organe spricht die schöpferische Sphäre selbst aus, Organon umfasst das Lebensgeschehen. Auf gleicher Ebene finden wir keinen umfassenderen Begriff. Nur das Wort «Kosmos», das Schönheit als höchste Ordnung ausdrückt, reicht noch weiter. Der Organismus begegnet dem grossen Kosmos als Mikrokosmos. Der gewaltigen Weltordnung entspricht das geheimnisvolle Walten und Wirken der Organe im Organon des menschlichen Leibes als des vollkommensten Mikroorganismus.

Aus dem Erlebnis dieser Zusammenhänge stammt die uralte intuitiv-sympathische Erkenntnis der Harmonie makrokosmischer und mikrokosmischer «Organe», der Planeten und der inneren Organe des Menschen. Wie die Sonne im Mittelpunkt unseres Planetensystems steht, so steht das Herz in der Mitte des Kreises der inneren Organe. Das Symbol der Sonne, Mittelpunkt und Umkreis ☉ könnte unmittelbar auch für das Herz eingesetzt werden und ist auch in früheren Zeiten so eingesetzt worden.

So ist das Herz in unserem Erleben das unmittelbare Urbild eines Organs; denn es ist in der Entwicklung des Organismus das führende Organ und bleibt auch während des ganzen Lebens in vieler Hinsicht das charakteristischste, da es wie kein anderes mit seiner Sphäre (dem Kreislauf) den gesamten Organismus umfasst und sowohl als Einzelorgan wie auch als Herz-Kreislaufsystem seine Zentralstellung wahrt. Als Organ der Mitte verleiht es dem Organismus die Signatur der Dreigliederung.

Das Herzorgan

> ... Fürs Atomistische, Materielle, Mechanische dürfen wir nicht sorgen; denn auch diesen Vorstellungsarten wird es an Bekennern und Freunden nicht fehlen...
> Goethe

Das Herz bildet die dynamische Mitte der gesamten Brustorganisation. Drei Muskelsysteme schliessen sich zu einem Ganzen zusammen. Der muskulär-bewegliche Brustkorb mit dem Abschluss der Brusthöhle nach unten durch das Zwerchfell bildet die schützende Hülle für die inneren Bewegungsorgane des Rhythmischen Systems. Über dem Brustkorb gliedert sich um das Schultergürtelsystem (Brustbein – Schlüsselbein – Schulterblatt und Rücken-Nackensystem) die Muskulatur der freibeweglichen Arme, die den Organismus mit der Aussenwelt verbinden. Im Inneren der Brust aber findet sich eigenbeweglich das Herz. Aussenbewegung, «atmende» Brust-Zwerchfellbewegung und innerlichste Herzlebensbewegung – diese drei Bewegungssphären bilden eine bedeutsame funktionelle Einheit. Der letzten innersten Hülle des Lebenspulses – dem Herzorgan – wendet sich jetzt unsere Schilderung zu.

Die Gestalt des Herzens, die aus seiner inneren Blutfülle herausquellende Plastik des Organs, haben wir mehr durch die unmittelbare Anschauung als durch Beschreibung aufzufassen. Seine Bildung entspringt der Funktion, der es dient. Man kann an einen Tropfen erinnert werden, der hier zum Organ geworden ist. Die Blutströme, die das Herz durchfliessen und sich in ihm stauen, geben den

Blutufern, den Herzmuskelwänden die wirkliche «Gefässgestalt», die an einen Becher, an einen Kelch, ja an eine Amphora erinnert. Man betrachte sich einmal eine Reihe edler griechischer Vasen und die Einheit aller Formen in ihrer Metamorphose von der klassischen Amphore über die Pelike zu Krater, Hydria und Kalpis, und die Herzgestalt steht als Urform in der Mitte. Die ätherische Bildekraft liegt dem Gefäss wie dem Organ zugrunde.

Das Herz liegt zwischen oberem und mittlerem Drittel der Körperlänge, etwas unter dem Kreuzungspunkt der Gestalt bei ausgebreiteten Armen, wobei die Mittelachse des Organs um etwa 23 Grad aus der Vertikalen nach rechts oben und links unten verlagert ist. Die Kelchrandebene des Herzkelches öffnet sich nach rechts oben. Die Herzkelch-Spitze liegt hinter dem linken vorderen Ende der sechsten Rippe links unten. Das Herz zeigt nun darin seine individuell mensch-

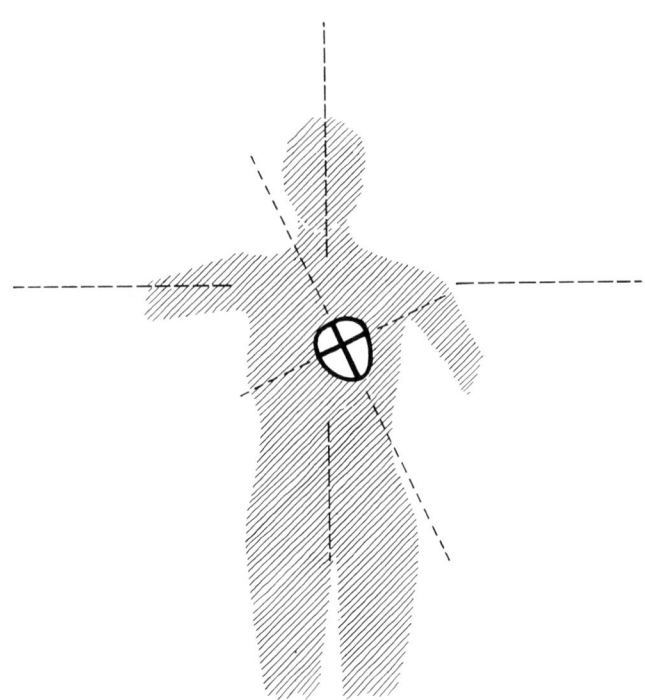

Abb. 54. *Beziehung der Herzachsen zu den Körperachsen* (ideale Mittellage, die sich im Leben und individuell verschieden einstellt – beim Kleinkind eher steil, beim älteren Menschen mehr geneigt. Die Neigung beträgt im Mittel etwa 23°, wobei wir einen kosmologischen Zusammenhang mit der Neigung der Sonnenbahn, der Ekliptik, in Betracht ziehen, vgl. Friedrich Husemann «Das Bild des Menschen, zur Anatomie und Physiologie»).

liche Besonderheit, dass es wie kaum ein anderes Organ nach Grösse und Gewicht bei den einzelnen Menschen verschieden ist. Die Grösse der Faust eines Individuums gibt nur einen sehr allgemeinen Hinweis auf die ungefähre Grösse des Herzens. Immerhin ist die Beziehung von «Herz und Hand» wesenhaft.

Ähnlich wie die peripheren Blutgefässe zeigt auch das Herz als Hohlmuskel drei Schichten, die Aussenschicht (Perikard), die eigentliche Herzmuskelschicht (Myokard) und die Herzinnenhaut (Endokard). Der Herzmuskel ist so stark entwickelt, dass er von den übrigen Schichten nur häutig eingehüllt erscheint. Die Muskelfaserströme verlaufen lemniskatenartig und zirkulär. An der Herzspitze bilden sie einen Wirbel (Herzwirbel), der den Zusammenhang zwischen Blutwirbel und Muskelbewegung deutlich ausspricht. Der ätherische Bau des Herzens ist bis in die Muskelfaserstruktur zu verfolgen. Sie zeigt wie die Skelettmuskelfaser im mikroskopischen Bild Querstreifung. Während aber die Skelettmuskelfaser von Sehne zu Sehne, von Knochen zu Knochen zieht, fehlen den Herzmuskeln diese physischen Pole; sie sind dagegen unmittelbar im Blut mit dem organgewordenen Bewegungs- und Willenselement verbunden. Auch sind die Herzmuskelfasern plasmareicher. Alle Fasern bilden Faserströme (Synzytien oder Plasmodien*); das ganze Herz bildet ein plasmatisches Continuum, ohne Zellgrenzen, ohne dass die Möglichkeit besteht, eine Muskelfaser als isolierte Zelle herauszupräparieren. Das strömende Blut ist von einem ringsum geschlossenen, strömend lebendigen «Gefäss» aufgenommen.

Der plastische Herzkörper zeigt an seiner Vorderfläche eine Längsfurche (Sulcus longitudinalis), die sowohl der Herzachse als auch der inneren Scheidewand entspricht, die das Organ in eine venöse und eine arterielle Hälfte, in eine rechte und eine linke Herzkammer teilt[9]. Eine zweite, zirkuläre Furche (Sulcus circularis) entspricht dem Kelchrand des Herzkelches und gliedert den Herzkörper, der die Kammern birgt, von den Herzvorhöfen. Die Muskelwandungen der Vorhöfe sind gegenüber denen der Kammern schwächer, mit weniger wirbelndem, mehr parallel zur Herzachse verlaufendem Muskelgewebe ausgestattet. Sehr eindrucksvoll ist der Unterschied der Muskelentwicklung zwischen rechter und linker Kammer. Die linke Kammer zeigt gegenüber der rechten doppelte Wandstärke, so dass sich im Herzen die Polarität, die wir zwischen Venenblutgefäss und Arterienblutgefäss gefunden haben, gesteigert vorfindet.

In den Herzkammern ist das synzytiale Muskelgeflecht gegenüber den Vorhöfen besonders grossmaschig, einzelne Muskelzüge bilden derbe, einander kreuzende Balken und Brücken, so dass das Gewebe schwammartig wirkt. Aus diesem

---

* Synzytium = Zellzusammenhang von gr. κύτος = Zelle und σύν- = mit, zusammen, wobei die Zellen vielfach ohne Zellgrenzen ineinander übergehen. Dazu das Synonym Plasmodium = Vielkerniger Protoplasmaverband ohne Zellgrenzen.

Abb. 55

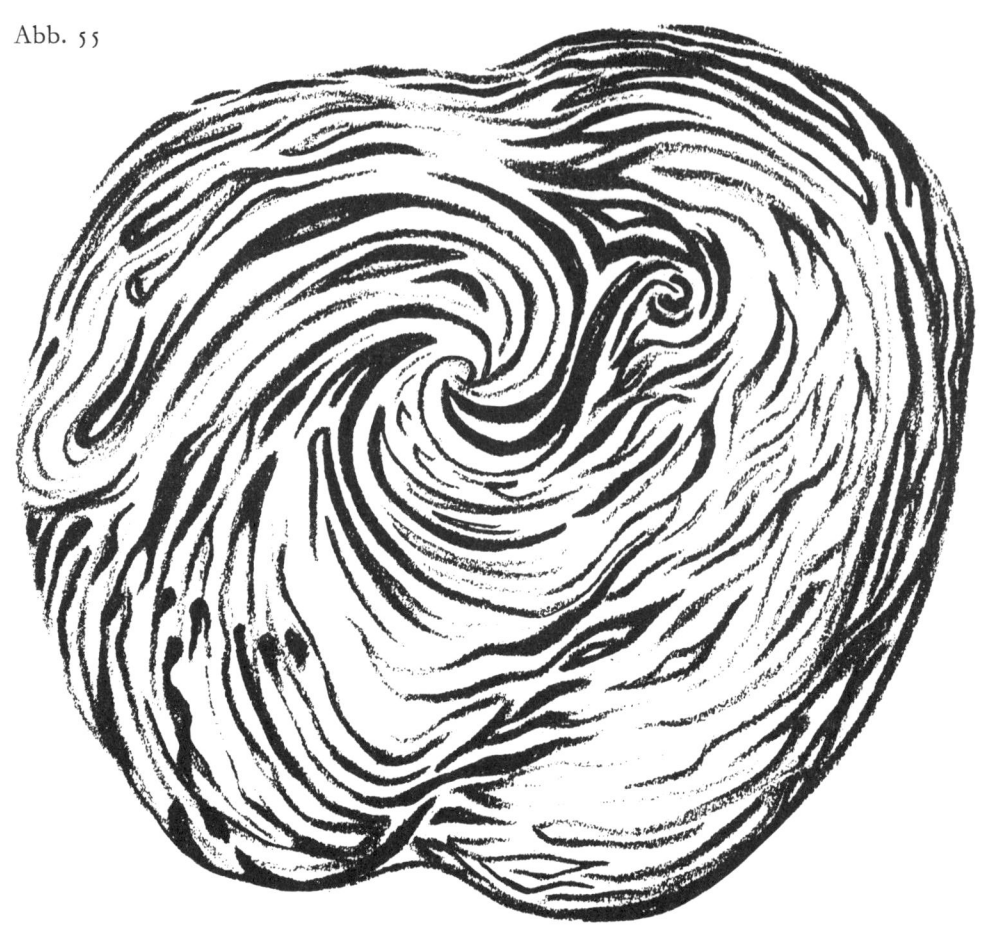

Abb. 55/56: *Die Muskelfaserströme des Herzens* verlaufen zirkulär-lemniskatenartig. Alle Muskelfasern bilden gleichsam Ströme (Syncytien oder Plasmodien), die in unendlichem Fluss immer wieder ineinander einmünden (nach Benninghoff). – 2. Schema des lemniskatisch-zirkulären Herzmuskelfasersystems (nach Ranke).

Muskelgeflecht heben sich aus dem Kelchgrund beider Kammern einzelne zapfenförmige Muskeln (Papillarmuskeln) hervor, die mit den freien Enden der segelförmigen Einstromklappen durch Sehnenfäden verbunden sind (vgl. Abb. 51).

Die Vorhöfe stehen mit den Kammern durch diese Einstromklappen in Verbindung. Diese Klappen wie auch die Ausstromklappen bestehen aus einem dichten, nicht mehr von Kapillargefässen durchzogenen sehnig-flächigen Gewebe, aus

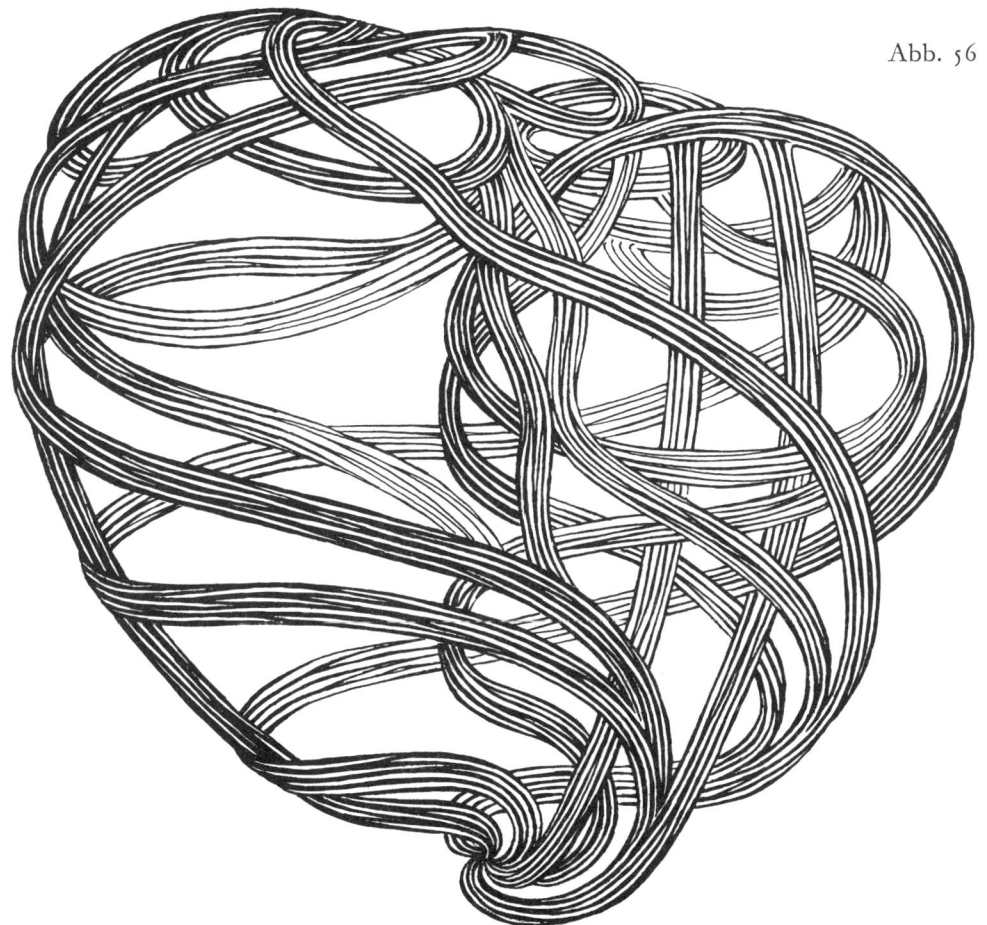

Abb. 56

Endokardduplikaturen gebildet. Die segelförmigen Einstromklappen wie die halbmondförmigen Ausstromklappen liegen über den Kammern, gewissermassen in der Herz-Kelchrand-Ebene. Die Einstrombahnklappen ragen trichterförmig von den Vorhöfen in die Kammern hinein, die Ausstromklappen dagegen sind etwas über die Kelchrandebene heraufgehoben und in den Wurzelabschnitt der ausführenden Blutgefässe (Arteriae pulmonales rechts und Aorta links) eingelassen.

Zwischen dem Vorhofherzen und dem Kammer-Herzen, dem eigentlichen Herzkelch, liegt ein bedeutsamer, aus der Entwicklungsgeschichte des Herzens hervorgehender Wesensunterschied vor, der sich auch noch in der Funktion des ausgebildeten Herzens offenbart. Ursprünglich gehörte nämlich der gesamte Vorhofbereich des Herzens dem vegetativen Pol des Organismus an, lag also unten, während die Herzschleife, aus der die Kammern hervorgegangen sind, sich in der

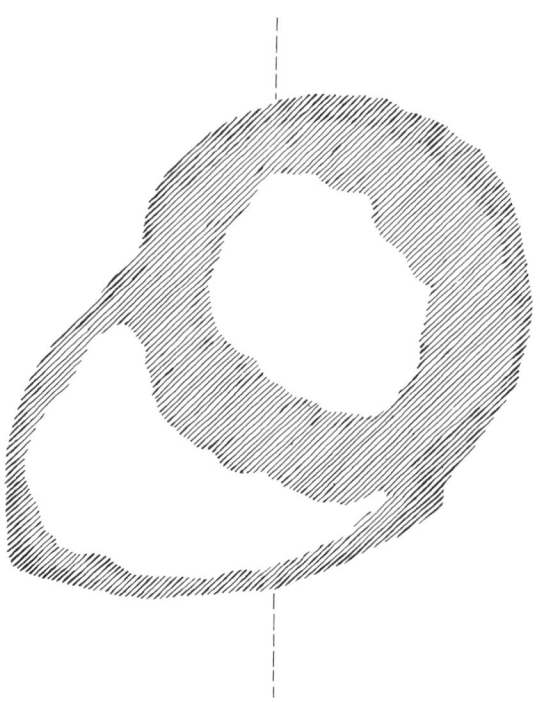

Abb. 57: *Die Herzkammern* (Querschnittsbild). Die rechte Kammer gegenüber der linken verhältnismässig dünnwandig und dieser vorgelagert.

Sphäre des animalen Pols der Leibesanlage, also dem Haupte zugewandt, entwickelt hat. Durch die weitere Entwicklung und Drehung der ganzen Herzanlage gelangten beide Herzpole in die jetzige, zum übrigen Leibe antinome Stellung, so dass die Vorhöfe, als die mehr ätherisch-diastolisch wirkenden Glieder des Herzens, ihre Lage über dem Herzkelch mehr dem Nervenpol des Leibes zugewandt haben, während sich die Kammern mit ihren vorwiegend astral-systolischen Funktionen auf der Seite des ätherisch-willensmässigen Pols befinden.

Eine entsprechende Antinomie des Verhältnisses der Herzpolaritäten zu denen des Leibes zeigt sich in der Lage des rechten und linken Herzens zur rechten und linken Körperhälfte. Im allgemeinen ist die rechte Körperhälfte stärker physisch-astralisch durchgestaltet[10], so dass der Mensch seine bewussten Handlungen und Schritte rechts betont ausführt. (Der «Rechtshändigkeit» entspricht auch die Rechtsbetonung des Schrittes z.B. beim ersten Schritt oder beim Absprung, und auch die meist grössere Aktivität der rechts liegenden Sinnesorgane gegenüber den linken.) Unsere linke Seite ist dagegen im allgemeinen vorzugsweise ätherisch stärker belebt und daher bei künstlerischem Tun – oft unbewusst – mehr beteiligt.

Beim Herzen liegt nun die vollkommene Umkehr auch dieses Verhältnisses vor. Die zarter ätherisch organisierte Herzensseite ist der aktiven Körperhälfte zuge-

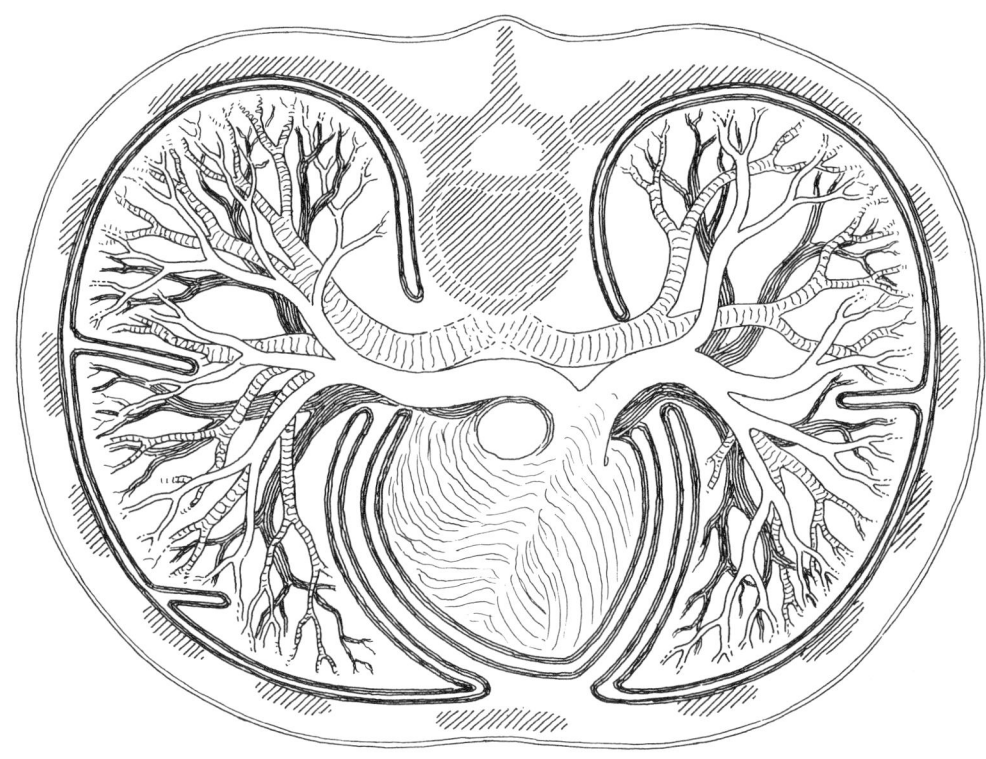

Abb. 58: Halbschematisch-idealer *Horizontalschnitt durch den Brustkorb* zur Veranschaulichung der Lagebeziehung zwischen Herz und Lungen (nach Heitzmann, vereinfacht). 1. Es sind wieder die Symmetrieverhältnisse besonders zu beachten. Nur geringe Symmetrieabweichung zwischen linker und rechter Lunge. Beim Herzen entschiedenere Asymmetrie der Herzspitze vom Brustbein (Schraffur in der Mittelachse vorn), der zur linken und rechten Lunge strebenden Arteriae pulmonales (venöses Blut) und zu ihnen fast parallel die Venae pulmonales von der Lunge her (mit arteriellem Blut) zum linken Vorhof strebend. Das quergetroffene Lumen der aufsteigenden Aorta vom linken Herzen mehr nach rechts bis in die Mittelachse herein zentriert. Über diesen Herzgefässen die linken und rechten Hauptbronchien mit ihren Verästelungen (die Bronchialringstruktur ist angedeutet). – 2. Seröse Häute der Lungen und des Herzens: a) Rippenfell (pleura parietalis = costalis). b) Lungenfell (pleura pulmonalis = visceralis). Die Spalträume zwischen den Pleuren und den Schichten des Herzbeutels sind mit Lymphe befeuchtet. – 3. Seröse Häute des Herzens (Herzbeutel): a) pericardium parietalis, b) pericardium visceralis, c) Herzbeutelraum (cavum pericardii) mit Lymphe befeuchtet.

wandt, die aktivere astral-dynamische linke Seite des Herzens der mehr ätherischen Körperhälfte. *Das Herz hebt so die Einseitigkeit der Organisation – nach oben und nach unten – nach links und nach rechts auf.* Es ist der Arzt im Organismus. Die Pole würden uns immer wieder von der einen oder der anderen Seite her krankmachen; das Herz hebt diese «Krankheiten» auf, indem es durch sein höheres Leben die polaren Kräfte in ihrem Wechselstreit auseinanderhält und eine höhere, gesteigerte Einheit herstellt[11]. Indem das Herz selbst die grösste Polarität im arteriellen und venösen Blut in sich nahe vereint und sie doch entschieden trennt, steht es über den Polen. Es vereint die Tagseite und die Nachtseite des Organismus und steht doch über beiden. Eine höhere Macht im Herzen setzt Seelenleiblichkeit und Lebensleiblichkeit nicht in Ausgleich miteinander, sondern in eine schöpferische Spannung, aus der der Rhythmus entspringt.

Das Zentrum der Rhythmik

> Diese Widersprüche, statt sie zu vereinigen, disparater zu machen.
> Goethe

Von besonderem Interesse für unser Herzverständnis ist die Entwicklung und die endgültige Bedeutung der Herzscheidewand.

In der frühen Herzentwicklung fliessen die polaren Blutströme in freiem Fluss, ohne sich zu mischen, im ungeteilten Herzen aneinander vorbei (Portmann). Der Blutstrom findet bereits seinen richtigen Weg, lange bevor das Herzseptum entsteht. Ehe ein physisches Organ ausgebildet ist, erfüllt sich die organisch-dynamische Funktion. Zwischen den Blutströmen wirkt schon die Kraft des ordnenden Intervalls, in dem sich dann vom zweiten Embryonalmonat an zwischen den Blutströmen die Herzscheidewand aufbaut und zwei Herzhälften schafft (Benninghoff). Auch die Ein- und Ausstromklappen zwischen den Höfen und Kammern gestalten sich inmitten der Blutwirbel in den strömungsstillen Zonen, in welche sie als Herzinnenhautduplikaturen einsprossen. Aus dem Grund des Herzkelches wächst aus dem endokardialen Gewebestrom gallertiges, nicht-zelliges Mesenchym zur Scheidewand herauf. Die Endokardduplikaturen, die mit ihren Klappen den Herzkelch oben gegen die Vorhöfe abschliessen, bilden mit der Scheidewand, die das Herz in Kammern und Vorhöfe gliedert, das *Herzkreuz*, durch welches das Blut gewissermassen in vierfacher Richtung strömt.

In der Herzscheidewand wirkt das eigenorganische Kraftzentrum, das die ätherischen Blutwogen und die seelenleiblichen Formkräfte steuert – die Mitte der Mitte –, das Wesen des Wesens, das Impuls und Rhythmus verleihende «*Reizleitungssystem*». Dieses Wahrnehmungs- und Sinnesorgan des Herzens besteht aus

Abb. 59: *Embryonaler Aufbau der Herzscheidewand* aus dem Blutplasma-Mesenchym. Die Blutwirbel des noch scheidewandlosen Kammerraumes mischen sich nicht (vgl. Benninghoff «Lehrbuch der Anatomie des Menschen», Bd. 2).

einer Metamorphose ursprünglicher Muskelelemente, die sich durch die ganze Herzscheidewand hindurchziehen.

Anfänglich hatte das ganze Herzmuskelplasmodium diese Sinnesorganfunktion, die ätherisch-astralen Blutwogen (Ernährung und Atmung) gegenüber den Leibespolaritäten wahrnehmend durch Rhythmus in Harmonie zu bringen. Letztlich bleibt diese Fähigkeit mehr oder weniger auch beim vollentwickelten Herzen erhalten.

Das Reizleitungssystem im Vertikalstamm des Herzkreuzes (in der Herzscheidewand) sendet den Bewegungsimpuls aus. Die Impulsdynamik tritt in drei Stufen auf. Im Vorhofbereich befindet sich ein erstes Erregungszentrum in der Bucht des venösen Bluteinstroms in den Vorhof beim rechten Herzohr (Sinusknoten). Das zweite Zentrum des Erregungsleitungssystems findet sich unmittelbar bei der Einstrommündung der Herzkranzvene in den rechten Vorhof (Aschhoff-Tawarascher Knoten). Nun folgt die Schar der Kammerfasern, die sich von der Scheidewand aus über die Papillarmuskeln und über die gesamte Herzkelchwandung ausbreiten (His'sches Bündel). Alle diese «Muskelfasern» zeichnen sich durch ihre auffallend schwache Querstreifung und durch ihren Plasma- und Glykogenreichtum aus.

Das Herz schlägt von dieser «Impulsmitte» den Polen des Organismus zu. Dabei ist es wesentlich, dass sich der Herzrhythmus aus dem rascheren, dem Stoffwechselpol wesensverwandten Vorhofrhythmus, der für sich etwa 160 bis 300 Schläge in der Minute aufweist, und aus dem Kammerrhythmus von etwa 40 Schlägen gewissermassen zusammensetzt und so im mittleren Lebensalter 72 Pulsschläge in der Minute als gesunde Schlagfolge erscheinen. So wird in der Mitte der Organismus von der drängenden Beschleunigung des unteren Pols und von der formenden Verlangsamung des oberen Pols in Freiheit gesetzt[12].

Der autonome Herzrhythmus bleibt daher weitgehend von den polar-leiblichen Einflüssen frei. Im Gehirn gibt es kein «Herzzentrum». Nur einige Fasern des Vagusnervs nähern sich von oben dem Herzen, und auch diese wirken nur tangential, ohne den Eigenrhythmus des Herzens zu verändern. Lediglich die Schlagfolge kann verlangsamt werden, so wie umgekehrt die Sympathikuskräfte aus dem unteren Organismus beschleunigend wirken können.

Es ist nicht leicht, mit Worten dieses wirkende, Bewegung und Rhythmus erzeugende Organ, dies «Herz im Herzen» zu beschreiben. Ist es ein Bewusstseinsorgan? Es muss mehr in ihm wirken, als unser Alltagsbewusstsein umfasst. Viel scheint es von einem Sinnesorgan zu haben, denn es ist produktiv-schöpferisch und wahrnehmend-empfindlich zugleich. Wahrnehmend wendet es sich dem Blutleben zu. Schöpferisch wirkt in ihm das Ich.

Das Herz als Organ des menschlichen Gemüts

> Im Gemüt ist alles beschlossen. Das Gemüt ist ein Mass, mens – mensura, weil es misset alles das andere und gibt ihm seine Form und teilet alle Dinge um und um.
> Die Kräfte der Seele nehmen all ihr Vermögen von ihm und sind darin, fliessen daraus und es ist über alle sonder Mass, es ist gar einfältig, wesentlich und einförmig... Es hat ein unzählig Gehen in Gott, aus dem es geflossen ist. Tauler

Alle Erfahrungen, die wir über das Herz und über den Kreislauf sammeln konnten, münden in das umfassende Erlebnis, dass das Herz für unser leibliches und geistiges Sein das Schicksalsorgan ist[13].

Betrachten wir die Gestalt des dreigliedrigen Menschen! Wie bedeutend hebt sich das Herz in der Brustmitte heraus. In seiner Funktion aber wirkt es übergreifend über den ganzen Organismus – gleichsam über die Pole hinaus, indem es sie wie die Brennpunkte einer Ellipse umschliesst. «So ist das Herz allenthalben und jeder Teil des Organismus nur die spezifizierte Kraft des Herzens selbst» (Hegel). Um das geistig-seelische Wesen des Herzens zu ergründen, bedarf es einer Bewusstseinsversenkung, wie sie nur der mystisch Begabte zu leisten vermag. Ihm dringt aus der Mitte das heilige Leben, das den Menschen sonst ins Unbewusste hinabgleitet, er allein weiss, dass aus diesem Quell die Kraft der Persönlichkeit quillt, dass dieses Organ die physisch-geistige Einheit des Selbst bildet.

Unser ganzes Seelenleben stützt sich auf das Fluten und Ebben des Blutes und der Atmung. In der Freude strömt das Blut in die Peripherie und trägt Wärmekräfte hinaus. Im Denken erwärmt das Herz unser Haupt, im Handeln wachsen vom Herzen her den Gliedern Kräfte zu; in der Angst wie in physischer und seelischer Kälte zieht sich das Blut zum Herzen zurück. Im Zorn schafft es eine Woge des Angriffs, in der Scham einen Wall der Abwehr, und jede Tätigkeit im Organismus, die immer zugleich Seelentätigkeit ist, lässt das Blut in ihren Bereich fliessen[14].

Im kräftig gesunden Leben vermag das Herz alle diese Schwankungen immer wieder in den harmonischen Gleichschlag zu bringen, in welchem sich die geistige Ruhe und Selbstherrschaft herstellt. (In dieser Herzensfähigkeit erlebten die Griechen das Walten des höchsten Sinnes, des «Nous».) Wenn es dem Menschen aber nicht gelingt, diese Kraft der Mitte zu halten, weil die Weltkräfte über den Nervenpol oder über den Stoffwechselpol zu stark eingreifen, dann können Herz und Kreislauf von oben oder von unten her erliegen. Von oben, indem die Bewusstseinsformkräfte die Lebensfülle zurückdrängen, Sorge, Angst oder Pedanterie die Blutgefässe einengen oder in sklerotischer Verhärtung erstarren lassen (Zerfall des Rhythmus durch Degeneration im Reizleitungssystem, Herzblock, Gefässverschluss in einem lebenswichtigen Organ – Gehirn, Herz, Darmgebiet – kann das Ende bedeuten); von unten, indem das Stoffwechselgeschehen die Blutfülle zu heftig antreibt und so den Rhythmus vernichtet (Tachykardie).

So wird es deutlich, wie die seelisch-geistigen Wesensglieder das Blut bewegen und im Herzen ihr Organ haben. Es ist im Grunde nicht verwunderlich, dass eine intellektuell einseitige Betrachtungsweise gegenüber Herz und Kreislauf zu mechanistischen Vorstellungen kommen muss. Der blosse Verstand nimmt keine ätherischen Kräfte wahr, lebt nicht im seelischen Empfinden, sondern konstruiert aus der Kausalität den Mechanismus. Wer aber das Herz als Mechanismus, als «Pumpe» ansieht, der übersieht dabei völlig, dass diese «Pumpe» nur das Ergebnis von strömendem Leben ist und dass es auch bei voll entwickeltem Organismus noch immer das Blut ist, das dieser «Pumpe» die Energie liefert. Hier hebt sich aber der Begriff des Mechanismus selber auf, denn Ursache und Wirkung sind letztlich identisch. Das Blut ist eben nicht Objekt der Tätigkeit des Herzens – das Herz nicht verursachendes Subjekt der Blutbewegung.

Bei einer Pumpe steht der Mechanismus am Anfang und am Ende des technischen Vorgangs, die Flüssigkeitsbewegung in der Mitte. Im Organismus wirkt das Blutleben vor dem Herzen, im Herzen und nach dem Herzen. Die Aufgabe des Herzens ist es dabei, wie wir schilderten, als Sinnesorgan die Bedürfnisse aller Organe wahrzunehmen und «tätig und leidend» in Systole und Diastole die Schicksalsmächte in der organischen Evolution einwirken zu lassen. Für den Mechanisten wird das Herz seelisch-geistig indifferent, zum blossen «Apparat». Eine solche Vorstellung, ins Leben übertragen, würde ergeben, was sprichwörtlich vom Herzen in der tiefsten Persönlichkeitskrise gesagt wird: «Mein Herz ist leer. Mein Herz ist von Stein. Mein Herz ist kalt.» Im schärfsten Kontrast dazu spricht sich aus der Organsphäre des gesunden Herzens das reichste Geist-Seelen-Erleben aus. Das Herzerleben begleitet schon die ältesten Mythen der Menschheit und taucht immer wieder neu in der Symbolik des innerlichen Menschen in den Märchen und Dichtungen bis in die alltäglichsten Redensarten auf.

Dionysos, der Gott der Seeleninkarnation, wird von den Titanen zerrissen, seine Glieder werden über die ganze Erde zerstreut. Nur das «Herz» wird durch Athene gerettet. Zeus aber schafft aus dem lebendigen Herzen einen neuen verjüngten Gott, denn das Herz und das Wesen des Dionysos ist eines.

In der nordischen Sigurdsage nahm Sigurd Fafnirs, des Drachen, Herz und briet es am Spiess. Als aber der Saft aus dem Herzen über dem Feuer herausschäumte und er mit dem Finger davon kostete, da wurden wunderbare Kräfte in ihm wach, er verstand die Stimmen der Vögel! Da hörte er Meisen im Gezweig zwitschern:

> Dort sitzt Sigurd, besudelt mit Blut,
> Brät am Feuer des Fafnir Herz,
> Ratklug schiene der Ringbrecher,
> äss er den lichten Lebensmuskel. Edda, nach Genzmer

Welch vollkommene Charakteristik vom Wesen des Herzens liegt in dem Worte «der lichte Lebensmuskel»!

Dramatisch erscheint das Herz als Schicksalsorgan in Wolframs Parzival in dem Augenblick, wo Parzival seine Mutter für immer verlässt.

> Als morgens kaum der Tag erschien,
> Stand einzig nur des Knaben Sinn
> Darauf, zu Artus fortzueilen.
> Die Königin küsst ihn, lief ihm nach –
> Weh – wer vermag ihr Leid zu teilen,
> Als ihrem Aug der Sohn gebrach!
> Fort ritt er – ach, zu wessen Freude?
> Zu Boden sank Frau Herzeleide
> Und es brach ihr treues Herz
> Im Übermass von Leid und Schmerz.

Auch an einige Märchenmotive wollen wir uns hier erinnern. Im Märchen vom Froschkönig heisst es nach der Verwandlung, durch die der Königssohn wieder seine menschliche Gestalt erhalten hat:

> Und als sie ein Stück Wegs gefahren waren, hörte der Königssohn, dass es hinter ihm krachte, als wäre etwas zerbrochen. Da drehte er sich um und rief: «Heinrich, der Wagen bricht!» «Nein, Herr, der Wagen nicht, es ist ein Band von meinem Herzen, das da lag in grossen Schmerzen, als Ihr in dem Brunnen sasst, als Ihr eine Fretsche (Frosch) wast.» Noch einmal und noch einmal krachte es auf dem Weg, und der Königssohn meinte immer, der Wagen bräche, und es waren doch nur die Bande, die vom Herzen des treuen Heinrich absprangen, weil sein Herr erlöst und glücklich war.

Zahlreich und bedeutsam sind die Wendungen, die das Herzgefühl aussprechen: «Maria aber behielt alle diese Worte und bewegte sie in ihrem Herzen» (Lukas-Evangelium).

Im deutschen Wörterbuch der Gebrüder Grimm sind auf über vierzig engbedruckten Grossoktavseiten die sprachlichen Zusammenhänge des Herzens und des seelisch-geistigen Herzerlebens aufgeführt. Dies spricht aus, welch tief innerlicher Erlebnisreichtum um dies Organ kreist.

II

> Die Luft ist so gut Organ des Menschen wie das Blut.
> Novalis

> Dieses Atmen bedeutet sehr, sehr viel für die menschliche Wesenheit, denn in diesem Atmen liegt ja schon das ganze dreigliedrige System des physischen Menschen.
> Rudolf Steiner

Die Atmung

Atmung und Atmosphäre

Durch die Atmung steht der Organismus in unmittelbarem leiblichem Zusammenhang mit der Erdatmosphäre – der Mikrokosmos des Menschen mit der Erde als der untersten Stufe des Makrokosmos. Wir können die Atmung in uns als eine Fortsetzung des tellurischen Lebens um uns empfinden. Wir erleben aber auch die Bewegung der Atmosphäre als die Atmung eines grösseren Organismus, und in der Verkettung beider Erlebnisse vermag sich unser seelisches Sein selber gewissermassen atmend zu erweitern oder im Innern Einzug zu halten.

Atmung im allerallgemeinsten Begriff ist die Begegnung und Verbindung der bewegten Atmosphäre mit einem empfangenden Organisch-Flüssigen. Das Flüssig-Ätherische im Organismus verbindet sich bei der Einatmung mit dem Luftförmig-Astralischen der Atmosphäre, um diese Verbindung nach rhythmischem Vollzug wieder aufzulösen. Die unmittelbaren organischen Atmungsvorgänge haben ihre vollkommene Entsprechung in der Begegnung der Atmosphäre mit der Hydrosphäre der Erde.

> Wind ist der Welle lieblicher Buhler;
> Wind mischt vom Grund aus schäumende Wogen.   Goethe

Goethe sprach in diesem Sinne bei seinen meteorologisch-barometrischen Forschungen «über das Ein- und Ausatmen der Erde nach ewigen Gesetzen» und C. G. Carus bestärkt diese Anschauung durch seinen Hinweis, dass man besonders in den äquatorialen Zonen schon lange die «Aus- und Einatmung der Erde» in den regelmässigen Barometerschwankungen nachgewiesen habe.

Das Weltmeer nimmt im atmenden Wechselwirken mit der Atmosphäre den Sauerstoff der Luft und bedeutende Anteile Stickstoff auf, dies vor allem in den polaren nördlichen und südlichen Meeren, so dass die Erde als Ganzes in den Polgebieten entschiedener einatmet, in den Äquatorgebieten vorwiegend ausatmet. Dies entspricht auch den barometrischen Verhältnissen, denn die Polargebiete sind Zonen vorwiegenden Hochdrucks (Inspiration), die Äquatorialgebiete Zonen vorwiegenden Tiefdrucks (Exspiration).

Für die Erde in ihrer Ganzheit wie auch für den atmenden Organismus ist die Luft zunächst eine vollkommene Einheit. Diese Einheit der Luft löst die Bewegungsfunktionen in der Atmosphäre (Strömung und Druck) wie auch die Atmungsströmung zwischen Organismus und Atmosphäre aus. Dabei ist aber die chemisch unverbundene «Mischung» der Elemente, die die Luft ausmacht, höchst bedeutungsvoll; denn unverbunden-verbunden bildet die Dreiheit von Stickstoff (78%), Sauerstoff (21%) und Kohlendioxyd (0,03%) ein organismisches Ganzes, das uns auffordert, nach dem Wesen dieser Elemente selber zu fragen, um daraus etwas vom Wesen der Atmung zu erfahren.

Zuerst der Stickstoff. Er ist der eigentliche «Luftstoff». Sein Urwesen ist Bewegung. In der anorganischen Natur kommt er meist nur als freier Stickstoff vor, und seine Verbindungen sind höchst labil (z.B. mit dem Sauerstoff als Salpeter). Für das Leben wird aber gerade dies «Luftelement» der Bildner des Bewegungs- und Empfindungsleibes, des Eiweiss-Organismus. Bei der Atmung erscheint der Stickstoff zunächst nur als der Träger der übrigen Atmungselemente, da über einen möglichen Stickstoffaustausch in der Lunge noch wenig Wesenhaftes erforscht ist. Atmung im umfassendsten Sinne bedeutet aber nicht nur Sauerstoffaufnahme, sondern auch Stickstoffaufnahme bis zur Eiweisssynthese und bis zum Eiweissabbau (Stickstoff-«Inspiration» und -«Exspiration»), auch wenn diese Vorgänge zum grössten Teil über das Ernährungs- und Nierensystem verlaufen, also weit über das Lungen-Atmungsgeschehen hinausreichen.

Das zweite Element der Luft ist der Sauerstoff, der gerade für die Atmung die unmittelbarste Bedeutung hat, denn ohne den Sauerstoff müssten wir ersticken. Was ist aber das eigentliche Wesen dieses Elementes? Im Wasser erscheint der Sauerstoff in chemischer Verbindung mit dem flüchtigsten und feurigsten aller Elemente, dem Hydrogenium (Wasserstoff), dem er aber in der Verbindung gerade die dynamisch-bewegliche Beständigkeit verleiht, die das Wasser zum Medium des Lebens macht. Da der Sauerstoff auch andere flüchtige Elemente an die Erde bindet, so ist er mit Recht als «Ausdruck der Materialisationskraft» charakterisiert worden (Hauschka, Substanzlehre), die er sowohl im anorganischen Bereich bei allen Oxydationen als auch gerade im Organismus bewährt (siehe «Die Niere», S. 225).

Der dritte Anteil der Luft stützt sich als CO_2 auf den Kohlenstoff, den Gerüstbildner des pflanzlichen Lebens. Im Ausatmungsprozess der innerorganischen Gewebe ist es nun wieder der Sauerstoff, der es verhindert, dass die Kohlenstoffverbindungen im Ernährungsaufbau zu dicht werden und den Organismus zur «Pflanze» machen. Gerade die *animale Dissimilation* gegenüber dem *vegetativen Lebensaufbau* im Organismus macht das Wesen der O_2-Beteiligung bei der Einatmung und bei der Ausatmung (als CO_2) aus.

Angesichts der Dreieinheit des «Luftstoffs» (N), des «Lebensstoffs» (O) und des «Erdenstoffs» (C) gilt nun für die Atmung, dass die Form ihres Auftretens durchgehend vom Luftstoff und seiner Bewegungsdynamik bestimmt ist. Im Luftstoff wirken atmosphärische und organische Astralität gemeinsam. Lebensstoff und Erdenstoff bleiben der Dynamik des Luftstoffes untergeordnet.

Da der vegetativ-pflanzliche Kohlenstoffprozess in der Ausatmung vorherrscht, findet hier innerhalb des im ganzen seelenleiblichen Geschehens die Ausatmung von Elementen statt, die gewissermassen noch gerade den ätherischen Lebensprozessen angehören*. Atmung ist also im ganzen seelenleibliches Geschehen. Innerhalb derselben ist die Ausatmung relativ ätherisch – lebensätherischer Natur.

Die chemisch unverbundene Dreieinheit von N, O und CO_2 in der Luft entspricht den Funktionen des Astralleibes und des Ätherleibes in ihrer Beziehung zur Erdenstofflichkeit. Ätherleib und Astralleib dürfen sich nie vollständig miteinander vereinigen, deshalb bleiben auch die Elemente, auf die sie ihre Funktion stützen, locker verbunden. Es könnten auf der Erde keine Lebewesen existieren, wenn nicht schon in der Atmosphäre die Ordnung der Wesensglieder waltete**.

Mit derselben Atmosphäre, die wir in der Atmung in unser Inneres aufnehmen, verbinden wir uns durch einen höheren «Atmungsprozess» in unserem Sinneserleben. Unsere Seele erhebt sich wie mit Flügeln in die Weite der Atmosphäre hinaus und erlebt ihre Ruhe, ihr Stürmen, ihre Leichte, ihr Durchlichtetsein, ihre Farbigkeit und ihre Verdüsterung in unendlichen, ewig neuen Wechselformen.

Lunge und Atmung

> Im Atemholen sind zweierlei Gnaden:
> Die Luft einziehn, sich ihrer entladen.
> Jenes bedrängt, dieses erfrischt;
> So wunderbar ist das Leben gemischt.
> Du danke Gott, wenn er dich presst,
> Und dank ihm, wenn er dich wieder entlässt.   Goethe

* Rudolf Steiner, Der Mensch als Zusammenklang...
** Rudolf Steiner, Meditativ erarbeitete Menschenkunde.

Das Organleben der Lunge, die Atmungsfunktion, bildet mit dem Herzen gemeinsam das rhythmische System, die Mitte der gesamten Organisation.

Im Bewusstseinsbereich findet sich die Gliederung von Gehirn, Sinnesorganisation und Sprachorganisation, im Willensbereich die Ernährungs-, Zeugungs- und Bewegungsorganisation. Hier aber, in der Mitte, erscheinen zunächst nur zwei zueinander polar wirkende Organe: Herz und Lunge.

Wenn wir nach dem dritten Glied der «Mitte» fragen, dann haben wir uns daran zu erinnern, wie am Beginn der menschlichen Embryonalentwicklung die ersten rhythmischen Funktionen zur Bildung der Wirbelsäule führten. Die rhythmisch gegliederte Wirbelsäule und ihre Aufrichtekraft ist die «Mitte der Mitte».

Entstehung der Lunge

Die Lunge entwickelt sich in der Organismusmitte als paarig symmetrische Aussprossung des Darmsystems. Im Darm und seinen Windungen ist uns die astrale Wurmanimalität eingegliedert, durch die wir die in uns aufgenommene Nahrung verdauen, d.h. in ihrer Eigenlebendigkeit soweit zerstören, bis die rein ätherische Wirksamkeit zur Ernährung frei wird. Dreimal tritt nun in der frühen Embryonalentwicklung die rein astrale Funktion über die Grenzen der ätherisch-astralischen Darmanlage gestaltend hinaus. Am unteren Organismuspol bildet sich dabei die Allantois* als Leitorgan der Verbindung zwischen Embryo und Placenta (dem embryonal-mütterlichen Atemorgan). Am Kopfpol des Darmsystems gestalten sich blasenförmige Hohlräume aus, die Kiementaschen, deren hauptwärts gelegene Ausbuchtungen am Aufbau des gesamten Gesichtsschädels und der Sinnesorgane Nase und Ohr beteiligt sind (Sinnesorgan–Kopf–Atmungssystem). Aus dem mittleren Darm aber sprossen die primären Lungensäckchen, die Stammknospen und die sekundären Lungensäckchen. Obwohl schon bei den Stammknospen drei Ausbuchtungen rechts und zwei links (die endgültige Gliederung der rechten und linken Lungenblätter) angelegt werden, waltet im ganzen doch Symmetrie und regelmässiges zweigliedriges, dichotomisches Wachstum. So bildet sich der Bronchialbaum mit der raumordnenden Regelmässigkeit, die sich bei allen vorwiegend astral bestimmten Organen deutlich ausprägt.

Der atmende Mensch erscheint also in diesem Entwicklungsgeschehen dreimal. Am unteren Pol bleibt die Atmung im Placentarkreislauf mit der Ernährung, mit dem Ätherischen verbunden. Am oberen Pol verbindet sie sich mit den Lichtätherfunktionen der Sinnesorgane. Als reines Atmungsorgan im rhythmischen Austausch innerer und äusserer Atmosphäre erscheint die Lunge in der Mitte.

* Allantois = bläschenförmige Ausstülpung des Enddarms beim Embryo.

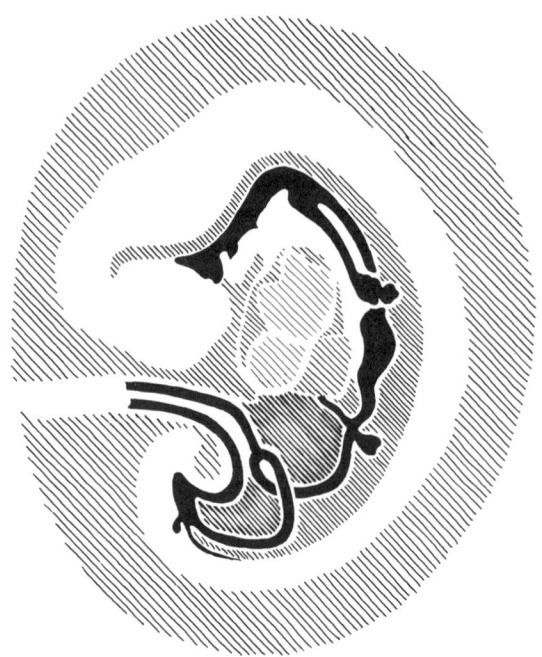

Abb. 60: *Embryonalentwicklung der Lunge.* Es sind drei Aussprossungen der Darmanlage zu beobachten. Im Bereich des Kopfpols die «Kiemenanlage» des Kopfdarmgebietes. Im Bereich des unteren Stoffwechselgebietes am Enddarm die Allantois, das Leitorgan für die Nabelschnurentwicklung – das embryonale Atmungsorgan, das die Verbindung zur «embryonalen Lunge», zur Placenta bildet. In der Mitte der Darmanlage – jedoch noch am oberen Pol der Mitte – die Aussprossung der Luftröhre und der primären Lungensäckchen aus der primären Darmanlage, die Keimanlage der späteren Lunge (nach Kollmann).

Abb. 61: *Darstellung beider Lungenflügel.* Rechts drei, links zwei «Blätter»; Luftröhre (Trachea mit Trachealgabel und Bronchialverzweigung). Am oberen Pol der Luftröhre der Kehlkopf. – Das Zwerchfell (grosse und kleine Zwerchfellkuppel) ist unter den Lungenflügeln durchschimmernd gezeichnet. Unter dem Zwerchfell mittelständig sind die muskulären Zwerchfellschenkel zu beachten, die in die Lendenregion der Wirbelsäule herabreichen und bei der Inspiration zur Zwerchfellsenkung in Aktion treten.

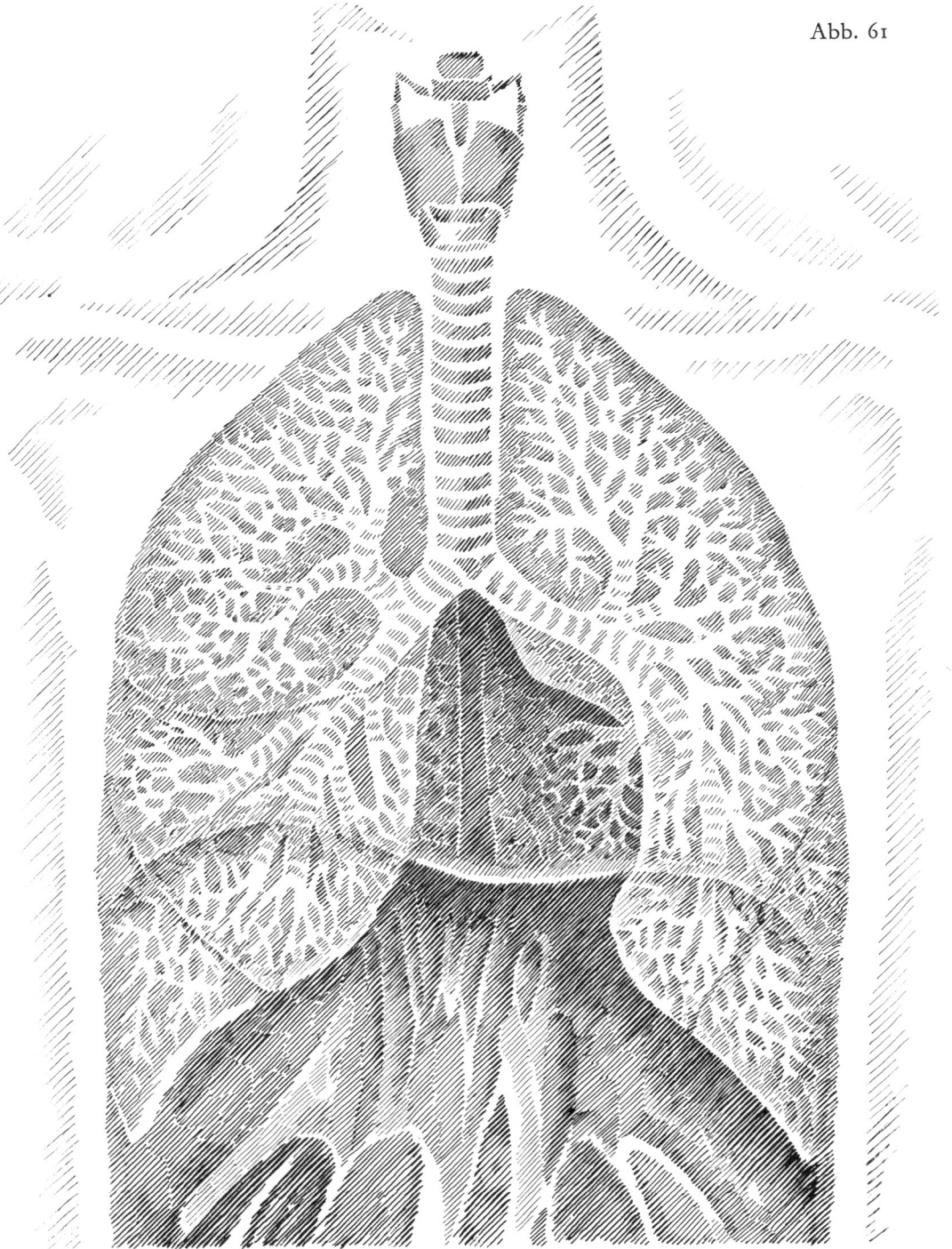

Abb. 61

Die Lungenflügel erfüllen den Brustraum vom Zwerchfell bis in die Schulter-Schlüsselbeingegend. Die Lungenspitzen ragen sogar über den Schultergürtel noch hinaus. Beide Lungenflügel verhalten sich relativ symmetrisch zueinander, obwohl rechts drei, links aber nur zwei Lungenblätter ausgebildet sind (Lungenpentagramm). Zwischen den Lungenflügeln bleibt ein wichtiger Mittelraum (Mediastinum) frei, durch den die Luftröhre, die Speiseröhre und die grossen Blutgefässe ziehen und in dessen unterem, nach links erweiterten Raum das Herz pulsiert.

Der Bronchialbaum jeder Lungenhälfte verzweigt sich bei der vollkommen ausgebildeten Lunge in der Weise, dass jedes Lungenblatt einen Luftröhrenzweig erhält und innerhalb der Lungenblätter jedes Lungensegment einen Hauptbronchus. Erst wenn die Bronchialästchen nur noch einen Lichtungsdurchmesser von etwa einem Millimeter haben, treten die halbkugeligen Lungenbläschen, die Alveolen, wie Trauben eines Beerenstrauches auf.

Die Gefässversorgung und der angioarchitektonische Feinbau im Dienste der Atemfunktion geben folgendes Bild:

Von der rechten Herzkammer führt die geteilte Lungenarterie kohlensäurereiches, venöses Blut den Kapillarnetzen, die die Alveolen* der Lungen umspinnen, zu. Sie gliedert sich in mehrere Endarterien auf, die das überaus dichte venöse Blutkapillarnetz speisen, das die Alveolen umgibt. Dieses Gefässnetz berührt vielfach zwei oder drei benachbarte Alveolenwände und deren für den atmosphärischen Austausch durchlässige Membranen.

Der Kohlensäure-Sauerstoffaustausch zwischen Alveolaratmosphäre und venösem Kapillarnetz kann nicht als bloss physikalischer Gasaustausch erklärt werden. Selbst wenn der Sauerstoff in den Alveolen geringere Konzentration als im venösen Blut des Lungenbläschenkapillarnetzes zeigt, wird dieser Sauerstoff vom Lungenbläschenepithel zum Kapillarendothel** – also gegen den theoretisch angenommenen Gasströmungsdruck – ins Blut (ins Hämoglobin der roten Blutkörperchen) aufgenommen. Entsprechend verhält es sich mit dem Kohlendioxydaustausch.

Das Phänomen der Atmung als seelisch-ätherisch-leibliche Einheit wird die Physiologie zwar mit wichtigen Daten unterlegen, aber nicht bis zur vollen Lebensrealität durchdringen können.

Nachdem das Blut durch die Begegnung mit der Alveolaratmosphäre arterialisiert ist, sammelt es sich in den feinsten Lungenvenen, die mit den grösseren Bronchialästen in der Lungenwurzel (Hilus) zusammenströmen. Aus jeder Lunge treten zwei bzw. drei Lungenvenen aus, die sich dann von beiden Lungen her in zwei Venenpaaren mit arteriellem Blut im Vorhof des linken Herzens vereinigen.

 * Alveole = Lungenbläschen, von lat. alveolus = kleine Mulde.
 ** Epithel = Deckzellenschicht; Endothel = innere Deckzellenschicht.

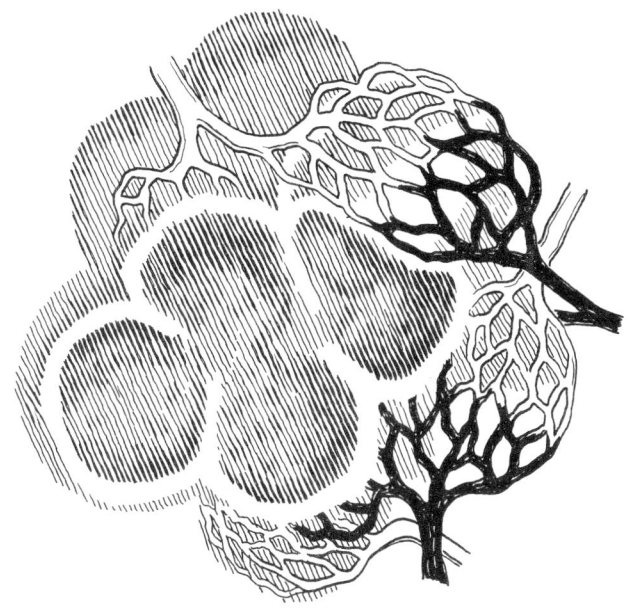

Abb. 62: *Lungenbläschen mit arterio-venösem Kapillarnetz.*

Neben diesem Arterialisierungskreislauf führt die Lunge noch einen zweiten Blutkreislauf, in welchem arterielles und venöses Blut wie im grossen Körperkreislauf strömt (ohne Umkehr der Polaritäten), den wir als Bronchialkreislauf bezeichnen. Die linke Lunge erhält ihr Blut unmittelbar von der Aorta, die rechte von einer Zwischenrippenarterie, von der Peripherie her. In der Lunge begegnen wir also zweifacher Arterialität!

Der venosierte Teil dieses Bronchialkreislaufs strömt merkwürdigerweise auf dem Wege über die (arterielle) Lungenvene wieder dem Herzen zu, so dass die frische Arterialisation sofort wieder etwas venös gemildert wird, vielleicht in besonderen Krankheitszuständen sogar im Sinne einer Regulation stärker gedämpft werden kann. Ein anderer Teil dieses Bronchialkreislaufs mündet in gewöhnliche Körpervenen. Es steht also zwischen der Polarität rechtes Herz – linkes Herz der lungeneigene Kreislauf als mögliche ausgleichende Mitte.

Kehren wir noch einmal zurück zur räumlichen Ordnung der Lungenflügel in ihrer Links-Rechts-Anordnung und dem Herzen in seiner Mittelstellung, dann ergibt sich daraus über die blosse Raumordnung hinaus der Wesensbezug, dass die Lungen als Organ des vorwiegend astralisch-seelischen Geschehens sich weitgehend symmetrisch ausbilden. Die Linksabweichung, die darin besteht, dass die linke Lunge nur zwei statt drei Lungenblätter ausbildet, zeigt, dass hier auch ätherische Kräfte walten (wie ja ausgesprochen ätherische Organe, wie die grossen Leibesdrüsen unter dem Zwerchfell, überhaupt asymmetrisch gebildet sind).

Die Mittelstellung des Herzens dagegen erscheint durch die Wirkung der Ichorganisation begründet. Astralleib, Ätherleib und Ich bestimmen also das Ganze der rhythmischen Organisation in der Lagebeziehung der einzelnen Organe zueinander. In ihrer innerorganischen Gestaltung treten diese Wesenskräfte noch deutlicher hervor.

Die Lunge ist in Funktion und Organisation ganz und gar vom Luftelement, dem Träger der astralischen Formkräfte her erzeugt. Im Goetheschen Sinne könnte man sagen, sie ist ein Organ aus der Luft, für die Luft gebildet.

Die Entfaltung des seelisch-astralen Luftorganismus führt im Brustraum zu entschiedener Verdrängung der flüssig-ätherischen Organisation, vor allem unter das Zwerchfell, so dass der gesamte Thorax seinen Charakter von der Lungenorganisation her erhält. Die Thoraxgestalt ist die charakteristische Luftatmungsgestalt. Diese muss als Einheit aufgefasst werden, denn sie bildet sich ja schon aus, ehe die äussere Luft eingezogen ist, um als solche nun den «Luftmenschen» durch den Atemprozess im Lebenslauf immer tiefer einzuformen. Der Mensch ist, schon ehe er atmet, im Rippen-Wirbel-System des Brustskeletts und in seinen Bändern und Muskeln unmittelbar inkarniert, während die Lunge bis zur Geburt den noch unentfalteten Thoraxraum kaum durchblutet und regungslos ausfüllt. Für den embryonalen Organismus kommt nur der astral formende und gliedernde Atmungsmensch in Betracht, noch nicht die Atmungsfunktion selbst.

Nach der Geburt wird zunächst zart und sanft, später aber immer intensiver vom inneren Luftmenschen in Inspiration und Exspiration die äussere Luftatmosphäre ergriffen. Nun wird die gesamte Astralorganisation zum Atemorganismus, zuvorderst das Thoraxskelett mit Bändern und Muskeln, welches durch aktive Hebung und elastische Senkung der Rippen die passiv im Brustraum entfaltete Lunge gemeinsam mit dem Zwerchfell beatmet.

Aber auch der ganze übrige Skelett-, Sehnen- und Muskelmensch beteiligt sich an der Atmung – vom Kopf her mehr inspirativ, hebend, vom unteren Rumpf und Becken her mehr exspirativ, senkend. Die Astralorganisation der Lunge wird also durch den Bewegungsorganismus ergänzt, indem in der Muskulatur vorwiegend ätherische und astralische Organik zusammenwirken, im Skelett dagegen unmittelbar physischer Leib und Astralleib als Einheit.

Wir haben jetzt noch die Nervenverhältnisse der Lunge besonders zu beachten. Nerven aus allen Bereichen der nervalen Polarität des Organismus ziehen ins Lungengewebe ein. Da ist zuerst der Nervus vagus, der zehnte Hirnnerv, der zahlreiche Fasern zur Lunge schickt. Dann findet sich in der Lunge eine reiche

Gewebedurchflechtung mit Nervenfasern des sympathischen Nervensystems, und zuletzt ist noch der Nervus phrenicus* zu nennen, der wieder vorwiegend parasympathische Bedeutung hat wie der Vagus. In dieser Durchnervung der Lunge tritt uns in Gestalt und Funktion das Wirken des Astralischen im Organ unmittelbar entgegen. Alle diese Nerven, ob sie nun zum Zentralnervensystem oder zum sympathischen Nervensystem gehören, sind in der Lunge so miteinander verflochten, dass sie sich in ihren Funktionen nicht mehr voneinander trennen lassen, ja dass sie sogar in dieser dichten Verflechtung ein eigenes «autonomes Nervensystem der Lunge» bilden, welches noch eine fast vollwertige Funktion gestattet, wenn die Nervenwurzeln dieses Geflechtes teilweise abgetrennt sind.

Der Atmungsmensch erscheint wieder in der Dreigliedrigkeit: In der Atmungsbewegung wirkt das Willenselement über das Muskel-Skelett-System. Besonders wichtig ist dabei das Zwerchfell. – In der äusserst dichten Innervation der Lunge wirkt das Empfindungs- und Bewusstseinselement tief in das Organ herein. – In der Mitte steht die Lunge selbst als unmittelbares Inkarnationsorgan des Seelenleiblichen. Hier wirkt der Astralleib als Raumbildner und Organbildner in der bronchialen und alveolären Verinnerlichung des Luftelementes. Er strukturiert das ganze Organ durch und durch. Selbst in der Rhythmik von inspiratorischer Dehnung und exspiratorischer Zusammenziehung hält die Lunge exakt ihre Form im genauen geometrischen Raumverhältnis, so dass die gedehnte Lunge sich zur ruhenden so verhält wie eine grössere Kugel zur kleineren. Diese raumbildenden, formenden Kräfte sind es auch, die bewirken, dass die Lunge schon mit der Geburt ein nahezu fertiges Organ ist, ähnlich wie das Gehirn, mit dem sie darin eine wesenhafte Verwandtschaft zeigt, dass sie wie dieses nur ganz geringe Regenerationsfähigkeit aufweist.

Die Gesamtsignatur des rhythmischen Systems zeigt uns nun in der Zusammenfassung die merkwürdigsten antinomen Verhältnisse.

Das Herz sendet seinen Blutstrom hauptsächlich nach abwärts zur Stoffwechsel-Gliedmassen-Organisation (der Aortenbogen macht dies unmittelbar anschaulich), während der Luftstrom zum Haupte strömt. Im Herzen bewirkt die aktive Muskelkraft Zusammenziehung (Systole), im Lungen-Thoraxsystem Erweiterung. Gegenüber der Lunge ist das Herz ein vorwiegend ätherisches Organ, die Herzgestalt als Hohlmuskel erscheint aber mehr vom Astralleib her geformt. Die Lunge dagegen, durch und durch astralisch bestimmt, ist wieder mehr ätherisch in ihrer flächenhaft-pflanzlichen Bildung mit dem Bronchialbaum und den Alveolarverzweigungen. Rätselhaft ist bei der astral-nervlichen Organisation der Lunge ihre Unempfindlichkeit. (Die meisten Lungenerkrankungen, soweit sie nicht Lungenfell und Rippenfell betreffen, verlaufen schmerzfrei, während das Herz ohne eigentliche Nervlichkeit ein sehr feines Empfindungs- und Schmerzwahr-

---

* φρῆν = Zwerchfell, Sinn.

nehmungsorgan ist.) Umgekehrt kann der Herzrhythmus im allgemeinen nicht willkürlich bewusst beeinflusst werden, während der Atemrhythmus besonders bei Sprache und Gesang weitgehend vom Bewusstsein aus gestaltet werden kann.

Die Pneumatisation der Lunge

> Wisst Ihr nicht, dass Euer Leib das Schiff des heiligen Atems ist, das Ihr von Gott habt? 1. Kor. 6

Da im Blutleben Atmung und Ernährung (Pneuma und Lymphe) noch wie in urprotoplasmatischen Organismen vereinigt sind, so erscheint der Blutkreislauf gegenüber der verselbständigten Atmungsorganisation als das ursprünglichere System. Er bildet sich schon früh in der Embryonalzeit zu eigener geschlossener Funktion aus, während Atmung und Ernährung noch ganz vom mütterlichen Organismus abhängig sind und durch die Eihüllen (vor allem durch die Plazenta) vermittelt werden. Der embryonale Kreislauf bildet also schon eine tätige Eigenorganik als Mitte zwischen der vorläufig noch ausserembryonalen Ernährungs- und Atmungsorganisation.

In dieser Zeit bildet sich die Lunge noch ohne Funktion aus. Sie ruht dicht gefaltet wie eine Mohnblütenknospe im Brustraum, der durch die überkreuzten Glieder des Kindes ebenfalls dicht zusammengepresst ist. Auch die Thorax- und Zwerchfellmuskulatur ist noch nicht tätig (Zwerchfellhochstand).

Im Augenblick der Geburt strömt die Luft mit der Spannung der ganzen Atmosphäre in den Bronchialbaum ein und entfaltet den Brustraum und das Lungengewebe, das mit der Brustwand durch einen kapillaren Spaltraum (zwischen Rippenfell und Lungenfell – den Pleuren[15]) saugend verbunden ist. Gleichzeitig senkt und spannt sich das Zwerchfell in dieser ersten Atembewegung tief gegen die Leibesorgane, und die Rippenbogen heben und wölben den Brustkorb nach oben. Dieser Vorgang ist ein Erfülltwerden mit dem «Odem» der Atmosphäre. Er erst schafft dem Atemprozess den organischen Raum. Am deutlichsten ist der Vorgang durch den Begriff der Pneumatisation[16] charakterisiert.

Im späteren Leben findet sich nie mehr ein so harmonisch vollgewölbter Brustkorb wie beim Neugeborenen. Nur die Kunst vermag zum Bewusstsein zu bringen, was hier erlebt werden kann. Eine solche von innen gehobene Brustwölbung begegnet uns in den Plastiken der griechisch-archaischen Jünglinge, die erfüllt sind vom apollinischen Pneuma.

Diese Lungenpneumatisation hat für den Blutkreislauf eine entscheidende Folge. Es trennen sich jetzt zum erstenmal die polaren Kräfte des Blutes. Das Blut, das bisher arterio-venös, ätherisch-astralisch durchmischt durch den ganzen Organismus strömte, trennt sich in zwei Kreislaufhälften. Vor der Begegnung des Blutes mit der atmosphärischen Luft in der Lunge herrschte ja der rein vegetativschlaflebendige Plazentarkreislauf. Jetzt schliesst sich die Herzscheidewand im Vorhofbereich und der reine Arterialisierungskreislauf zwischen Lunge und Herz beginnt. An Stelle der mütterlichen Plazenta, die dem Kinde die ätherisch-mütterliche Atmosphäre vermittelte, tritt mit der Geburt das Organ der tellurischen Atmosphäre. Die Lunge ist die individuell-seelenleibliche Plazenta des zum Leben erwachten Menschen.

Dieses Erwachen zum Leben durch den Geburtsvorgang ist aber zugleich ein relativer Todesprozess. Im Blut setzt bald nach der Geburt ein bedeutender Blutzerfall (hämolytischer Ikterus) ein. Auch im Sinnesprozess, der jetzt nach und nach einsetzt, werden dem Lebensaufbau im erwachenden Bewusstsein Todeskräfte zugesellt.

Die Atmung des Neugeborenen

> Und er blies ihm ein den lebendigen Odem in seine Nase. Und also ward der Mensch eine lebendige Seele.   Moses I. 2.7

Der Atem ist das erste elementar gewaltige Ereignis des irdischen Lebens nach der Geburt. In geradezu schmerzhafter Dramatik vollzieht sich die «Beseelung», die Pneumatisation der Lunge im Brustraum. Als eine höhere Macht dringt mit heftiger Kraft die Atmosphäre ins Innere der Brust. Erst durch diese Pneumatisation wird der ganze rhythmische Organismus als eigenes Glied der dreigliedrigen Leiblichkeit tätig. Jetzt erst ist der Mensch im vollen Sinne ein dreigliedriges Wesen.

Es folgt nun mit gleicher Überzeugungskraft die Antwort auf diese weltorganische Beseelung, der erste Schrei des Kindes. Dass dieser Schrei eine tief bedeutsame Seelenäusserung des Kindes ist, der wie ein Symbol des Lebenswillens empfunden werden kann, braucht nicht weiter ausgeführt zu werden. Vor allem ist es ein einzigartiges Erlebnis für die Mutter, die dem Kind das Leben geschenkt hat, aber auch für jeden, der am Geburtsereignis teilnimmt. *Die erste individuelle Lebensäusserung des atmenden Menschen ist eine Ausatmung!* Was die beseelend-belebende Pneumatisation im Geburtsmoment bedeutet, wird uns vor allem dann erschütternd bewusst, wenn sie nicht rechtzeitig einsetzt. Das beängstigende Ausbleiben der Funktion spiegelt die ganze Bedeutung des lebendigen Atems.

Die Atmung des Neugeborenen und des Kleinkindes bildet eine eigene Periode in der Lebensentwicklung des atmenden Menschen. Wir wollen sie bis in feinere Prozesse verfolgen, um damit etwas von ihrer seelischen und ätherischen Bedeutung zu erfahren.

Der ersten Beatmung der Lunge durch die einströmende Atmosphäre – man könnte sie ihrem physiologischen Wesen nach auch Ur-Inspiration nennen – folgt ein Atemtypus eigener Art: der Atemrhythmus des Neugeborenen. Er ist kurz und rasch und von sehr geringer Atemtiefe. Er wirkt mehr wie ein Fächeln, wie wenn eine zarte Brise ein Gewässer oberflächlich bewegt. Dabei findet nur eine behutsame Arterialisation von der Lunge zum Blute hin statt. Dieser Atemtypus nimmt noch auf die vorgeburtlichen Verhältnisse der kindlichen Organisation Rücksicht, indem er in der Lunge eine verhältnismässig grosse, stille kohlendioxydreiche Alveolarrestluft bewahrt und diese normalerweise nur selten durch das Schreiweinen mit langanhaltender Exspiration und verhältnismässig kurzen, tief einholenden Inspirationen austauscht. Diese ruhig fächelnde Atembewegung vergönnt dem Kinde noch längere Zeit den ätherischen Reichtum der embryonalpflanzenhaften Lebenssphäre, die im Schlafleben das Organwachstum fördert, aus der es nur periodisch erwacht und dann gelegentlich schreiend sein Geborensein und seinen Hunger in Erinnerung bringt. In dieser Entwicklungsphase des Organismus wird der Arterialisationsprozess noch zurückgehalten. Der Atem hat daher jetzt noch durchaus etwas Pflanzenhaftes, ja sogar etwas Blütenhaftes. Er duftet bei gesunden Kindern, die Muttermilch erhalten, nach Pfirsichblüte und Frucht.

Diese ätherisch reine Ausatmung spricht etwas über die ursprüngliche menschliche Natur aus, wie sie zum Beispiel Conrad Ferdinand Meyer in der Schilderung der reinen Mädchenseele Mirabelle in seiner «heilpädagogischen» Novelle «Die Leiden eines Knaben» darstellt. Er sagt von ihr: «Die Luft, die sie aushaucht, ist reiner als die, welche sie einatmet.» Hier sind wir freilich veranlasst, von vornherein die nur quantitative Beurteilung der Ein- und Ausatmung hinter uns zu lassen. Die sauerstoffreiche Atemluft ist uns «frische Luft», die unserer Gesundheit dient. Sie ist es aber nicht dadurch, dass sie den Organaufbau unmittelbar bewirkt, sondern im Gegenteil durch den formend abbauenden Reiz (Katabiose – Verbrennung). Durch diesen kann sie sogar zu stark in die ätherische Organisation hineinformend, gestaltend, ja verdrängend einwirken, wie sie umgekehrt durch gelinden Reiz neues Leben weckt. Noch viel einseitiger erscheint uns die Auffassung, die man häufig von der Ausatmung als einer schlackenerfüllten, verbrauchten Luft hat. Die Kohlendioxydsphäre im Organismus, im Blut und in der Ausatmungsluft der Lunge ist vielmehr Ausdruck der ätherischen Seite des ganzen Atemgeschehens, die mit der pflanzlichen Natur innerhalb des Organismus und der Biosphäre draussen in einem lebendigen Kreislauf steht.

Die Zusammenfassung aller dieser Erfahrungen erbringt den Tatbestand, dass die Kohlendioxydatmosphäre im Embryonalblut als Ausdruck ätherischen Organlebens eine durchaus wesentlich-notwendige Bedeutung hat, und dass sie diese Bedeutung in entsprechenden Funktionen auch im Leben der nachgeburtlichen Perioden, ja zeitlebens in den so überaus weitverbreiteten Bereichen venöser Strömung behält.

Die Atmung wird bei gesunder Entwicklung also nur langsam und schrittweise mit der seelischen Inkarnation in die Tiefe der Leiblichkeit hinein erweitert und vertieft. Ein erstes Maximum wird, vor allem in der männlichen Pubertät, oft stossartig erreicht, was auch im Stimmbruch seinen Ausdruck findet.

Atmen – Beseelen

> Der Wind wehet, wo er will, und du hörst sein Sausen wohl;
> aber du weisst nicht, von wannen er kommt und wohin er fährt.
> Ev. Joh. III, 8

Kein organisches System, keine unserer Leibesfunktionen spricht für unser Erleben so unmittelbar die Sprache des Seelischen wie die Atmung. An den Qualitäten der Atmung könnte man, wenn man die Möglichkeit hätte, sie genau zu verfolgen, den ganzen Schicksalsablauf eines Menschenlebens ablesen von der reinen, stillen Bewegung des schlafenden Kindes über die unruhvoll bewegte sorgenvolle Brust eines Menschen in der vollen Lebensverantwortung bis zur vertieften Atmung des Greises. In vielen Sprachen drückt sich dies elementar seelische Erlebnis der Atmung aus.

Der Mensch ist durch den Atem mit dem Weltgeist unmittelbar verbunden. Im machtvollen Wehen des Windes lebt die Gottheit des speergewaltigen Odin-Wotan. Aus diesem wehenden Geist wird dem Menschen der Odem eingeblasen. Der Atem ist verwandt mit atman (sanskrit), anima (lateinisch) und atum (althochdeutsch). Den Lufthauch, den wir atmen, bezeichnet die altgriechische Sprache als Pneuma, als Geist.

Aus diesem Erleben stammen auch die zahlreichen Qualitäten, die der deutsche Sprachgebrauch der Atmung gegenüber aufweist: Der Atem ist leicht, schwer, stark oder schwach, heftig oder zart, ruhig oder lebhaft, beklommen oder frei, frisch, süss, balsamisch oder auch giftig, faul, verpestet. Dietrich von Bern hatte im Zorn einen feurigen Atem (die Lohe schlug ihm aus dem Halse). Man spricht von Atemnot, Atembeklemmung, man wagt kaum zu atmen, man atmet befreit, man atmet auf.

Unmittelbar auf die Seelentätigkeit der Atmung bezieht sich das altgriechische Verbum ψύχω (psycho = ich hauche). Psychae bedeutet als Seele daher die Atmende.

Schon die feinsten Seelenregungen können sich, ohne dass uns dies zum Bewusstsein kommen müsste, in der Veränderung des Atemrhythmus aussprechen. In der Freude tritt eine belebende Beschleunigung der Atmung ein, in Leid und Sorge eine Hemmung. Traurige Menschen atmen langsam und schwer und seufzen dazwischen. Frohe, glückliche Naturen atmen schnell und leicht; gedankenvolle Menschen vergessen oft eine Zeitlang zu atmen. So heben sich gegenüber der harmonisch-gleichmässigen Atmung des indifferent gestimmten Menschen verschiedene extreme Seelenäusserungen im Atmen heraus.

Das Lachen ist das Atmen der übersteigerten Freude. Dabei findet vom Zwerchfell her eine stossweise schüttelnde Exspiration statt, die bis zur Atemlosigkeit und zum Zwerchfellschmerz führen kann. Es findet ein seelisches Hinausfliegen – Hinausgeschütteltwerden statt. Das Jauchzen ist eine noch aktivere Seelenäusserung der Freude. Das Weinen zieht dagegen die Seele tiefer in den Organismus herein. Dabei werden die Tränendrüsen ausgepresst, und die Muskulatur des Kehlkopfes zieht sich manchmal bis zur Schmerzhaftigkeit zusammen. Beim Weinen wird stossweise heftig und vertieft eingeatmet und nur unter Hemmungen ausgeatmet. Diesen Atmungsvorgang erleben wir als das Schluchzen, als den merkwürdigen Einatmungskrampf, in dem sich das ganze Lebensgefühl schmerzhaft zusammengepresst empfindet und das im seelischen Schmerzerleben manchmal so tief greift, dass es nahe ans Ersticken heranreichen kann (Singultus).

Das Seufzeratmen findet sich zwar auch bei einem seelisch sorgenvoll bekümmerten Menschen, aber es führt über die vertiefte Inspiration zu einer befreienden, lösenden Exspiration, in der sich die Seele entlastet fühlt, sie «atmet auf». Das Gähnen dagegen kommt mehr aus physischer Ermüdung. Als Tiefinspiration kann es erfrischen, manchmal ist es aber auch das Symptom einer tiefen und bedrohlichen organischen Erschöpfung[17]. Beim Gähnen liegt der Akzent mehr auf der Einatmung, beim Seufzen um einen Grad mehr auf der Ausatmung.

So haben Einatmung und Ausatmung im seelischen und im organischen Leben ihre besonderen Qualitäten. «Jenes bedrängt, dieses erfrischt – so wunderbar ist das Leben gemischt» (Goethe). Wir haben schon davon gesprochen, dass die Atmung im Laufe des Lebens sich immer mehr in den Organismus herein vertieft. In der Relation zum Körpergewicht nimmt die Atemgrösse im Greisenalter zu. Die Ätherität der Lebensorgane schwindet in der einprägenden Gestaltung durch die seelisch-astralen Funktionen der Atmung. Das Wort Schillers «darin also besteht das eigentliche Kunstgeheimnis des Meisters, dass er den Stoff durch die Form vertilgt» gilt in diesem Sinne für das Atmungsleben, denn wo die Atmung stark eingreift, zieht sich die ätherische Organisation zurück. So sind es wieder die astralischen Kräfte, die in Todesnähe die Einatmung einseitig vertiefen. Dieser Atemtypus führt schliesslich zum «Singultus», zu heftigen, vereinzelten Inspirationen. Immer tiefer senken sich die astralischen Kräfte in die Leiblichkeit, bis sie zuletzt das Ätherische völlig verdrängen und in einer allerletzten tiefen Inspiration das Leben endet.

Der pneumatische Mensch – Sprache und Gesang

Sprache und Gesang sind unmittelbarer Ausdruck des seelisch-geistigen Lebens der menschlichen Natur. Sie bilden einen eigenen Funktionsorganismus, der den physischen Leib nur noch als Instrument benützt, einen Organismus, der sich vom lebenerfüllten Leibe weitgehend loslöst und sich zu freier, klingender Stimmentfaltung aufschwingt.

Der Organismus der Sprache und des Gesangs ist der Abschluss einer Bewegungs-Metamorphose, die ihren Ursprung in der kosmisch-planetarischen Bewegung hat.

> Sieh, wie die Himmelsflur
> Ist eingelegt mit Scheiben lichten Goldes!
> Auch nicht der kleinste Kreis, den du da siehst,
> Der nicht im Schwunge wie ein Engel singt,
> Zum Chor der hellgeäugten Cherubim.
> So voller Harmonie sind ew'ge Geister,
> Nur wir, weil uns dies morsche Kleid von Staub
> So grob umhüllt, wir können sie nicht hören.
> Shakespeare, Kaufmann von Venedig

Diese Musika mundana, die weltweite Bewegung der Sphären, findet ihre harmonische Fortschwingung in den Bewegungen des Organismus, im Strömen und Kreisen der Säfte, in der «klingenden» Spannung und Lösung der Muskulatur, im Muskeltonus*, der im Knochensystem ausklingt. Im Knochen kommt eine makrokosmisch harmonikale Bewegung, eine überorganische Klangharmonie zur Ruhe, wie im Kristall das dynamisch-chemische Kräftewirken zur Ruhe gelangt[18]. Was uns über diese Klangordnung der Leiblichkeit im Tonerlebnis zur Wahrnehmung kommt, nimmt denselben Weg, indem es über die Lymphe im Felsenbein (im Cortischen Organ) ausschwingend bewusst wird. Durch Gesang und Sprache gibt die individuelle Menschenwesenheit ihren Beitrag zu dieser Weltmusik und Weltharmonie, indem sie die vom Sprachgenius getragenen Gesetze des Kosmos ausspricht. Aber der Mensch vermag es auch, durch Sprache und Gesang sich selbständig schöpferisch dem Kosmos wieder zu nähern[19]. Hierin gipfeln die grossen sprachlich-musikalischen Kunstwerke.

Wenn auch die kosmischen Harmonien nicht unmittelbar in unserem Ohr zum Erklingen kommen, so liegen sie doch der Bildung des Instrumentes zugrunde, welches nun vom menschlichen Geist in Sprache und Gesang selbständig erregt wird. Die Klänge und Laute der Tierwelt dagegen sind viel unmittelbarer ein Ergebnis des Zusammenklangs der tierischen Seele mit kosmischen Klangimpulsen. So, wenn der Singvogel durch sein Jubilieren am frühen Morgen das Nahen der Sonne verkündet oder wenn die Lerche in der Mittagsluft ins Licht hinauftiriliert.

Der Sprachorganismus stellt sich unserem erlebenden Anschauen als ein vollkommener dreigliedriger pneumatischer Mensch dar. Der Willenspol ist im Lungen-Zwerchfellorganismus gegeben. Ihm entströmt die Kraft der Stimm- und

---

* τόνος = Spannung, Ton, Klang.

Sprachentwicklung. Ihm gegenüber erscheint das beatmete Haupt, der pneumatische Sinnesorganbereich des mittleren Schädels als «Bewusstseinspol». Zwischen beiden bildet sich das zentrale Stimmklang- und Sprachorgan, der Kehlkopf mit Rachen und Mund, als das rhythmische System des pneumatischen Menschen. Im Hinblick auf die Gliederung des Hauptes ist der Sprachorganismus Willenspol. Im Hinblick auf den Rumpf ist der Sprachorganismus Kopfpol (Kehl«kopf»). Im Hinblick auf die Gliederung des Atemsystems Mitte. Die ausgewogene Dreigliederung des Gesamtorganismus ermöglicht die aufrechte Haltung des Menschen. Die Dreigliederung des Atemorganismus, wie sie nur der Mensch aufweist, ermöglicht die Sprache[20]. Die wesentlichsten Bewegungsimpulse, die der Atmung zugrunde liegen, werden durch das Zwerchfell der Lunge mitgeteilt. Als Muskel ist das Zwerchfell umgekehrt organisiert wie jeder andere Körpermuskel, denn es hat seinen sehnigen Teil da, wo ein anderer Muskel den Muskelbauch ausbildet, und seine Muskelarme und Schenkel da, wo sich sonst die Sehnen befinden. Kurz, das Zentrum des Zwerchfells (Centrum tendineum) ist ein Sehnen-

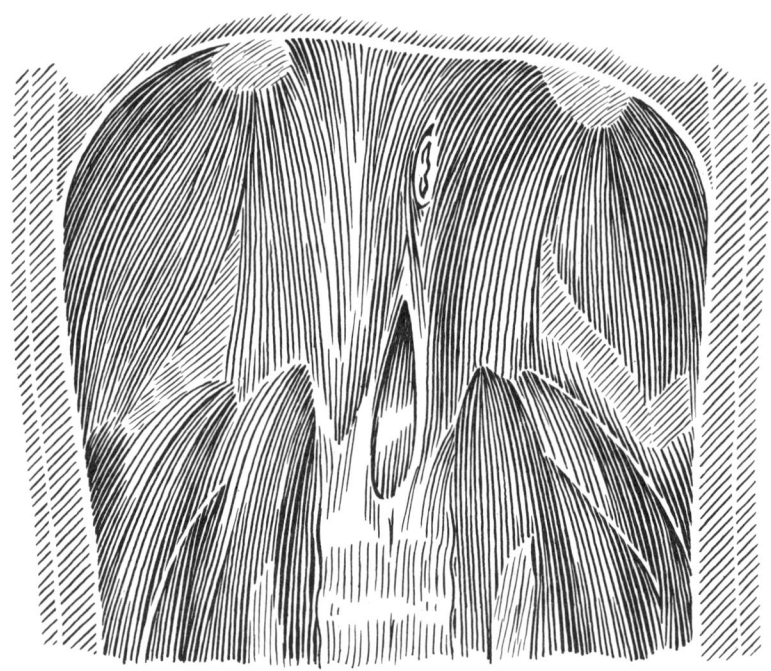

Abb. 63: *Zwerchfellschenkel* unter der grossen und kleinen Zwerchfellkuppel. Besonders stark ist der mittlere Muskelzug zur Lendenwirbelsäule ausgebildet (nach Corning).

feld und die Peripherie ist radial-muskulär. Das Zwerchfell setzt am Umfang der unteren Brustkorböffnung an, vor allem an drei Zonen, an der Lenden-Wirbelsäule, an den Rippen und dem Schwertfortsatz des Brustbeins. Besonders mächtig sind die Muskelschenkel (Muskelpfeiler), die an der Lenden-Wirbelsäule ansetzen, sie haben etwas Gliedmassenartiges (vgl. Abb. 63).

Das mittlere Sehnenfeld bildet zugleich das Scheitelfeld der beiden Zwerchfellkuppeln (deren rechte grössere die Leber, deren linke kleinere die Milz unter sich birgt). Merkwürdig ist der immer wieder geschilderte metallische Spiegelglanz der Zwerchfellsehnenfläche.

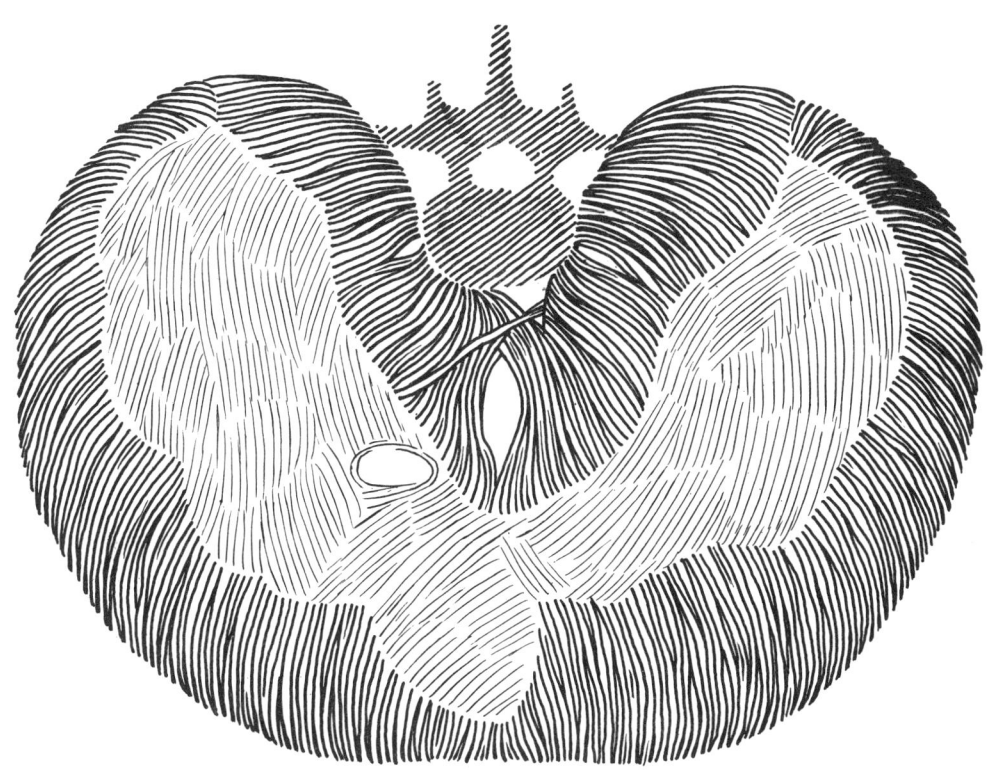

Abb. 64: *Zwerchfellkuppel* von oben in Höhe des ersten Lendenwirbels. Überblick über das Sehnenzentrum (centrum tendineum) und die periphere Zwerchfellmuskulatur. – Öffnungen: 1. halbrechts für die untere Hohlvene; 2. im hinteren Muskelkranz Mitte: Speiseröhrenöffnung; 3. halblinks vor dem ersten Lendenwirbelkörper die Aortendurchtrittsöffnung.

Bei der Einatmung zieht der radiale Muskelkranz des Zwerchfells die Zwerchfellkuppeln abwärts. Dabei wird die Lunge mit herabgesaugt und inspiriert und die Bauchorgane nach unten gedrängt. Die Zwerchfellsehnenfläche senkt sich dabei vor allem mit ihren rückwärtigen Teilen, so dass sie bei der Inspiration stärker rückwärts geneigt ist. Bei der Ausatmung löst sich diese Spannung wieder, und die Zwerchfellkuppelebene steigt wieder nach oben, während sich die Rippen leicht absenken. Die Hebung und Senkung des Zwerchfells bewirkt nicht allein die Atmung, sondern regt auch stark die Darmtätigkeit und den Kreislauf an. (Die Pressung des Zwerchfells auf den Leib verstärkt die Saugwirkung im venösen Kreislauf von der Brust her, im Darm regt sie die Sekretions- und Exkretionsvorgänge an.)

Bauchwandmuskulatur und Brustkorbmuskulatur wirken beide antagonistisch zum Zwerchfell.

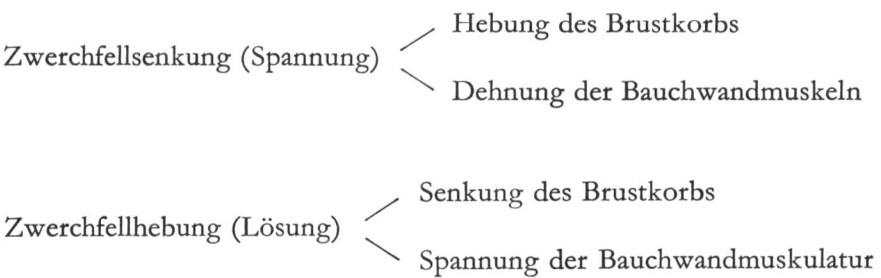

Die Griechen nannten das Zwerchfell Phrenes (lat. musculus phrenicus) von Phren = der Sinn. Damals war das Bewusstsein des Menschen noch kosmisch und nicht, wie heute, irdisch-kopfmässig orientiert. Im Zwerchfell erlebten sie das kosmische Erkenntnis- und Willensorgan. Sehr schön spricht dieses Erleben der homerische Vers aus:

Welchen Gedanken hegst du im zottigen Zwerchfell.

Zwerchfell und Lunge zählen wir im Hinblick auf den Sprachorganismus zum Willenspol des pneumatischen Menschen. Erleben wir im Zwerchfell und seinen Muskelschenkeln ein dem Gliedmassensystem verwandtes Organ, so findet unter diesem Aspekt in der Durchblutung, Durchwärmung und in der Assimilation des Sauerstoffs in der Lunge ein typischer Stoffwechselprozess statt[21]. Zwerchfell und Lunge bilden gemeinsam das Stoffwechselgliedmassensystem des «Luftmenschen». Die eingeatmete Luft, die den Sauerstoff an das Blut abgegeben hat, verwandelt sich durch die Kohlendioxydaufnahme, durch ihre Durchfeuchtung und vor allem durch die anwachsende Wärme in ihrer Gesamtqualität wesentlich. Diese Luft steigt nun mit der Ausatmung zunächst ins Haupt. Hier erfüllt sie, ehe sie völlig ausgeatmet wird, noch eine wichtige Funktion.

Wenn die Brust ausatmet, atmet das pneumatische Haupt gewissermassen ein! Die Ausatmung, die eben für das Haupt eine Einatmung bedeutet, haben wir, schon bevor wir auf die Bildung und Gestaltung des Gesangs und der Sprache eingehen, in ihrer vollen Qualität aufzufassen[22]. Die Ausatmungsluft ist noch immer «Organ» unserer Leiblichkeit, und ehe sie sich von uns loslöst, gestalten ihre «Bildekräfte» von innen heraus plastisch wirkend die pneumatischen Höhlen des Hauptes.

Wir müssen uns hier noch einmal daran erinnern, wie umfangreich die pneumatischen Räume bei gesunder Ausbildung sind (siehe Abb. 15 und 16). Sie übertreffen in ihrer Gesamtheit die beiden Nasenhöhlen bei weitem. Auch das Mittelohr, ja sogar die Zellenräume des Warzenbeines, die sich unmittelbar an das Mittelohr hinterhauptwärts anschliessen, gehören ja zum pneumatischen System der Schädelmitte.

Die Nebenhöhlen entstehen in der Hauptsache erst nach der Geburt, also nachdem die Atmung einsetzt. Ihre Ausbildung kann nach der Entwicklungsfunktion und nach dem Funktionsergebnis in jedem Falle als Pneumatisation, als Durchlüftung bezeichnet werden.

Zunächst wollen wir die Umgestaltung der vorgeburtlich gebildeten Nasenhöhle mit ihren charakteristischen Muscheln betrachten. Diese Muscheln erscheinen in ihrer vorgeburtlichen Anlage so gebildet, als ob nur der Einstrom der Atemluft gefördert werden sollte. Beim ungeborenen Kinde des neunten und zehnten Monats* sind in diesem Sinne fünf bis sechs Nasenmuscheln zum Empfang und zur Leitung des Einatmungsstromes vorgestaltet.

Mit der Geburt setzt der Atemrhythmus und damit die aktiv funktionelle Umgestaltung der Nasenhöhle und ihrer Umgebung durch Ein- und Ausatmung ein. Der Mittelraum wird zunehmend pneumatisiert und dabei richtet er sich aus der vorgeburtlich horizontalen Anlage zur menschlichen Vertikale auf. Die rückwärts gelegenen Nasenmuscheln (4, 5 und 6) gehen in dem sich weitenden hinteren oberen Rachenraum auf[23], während die vorderen sich in der «Gewalt des Atmungsstroms» zu einem «Stauwehr» umformen, welches ihn, ehe er in die Atmosphäre ausströmt, zu plastisch-raumschaffender Tätigkeit leitet. Die Exspirationsluft ist es, die von innen her mit erhöhter Kohlendioxydspannung, mit ihrer organischen Feuchtigkeit und Wärme, verstärkt durch Schwingungskräfte der Stimmentfaltung, die Aufrichte des Nasenraumes während der ersten drei Jahrsiebente bewirkt. Die erste und zweite Nasenmuschel gelangen dabei in eine fast vertikale Anordnung. Nur die dritte oberste Muschel erinnert noch an die vorgeburtliche

---

* Neun Monate = zehn Mondmonate (siderische Monate)

Abb. 65

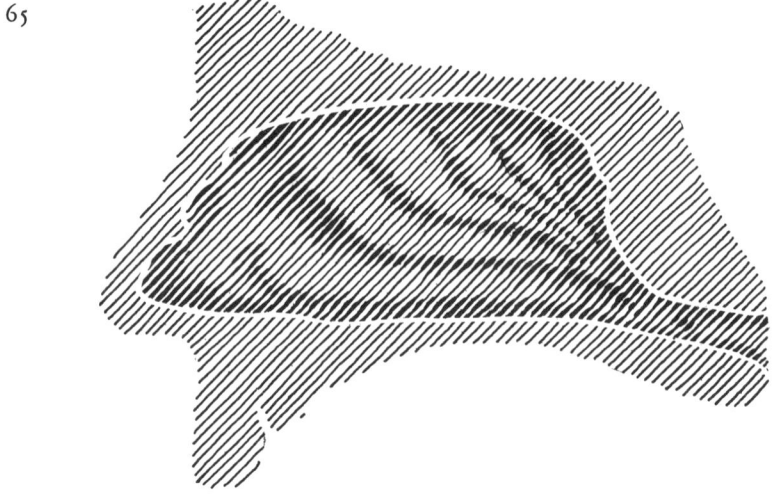

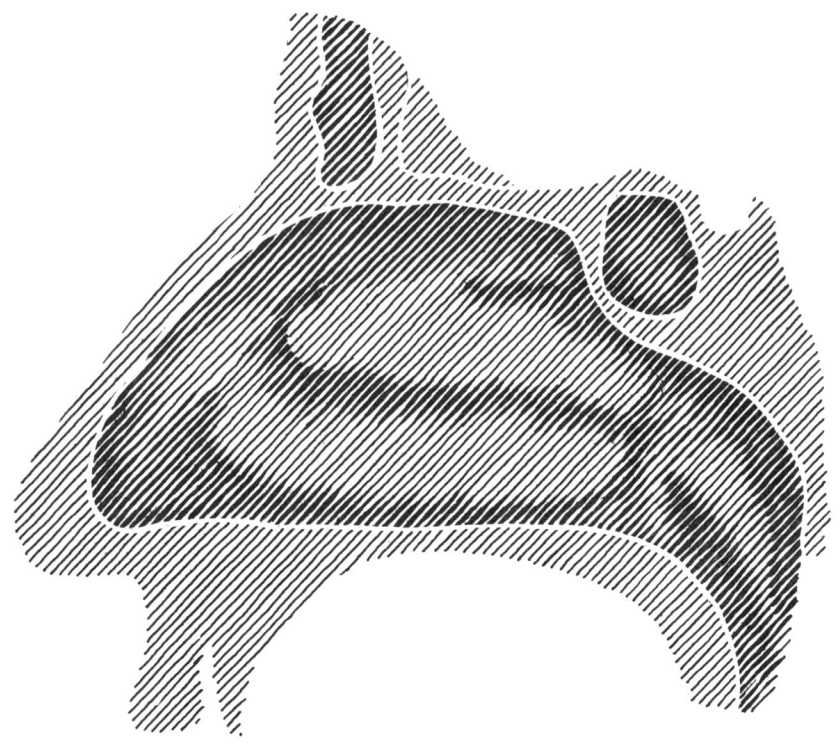

Horizontallage. (Es ist charakteristisch, dass bei den Tieren diese Umformung nicht vor sich geht, bei ihnen bleiben alle Nasenmuscheln erhalten und dienen vorwiegend der Geruchsorganisation, während der Mensch sie der Sprachorganisation teilweise aufopfert.)

Aus der Strömung der Ausatmungsluft ergibt sich aber über die Umformung der Muscheln hinaus im Kiefer-, Stirn- und Schädelbasisbereich die fortschreitende Pneumatisation des Schädels. Bei abgetragenen Nasenmuscheln erkennt man nämlich an ihren Ansätzen deutlich, wie der Einatmungsstrom, nachdem er den Engpass der Nasenlöcher hinter sich hat, hauptsächlich im mittleren Muschelbereich strömt, wo er gereinigt, erwärmt und durchfeuchtet wird. Der Ausatmungsstrom dagegen übergreift die Muscheln und wird durch sie leicht angestaut, so dass die Luft nunmehr die Räume der Nebenhöhlen plastisch erfüllt und von innen her formend erweitert.

Von den eigentlichen Nasennebenhöhlen: Kieferhöhle, Stirnhöhle, Siebbeinzellen, Keilbeinhöhle, Mittelohr und Warzenfortsatzzellen, finden sich vor der Geburt nur ganz geringe Keime. Die Zonen der künftigen Lufträume sind sogar meist noch mit massivem Knochen erfüllt. Dieses vorgebildete Knochengewebe wird durch die bei der Atmung mit der Luftfront vordringende Nasenschleimhaut aufgelöst, so dass die pneumatischen Räume entstehen[24]. Nur bei mangelhafter Entwicklung bleibt diese Pneumatisation des mittleren Schädels zurück oder unterbleibt womöglich ganz[25]. Unvollständige Pneumatisation als Folge schlechter Durchatmung zieht im späteren Leben oft eine Kette von Entzündungserkrankungen in diesem Bereich nach sich (Krankheit ein Versuch, die versäumte Entwicklung nachzuholen). Verhältnismässig häufig verbleiben in diesem Sinne Rückstände embryonalen Bindegewebes im Mittelohr, die zu chronischen Entzündungen und Eiterungen Anlass geben können, sobald sie nicht durch die Pneumatisation selbst umgewandelt werden.

Überhaupt kann die Beatmung des Mittelohrs als Beispiel für die Pneumatisation des Hauptes gelten. Im hinteren Rachenraum, oberhalb des weichen Gaumens, wird der Ausatmungsstrom durch eine muschelartig-spiralige Schleimhautfalte[26] ebenfalls gestaut. Mit der Stimmintonation öffnet sich im Zentrum dieser «Muskelspirale» die Ohrtrompete (Tuba auditiva) zur Beatmung des Mittelohrs. Bei der Ausatmung der Brust atmet also das pneumatische System des Ohres ein. Bleibt aber die Tuba durch katarrhalisch-entzündliche Prozesse verschlossen,

---

Abb. 65: *Entwicklung der Nasenmuscheln.* Bei Feten (Fetus = Leibesfrucht am Ende der Schwangerschaft) des 9. bis 10. Monats finden sich noch sechs Nasenmuschelanlagen (1). Beim ausgebildeten Organismus (2) bleiben nur drei Nasenmuscheln, die zur Entwicklung gelangen.

Abb. 66

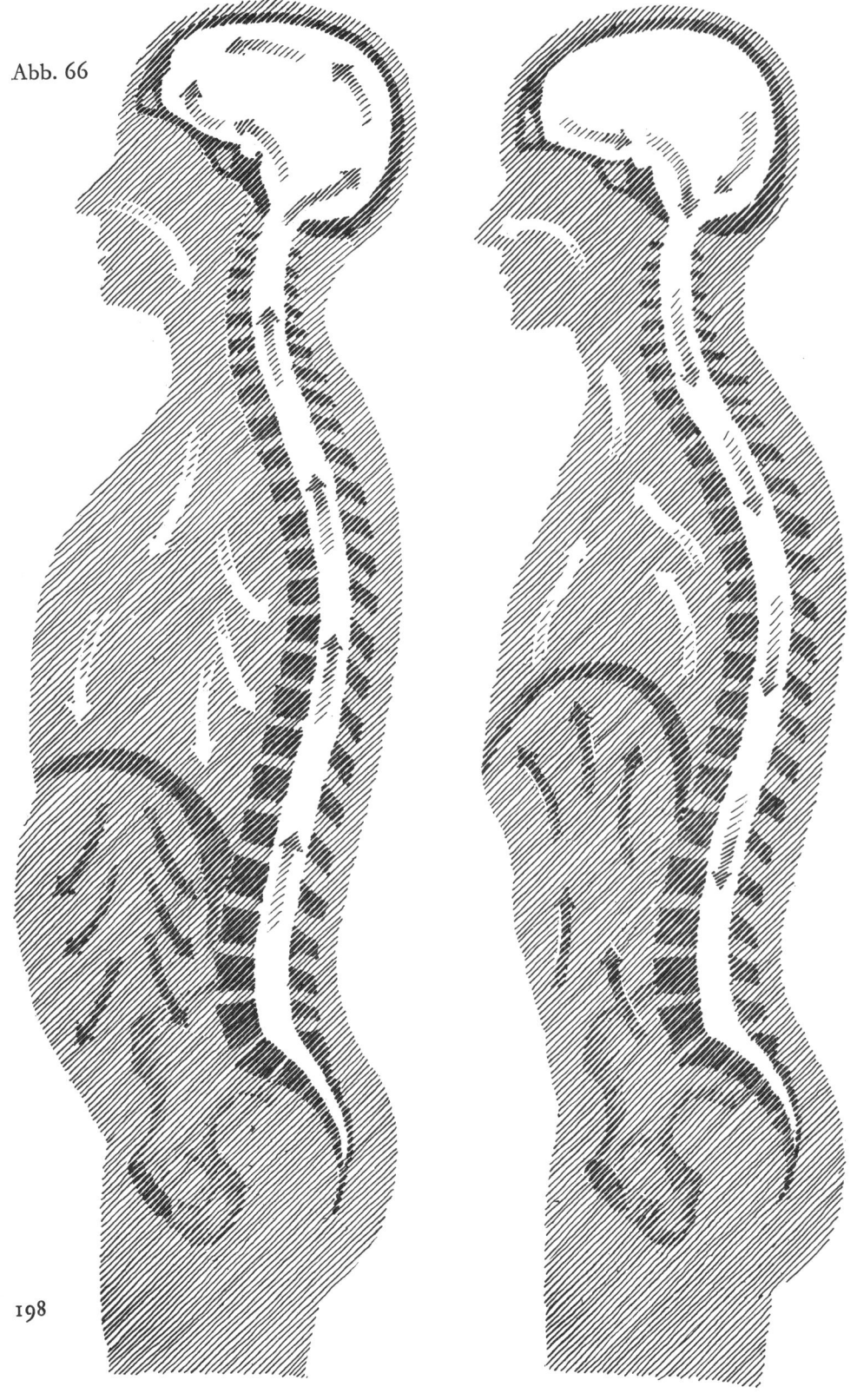

dann entsteht im Mittelohr bald ein Unterdruckraum, denn die zuletzt aufgenommene Luft wird von den Schleimhäuten gewissermassen aufgetrunken. Zugleich besteht jetzt die Gefahr einer Mittelohrentzündung. So können in gleicher Art alle pneumatischen Räume durch katarrhalischen Verschluss und Unterbeatmung erkranken[27].

Die Pneumatisation als fortwirkende gestaltende Funktion des mittleren Hauptes führt von innen her zur Aufrichte der Gesichtsarchitektur im Oberkiefer-, Nasen- und Stirnbereich. Der beseelte Atem des sprechenden, singenden, lautbildenden und klangerzeugenden Menschen ergreift den Hauptorganismus und wandelt ihn von der rhythmischen Mitte des ganzen Menschen her um. Das Haupt als Repräsentant der Vergangenheitskräfte der Menschenwesenheit wird durch den sprechenden und singenden Menschen von der Mitte her «verjüngt». So nimmt es uns nicht wunder, dass gerade die Gesichtsschädelmitte so lange der physiognomischen Umwandlung und Individualisierung offen steht. Die knorpeligen Teile des Nasenraumes verknöchern erst nach dem dreissigsten Lebensjahre; bis dahin, und vermutlich sogar noch darüber hinaus, wirkt die Pneumatisation gestaltend.

Vor allem aber können wir den Pneumatisationsprozess als den oberen Pol des seine Stimme erhebenden Menschen bezeichnen. Über das Mittelohr berührt der klingende Atem des sprechenden Menschen das Sinnesbewusstsein. Hier hört der Mensch sich selber zu, hier vernimmt er mit Bewusstsein, was aus Seelen- und Willenssphären herauftönt. Diese Fähigkeit, sich selbst zu vernehmen, bewirkt die Durchdringung und Leitung dieses heraufbrandenden Tonmeeres mit konsonierender Gliederung, reiner Vokalisation und mit der vollkommenen Skala der Töne vom Bewusstsein her.

Die Wirkungen des Atems auf den oberen und unteren Organismus wollen wir an dieser Stelle zusammengefasst betrachten. Nach oben bewirkt er, wie wir sahen, eine innere gestaltende Beseelung der Gesichtsschädelräume, indem das Haupt bei der Ausatmung der Brust einatmet. Dieser exspiratorischen Funktionssteigerung im Haupte entspricht ein Weiterschwingen des inspiratorischen Atemstromes durch die Übertragung des Inspirationsdruckes vom sich senkenden Zwerchfell auf die Nieren, die sich mit dem Atemrhythmus bewegen, und auf die Bauchorgane. Gleichzeitig aber wirkt die Atembewegung auch nach oben auf das Gehirn: Sowohl im Brustraum als auch in der Leibeshöhle überträgt sich der Inspirationsdruck auf die Venengeflechte der Wirbelsäule, deren Blut nach oben gestaut wird und die Rückenmarksflüssigkeit anhebt. Dadurch erhalten Gehirnwasser und

---

Abb. 66: *Steigen und Fallen des Gehirn- und Rückenmarkwassers bei Inspiration und Exspiration.* Die dunklen Pfeile unter dem Zwerchfell deuten die Druckrichtungen im Bauchraum an.

Gehirn einen merklichen Auftrieb, der durch die Füllung des Venenpolsters der Schädelbasis verstärkt wird. Bei der Exspiration dagegen findet ein Abfluten des Gehirnwassers und des Venenblutes statt, das Gehirn senkt sich und gibt dem verstärkten Einstrom arteriellen Blutes Raum. Das Gehirn sinkt und steigt auf diese Weise mit dem Atemrhythmus. Die Ätherisation (Venosierung) und Astralisierung (Arterialisierung) verhalten sich dabei umgekehrt wie bei der Lunge. Damit ist der Kreis der Atmung nach oben in den Bereich der pneumatischen Räume, nach unten in den Brust- und Bauchraum und über die Wirbelsäule und den Wirbelkanal bis zur Atemrhythmik des Gehirnwassers geschlossen.

Der Sprachorganismus

> Als höchstes Wunder, das der Geist vollbrachte,
> Preis ich die Sprache...   Hebbel

> Wenn der Mensch spricht, so ist im Sprechen eigentlich auch ein Mikrokosmos gegeben. Dasjenige, was der Mensch spricht, ist eigentlich der ganze Mensch, konzentriert auf die Sprachorgane. Aber das Geheimnis jedes Wortes liegt im ganzen Menschen, und wiederum, weil es im ganzen Menschen liegt, liegt es eigentlich in der Welt.   Rudolf Steiner

Der Sprachorganismus der Stimmbildung, der Vokalisation und der Artikulation bildet zwischen Zwerchfell-Lungenpol und dem beatmeten Haupt die «rhythmische Mitte» des pneumatischen Menschen. Zwerchfell und Lunge in nie ermüdender Tätigkeit, stilles Ausschwingen und Ausklingen der Atmung im Bereich der pneumatischen Räume und des Ohres charakterisiert die Pole, während der Sprachorganismus sein eigenes Wesen ausbildet. Es ist der Atemhauch, der die Stimme erzeugt, es ist der Kehlkopf, der ihr die tausendfältigen seelisch-geistigen Nuancen eingestaltet. Beide aber, Atemstrom und Kehlkopf, haben rein instrumentalen Charakter. Der Menschengeist selber ist es, der mit ihnen «musiziert», der durch sie den Sprachklang weckt. Wann spricht der Mensch, wann erhebt er seine Stimme zum Gesang? Hier besteht keine organisch gebundene Funktionsabhängigkeit. In der Sprache teilt sich der Menschengeist dem Geiste mit, im Gesang schwingt sich die Seele zu höheren Sphären auf. Beide Mitteilungen sind geistige

Verbindungen, und das Instrument tritt nur in Funktion, wenn sich Geist und Seele mitteilen. Selbst im Verstummen bleiben Seele und Geist nicht untätig. Der Geist spricht mit sich selbst, die Seele harmonisiert sich in einer geheimen inneren Musikalität. Erst die Begegnung der Seele mit der Seele, des Geistes mit dem Geiste, erweckt aufs neue die Kehle, erzeugt wieder aufs neue den Klang und die Sprache. Die Lunge ist ein Organ aus der Luft für die Luft gebildet, das Ohr aus der Klangwelt für den Klang organisiert, der Kehlkopf gemeinsam mit dem Rachenraum (Mesopharynx) und der Mundhöhle unmittelbar vom Sprachgeist für die Sprache erschaffen[28].

Bei den höher entwickelten Tieren ragt der Kehlkopf noch unmittelbar in die Nasenhöhle hinein, die Stimmorganisation gehört bei ihnen dem Nasenraum, dem Sinnes-Nervenorganismus an. Bei den Singvögeln befindet sich das Klanginstru-

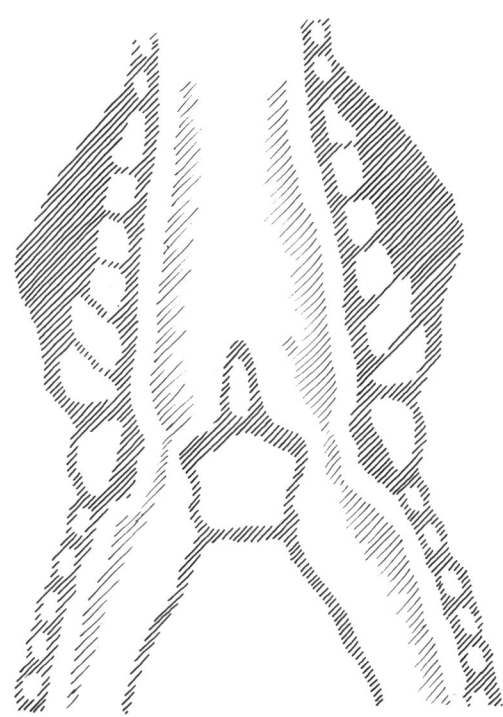

Abb. 67: *Die Syrinx, der Kehlkopf eines Singvogels.* Das eigentliche Stimmorgan sitzt tief im Brustkorb, wo sich die Luftröhre gabelt. Die Trachealknorpel sind aussen von starker Muskulatur umgeben. Für die Tonbildung wirkt besonders die innere «Paukenhaut» im Bereich der doppelten Luftpassage.

ment, die Syrinx, dagegen tief in den Brustraum hinab versenkt. Nur der Mensch bewährt sich wiederum als ein Wesen der Mitte. Tiere, die bellen, brüllen und brummen, haben nur geräuschhafte, unvokalische Stimmen, Vögel erreichen in ihrem «Gesang» reinere Musikalität. Der Mensch allein entwickelt die Sprache. Organphysiologisch ist das nur dadurch möglich, dass er den Kehlkopf gegenüber den Säugetieren und den Vögeln in der Mittellage ausgebildet hat. So sind Sprache und Gesang das geistig bedeutsamste Phänomen des dreigliedrigen aufrechten Organismus des Menschen. Bevor wir das Phänomen der gesanglichen Tonbildung und die Funktionen der Sprachbildung betrachten, haben wir uns zuerst besonders mit dem Kehlkopf selbst zu beschäftigen.

Der menschliche Kehlkopf entsteht als ein Teil des Visceralskeletts (Kiemenanlage) durch Umbildung der am meisten leibwärts gelegenen Kiemenbögen (7., 8.). Aus diesen gehen die wichtigsten Kehlkopfknorpel und das knorpelige Stützskelett der Luftröhre, Trachea, hervor. Seine Entstehung im «Kopfbereich» der Lungenanlage unmittelbar hinter dem Herzen ist charakteristisch. Wie das Herz muss auch der Kehlkopf abwärts wandern. Hierbei schiesst die Entwicklung bei den Vögeln übers Ziel, während sie bei den Säugern zurückbleibt. Der menschliche Kehlkopf hält nun in der Weise die Mitte, dass er durch seine endgültige Lage in Höhe des fünften bis siebten Halswirbels einmal einen erweiterten Rachenraum ermöglicht (mesopharynx) und dann vor allem den Mundraum zur freien Beatmung eröffnet, was den Säugetieren weitgehend unmöglich ist. Durch die akustischen Veränderungen im neu gewonnenen Mund-Rachenraum erhält jetzt die Stimme ihre Vokalisation. Durch die plastischen Bewegungen der Lippen, der Zunge und der Gaumenorgane (Gaumenbogen und Zäpfchen) werden die Konsonanten in den Strom der Stimme hereingestaltet. Die Sprache hat sich eine autonome Organsphäre geschaffen, sie schliesst die Funktionen der Nahrungsaufnahme völlig aus. Der Kehlkopfhochstand des Säugetieres ermöglicht ihm, während des Fressens zu atmen. Der Mensch trennt die Nahrungsaufnahme um der Sprache willen vollkommen von Atmung und Stimmbildung. Der Schluckakt ist nur in der Atempause möglich, weil sich der Nahrungsweg und der Atemweg im freien Rachenraum kreuzen. Damit die Nahrung nicht in die Lunge gerät, muss die Kehle geschlossen werden (Kehldeckel = Epiglottis).

Der Kehlkopf gehört unmittelbar zur Luftröhre, einem Gebilde, das aus 18 bis 21 Knorpelringen zusammengefügt ist. Die Knorpelringe sind untereinander häutig verbunden. Nach hinten ist jeder Ring offen, so dass die übereinander folgenden «Knorpelspangen» die Luftröhre nur nach vorne stärker abschliessen, nach hinten aber durch eine membranös elastische Wandung mehr Beweglichkeit ermöglichen. Der Kehlkopf bildet den oberen Abschluss der Luftröhre. Seine Knorpel sind Metamorphosen der Luftröhrenspangen.

In Luftröhre und Kehlkopf haben wir ein äusserst astralisiertes Knorpelskelett, eine Trachea vor uns, die ähnlich gebildet ist wie das Insekt mit seinem inneren

Luftröhrensystem. Wir können beim Stimmorgan geradezu von einem «Luftskelett» sprechen.

Dem letzten Trachealring folgt der erste Kehlkopfknorpel, der Ringknorpel. Er bildet eine Übergangsform zu den Knorpeln, die die Träger der zentralen Funktion des «Instrumentes» sind, zum Schildknorpel und den Stellknorpeln. Der Schildknorpel birgt im Innern seines bei Männern von aussen gut tastbaren Winkels (Adamsapfel) den Ansatz der Stimmbänder, die waagrecht nach rückwärts zu den Stellknorpeln ziehen.

Die Stellknorpel ermöglichen durch Aussen- und Innenschwenkungen tausendfältige Stellungsänderungen der Stimmbänder. Bei der Atmung bilden die Stimmbänder nach hinten einen offenen Spalt. Bei der Stimmerzeugung (Phonation) bilden sie die Stimmritze, bei deren Durchstreichen Luft und Stimmbänder zugleich in Vibration treten. Die Lage- und Spannungsveränderungen werden durch eine überaus mannigfaltige und komplizierte Verbindung der Stimmknorpelmuskulatur ermöglicht. Die Bewegung unseres Organismus ist durch das Zusammenwirken von Muskeln, Sehnen und Knochen bestimmt. Der Reichtum der Bewegungsmöglichkeit des ganzen Leibes wiederholt sich in der feineren, innerlicheren Bewegung der Kehlkopfmuskulatur und der Kehlkopfknorpel. So kommt es, dass die Stimme ebenso mannigfaltiger Töne fähig ist wie die Gliedmassen des Leibes einer Fülle von Gebärden. Diese «Gebärdensprache» der Hände und überhaupt unsere ganze Haltung führt ihrerseits die Wortsprache weiter, ja oft hilft sie wesentlich mit zu ihrer Entfaltung, wie umgekehrt der Kehlkopf die Lautgebärden eines Sprechenden aufzunehmen vermag und gleichsinnig mitschwingt[29]. In diesem Zusammenhang ist es interessant, dass der nächst den Stimmbändern wichtigste Muskel, der Musculus vocalis, in seinem Bau und in

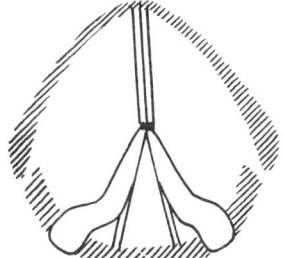 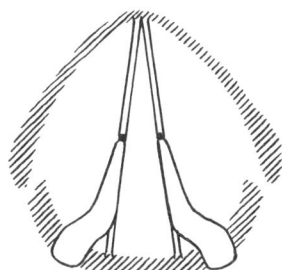 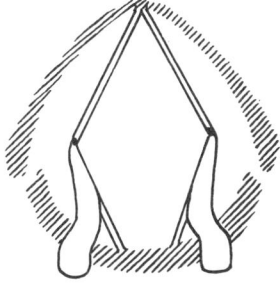

Abb. 68: *Veränderung der Stimmritze*. Links: Stimmritze geschlossen; Stellung bei Beginn der Phonation. Mitte: Stellung der Stimmritze bei gewöhnlicher Atmung. Rechts: Stimmritze bei tiefer Inspiration.

seiner inneren Struktur dem Herzmuskel verwandt ist. Gleichzeitig findet sich aber im Gegensatz zu diesem eine allerdichteste Durchnervung. So finden wir in diesem Muskel eine bedeutsame Vereinigung von formenden Nervenkräften und ätherischer Bewegungskraft.

Das «Instrument» erinnert zunächst im ganzen Bau an einen Flötenkopf. Dem entspricht auch die schwingende Luftsäule. Je feiner die Luftführung des Flötenkopfes (Conus elasticus), je straffer die Stimmlippe, um so dichter der Ton, vom Flötenklang bis zur silbrig-glockenhaften Stimme, wie sie sich bei Kindern findet. Ausser dem flötenartigen Bau der Kehle sprechen die Stimmbänder zugleich ein ganz entgegengesetztes instrumentales Prinzip aus. Wie über die Saiten einer Geige streicht der «Windbogen» über die Stimmbänder. Sie bestehen aus dichtesten, sehnig-bindegewebigen Faserzügen, die zwischen Schildknorpel und Stellknorpel ausgespannt sind und die nach der Wandung zu auf dem Stimm-Muskel (Musculus vocalis) aufsitzen. Wie Saiten einer Lyra lassen sie sich spannen. Mehr noch als die elastische Spannung und Weitung des Kehlkopfes (Conus elasticus) mit seinen Tonräumen unterhalb und oberhalb der Stimmlippe bewirkt die Spannung der Stimmbänder selbst, ihre Länge und Stärke die Tonhöhe und die Tonqualität[30]. Knaben und Mädchen haben noch kurze, straffe «Stimmsaiten». In der Pubertät tritt bei den Knaben (manchmal über Nacht) eine starke Dehnung und rasches Wachstum der Stimmbänder ein, es kommt zur Mutation der Stimme. Auch bei den Mädchen wird durch die Reife die Stimme verwandelt, wenn auch nur in zarteren Abstufungen.

Wenn wir die Stimmen eines ganzen Orchesters vor uns haben, fühlen wir bei jedem Instrument, wie es ein Glied unseres resonierenden Organismus in Schwingung setzt. Besonders stark erleben wir da die Polarität der Streich- und Blasinstrumente. Der Klang der Streichinstrumente hat etwas Lichthaft-Durchsichtiges. In seinen Symphonien bringt Anton Bruckner durch die Streicher geradezu kosmische Sternenchöre zum Erlebnis.

Dem gegenüber stehen die melodisch-warmen, seelenhaften Blasinstrumente. Wenn der Streicherchor des Orchesters in atmender Durchlichtung sich zu grösster Weite aufschwingt und sich im Unendlichen aufzulösen scheint, dann wirkt der polare Klang der Rohrblattinstrumente dagegen verdichtend, seelisch-inkarnierend, als ob Klanghelle und Leichte plötzlich gerinnen würden zu einem dichten, bluthaften Strom.

Wir können die grosse instrumentale Polarität des Orchesters noch einmal nacherleben, wenn wir den mythischen Ursprung der Instrumente aufsuchen.

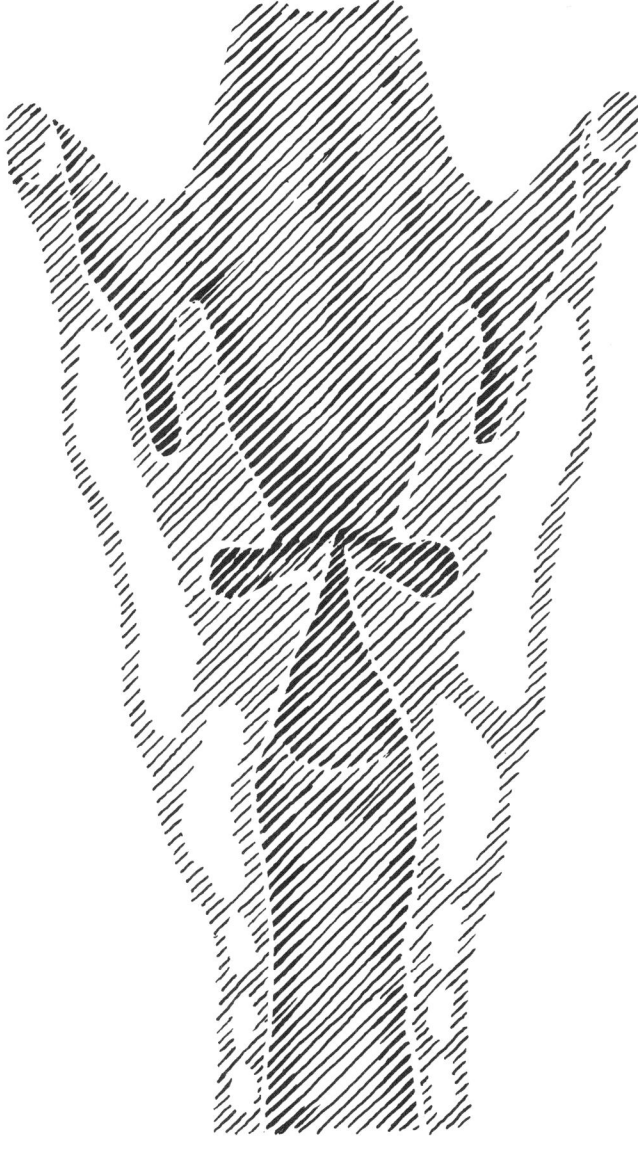

Abb. 69: *Kehlkopf (Längsschnitt)* als «Flötenkopf».

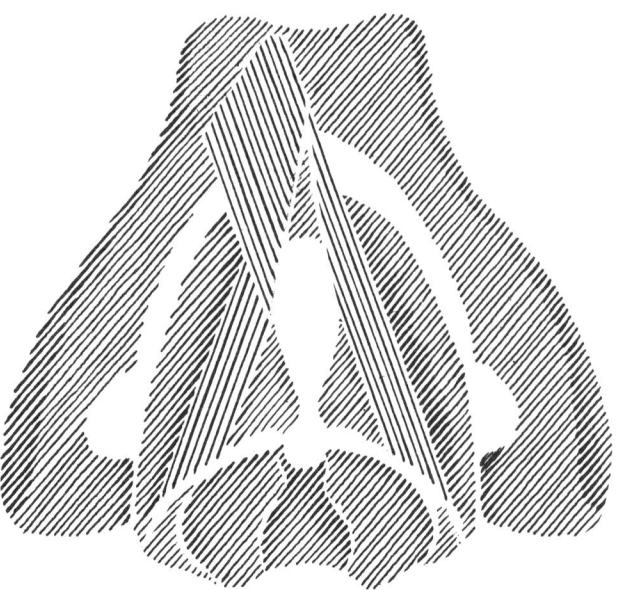

Abb. 70: *Kehlkopf (Horizontalschnitt)*. Der Kehlkopf als Saiteninstrument. Die Stimmbandfasern, die die Stimmritze einschliessen, reichen vom Schildknorpel zum Stellknorpel (ligamentum vocale und musculus vocalis) (nach Benninghoff).

Apoll ist vorbildlich mit den Saiteninstrumenten verbunden. Von Hephaistos erhält er den schwirrend klingenden Silberbogen. Durch Hermes aber die siebensaitige Lyra.

Das Instrument des reinen Lufthauchs, die Hirtenflöte (Schalmei – Aulos Syrinx, darunter vor allem auch das Rohrblattinstrument), gehört der Welt Pans, des Gottes der Herden und der Natureinsamkeit an und im Sinne der Mysterienreligion vor allem den dionysischen Riten (Hochzeit und Begräbnis). Die Erfindung der Flöte geht aber auf Athene, die neben Hephaistos kunstreichste Gottheit, zurück. Sie bildete eine Doppelflöte aus hohlen Knochen des «Steinbocks». Als sie aber wahrnahm, welche Verwirrung die Klänge dieses Instruments in der Welt bewirkten, warf sie es verfluchend in das Schilf, wo es Marsyas, ein Wesen aus dem Gefolge Pans, fand und darauf in einer Weise musizierte, die die Weltordnung bedrohte. Apollo trat dagegen mit seiner Lyra ordnend und gestaltend auf und bestrafte Marsyas aufs schwerste[31].

Die menschliche Stimme vereint in sich die grosse Polarität von Saiteninstrument und Flöte. Daher steht auch die «vox humana» über allen Instrumenten. Unerreichbar und unersetzbar in ihrer Klangfülle und immer neuen individuellen Tonfarben, einmal wirklich apollinisch, dann wieder entschiedener dionysisch, aber eben oft beides, denn bei der höchsten Entwicklung tritt in der menschlichen Natur die Vereinigung dieser Kräfte ein: «Apollo est verus Dionysos» – die Überhöhung der zunächst feindlichen Polaritäten[32].

Zum Sprechen und zum Gesang braucht der Mensch Kehlkopf, Mund und resonatorische Empfindung und Wahrnehmung im Haupt (pneumatische Räume und Ohr). Der Gesang stützt sich instrumental vor allem auf den Kehlkopf und auf die resonatorischen Klangräume mit dem Ohr. Im Ohr endet die Tonbewegung und wandelt sich in die Nervenruhe der inneren Empfindung des Hauptes*. Die Sprache gestaltet sich dagegen vorwiegend in der «Mitte» aus, wiewohl sie auch der Stimmbildung, des Stimmklanges und der Atmung als ihrer Willensfunktionen bedarf. Der Mund ist ihr rhythmisch-schöpferisches Gestaltungsfeld, durch den Mund ertönt das Wort, durch ihn entfaltet sich die Lautsprache.

In dem rein menschlichen Phänomen der Sprache liegt die vollkommene Vereinigung der apollinisch-dionysischen Weltpolarität vor. In der Stimme als solcher wirkt, wenn sie sich aus dem Seelenerleben des inneren Menschen der Welt gegenüber entfaltet, das dionysische Element der Vokalisation, unmittelbar dem Gesang verwandt. Hier erscheint vor allem ätherisches und seelisches Erleben, getragen von unbewussten Willenskräften. In der Lautgestaltung der Konsonanten durch die Lippen (Labiales), durch die plastische Tätigkeit der Zunge an Zähnen und Gaumen (Linguales, Dentales und Gutturales) und durch die stimmhaften Konsonanten (m, n und ng) als Halbvokale spricht sich unmittelbar plastisch-bewusster formender Geist im apollinischen Sinne aus und vereinigt sich wesenhaft mit den Vokalen. Dabei sind Lippen und Mundbewegungen so charakteristisch in ihrer plastischen Tätigkeit, dass Schwerhörige an ihrer Bewegung die Sprache abzulesen vermögen. So bilden Sprache und Gesang einen Funktionsorganismus unseres Seelen- und Geisteslebens, der sich auf ein allerzartestes, unvitales Organsystem stützt. Geringste organische Grundlage – mächtigste geistige Funktion. Bewusstsein wirkt plastisch gestaltend, Wille und Gefühl bewegend. Das Wesen des Wortes erhebt sich über beide, die sich zum Gefäss der Weisheit, des Logos machen.

Der Sprachorganismus ist also in diesem Sinne wieder Funktionsbild des ganzen Menschen. Der Stoffwechsel-Gliedmassenpol erscheint in der Zwerchfellmuskulatur, besonders in den lendenwärts hinabziehenden Muskelsäulen und in der Lunge im Hinblick auf ihre Bedeutung als «assimilierendes» Organ. Das pneumatische Haupt bildet mit der Ohrorganisation als dem Wahrnehmungsorgan

* Rudolf Steiner, Meditativ erarbeitete Menschenkunde.

den Bewusstseinspol. Die Mitte des Ganzen bildet als rhythmisches Zentrum der Kehlkopf mit dem Mesopharynx und der die Laute plastizierenden Zunge. Funktionell können wir im Sprachorganismus die verinnerlichte und geistig gesteigerte Zusammenfassung des Bewegungsmenschen erkennen. Der Sprachorganismus ist ein Tänzer mit tausend Armen, mit denen er die ganze Welt in schöpferischen Gebärden nachbildet.

Blicken wir noch einmal auf das Ganze des rhythmischen Systems, dann ergibt sich eine dreifache Mitte: Zuerst die rhythmische Organisation der Wirbelsäule (Aufrichte). Das rhythmische Geschehen, das hier wirkt, stellt vorwiegend eine Beziehung zwischen Ich und physischem Leib dar.

Das rhythmische Geschehen von Herz und Blutkreislauf als zweites ist vorwiegend durch ein Zusammenwirken von Ich und Ätherleib bestimmt.

Im Atmungsgeschehen zuletzt tritt das Ich zum astralischen Leib in eine entschiedenere Beziehung.

Die Ichwirksamkeit ist es, welche in der rhythmischen Sphäre alle Entwicklungen induziert. Das Wesen der Dreigliederung wird in seiner vollen Bedeutung vom Rhythmischen her begreifbar.

VII. Das ernährende System

Schweigend überschritten sie nun die Schwelle; daneben
Rankten sich edle Trauben, von grünen Blättern umgeben,
Hoch in üppiger Fülle, und unter ihnen entströmten
Vier stets rinnende Quellen vom Gotte Hephaistos gegraben.
Milch entsprudelte stets der einen, die andre entsandte
Wein, und duftendes Öl entquoll der dritten, die vierte
Spendete immer Wasser; beim sinkenden Licht der Plejaden
Quoll es heiss, doch wenn das Sternbild am Himmel emporstieg
Rieselte es so kalt wie Eis aus der Höhlung des Felsens.
          Apollonios Rhodios, Die Argonauten

Der Nahrungsstrom

Unsere Betrachtung wendet sich jetzt der Organsphäre unterhalb des Zwerchfells zu. Wir betreten damit einen Bereich geheimnisvollster organischer Mysterien. Denn alles dasjenige, was hier innerhalb der Organe als Wandlung und Umwandlung lebender Substanz geschieht und was wir Ernährung nennen, vollzieht sich vollkommen in der Nacht des Unterbewusstseins. Während unser Blut-Atemleben im rhythmischen System noch vom Bewusstsein erreicht wird – wenn auch nur in traumartigem Halbdämmern, das wir Gefühl nennen –, herrscht hier im Quellbereich unserer Lebenskräfte gegenüber dem Bewusstsein völlige Dunkelheit (R. Steiner, Allg. Menschenkunde). Unser Unvermögen, die hier stattfindenden Vorgänge mitzuerleben, setzt sich unmittelbar in der Schwierigkeit der Erforschung dieser Lebensgebiete fort. Die Geheimnisse der lebendigen Substanzwelt türmen sich vor uns auf, und alle Bemühungen der Physiologie und physiologischen Chemie vergrössern zwar das Forschungsinstrumentarium der Begriffe, Namen und Formeln in fast unüberschaubare Dimensionen, aber hinter jedem Begriff, hinter jeder Formel erheben sich neue Rätsel. Ein abgrundtiefes Problem liegt in der Beziehung dieser universellen Alchimie der lebenden Substanz bei Ernährung und Abbau zu Gestalt und Funktion der Organe des ernährenden Systems bis in die letzten mikroskopisch erfassbaren Feinstrukturen und ihre Formverwandlungen hinein (Benninghoff). Hier ist es aber wieder unsere morphologische Aufgabe, gerade auch das ernährende System von der Gliederung des Gesamtorganismus her zu verstehen.

Im Ganzen der dreigliedrigen Gestalt bildet das Stoffwechsel-Gliedmassen-System den unteren Pol. Diese Gliederung geht unmittelbar von der funktionellen Dreigliederung aus. Die einfachere Gestaltbetrachtung ergibt die Gliederung in Kopf, Rumpf und Gliedmassen (R. Steiner, Methodisch-Didaktisches). Jedes Glied ist, wie wir schon bei der Darstellung des Schädels zeigen konnten, in sich wieder wesenhaft dreigliedrig[1]. Diese Gliederung ergibt für den Rumpf als Einheit sehr wesentliche Gestalt- und Funktionsverhältnisse. Die Rumpfgestalt vereinigt in sich den Brustraum, den Bauchfellraum (Peritonealraum) unterhalb des Zwerchfells und die ausserhalb des Bauchfellraumes gelegene Beckenorganisation.

Der Brustraum, den umhüllenden Hauptskräften gestaltlich noch verwandt, aber gegen den Bauchraum paraboloid geöffnet und nur durch das Zwerchfell abgeschlossen, birgt in sich das rhythmische System.

Der Bauchraum, der, von der stützenden Lendenwirbelsäule abgesehen, keine weiteren Schutz-Hüllen des Skeletts beansprucht, sondern nur aus muskulären und häutigen «Weichen» gebildet ist, schliesst die ernährenden (verdauenden) Organe in sich ein.

Die Beckenorganisation (vom Knochensystem her eine schalenförmige Metamorphose der Schultergürtelorganisation darstellend) birgt in sich die kosmisch bestimmten Generationsorgane und als Polarität dazu die irdischen Ausscheidungsorgane. Das Haupt und die Gliedmassen bilden zu dieser Einheit der Rumpfgestalt jetzt die Pole.

Für den Gesamtorganismus bildet das Zwerchfell eine absolute Mitte, oberhalb deren die Organe Träger des Gemüts und des Bewusstseins sein können, unterhalb aber Träger der vitalen Kräfte und des Willens. Das Haupt ist aus kosmischer Antipathie heraus gebildet, die Ernährungs-, Zeugungs- und Bewegungsorgane dagegen aus kosmischer Sympathie, ja man kann sagen, sie sind in ihrer Funktion und Bildung von Anfang an Einflussorgane kosmischer Kräfte («Allgemeine Menschenkunde»).

Diese ernährenden und Leben erzeugenden Organe bilden wie das Blut in ihren Funktionen einen Kreislauf; nur ist er für unsere Erfahrung nicht in sich abgeschlossen, sondern reicht mit seinen Energien und Lebensströmen weit über den individuellen Organismus hinaus bis dahin, woher alles Natursein im Kristall, in Pflanze und Tier die Wesensbestimmung empfängt.

«Einscheidung und Ausscheidung» – Die funktionelle Dreigliederung des Ernährungs- und Verdauungsorganismus

Unsere Beziehung zu der uns tragenden Natur ist eine dreifache. Wir nehmen die Welt – mit mehr oder weniger entwickeltem Bewusstsein – durch die Sinne auf. Mehr träumend – aber vom Seelischen her bis in die Organisation formend und gestaltend – wirkt die Atmung.

Im tief Unbewussten, aber am tiefsten in die Organisation eingreifend, vollzieht sich die Ernährung.

Durch unsere Leibesbedürfnisse sind wir, ohne dass wir uns dies genügend klarmachen, am tiefsten und weitreichendsten in den Lebenskreislauf der Natur eingebunden. In diesem Kreislauf wirkt jedes Lebewesen als ein sich von anderen Nährendes und andere Ernährendes in ununterbrochenem Flusse von Geben und Nehmen im Gesamtorganismus des Kosmos.

Diesen Gesamtzusammenhang hat Christian Morgenstern in der Verbundenheit von Stein – Pflanze – Tier und Mensch in seinem Gedicht: «Die Fusswaschung» dargestellt:

> Ich danke dir, du stummer Stein,
> und neige mich zu dir hernieder:
> Ich schulde dir mein Pflanzensein.
>
> Ich danke euch, ihr Grund und Flor,
> und bücke mich zu euch hernieder:
> Ihr halft zum Tiere mir empor.
>
> Ich danke euch, Stein, Kraut und Tier,
> und beuge mich zu euch hernieder:
> Ihr halft mir alle drei zu Mir.
>
> Wir danken dir, du Menschenkind,
> und lassen fromm uns vor dir nieder:
> weil dadurch, dass du bist, wir sind.
>
> Es dankt aus aller Gottheit Ein-
> und aller Gottheit Vielheit wieder.
> In Dank verschlingt sich alles Sein.

In Hunger und Durst, in jedwedem Mangelgefühl, das die Natur durch ihre Elemente, durch Wurzelkräfte, Kräuter, Blüten, Früchte und Samen, durch alle ihre ernährenden und heilenden Qualitäten stillt, sind wir selbst Glieder im Kreislauf der Kräfte und Elemente dieser Natur.

In diesem Sinne handelt es sich bei der Ernährung um die unmittelbare Strömung der Ätherkräfte, die unseren Organismus bewegend, belebend und aufbauend durchströmen. Dies sind die in unserem Leitspruch genannten «Vier stets rinnenden Quellen», denn die Ätherkräfte gelangen in vier Funktionsstufen als:

Lebensäther
flüssig-chemischer Äther
Licht- uud Lufttäther
und als Wärmeäther

zur Wirksamkeit.

Der Prozess der Verdauung dient der «Befreiung» dieser Ätherkräfte aus ihrer stofflichen Bindung, in der wir sie als «Brot und Wein», «Milch und Honig», als Frucht- und Fleischnahrung empfangen.

Nur auf diese Befreiung der Ätherkräfte der in der Nahrung aufgeopferten Natur kommt es an, während der materialistische Blick noch immer starr auf die Stoffe gebannt ist und der Organismus schon von der Gesinnung her mit Stofflichkeit überlastet wird und Seele und Geist immer fester bindet.

Die Einbeziehung der Nahrungs-Lebenskräfte in den eigenen Lebens-Kreislauf ist Aufgabe des Ernährungsvorgangs, den wir als Assimilation – als Verähnlichung bezeichnen. Dieses Ziel wird überall da erreicht, wo sich das Ätherische, die «Quintessenz» unserer Nahrung, in den eigenen Ätherorganismus herein ergiesst. Erst jenseits der Darmwand gelangt dieser Wandlungsvorgang im eigentlichen Innern des Organismus (parenteral*) im allgegenwärtigen Lymphstrom in der Leber, in Blut-, Wärme- und Bewegungsprozessen zum Abschluss. Im letzten Grund ist Ernährung in dieser Weise ein gewaltiger Entstofflichungsprozess, eine innerorganische Verwesentlichung der Früchte der Natur. Aber dieser Verwesentlichung geht – von Seiten des Menschen – bereits die Pflege dieser Natur voraus: die Arbeit an der Erde, der Anbau der Feldfrucht und die Pflege der Tiere. Zuletzt wird die Ernte ein Fest fleissiger Hände und die Nahrungsaufnahme ein sakramentales Ereignis, wenn sie in diesem Gesamtzusammenhang steht.

Bei der Verdauung und Ernährung ist das Terrestrisch-Stoffliche nur als Lebensträger zu betrachten. Es muss in Stufen aufgebrochen, aufgeschlossen werden. Noch ehe wir den ersten Bissen zum Munde führen, kommen wir der Verdauungstätigkeit durch Mahlen, Rösten, Backen, Kochen, Säuern, Gären usw. entgegen. Garwerden ist ein gesteigerter Reifungsprozess. So wird die Nahrung – noch ehe wir sie zu uns nehmen – veredelt, vermenschlicht, ihr Reifegrad erhöht und die Verdauungsorganisation entschieden entlastet, während die Tiere ihre Nahrung nach Menge und Art in den verschiedensten Richtungen und vor allem in übersteigerten Verdauungsvorgängen bewältigen müssen (Wiederkäuer, Raubtiere, Nager).

---

* parenteral = neben dem Darmsystem, τὰ ἔντερα = die Eingeweide, para- von gr. παρά = neben.

Der Nahrungsaufnahme dient bereits unsere Sinnesorganisation. Alle Nahrung wird nach Farbe, Form, Duft und Geschmack von den Sinnen wahrgenommen und ihre Qualitäten erregen schon vor der Aufnahme die Verdauungssäfte: Das Wasser läuft uns im Munde zusammen! Der Darm, der die Nahrung von Stufe zu Stufe aufschliesst, ist in unserem Organismus – merkwürdig genug – eine intensiv durchseelte terrestrisch-kosmische Enklave, oder vom Organismus her betrachtet, eine astralisch-ätherische Exklave, d.h. eine relativ verinnerlichte Aussenwelt, bzw. veräusserlichte Innenwelt, «eine eingestülpte Grenzfläche zur Aussenwelt» (Rohen) für den Nahrungsstrom, der verwandelt werden muss. Seine peristaltisch meandernde Funktion macht seinen wurmartig-ätherisch, schlangenhaft-astralischen Organcharakter aus, wobei die Einscheidung mehr ätherische, die Ausscheidung mehr astralische Kräfte beansprucht. Eigenastralität überwindet Fremdätherität bis zur völligen Umwandlung (Übergang durch die Darmwand). Eigenätherität überwindet Fremdastralität der Nahrung (Leucocytose, Phagocytose) bis zur Überwindung von Darmparasiten.

So wird der Nahrungsstrom von den Sinnen und vor allem vom Lebenssinn ätherisch-sympathisch wahrgenommen und aufgenommen und dann durch angreifende, auflösend wirkende Astralität verwandelt. Stofflichkeit wird zuletzt im Verdauungsgeschehen als Rest weitgehend devitalisiert ausgeschieden.

Die Gliederung des Verdauungsorganismus und seine Funktionsstufen

Der Verdauungsorganismus ordnet sich in Funktion und Gestalt wiederum vollkommen in die Gesamtdreigliederung ein, wenn er auch im ganzen der Willensregion zuzurechnen ist. Innerhalb dieser vegetativ-kosmisch orientierten Willensregion bildet er jedoch den Stoffpol nach der Übersicht:

       Ernährungsleben
         (Verdauungsorganisation)
       Generationsleben
       Bewegungsleben

Der Verdauungsorganismus als das Organ des ernährenden Lebens ist in folgender Weise gegliedert:

1. Sinnesnervenbereich der Verdauungsorganisation.
   a) Mund(Nasen)-Rachenregion.

Dieser erste Abschnitt wird von der Embryologie her als Kopfdarmbereich bezeichnet:

Vorhof (Vestibulum oris) = Raum zwischen Lippen und Zähnen
Mundhöhle (cavum oris)
Rachenenge (Pharynx, Isthmus faucium*)

Wir haben es zuerst mit einem tastenden Ergreifen der Nahrung (Öffnen und Schliessen des Mundes) zu tun. Mit dem Kauen erfolgt zugleich das Schmecken (Riechen) und Einspeicheln des Bissens (Beginn fermentativer Umwandlung der Nahrung, Ptyalin), wobei der Kauprozess nicht nur im Sinne eines Zerkleinerungsmechanismus aufgefasst werden sollte, sondern mehr im Sinne einer umfassenden, innigen Tastverbindung mit dem Konsistenzcharakter der Nahrung, die auch der Einspeichelung und der Aktivierung des Geschmacks dient.
Zuletzt folgt der Schluckakt.
Die Funktionen der Organe des Mundes – Vorhof, Mundhöhle und Rachenenge – sind vorwiegend Sinnesfunktionen.
   b) Ösophagus, Speiseröhre: die Nahrung gelangt schluckweise in die Speiseröhre.
   c) Magen: Sammlung und Verweilen der Nahrung bei aufschliessendem Chemismus und periodischer Öffnung des Pylorus (saure Reaktion) (Abb. 71).

Charakteristisch ist die Gestalt des Magens, die an eine Retorte erinnert.
Im Magen wird die eigentliche Verdauung eröffnet. Hier besteht eine besonders enge Beziehung zum Zentralnervensystem (Vagus), so dass bei einseitiger Bewusstseinseinstellung der Magen nervlich in Mitleidenschaft gezogen wird. (Es gibt extrem cerebral-gastrische Konstitutionen.)

  2. Der Mitteldarm (Dünndarm) gliedert sich in:
    a) Zwölffingerdarm (Intestinum duodenum).
    b) Intestinum jejunum.
    c) Intestinum ileum**.

Diese drei Darmabschnitte bilden gemeinsam den vorzugsweise peristaltisch-rhythmischen Anteil des Ernährungsweges. Hier kommt auch die Speisebreibereitung (chymus***) zum Abschluss. Leber und Pankreas, selber aus dem oberen Bereich des Mitteldarms als «Verdauungsdrüsen» hervorgegangen, bewirken

  * Pharynx = Rachen von gr. φάρυνξ = Schlucht, Schlund, Isthmus faucium = Schlucht, Schlund von gr. ἰσθμός lat. faucion = enger Durchgang.
  ** Intestinum duodenum von lat. intestinus = inwendig (intestinum = Darm); lat. jejunus = nüchtern, hungrig, leer; ileum wahrscheinlich von gr. ἴλλω = winden.
  *** chymus von gr. χυμός = Saft.

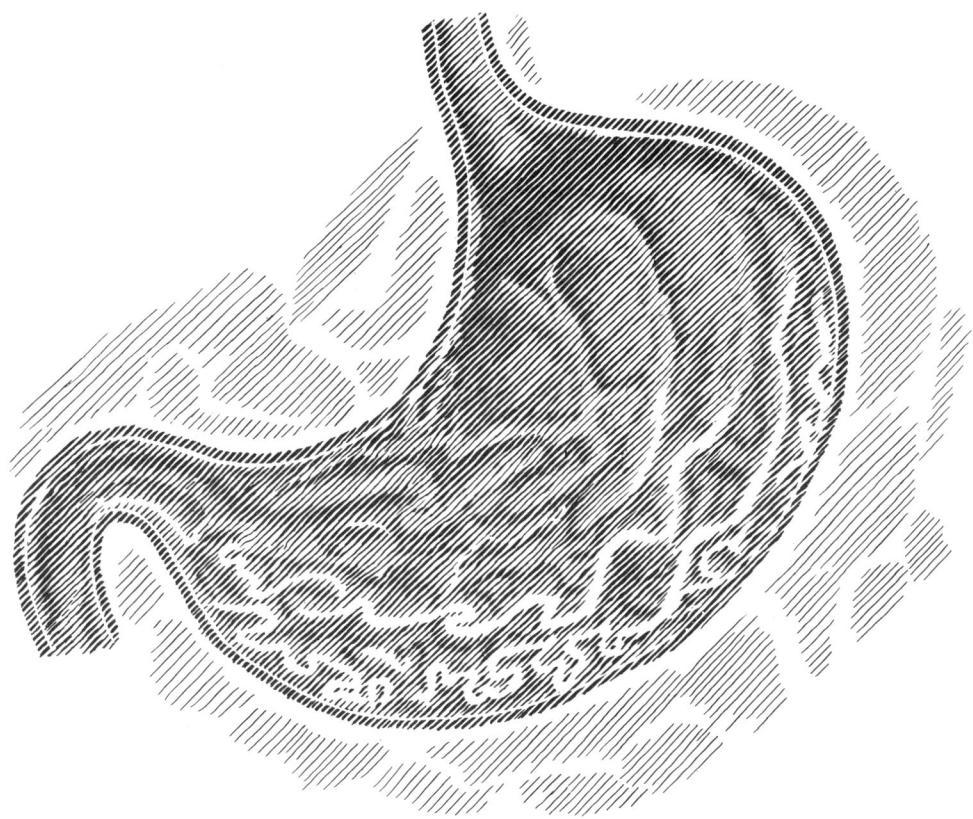

Abb. 71: *Der Magen.* Oben Eintritt der Speiseröhre (Oesophagus). Sie verbindet die Mundhöhle mit der Magenhöhle. Unten der Pförtner (Pylorus), der den Magen gegen den Zwölffingerdarm abschliesst und öffnet. Der Magen selber liegt unter der Magengrube (Regio epigastrica), oben dem Zwerchfell, hinten der Pankreas, links der Milz, unten und vorne dem Quercolon benachbart. Wir unterscheiden die grosse und die kleine Curvatur (unterer und oberer Magenbogen) und im inneren die Magenschleimhautfalten (Plicae mucosae).

durch Gallen- und Pankreassaft Auflösung und Emulgierung der Nahrung. Die Nahrungsverwandlung geht über die Vernichtung der Fremdkonstitution – die sie von ihrer pflanzlichen oder tierischen Herkunft mitbrachte – bis zur Befreiung der reinen Ätherqualität aus den Substanzen Eiweiss, Fett, Traubenzucker usw.

Die Nahrungsaufnahme aus dem Chymus geschieht durch die Organisation der Darmzotten. Sie sind in verschiedenen Darmabschnitten verschieden organisiert. Am wesentlichsten sind diejenigen des Dünndarms. Sie tauchen im Sinne eines ausgebreiteten «Schmeckprozesses» wie feine Zungen in den Chymus ein. Ihre inneren arteriovenösen Anastomosen erhöhen ihre Blutfülle – dabei geht Chymusdarmlymphe, das Ergebnis der Darmverdauung, ins parenterale Lymphsystem über – wir sprechen jetzt von Chylus (Chymus ist zu Chylus geworden) – und strömt im Brustlymphgang (Ductus thoracicus) aufwärts. Diese Aufwärtsströmung der Lymphe im Brustlymphgang ist sehr charakteristisch. Er tritt dann durch das Zwerchfell in den mediastinalen (= mittelständigen) Brustraum, immer weiter rechts der Wirbelsäule aufsteigend, bis er in Höhe des 6. Halswirbels (!) von der rechten auf die linke Körperhälfte hinüberwechselt und unter dem Schlüsselbein zuletzt in die Vena subclavia* einmündet (vgl. den Abschnitt «Ernährende Lymphe»). Diese Vene erhält ihren Venenblutzustrom aus dem Nerven-Sinnesbereich, so dass wir in diesem Zusammenströmen der vollkommensten Verbindung oberer und unterer Qualitäten ansichtig werden. Im Venenblut der Subclavia wird der Lymphchylus in den Herzeinstromwirbel der oberen und unteren Hohlvene gewissermassen ins Blutgeschehen hineinequirlt.

Der im Darmchymus aus der Stärkeverdauung hervorgegangene Traubenzucker wandert unmittelbar in die venösen Blutströmungsnetze der Darmzotten und gelangt mit dem Venenblut in den Pfortaderkreislauf zur Leber.

Die *Bewegungsorganisation des Darmes* wird durch glatte Muskulatur (tunica muscularis propria) bewerkstelligt (Peristaltik). «Alle Darmabschnitte vom Oesophygus bis zum Rectum werden von einer zweischichtigen Muskulatur umhüllt. Aussen liegt die Längs- und innen die Ringmuskelschicht (Stratum longitudinale und circulare).»

Es folgt nun die dritte und letzte Region des Darmsystems – die fast ausschliesslich der Ausscheidung (in Verbindung mit der Rückresorption der Darmflüssigkeit) dient –, die Region des Dickdarms (colon). Der Dickdarm gliedert sich jenseits der Ilio-coecalklappe** in die drei Colonabschnitte (Abb. 72):

  a) aufsteigender Dickdarm,
  b) Quercolon (colon transversum),
  c) absteigender Dickdarm.

Es folgt das Sigmoid, in dem der Dickdarm in die Körpermittelachse, in den geraden Enddarm, das Rectum*** mit der Enddarm-Ampulle einschwenkt. In ihr sammelt sich die Ausscheidungsmasse zur periodischen Entleerung.

  * Subclavia = Schlüsselbeinvene.
  ** Ilio-coecalklappe = Übergang vom Ileum zum Colon.
  *** Rectum = der gerade Darm, von lat. rectus = gerade.

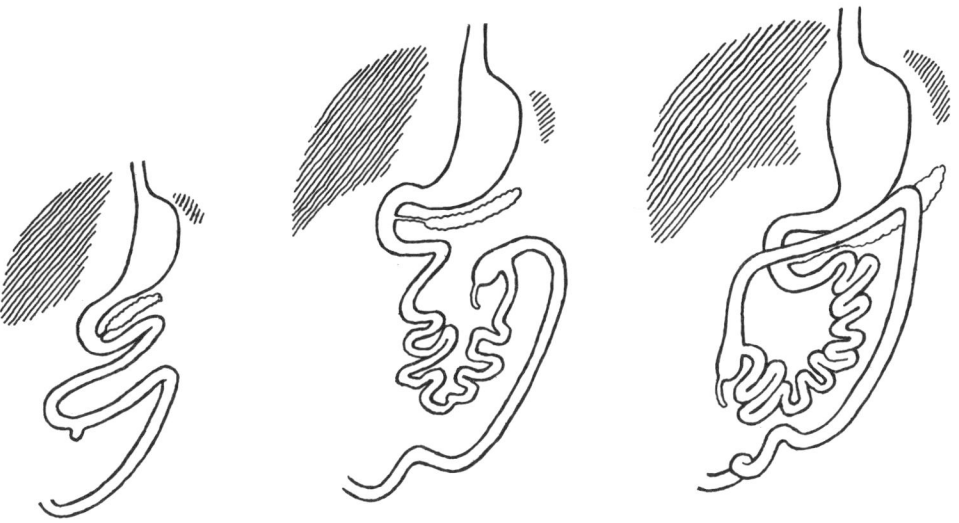

Abb. 72: *Entwicklung des Darmschlingensystems* (nach Corning). Besonders wesentlich ist die Entwicklung der Dünndarmschlingen.

In allen Abschnitten des Dickdarms wird der Darminhalt, soweit er bis hierher nicht verwandelt werden konnte, durch Flüssigkeitsentzug weiter verfremdet und zuletzt ausgeschieden.

Die Dickdarmwindungen (Haustrien)* können an Gehirnwindungen erinnern. Im Gehirn herrscht die Formkraft des Bewusstseins; aber auch im Dickdarmbereich wird – gewissermassen in Spiegelung der Hauptesprozesse – in höchst individueller Weise herausgeformt und abgestossen, was uns nicht angehört und uns nicht weiter belasten darf, ein organischer Antipathieprozess auf tief unbewusster Stufe (Abb. 73).

* Haustrien, von lat. haustrum = Ausbuchtung.

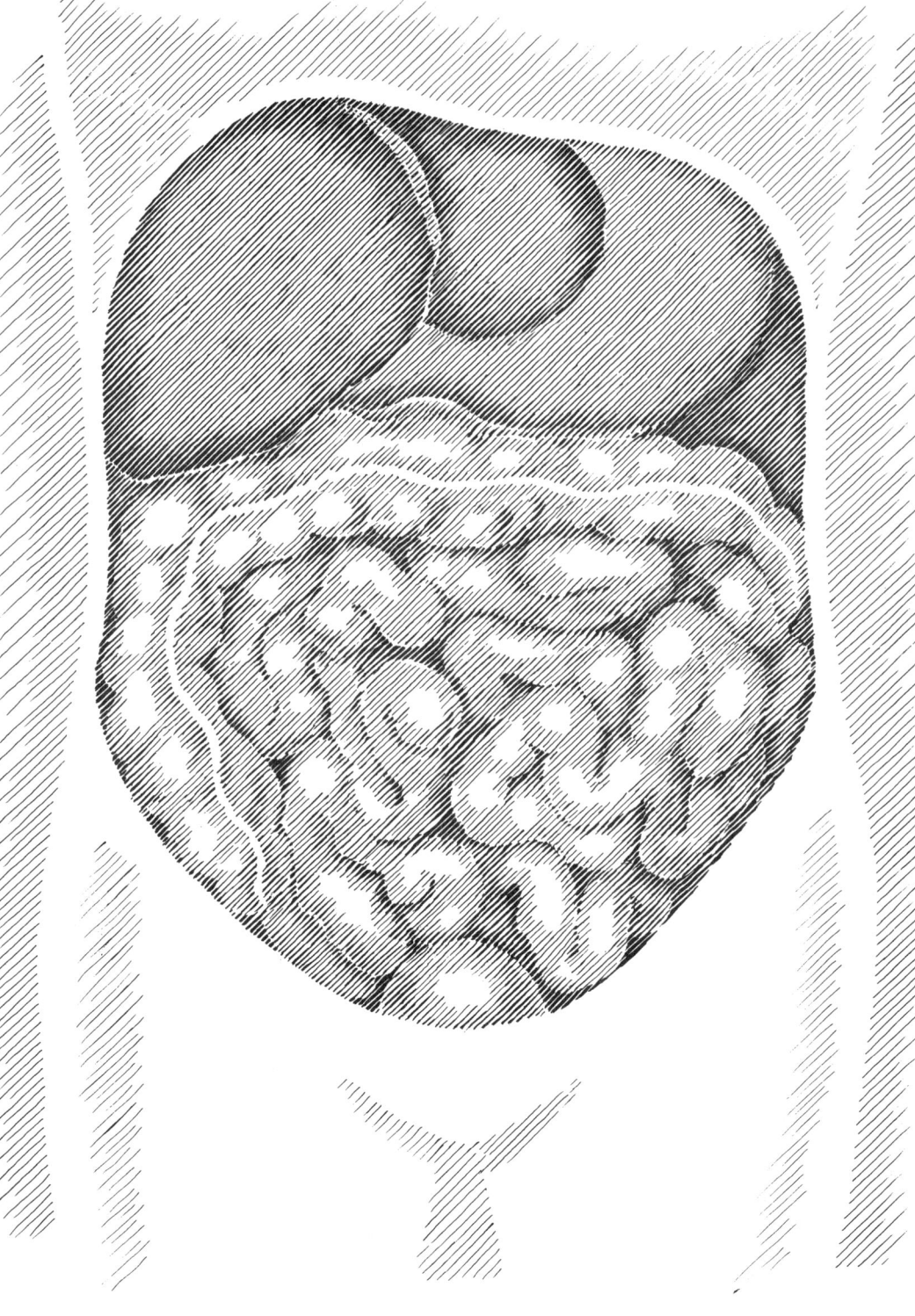

Die vier grossen Leibesdrüsen

Die Leber

Die Leber ist das grösste Leibesernährungsorgan unseres Organismus. Sie liegt im rechten Hypochondrium[2], hauptsächlich unter der grossen Zwerchfellkuppel, welche die Leber saugend umfasst und hält. Sie liegt mit der Milz etwa auf einer Ebene im Raum zwischen Lungen und Nieren. Die Gestalt der Leber selbst ist charakteristisch: Hauptwärts bildet sie eine Kuppelwölbung, mit der sie sich in die grosse Zwerchfellkuppel einfügt. Leibwärts bildet sie eine weit ausladende Schale, in die sich weich die tiefer liegenden Leibesorgane einschmiegen. Vorn schliesst sie mit glattem Rand mit dem knorpeligen rechten Brustrippenbogen ab. Mit ihrem linken Rand reicht sie über den oberen Magenpol fast bis zur Milz in die kleine Zwerchfellkuppel hinüber.

Bei unserer Organbetrachtung legen wir das Hauptgewicht auf die Blutdurchströmung in ihrem für jedes Organ charakteristischen Zusammenwirken venös-ätherischer und arteriell-astralischer Dynamik.

Hinsichtlich der Blutdurchströmung ist die Leber ein einzigartig venöses Organ. Die ganze Leber ist venös durchflutet und das spezifische Lebergewebe schwimmt förmlich in diesem Blute. Die Leber wiederholt in ihrer Verbindung mit dem Gefässystem das, was für den ganzen Organismus die Lymph- und Venenströmung darstellt. Man kann sagen: die Leber ist das «Haupt des Venensystems», ja unseres vegetativ-ätherischen Organismus.

In der frühen Embryonalzeit wird die Leber vom Urblut des Eidotters durchströmt, später über die Nabelvene (Vena umbilicalis) vom mütterlich ernährenden Plazentarblut und während des weiteren Lebens vom Blut der mächtigen Pfortader (Vena portae).

Die Leberarterie, die mit der Pfortader gemeinsam in die Leberpforte eintritt, erscheint in ihrer Feinheit nur wie ein unscheinbares Begleitgefäss. Innerhalb des Organs folgt sie mit ihren Gefässverzweigungen den Ästen der Pfortader, um sich schliesslich in das Venenblutkapillarnetz hineinzuergiessen. Die Durchmischung des Blutes der Leberarterie mit dem venösen Pfortaderblut erhält dem Leberkreislauf das ganze Leben hindurch einen embryonal-ätherischen Charakter.

Abb. 73: *Baucheingeweide:* Leber und Magen unter dem Zwerchfell. Dickdarm: aufsteigender, querer und absteigender Ast, darunter Dünndarmschlingen und Blase.

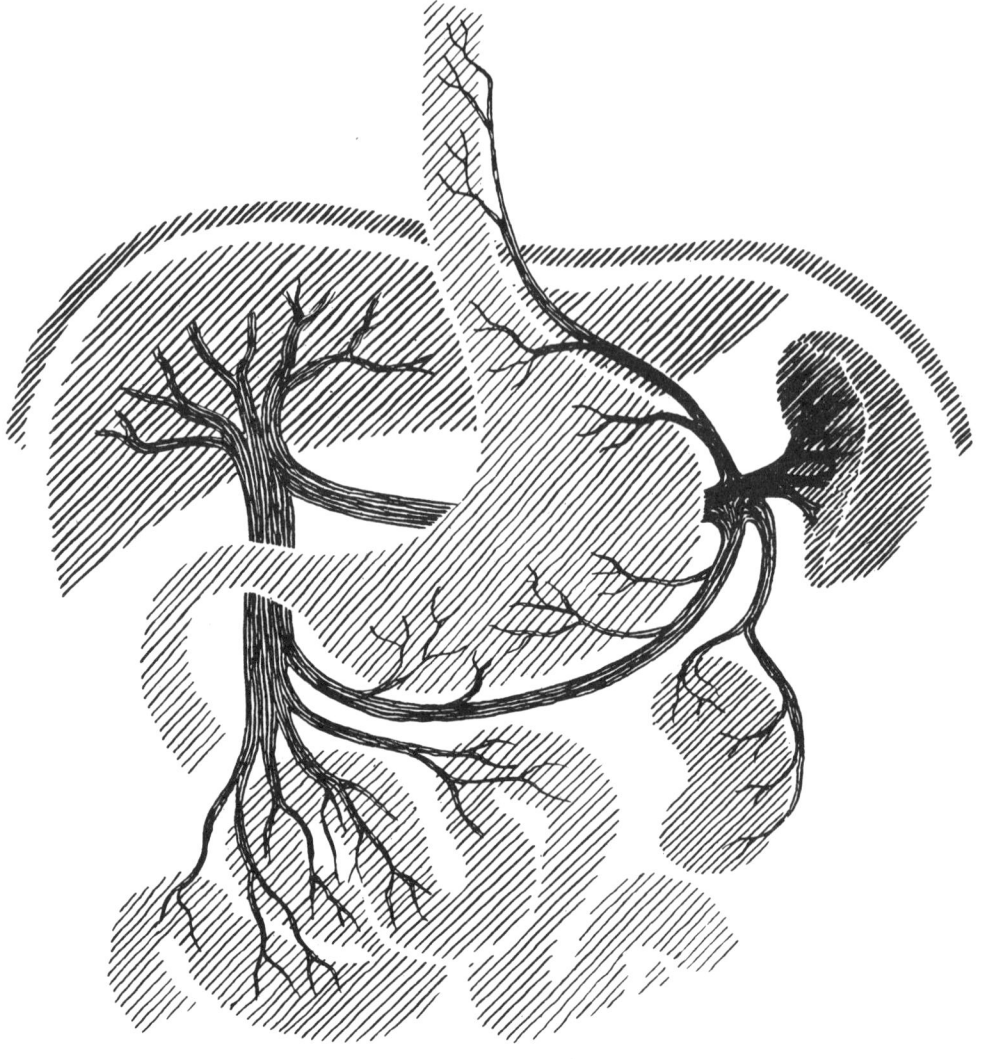

Abb. 74: *Lage der Leber* mit Pfortader und Pfortaderverzweigung; Beziehung der Leber zum Magen.

Das Venenblut, das die Darmzottenkapillaren verlassen hat, ist mit Traubenzucker (Ergebnis der Stärkeverdauung) angereichert. Es sammelt sich und bildet den wesentlichsten Anteil des Pfortaderblutes.

Das Kreislaufgeschehen, das hier vorliegt, gehört zum Merkwürdigsten, was der Organismus im Strömungsbereich aufweist. In den Darmzottenkapillaren war der arterielle Strömungsimpuls bereits verebbt. Alles Blut, das sich jetzt zur Pfortader vereinigt, strömt in stillem ätherischem Fliessen «antimechanisch-antihydraulisch», denn es kann nicht mehr mit einer äusserlichen Schubkraft (vis a tergo) gerechnet werden. Die im Zusammenfluss der Darmzottenvenolen weiter werdenden Venenlichtungen führen zwar das Blut leicht gegen die Pfortader zu, aber in der Leber kapillarisiert sich das Pfortaderblut aufs neue zu einem feinen Kapillarnetz, so dass man von einem Aufblühen des Venenblutes aus seinen eigenen ätherischen Kräften heraus sprechen kann.

Die Pfortaderendkapillaren verlaufen in der Leber «tangential» an die Leberläppchen heran und schicken ihre Endvenolen in die Buchten der Leberläppchen hinein. Diese Endvenolen geben ihr Blut durch verhältnismässig wenige Anastomosen an das innere, höchst feine Blutkapillarnetz (Wundernetz) des Leberläppchens ab. Der ätherisch-pflanzliche Gestaltcharakter der Leber tritt auch hier wieder deutlich hervor. Jedes Leberläppchen hat die Gestalt einer Himbeere, wonach dann die ganze Leber eine Kolonie unzähliger solcher «Sammelfrüchte» darstellt[3]. Die Blutufer bilden hier keinen geschlossenen Deckzellenbelag (Endothelrohr), sondern sind von netzartig durchbrochenen, plasmatisch beweglichen Flügelzellen gebildet, die miteinander ein Syncytium* bilden. Besonders ist auch hier wieder vom hydrodynamischen Geschehen her das ätherische Strömungsphänomen einer venös-venösen Anastomose ohne Einwirkung astraler Dynamik beachtlich.

Das innere Netz der Leberläppchen (Rete mirabile) gehört gestaltlich und funktionell nicht mehr dem eigentlichen Pfortadersystem an. Dieses hatte die Aufgabe, das Blut zur Leber und an die Leberläppchen heranzuführen. Das innere Netz bildet dagegen ein selbständiges «ätherisches Einstromgebiet», das die innere Lebersubstanz, die spezifischen Leberzellen umflutet. Hier strömt das Blut wahrscheinlich sieben- bis achtmal langsamer als in gewöhnlichen, von Arterien gespeisten Kapillaren. Stellenweise sind dann diese Netzkapillaren stark erweitert und bilden Buchten (Sinusoide), die an die Venensinusbildung in der Milz und im Knochenmark erinnern. Im freien Lumen der Kapillaren befinden sich, dem Plasmabau der Gefässe verwandt, freie Organellen, die mit ihren Protoplasmaarmen sich netzförmig in den Gefässen ausspannen oder den Wandungen breit aufsitzen (Sternzellen). Sie haben die universellsten Fähigkeiten in Beweglichkeit, Formverwandlung, Aufnahmefähigkeit von Zelltrümmern, Bakterien und Fremdstoffen (Phagocytose). Nach starker Speicherung lösen sich solche Sternzellen los und gelangen mit dem Blutstrom in die Lungenkapillaren, wo sie sich rasch auf-

---

* Syncytium = Zellverband ohne deutliche Zellgrenzen.

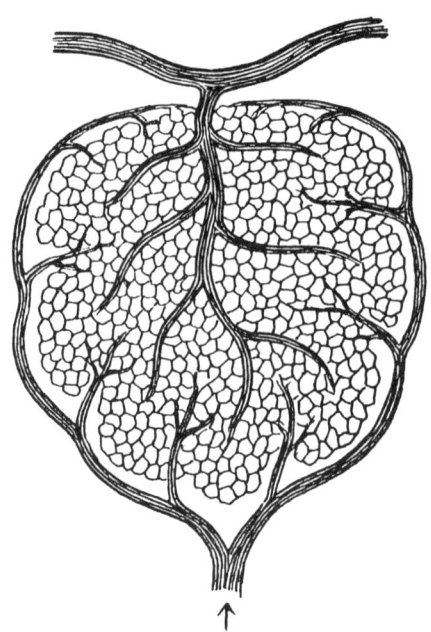

Abb. 75: *Schema der Durchblutung des Leberläppchens:* → = Einstrom des Pfortaderblutes, Wundernetzbildung, Zentralvenen, Sammelvene zur ausführenden Lebervene.

lösen[4]. Die Hauptströmungsrichtung in den Läppchenkapillarnetzen ist radiär zum Zentrum hin, wo sich das Blut in einer Zentral- oder Sammelvene vereinigt, um dann zuletzt die Leber in der Lebervene zur unteren Hohlvene hin zu verlassen.

Wir finden also im Darm-Leber-Kreislauf drei Kapillarsysteme hintereinander. Erstens das Darmzottennetz (arteriovenöse Anastomosen). Zweitens die Endvenolen des Pfortaderstammes mit ihren baumartigen Verzweigungen, die die Leberläppchen tangieren und in den Zwischenläppchen-Venen enden, und drittens das innere Wundernetz der «Himbeeren» (Leberläppchen), dessen allbezogene Anastomosen an die Anastomosen eines Blattnetzes erinnern, zu dem sich die Zentralvene wie eine Blattstielbildung verhält.

Lebensrhythmus der Leber

Wir haben die venöse Durchflutung der Leber, dieses durchaus ätherischen Organs betrachtet, das uns seine Wesensnatur noch deutlicher ausspricht, wenn wir jenseits des Venenstroms noch den mächtigeren Lymphstrom erkennen, der die Leber durchzieht oder von der Leber aus im Ernährungsgeschehen gesteuert wird [5].

Alle diese Erfahrungen vertiefen sich uns noch, wenn wir die Alchimie der blut- und lymphumströmten Leberzellorgane in Betracht ziehen. Hier verlässt uns nun die Gestaltbetrachtung; alles, was uns jetzt begegnet, vollzieht sich im strömenden Zeitfluss vielfältiger Verwandlungen. Die Leberzelle als solche kann uns daher vorläufig über ihre universellen Eigenschaften nichts aussagen [6]. Sicher ist allein, dass die Leber das Zentralorgan unserer gesamten Ernährung ist, indem von ihr aus dem Leibe die arteigenen Substanzströme zufliessen: «Vier stets rinnende Quellen» entströmen ihr, das dem Feuerprozess verwandte «Öl» (Fettverdauung), das Eiweiss als Luftelement in ätherisch fliessender Gestalt, der Traubenzucker als die höchste Form ätherisch-pflanzlicher Substanz, und zuletzt die Galle, in der sich die lebendigen Substanzen entschiedener zum Physischen gewendet haben. Die Galle geht aus dem Blutabbau hervor und bildet eigene Gallengänge, zunächst in der Art einfacher Interzellularspalten, die dann an der Peripherie der Leberläppchen weiter werden und sich gegen die Leberpforte zu vereinigen, um den Gallensaft in der Gallenblase zu sammeln [7]. Es ist charakteristisch, dass die im Leberbereich entschiedener astralisch organisierte Galle sich unmittelbar mit den Arteriolen paart, wenn auch im Gegenstrom fliessend.

Fett, Eiweiss und Traubenzucker treten unmittelbar aus dem Leberzellbereich ins Blut über. Sie strömen wie Inkrete innersekretorischer Drüsen, sind also jetzt vollkommen dem Organismus eigen.

Alle diese ätherischen Ströme (auch die Galle können wir noch zu diesen rechnen) repräsentieren die vier Ätherarten:

> Wärmeäther
> Licht(Luft)äther
> Chemischer Äther und
> Lebensäther.

Nur dürfen wir nicht in den Fehler verfallen, Öl, Eiweiss, Zucker und Gallensaft direkt und einfach mit jeweils einer bestimmten Ätherart identifizieren zu wollen. Gewiss ist die Wärmewirkung, verbunden mit dem chemischen Element Wasserstoff, in Fetten und Ölen am unmittelbarsten wirksam, aber es ermangelt ihnen nicht die Mitwirkung weiterer Elemente (vor allem des Sauerstoffs und des Kohlenstoffs).

Im Eiweiss herrscht der Luftstoff, der dem Lichtäther verwandte Stickstoff (N) vor, aber wiederum verbunden mit weiteren Elementen (H, O, C, S, P). Der Traubenzucker wiederum ist allein aus der Wirkung des chemischen Äthers nicht begreifbar, denn die in ihm wirkenden Kräfte des Erdenstoffs (C) deuten auf die

Mitwirkung des Lebensäthers hin; auch ist er innig mit Wärmeprozessen, besonders bei seiner Umwandlung in Glykogen und Wiederverwandlung in Traubenzucker, verbunden.

Die vier Ätherarten wirken vielmehr beim Aufbau aller vier Säfteströme zugleich, aber sie tauschen ihre Kräfte in dynamischer Art aus, so dass zum Beispiel im Eiweiss entschiedener chemischer und Klangäther wirksam werden, im Glykogen dagegen Licht- und Wärmeäther. Hierin liegen die Grundlagen vieler periodischer Prozesse verborgen.

So dienen alle Säfte der Leber dem Aufbau; sie alle haben ihr Entstehen einer inneren Assimilation zu verdanken, und selbst die Galle, die innerhalb des Organs die dissimilatorische Polarität ausmacht, hat für das Leibesganze aufschliessende (fettverdauende), d.h. letztlich aufbauende Funktionen[8]. Alle diese Vorgänge, ausser der Gallensekretion, gehören der Nacht, der kosmischen Lebensphase an.

Die Leber ist ein Nachtorgan. Etwa von der dritten Nachmittagsstunde an (dem Höhepunkt der Gallensekretion) beginnt langsam der Anstieg der Glykogenassimilation. Ihren Höhepunkt erreicht sie nach Mitternacht, um ab drei Uhr morgens wieder langsam abzusinken. Mit Tagesanbruch beginnt die Leber, den Traubenzucker als Energieträger in den Organismus auszusenden[9]. Selbst die Galle, die mit den Tageskräften der Leber entströmt, wirkt im Sinne des Willens, wenn sie die Fremdkräfte der Nahrung überwältigt. Das Eisen, das der Organismus in der Galle ausstösst, ist ein echtes Symbol der freiwerdenden Willenskraft.

Tatkraft und Wille sind die Seelenfähigkeiten der Leber, die ihrem organischen Feuer, ihrer gewaltigen Regenerationskraft entspringen. Dass diese Kräfte aus der Schlafsphäre kommen, macht die Leber zu einem wahren Inkarnationsorgan des Schicksals[10].

Der Mensch, der seine Willenskräfte zur vollen Inkarnation gebracht hat, verwirklicht einen Jupitertypus, das heisst ein Menschenbild, dessen Kraft nicht nur physisch erscheint, sondern zugleich von tiefer instinktiver Weisheit durchdrungen ist. Prometheus, der den Göttern das Feuer geraubt hat, wird für diese Tat an den Kaukasusfelsen geschmiedet. Tag für Tag frisst der Adler des Zeus dem duldenden Titanen die Leber aus dem Leibe, aber sie wächst ihm Nacht für Nacht wieder zu bis zum Tage seiner Befreiung.

Die Niere

> Prüfe mich, Herr, und versuche mich;
> läutere meine Nieren und mein Herz.
> Denn Du, gerechter Gott,
> prüfest Herz und Nieren.   Psalm 26

Die Niere liegt als paarig-symmetrisches Organ im hinteren unteren Hypochondrium, ausserhalb des Bauchfells (extraperitoneal), links und rechts neben der Wirbelsäule. Sie reicht vom unteren Rand des elften Brustwirbels bis zur oberen Grenze des dritten Lendenwirbels, wobei die rechte Niere immer etwas tiefer liegt als die linke, da sie im Bereich des rechten Leberlappens tiefer nach unten verlagert wird[11]. Durch die unmittelbare Nähe des Zwerchfells, das sich bei der Atembewegung nach unten und nach oben bewegt, bewegen sich auch beide Nieren bei Ein- und Ausatmung mit, zumal sie nur locker im Nierenlager liegen. Die Bewegung ist kreisförmig, wobei der obere Nierenpol bei der Inspiration nach aussen schwenkt. Die Nierenachsen sind ohnehin etwa um 25 Grad nach unten aussen aus der Vertikalen verlagert.

Die «Nierenform» ist charakteristisch. Gegenüber der Leber, die nach dem Leibe zu eine weit offene Schale bildet, schliesst sich die Niere stark ab, indem sie ein Konvolut, eine gastrulaartige Einziehung aufweist. Erscheint die Leber schon in ihrer Gestalt mehr vegetativ, so zeigt die Niere eine typisch animale Bildung. Ins Zentrum dieser gastrulaartigen Einziehung, dem Nierenhilus, treten die ein- und ausführenden Gefässe: Arterien[12], Nierenvene, Harnleiter.

Die Niere ist durch ein an der Leibesrückwand ausgebildetes stabiles Fettpolster als Nierenlager fixiert, das den Organkörper umschliesst. Hierzu gibt es ein Analogon im Fettpolster des Auges in der Augenhöhle[13]. Die Organperipherie der Niere wird durch eine stark muskulär fibröse* Kapsel gebildet, die bis in den Hilus** einstrahlt. Nach innen folgt nun das eigentliche Nierenparenchym mit Mark und Rinde. Das Mark bildet die charakteristischen Pyramiden, deren Spitzen in das Nierenbecken hereinragen. Die Rinde umhüllt die in jeder Niere vorhandenen zehn bis fünfzehn Pyramiden und fächert sie durch kräftige Scheiden voneinander ab (Nierensäulen, Columnae renales). In diese Scheiden treten vom Nierenhilus her, zentrifugal gegen den Rindenbereich zu verlaufend, die Arterien ein, wo sie sich in organspezifischer Art kapillarisieren. Die Pyramidenspitzen (Nierenpapillen) ragen in die Buchten des Nierenbeckens (Sinus) herein und werden von diesen umfasst und eingescheidet, so dass man von besonderen Nieren-

---

* fibrös = aus derbem Bindegewebe bestehend.
** Hilus = vertiefte Stelle an der Oberfläche eines Organs.

Abb. 76

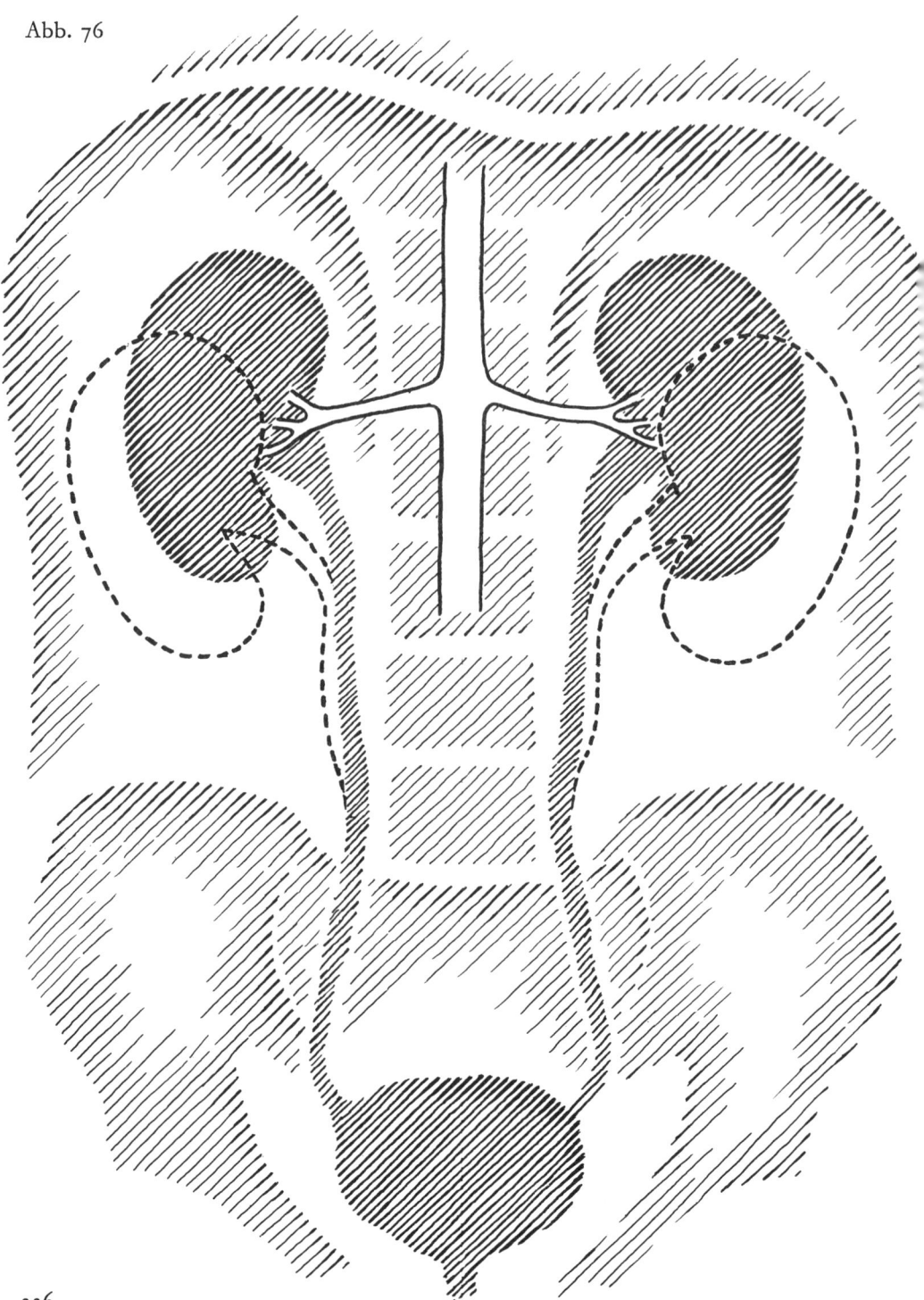

kelchen, Calyces, spricht. Die Kelche nehmen den aus den Pyramidenpapillen quellenden Harn auf und leiten ihn zu Nierenbecken und Harnleiter.

Es fällt auf, dass die Niere gegenüber der Leber einen entschieden übersichtlicheren und bis in die mikroskopischen Feinstrukturen hinein klarer geformten Aufbau besitzt. Die gestaltliche Differenzierung erfasst die Teile so vollständig, wie wir das sonst nur in der mikroskopischen Feinstruktur des Nervensystems finden. Wie bei diesem gibt es beim Nierengewebe nur geringe Regenerationsmöglichkeit, nur Narbenbildung[14], während die Leber sich durch starke Heil- und Erneuerungskräfte in ihrem Parenchym auszeichnet.

Die Niere als arterielles Organ

Die Niere bietet ein der Leber ganz entgegengesetztes Durchblutungsbild. Als ein verhältnismässig herznah gelegenes Doppelorgan wird sie von der vollen systolischen Kraft des arteriellen Blutstromes erreicht. Die Nierenarterien verlassen bereits als drittes Verzweigungspaar unterhalb des Zwerchfells die Aorta. Nach dem Herzen bilden die Nierenarterien die siebte Abzweigung von bedeutenderer Grösse.

Die arterielle Durchblutung der Niere ist eine ganz ausserordentliche: Pro Minute strömt ein Liter Blut durch die Niere, das sind 1440 Liter in 24 Stunden. Dabei beansprucht sie 6 Prozent vom Sauerstoff des Gesamtgrundumsatzes des ganzen Organismus, obwohl beide Nieren nur 0,4 Prozent des Leibesgewichtes ausmachen. Im inneren Durchblutungsverlauf der Niere herrschen daher in auffallender Weise die arteriellen Gefässelemente vor, die als Arteriolen und als nierenspezifische Endarterien zu Gefässknäueln gebildet sind. Die hervorragende Durchblutung der Niere mit arteriellem Blut wird zum wichtigsten und wesentlichsten Träger der Organfunktion.

Schon der Eintritt der Nierenarterie in den Hilus ist charakteristisch. Sie teilt sich nämlich in drei bis fünf Äste. Weitere Verzweigungen folgen innerhalb der Nierenscheiden (Säulen) zentrifugal vom Hilus zur Nierenperipherie hin (Arteriae interlobares). Diese Arterien sind bereits Endarterien, d.h. sie stehen nicht mehr in Verbindung mit Seitenbahnen anderer Nierensäulenarterien (Braus). Aus ihnen entspringen die eigentlichen Nierenrindenarterien, die man auch als bogenförmige Arterien bezeichnet (Arteriae arcuatae), und die von ihnen wiederum radial nach aussen verlaufenden Endarteriolen (Arteriae interlobulares). Diese breiten inner-

Abb. 76: *Lage der Nieren* zu Wirbelsäule und Becken. Die Bewegung der Nieren bei Ein- und Ausatmung ist angedeutet.

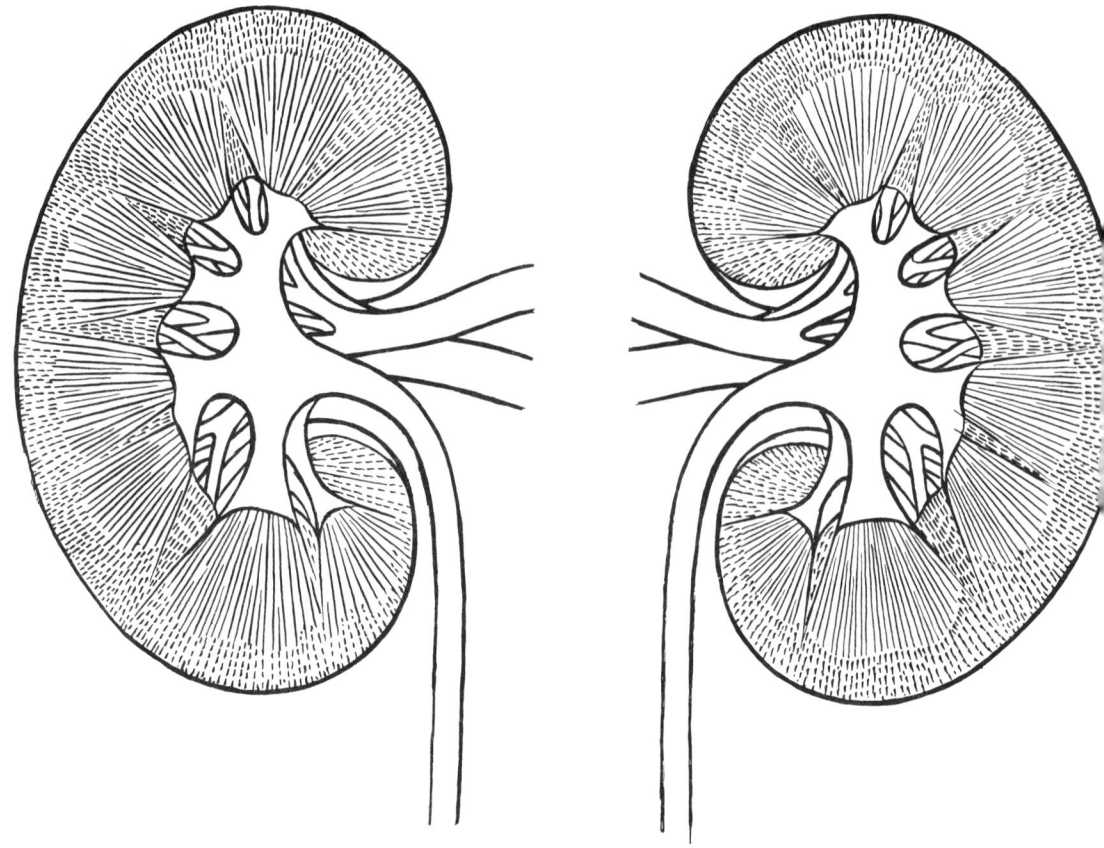

Abb. 77: *Nierenquerschnitt:* Rindenzone punktiert; Nierenpyramiden in die Nierenkelche hereinragend; Nierenbecken und Harnleiter. Die Nierengefässe (Arterie und Vene) treten in die Nierenhili ein.

halb des Nierenrindenbereichs ihre wiederum radiären Kapillaren bis gegen die Randzone der Rinde aus. Das gefässarchitektonische Bauprinzip der ganzen Niere ist also vom Hilus bis gegen die Rinde zu ein eindeutig zentrifugales (im Gegensatz zur Leber, die einen sphärischen Gefässaufbau und rein zentripetale Durchblutung zeigt).

Was ist nun das Besondere dieser einseitig arteriell veranlagten Durchblutung? Im gesamten Blutkreislaufgeschehen besteht bei Arterien und Venen jeweils ein charakteristisches Verhältnis zur Lymph-Plasmaströmung. Die Arterien haben, besonders in ihrem Kapillarbereich, die Tendenz, Plasma an das Gewebe abzugeben (gewissermassen durch die systolische Gefässdynamik auszupressen). Dagegen entspricht es der Vene, Lymphplasma aus der Leibesperipherie, aus den

Bindegewebsräumen aufzusaugen. Arterien sind in diesem Sinne «wasserverneinend», d. h. Lymphe abscheidend – Venen «wasserbejahend»[15], d. h. aufnehmend[16]. Bei den Arterien herrscht die Formtendenz der Seelenleiblichkeit bis zur äussersten Differenzierung, bei den Venen die ernährend ätherische Fülle, wie wir sie gerade in der Leber als dem überwiegend venösen («wasserbejahenden») Organ kennengelernt haben. Von der rhythmischen Funktion des Herzens beansprucht die Leber in diesem Sinne nur die «Diastole», die Niere dagegen einseitig die «Systole» in ihrer Durchblutungsfunktion. Nicht die Dehnung, sondern die astrale Überformung, Pressung und Verdichtung des Gefässlumens – nahezu ein organphysiologischer Todesprozess – ist das Wesen des Nierengeschehens.

Hier wird wie nirgend sonst im ganzen arteriellen Kreislaufbereich «Wasser» ausgeschieden. Es handelt sich aber nicht um Abgabe des flüssigen Elementes (Plasma) an das Gewebe im Sinne des «Plasmaaustausches» (intermediäre Zirkulation), sondern um eine vorläufige Ausscheidung.

Die Niere gibt uns das vollkommenste Beispiel dessen, was Arterialisation bedeutet. Die Einatmung, durch die sich das Seelische in die Leibesorganisation eingliedert, beginnt zwar in der Lunge, sie findet aber in der Niere ihren endgültigen Vollzug. Die elementar-physische Grundlage dieses Prozesses bildet der Sauerstoff. Im Hinblick auf die Sauerstoffatmung steht die Niere gemeinsam mit Gehirn und Nervensystem an der Spitze aller Organe. Je höher der O_2-Bedarf eines Organs, desto tiefer greift das Seelische in das Physisch-Ätherische ein und verleiht ihm Form und differenzierte Funktion. Dabei bedeutet jede vertiefte Sauerstoffeinatmung Abbau lebendiger Substanz. In Organen, die unter der Wirkung starker O_2-Einatmung stehen und deren Funktionsfähigkeit vom Sauerstoff her bestimmt wird, ohne dass sie völlig abgebaut werden, entsteht Wahrnehmung und Bewusstsein.

In diesem Sinne wird die Niere zu einem inneren «Wahrnehmungsorgan». Sie prüft als ein inneres *Sinnesorgan*[17], welcher Anteil der durchströmenden Flüssigkeit dem beseelt-ätherischen Organaufbau dient, und welcher Anteil als im Harn gelöstes, zum Mineral erstorbenes Salz ausgeschieden werden muss, weil er dem Lebensprozess entfallen ist.

Wir betrachten nun die eigentlichen Ausscheidungsorgane der Niere. Von den radialen, zentrifugalen Zwischenläppchen-Arterien (Interlobulararterien) zweigen wie Haftstiele der Beeren einer Johannisbeertraube zahlreiche Kapillarästchen (Vasa afferentia) ab und tragen wie Früchte die dichten Gefässknäuel der Nierenkörperchen (der arteriellen Glomeruli*), von denen es in jeder Niere weit mehr als eine Million gibt, Ausdruck der höchsten Steigerung der Arterialisation im Organismus. Jedes Gefässknäuel ist von einer Kapsel** eingeschlossen, welche die im

---

* Glomerulus = Nierengefässknäuel; lat. Diminutiv von Glomus = Knäuel.
** Bowmansche Kapsel.

Gefässschlingenbereich ausgepresste Flüssigkeit aufnimmt, sammelt und weiterleitet zu den auf- und absteigenden Harnkanälchen, die zuletzt auf der Kuppe einer Pyramidenpapille münden[18]. Die im Glomerulusbereich in die Kapsel übertretende Flüssigkeit (Ultrafiltrat) beträgt in 24 Stunden 170 Liter bei einer Urinausscheidung von ein bis zwei Liter täglich. Es werden also im Bereich der auf- und absteigenden Harnkanälchen wieder 168 bis 169 Liter, also rund 99 Prozent des Ultrafiltrates, aus dem Glomerulusbereich in das Blut zurückgenommen.

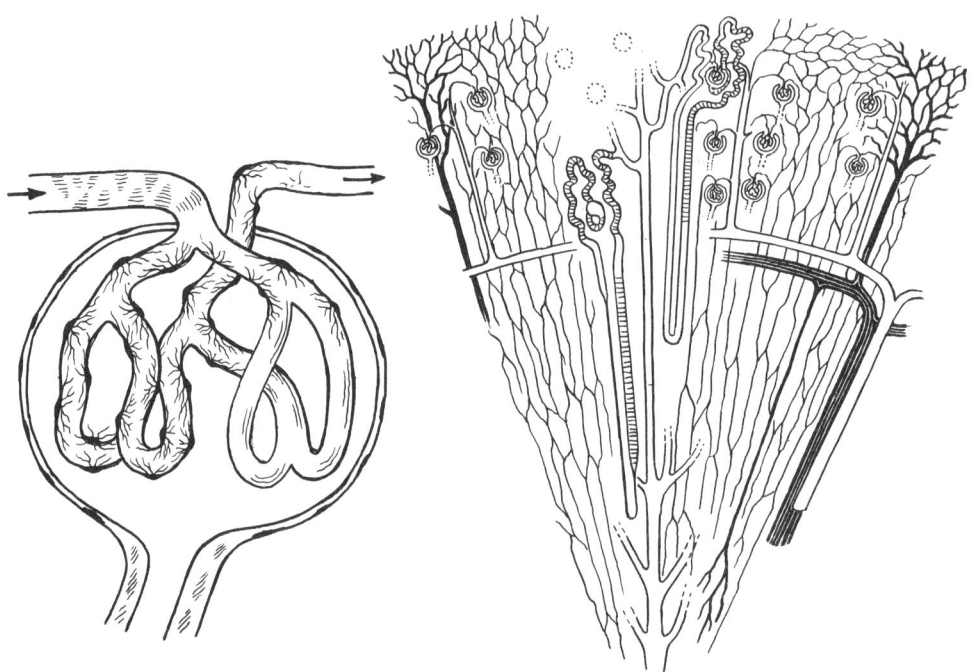

Abb. 78 (links): *Nierengefässschlinge* (Glomerulus mit Kapsel und Ansatz des ableitenden Harnkanälchens).

Abb. 79 (rechts): *Innerer Bau der Niere* (schematisch nach Stöhr). 1. Nierenpyramide mit Ausmündung der Harnkanälchen ins Nierenbecken. In der Rindenzone befinden sich die Gefässglomeruli mit ihren arteriellen Gefässknäueln, den die Knäuel umfassenden Kapseln und den auf- und absteigenden Harnkanälchen. – 2. Zwischen den Nierenpyramiden befinden sich die Zwischenläppchenarterien im Bereich der Nierensäulen. Von ihnen austretend die bogenförmigen Arterien, die sich zu den Glomeruli hin weiterkapillarisieren. Zwischen den Nierenkanälchen findet sich ein dichtes Lymphgefässnetz (s. Text).

Hier müssen wir noch weiter nach der Bedeutung dieses Vorgangs fragen. Was vollzieht sich bei dieser Ausscheidung von 170 Litern und bei der Wiederaufnahme von rund 168 Litern Flüssigkeit?

Das Ultrafiltrat enthält 30 mg% Eiweiss, was der täglichen Eiweissaufnahme von 50 g entspricht (Rein). Dieses Eiweiss wird tatsächlich wie der grösste Teil der Flüssigkeit wieder aufgenommen. Es ist dies die täglich neu zu belebende und zu beseelende Eiweissmenge, die der Organismus braucht. Das Eiweiss, das vom Ernährungsstrom her durch das Blut zur Niere gelangt, erfährt erst hier seine individualisierende Durchseelung, die es zum Aufbau unseres Leibes geeignet macht. Das unsere Organe aufbauende Eiweiss entstammt also in einem wesentlichen Anteil der Niere[19]. Die Flüssigkeitsmenge, die in zwölf Stunden als Glomerulusfiltrat gebildet und wieder in den Blutkreislauf zurückgenommen wird, entspricht der oberen Gewichtsgrenze eines erwachsenen Menschen. Die ursprünglich belebte Flüssigkeit, die Lymphe des ganzen Organismus, wird im Nierensystem gleichsam täglich zweimal durchatmet und durchseelt. Das wiederaufzunehmende Glomerulusfiltrat ist daher Bestandteil des Lymph-Liquor-Organismus des Menschen[20].

Jenseits des Glomerulus führt eine im Lumen etwas feinere Arteriole das Blut in ein diesmal «arterielles Wundernetz», welches alle gewundenen und geraden Harnkanälchen umspinnt, so dass diese völlig vom arteriellen Blut umspült bleiben. So vollziehen sich alle nierenspezifischen Organfunktionen durch den arteriellen Blutstrom. Von Venen können wir im Grunde nur rein morphologisch sprechen, sie führen das Blut aus dem beschriebenen arteriellen Kapillarbereich fort, und die Nierenvene schickt zuletzt ein hellrotes, immer noch sauerstoffreiches Nierenblut in die untere Hohlvene. Das ausströmende Nierenblut ist um 0,05 bis 0,1 Grad Celsius wärmer als das Blut der einströmenden Arterie, ein Ausdruck des bedeutenden organisch-energetischen Prozesses, der in der Niere vor sich geht.

Der Tagrhythmus der Niere

Wesenhaft mit allen Bewusstseinsvorgängen verbunden, ist der Nierenrhythmus ein Tagrhythmus. Es ist nachgewiesen worden, dass die Nierentätigkeit durch die Lichteinwirkung auf das Auge angeregt wird[21]. Das Seelische des Organs wird durch den Lichtäther erregt. Interessanterweise geht der Nierenrhythmus dem Tagesbewusstsein voran. Wenn in den frühen Morgenstunden, etwa um drei Uhr beginnend, die Arterialisation des Blutes wieder ansteigt, dann setzt gleichzeitig die Nierentätigkeit, die über Mitternacht fast vollkommen ruhte (Minimum 24 Uhr bis 3 Uhr), wieder ein und die Ausscheidungstätigkeit geht Hand in Hand mit dem heraufziehenden Traum, dem ersten Bewusstsein des Erwachenden.

Das Geschehen des ersten Hahnenschreis und der Vogelstimmen vor Sonnenaufgang draussen in der Natur ist dasselbe wie im Organismus der Einzug des Astralleibes. Die Seelenkräfte erfassen und gestalten mit dem neuen Tag die ätherischen Ströme und Kräfte des Leibes. Im Erwachen ergreift die Seele den Leib. Mit dem gestaltenden Bewusstsein setzt aber zugleich der Abbau als sukzessiver Todesprozess ein, der erst im Schlaf wieder ausgeglichen wird.

Die Niere ist vor allem Wahrnehmungsorgan dieser seelischen Prozesse. In ihr inkarniert sich die Seele besonders tief[22]. Wenn der Mensch erschütternde Seelenerlebnisse nicht zu überwinden vermag, dann «geht es ihm an die Nieren», wie ja überhaupt jede erhöhte Nervenanspannung die Nierenausscheidung steigert, am heftigsten bei Angst und Schrecken. Wie die Leber ein Ätherorgan, so ist die Niere vorwiegend ein Seelenorgan. Nur so ist die Dynamik ihrer gewaltigen Durchströmung, ihrer Ausscheidungs- und Harnkonzentrationsfähigkeit, aber auch ihre grosse Labilität gegenüber leiblicher und atmosphärischer Wärmeschwankung und sogar gegenüber meteorologischen Prozessen (äusserem Druck und innerer Spannung) verständlich.

Die Milz

In Leber, Niere, Milz und Pankreas verwirklichen sich die Wesenskräfte der menschlichen Natur auf der höchsten Stufe drüsig-mesenchymaler Organe. In Leber und Niere begegnete uns die Polarität eines ätherisch lebensvollen Organs des Kräfteaufbaus, der sich vorwiegend im Nachtrhythmus im Einzug kosmischer Kräfte vollzieht (Leber), und eines Organs, in dessen mit dem Tagesbewusstsein gleichwirkender auspressender Funktion das Seelisch-Astrale am allertiefsten in den Organismus eingreift (Niere). Nun erhebt sich die Frage, ob die Milz in gleicher Eindeutigkeit und Klarheit ihr Wesen ausspricht.

Der Milz gegenüber scheint das Goethewort im Faust II, wo Faust nach dem Urbilderreich fragt, in entsprechender Weise zu stimmen: «Hier stehen wir vor steilern Stufen.» Galen nennt sie ein Organ voller Mysterien[23].

Wie bei Leber und Niere wollen wir nun versuchen, aus der Lagebeziehung des Organs zu anderen Organen, aus der Tektur seines äusseren und inneren Baues und aus den damit zusammenhängenden Funktionen etwas von seinem Wesen zu erfahren.

Die alten Anatomen charakterisierten sie als eine «Gefässdrüse», deren dichte Gefässverfilzung sie nicht zu deuten vermochten. Dabei war es ihnen besonders merkwürdig, dass die Milz keine Drüsenausführungsgänge wie die Leber (Gallengänge) oder die Niere und ähnliche Organe aufweist.

Uns verweist jedoch gerade dieses «Gefäss-Organ» auf die Methode unserer Darstellung, unmittelbar aus den Strömungsverhältnissen und aus dem daraus hervorgehenden gefässarchitektonischen Bau das Organ selber zu verstehen.

Das nach Grösse und Gewicht im Rhythmus der Verdauungstätigkeit wie auch bei Gesundheit und Krankheit stark schwankende Organ zeigt etwa bohnenförmige, aber sehr variable Gestalt im linken Hypochondrium unter der kleinen Zwerchfellkuppel, wo es lagenmässig unmittelbar mit der Leber im rechten Hypochondrium korrespondiert. Dabei tritt die Milz mit fast allen Organen der Bauchhöhle in Berührung (nach oben mit dem Zwerchfell, nach unten mit der linken Niere, nach hinten rechts mit der Leber und nach der Mitte zu mit dem Magen und dem Darm. Bei sehr weicher Konsistenz, ja fast zerfliessendem Inhalt, wechselt sie nach den Funktionszuständen der sie umgebenden Organe ihre Form. Von dem Wesen dieser «Fliessgestalt» hat sie auch ihren Namen vom Althochdeutschen «milt» = weich her, wegen dieser weichen Beschaffenheit und wegen ihres gelinden Anfühlens[24].

Alle diese Gegebenheiten sprechen schon die beredte Sprache eines Organwesens, das gegenüber allen Organen, die es umgeben, auf einer anderen – vielleicht vor- oder übergeordneten Stufe steht.

Die Besonderheit der inneren Organisation wird diese Erwartung weiter bestätigen. Wie stellt sich nun von der Durchströmung her beobachtet die Funktion und die innere Gestaltung der Milz dar? Die Besonderheit der Durchströmung und Durchflutung dieses Organs hebt sich deutlich gegen Leber und Niere ab. Bei der Leber herrschte die Fluktion des Venenblutes vor, bei der Niere dominierte in ganz entschiedener Art die arterielle Durchblutung, bei der Milz aber finden sich die arterielle, die venöse und die Lymphströmung nebeneinander ausgebildet und alle drei Strömungen durch höchst eigenartige Dynamik miteinander in Beziehung gesetzt.

Die Milzarterie tritt an der der Leibeshöhle zugekehrten konkaven Seite des Organs in den Hilus ein. In diese Eintrittspforte der Milzgefässe treten von der muskulär-bindegewebigen Organkapsel her kräftige, ebenfalls muskulär elastische Bindegewebsstränge in das Organ ein und folgen radiär den Hauptästen der Arterien und Venen. Die Arterien gliedern sich nach innen stark auf und sind im zentralen Organbereich von charakteristischen Lymphscheiden umgeben. Diese Lymphscheiden finden sich häufig zu kugeligen Lymphorganen, Lymphknötchen erweitert. Die einzelnen Verzweigungsäste der Arterien sind bereits Endarterien, noch ehe sie sich auf die Stufe arterieller Kapillaren differenziert haben. Dagegen gliedern sie sich pinselförmig auf und bilden, wo sie ihr Blut in das netzförmige Mark des Organs frei ergiessen, ampullenartige Erweiterungen (Braus). Das pulsierende arterielle Blut verströmt sich also hier in die «innere Organperipherie» eines überaus zart gebildeten Lymphnetzorgans. Das arterielle Blut wird in den offenen Lymphräumen völlig seiner arteriell-astralen Funktionsdynamik enthoben und in den reinsten ätherischen Lebensstrom übergeführt, der noch reiner erscheint als der venöse Blutstrom; denn hier befindet sich das Blut in einem organisch-ätherischen Intervall zwischen arterieller Endströmung und dem Venensystem, in einem Urzustand lebender Substanz, wo sich das Urprotoplasma der Lymphe am vollkommensten mit dem Blutplasma durchmischt und vereint. Alles fremde oder abgealterte Plasmaeiweiss wird in einer inneren (parenteralen) Verdauung in

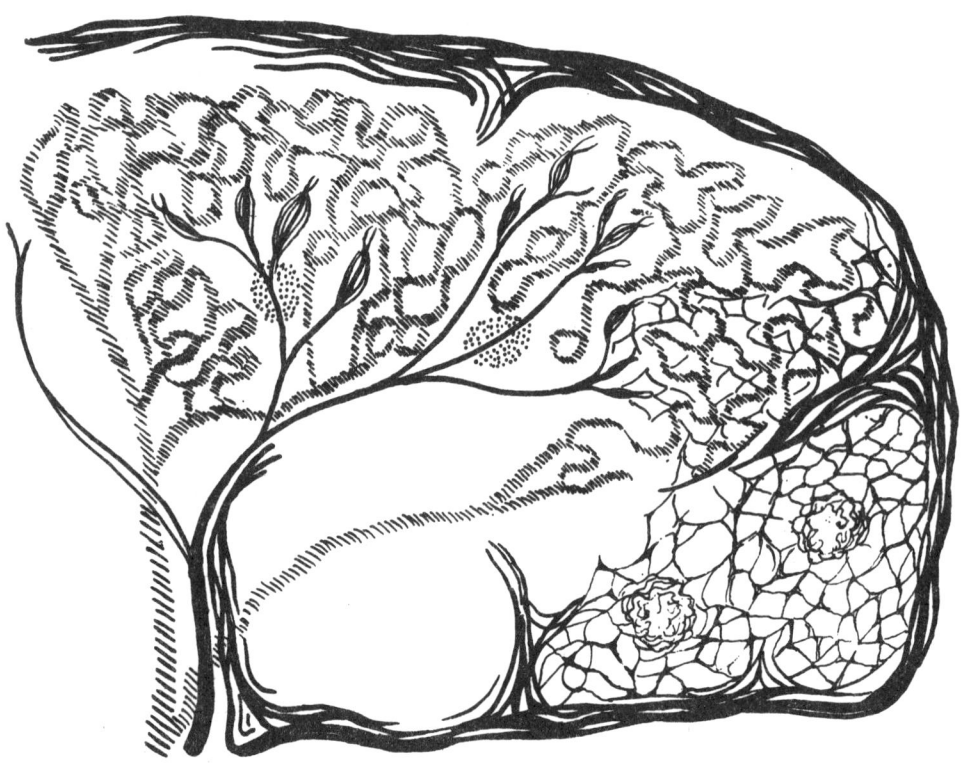

Abb. 80: *Bau der Milz* (schematisch): Milzkapselperipherie mit einstrahlenden muskulären Balken; unten rechts Netz der roten Pulpa; schraffiert Venensinus mit ausführenden Venen; voll ausgezeichnet einführende Arterien mit muskulär-bindegewebigen «Hülsen»; ampullenartige Erweiterung der Arteriolen bei der Einmündung in das Netzgewebe der roten Pulpa; punktiert Lymphknötchen; in die rote Pulpa kugelförmig eingelagert das Netzwerk der weissen Pulpa.

jene Ursprungskräfte zurückverjüngt, Überaltertes aber vernichtet und ausgeschieden. Es findet also gewissermassen eine Art Selbstveredlung im Dienste der Verjüngung statt. Hier ist der Ort, wo sich die Trümmer roter Blutkörperchen finden, deren Eisen (Hämosiderin) ins Bindegewebe des Organs abgelagert oder zu Gallenfarbstoff umgewandelt wird. Aber hier finden sich vor allem auch die jungen Blutkörperchen des verjüngten Blutes, das sich in den frühen Lebensperioden in der Milz bildet, sowie die zelligen Lymphelemente (Leukozyten, Lymphozyten, Plasmazellen).

Jenseits dieser ätherisch so bedeutungsvollen Netzmaschenräume der Milz, in denen sich das Blut substantiell verjüngt hat, befinden sich die saugenden, stark erweiterten Venenräume, die Milzsinus, die entschieden an embryonale Blutinseln erinnern. Sie konfluieren miteinander, nehmen das junge ätherisierte Blut aus dem Milz-Lymphnetz auf und entlassen es in die grösseren, ausführenden Venen[25]. Damit haben wir den ganzen Blutstrom vom arteriellen Anfang bis zum venösen Ausstrom verfolgt.

Die Venen-Bluträume (Sinus) umhüllen sphärisch die auch hier wie im gesamten Kreislauf zentral gelegenen Arterien und ihre ihnen regional zugehörenden Netzmaschenräume. Die Wandungen dieser Venensinus vermögen sich für das ätherisierte Blut der Netzmaschenräume zu öffnen, um es aufzunehmen. Es kann aber auch Venenblut wieder im Gegenstrom in die Netzmaschenräume zurückfluten.

In diesem Prozess wird uns das rhythmische Wirken des Organs als Ganzheit im gesamten des Organismus vorgestellt – und zwar ist es der Stoffwechselorganismus, in dessen Rhythmus das Blut der Milz aus dem Organ heraus und in das Organ hineinflutet. Durch die Kontraktion der ganzen Milz, der Kapsel wie der einstrahlenden muskulären Bindegewebsbündel, verlässt das Venenblut das Organ zur Pfortader hin, aber auch gegen den Magen und die Speiseröhre zu sowie zur Niere. Diese drei Hauptströmungsrichtungen des ausströmenden Milzblutes kennzeichnen aufs neue die Besonderheit des Organs – denn nirgends findet sich sonst im Organismus *zentrifugal strömendes Venenblut*. Wir finden hier eine Metamorphose der Herzfunktion im Ernährungsstoffwechselbereich, wobei ätherische Venosität strömungsdynamisch und humoral alle Ernährungs- und Stoffwechselprozesse harmonisierend umfasst.

Die Milz als Organ der Verjüngung (Inkarnation)

Im embryonalen Lebensabschnitt ist die Milz gemeinsam mit der Leber blutbildendes Organ. Nach der Geburt verliert die Leber diese Fähigkeit, bei der Milz dagegen bleibt sie zeitlebens latent erhalten. Aus dem ätherischen Mutterschoss dieses Organs wird das Blut geboren. Nach ihrer Entwicklungsgeschichte gehört

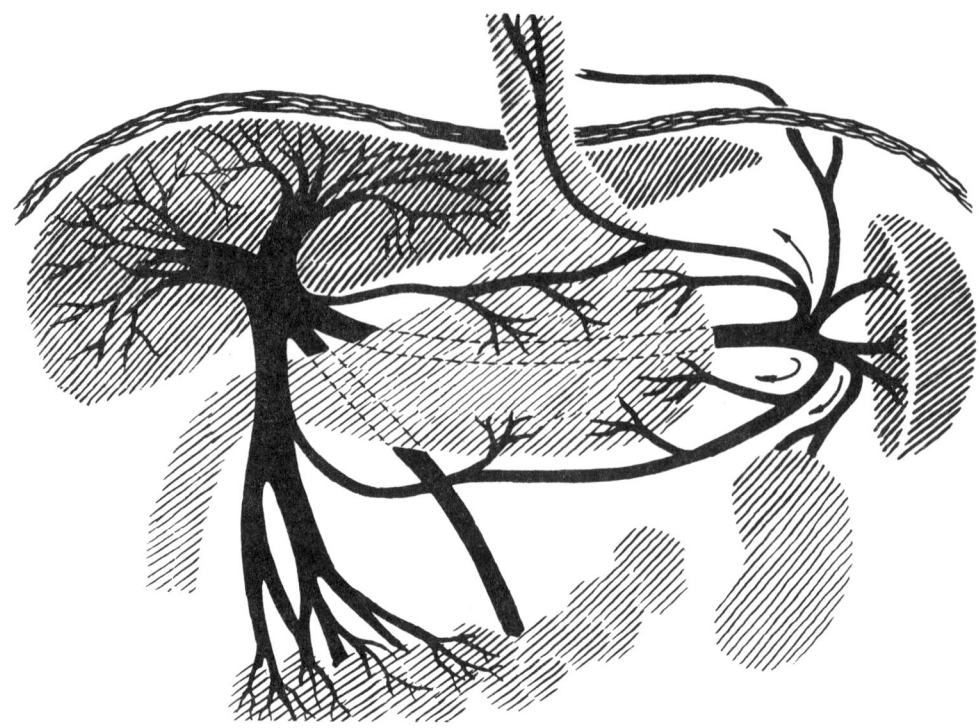

Abb. 81: *Zentrifugale Venenströmung* aus dem Milzbereich, s. Pfeile (nach Hueck). Die Milz ist rechts im Bild halbmondförmig gezeichnet. Von hier aus führen Venen zur Speiseröhre, zur Leber, zum Magen und zur Niere.

die Milz der ursprünglichen und reinsten ätherisch-physischen Organbildung an, dem Lymphorganismus. Sie entwickelt sich unmittelbar aus dem Mesenchym, das zunächst an vielen Stellen der Leibeshöhle milzartiges Gewebe zu bilden vermag. Es finden sich daher häufig Nebenmilzen, deren bis zu hundert gezählt worden sind (Clara). Aus diesem Grunde ist es zu verstehen, dass die Milz-Funktionen noch erhalten bleiben können, wenn die Milz selber entfernt werden musste.

Die bleibende Milz fügt sich erst während ihrer Entwicklung aus solchen zerstreuten mesenchymalen Keimen, gleichzeitig mit dem Abstieg der Keimdrüsen aus der oberen Leibeshöhle (Coelom), zu einem geschlossenen Organ zusammen.

Der arterielle Zustrom dagegen scheint – vom ganzen des Organs und des Organismus her gesehen – einer umfassenden Verjüngung zu dienen. Die Blutlymphe, das Plasma, wird in diesem Organ wieder in den lebendigen Uranfang zurückverwandelt, angereichert mit jungen weissen und roten Blutelementen, während durch diejenigen Kräfte der Milz, die ihre wesenhafte zweite Natur darstellen, die alternden Blutelemente vernichtet werden.

Die Milz als Organ des Alters (Exkarnation)

> Der Tod ist ihr [der Natur] Kunstgriff, viel Leben zu haben.
> Goethe

Während sich das Lymphgewebe im Organismus im Alter zurückentwickelt, bleibt es in der Milz weitgehend erhalten, dem Organismus die ätherische Verjüngung spendend. Der Vorgang der Verdauung, der sich im Darm der Nahrung gegenüber abspielt, muss uns hier besonders interessieren. Dabei wird die Nahrung (Eiweiss, Fett und Stärke-Zucker) vollkommen ihres pflanzlichen oder tierischen Charakters beraubt und auf einen absoluten Urzustand zurückgeführt, ehe sie in den Organismus, der durch sie physisch ernährt werden soll, aufgenommen wird. Gewordene Natur, pflanzliche oder tierische Stofflichkeit wird also in einen Urzustand zurückgeführt und dann im ätherischen Milieu in der charakteristischen Konstitution des zu ernährenden Organismus wieder aufgebaut. Den Durchgang der lebendig ernährenden Substanz durch diese Ursphäre dürfen wir – wo er uns in der Magen-Darmtätigkeit begegnet – als generalisierte Milzfunktion bezeichnen. Die Verdauungsorgane bilden die Sphäre, für die die Milz das organisch regulierende Zentrum ist. Was also in der ganzen Verdauungstätigkeit geschieht, das geschieht im besonderen Sinne bei der Vernichtung roter Blutkörperchen in der Milz. Diese Vernichtungskraft des Organs kann so heftig werden, dass der Bestand des atmenden Blutes in lebensgefährlicher Weise angegriffen werden kann. Das Krankheitsbild dieser Todesaktivität der Milz, der hämolytische Ikterus, kann nur geheilt werden, wenn die Milz entfernt wird und Nebenmilzen dann die Funktion normaler Milztätigkeit übernehmen. Der Abbau steht im gesunden Lebensvorgang im Gleichgewicht mit dem verjüngenden Organaufbau. Die Milz ist so der Ort der geheimnisvollsten Lebenssteuerung in Ernährung, Krankheit und Alterung.

Bei vielen Infektions- und Stoffwechselkrankheiten tritt die Milz in eigenartiger Weise in Mitfunktion, indem sie durch Schwellung aktiv beteiligt ist und damit dem Arzt etwas Wesentliches über das Krankheitsstadium vermittelt. Dabei befindet sie sich in höchster Tätigkeit, indem sie die «Krankheitsstoffe» (Bakterien oder das durch die Krankheit dem Organismus entfremdete Eiweiss) auflöst, wie sie die alternden Blutkörperchen im gesunden Zustand vernichtet[26].

Zur allgemeinen Milzfunktion gehört neben der geschilderten Verdauungsregulation die Wahrung der totalen lymphatisch-protoplasmatischen Wesensart des Organismus; denn sie ist das wichtigste Organ der humoralen Reaktionen, auf welchen die Ausscheidung des organeigenen ablebenden Eiweisses, die Überwindung der Krankheit und alle Immunität beruht[27].

Todes- und Lebenskräfte sind also in der Milz als einem Urorgan für die Lebensfähigkeit des ganzen Organismus nahezu identisch geworden. Sie ist Organ der Lebens- und der Todeskräfte zugleich und führt alternde Lebenselemente aus ihrer organischen Überdifferenziertheit immer wieder in einen substantiellen Urzustand, aus dem heraus neuer Organaufbau möglich ist.

Im höheren Lebensalter des Menschen sammelt sich ausser dem Bluteisen der zerstörten Blutkörperchen, das wieder in den Blutaufbau zurückkehrt, ein Eisenüberschuss an. Die Milz wird «eisenschwer» durch das im Organismus ausgefallene Eisen[28]. Im hohen Greisenalter und bei erschöpfenden Krankheiten sammelt sie auch das Bluteisen des in Rückbildung begriffenen Kreislaufs.

Die exkarnierenden Kräfte der Milz finden einen gesteigerten Funktionsausdruck durch ihr besonderes Zusammenwirken mit dem Zentralnervensystem, welches durch den Vagus, den zehnten Hirnnerv, bis in den Stoffwechsel herunterreicht. Durch Vaguswirkung wird in der Milz das Acetylcholin erzeugt, welches humoral auf den Stoffwechsel beschleunigend und damit abbauend wirkt (Benninghoff).

So sehen wir in der Milz elementares aufbauendes Leben und astrale, exkarnierende Kräfte wirken.

Die Alten sahen die Milz im kosmischen Zusammenhang mit dem Planeten Saturn. Saturn ist die Gottheit des goldenen Jugend- und Urzeitalters der Welt; alle Samen sind von ihm ausgegangen; ein goldenes Saturnzeitalter ist die Urzeit auch des Menschengeschlechtes im grossen kosmischen Zusammenhang. Aber Saturn wird gestürzt, seiner Samenkraft beraubt, in die Erde gebannt. Hier erscheint er als greisenhafter Gott mit der Sichel, nicht mehr der Gott der tausendfältigen Kräfte, sondern der Ernte, des Todes – der seine eigenen Kinder verzehrt.

Die Bauchspeicheldrüse (Pankreas)

Die Organe des Hypochondriums, Leber, Nieren und Milz, die wir bisher betrachtet haben, zeichneten sich sowohl durch ihre charakteristische Ordnung als auch durch ihre eindeutig psychischen und kosmischen Beziehungen aus.

Die Leber wird seit den ältesten Zeiten auf den Planeten Jupiter bezogen. Er ist der bedeutendste und glanzvollste Planet mit einer Umlaufzeit von zwölf Jahren. Die Nieren sind der Venus zugeordnet. Die geozentrische Umlaufszeit der Venus beträgt fast zehn Monate, wodurch sie ihre Beziehung zur Entwicklung des Menschen in den Embryonalhüllen ausspricht. Im Eiweissbildeprozess der Nieren wie in den organisch-seelischen Funktionen dieses Bereiches begegnet uns die entsprechende mikrokosmische Funktion.

In der Milzfunktion spiegeln sich Saturnkräfte, die in Tod und Verjüngung wirksam sind. Im Pankreasorgan, dem vierten bedeutenden Drüsenorgan des Hypochondriums, findet sich keine solche kosmologisch-psychische Zuordnung. Es ist vielmehr in dieser Beziehung höchst uncharakteristisch, wie auch sein ana-

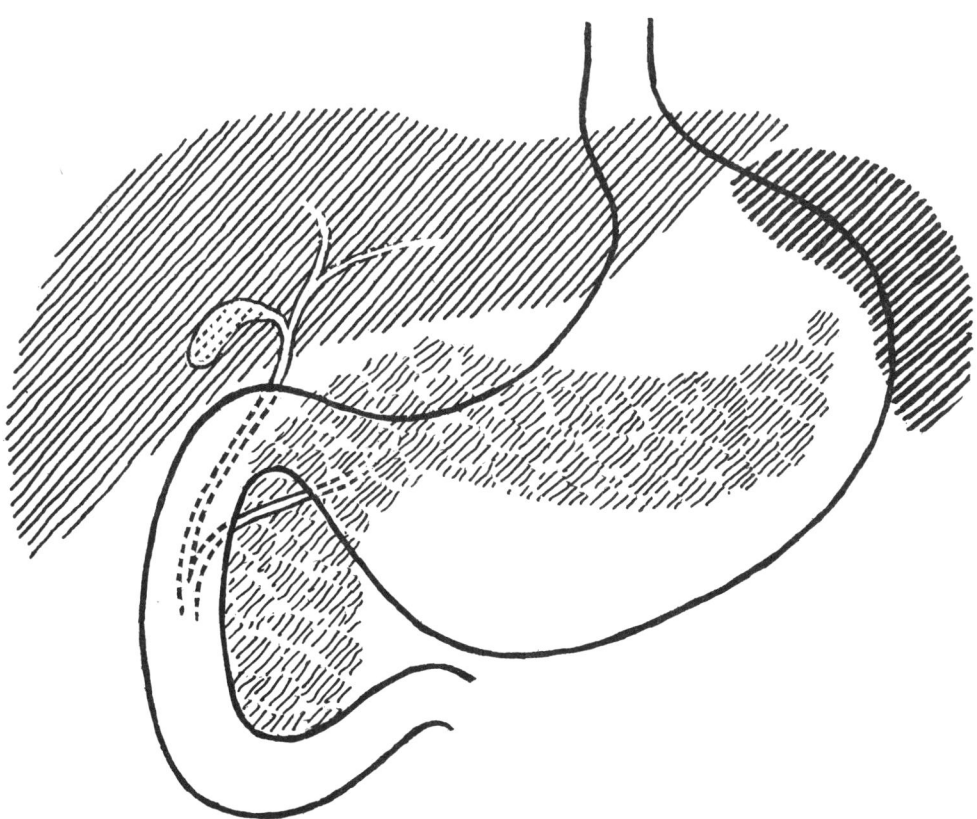

Abb. 82: *Lage der Pankreasdrüse* hinter dem Magen, vor der Lendenwirbelsäule. Magen konturiert gezeichnet, Milz und Leber schraffiert. Der Pankreasschweif ist zungenförmig zur Milz nach links oben aufwärts gebogen. Der Pankreaskopf mit Pankreasgang mündet mit dem Gallengang gemeinsam in den Zwölffingerdarm.

tomischer Bau wenig Differenzierung zeigt, was ihm den Namen Pankreas* (= ganz Fleisch) eingetragen hat. (Gemeint ist damit, dass diese Drüse ausschliesslich aus Drüsengewebe besteht, ohne weitere innere Gliederung[29].) Die Farbe der Bauchspeicheldrüse ist blass-rosa, zart-grau tingiert.

Ihre anatomische Lage ist versteckt, sie liegt in den Teilen des Bauchfells eingebettet, die den Zwölffingerdarm und den Magen, vor allem letzteren, mit der hinteren Bauchwand tragend verbinden (Mesoduodenum und Mesogastrium dorsale). Sie liegt fast horizontal, die ersten Wirbel der Lendenwirbelsäule sowie Bauchaorta und untere Hohlvene kreuzend und reicht vom rechten zum linken Hypochondrium. Im rechten Hypochondrium bildet sich die Drüsensubstanz des Pankreas, mit der sie sich in die (nach links geöffnete) Schleife des Zwölffingerdarms einschmiegt, besonders massig aus. Dieser Teil der Drüse, der auch den Drüsenausführungsgang zum Zwölffingerdarm entlässt, bildet den Stoffwechselpol des Organs (Caput pancreatis). Das linke zierliche Ende der Drüse reicht bis zum Hilus der Milz und bis zur linken Niere. Dieser Teil des Organs (cauda) stellt seinen Sinnes-Nervenpol dar. Gerade in diesem Bereich treten bei Störungen Schmerzen auf. Die Pankreasdrüse ist durchaus ein «mittleres» Organ, insofern sie mit ihrem Stoffwechselpol (fälschlicherweise «Kopf» genannt) zum repräsentativsten Stoffwechselorgan überhaupt – zur Leber hin orientiert ist, während sie mit ihrem Nervensinnespol zum «Sinnes-Rhythmusorgan» des Stoffwechsels, zur Milz, deutet[30]. Der Mittelteil der Drüse (Corpus pancreatis) liegt hinter dem Magen.

In ihrem Bau ist die Pankreasdrüse mit den Speicheldrüsen verwandt. Wie diese sondert sie ein die Nahrung aufschliessendes, allerdings viel intensiver wirkendes Drüsensekret ab. Darüber hinaus wirkt sie über das Blut unmittelbar auf den Zucker- und Glykogenprozess als entscheidend steuerndes und rhythmisierendes Zentralorgan. Da uns der anatomische Bau des Organs einerseits zunächst nur eine wenig ausgeprägte Wesenssignatur gibt, die funktionellen Leistungen dagegen geradezu einen existentiellen Mittelpunkt des Ernährungs-Stoffwechselsystems bilden, können wir, um uns unseren Weg zum Verständnis des Organs zu bahnen, es nicht unterlassen, hier einiges von seiner Pathologie anzuführen. Mehr noch als ihre unmerklich wirkenden Funktionen im gesamten Lebenslauf spricht die Krankheit das Geheimnis dieses Organs aus.

Trotz intensiver Forschungsarbeiten sind nämlich die Pankreaserkrankungen diagnostisch schwer fassbar und vor allem in ihrem Ursprung und Wesen noch recht dunkel. «Je uncharakteristischer die Beschwerden und je dürftiger die objektiven Befunde beim Vorliegen einer abdominellen Erkrankung sind, desto wahrscheinlicher ist das Vorliegen einer chronischen Pankreatitis» (Heinsen). Diese oft so untypischen und allgemeinen Erscheinungen allein weisen schon

* πᾶν = alles; κρέας = Fleisch, Drüsensubstanz.

darauf hin, dass wir es hier mit einem Organ zu tun haben, das für den Ernährungsbereich eine umfassende Bedeutung hat. Das Schmerzbild der schweren akuten und chronischen Pankreatitis kann vielfältig und irreführend sein. Auch im typischen Fall sind die Erscheinungen vieldeutig: Schmerz in der Oberbauchmitte, oft durchbohrend bis in den Rücken, nach links in die Milz- und Nierengegend – ja zum Herzen, in die linke Schulter und in den linken Arm ausstrahlend, wie bei der Angina pektoris, wie sich überhaupt der Schmerzcharakter mit seinem *Vernichtungsgefühl* in schweren Fällen nicht von dem Bild des Angina-pektoris-Anfalles oder eines Herzinfarktes unterscheidet; ein Hinweis, dass wir es mit einem Geschehen zu tun haben, das vom Ich selbst seinen Ausgang nimmt (H. H. Vogel).

Es sind vornehmlich die tief eingreifenden Rhythmusstörungen des modernen Zivilisationslebens, die das rhythmische System als Träger der Ichtätigkeit des Menschen gefährden und die sich eben auch besonders in das Pankreasgeschehen hereinsenken können[31]. Sowohl der Funktion als auch der Lage nach – zwischen Leber, Milz und Nieren in vollständiger «Mitte» gelegen, alle diese Organe bei Störungen mitergreifend – erweist sich die Bauchspeicheldrüse zwar vielleicht weniger kosmisch als sie orientiert, um so entscheidender wirksam jedoch für die auf das irdische Leben orientierte Ichtätigkeit.

Die Funktionen der Bauchspeicheldrüse

Die Bauchspeicheldrüse ist das Zentralorgan des Zucker-Glykogenstoffwechsels und des fermentativen Geschehens bei der Nahrungsverwandlung im Darmsystem. Wir betrachten zuerst die sekretorischen Vorgänge:

Das Sekret der Bauchspeicheldrüse ist dünnflüssig, eiweisshaltig und von schwach alkalischer Reaktion bei salzigem Geschmack. Die Menge beträgt 1 bis 1,5 Liter täglich. Drei Fermente finden sich im Pankreassaft: die Lipase zur Fettverdauung, das Trypsin zur Eiweissverdauung und die Amylase zur Stärkeumwandlung.

Die Tatsache, dass dem Pankreassaft ein ausgesprochen salziger Geschmack eigen ist, spricht noch eine vierte Qualität aus, die sich auf das Mineralische in der Nahrung bezieht.

Die Bauchspeicheldrüse korrespondiert mit ihren drei Fermenten und dieser vierten Qualität als stofflich-qualitatives «Geschmacksorgan» unmittelbar mit dem Geschmackssinn.

Es erscheint hier wieder besonders deutlich der Zusammenhang der Organfunktion mit einer bestimmten Sinnestätigkeit, wie sie uns schon zwischen Nierentätigkeit und Auge (zwischen Leberfunktion und Ohr) begegnet ist.

Im Bereich der nährenden Substanzverwandlung sind die mittleren Sinne tätig: Geruch, Geschmack, Gesicht und Wärmesinn. Die physische Beschaffenheit einer lebenden Substanz wird im Geruch wahrgenommen (Blütenduft, Fruchtreife, Zerfall in der Fäulnis); die ätherische Beschaffenheit als Geschmackswahrnehmung im organisch-flüssigen Geschehen; die astralische Funktion erscheint am deutlichsten in Licht und Farbenphänomenen; das Geistige wirkt im lebendig Organischen durch die Wärme. Alle diese Wahrnehmungsfunktionen halten die Mitte im Sinnesorganbereich, während sich die «unteren Sinne» in Gleichgewicht, Bewegung, Lebensfunktion und Tasten ins innere Organleben senken und die «oberen Sinne» sich in den Bereich des geistigen Menschen in Gehör, Sprache, Gedankensinn und Ichsinn erheben.

Der Geschmackssinn nimmt in der Zwölfheit der Sinnesorganisation beinahe eine vollkommene Mittelstellung ein[32]. Er ist der Sinn für die tief in der Substanz wirksame Ordnungsmacht des *Klang-* oder *Ordnungsäthers*. Bis in diese Bereiche greift das Ich im Wahrnehmen (Geschmackserlebnis) ein als die Instanz, aus der und in der alle Ordnung begründet ist, denn Ichtätigkeit ist Ordnung.

Im Geschmackssinn offenbaren sich vier elementare Seinskategorien der Substanz in den Qualitäten

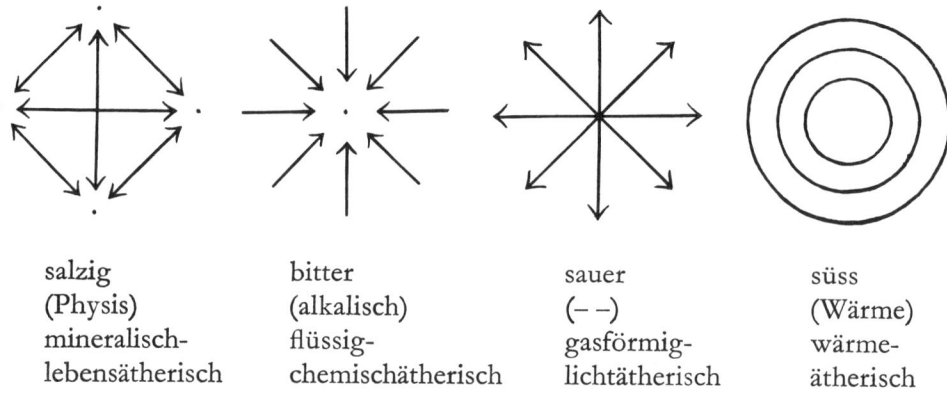

salzig	bitter	sauer	süss
(Physis)	(alkalisch)	(- -)	(Wärme)
mineralisch-lebensätherisch	flüssig-chemischätherisch	gasförmig-lichtätherisch	wärme-ätherisch

Bei der Sinnestätigkeit des Schmeckens tauchen die Wesensglieder in die ihnen verwandten Elemente der gelösten Substanz und gehen eine Kommunikation mit ihnen ein. Gleiches nimmt Gleiches wahr, Verwandtes verbindet sich, Organ und Element bedingen einander.

Die Mineralwelt ist der irdisch-physische Niederschlag des Lebensäthers. Im «Salzgeschmack» erlebt das Sinnesbewusstsein den physisch-mineralischen Charakter der Substanz. Die Sinnesqualität «bitter» ist ein Wahrnehmungsphänomen der Kommunikation des freien menschlichen Chemismus mit dem chemisch-ätherischen Zustand der Substanz. Die Qualität «sauer» ist ein Wahrnehmungsphänomen des Lichtätherischen, die Qualität «süss» ein Wahrnehmungsphänomen des Wärmeätherischen. Vom Organismus her gesehen erscheint also das Ergebnis

salzig: als die Kardinal-Empfindung für die physische Organisation,
bitter: für die ätherische Organisation,
sauer: für die astralische Organisation,
süss: für die Wirksamkeit der Ichorganisation.

Diese im «oberen Menschen» sich vollziehende vierfache Sinnesfunktion des Schmeckens ist spontan begleitet durch die entsprechende Drüsentätigkeit im «unteren Menschen».

Im Geschmackssinn treten die menschlichen Wesensglieder in dieser Weise in ein «magisches Verhältnis» zur Substanz. Das Schmecken löst in der Tiefe des Organismus einen simultanen Absonderungsprozess aus, der die aufgenommene Nahrung in der entsprechenden Weise empfängt. Eine Identifizierung der menschlichen Wesensglieder mit der empfangenen Substanz wird angebahnt. Alle diese Vorgänge spielen sich im Bereich des Flüssig-Ätherischen ab. Die Nahrung muss in ihren chemisch-ätherischen Zustand gebracht werden, um vom Organismus überhaupt aufgenommen zu werden; dies geschieht durch den Pankreassaft.

Alle Substanzen: die mineralische, die in der Pflanze durch Licht und Wärme modifizierte lebendige Substanz (Stärke, Zucker, Fette und ätherische Öle), das durch tieferes Hereinwirken seelischer Kräfte entstandene Eiweiss und Fett im Tier werden unmittelbar vom Chemismus des Organismus ergriffen und «assimiliert», um sie den höheren Wesensgliedern zugänglich zu machen. Dieser Vorgang spielt sich vorwiegend im Zwölffingerdarm durch die Wirksamkeit der Bauchspeicheldrüse ab. Folgende Fermentdreiheit kommt durch das Pankreas zur Wirksamkeit:

I. Diastase (Amylase)
   Durch sie wird die Stärke zu Traubenzucker.
II. Trypsin
   Eiweissaufschliessendes Ferment.
III. Lipase
   Fettaufschliessendes Ferment.

Wir finden in den Fermenten des Pankreas wiederum die lebendige, substanzgewordene Wesensgliederorganisation. Innerhalb der Bauchspeicheldrüse selbst sind sie noch inaktiv, sie werden erst im Darm durch spezifische Aktivatoren (Kinasen, Profermente) zur Tätigkeit geweckt[33].

Worauf beruht nun das fermentative Geschehen? Die in den verschiedenen Fermenten wirksamen Wesensglieder ergreifen die ihnen verwandten Substanzen und «verleiben» sie sich ein. Das Ich verwandelt die im Wärmeelement konstituierten Stoffe (Öle und Fette) wieder in Wärme, die astralische Organisation «veratmet» die vom Lichtäther aufgebauten Substanzen (Stärke und Zucker), die vom chemischen Äther gestalteten Stoffe werden von der ätherischen Organisation «verflüssigt».

Die Inselorgane der Pankreasdrüse

Bisher haben wir uns mit dem drüsigen (azinösen) Teil der Bauchspeicheldrüse beschäftigt, der den Stoffwechselpol und den Hauptanteil des Drüsenkörpers ausmacht. Nun wendet sich unsere Betrachtung den höheren Funktionen des Organs, der innersekretorischen Wirksamkeit zu.

Der Anatomie entziehen sich diese Funktionsbezirke des Organs noch mehr als die bisher geschilderten Teile, die sich kaum von den typischen Speicheldrüsen unterschieden haben. Denn es handelt sich bei den Inselorganen des Pankreas nicht um fixe Bestandteile, sondern um dynamisch im Lebensverlauf entstehende und wieder vergehende Gebilde, die wir vor allem im grazilen, zur Milz hin orientierten Teil der Drüse (cauda) antreffen. Es finden sich hier nämlich unter dem Namen der «Langerhans'schen Inseln»[34] zellige Organe, die im ständigen Prozess des Entstehens und Vergehens mit dem Lebenszyklus der roten Blutkörperchen verwandt sind. Bei diesen Organellen werden zwei Typen unterschieden, die sich auch funktionell polar zueinander verhalten, die A- und B-Zellen. In ihrer Lage sind sie meist so angeordnet, dass die B-Komplexe mehr zentral, die A-Zellen mehr peripher liegen und vielfach einen geschlossenen Ring um die B-Zellen bilden. Die B-Organellen erzeugen jenes Inkret, welches die Umwandlung des Traubenzuckers in organische Stärke, in Glykogen bewirkt (Insulin). Die A-Organellen hingegen erzeugen das inkretorische Ferment Glukagon, das über das Blut das Glykogen wieder auflöst und in organeigenen Traubenzucker zurückverwandelt. Es ist charakteristisch, dass beide Organkomplexe dauernd zellulär neu entstehen und wiederum vergehen und dabei ihre inkretorischen Einflüsse ins Blut aufbauend und auflösend entlassen. Man kann darin geradezu die Signatur der insulinbildenden B-Organellen als assimilierende, glykogenbildende, inkarnationsbefördernde Kräfte ablesen, während die glukagonerzeugenden A-Organellen Auflösung, Exkarnation (Dissimilation), Überführung von Zucker in Wärme bewirken. In diesen Zentralfunktionen des Stoffwechsellebens steht die Pankreasdrüse genau in der Mitte zwischen Hypophysenwirksamkeit und Nebennierenwirksamkeit.

Sowohl von der Hypophyse (Hypophysenvorderlappen) als auch von der Nebenniere (Mark) wirkt ein ständiger gegenläufiger Kräftestrom[35], und zwar ein substanzbildender Impuls von oben nach unten (Hypophyse) und ein substanzdynamisierender Strom von unten nach oben (Nebenniere). In diese Polarität, die sich unter der besonderen Wirksamkeit der astralischen Organisation vollzieht, greift ordnend, regulierend und im höheren Sinn harmonisierend, als «dynamischer Stabilisator» das Ich als die Kraft der Mitte ein, und zwar durch die eben dargestellten Funktionen des Inselorgans.

Insulinbildende und glukagonbildende Organellen können als Ein- und Austrittspforten für die grosse Polarität der nach oben ausstrahlenden Kräfte der Nieren-Nebennierenstrahlung und der nach unten einstrahlenden substanzbildenden Kräfte der Hypophyse betrachtet werden. Nebenniere und Hypophyse haben beide eine unmittelbare Beziehung zum Zuckerstoffwechsel und zum Blutzuckerspiegel. Man kann sagen, dass der hypophysäre substanzbildende Prozess und der suprarenale, substanzdynamisierende Prozess sich in beiden Richtungen des Stärke-Zucker-Glykogen-Zucker-Verwandlungsgeschehens als ihres organisch-physischen Substrates bedienen. Es ist in beiden Richtungen der Zucker, der nach oben freiwerdend, sich sublimierend über die Glukagon-Organellen wirkt (Adrenalin) und nach unten sich verdichtend über die Insulinorganellen (Hypophyse) zur Glykogenassimilation gelangt[36].

In dieses polarisch-astrale Kräftespiel greift das Ich unmittelbar durch das Pankreas steuernd und ordnend ein. Dabei wird nicht der Zucker als solcher von der Ichorganisation ergriffen, sondern der Zucker in seiner Umwandlung von Glykogen in Wärmequalität. Diese ist die Grundlage der Ichwirksamkeit. Nur so ist es verständlich, dass bei zu schwachem Eingreifen des Ichs der mit der Nahrung aufgenommene Zucker weder assimiliert noch in Wärme sublimiert werden kann, sondern, dem Organismus fremdbleibend, im Harn ausgeschieden wird (Diabetes).

Der Rhythmus der Inselorgane

In der Wechselwirkung der Glukagon- und der Insulin-Organellen (A- und B-Zellen) vollzieht sich ein Rhythmus, der wie Tag und Nacht unter der Herrschaft der kosmisch-astralen Kräfte steht. Die Insulin-Organellen wirken in der Nacht mit der Leber organaufbauend, die Glukagonzellen am Tage dissimilierend. Über diesem Tag- und Nachtrhythmus aber wirkt umfassend das «Ich». Wie Sonnenaufgang und Sonnenuntergang erscheinen in den Tiefen des Stoffwechselgeschehens die Inselorgane, um im Übergang der Substanzen von der Dichte zur Leichte, von der Leichte zur Dichte ins Kraftfeld der Gleichgewichtsfunktion des Ichs einzutreten.

Denken wir uns das Ichwesen inmitten polarer tierischer Organisation, zum Beispiel inmitten der Polarität von Kaltblütern (winterschlafenden Tieren, Selachiern) und Reptilien einerseits und Vögeln andererseits. Der Blutzuckerspiegel dieser Tiere verhält sich durchaus polar zur Mittelstellung des Blutzuckers beim

Menschen als Ausdruck seiner seelisch-geistigen Zentralstellung, in der allein eine freie Bewusstseinsentfaltung möglich ist[37]. Kaltblüter haben einen hohen Anteil an insulinbildenden Funktionsorganen (B-Zellen), ebenso die Winterschläfer im Winterschlaf und die Tiefseefische gegenüber den im Oberflächenwasser lebenden Arten. Die Vögel dagegen weisen einen hohen Anteil glukagonbildender Funktionsorgane (A-Zellen) auf[38], d.h. aber, dass sie einseitig in seelischer Dissimilation bei hohem Blutzucker und höchster Organwärme sich über die Erde erheben. In der Bauchspeicheldrüse offenbart sich auf dem Felde der Substanzverwandlung die hohe Gleichgewichts- und Rhythmusfunktion des schaffenden Ichwesens. Es kann im Organismus nur dort bis in die Stofflichkeit eingreifen und in Tätigkeit treten, wo es die Substanz bis auf die Wärmestufe heraufgehoben hat. Diese Wirksamkeit des Ichs hat man sich nach zwei Richtungen hin in polarer Weise zu denken: Einmal wirkt es in die organisierende Tätigkeit der übrigen Wesensglieder rhythmisierend und ordnend hinein, wobei sich organische Formen auflösen und Energien freiwerden, zum anderen bewirkt es die Einordnung der beteiligten Glieder, die ohne seine Tätigkeit in allzu einseitige Differenzierungen drängen würden (Tierreich).

Die stets in statu nascendi wirkende Tätigkeit des Ichs finden wir im Stoffwechselbereich am deutlichsten in der Bauchspeicheldrüse, so wie wir in der Niere die vorwiegende Wirkung des Seelenleibes, in der Leber diejenige des Lebensleibes und in der Milz diejenige der Urphysis erblickten. Das Ich als ordnende Macht des Ganzen erscheint gerade da, wo eine anatomische Organdifferenzierung weitgehend fehlt.

VIII. Bewegung

Das Fehlen einer äusseren Ursache ist kennzeichnend für das Erlebnis lebendiger Bewegung.   Viktor von Weizsäcker[1]

Die Selbstbewegung ist nichts Unbegreifliches, Unbekanntes, ausser, wenn Begreifen heisst, dass etwas Anderes, die Ursache, aufgezeigt werde, von der es bewirkt wird.
Georg Wilhelm Friedrich Hegel[2]

Die Idee, welche durch ihr sich Darleben im Äther die organische Bildung setzt und durch... innere Bewegung erhält, kann auch eine Bewegung des Gebildeten (Organismus) setzen und dergleichen wird... als ein Urphänomen der Bewegung anzusehen sein.   Carl Gustav Carus[3]

Sinn der Bewegung

Das Urphänomen der Bewegung lässt sich vom isolierten Verstande nicht erfassen. Mit dem Verstande können wir nur feststellen, dass ein Körper seinen Standort im Raum verändert hat. Indem ein Gegenstand eine neue Position erhält, verändert sich auch etwas in der Zeit. Den äusserlichen Dislokationen entsprechen physikalisch-mechanische Bewegungsursachen, die für das Verständnis lebendiger Bewegung des Organismus jedoch nichts besagen. Lebendige Bewegung ist also nicht ein kausales Geschehen im Raum, sondern auch ein Zeitgeschehen, ein Zeitprozess. Dies gilt für alle Bewegungsabläufe im Organismus und im Kosmos.

An den Kategorien von Raum und Zeit findet das Bewegungsgeschehen seine Pole, an denen wir den dynamischen Vorgang zu messen versuchen. Es ist zu beobachten, wie sich ein lebendiges Wesen im Raum und in der Zeit anders bewegt als ein mechanisch in Bewegung gesetzter lebloser Gegenstand. Im Lebensgeschehen können wir, schon bevor wir einen Bewegungsvollzug ermessen, von «Wachstumsbewegung»[4] sprechen. Wachstumsbewegungen finden wir bei der Entwicklung aller Organismen, vor allem aber im Pflanzenleben, wo diese Bewegungsform entschieden vorherrscht.

Der höhere Organismus verändert sich dagegen bei seiner Bewegung von innen her, indem er das Bewegungsgeschehen nicht nur mechanisch ablaufen lässt, sondern es in Verwandlungen gestaltet und schliesslich in ein ganz bestimmtes Ziel führt. Im Bewegungsimpuls selber lebt und wirkt bereits das Bewegungsziel.

Jede Lebensregung erhält so eine «eigen-sinnige» frei gewählte Richtung zur Verwirklichung einer besonderen Aufgabe. Dieses Bewegungsgeschehen können wir über die blosse Lebensregung hinaus als eine Seelenäusserung, ja, als eine seelisch-geistige Wirkung im Organismus auffassen. Im Auftreffen unserer Bewegung auf die Raum-Zeit-Polarität stossen wir uns wach und werden der Bewegung gewahr. Hier setzt der «Bewegungssinn» ein. Dieser Sinn leitet uns bei unserer Eigenbewegung (weswegen Rudolf Steiner in seiner Sinneslehre vom «Eigenbewegungssinn» spricht).

Zu jedem Sinnesorgan gehört ein Sinneselement, dem es seine Entstehung verdankt, – das Licht zum Auge, – der Ton zum Ohr. Welches ist aber das *Sinneselement* des Bewegungssinnes? Das Wesen lebendiger Bewegung müsste uns verschlossen bleiben, wenn wir uns nicht mit dem Bewegungselement selber unmittelbar identifizieren könnten. Wir selber sind das organschaffende Element unserer Bewegungsorganisation. Darin liegt das Urphänomen der Bewegung. Man könnte fragen, ob im Bewegungsgeschehen mehr das Zeit- oder mehr das Raumerlebnis vorherrsche, oder ob nicht gegenüber diesen Erlebnissen vielmehr eine neue spezifische Qualitätserfahrung einsetze? Wesentlich ist hier zunächst, dass wir Raum und Zeit nur als Polaritäten, nur als Konstituenten eines dynamischen Prozesses auffassen. Den Prozess können wir unmittelbar erleben, weil wir uns selber bewegend in der Bewegung erfahren. Für unser Bewusstsein bleibt der Bewegungsprozess jedoch in seiner Dynamik schwer fassbar, denn unsere Vorstellung zerstückelt uns nachträglich den originären Bewegungsfluss zu fixierten Raum- und Zeitbezügen. Die bewusstseinsmässig eindeutiger bestimmbare Polarität von Raum und Zeit, bei der wir uns einmal mehr auf die Raumgrenzen, das andere Mal mehr auf die Zeitdimensionen konzentrieren, ist dagegen direkt begreiflich, – obschon das Zeitelement, für sich betrachtet, schwerer als der Raum zu fassen ist. Das Erleben der Bewegung dagegen bindet sich weder im Räumlichen noch im Zeitlichen. Bewegung und Bewegungserlebnis erhebt sich über die Raum-Zeit-Polarität. Es überflügelt in seiner originären Qualität Zeitdimensionen und Raumgrenzen.

> Du zählst nicht mehr, berechnest keine Zeit und jeder Schritt
> ist Unermesslichkeit.
> Goethe, Proömion

Blosses Raumerlebnis ist zur Ruhe gelangte Bewegung. Reines Zeiterlebnis löst alle Raumkonturen auf, ist unendliche Bewegung. Hier ist zu fragen, inwieweit Zeit und Raum als Kategorien unserer Organisation gelten können. Unser Nervensystem bildet jedenfalls in sich selbst schon ein vollkommen dichtes Raum-Körpergefüge, das den Leib zur körperhaften Einheit zusammenfasst. Es ist daher aller Räumlichkeit von der eigenen Struktur und Funktion her nahe verwandt. Ist deshalb alles Räumliche dem konstruktiven Intellekt so unmittelbar zugänglich und einsichtig? Der «Seelenorganismus» unseres Nervensystems ist aufs engste mit dem physischen Leib verbunden: Raum- und Körpersinne bilden sich aus. Prototyp ist der Lage- und Gleichgewichtssinn.

Das Zeiterleben, von Wachstumsprozessen, vom ätherischen Geschehen getragen, entzieht sich darin weitgehend unserem miterlebenden Verständnis. Es wirkt zu tief in der unbewusst vegetativen Organisation: Hier bilden sich Zeit- und Lebenssinne aus, durch die wir Wohlbehagen, Sättigung und Lust, aber auch Mangel, Hunger und Durst, ja Schmerz empfinden.

Für das Zeiterleben bedarf es, wie für das Raumerleben, eines eigenen Sinnes, eines Zeitsinnes. Als solchen können wir den Lebenssinn auffassen, mittels dessen wir die Lebensprozesse des ganzen Organismus empfindend begleiten. Der Bewegungssinn steht jedoch über dem Raum- und Zeiterleben, – über Zeitsinnlichkeit und Raumsinnlichkeit, wie sehr er auch mit ihnen als Polaritäten in Zusammenhang steht.

Der eigentliche Erlebnisbereich für den Bewegungssinn ist die spontane Bewegung eines lebendigen Organismus in seiner inneren Motivation, seiner Zielbestimmtheit und Freiheit. Bewegung ist eine Ur-Offenbarung des Willens. Die Seins-Qualitäten der Bewegung fassen wir in diesem Sinne unter dem Begriff der Intention zusammen[5].

Für unseren Organismus gilt, dass er seine Stellung im Raum (und in der Zeit) aus sich selbst heraus ändert, und zwar aus seinen inneren intentionalen Kräften heraus. Inneres Raumerlebnis und inneres Zeiterlebnis als Empfindungsdimensionen sind das Ergebnis von intentionalen Bewegungsimpulsen, durch welche sich das Erleben der äusseren Welt nach inneren Intentionen verändert und mit diesen möglicherweise identisch werden kann. Wir selber sind es, die aus den Kräften unseres Bewegungssinnes die Zeit- und Raumqualitäten setzen.

So entspricht unserem Raumerleben ein inneres Seelen-Raumerleben, an dem die Leiblichkeit erst nachträglich «ermessen» und «bemessen» wird. Alle Masse wie «Fuss», «Hand» (Palm), «Elle», «Klafter» u.a. sind Bemessungen des Seelenleibes, des Seelenraumes, in und an der Leiblichkeit, und erst im übertragenen Sinne sind sie dann wieder Raummessung am Körper und am äusseren Raum. Alles Zählen und Messen geht insofern aus innerlichen Akten des Zeit- und Lebenssinnes und des Seelen-Raum-Sinnes hervor. *Beiden aber geht Bewegung voraus.*

Beim Zeit- und Raumerleben handelt es sich also um Prozesse, die durch die entsprechenden Sinne erfahren werden, nicht aber um physikalische Raum-Zeit-Bestimmungen, die als Abstraktionen ausserhalb der organischen Entwicklung der Raum-Zeit-Empfindungen stehen und vom lebendigen Erleben nicht mehr durchdrungen werden. Die Physik hat das Raum-Zeitmass ausserorganisch bestimmt und damit das *Leben* der qualitätslosen Allgemeingültigkeit des «Meters», – der «Sekunde» usw. unterworfen. Aber über allen physikalisch-starr-fixierten räumlich-zeitlichen Koordinatensystemen bleibt die organische Bewegungsdynamik, das an die Ganzheit organischer Entwicklung geknüpfte lebendige Raum-Zeit-Erleben als wesentlich qualitative Raum-Zeit-*Erfüllung* und *Bewertung* bestehen.

Daher kommt es, dass sich gemäss der inneren Entwicklung das *Mass-* und *Zeit-Erleben* in mannigfaltiger Weise verändert, – dass sich unser vom Lebens- und Seelengefühl bestimmtes Proportions-Erleben dauernd weiterentwickelt. Hierin liegt der Grund der Umwandlung der Stilepochen und Rhythmusproportionen in den Kunstperioden. Diese sind in keiner Weise nur von aussen her «erfunden» und «gemacht», sie sind vielmehr aus dem Urquell intentionaler Kräfte, aus der lebendigen inneren Bewegung heraus entsprungen und in den Raum hinaus gewachsen. Dem Heranwachsenden wird ein bisher gross Empfundenes klein und das klein Erlebte bei neuer Interessenrichtung gross und bedeutungsvoll; so auch Zeit und Zeitperioden.

> Ich schreite kaum, doch wähn ich mich schon weit. –
> Du siehst, mein Sohn, zum Raum wird hier die Zeit.
> Richard Wagner, Parsival

Originäre Bewegungsimpulse heben die Raum-Zeit-Polarität mehr oder weniger auf und lassen so immer neue Bewegungs-Willensimpulse in den Lebensprozess einfliessen. So wird nach dem Goetheschen Gesetz von *Polarität und Steigerung* im Spannungsfeld zwischen Raum und Zeit die Bewegung immer aufs neue und immer auf höheren Stufen im Sinne geistig organischen Metamorphosengeschehens konstituiert.

Schöpferisch intentionale Bewegungsgestaltungen stehen daher weit über physikalisch-mathematisch fixierten Raum-Zeit-Bestimmungen. Es sind dies die uranfänglichen «Willensimpulse», die von ihrem ersten Aktionsmoment an die Organisation gestalten, bewegen und beleben und in immer neuen Schöpfungsakten im Gange halten. So ergreift die Bewegung die Elemente, die sie gestaltet und verwandelt und jede Berührung wird für den Bewegungswillen Symbol der Umwandlung der Welt.

Bewegung ist ihrem Wesen nach geistig-organische Wirklichkeit innerhalb der Sinneswelt. *Wille «ist die Idee selbst als Kraft aufgefasst»* (Steiner[6]). In gleichem Sinne gilt: *Bewegung ist Idee*, die als Kraft urphänomenal auftritt. Damit ist das Wesen der intentionalen Kräfte, des Willens und der Bewegung, die das Leben ausmachen, charakterisiert. Wille und Bewegung sind als Urphänomen identisch, – Ideenhaftigkeit in statu nascendi, am Inkarnationspol des Seins. Mit jeder Bewegung fasst ein Geistiges Fuss im irdischen Dasein.

Bewegung ist daher wesenhaft, wie im Vollzug, überräumlich, überzeitlich zu denken. Im Lebenslauf bleibt sie als die Raum-Zeit-überwindende Kraft der Lebens- und Schicksalsmetamorphosen wirksam.

Aus der Erfahrung der Bewegung schöpft Plato («Nomoi») seinen Gottesbeweis und in seiner Nachfolge Cicero:

«Wie diese Welt an ihrem Teil vergänglich, Gott aber selbst ewig ist, so bewegt der unsterbliche Geist den hinfälligen Körper. Denn was immer in Bewegung ist, ist ewig, was aber die Bewegung weiterträgt und selbst von anderswoher bewegt wird, dessen Leben muss ein Ende nehmen, wo die Bewegung endet. Allein also was sich aus sich bewegt, weil es niemals von sich selbst im Stich gelassen wird, das allein hört nicht nur niemals auf, sich zu bewegen: es ist auch für alles übrige Bewegte Ursprung und Urgrund der Bewegung... Der Urgrund aber hat selber keinen Ursprung. Denn aus dem Urgrund entspringt alles...

So kommt es, dass der Urgrund aller Bewegung in dem gefunden wird, das sich aus sich selber bewegt. Der aber kann weder entstehen noch vergehen. Sonst müsste der ganze Himmel einfallen, und alle Natur müsste stille stehen und könnte keinerlei Kraft gewinnen, durch deren Anstoss sie bewegt würde. Leuchtet demnach ein, dass das, was sich aus sich bewegt, ewig sei, wer will leugnen, dass eine solche Natur den Seelen zugeteilt sei? Seelenlos ist nämlich alles, was durch Stoss von aussen bewegt wird. Was aber beseelt ist, regt sich durch inwendige Bewegung und zwar durch seine eigene. Denn eine solche ist der Seele eigenste Natur und Kraft... Wenn also unter allen Dingen allein sie es ist, die sich aus sich selber bewegt, so ist sie gewisslich nimmer geboren und ist ewig» (Cicero, Somnium Scipionis[7]).

Der uranfänglich-urphänomenale Bewegungs-Willensimpuls verbirgt sich freilich unserem an die äussere Zeit- und an die Raum-Illusion geketteten Tagesbewusstsein. Kaum, dass er uns durch den innerlichen Tonus und Turgor*, den wir mit dem Lebenssinn wahrnehmen, durch ein inneres Richtungs- und Wärme-Erleben fühlbar wird. Wir bewegen uns meistens doch ganz unbewusst. Zunächst fehlt uns ein vollentwickeltes Wahrnehmungsorgan für die Totalität des Bewegungsgeschehens, denn auch der Bewegungssinn schlummert erst noch für unser Bewusstsein weitgehend und wirkt nur aus dem Verborgenen lenkend und führend im Ätherbereich der Organisation, in den die Bewegungsimpulse einströmen. Das Funktionsgeschehen des Bewegungssinnes liegt eben vorwiegend in seiner *Sinnes-Tätigkeit*, weniger schon im Sinnesgefühl oder gar in bewusster Sinneswahrnehmung. Die Sinnestätigkeit vollzieht sich gegenüber den beiden anderen Sinnesfunktionen tief im Willensbereich der Organisation und wirkt daher weitgehend unbewusst. Suchen wir die Willens-Wärme- und Richtungsimpulse der Bewegung mit unserem gewöhnlichen Tagesbewusstsein zu erfassen, so ziehen sie sich ins Unbegreifliche zurück.

In bezug auf die Wahrnehmung der Bewegungsimpulse stehen wir vor einem Grenzerlebnis des Bewusstseins. Dieses Grenzerlebnis schildert Goethe in seiner Dichtung «Die Geheimnisse»: Bruder Markus gelangt nach langer Pilgerfahrt, bei aufziehender Sternennacht, in den Schicksalskreis einer an die Gralsgemeinschaft erinnernden Bruderschaft, die in ihm einen Boten, einen bedeutenden Nachfolger ihres bald dahinscheidenden «Humanus» erwartet und begrüsst.

Indem Goethe nun zur Schilderung einer Einweihung ansetzt, wird die Dichtung «Mysteriendarstellung» der Raum-Zeit-Problematik und des Bewegungsgeheimnisses:

> Das, was du siehst, will mehr und mehr bedeuten,
> Ein Teppich deckt es bald und bald ein Flor.
> Beliebt es dir, so magst du dich bereiten.
> Du kamst, o Freund, nur erst durchs erste Tor:
> Im Vorhof bist du freundlich aufgenommen,
> Und scheinst mir wert, ins Innerste zu kommen.

---

* Turgor = Schwellung, von lat. turgescere = kräftigwerden, anwachsen, Kraft = Kraftgefühl.

Und wie vollzieht sich nun die Einweihung?

Im Frührot eines neu heraufziehenden Tages wird im *Erwachen* erlebt, was vor und über der Zeitlichkeit, über aller Raumenge wirksam ist, worin jeder Mensch «Himmelssohn» ist:

> Nach kurzem Schlaf in einer stillen Zelle
> Weckt unsern Freund ein dumpfer Glockenton.
> Er rafft sich auf mit unverdrossner Schnelle,
> Dem Ruf der Andacht folgt der Himmelssohn.
> Geschwind bekleidet, eilt er nach der Schwelle,
> Es eilt sein Herz voraus zur Kirche schon,
> Gehorsam ruhig durch Gebet beflügelt;
> Er klinkt *am Schloss und findet es verriegelt*.

Erwachend findet sich der Mensch in Raum- und Zeit-Verengung gebannt, die Pforte zu freierem und höherem Erleben ist verriegelt, aber er vermag gerade noch das Morgen-Ereignis, das ihn und die Menschheit betrifft, zu schauen:

> Und wie er horcht, so wird in gleichen Zeiten
> Dreimal ein Schlag auf hohles Erz erneut,
> Nicht Schlag der Uhr und auch nicht Glockenläuten,
> Ein Flötenton mischt sich von Zeit zu Zeit;
> Der Schall, der seltsam ist und schwer zu deuten,
> Bewegt sich so, dass er das Herz erfreut.
> Einladend ernst, als wenn sich mit Gesängen
> Zufriedne Paare durcheinander schlängen.
> Er eilt ans Fenster, dort vielleicht zu schauen,
> Was ihn verwirrt und wunderbar ergreift;
> Er sieht den Tag im fernen Osten grauen...

Mit dem Erlebnis der irdisch-räumlichen Eingeschlossenheit – des kosmischen Ausgeschlossenseins – vermag er gerade noch die überräumlich-überzeitliche Weite des eigenen kosmischen Ursprungs als vorirdisch-vorbewusstes Seins-Erleben in Klang- und Bewegungs-Imaginationen wahrzunehmen:

> Drei Jünglinge mit Fackeln in den Händen
> Sieht er sich eilend durch die Gänge wenden.
> Er sieht genau die weissen Kleider glänzen,
> Die ihnen knapp und wohl am Leibe stehn,
> Ihr lockig Haupt kann er mit Blumenkränzen,
> Mit Rosen ihren Gurt umwunden sehn:
> Es scheint, als kämen sie von nächt'gen Tänzen,
> Sie eilen nun und löschen, wie die Sterne,
> Die Fackeln aus und schwinden in die Ferne.

Hier endet das Fragment. So verdämmern für das Bewusstsein bei fortschreitender Inkarnation über Kindheit und Jugend hinaus die tiefen Empfindungen kosmischer Regungen in uns, auf deren Entfaltung und Steigerung im Lebens- und Schicksalsverlauf unser Dasein ursprünglich angelegt ist. Wir finden uns immer wieder vor verschlossenen Türen und in enger räumlich-zeitlicher Klausur unserer Leiblichkeit. Aber dennoch fühlen wir, wenn auch oft nur ahnend – und selten genug –, die Tiefenströmungen und Kräftebewegungen des Lebens als Willensbewegung, als Selbstbewegungswille in unmittelbarer Realität.

Im Alltäglichen mag Bewegung noch so sehr im Unbewussten bleiben, – in der Kunsttätigkeit tritt sie mit deren Entwicklung immer klarer und reiner hervor. Die Bewegung, die hier aus ideeller Gestaltung auf den Bewegungssinn und durch ihn auf den ganzen Organismus belebend und anregend einwirkt, kann durch ihre Funktion zu einer Bewegungs-Kunst-Tätigkeit auf immer höhere Stufen heraufgehoben werden. Dies ist die intentionale Strebung, die uns überhaupt zur Kunsttätigkeit hinzieht, – jene Wesenskraft, die Goethe in seinen «Urworten» als «Elpis» anruft:

> Doch solcher *Grenze*, solcher ehrnen *Mauer*
> Höchst widerwärt'ge *Pforte* wird *entriegelt*,
> Sie stehe nur mit *alter Felsendauer*!
> Ein Wesen regt sich leicht und ungezügelt:
> Aus Wolkendecke, Nebel, Regenschauer
> Erhebt sie uns, mit ihr, durch sie beflügelt –
> Ihr kennt sie wohl, sie schwärmt durch alle Zonen –
> Ein Flügelschlag – und hinter uns Äonen!

Die schöpferische Bewegung, das Bewegungswesen in der Kunsttätigkeit ist es, das Raum- und Zeitgrenzen erweitert, ja überwindet oder sogar sprengt. Der Mensch steht so mitten zwischen raumschaffenden und zeitwirksamen Kräften darinnen. Erstere bringen ihn in die Gefahr überformender Erstarrung. Letztere in die der Auflösung. In seiner Eigenbewegung bleibt der Mensch von beiden Gefahren frei, wenn er sie nur ergreift.

Bewegend wird er aus seiner merkurialen Mitte heraus tätig, in der sich sein Ichwesen in Bewegungs-Willen, «Intention», in Bewegungs-Gefühl, «Prozess», und in der Erkenntnis-Bewegung, «Motiv», vollendet. In der Vereinigung dieser drei Entwicklungsstufen der Bewegung erschafft der Mensch die Identität von Handeln und Erkennen. Wer diese Identität herzustellen vermag, wird zum freien Beweger der Bewegung[8].

Die Bewegungswelt

Wollten wir das Wesen der Bewegung umfassend darstellen, so hätten wir von den Bewegungsphänomenen des Kosmos, des Sonnensystems mit den Bewegungsreigen der Planeten auszugehen. Der Zusammenhang dieser Welt- und Lebensbewegungen mit der Biosphäre der Erde ist unmittelbar gegeben. Wenn es uns bei dieser Arbeit auch versagt ist, die kosmischen Grossbewegungen darzustellen, so darf doch nicht versäumt werden, vor Beginn der Schilderung der menschlichen Bewegungsorganisation wenigstens an diese makrokosmischen Bewegungswelten zu erinnern.

Näher berühren uns schon die Bewegungskreisläufe der Erde und ihrer Elemente. Ihre Bewegung im kosmischen Zusammenhang der Jahreszeiten, im Wechsel von Tag und Nacht, – im Zeit- und Raum-durcheilenden Prozess machen den unmittelbaren Zusammenhang von Kosmos und Organismus offenbar.

In eine ganz neue und geheimnisvolle Bewegungswelt treten wir jedoch ein, wenn wir die erwähnten Bewegungsphänomene der Lebewesen – der Pflanzenwelt, der Tierwelt und des Menschen betrachten. Die Bewegungsformen, die wir hier in stufenweiser Entwicklung studieren können, sind Elemente einer individuelleren Evolution, die sich der kosmischen Bewegung anschliesst, einfügt, – dann aber auch aus eigener «Bewegungsfreiheit» den Weltenprozess mitgestaltet.

Die Bewegung der Pflanze

Für das Phänomen der «Wachstums- und Ernährungsbewegung» (Assimilation) tritt unmittelbar das Bild der sprossenden Pflanze vor uns. Bei der Pflanze können wir von *«vegetativer Bewegung»*[9] sprechen. Diese «Pflanzen-Bewegung» ist in der Begrenzung ihres Naturreiches noch ganz unmittelbar kosmisch-planetarischer Herkunft. Im ruhenden Samen sind alle diese Kräfte wie vom Kosmos hereinokuliert (wörtlich: hereingeäugt), um sich im Jahreszeiten-Rhythmus wiederum mit Hilfe kosmischer Bewegungsanregungen zu einem neuen Pflanzenleben zu entfalten. Bei diesem ganzen Geschehen macht die tellurisch-stoffliche Grundlage nur den geringsten Teil im Gesamtgeschehen aus. Das *Zeitliche* überwiegt. Die Bewegung des Substanzstromes, hier als kosmisch-ätherisches Zeitelement verstanden, bestimmt den Prozess. Stofflichkeit erscheint nur als vorläufige Grenze und als Ende der Bewegung in der Ausformung.

Die Bewegung des Tieres

Deutlicher und differenzierter erscheinen uns die Bewegungsvorgänge, die wir im *Befruchtungs*-Geschehen schon bei der Pflanze im Blütenbereich, ausgeprägt aber erst in der Tierwelt in der Dynamik des Zeugungs-Geschehens erleben. Das

Sein ist in Polaritäten auseinandergetreten, und in das so geschaffene Spannungsfeld tritt eine höhere Bewegungsintention ein. Neue «Bewegungsorgane» (ὁρμάω, ὀργάω = ich bewege mich), höhere Bewegungsfunktionen werden entwickelt. Zwei Naturreiche verbinden sich schon im Blütensein der Pflanze, wo die höheren Insekten, Falter, Bienen und Hummeln, selber dem Blütenstaub verwandt, von ihnen ihre Nahrung saugen und dabei die Befruchtung vermitteln. Sie selber aber flattern, Luft- und Lichtsphären hingegeben, über Weiten und Fernen hin, wo sie in der Paarung in magisch wirksamer Sympathie einander die planetarischen Potenzen mitteilen[10].

In viel umfassenderer Weise kann uns die höhere Tierwelt dann in reichen und mannigfaltigen Phänomenen das Rätsel dieser organisch-intentionalen Bewegungs-Willensfunktionen lösen. Umkreis-Bewegungskräfte sind hier tief in die Organisation eingezogen und wirken als Bewegungs-Trieb, als Bewegungsinstinkt von innen heraus. Für die tierische Bewegung sind alle Gruppen- und Herdenbewegungen, vor allem auch ihre höchste Steigerung in den Gattungsriten (Hochzeitstänzen) charakteristisch. Hiermit im Zusammenhang sei auch an die Schwarmwanderung der Fische in den Weiten der Ozeane und an die Wanderung der Zugvögel über die Kontinente hin erinnert, also an die Bewegung der Tiere in ihrem Element, von dem sie getragen, aber auch begrenzt sind.

Die menschliche Bewegung

Die uranfänglich gelinden und zarten Regungen des neugeborenen Kindes wirken noch rein ätherisch, fast pflanzenhaft. Ein Wachsen im Bewegen, ein Bewegen im Wachsen. Ein solches Bewegen erlebt die Mutter bei der Wahrnehmung der ersten Kindesbewegungen unter dem Herzen. Sie sind die frühen, noch schicksalslosen und doch unmittelbar ans Schicksal rührenden Regungen.

So auch die schwerelos schwebenden Bewegungen der Ärmchen und Händchen des Wiegenkindes im Schlaf. Eine neue Stufe des Bewegens ist schon erreicht, wenn das Kind zum ersten Male die Eigenbewegung seiner Glieder im freien Kräftespiel wahrnimmt und staunend verfolgt. Pflanzenhaft, blütenhaft leicht und schwerelos wirken auch diese Regungen noch. Wir sprechen hier vom «Sich-Regen» als einer ersten, keimhaften Stufe des Bewegens.

Das Wort *«bewegen»* drückt schon seinen Gehalt wesenhaft aus, es ist nahe verwandt mit *wiegen* (bewiegen)[11]. Warum bewegt man die Kinder in der Wiege? Wiegende Bewegungen sind diese noch rein vom kosmischen Leben her intendierten zarten Impulse, die in ihrer schwebenden Leichte noch nicht in den «Raum» und noch nicht in die gegenwärtige Zeit hineinwirken. Darauf beruht die beruhigende Wirkung des Wiegens. Das Schweben und Schwingen der Wiege ahmt eben unmittelbar kosmische Bewegungen nach[12].

Die frühe Gliedmassenbewegung des neugeborenen Kindes wird schon bald von ersten Seelenregungen begleitet, die aber ebenfalls noch keinen Welt- und Wirklichkeitsbezug in Raum- und Zeitbeschränkung nehmen. Das Lächeln im Schlaf, das wie ein flüchtiger Lichtschimmer über das Antlitz des Kindes gleitet, ein Schimmer unaussprechlicher Lebensimpulse, gespeist von noch weiter einströmenden «kosmischen» Kräften. (Unter Kosmos wollen wir die Ganzheit der Welt, in der alles Leben wurzelt, verstehen, im Gegensatz zur individualisierten tellurisch-irdischen Existenz.)

Vom Einstrom kosmischer Kräfte erleben wir nur die letzten Spiegelungen, gewissermassen nur den Saum des grossen mütterlichen Sternenmantels, der uns alle umgibt, von dem wir nur so wenig Notiz nehmen.

Gotthilf Heinrich von Schubert sagt von diesen Wirklichkeiten in seiner Geschichte der Seele[13], dass sie sich wie das *Schlafen* zum *Wachen* verhalten, wobei wir allerdings in diesem Schlafe gerade die höchste organisch-dynamische Aktivität und in dem Wachen nur die letzten zur Ruhe kommenden Schwingungen kosmischer Energien sehen, die wir als Tagesbewusstsein erleben.

Organe, die nicht betätigt werden, verkümmern. Aus dieser ganz allgemein gültigen Grundtatsache geht vor allem hervor, dass im umgekehrten Sinne Lebensfunktionen auch Organe hervorbringen. Eine der geheimnisvollsten organschöpferischen Funktionen ist eben die *Bewegung*.

Die Inkarnation des Organismus vollzog und vollzieht sich noch im «Tanz der Lebenselemente nach der Weltenmusik»[14], die in den Chortänzen und Reigen über die organischen Prozesse hinaus kulturvorbereitend, selber als kosmische Offenbarungen in den frühen Kulturen der Menschheit gepflegt wurden. Unsere Betrachtung über das Wesen der Bewegung und der Bewegungsorganisation wäre unvollständig, wenn wir nicht an die Reigentänze, als Ausdruck schöpferischer Vorempfindung künftiger Kulturaufgaben aus kosmischen Impulsen heraus erinnerten.

Die menschliche Bewegung, die sich in ihrer autonomen Freiheit über die Elemente der Erde erhoben hat, indem sie in der Eigen- und Selbst-Bewegung der Aufrichte die Selbst-Welt ergreifen konnte, eröffnet unserer Betrachtung eine ganz neue Stufe. Ein Bewegungs-Selbst-Bewusstseinsakt ist der Urmoment menschlicher Bewegung. «Ich stand, als ich zum ersten Mal bemerkte, die Füsse stehn» (Goethe, Prometheus), – das Ergreifen der aufrechten Haltung, die innere Vertikalisation, die das Kind schon am Ende des ersten Lebensjahres vollzieht. Was dieser Urbewegung vorausging, brauchen wir nicht geringer zu achten als die Aufrichtung selbst, denn die Kleinkindbewegungen waren bereits schon qualitativ freie und darum ganz menschliche *Erhebungen*, – *freie Zuwendungen*, – *Aufrichtungen* in den Intentionen der Gesamtwesenheit, besonders der Sinnesorganisation (Rudolf Steiner: «Das Kind ist ein Sinneswesen»). Die Totalität aller Sinnesorganbewegungen ist hier Aufrichtebewegung. Diese schliesst im

Grunde das gesamte Lebensphänomen des Menschen, die Urfunktion seiner Biographik bis zur Entfaltung und Betätigung seiner geistvollen Gliedmassenbewegung ein – bis in die Beherrschung der Raumes-Dimensionen[15], darüber hinaus der Tiefen und Höhen der Empfindungs-, Gefühl-, und Phantasie-erfüllten *Gedanken-Bewegungen*, die sich über alle Leiblichkeit hinausschwingen.

Der dreigliedrige Bewegungsorganismus

Die Bewegungsgestalt des Menschen erscheint in ihrer plastischen Ganzheit als Organ-Dreiheit:

Die Haut in der Peripherie.
Das Skelett im Innern.
Die Muskulatur, das Innen und Aussen rhythmisch verbindend, in der Mitte.

Skelett	Muskulatur	Haut
		(Aussenhaut und Schleimhaut)
statisch-gliedernde Funktionen	Rhythmus-Bewegungsfunktionen	Sinnes-Ernährungs-Atmungsfunktionen
Innenkräfte	Innen- und Aussenkräfte verbunden wirksam	Aussenkräfte
(Raumprozess)	(Bewegung)	(Zeitprozess)

Der Bewegungsmensch ist durch seine vorwiegend muskuläre Organik vor allem Rhythmusmensch (das Skelett ist für den Bewegungsorganismus nur nachgeschaffenes Widerlager und Erfolgsorgan, das seine plastische Gestalt von den dynamischen Bewegungs- und Kräfteströmen der Muskulatur erhalten hat).

Es gehört zu den überaus einprägsamen Unterrichtsbeispielen, die Rudolf Steiner im Menschenkunde-Unterricht in der Waldorfschule gab, wo er an der Wandtafel zeichnend ein Knochengebilde in ideal-typischer Weise aus einer lebendig strömenden Umgebung etwa in der folgenden Art entstehen liess[16] (Abb. 83).

Strömendes Bewegungsleben plastiziert den Knochen. So beobachtet man am ausgebildeten Knochen Impressionen, – Digitationen (= fingerkuppenförmige Einprägungen), – Furchen und Wölbungen, die die weichen, fliessenden Binde-

Abb. 83: *Bildung des Knochens aus dem «Flüssigen»* (nach Rudolf Steiner).

gewebselemente, die Adern und die rhythmische Funktion der Muskeln von allen Seiten in das feste und starre Knochenelement hinein plastiziert haben.

Einverleibung kosmischer Bewegung und in der Folge wieder Hinausgreifen der Eigen- und Selbstbewegung – diese beiden Funktionen machen im dauernden Wechselvollzug den Bewegungsrhythmus aus. Mit der Bewegungsorganisation umgreift das rhythmische System fast den ganzen Organismus, in dem die Muskulatur den Leib beinahe vollständig einhüllt. Durch die Muskulatur erweist sich die «rhythmische Mitte» zugleich als ein den ganzen Organismus Umfassendes.

Es kann gar nicht deutlich genug hervorgehoben werden, wie gross der Anteil des Bewegungs-Rhythmusorganismus an der Gesamt-Leiblichkeit ist. Annähernd zwei Drittel der Gesamt-Organisation gehört ihm an. Der Muskelorganismus bildet dabei zugleich eine funktionelle Wärmehülle. Wir sind gewissermassen von einem «Bewegungs-Wärmemantel» bekleidet. Vom Willenspol unserer Organisation her ist diese Muskelumkleidung vollständig. Hier ist alles in die Bewegungsorganisation eingebettet. Am Hauptespol dagegen endet die Muskulatur am Kranz der Calvaria* (der Tonsur), der bindegewebigen Schädelaponeurose** (im Gegensatz zu den Primaten, wo die Muskulatur den ganzen Schädel umgreift). Beim Menschen zieht sich also am Bewusstseinspol das Bewegungselement zurück bzw. es ist hier zum Träger ganz anderer Funktionen umgewandelt.

Um die Bewegungs-Organisation würdigen zu können, ist es notwendig, sie in der Gesamt-Dreigliederung der menschlichen Gestalt und ihrer Funktionen zu betrachten. Innerhalb dieser Ganzheit können wir dann auch aus der Funktionsübersicht die Metamorphosen der Bewegung ablesen. Betrachten wir die Dreigliederung noch einmal nach Hauptes-Organisation, Rumpf-Organisation und Gliedmassen-Organisation[17]:

Nerven-Haupt	– Bewusstseins-Organisation	⎫
Sinnes-Haupt	– Wahrnehmungs-Organisation	⎬ weitgehend bewusst
Bewegungs-Haupt	– Sprach-Organisation	⎭
Atmungs-Rhythmus	– Empfindung (bewusst)	⎫
Zirkulations-Herz-Puls-Rhythmus	– Gefühl (halbbewusst)	⎬ träumend-(halb)-bewusst
Aufrichte-Rhythmus Wirbelsäule	– Haltung (unbewusst)	⎭

* Calvaria = Schädeldach, von lat. calvus = kahl.
** Aponeurose = Sehnenhaut = ἀπονεύρωσις

Ernährungsleben   – nach innen
Generationsleben   – innen-aussen   } weitgehend unbewusst
Bewegungsleben   – von aussen

Mit diesem Überblick über die Gesamt-Dreigliederung können wir die funktionelle Beziehung des Bewegungs-Organismus zum Ganzen überschauen. So ergibt sich eine Beziehung des Bewegungslebens durch die

        Kopfmuskulatur   zur «Mimik»
        Rumpfmuskulatur   zur «Rhythmik»
        Gliedmassenmuskulatur   zur «Dynamik»

Nerven-
Sinnes-   *Organisation*
Sprach-

Atem-
Herz-   *Rhythmus*
Wirbel-

Ernährungs-
Generations-   *Leben*
Bewegungs-

Die Polarität unserer Leibesgestalt ist in dieser Gesamt-Dreigliederung mit dem *Ruhepol* des Nervenhauptes (Formpol) und dem *Willens-Inkarnationspol* (Bewegungspol) der Bewegungsorganisation gegeben. Wie die Nervenorganisation vom Hauptespol her in alle Glieder formend herabstrahlt, wirken vom Gegenpol her die Kräfte des Willens, die Dynamik der Bewegung feurig, wärmehaft bis in die Hauptesregion hinauf. Deutlich wird vor allem die Dominanz der Bewegungsdynamik am Willenspol sowie ihre besondere Beziehung zum rhythmischen Bereich. In der *Mitte* findet sich ein dreifacher Rhythmus, in dem beide Pole in überhöhter Funktion vereinigt wirken. Die innige Durchdringung von Nerven-Form und Bewegungs-Wille in dieser Mitte macht es dem Ich möglich, sich in der freien «Schwebung der Waage» durch den geringsten «Anstoss» geltend zu machen (vgl. das Kapitel über den Rhythmus). Für das Verständnis des dreigliedrigen Bewegungsorganismus ist nächst der Betrachtung der rhythmischen «Mitte» für uns das Studium der *dreifachen Willens-Bewegungs-Organisation* wesentlich:

> Willenspol des irdisch orientierten Hauptes:
> «Sprach-Bewegungsorganisation»
>
> Willenspol der Mitte:
> «Aufrichte-Bewegungs-Rhythmus» (Wirbelorganisation)
>
> Willenspol des (kosmisch orientierten) Lebensbereichs:
> «Gliedmassen-Bewegungsleben».

In jedem dieser drei Bewegungs-Organisations-Bereiche strömen kosmische Kräfte auf immer höheren Individuationsstufen in den Organismus ein; in der Gliedmassen-Bewegungs-Organisation natürlich am unmittelbarsten. Kosmische Kräfte gestalten als Bewegungs-Urelemente die Organe und machen sie unserem intentionalen Schicksalswillen dienstbar. Dieser Kräfte-Einstrom wiederholt sich im Gesamtorganismus im Bewegungsgeschehen in Metamorphosen, die immer von der urphänomenalen Willensgeistigkeit selber «bewegt» werden.

Die muskulär-plastische Gestalt

> Durch die Muskulatur kommt die Schönheit in die Gestalt.
> Durch das Skelett das Charakteristische.　　　　Goethe[18]
>
> Aber nicht eine gerade Linie findet man im menschlichen Körper, – alles wogt wie die Meereswelle und die Harfensaite; da finden sich Fragmente der Ellipse (aber nicht des Kreises), Parabeln, Hyperbeln, Planetenbahnen und Kometenläufe.
> Alles schwillt an und nimmt ab, fliesst und macht Übergänge...
> Es gibt doch keine gerade Linie.　　　　August Strindberg[19]

Form-
Gestalt

Haupt

Aufrichte-
Gestalt

Wirbel- und Brust-Rhythmus

Bewegungs-
Gestalt

Gliedmassen

Es ist der Bewegungsorganismus, der uns das Bild unserer plastischen Gestalt darbietet. Dieser bedeutsame Tatbestand ist der neueren Menschheit seit dem Verdämmern der griechisch-plastischen Kunst weitgehend aus dem Erlebnis geschwunden. Erst die neue Bewegungskunst, die Eurythmie, führt uns wieder zu einer Wahrnehmung des Bewegungs-Organismus und damit auch zu einem neuen Erlebnis der ätherisch-plastischen Gestalt.

Was uns im vorigen Abschnitt bei funktioneller Betrachtungsart als dynamisches Einstrahlungsfeld geistiger Willensmächte begegnete, erleben wir bei der plastischen Gestalt als Fülle bewegter und bewegender Ätherität.

Lassen wir uns in diesem Zusammenhang einmal von der Betrachtung der griechischen Plastik leiten. Der griechische Künstler erlebte an der menschlichen Gestalt unmittelbar ihre Aufrichtekraft in der Überwindung der lastenden Schwere, ihre von innen heraus wirkende Bewegung im Spiel der rhythmisch-belebten Oberfläche und ihre Umkreisbeziehung (Diskuswerfer).

Die plastische Gestalt ist Ausdruck des ätherischen Lebens. Der Torso lässt nichts von dem Fehlenden vermissen. Das plastische Urphänomen gibt ein Ganzes, das auf geheimnisvolle Art befriedigt. Dies wäre selbst durch die vollkommenste anatomische Schulung nicht erreichbar gewesen. Im Gegenteil: An ihrer Stelle wirkte ein immer vollkommeneres Miterleben, – Mitbewegen und – Miterschaffen der ätherischen Kräftebewegung im Organismus.

Goethe hat dies unmittelbar und rein empfunden: «Ich habe eine Vermutung, dass sie (die Griechen) nach eben den Gesetzen verfuhren, nach welchen die Natur verfährt und denen ich auf der Spur bin[20].»

In der Richtung eines solchen bildenden Miterlebens wollen wir uns in folgendem bei der Betrachtung der menschlichen Gestalt darum bemühen, mehr und mehr das bewegte – plastische – Ganze aufzufassen und von daher auch die Bedeutung des einzelnen zu verstehen suchen.

Bei der Dreieinheit von Haupt, Rumpf und Gliedmassen der voll ausgebildeten Gestalt haben wir die charakteristischen Funktionen der einzelnen Glieder hervorzuheben. Der Rumpf ist vom plastischen Gesichtspunkt aus am vollkommensten, während die Gestalt des Hauptes mehr an Architektonisches grenzt. Vom Rumpf aus, als der Mitte, werden die Besonderheiten der Gliedmassen einerseits und des Hauptes andererseits deutlich. Das Gesamtvoid des Rumpfes ist in die Umkreisrichtungen hinein differenziert, nach dem Haupte zu in einer anderen Weise als nach den unteren Gliedern (Beckenregion), nach links und rechts (Schulterregion) anders als nach vorne und hinten (Brustgrat-Rückgrat). Dabei leistet der Rumpf durch die Wirbelsäule schon den wichtigsten Beitrag zur Vertikalisation der Gestalt.

In der Gesamtmuskulatur des Rückens herrscht die Streckung vor, die auch in Hals und Nacken die Tragefunktion für das Haupt bildet. Die ventrale Rumpfmuskulatur stimmt in die Sagittalorientierung* der gesamten Sinnes- und Bewegungsrichtung der Gestalt ein und hat einen deutlich umfangenden, umschliessenden Charakter. Dieser wird noch durch die Gestaltung der Arme und Hände verstärkt, bei denen ebenfalls die umfassend-umarmenden Beugefunktionen nach vorne gegenüber der Streckung überwiegen. Die empfangend-umfangende Beugefunktion der ventralen Leibesplastik vollendet sich in der weiblichen Gestalt, in der Ätherisches im Physischen in Gelöstheit und Fülle in Brust, Leib und Schossregion vorherrscht, während die männliche Plastik in Straffung und Spannung aller Rückenstreckfunktionen Astralisches im Physischen dominant ausbildet. In der griechischen Plastik ist diese Polarität manchmal sehr drastisch in der Gestaltung der Amazonenkämpfe und in der Plastik von Faun und Mänade zur Darstellung gelangt.

* Sagittalorientierung = Orientierung von vorne nach hinten bzw. umgekehrt.

Bei den Gliedmassen sind die Arme mit ihrer verstärkten Schulter-Brust-Muskulatur zur Brust hin orientiert, was die menschliche Gestalt, im Gegensatz zur Tierwelt, schon von der frühen Embryonalzeit her auszeichnet, – frei von allen statischen Aufgaben, rein empfangend, öffnend, umschliessend, aber auch frei zur Handlung, im Geben und Nehmen.

Die Beine wiederum leisten ihre Aufgabe des Tragens und Bewegens durch die Vorherrschaft der Streckbewegungsmuskulatur, die stark über die Gesäss- und Lendenmuskulatur in den Rücken einstrahlt. Die Arme strecken sich eigentlich nur, um ihre Hauptfunktion, die «Beugung», einzuleiten. Die Beine dagegen beugen sich nur um ihrer Hauptfunktion willen, der «Streckung» im Stehen und Gehen.

Streckung zeigt den Charakter seelen-leiblicher Aktivität, – Tagseite der Funktion: Bewusstseinswachheit, aber auch Stolz, Hochmut usw. Beugung zeigt vorwiegend ätherischen Charakter im Bergen, Bewahren, Behüten und in der liebevollen Zuwendung, eine Haltung, die charakteristischerweise besonders in der Schlafstellung bevorzugt ist. Im Streckungs- und Beugungswechsel ist die ganze plastische Gestalt rhythmisiert[21]. Im frei getragenen Haupt erscheinen beide Funktionen in einer ganz neuen Weise überhöht im Sinne der plastisch-charakterologischen Einheit der menschlichen Physiognomie.

Die Muskulatur des Rumpfes – Plastik der Bauchmuskulatur

Der Rumpf, die rhythmische Mitte der ganzen Gestalt, offenbart in seiner muskulären Bildung nach aussen, was er an rhythmischer Organisation in seinem Innern birgt. Er stellt das ätherisch gestaltete Hüllorgan unserer rhythmischen Organisation und unserer ernährenden Leiblichkeit dar, indem er vor allem unmittelbar an der Atemrhythmik und an der Aufrichte-Rhythmik der Wirbelsäule teilhat, die er seinerseits hält und bewegt. Daher ist der Rumpf in seiner Gliederung selbst in so hohem Masse durchrhythmisiert.

Der obere Pol des Rumpfes erscheint bis in die Einzelheiten seiner Ausgestaltung hinein kopforientiert (vgl. die Darstellung des knöchernen Thorax). Die Muskulatur bildet hier grossflächige sphärische Formen aus. So die beiden grossen Brustmuskeln (Musculi pectorales majores), – vor allem auch die einstrahlenden, die Arme aufnehmenden Schultermuskeln (deltoidei).

Die Muskelgruppen der ventralen Rumpfmitte sind durch ihre noch entschiedenere Rhythmisierung charakteristisch. Da strahlen von der Seite unterhalb der beiden grossen Brustmuskeln gegen die Mamillarlinie* die stark gefiederten (oder

---

* Mamillarlinie = Orientierungslinie, die durch die Mamillen (Brustwarzen) senkrecht gedacht wird; lat. mamilla = Brustwarze.

wie gezähnt abschliessenden) Brustseitenwandmuskeln (Musculi serrati laterales) ein.

Für die plastische Gliederung der oberen Rumpfmitte ist die Herz- (Magen-) Grube wesentlich. Unmittelbar über ihr erhebt sich der Thorax, der sich durch den knorpeligen Rippenbogen – vom griechischen Bildhauer oft überdeutlich herausgearbeitet – gegen den Ober- und Unterbauch abgliedert. Dieser deutliche Bogen charakterisiert die kosmischen Organkräfte, die von unten (innen) sich gegen den Brustraum emporwölben. Er birgt unter sich die grosse und kleine Zwerchfellkuppel im sog. Hypochondrium, die unter sich die Leber (rechts), die Milz (links), sowie in der Tiefe die Pankreasdrüse bergen und mit dem Magen zusammen gleichsam den «Kopfpol» des ernährenden Systems bilden.

Unter dem Thoraxbogen beginnt der «Leib». Nicht mehr von knorpeligen oder gar knöchernen Elementen geschützt, bildet er bis herab zum Becken ein mehr offenes Organbereich, das nur durch die muskulären Bauchdecken und im Inneren der Bauchhöhle durch das Bauchfell geschlossen ist. Umso wichtiger sind nun für diese Region die Bauchmuskeln, von denen zuvorderst links und rechts der Bauchmittelfurche in breiter Ausdehnung der «gerade» Bauchmuskel (Musculus rectus abdominis) zu nennen ist. Er zieht vom Rippenbogen gerade herunter bis zu den Schossfugenästen des Beckens. Von besonderer plastischer Wirkung ist die zweifache Gliederung dieses Muskels oberhalb des Nabels, während er unter ihm eine einfache Unterbauchwölbung bildet, in dem sich auch die Mittelfurche wieder verwischt. Diese Gliederung in vier (bzw. fünf) Muskelwölbungen des Rectus wird durch waagerechte Zwischensehnen (Intersectiones tendineae*) zwischen den einzelnen schwellenden Muskelkissen bewirkt.

Der griechische Plastiker gestaltet die obere Rectusregion unter dem Rippenbogen (und über dem Nabel) oft durch eine leicht, wie saugend eingesogene Konkavität, die die Mitempfindung des Atmungslebens im Oberbauchbereich im Beschauer anregt. Die Rectusmuskulatur folgt hier der ausatmend aufsteigenden Zwerchfellbewegung im Thorax mit den ebenfalls steigenden inneren Organen des Oberbauchgebietes. Diese Einziehung wurde vor allem bei der Darstellung seelisch-schmerzhafter Empfindungen, manchmal in stürmisch extremer Dynamik dargestellt (Laokoon-Gruppe, Niobiden).

Die plastisch-rhythmisch belebte Leibesoberfläche spiegelt in Wölbung und Hohlform, in Spannung und Lösung, inneres Seelen- und Organgeschehen demjenigen, der sich um die «plastische Sprache» bemüht, die unsere ätherische und seelische Leibesorganisation spricht.

Seitlich von der Rectusmuskulatur ziehen über die Lenden bis zum seitlichen Rippenrand herauf die «schrägen» Bauchmuskeln (Musculi obliqui abdominis).

* Intersectiones tendineae = Sehnenunterteilungen; lat. intersectio = Unterteilung, tendo = Sehne.

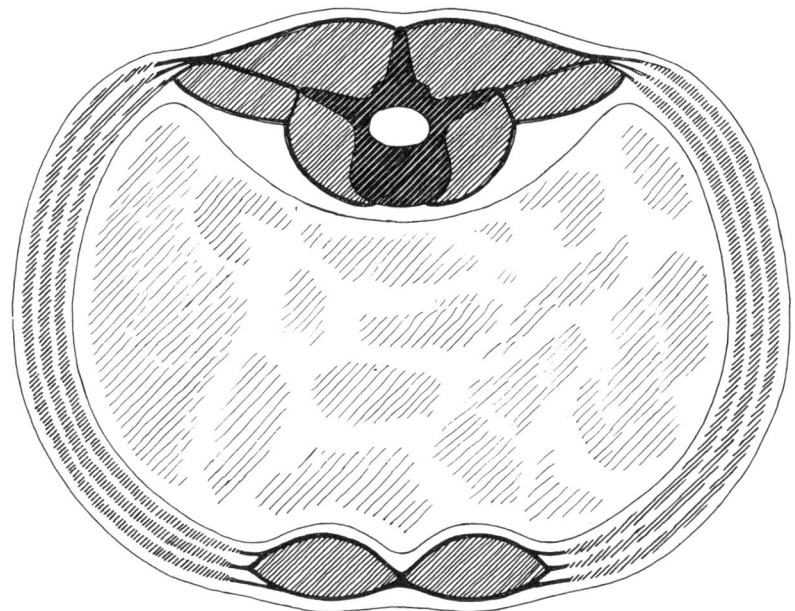

Abb. 84: *Rumpfmuskulatur des Lendenbereichs (im Querschnitt)*: Hinten (oben) die Rückenstreckmuskulatur; vorn die geraden Bauchmuskeln, beide Gruppen verbinden die drei Schichten der schrägen und transversalen Bauchmuskeln.

Durch sie wird die Verbindung des seitlichen Beckenrandes (der Hüfte) mit dem seitlichen Thorax und gegen die Mitte zur Rectusmuskulatur hergestellt. Charakteristisch für die Leibesplastik ist der Rhythmus der Muskelanschwellungen und der Furchen. Die den Rectus gliedernden waagerechten Muskelzwischensehnen haben wir bereits erwähnt, ebenso die vertikale Rumpfmittelfurche. Zu ihr kommen noch die beiden etwas breiteren Vertikalfurchen, die zwischen schrägen Bauchmuskeln und Rectusmuskel gegen das Leistendreieck (Trigonum inguinale) herabziehen, die den (bei griechischen Statuen so charakteristisch abgestuften) Leistenschnitt gegen die Oberschenkelmuskulatur bilden. Die beiden seitlichen, schrägen Bauchmuskeln nehmen das Radialmotiv der über die Hüfte ins Rumpfgebiet einstrahlenden Oberschenkelmuskulatur gewissermassen als nächste, wenn auch abgeschwächte Welle auf und führen sie zum seitlichen Thoraxbogen herauf.

Abb. 85: Rhythmisch-plastische *Gestaltung der Rumpfmuskulatur* (griechische Plastik von einer Metope des Athena-Parthenon Tempels).

Plastik der Rückenmuskulatur

Bei der Betrachtung der Rückenmuskulatur drängt sich uns unmittelbar das Verhältnis der Funktionen von Tragen und Lasten der Gestalt auf. Bei schwacher Muskelbildung sinkt die Wirbelsäule meist in ihrer Lendenlordose, oft aber auch sogar im Bereich der Brustkyphose zusammen (vgl. das Kapitel über die Wirbelsäule). Die rhythmisch-muskuläre Bewegung richtet letztlich auch das Knochengerüst auf. Die Trage- und Haltefunktion des Skeletts ist eine sekundäre. Die Tragsäule wird selber getragen durch das bewegungsaktive, rhythmische Element der Rückenmuskulatur, durch die der Aufrichtewillensimpuls einstrahlt.

Von ganz besonderer Bedeutung ist hier der Rückenstrecker (Musculus erector spinae)[22], der links und rechts der Wirbelsäule vom Kreuzbein bis in die Hinterhauptregion heraufzieht und zwischen seinen Muskelzügen die tiefe Rückenfurche über den Wirbel-Dornfortsätzen freilässt (die oben genannte ventrale Rumpf-Mittelfurche, mit ihrer sehnigen, mehr oder weniger deutlich durch die Haut hindurch schimmernden Linea alba*, korrespondiert daher mit der wesentlich tieferen, über der Wirbelsäule verlaufenden Rückenfurche). Zu dieser, die Streckfunktion der Rückenmuskulatur vorwiegend beherrschenden Erektor-Muskelgruppe kommen am unteren und oberen Rücken-Rumpfpol die Muskeln der Einstrahlungszonen von Beinen und Armen in der Beckengürtel- und Schultergürtelregion, beide durch die Erektorgruppe miteinander verbunden und beide ebenfalls vorwiegend Streckfunktionen ausübend.

Am unteren Rumpfpol erscheint plastisch der Gesässmuskel (Musculus glutaeus maximus), am oberen Pol die Muskeln des Rückens, des Nackens und des Oberarmansatzes (Musculus latissimus dorsi; Musculus teres major, Musculus infraspinatus [scapulae], der Musculus trapezius und der Deltoideus).

Zusammenfassung

Die gesamte Rumpfplastik ergibt sowohl leibwärts (ventral) als auch rückenwärts (dorsal) eine morphologische wie funktionelle Dreigliederung.

Brust-Leib (ventrale Rumpfmuskulatur)

Die Muskulatur des ventralen Rumpfes gliedert sich am oberen Pol in die grossen sphärischen Muskeln der Schulter-Brust-Region. Die Rumpfmitte ist entschiedener rhythmisch gegliedert, vor allem im oberen Rectusbereich (unterer Thoraxbereich und Oberbauchregion) bis zum Nabel. Als dritter Abschnitt folgt die Unterbauchregion unter dem Nabel bis zur Schossfuge und den Leistenbeugen.

* Linea alba = weisse Linie, lat. albus, a, um.

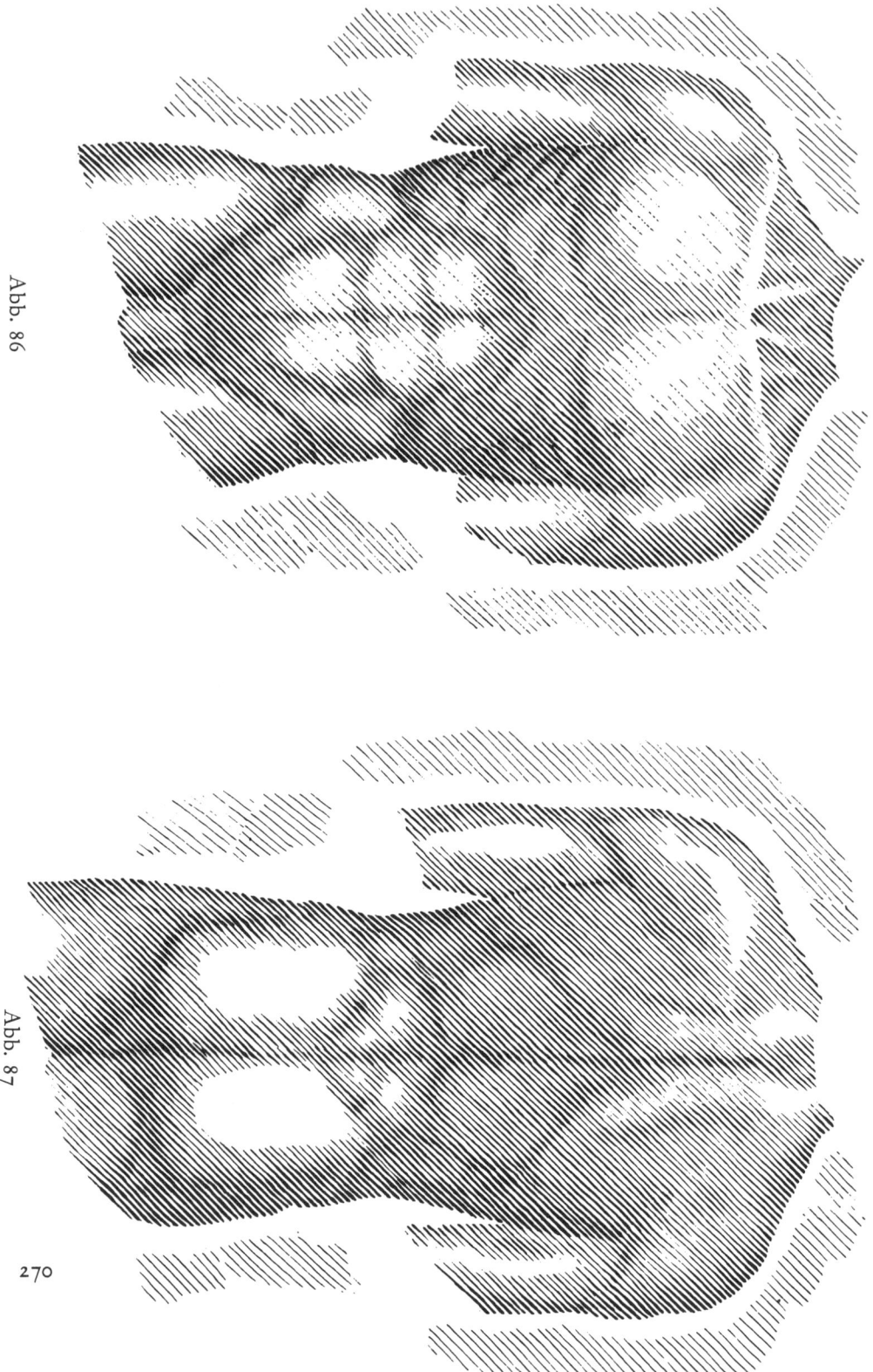

Abb. 86

Abb. 87

Rücken

Die Rückenmuskulatur gliedert sich zwar noch entschiedener polarisch nach den Einstrahlungszonen der Arme und Beine in eine Becken- und eine Schulterregion, lässt aber auch eine Mitte erkennen: Oben grossflächige Schulter-Nacken-Region (oberer Trapezius zum Hinterhaupt, mittlerer Trapezius, unterer Trapezius), seitlich die Deltamuskeln, die Schulterblattmuskeln und der Latissimus dorsi. In der Mitte dominiert der Erector trunci mit seinen rhythmischen Wirbelansätzen. Unten die Einstrahlung der Beinmuskulatur in die Beckenregion (Glutaeus maximus) als plastische Bildung gegenüber der unteren Bauchregion.

Der Gliedmassen-Bewegungsorganismus

> Die Gliedmassen haben wir Menschen als die spätesten Organe bekommen; die sind die allermenschlichsten Organe.
> Rudolf Steiner[23]

> Wozu hat uns Gott denn zwei Arme gegeben, wenn sie nicht gebraucht werden sollen? Zum Studieren braucht man sie nicht, aber zum Schneeschaufeln, Holzhacken, Umgraben, um seine Kinder darauf zu tragen und sich zu verteidigen, dazu hat man sie bekommen, und man straft sich selber, wenn man sie nicht gebraucht.
> August Strindberg[24]

Mit der Betrachtung der Gliedmassenorganisation sind wir im eigensten, tätigsten Bereich der *Bewegung* angelangt. Ein dynamisch-kosmisches Geschehen, das aus den Weiten die «*Weltenmusik*» in den irdisch-organischen Lebenskreis hereinführt, vollendet sich in der Bewegung der Gliedmassen. Wir erfassen das Wesen eines Planeten nicht in seinem isolierten sichtbaren Körper, sondern vor allem durch seine ganze Bewegungssphäre, die er in Zeit und Raum durchläuft.

Abb. 86: *Übersicht über die gesamte Rumpfmuskulatur* der Brust und des Leibes.

Abb. 87: *Übersicht über die Rumpfmuskulatur: Rücken, Lenden, Gesäss.*

So auch den Bewegungsorganismus des Menschen. Sein erfüllter Bewegungs-Umkreis gehört wesenhaft zu ihm. Dieser wird durch die Gliedmassen durchmessen und durchlebt. Der Bewegungs-Umkreis hat etwas von der kosmisch-musikalischen Bewegung der Planetenwelt. Die mythisch-indische Gottesgestalt des Schiva im Tanz seiner «tausend Arme» spricht diese «Sphäre» unmittelbar aus.

Wird uns hier Bewegung im organischen Weltzusammenhang nicht gleichbedeutend (synonym) mit Klangelement und Tanz, wie dies auch den antiken Anschauungen vom Wesen der Musik und der Tanzkunst entsprach? Musikalisch-intervallische Elemente, Zeit- und Raumgliederungen, liegen der Gestaltung unserer *Gliedmassen* wie der *Versmasse*, der *Vers-Füsse*, der Architektur aller Massordnung in den Künsten zugrunde.

Wenn wir dem Wesen der Gliedmassenbewegung gerecht werden wollen, haben wir sie aus diesem musikalisch-kosmischen Umkreis heraus zu verstehen.

Die Rumpfmuskulatur zeigte sich vorwiegend plastisch-rhythmisch organisiert. Ätherische Gesetzmässigkeiten herrschten bei verhaltener, tragender oder umhüllender «Bewegung» des Rückens, der Brust und des Leibes, – des Rumpfes in seiner Ganzheit, vor. Der Sinn der Bewegung der Gliedmassen dagegen verbindet den Organismus mit dem Umkreis und greift wiederum in den Raum hinaus.

Morphologisch wird uns das Gliedmassenwesen am unmittelbarsten aus seiner Polarität zur Kopfgestalt und zur Hauptesfunktion deutlich. Hier die sphärische Bildung (Kugelellipsoid), da die Radialgestalt, wie dies schon bei der Behandlung des Skeletts dargestellt wurde. Der Kopf: irdisches Bild des Kosmos, die Glieder: kosmische Funktion für die Erde.

Mit der Bewegung der Gliedmassen beginnen wir unsere Betrachtung am Willenspol. Wieder sprechen wir den Willen als ein geistiges Element an, das sich mit den Bewegungsorganen in unsere Leiblichkeit «eingliedert» und mit den Bewegungsorganen «einstrahlt». Diese Einstrahlung geschieht in dreifacher Weise: am einprägsamsten am Gestalt-Willenspol selber, im Bereich des Beckengürtels, wo der Organismus ohnehin wesentlich in Gestalt und Funktion kosmisch orientiert ist.

Es folgt die «mittlere» Gliedmassen-Einstrahlung im Bereich des Schultergürtels.

Drittens das Willens-Einstrahlungs-Gebiet unseres Hauptes, wo «Gliedmassen» (Ober- und Unterkiefer-Region) in die Hauptesmetamorphose einbezogen sind und nun einen wesentlichen Teil der Sprach-Bewegungs-Organisation bilden.

Hier haben wir uns noch einmal an die Gliedmassenmorphologie Goethes zu erinnern: «Beine; Arme; untere Kinnlade» (vgl. S. 32). Hier wird die Dreigliederung in der Metamorphose eines «dritten Gliedmassenpaares» zum Unterkiefer, wo sich Bewegungsorganisation zu einem wichtigen Bestandteil der Sprachorganisation umwandelt, anschaulich. Indem wir die untere Hauptesregion als die dritte

Willens-Bewegungs-Organisationsstufe betrachten, erkennen wir die Bewegungsfreiheit unserer Arme und Hände in ihrer vollen Bedeutung als Funktion der «Mitte».

Der Gliedmassenorganismus der menschlichen Mitte: Schultern – Arme – Hände

Der Gliedmassenorganismus unserer Mitte strahlt in den beim Menschen in einzigartiger Vollkommenheit ausgebildeten Schultergürtel ein. Betrachten wir zuerst das Schlüsselbeinpaar. Ihm verdanken wir die radial-kreisende Bewegungsfreiheit der Arme (während Tiere mit unvollständiger Schultergürtelbildung, trotz vorhandener Kugelgelenke, nur ihre Laufbewegungen ausführen können).

Das Schlüsselbein ist der Schlüssel zum Menschen, weil es nicht allein die menschliche Brustgestalt konstituiert, sondern die menschlichste aller Bewegungsfunktionen, die Freiheit der Arme, der Hände und damit die Freiheit des Handelns[25] ermöglicht.

Der Beckenring, der hier mit dem Schultergürtel zu vergleichen ist, hat diese Freiheit nicht. Er ist vielmehr mit der unteren Wirbelsäule, dem Kreuzbein, durch dichteste Verbänderungen (Syndesmosen) verfugt. Dadurch werden die Beine zu «Tragsäulen» des Rumpfes (Benninghoff). Dagegen steht der Schultergürtel als solcher in freier und beweglicher Verbindung zum oberen Rumpfpol, dadurch, dass nur eine einzige festere Artikulation der Schlüsselbeine am Brustbein vorhanden ist (Articulatio sterno-clavicularis), wobei sich das Brustbein (Sternum) seinerseits bei der Atmung in Hebung und Senkung bewegen kann.

Seine charakteristische Bewegungsfreiheit erhält der Schultergürtel durch die Artikulation der Schlüsselbeine mit den frei verschieblichen Schulterblättern (Articulatio acromio-clavicularis*). Hier setzen, nach aussen strahlend, Armbewegungsmuskeln an (Musculus deltoideus und Musculus pectoralis major et minor), wie umgekehrt Muskelströme von den Armen zur Schulterblatt-Schlüsselbeinregion hereinziehen (Musculus bicipitis, Caput breve; Musculus tricipitis, Musculus coraco-brachialis, Musculus subscapularis und Musculus infraspinatus).

Ausserdem wird der Schultergürtel durch Muskeln beweglich mit dem Hinterhaupt und der oberen Wirbelsäule in *schwebender* Verbindung gehalten. Durch die freie Verschieblichkeit des Schultergürtels und besonders durch die Rotationsmöglichkeit der Schultergelenke selbst ist schon die gesteigerte Bewegungsfreiheit der Arme vom Grundgelenk her vorbereitet. Andererseits wird dadurch bei der Atmung die willkürliche freie Hebung und Senkung des Brustkorbes gewährleistet und bei Atembehinderung durch Fixation der Arme sogar unterstützt.

* Articulatio = Gelenkverbindung, von lat. articulus = Gelenk. – Sterno clavicularis = sternum von στέρνον = Brust (Herz, Gemüt). – Clavicula von lat. clavis = Schlüssel, Schloss. – Acromion von gr. ἀκρός, ον = Höhe, Spitze, Schulter, Schulterhöhe.

Arme und Hände

> Tausend fleissige Hände regen, helfen sich in muntrem Bund.
> Und in feurigem Bewegen werden alle Kräfte kund.
>
> Schiller[26]

> Es ist nichts Geistiges, was nicht in diesen Bereich fiele.
>
> Goethe[27]

> Hätten wir nicht zwei Hände, so dass wir die linke mit der rechten angreifen könnten, so könnten wir nie eine ordentliche Ichvorstellung haben. Nur dass wir Gleiches mit Gleichem angreifen, dadurch wird die Ichvorstellung in der rechten Weise allmählich möglich. Rudolf Steiner[28]

Kräftemässig gehören Arme und Hände zum weitesten Willensumkreis unserer organischen Peripherie. Funktionell sind sie Organe des schöpferisch-menschlichen Gefühls und sogar des Bewusstseins.

Durch die hier waltende Bewegungsfreiheit und Bewegungsführung wirkt der Umkreis bis in den Schultergürtel herein. Arme und Hände bilden in ihren Richtungsachsen die unendlichen Radien, in die hier die Bewegungskräfte ein- und auszustrahlen vermögen. Es gibt daher so zahllose Möglichkeiten, Arme und Hände zu bewegen, dass es vollkommen unmöglich ist, sie vollständig zu beschreiben (Benninghoff). Am Arm (Oberarm) überwiegen die Beugemuskeln, am Bein überwiegen die Streckmuskeln (Stehen ist nur mit gestreckten Knien und Hüftgelenken möglich). Der Rumpf unterstützt die peripherischen Bewegungen, so dass die Hände gleichsam frei wie Vögel durch den Raum fliegen (Benninghoff).

Gleichgewichtsbewegungen, Schwingen der Arme beim Gehen, Schleudern der Arme beim Springen, Wurfbewegungen, Arbeitsbewegungen, Wendebewegungen von Unterarm und Handflächen (Supination und Pronation*) sind die menschlichsten Gliederbewegungen. Es entsteht die Sprache der «Gesten»: Zuwendung zu sich selbst, Abweisung des Fremden, «Urteil» in der Bewegung, seelische und geistige Bedeutung im Bewegungsausdruck: Der Geist der Hände wird durch Handlung, durch Begreifen und Begriff, durch Fassen und Auffassen unmittelbar mit der Sprache der Vernunft verbunden. Geschicklichkeit im Handeln wird zum Schicksal: durch das Handeln wird die Welt zu unserer Welt.

Die Hände werden durch ihre Bewegungsfreiheit, in den Raum einzugreifen und die Raumdinge zu gestalten, zu «Sinnesorganen», – dies aber auch (mehr noch) durch ihre seelische und geistige Gebärdensprache. Hierin ist ihre Bewegung ein wesentlicher Teil unseres Persönlichkeits-Ausdrucks. Ein geistiges Gleich-

---

* Supination = Aufwärtswendung der Handfläche, lat. supinare = rückwärts, einwärtswenden; Pronation: lat. pronare = vorwärtswenden.

gewichtserlebnis liegt im Zusammenwirken der Bewegung beider Arme und Hände in der Gebärde des Prüfens[29], Wägens und Urteilens. Dieser Ausdruck ist am bedeutungsvollsten in einem Kunstwerk, in der Gebärde des Christus in Leonardo da Vincis Abendmahl, dargestellt worden.

Der Arm als Ganzes – Oberarm, Unterarm und Hand – bildet so ein physisch-geistiges «Gesamtwerkzeug». Im Blickfeld des Auges steht dieses in der genauesten Beobachtung unseres denkenden Bewusstseins, – mit ihm gemeinsam tastend und greifend. Gedanke, Auge und Hand gehören zusammen wie Gehen, Sprechen und Denken.

Rudolf Steiner hat auf diese nahe Beziehung zwischen der Bewegung der Hände und unserem Sprachzentrum immer wieder hingewiesen[30]. Die Artikulation der feinen Fingerglieder und die Sprach-Laut-Artikulation hängen durch die Nachbarschaft unseres Sprach- und Bewegungszentrums im zentralen Rindenbereich und im Schläfenbereich des Gehirns (Gyrus praecentralis und Gyrus postcentralis) eng miteinander zusammen. Dies vor allem in bezug auf die Rehabilitation oder Heilung dieser Zonen von der Peripherie her. Der ganze Bewegungsmensch ist in dieser Beziehung auf Sprache (und Denken) bezogen. Vor allem wirkt Bewegung auch auf die dramatisch-künstlerische Sprachgestaltung über das Laufen, Springen, Ringen, Speer- und Diskuswerfen, – die Übungen des griechischen Fünfkampfes, die Rudolf Steiner als Vorübungen dieser Kunst besonders empfohlen hat[31].

Erst die Bewegungen der Arme in ihrer waagerecht-schwebenden Haltung führen zur Erscheinung der Freiheit unserer Aufrechten und verstärken den Gleichgewichtssinn. Die Freiheit der Arme in der Waagerechten hat die Menschen schon immer an Schwingen, ihre Bewegung an Flügelbewegungen erinnert, so dass der «beflügelte Mensch» als Kunstimagination zu einem schon fast «naturgemässen» Erlebnis früherer Kunstepochen gehört (vgl. die Nike-Darstellungen griechischer Plastik). Es gehört offenbar zum Wesen der Armbewegung, durch ihre Freiheit die Imagination der Beflügelung zu wecken.

Die Bewegung der unteren Gliedmassen: Stehen – Gehen – Laufen – Springen
Das Stehen

Schon im Zusammenhang mit der Wirbelsäule haben wir auf die innere Aufrichtebewegung hingewiesen. Aufrechte Haltung und Stehen bilden ein bedeutsames Kontinuum des menschlichen Willens.

> Gib mir, wo ich stehe, und ich will dir die Welt bewegen. Archimedes

und das Luther-Wort:

> Hier *stehe* ich – ich kann nicht anders.

Beide Worte drücken Willensunmittelbarkeit aus. Mit der Bildung der unteren Gliedmassen als erdgerechter Bewegungsorgane vollendet sich der Mensch in einer weiteren Dimension.

Der Begriff der Gestalt hängt, wie wir schon dargestellt haben, mit Stellen und Stehen (statura) zusammen. Aus diesem Urerlebnis stammt die geistige Bedeutung der Worte:

«Stand», «Standpunkt», «Standort», «Stand der Dinge».

Dagegen:

«Die Lage» oder «der Fall».

Der freie Stand allein gewährt, symbolisch und wirklich, den freien Gebrauch der Arme und Hände, das freie Tragen des Hauptes und die Möglichkeit, die Sinne frei zu wenden und zielvoll zu richten.

Auch «Verstand» und «Verständnis» deuten auf unser Stehen, auf den freien Stand, unsere Selbständigkeit und was wir sonst noch alles mit der Vertikalisation, der vollständigen Aufgerichtetheit unserer Gestalt verbinden können, die wir mit der Wirbelsäule zusammen der Organisation der unteren Gliedmassen verdanken.

> Die Tiere stehen vor dem Menschen mit gebeugtem Knie.
>
> C. E. v. Baer

Beim Stehen wirken die Beine dadurch als «Tragsäulen», dass bei ihnen die Streckmuskulatur wesentlich stärker als die Beugemuskulatur ausgebildet ist, für die im Unterschied zu Arm und Hand nur geringe Einwärtsbewegungen möglich sind[32]. Es ist dies vor allem in der Hüftgelenksregion der Fall, wo die Gesässmuskulatur (Glutaeus minimus, medius und maximus) die entscheidende Aufrichtestreckung bewirkt.

Die Streckung im Kniegelenk:

Benninghoff weist darauf hin, dass die *Schwere* allein schon ein «streckendes Moment» haben kann, wenn bei vorgeneigtem Rumpf die Schwerelinie vor der queren Achse der Kniegelenke verläuft. Im übrigen arbeiten die Streckmuskeln aber gegen die Schwere und sind daher eben in den Beinen stärker als die Beugemuskeln ausgebildet[33]. Der wichtigste Streckmuskel im Kniegelenksbereich am Oberschenkel ist der Musculus quadriceps femoris. Dazu kommt noch der Tensor fasciae latae, der das Knie in der Streckhaltung fixiert. Beugend auf den Unterschenkel wirken der Musculus biceps, der Musculus semitendinosus und der semimembranosus, der Musculus sartorius; der Musculus gracilis, der Gastrognemius. Gegenüber dem Kniegelenk dominieren die Muskeln des Oberschenkels in ihrer Streckfunktion und verbinden sich dabei mit den Streckmuskeln der Hüfte (Beugung der Hüfte und Beugung des Knies sind in gleicher Weise koordiniert). Dieser Funktionszusammenhang ist für Stehen, Gang und Lauf entscheidend.

Der Schritt, der Gang

«Der erste Schritt»; «der letzte Schritt»; «der entscheidende Schritt», – aber auch viele «vergebliche Schritte» müssen getan werden. Dagegen wird mancher Schritt, den wir tun, bewusst oder unbewusst zum «Schicksalsschritt». «Der leichte Gang»; «der schwere Gang»; «der Gang der Handlung»; der Gang ist bedeutsam wie der Schritt. Es ist schicksalshaft, wohin uns die Füsse tragen.

Was bedeutet doch der Gang eines Menschen! Das Auftreten, die Art, den Fuss zu setzen! Die ganze Persönlichkeit kennzeichnet sich im Schicksalsansatz aus den Tiefen des Charakters heraus bei jedem Schritt in der Art, die Zehenspitzen zu setzen, die Ferse gegen den Boden zu stemmen. Mit dieser letzten Fussgebärde hat sich Johann Gottlieb Fichte als Philosoph des Willens charakterisiert. Alle diese Bewegungsgebärden sind mehr als metaphorische Bezüge; sie sind Wesensoffenbarungen.

Das dreiteilige Schreiten: Die Gangbewegung ist ein dreiteiliges Geschehen, bei dem ein Rhythmus von Heben, Tragen und Setzen abläuft. Dabei wird der Rumpf wechselweise vom linken und vom rechten Bein getragen. Man unterscheidet zwischen Standbein und Schwingbein (oder Spielbein, nach dem Kanon der klassischen Plastik). Wenn der hintere Fuss von der Ferse her die Lösung vom Boden zu vollziehen beginnt, fasst der vordere gleichzeitig Fuss, indem er seinerseits den Boden zuerst mit der Ferse, bei weitgehender, aber nicht ganz vollständiger Streckung im Kniegelenk, erreicht. Während nun die ganze Gestalt der Vorwärtsbewegung hingegeben ist, wird das Bein, sobald die Sohle völlig Fuss gefasst hat, zum Standbein. Beide Beine berühren in dieser «Phase der doppelten Unterstützung» den Boden, das Standbein ist dabei mit der ganzen Gestalt annähernd in die *Senkrechte* hereingeschwungen. Der in fliessender Vorwärtsbewegung weitergeführte Körper lässt dann aber sogleich das Standbein zurück, so dass jenseits der Senkrechten von der Hüftgelenksachse beider Beine aus, je nach Schrittgrösse, nach vorne und nach hinten ein wechselnd grosser Bewegungswinkel erreicht wird[34].

Das voranschreitende Bein berührt beim gewöhnlichen Gang den Boden mit der Ferse zuerst, während sich das rückwärtige bereits mit der Ferse hebt und zuletzt mit den Zehen und vor allem mit der Grosszehe dem ganzen Rumpf einen Bewegungsimpuls nach vorne verleiht. Dabei wird das Bein sogar durch die Streckung des Fusses (Plantarflexion) *verlängert* und die Bewegungskraft gesteigert. Bei den Wechselphasen der Beinbewegungen – Abstossen, Führen, Vorgreifen – werden Schulter und Haupt ruhig in einer sanften Wellenlinie durch den Raum getragen.

Wenn das im Bewegungsfluss des Gehens zurückgebliebene tragende Bein sich in der nächsten Phase vom Boden löst, wird es zum schwingenden, das von den Beugemuskeln der Oberschenkelmuskulatur und des Hüftgelenkes angehoben und nach vorn geführt wird (Musculus rectus femoris, Musculus sartorius, Musculus gracilis und die tiefer gelegenen Adduktoren*). In der Hebung macht sich beim dreiteiligen Schreiten jeweils am stärksten die Rhythmusphase geltend. Das Becken wird während des Ganges in der *Waage* gehalten. Es sinkt nicht gegen das frei getragene und frei geführte Bein ab. Dies leisten die Streckmuskeln der Hüfte, der tiefen Lendenabschnitte und der Gesässmuskulatur (vor allem der Glutaeus medius und minimus). Die der Schrittbewegung entsprechenden Armbewegungen (linker Fuss, rechter Arm, rechter Fuss, linker Arm) tragen zum dynamischen Gleichgewicht dieses Bewegungsflusses bei[34].

Der Gang, der Schritt ist in der hochbedeutungsvollen Vereinigung von aufrechter Haltung und Bewegungsimpuls vom Wesen her befähigt, zu künstlerisch-kultischer Erhabenheit – zum *Schreiten* gesteigert zu werden, dann, wenn der Mensch seine Leiblichkeit einer höheren Aufgabe entgegenträgt.

Bei diesem Schreiten werden die drei Funktionen des Ganges von Heben, Tragen und Setzen zum Funktionsbild des geistigen Menschseins in Wollen, Fühlen und Denken. Ein bewusster Willensimpuls leitet die Hebung zur Bewegung des Schreitens ein; ein höheres Freiheitsgefühl steigert den Bewegungsbogen des geführten Fusses und im (bewussten) Ertasten der Erde durch die Zehen vollendet sich der Schritt zum Ausdruck der Würde des Menschen, wie wir ihn uns klassisch in Opferreigen früher Hellenischer Kulthandlungen denken oder wie er wieder in der Eurythmischen Kunst gepflegt wird. Der Schritt wird zum Funktionsbild des dreigliedrigen Menschen selbst.

Der Lauf

Bei der Beschleunigung der Schritte wird der Leib im *Lauf* in die Leichte emporgetragen, so dass bei dieser Steigerung der Bewegung im wesentlichen Moment beide Füsse für einen Augenblick gleichzeitig vom Boden gelöst sind, und der Körper schwebt in einem zweiteiligen, Atem-bezogenen fliessenden Rhythmus. Geschieht diese Loslösung entsprechend der Steigerung vom Gehen zum Schreiten, so wird der Lauf zum Tanz. Rhythmen der Atmung und des Pulses können ihm die verschiedensten Wirkungen und Akzente verleihen.

Der Sprung

Der «dreiteilige» Bewegungsablauf im Schreiten, das «zweiteilige» Geschehen im Lauf wird im Sprung zu einem einzigen, feurigen, energischen Ereignis in die «Steigerung» emporgetrieben. Alle Streckungselemente der Bewegungsorganisation schnellen den Leib in die Höhe.

* Adduktoren = heranführende Muskeln; lat. ad = heran, zu; ducere = führen.

Abb. 88: *Läufer*. Nach einem griechischen Vasenbild des sechsten Jahrhunderts.

Euphorion

Dorthin! Ich muss! Ich muss!
Gönnt mir den Flug!
...
Ikarus! Ikarus!   Goethe, Faust II

So darf wohl die Bewegung der unteren Gliedmassen, die uns durch den elementaren Raum tragen, selber mit den Elementen verwandt erlebt werden[35]:

Das Stehen mit der *Erde*.
Das Gehen mit dem Fluss des *Wassers*.
Das Laufen als eine Hingabe an das *Luftelement*
und das Springen als das Auflodern eigenen *Feuers*.

Entwicklungsgeschichte der Muskulatur

Bei der Entstehung des Muskel-Bewegungs-Organismus in der Embryonalzeit haben wir zuerst unseren Blick auf den Keim der Gesamtorganisation zu richten. Da findet sich schon früh in Gestalt und Entwicklungsfunktion die Dreigliederung, und zwar in der charakteristischen Gliederung in Kopfentwicklung (Kephalogenese), der Gliedmasseneinstrahlung (Melogenese) und der diese polaren Gestaltungen in der Mitte verbindenden Bildung des Rumpfes (Notogenese)*. In der Notogenese finden wir eine Steigerung der polaren Kopf- und Gliedmassen-Entstehungskräfte, vor allem wird vom Rumpf aus die gesamte rhythmische Organisation von dem «geistigen Stab» der Chorda dorsalis (der Rückensaite) ausgestrahlt. Ihre Rhythmusimpulse sind es, die von hier aus Organordnungs-Gestaltungen bewirken. Diese Impulse greifen unmittelbar in das perichordale Mesenchym** ein, wodurch sich von hier aus alle weiteren Gliederungen ergeben.

Die rhythmischen Prozesse der Entwicklungsbewegung, die zur Wirbelsäulenbildung führen, wie diejenigen Entwicklungsbewegungen, welche die

---

* Kephalogenese = Kopfentstehung; κεφαλή = Haupt, Kopf. Genese = Entstehung; γένεσις = Entstehung. – Melogenese = Gliedmassenentstehung; μέλος = Glied (Ge-Lied, Melodie = das Gegliederte). – Notogenese = Rücken-(Rumpf-)entstehung; νῶτον = der Rücken.

** Perichordales Mesenchym = um die Chorda gelegene Urbildesubstanz. Mesenchyma = das «inmitten» Gegossene.

rhythmische Gliederung und Funktion der Bewegungsmuskel-Organisation bewirken, sind gegenüber der physisch-konzentrativen Bildetendenz der Kephalogenese und derjenigen der peripherischen Melogenese als *«Rhythmogenese»* hervorzuheben. Gerade die Rhythmogenese ist für das Leben des Gesamtorganismus von Anfang an von der allergrössten Bedeutung. Die Entwicklung vollzieht sich also vom Ursprung an nach dem trinitarischen Lebensgesetz von *«Polarität und Steigerung»* (Goethe).

Rhythmogenese

Kephalogenese   Melogenese

Das um die Chorda strömende Mesenchym bildet zu Beginn dieser *rhythmogenetischen* Verwandlungen eine ungegliedert-homogen strömend-ätherische Matrix, in die sich von der Chorda aus «Gestaltungswellen» rhythmisch eingliedern. Die hierbei entstehenden Verdichtungs- und Erweiterungszonen bezeichnet man mit dem mehr auf die verdichteten Teile gerichteten Blick als Somiten*. Es handelt sich hier um erste «Verkörperungen», Verleiblichungen des ursprünglich protoplasmatisch-flüssigen Mesenchyms, das aber auch jetzt noch ganz seinen dynamisch-ätherischen Charakter bewahrt. Diese Somiten sind also rhythmisch aus der *Urmitte* des Organismus herausgeborene, organ-intentional gerichtete Verleiblichungswellen.

Die Schwierigkeit der Umschreibung dieser äusserst zarten und zugleich ungemein dynamischen Gestaltungsformen des perichordalen Mesenchyms hat zu weiteren Begriffsbildungen der gleichen Gegebenheiten in der wissenschaftlichen Nomenklatur geführt. Sie deuten bei der Somitenbildung dann mehr auf Gliederung und Teilung des Mesenchyms. Man spricht hier auch von «Segmentbildung», «Segmentation», oder von «Metamerie»**, und im besonderen im Hinblick auf die Muskelentstehung von «Myomerenbildung» (vgl. das Kapitel «Die Wirbelsäule»).

Um das Wesen dieser Gliederungen richtig zu verstehen, sei an die «Verdichtungs- und Verdünnungszonen» chladnischer Klangfiguren erinnert. Jede «Woge» der einander folgenden Somitenwellen dieser Ursegmente differenziert sich in der weiteren Entwicklung in verschiedene, wiederum dreigegliederte Organsphären.

Chorda-nah finden sich Somiten, die ihrer zukünftigen Bedeutung für die Skelettbildung wegen als *Sklerotome**** bezeichnet werden. Diese bilden zunächst

---

  * Somiten = Leibesbildungen; σῶμα = Leib.
  ** Segmentum: lat. = Schnitt, Abschnitt; Metamerie; μετά-μέρος = Teil.
  *** Sklerotom = Urskelettgliederung; σκληρός = trocken, hart, rauh. Tom = τέμνω = schneiden; τόμος = abgetrennt.

die Vorstufe für die rhythmische Gestalt der Wirbelsäule. Am weitesten von der Chorda entfernt finden sich Somiten, die an die Leibesgrenzen des Embryo hinauswandern. Sie werden im Hinblick auf die spätere Hautbildung als Dermatome* bezeichnet. Zwischen Sklerotom- und Dermatomzone findet sich das mesenchymale Bildungsareal, das weder zur dichten Formbildung und zu fester Struktur noch zu einer Abgrenzungs-Hüllorganisation wird, sondern das, zwischen beiden, Organe freier Bewegung, freier Rhythmik ausbildet – die Myotome** (bzw. Myomere), die sich dann im Laufe der Entwicklung zum endgültigen muskulären Bewegungsorganismus ausgestalten[36].

Nun bleibt das perichordale Mesenchym in der Dermatombildung in der Peripherie zunächst weiterhin ein «strömendes», «fliessendes» Organ, um späterhin als Hülle der Leibesoberfläche, als «Haut» zugleich Sinnesorgancharakter anzunehmen. Andererseits gibt im Inneren das Chorda-nahe Mesenchym, Sklerotom bildend, die ursprüngliche mesenchymale Bewegungseigenschaft auf und kommt trotz rhythmischer Gestaltung in der Wirbelkörper-Bildung zur Ruhe. In der Mitte – zwischen verhärtenden und flüssigen Anteilen – steigert sich im Myotom die mesenchymale Ureigenschaft dynamischen Bewegtseins in den *Myomeren* bis in ihre vollkommenste Ausgestaltung: Im plastisch-muskulären Bewegungsorganismus konzentriert sich die Fähigkeit, sich rhythmisch zusammenzuziehen und auszudehnen, um für das ganze Leben Organ der Bewegung zu bleiben.

Das sich «fliessend» erhaltende Dermatom[37] auf der einen Seite und das in der Raumplastik sich verfestigende, zur Formruhe gelangende Sklerotom wird vom Myotom funktionell überhöht. Beide Tendenzen sind in der dynamischen *«Zeitgestalt»* im Rhythmus vereint[38].

Die Bildung der Bewegungsgestalt

Während aus dem Dermatom das Hüll- und Sinnesorgan bildende Integument***, die Haut, hervorgeht, und aus dem Sklerotom das die Haltung gewährende Skelett, bleiben zwischen beiden in rhythmisch-dynamischer Bewegungsfunktion die myotom-myomeren Ströme erhalten. Diese Myomeren als Elemente unseres Muskel-Bewegungsleibes wandern in der weiteren Entwicklung vom Ort ihrer Ur-Anlage, der Chorda-Umgebung, Woge um Woge hinaus in die Bewegungsperipherie. Charakteristischerweise behalten die wirbelnahen Muskeln im vollkommen ausgebildeten reifen Organismus noch immer ihre ursprünglich embryonale Lageordnung am Entstehungsort des Myotoms bei. Hier finden sich alle

   * Derma: δέρμα = Haut.
  ** Myotom = Muskelsegment; μῦς = Maus.
*** Integument = die Decke, die Hülle; lat. integumentum = Bedeckung, Hülle.

Übergänge metamerer Muskeln zu späteren differenzierteren Formen (Braus). Dies gilt für die tiefliegenden Muskelschichten des Rückens (Musculi interspinales, intertransversarii = Zwischenwirbelmuskeln) und im weiteren für alle Muskeln, die wir zusammenfassend als «Rückenstrecker» (Erector trunci) bezeichnen. Alle diese auf- und abwärtsziehenden Muskeln des Rückens nennt man daher auch autochthone* Muskeln.

Die Myomeren der Rumpfseitenmuskulatur dagegen mussten schon ein Stück Weges zurücklegen, um vom myotomen Ursprungsort zum Ort der Funktion zu gelangen, die Bauchmuskulatur sogar geradezu eine «Wanderung». «Die gesamte Muskulatur der seitlichen (lateralen) und vorderen (ventralen) Rumpfwand wächst als ‚Bauchfortsatz' des Myotoms von hinten (dorsal) nach vorn (ventral) zwischen Integument (Haut) und Somatopleura (Eingeweide-Hülle) aus» (Starck). Wir können also im Gegensatz zur «autochthonen» Rückenmuskulatur von «eingewanderter» Leibes- und Bauchmuskulatur sprechen, die zur Bildung einer *geschlossenen* Rumpfmuskelorganisation führt.

Die *ventrale Muskulatur* behält im rhythmisch durchgliederten Brustbereich der Rippen ebenfalls weitgehend ihre ganz ursprünglich metamer-rhythmische Gestaltung bei (besonders die Zwischenrippenmuskeln, Musculi intercostales). Im eigentlichen Bauchbereich jedoch finden dann unter den hier einwandernden Muskeln sowohl Verschmelzungen als auch Abspaltungen von der ursprünglich metameren Muskelanlage statt. Dies ist vor allem bei den schrägen inneren und äusseren Bauchmuskeln der Fall (Musculi obliqui interni und externi). Der gerade vordere axiale Bauchmuskel (Musculus rectus abdominis) bildet eine Synthese beider Möglichkeiten.

Das Ergebnis der rhythmisch von der Chorda ausströmenden Somiten-(Myomeren)-Wanderung bildet im Sinne der umfassend wirksamen Rhythmogenese das Bewegungsgefüge unserer Rumpfmuskulatur als Ganzheit, das den Brustrumpf, den Rückenrumpf und den Leibes(Bauch)-Rumpf zu einer grossflächig, schwellend gegliederten Leibesplastik als dreigliedrige Einheit zusammenschliesst. Dabei darf der Rumpf als Ganzer im Sinne seiner Muskelentwicklung als ein rhythmisch akkordierter Hohlmuskel aufgefasst werden.

Entwicklung der Gliedmassenmuskulatur

Der ganze Organismus ist im letzten Grunde als Bewegungsorganismus aufzufassen, insofern die Bewegungsorganisation umgreifend angelegt ist und insofern das ganze organische Geschehen als eine Metamorphose von Bewegungsereignis-

---

* autochthon = am Ursprungsort entstanden; αὐτός = selbst, und χθών = Erde.

sen aufgefasst werden kann. Darüber hinaus aber sind die Gliedmassen die *eigentlichen Bewegungsorgane*. In den Gliedmassen bildet sich nochmals der ganze Bewegungsorganismus in idealtypischen Metamorphosen heraus. (Der Rumpf ist *auch* Bewegungsorgan, die Gliedmasse ist es ausschliesslich.) Als solche sind sie wieder «Mitte-Organe» – Mittler – zwischen dem kosmischen Bewegungs-Ozean und dem von diesem abgesonderten Eigenorganismus. Alle Gliedmassen sind in ihrer selbständigen Entwicklung aus dieser Mittefunktion heraus wesenhaft zu verstehen.

Bei der Betrachtung der Gliedmassen-Bildung gehen wir von dem Entwicklungsstadium des Embryos aus, bei dem die Gestalt-Hülle, Dermatom-Hülle – schon weitgehend geschlossen ist. Wie im voll ausgebildeten Organismus auch die kleinste Leibesorganelle, solange das Leben währt, von ihrer Peripherie, von der Perilymphe, dem umzelligen Protoplasma her ihre funktionell gestaltlichen und ernährenden Impulse erhält, was bis in den chromosomalen Feinbau hinein gilt (Blechschmidt), so erhält der ganze embryonale Organismus, als Antwort auf die Elementarbewegung des Embryos, wesentliche Bildungsimpulse aus der Dynamik der Fruchtwasserströmung. Dies gilt besonders für die Entwicklung der Gliedmassen[39]. Die Gliedmassen-Entwicklungszone des Embryos befindet sich in der Rumpfseitenwandlinie (die vor allem bei Fischen besonders ausgeprägt und im Frühstadium der menschlichen Embryonalentwicklung ebenfalls nachweisbar ist). Die Rumpfseitenwandlinie ist die Reizzone, die auf die peripherischen Bewegungskräfte in der Fruchtwasserlymphe mit der Bildung der Seitenwandknospen (Gliedmassenknospen) antwortet.

Bei Fischen erscheinen hier als erste Einprägungen die Archipterygien*, Flossenbildungen mit zahllosen radialen Knorpel-Einstrahlungen, die sich im höheren Organismus auf wenige Radialstrahlen vermindern und in der Fünfstrahligkeit der menschlichen Hand- und Fussbildung gipfeln. Flossen sind demnach Gliedmassen, Urgliedmassen eines Wesens, das in seiner Gesamtorganisation Bewegungsorgan des Wassers – vom Wasser für das Wasser gestaltet – ganz Rhythmusorganisation ist (Kolisko). Flossen sind Flügel des Wassers. In diesem bildhaft-funktionellen Sinne ist der Ausdruck Pterygion durchaus treffend.

Wie sind nun diese Flossen entstanden? Die Einstrahlungen aus dem Umkreis zeigen sich bei Fischen in grösster Mannigfaltigkeit und Vollkommenheit. Wie der Fisch eine Organisationsform des Wassers, so ist die Flosse die spezifische Ausprägung des elementar-ozeanischen Umkreises, der Vogelflügel eine Bildung des «Luftmeeres». In diesem Sinne sind *alle Gliedmassen* von den Einwirkungen der Umkreiskräfte geprägt und aus diesen Kräften heraus verständlich. Ein Klangätherischer Prozess findet bei der Gliedmassenbildung im kosmischen Ätherraum

---

* Archipterygium = Urgliedmasse (Urflügel); ἀρχή = Anfang, und πτερύγιον = kleiner Flügel.

der Eihüllen statt, von dem wir uns aus der eingeengten Welt unserer irdisch dichteren und stumpferen Sinnesatmosphäre kaum die richtige Vorstellung bilden können. «Unerhörtes hört sich nicht» – aber man sollte sich neuerlich wieder in den Erlebniszusammenhang von Tonwelt und Gliedmassen-Bewegungswelt im Flüssigkeits- und Klang-Ätherbereich in der Erlebnisvertiefung vorarbeiten[40].

Wenn im Hinblick auf die Gliedmassenbildung in der Embryologie von *Melogenese* gesprochen wird, so trifft dies zugleich den kosmogenetischen Tatbestand, denn die Gliedmassenstrahlen formen sich von aussen, in Impulswellen, Glied um Glied herein und begegnen sich mit den myomerischen Mesenchymströmen, die sich nun zuerst in der Gliedmassen-Peripherie und erst zuletzt im Zentrum *artikulierend* ausformen, so dass sich Oberarm und Oberschenkel erst ganz spät in die Gelenkshöhle von Schultergürtel und Beckengürtel einfügen.

Melos ist das *Glied*, ausgeformt und ausgestaltet durch jenes kosmisch-astrale Geschehen der *Eingliederung* der *Weltenmusik* in die Matrix der ätherischen Organisation, die sinnlich-übersinnlich in der Klangempfindung zuletzt in unser durchaus Gliedmassen-verwandtes Gehörorgan hereinwirkt und zum bewussten Erlebnis kommt[40]. Die *Musica mundana*, das *Weltenmelos*, gliedert sich in unserer Organisation unmittelbar als Gliedmassenbildung ein, wie dies auch die deutsche Sprache ausdrückt: vom *Lied* zum Ge-Lied (= Glied) geht der Weg der organischen Verwirklichung.

Dies ist die volle Begriffsbedeutung der *Melogenese*. Ist sie einmal vollzogen, so sind es die gleichen Bewegungsimpulse, die nun, durch die organgewordenen Schicksalskräfte individualisiert, durch unsere Gliedmassen wieder in die Welt, gestaltend und weltverwandelnd, hinauswirken wie in jedem Sinnesorganprozess – und bei den Gliedmassen handelt es sich ja in einer weitgefassten Bedeutung auch um ausgreifende «Sinnesorgane» – «Bewegungssinnesorgane». Nun ist ein weltorganischer Gestaltungskreis[41] geschlossen.

So können wir für die Glieder und Hände im Goetheschen Sinne sagen:

> Lebt nicht in deinen Händen Wirkenskraft,
> Die dir der kosmische Beweger einverleibt?
> All unsre Glieder blieben ohne Macht,
> Wenn nicht die gleiche Kraft in dir das Handeln lenkt.

Für die menschliche Gestalt sind die Gliedmassen in der geschilderten Art Einstrahlungen kosmisch geordneter Bewegungskräfte* (gegen den in sich selbst rhythmisch gestalteten und gehaltenen Rumpf, und als solche sind sie von ganz eigenwesenhafter Bedeutung).

---

* Es sei hier an den griechischen Begriff πλανάω erinnert, wandeln, herumgehen, sich bewegen.

Die Beckenebene – die Einstrahlungsebene der tragenden und stützenden unteren Gliedmassen – ist für die Mensch-Erde-Beziehung in waagerechte und Aufrichtebewegung das entscheidende Funktionsfeld am Willenspol der Gestalt. Die Erde selber ist der «*Gegenstand*» dieser Bewegung.

Die Schultergürtel-Ebene hat die entsprechende Bedeutung für die Einstrahlung und Eingliederung der Arme in ihrer besonderen Handlungs- und Bewegungsfreiheit am oberen Pol unserer Rhythmusgestalt. Schultergürtel- und Beckengürtel-Ebene sind für das Gestaltganze funktional gesteigerte dynamisch-rhythmische «Mitten», durch die sich der Mensch in einem kosmisch-irdischen, irdisch-kosmischen Gleichgewicht zu erhalten vermag. Gerade in diese Zonen sind die Glieder, wie Rudolf Steiner in menschenkundlichen Darstellungen formuliert hat, «wie eingesetzt»[42].

Die Ausbildung der Muskulatur der Gliedmassen kann auch im Sinne dieser *Mittebeziehungen* gesehen werden. Eine Myomerenwanderung aus dem Bereich des perichordalen Mesenchyms bis in die Gliedmassenperipherie ist charakteristischerweise bisher nicht eindeutig nachgewiesen. Andererseits deuten Gliedmassen-Muskel-Nerven, die aus Ventralästen der Rückenmarks-Nerven (Plexus brachialis und Plexus lumbosacralis) stammen, darauf hin, dass Gliedmassenmuskeln von der ventralen Rumpfmuskulatur abgegliedert sein können. Aber dann findet sich wieder in den Gliedknospen *ursprüngliches, myogenes Mesenchym*, dessen Herkommen mit anatomischen Betrachtungsmethoden nicht bestimmbar ist (Starck). Eine originäre Bildung von Muskulatur aus peripherem Mesenchym ist daher für Gliedmassen durchaus möglich, und wirklich findet sich in den Gliedanlagen eigenständige peripher-mesenchymale Muskelbildung[43]. Insofern das Mesenchym als embryonales Urphänomen ätherischer Kräfte vor aller Differenzierung kosmisch-peripherer Zuständlichkeit im Organismus aufgefasst werden kann, dürfen wir also auch im Hinblick auf die Gliedmassenmuskulatur, nicht nur im Hinblick auf die Gesamtgliederung der Arme und Beine, von einer *einstrahlenden* Kräfte-Organisation sprechen. (Interessant ist in diesem Zusammenhang auch die Tatsache, dass sich im Bereich der Arme Gliedmassenmuskulatur rumpfwärts sowohl gegen die dorsale als auch gegen die ventrale Mittelachse zu von aussen hereinbewegt und im Sinne der Einstrahlung des Gliedmassenwesens am Rumpf ansiedelt. Selbst als sekundäre Einwanderung verstärkt dieser Vorgang den charakteristischen Wesenszug der Gliedmassenbildung von aussen nach innen.) Die Strecker der spino-humeralen* Muskelgruppe (Starck) liegen dann oberflächlich über den autochthonen dorsalen und ventralen Somitenmuskeln.

---

* Spino-humerale Muskelgruppe = Muskeln, die die Wirbelsäule (= Spina) mit dem Oberarmknochen (= Humerus) verbinden.

Zusammenfassung

Die embryonale *Melogenese* zeigt uns die Gliedmassenbildung in dreifacher Beziehung:

Zuerst der chordale Ordnungs- und Rhythmusimpuls, der sich dem perichordalen Mesenchym mitgeteilt hat und sich nun mit den auswandernden Somiten (Myomeren) der Leibesperipherie nähert.

Dann die aus dem Umkreis einsetzende eigentliche Melogenese, die Gliederung von aussen nach innen.

Zuletzt die plastisch ausgebildete, bewegungsdynamische Gestaltung der Glieder zur Rumpfgestalt hin, die wiederum von aussen nach innen wie «*eingefügt*»[44] wirkt.

So kann gesagt werden, dass die *Melogenese*, die Bildung des Gliedmassensystems neben der *Rhythmogenese* und der *Kephalogenese* als ein eigenes charakteristisch selbst-differenziertes Organbereich erscheint. Damit ist zugleich die Einheit der morphologischen und der funktionalen Dreigliederung deutlich geworden.

Die Entwicklung der Bewegungselemente innerer Organe – Glatte Muskulatur

Von dem inneren Bewegungsgeschehen unseres Organlebens haben wir keine unmittelbare Erfahrung, kein individuelles Miterleben. Es ist vielmehr Ausdruck eines vegetativen Geschehens von überindividueller Bedeutung.

Wo sich das organische Sein als ätherisches Leben inkarniert, wo die Gesamtorganisation in uns Ausdruck des urmütterlichen Kräftewaltens ist, wohin unser Tagesbewusstsein ohne tiefergreifende Wesenswandlung nicht vorzudringen vermag und woher unser Traumbewusstsein nur schwer deutbare Bilder empfängt, da herrscht auch im Gegensatz zu unserem bisher geschilderten, zielvoll-beseelten, tätig-handelnden Bewegungsleben ein elementar erregtes «Sichbewegen» vor.

Was bedeutet es doch, wenn für die reife Leibesfrucht der Geburtsprozess im mütterlichen Organismus einsetzt. Die Entlassung aus einer «kosmischen» Hülle ins irdische Leben im kosmischen Moment: «Am 28. August 1749 mittags mit dem Glockenschlag zwölf... Die Konstellation war glücklich: Die Sonne stand im Zeichen der Jungfrau und kulminierte für den Tag; Jupiter und Venus blickten sie freundlich an, Merkur nicht widerwärtig...» Goethe schildert sein Geburtshoroskop mit diesen Worten in «Dichtung und Wahrheit».

Hier ist in höchster Bedeutsamkeit empfunden, wenn auch für unser Tagesbewusstsein kaum fassbar, was in den Tiefen der Organisation bei Einleitung der Geburt kosmischer Lebens- und Bewegungsimpuls ist.

Es handelt sich hier wie bei allen inneren Lebens-Bewegungs-Funktionen um ein Geschehen, das sich den Bewegungsvorgängen der Gliedmassen und der Rumpfmuskulatur gegenüber vollkommen polar verhält. Während die bewusste und willkürliche Bewegungs-Organisation sich vom inneren «Aufrichte-Stab» (der Chorda dorsalis) her entwickelt hat und sich den radialen Bewegungsorganen des Skeletts verbindet, entstammt diese Muskulatur dem Coelom*, das heisst der inneren embryonalen Leibes- (und Lebens-)höhle und gehört ihm auch weiterhin an [45].

Während erstere nach aussen gerichtete, erdgerechte Bewegungsorgane ausbildet, bildet letztere im umfassenden Sinne kosmische Empfänglichkeitsorgane, bildet einen inneren «Lebenshimmel» (wie «Coelom-Koilon» auch übersetzt werden kann) aus. Hier sind alle Gesetzmässigkeiten der Aussenwelt, vor allem die Gesetze der Schwere, weitgehend aufgehoben, so dass hier «Bewegung» in einem geheimeren Sinne unmittelbar als kosmische Bewegung wirkt und sich in Zeugungs-, Wachstums- und Ernährungsbewegungen metamorphosiert. Das frühembryonale Mesenchym bedarf zur Ausbildung der Eingeweidemuskulatur keiner rhythmisierten Somitenvorstufe, sondern das ursprüngliche Protoplasma strömt unmittelbar muskulaturbildend an die Organhüllen heran und gegebenenfalls auch in die Organe selbst ein. Das Mesoderm der Eingeweidehöhle, die «Splanchnopleura»**, ist dabei für diese innerorganische Muskulatur Bildungsgrundlage und Bildungsansatz zugleich – wie andererseits das Mesoderm (mittleres Keimblatt) selber aus dem Mesenchym hervorgeht.

Wegen dieser unmittelbaren Beziehung zu den inneren Organen und zum Coelom spricht man von visceraler*** oder auch von vegetativer Muskulatur. Sie findet sich in Drüsen, in Organhüllen (Kapseln), als Gefässmuskulatur, als Muskulatur der peristaltischen**** Darmbewegung und bildet selbst Hohlorgane wie die Gallenblase, die Harnblase, das Magen- und Darmsystem und vor allem in höchster organischer Entwicklungsvollkommenheit (nächst dem Herzen, das selbst quergestreifte Muskulatur hat) den Uterus.

Im mikroskopischen Feinbau zeigt sich die Eingeweidemuskulatur homogen (= glatt) gebildet, weswegen man, im Gegensatz zur durch und durch bis in das Myoplasma der Gliedmassen und Rumpfmuskelfibrillen rhythmisierten quergestreiften Muskulatur, hier von glatter Muskulatur spricht.

Die Eingeweidebewegungsorganisation – die wie vom Leben selber gesteuert erscheint – dient, wie gezeigt, den aufbauenden Lebensprozessen und schliesst fast unmerklich an Wachstumsbewegungen an, dient den aufbauenden Ernährungsprozessen wie auch den Ausscheidungsvorgängen und gipfelt in den genera-

---

  * Coelom = Eingeweidehöhle; κοίλον = das Hohle, die Höhle, der Himmel; vgl. auch lat. coelum.
  ** Splanchnopleura = Wandung des Coeloms; σπλάγχνον = Eingeweide, Pleura; πλεῦρα = Weichen, Eingeweidehaut.
  *** visceral = zu den Eingeweiden gehörig; lat. viscera = die Eingeweide.
  **** peristaltisch = umgreifend, umfassend, von περισταλτικός.

tiven Bewegungen, also in der vegetativ-kosmisch orientierten Lebensleiblichkeit. Hier hat das Zentralnervensystem (Gehirn und Rückenmark) kaum eine Einwirkung. Dagegen beherrscht das peripherisch-sympathisch-vegetative Nervensystem das Feld. Dieses vermittelt, ausserhalb unseres Bewusstseins, den Organen die kosmischen Impulse. Charakteristisch sind aber in diesem Zusammenhang rein myogene Bewegungserregungen, die schon wirksam sind, lange bevor ein Nervensystem ausgebildet ist. Allgemein kann man sagen, dass die glatte Eingeweidemuskulatur weitgehend der ätherischen Organisation angehört. Dies zeigt sich auch an ihrer *unsymmetrischen* Anordnung in den inneren Organen, während die willkürlich quergestreifte Muskulatur, mit dem Knochenbau vereint, *streng symmetrisch* angeordnet ist. Auch der langsame, gewissermassen schleichend verlaufende Bewegungs-Funktionsablauf der Eingeweidemuskulatur im Gegensatz zur gezielten, raschen rhythmischen Bewegung der quergestreiften Muskulatur ist hier charakteristisch.

Die Entwicklung der Muskulatur des Kopfes

«Bewegung» umgreift von der vegetativ-elementaren Welt her den ganzen Organismus. Die Gliedmassen sind Bewegungsorgane, die unmittelbar von den Umkreis-Bewegungselementen und -Bewegungsreizen gebildet sind und ihrerseits in den gegebenen Bewegungsraum wieder hinauswirken und hinausgreifen. Die Bewegungsorganisation des Rumpfes und alles desjenigen, was er umschliesst, von der Aufrichtebewegung bis in die die innerleiblichen Lebensregungen und Organbewegungen impulsierenden Eigenbewegungen und Eigenrhythmen, sind Ausdruck schicksalhafter Lebensverwirklichung.

Nun haben wir aber unseren Blick auf eine ganze neue Bewegungswelt zu richten, auf die Bewegung unseres Hauptes und hier vor allem auf die mimische Muskulatur unseres Antlitzes. Von allen Bewegungsweisen und Muskel-Organformen, die wir bisher betrachtet haben, gelangen wir nur durch die Anschauung einer durchgreifenden Metamorphose zum Verständnis dieser Hauptes-Bewegungs-Organisation.

Das Wesen und die Bedeutung der Kopfmuskulatur eröffnet uns eine überaus wichtige Bestätigung des auch hier gültigen Lebensgesetzes der menschlichen *Dreigliederung*.

Für die Schädelbildung (Kephalogenese, vergleiche S. 280 ff.) ist es charakteristisch, dass sich das perichordale Mesenchym nicht mehr, wie bei der Veranlagung der Wirbelsäule, rhythmisch gliedert. Es findet hier keine Somiten- und Myomerenbildung wie dort statt. Chorda und perichordales Mesenchym des Kopfes bilden, und das ist eben gerade für die Kephalogenese wesentlich, *ohne Rhythmisierung* in unmittelbarer Ausformung den Schädelbasisanteil, den wir in dem Kapitel über die Schädelbildung als «Ich-Organisationsschädel» bezeichnet haben (Keilbein-, Schädelbasisregion). Es findet sich daher hier ebensowenig wie im Bereich des Schädelgewölbes («Ätherschädel») eigene Muskelbildung.

Ganz anders ist dies nun aber in der Gesichtsschädelregion. Sie ist aus der Darmorganisation durch Metamorphose im Kopfbereich zur Kopf-Darm-Kiemen-Region, zur Gesichtsschädelbildung herauf entwickelt («Astralschädel»). Hier findet sich nun eine Muskulatur, die derselben Metamorphose entstammt, – eine verwandelte Darmmuskulatur, die sich hier aber in vollständiger *Umstülpung nach aussen* gewendet hat.

Die Muskulatur des Kopfes und ganz besonders die Muskulatur des Angesichts entstammt mit dem cranialen* Darmsystem (Mund-, Rachen-, Mittelohrregion) dem inneren (unteren) Eingeweidebereich der Ernährungs- und Verdauungsorganisation. Die eigentliche Kopfmuskulatur ist also ihrem Ursprung nach *splanchnogen* und hat daher nichts mit der rhythmo-genetisch-myomeren Muskulatur unserer primär willkürlichen Rumpf-Gliedmassen-Muskulatur zu tun!

Hier tritt uns eine der interessantesten und zugleich am schwersten deutbaren Metamorphosen der dreigliedrigen Organisation entgegen: inneres tief unbewusst wirkendes Bewegungselement der vegetativ-astralen Eingeweideorganisation wird äusseres Bewegungselement der Kopforganisation, die als Muskulatur des seelisch-geistigen Ausdrucks nun als mimische Muskulatur *Innerlichkeit* nach aussen strahlt.

Die Metamorphose ist eine vollständige. Elemente der Lebens- und Willensdynamik aus unterbewusst wirkender Innerlichkeit wandeln sich zu Seelen- und Geistesäusserung der Mimik. Tief verborgene Willenskräfte der Entwicklungsvergangenheit haben sich in individuelle Ausdrucksmöglichkeit der Gegenwart umgewandelt.

Die Gesichtsmuskulatur erinnert, dieser Abstammung gemäss, noch vielfach an Hohlmuskel-, Ringmuskel- und sphärisch-lemniskatische Muskelformen der glatten Organmuskulatur der inneren Eingeweide aus dem Bereich des Coeloms. Man beachte in dieser Hinsicht den ringförmigen Muskel der Augenumgebung (den Musculus orbicularis oculi) und den ringförmigen Mundmuskel (Orbicularis oris**). Muskeln der Öffnung und Schliessung als Ausdruck seelisch-geistiger Prozesse.

Interessant ist auch, dass die glatte, unwillkürliche Muskulatur der Eingeweide sich nach der Metamorphose als «quergestreifte» Muskulatur präsentiert und nunmehr willkürlich erregbar tätig wirkt. Die Funktion dominiert zuletzt als übergeordnete Bildekraft über die morphologische Abstammung[46].

* cranial = zum Kopf gehörend; lat. cranium; κράνιον = Schädel.
** orbicularis = ringförmig; lat. orbis = Rundung, Kreis, und oculum = Auge; os oris = Mund.

Splanchnogene, viscerale Muskulatur im Kopfbereich:

Kaumuskulatur (masseter);
Schliessmuskulatur bei Auge und Mund (Orbicularis oculi und Orbicularis oris);
dazu noch die splanchnogenen Muskeln, die vom Kopf und Hals her die Verbindung zum Rumpf aufnehmen (Musculus trapecius, Musculus sternocleidomastoideus).

Eine besondere Stellung nimmt die Augenmuskulatur in der Kopfregion ein, wenn auch durch die spezifische Sinnesorganbildung nur in mittelbarem Verhältnis zur Mimik. Die Augenmuskulatur hat nämlich für sich noch einmal eine ganz originäre Entstehungsgeschichte. Sie bildet sich unmittelbar aus dem Mesenchym der embryonalen Augenbildungsanlage[47].

Ein muskuläres Rhythmusorgan höchster Bedeutung ist im Hinblick auf die Gestaltung der Sprache im unteren Kopfbereich der Zungenmuskel. Er gehört aber zu den wenigen nicht splanchnogenen Muskeln des Kopfes, zur rhythmogenetischen Myomeren-Muskulatur. Der Zungenmuskel wurde in die Rumpf-Kopf-Metamorphose mit einbezogen, als er aus dem Somitenbereich der «Mitte» in die (untere) Hauptesregion emporstieg. In ihm wird, was als willkürliche Bewegungsorganisation angelegt ist, zu einem «innerlichen» Gestaltungsorgan. Der Zunge danken wir ja im Mund-Raum vor allem die Plastik der Konsonanten (ausser den Lippen- und Rachenlauten). Auch bringt sie durch Umformung des akustischen Mundraums die verschiedenen Vokale im Ausatmungsstrom hervor.

Diese lautplastisch-klangplastische Sprachfunktion wird gegenüber dem Geschmackssensorium, deren Träger die Zunge ausserdem ist, oft zu wenig in Betracht gezogen. Immerhin ist ihre sprachplastische Bedeutung mit dem Ausdruck «mit Zungen reden» für die Sprache charakteristisch («vieler Menschen Zunge vernahm ich»).

Bei dem Zungenmuskel liegt also ebenfalls eine Funktionsmetamorphose gegenüber der Rumpf- und Hauptesorganisation vor. Bewegungsmuskulatur des Rumpfes hat sich zu dem geistig-dynamischen Sprachbewegungsorgan umgebildet!

Wie einerseits splanchnogene, innerorganische Muskulatur nach aussen wirkende mimische Ausdrucksmuskulatur geworden ist, so wird andererseits ursprünglich rhythmogenetisch veranlagte Muskulatur des Rumpfes in der Kopfregion innerlich-sprachplastisches Bewegungsorgan, – Organ menschlicher Wesensäusserung durch die Sprache*.

---

* Man vergegenwärtige sich in diesem Zusammenhang den dynamischen Ansatz der Zunge am Zungenbein, das durch seine freischwebende Beweglichkeit zwischen Kehlkopf und Schädelbasis die Beweglichkeit der Zunge erst ermöglicht.

Haltung, Mimik und Physiognomie

Nachdem wir von der Entstehungsgeschichte der Hauptesmuskulatur gesprochen haben, wollen wir nun das Wesen der Bewegung dieses Bereiches in Haltung, Mimik und Physiognomie näher betrachten.

Eigentlich können wir von einer «Bewegung des Hauptes» nicht sprechen; es *ruht*, es ist für sich gestenlos und gebärdenlos.

Das Haupt will still getragen sein, darin liegt seine Würde.

Wie unbewusst erhaben tragen oft Kinder um das dritte Lebensjahr ihr Haupt. Ein vollkommenes Menschsein in seinen ganzen Werdemöglichkeiten scheint in diesem Tragen vorweggenommen. Von einer primären Kopfbewegung zu sprechen, wäre nicht hauptes-, nicht menschengemäss.

Tiere dagegen verwenden ihren Kopf, von ihrer Organisation genötigt, als Greiforgan, gliedmassenmässig. Man betrachte nur, wie Vögel ihre Nahrung picken und vor allem, wie Weidetiere mit ihrer Kopforganisation der Erde verhaftet sind.

Das Menschenhaupt dagegen ist in sich selbst abgeschlossen, ruhend, in Funktion und Erscheinung, – Organ der selbstbewussten Persönlichkeit. Und doch gibt es gerade hier, wenn wir nun von der Sprachbewegungs-Organisation in ihrem eigenen charakteristischen Bewegungsbereich absehen, eine ganz menschlich-eigentümliche Bewegung, die Metamorphose des Bewegungswesens ins Seelisch-Geistige in der rein mimischen Ausdrucksbewegung.

Schon die Art, wie wir das Haupt tragen, die Stirn erheben oder senken, oder den Kopf zur Seite neigen, ist bereits Ergebnis ganz neuer Bewegungsmotivationen, ganz eigener Bewegungsqualitäten, in denen sich *Bewegung* in *Ausdruck* verwandelt.

Die zarteste Bewegungsnuance schon im Bereich der muskulären Elemente, die das Haupt tragen, im Halsbereich, in der Nackenmuskulatur, wird als Seelen- oder Charakterhaltung bedeutsam, bis zum höchsten Ausdruck herrschenden Selbstbewusstseins. Dagegen die Neigung des Hauptes in Selbstbescheidung, Verehrung und innerer Sammlung, und in vollkommenster Beziehung die Zuneigung. Hierher gehören auch schon alle die Blickrichtung begleitenden Wendungen, Ausdruck seelisch-geistiger Aufmerksamkeit. Die Kopfhaltungen bilden für sich schon die Grundlage jener Bewegungen, die wir im Angesicht als Spiegelungen der Seelen- und Geistesregungen und der tieferen Willensempfindungen als *mimische* Bewegung entwickeln[48].

Dies alles ist freilich schon in der Gestik der Gliedmassen vorgebildet: Im Schritt, im Stand, tief die Charakterveranlagung bekundend, in der Gebärdensprache der Hände, frei von Zweckhaftigkeit des Handelns, oft schon von ganz wesenhafter seelisch-geistiger Bedeutsamkeit des Ausdrucks erfüllt. Nun aber spricht sich das Menschenwesen selbst in dem feinsten und freiesten Muskelspiel aus, das kräftig oder zart wie ein Lichtschimmer oder wie ein Schatten über das Antlitz huscht, und manchmal sich in «Mienen» verhärtend tiefer und tiefer zu einer einseitigen Physiognomie eingräbt.

Die zur Mimik verwandelte Bewegung wird «sprechend», und die Sprache wird durch den sie begleitenden Seelenausdruck der Mimik wesentlich verdeutlicht und gesteigert. Welche unendlichen Möglichkeiten des Seelenausdrucks sind hier gegeben, einmal mehr ätherisch gelöst und im Seelischen selber in tausendfältigen Qualitätsnuancen veränderlich, und dann unmittelbar ichhaft.

Für die Mimik der Mundregion kommen seelische Ausdrucksnuancen der Geschmacksempfindungen: *süss, salzig, sauer* und *bitter* in Betracht, wobei es charakteristisch ist, dass gerade hier auf die Qualitäten des Nahrungschemismus metaphorisch reagiert wird. Es folgt die Ausdrucksskala Freude, Trauer, Lachen, Weinen, Entsetzen, Schrecken, Schmerz und Wut. Und fast geistig kann der Ausdruck des Staunens, der Klarheit und Liebe aufgelichtet aus den Augen strahlen. Die mimischen Ausdrucksmöglichkeiten reichen bis zum Krankheitserleben, vom Ausdruck des Temperaments, der Konstitution, bis zum Ausdruck unmittelbarer Krankheit (Facies dolorosa, Facies abdominalis), bis zum Ausdruck des nahenden Todeserlebnisses (Facies hippokratika*).

Die Mundregion ist mimisch besonders bewegt. Der Sprachbewegungs-Willensbereich des Hauptes macht sich hier geltend. Die Sprachbewegungen des Mundes, der Lippen, als Teiläusserung des Sprachsinnes, haben eine besonders starke mimische Bedeutung. Wie könnte man sonst neben dem, was man aus den Augen liest, so vieles unmittelbar vom Munde ablesen? Sehr drastisch ist dies in Lavaters «Physiognomischen Fragmenten» unter dem Titel: «Vermischte Beobachtungen eines bekannten Dichters» (Goethe) ausgesprochen:

«Die Eröffnung des Mundes kann nie genug studiert werden. In ihr, deucht mich, steckt die höchste Charakteristik des ganzen Menschen. Alles Naive, Zärtliche, Männliche der ganzen Seele drückt sich da aus. Von diesem verschiedenen Ausdrucke liessen sich Folianten schreiben, und ist das etwas, das dem unmittelbaren Gefühle des, der einen Menschen studiert, überlassen werden muss. Die Muskeln um den Mund herum sind, deucht mich, dem Sitze der Seele am nächsten, da kann sich der Mensch am wenigsten verstellen. Daher das hässlichste Gesicht angenehm wird, wenn es noch gute Züge am Munde übrig behalten hat und einem wohlorganisierten Menschen nichts in der Natur so widrige Empfindungen erregen kann als ein verzogenes Maul.»

* Facies = Angesicht; Facies dolorosa = das Leidensgesicht, dolor lat. = Schmerz. – abdominalis = zum Leib gehörend, Leibschmerzen betreffend. – Facies hippokratika = das hippokratische Angesicht, d.h. das vom Tode gezeichnete Angesicht.

Fast grenzenlos ist die Ausdrucksmöglichkeit der Augenregion: Der leuchtende, der sanfte, der trübe Blick usw. In ihren Qualitäten sind die Nuancen des Augenausdrucks kaum zu klassifizieren. Allein schon die Augenrichtungsbewegungen für sich, bei unveränderter Kopfhaltung, können eine unerhörte Ausdruckskraft haben. Über allen mimischen Nuancen der Augenregion die reinste Begegnung von Mensch zu Mensch im Blick, von Ich zu Ich.

Das Menschenantlitz ist so in höchster Bedeutsamkeit «ein Bild des eigenen Geistes» (Goethe), – des menschlichen Ichs. Es drückt in seiner Urveranlagung den Geist der Freiheit aus, und das Mienenspiel, in dem so viel Seelisches wirksam ist, will sich immer wieder zum reinen Spiegel freier Menschlichkeit aufklären. Dabei überwiegt die Erscheinung geistigen Erlebens in Stirn- und Augenregion unmittelbar. Die Erscheinungen des seelischen Erlebens herrschen in der Mitte des Angesichtes vor: Augen-, Nasen-, Mundregion. Der Willenscharakter bevorzugt Mund-, Kinn- und untere Kiefernregion.

Solange es dem Menschen gelingt, das seelisch-geistige Gleichgewicht über alle Regionen hin zu bewahren, wahrt er auch das Menschliche im Angesicht, bildet er jenen «untypischen Typus», den das Griechentum im Menschenbild des Phidias am vollkommensten in der Kunst erreicht hat. Vertiefen sich aber die Mienen zur fixierten Physiognomie, zum Typus, – so kommt etwas Tierverwandtes ins menschliche Angesicht, etwas vom Schaf, vom Fuchs, vom Wolf (Lupus in fabula), die Auslöschung des Antlitzes im Maskengesicht, in der Grimasse. Jede bleibend starre Physiognomie drängt zum Typus, zum Tier, und die menschliche Freiheit ist dahin. Falten senken sich ein, «Narben der Gedanken»[49]. Das Angesicht des Philosophen Josef Görres ist als «Schlachtfeld der Gedanken» charakterisiert worden.

Den menschlichen «Typus» finden wir in der tragischen Maske der griechischen Tragödie, eine ganze Skala mimischer Möglichkeiten in der Kunstsphäre. – Im Hintergrund steht das Schicksalsschreckbild des versteinernden Medusenhauptes. Dynamisches Geschehen wird statisch. Im Haupt droht der Mensch zu erstarren, wenn sich nicht die Willensbewegung in seelisch-geistiges «Bewegtsein» verwandelt.

Wie nirgends sonst offenbart sich die Persönlichkeit des Menschen in seinem Angesicht. Sie leuchtet durch das Inkarnat der Haut, durch das Augenlicht, sie tönt durch den Ausdruck der Stimme (personare = das Durchtönen der Persönlichkeit), und sie verwirklicht sich in der einzigartigen muskulär-plastischen Einheit von mimischer Muskulatur und Haut[50]. Der Bewegungsprozess vollzieht sich in dieser Muskulatur fliessend. Hier gibt es nicht Ursprung und Ansatz, alles geht ineinander über, ein gelenklos schmiegsam-plastisches Geschehen trägt das Innerste nach aussen. Eine geradezu urprotoplasmatisch-plastisch-muskuläre Bewegungsfreiheit macht es möglich, dass das Ich zu seinem eigenen Plastiker wird. Was es an der ganzen Leibesgestalt tut, das wird hier individuell in jedem

Augenblick neu geformt, so dass der denkbar vollkommenste plastische Prozess in dynamisch-beweglicher Entwicklungsfreiheit das menschliche Angesicht bildet. *Mimik* – mimesis – ist hier «Nachahmung» der Idee des Menschen.

Die Entwicklung der rhythmischen Muskulatur:
Herz – Zwerchfell – Kehlkopf

Das Herz erweist sich als das reinste Urphänomen der Bewegungsorganisation. Nicht ohne Grund haben die alten Ärzte in der Pulsation des Herzens die erste und letzte Lebensbewegung erkannt und mit Ehrfurcht hervorgehoben.

Die Entwicklung des Herzmuskels, wie auch diejenige der ihm nahestehenden Rhythmusbewegungsorgane wie das Zwerchfell und die Kehlkopfmuskulatur kann urbildhaft für die Entwicklung der Muskulatur überhaupt betrachtet werden. Die Herzmuskelentwicklung zeigt die Muskelbildung und Muskeltätigkeit am reinsten. Das geht auch aus der Tatsache hervor, dass alle Gliedmassen und Leibesmuskeln schwach werden, wenn das Herz schwach wird[51]. Es besteht ein tiefgreifender Funktionssynergismus zwischen der Herzmuskulatur und der gesamten Leibesmuskulatur. Das Herz ist Realsymbol aller Muskeltätigkeit.

Im Zusammenhang der embryonalen *Rhythmogenese* (vgl. S. 280) betrachtet, scheint die Urbewegung des Herzens den rhythmischen Impuls als solchen von Anfang an durch das ganze Leben hindurch zu verwirklichen. Rumpf und Rumpfmuskulatur haben wir in ihrer rhythmogenetischen Entwicklung als einen unsere Gestalt plastisch bildenden Hohlmuskel dargestellt, der vorwiegend der aufrechten Gestalt ihren Halt und den inneren Organen gleichzeitig die Hülle bietet. Hülle und Halt sind die *systolisch-diastolischen* Funktionen der Rumpfgestalt. Umso bedeutungsvoller erscheint im Zentralraum der Brust, im Mediastinalraum, die Bewegung aller Bewegung, die Funktion der Funktionen, das Rhythmusorgan aller Rhythmik, das Herz. Es steht wie ein Heiligtum im Heiligtum (vgl. Goethes Märchen, der Tempel im Tempel).

Das Herz nimmt also eine ganz einzigartige Stellung in der Mitte des Gesamtorganismus ein. Seine Muskulatur, weder aus chordarhythmisierten Myomeren (Somiten), noch aus dem Mesenchym des Coeloms, dem die glatte Eingeweidemuskulatur entstammt, sondern unmittelbar aus *extraembryonalem* Mesenchym (vgl. Abb. 45 und die Kapitel «Der Rhythmus in seinen organischen Manifestationen», «Der Blutkreislauf» usw.). Während sich im frühen Stadium der Embryonalentwicklung das Amnion über der Neural-Anlage ausbreitet, und im Dotterbereich sich die erste Darmanlage andeutet, bleibt eine Mittezone frei, in der sich ventral vor der Chorda das Herzbläschen bildet. Dieses Herzbläschen (ursprünglich paarig angelegt) erhält einen, aus der Chorionperipherie hereinströmenden, daher als extraembryonal bezeichneten, Mesenchymmantel, das Myoepicard. Hier setzt (ohne Nerveneinfluss) die Pulsation ein*.

Dazu kommt aber nun noch, dass das Herz auch weiterhin keine Funktionsbestimmung vom Nervensystem her erhält, wie dies bei somatischer Muskulatur durch das Zentralnervensystem der Fall ist, – sondern dass es ein eigenes autonommyogenes Erregungsleitungssystem mit selbständiger Rhythmusimpulsation entwickelt. Auch hier der «autonome Organismus» im Organismus! Die Herzmuskelbildung (Myocard) setzt bereits vor der Ausbildung der perichordalen Somiten ein [52].

Das Zwerchfell

Das Zwerchfell ist der eigentliche Atemmuskel, der eigentliche Atembeweger. In seiner endgültigen Lage setzt es am gesamten Umfang der unteren Brustkorböffnung kranzförmig an. Besonders wichtig ist dabei der Teil, der mit den grossen Zwerchfellschenkeln oder Pfeilern gliedmassenartig an der Lendenwirbelsäule haftet (bis zum 3., 4. Lendenwirbel, rechts meist einen Wirbel tiefer als links herabreichend).

Das Zwerchfell bildet sich in seinem sehnigen Anteil aus dem Septum transversum**, einer mesenchymalen Brücke, die im zweiten Embryonalmonat die ursprünglich einheitliche Leibeshöhle in die peritoneale Bauchhöhle und in die Brusthöhle gliedert und damit für die morphologische wie für die funktionelle *Dreigliederung* den wesentlichsten Beitrag leistet. Die Zwerchfellpfeiler entwickeln sich aus Myomeren wie die Rumpfwandmuskulatur. Interessanterweise scheinen die Zwerchfellmuskeln ursprünglich dem Halsgebiet zu entstammen. Es wird von der Abstammung vom vierten Cervicalsegment, von der Auswanderung aus der ventralen Rumpfmuskulatur der «Halsregion» gesprochen, von wo es mit dem Herzen gemeinsam zur Mitte herabwanderte und den entsprechenden Nerv (den Phrenicus) nach sich zog. Es bleibt dabei offen, ob sich seine Muskulatur nicht auch durch *freies* Mesenchym (Mesenchyma in loco) gebildet haben kann [52].

Morphologisch bildet sich zwischen Herz und Zwerchfell eine wesenhafte Polarität: Beim Herzen liegen die Sehnenelemente (die Papillarmuskelsehnen-

---

* Beim Vogelkeimling setzen bereits Pulsationen des reinen Herzbläschens ein, ehe sich das Myoepicard zusammenschliesst. Auch an Herzmyoblasten in der Gewebekultur lässt sich das Einsetzen der Kontraktionen im entsprechenden Stadium beobachten. Diese ersten Pulsationen erfolgen ohne Beteiligung nervlicher Impulse. Die Erregungsleitung ist zu dieser Zeit rein myogen (Starck)[53].

** Septum = Scheidewand; lat. septum = Trennung, Scheidewand; transversum lat. = quergelagert, quer.

fäden) und die sehnigen Herzklappenelemente im Inneren des Hohlmuskels. Das Zwerchfell besitzt dieselben Elemente, erscheint aber wie auf- und umgestülpt, so dass sich inmitten des peripherischen Muskelkranzes eine breite Sehnenplatte (das Zentrum tendineum) wölbt (vgl. die Abbildungen 51 und 64).

Vom Herzmuskel, als dem vollkommensten Bewegungs-Rhythmusorgan, sei noch ein Blick auf die *Kehlkopfmuskulatur*, insbesondere auf den Musculus vocalis gerichtet (vgl. das Kapitel «Der Sprachorganismus», S. 200). In den muskulären Elementen des Kehlkopfes begegnen wir einer Metamorphose des Herzmuskels zur Stimmbildungsorganisation, wie wir etwa auch im Uterusmuskel eine entsprechende Metamorphose zur Generationsorganisation finden können (allerdings haben wir es beim Uterus mit glatter Muskulatur zu tun)[54]. Von der Mittestellung des Herzens aus wird uns der Kehlkopf zum «Uterus der Sprache»[55], der Uterus zum «Kehlkopf» des sich inkarnierenden Menschenwesens.

Bei allen diesen «Rhythmus-Bewegungsorganen» ist die Entstehung aus ursprünglichem Mesenchym zu studieren[56]. Kosmische Musik wird irdischer Bewegungsrhythmus. Bewegung wird Sprache, Sprache Dichtung, – Dichtung wieder Bewegung und Musik des ganzen Menschen, Eurythmie, – die wiederum in den Weltumkreis hinausstrahlt. In diesem Sinne spricht Gotthilf Heinrich von Schubert von der Gebärdung und Bewegung im Zusammenhang mit Laut und Stimme:

«So hängt die Stärke des hörbaren Tones, die Zahl seiner Schwingungen (Höhe und Tiefe) von einer inneren selbständigen Wirksamkeit des lebenden Leibes ab, welche den Stimmbändern ihre Spannung, der ausgepressten Luftsäule ihre Gewalt gibt. Es ist zuletzt nur eine und dieselbe leibliche Kraft, wodurch sich das Tier bewegt und wodurch es seine eigentümliche Stimme hervorbringt. Die furchtbare zerstörende Kraft der Muskeln wird im Löwen als lautes Gebrüll vernommen... Beim Vogel erinnert die singende Stimme an die vorherrschende Bewegung seines Leibes, an ein genussreiches Schweben auf den Wellen der Lüfte; *beim Menschen ist die Stimme ebenso mannigfacher Töne fähig, als die Gliedmassen des Leibes der mannigfaltigsten Bewegungen und Gebärden. Denn mit Recht hat man die Stimme als eine Art der inneren Gebärdung betrachtet,* und ihren Zusammenhang mit den äusserlich sichtbaren Bewegungen zeigen unter anderem die mimisch tanzenden Gebärden, womit einige Singvögel die Töne und Tonwandlungen ihres Gesangs begleiten», und dies «beweiset hierdurch die innere Beziehung der Muskelbewegungen auf den äusseren Ton»[57].

Muskeltonus und Muskelfunktion

> Was den Muskel in Bewegung bringt, was irgend eine Bewegung hervorruft, das hängt zusammen mit dem Astralleib, und zwar so, dass im Astralleib selber zur Bewegung des Muskels eine Art Tonentwickelung, eine Art Schallentwickelung stattfindet, etwas wie eine Art Musikalisches durchdringt unseren Astralleib, und der Ausdruck dieser Tonentwickelung ist die Muskelbewegung... So sind wir musikalisch durchdrungen und leben es aus in unseren Muskelbewegungen.
>
> Rudolf Steiner

Die Betrachtung über den Bewegungsmenschen mündete immer wieder in das Phänomen der rhythmischen Mitte-Stellung der bewegungsorganischen Bildung.

Die Bewegungsorganisation der Muskulatur findet zwei funktionale «Widerlager». Das erste, das Knochensystem, erscheint ausserordentlich «gegenständlich». Es ist das tragende Element des Bewegungsgeschehens. Das Knochensystem kommt aber dem *Bewegen* nur scheinbar durch Gelenk und Gelenkigkeit entgegen und verschleiert dabei, dass eine weit vollkommenere «Gelenkigkeit», eine höhere Funktionsdynamik in den mesenchymalen Bindegewebsgliederungen der Muskulatur selber liegt (Benninghoff)[58].

Der Umstand, dass ein Muskel meistens Ursprung und Ansatz an Knochengliedern hat, täuscht über das Verhältnis beider «Systeme» hinweg, denn der ruhende, festgeformte Knochen ist seinerseits Endergebnis der ursprünglicheren Entwicklungs- und Bildebewegung. Der Knochen ist in den Bewegungsorganismus wie ein relativ Totes eingebettet – besser, «ausgeschieden», eine «Körperlichkeit» in den bewegungsarmen Zonen der flutenden Bewegungsströme*. Dabei hat das Bild eines über ein Instrument gespannten Saitensystems zu dem Verhältnis von Knochen und Muskulatur einen tief wesenhaften Bezug. Das zweite (innerlich dynamische) «Widerlager» ist der rhythmisch-mesenchymale Muskeltonus. In rhythmischen Prozessen realisiert sich der organische Bewegungswille in Anspannung und Ruhe, Erstarrung und Erschlaffung; aus ihm heraus verwirklichen sich die Funktionsformen der muskulären Elemente wie der Knochen, aus denen sich der Bewegungsorganismus im Wechselspiel des «Festen und Flüssigen» aufbaut. Wir können diesen Rhythmus im Muskeltonus** erkennen. Die Kräfte

---

* Vgl. auch Schwenk «Sensibles Chaos». Siehe auch Abb. 83.

** Muskeltonus = Muskelspannung; τόνος = Saite, Spannung, aber auch direkt Ton; vgl. auch das Verbum τείνω = strecken, spannen.

von Polarität und Steigerung, die Goethe als allgemeines Lebensgesetz ausspricht, sind unmittelbar auch für die Rhythmus- und Tonusprozesse des Bewegungsorganismus der Muskulatur erhellend:

«Die allgemeinen *Bewegungen* und Bestimmungen werden wir auf verschiedene Weise gewahr, bald als ein einfaches *Abstossen* und *Anziehen*, bald als ein aufblinkendes und verschwindendes Licht, als *Bewegung* der Luft, als *Erschütterung* des Körpers, als *Säuerung* und *Entsäuerung;* jedoch immer als *verbindend* oder *trennend*, das Dasein *bewegend* und irgend eine Art von *Leben* befördernd.

Indem man aber jenes *Gewicht* und *Gegengewicht* von ungleicher Wirkung zu finden glaubt, so hat man auch dieses Verhältnis zu bezeichnen versucht. Man hat ein *Mehr* und *Weniger*, ein *Wirken*, ein *Widerstreben*, ein *Tun*, ein *Leiden*, ein *Vordringendes*, ein *Zurückhaltendes*, ein *Heftiges*, ein *Mässigendes*, ein *Männliches*, ein *Weibliches* überall bemerkt und benannt, und so entsteht eine Sprache, eine Symbolik, die man auf ähnliche Fälle als Gleichnis, als nah verwandten Ausdruck, als unmittelbar passendes Wort anwenden und benutzen mag. Diese universellen Bezeichnungen, diese Natursprache auch auf...» (jetzt in Abwandlung Goethes) die Bewegung unseres Organismus anzuwenden, «durch die Mannigfaltigkeit ihrer Erscheinungen zu bereichern», ist nun unsere Aufgabe [59].

Alle Polaritäten dieses Goethezitates aus der Farbenlehre, die sich unmittelbar auf die Bewegung und den Bewegungsorganismus beziehen, sind hervorgehoben. Es können noch weitere folgen:

Spannung – Lösung
Konzentration – Expansion
Systole – Diastole
Beugung – Streckung
Agonist – Antagonist.

Dass der Muskeltonus tatsächlich ein *tonales, musikalisches* Wesen hat, zeigen Darstellungen, die wir der anatomischen Literatur entnehmen:

«Die Spannung der einzelnen Bündel eines Muskels kann eine sehr verschiedene sein, von Null bis zum Maximum, so dass die resultierende Gesamtwirkung ausserordentlich wechselt. Nicht nur das Zusammenwirken der einzelnen Muskeln eines Gliedes, auch das Zusammenwirken der einzelnen Teile aller Muskeln mit grösserer Ursprungsfläche ist unendlichem Wechsel unterworfen. In jedem Muskel stecken die mannigfaltigsten Wirkungen auch der Richtung nach, er besteht aus vielen Wirkungseinheiten, und die anatomische Gliederung der Muskulatur in Muskelindividuen ist für ihre Benutzung nicht ohne weiteres massgebend» (Braus) [60].

Charakteristisch ist, dass die Gesamtmuskulatur auch in der Ruhe vom *Tonus* beherrscht wird. In einem einzigen Muskel sind manche Fibrillen in Spannung, während andere ruhen. In der Muskeltätigkeit ist eine grosse Schar gespannt, aber immer sind gleichzeitig wechselnde Fasern entspannt. Der ruhende Muskel ist nicht schlaff, der tätige nicht überspannt. Im Muskeltonus herrscht vielmehr ein ätherisch-astrales, ein rhythmisches Gleichgewicht nach jeder Funktionsrichtung hin.

«Die Muskulatur spielt vom Spannungsniveau aus nach oben und unten. Dieses allgemeine Spannungsniveau steigt und fällt im Ganzen unter verschiedenen, nicht immer von den Bewegungsaufgaben selbst abhängigen Bedingungen und heisst der *Tonus* der Muskulatur. Er ist in keiner Weise von der Spannung der Muskulatur abzusondern, nur ist seine nervöse Regulation verwickelter...

Wenn man sich ein Bild vom Nervenmuskelspiel in einem ganzen Glied, oder richtiger im ganzen Körper machen will (denn tatsächlich ist bei fast jeder Bewegung der ganze Körper beteiligt), so kann man sich den Apparat etwa nach Art einer grossen *Orgel* vorstellen. Die Pfeifen entsprechen den Muskelelementen und die komplizierte Tastatur mit ihren Registern und Koppeln und ihren Variationsmöglichkeiten entspricht dem Innervationsapparat. Gerade wie dort niemals eine Pfeife allein tönt, sondern immer Kombinationen meist recht zahlreicher Pfeifen, so auch in der Muskulatur. Die immer wechselnden ... Kombinationen in der Spannungszunahme und -abnahme, im Festhalten und Lockerlassen der Einheiten sind imstande, jede Bewegung auf das Feinste abzuschattieren. Im Muskel finden wir dabei das Formspiel und das Spannungsspiel. Zwischen lang und dünn, bis zu kurz und dick spielt die Gestalt des Muskels hin und her, und der Spannungsstand ist dabei in weitem Masse vom Formzustand unabhängig. Wie der Muskel dieses voneinander unabhängige Form- und Spannungsspiel zustande bringt, ist fraglich...

Bei den Fischen (den Selachiern) liegen alle Muskelstreifen der radial gestalteten Extremitäten-Muskeln *wie die Saiten eines Instrumentes* nebeneinander; wie diese auf Anschlag anklingen, so kontrahieren sich die Muskelstreifen je nach dem Nerv, welcher vom Rücken aus gereizt wird [60].»

Für unsere Darstellung des Muskeltonus ist es wesentlich, dass sich immer wieder der Vergleich mit Musikinstrumenten aufdrängt.

«Der Leib ist ein Saiteninstrument (Psalterium), zugerichtet zum Gesang der Hymnen unserm Gott. Die Handlungen des Leibes selber können zu Psalmen werden, da derselbe so harmonisch gebildet ist, dass selbst unsere Bewegungen zur Harmonie werden» (Der Heilige Basilius, Homilien) [61].

Die dem Muskel immanente Bewegung als Muskeltonus ist innere Musikalität. Die Weltenmusik, *Musica mundana*, hat sich im Organismus instrumentalisiert. Die Verwirklichung der *Musica humana* bleibt unsere Aufgabe.

Die Gestaltgliederung des einzelnen Muskels und die Bildung der Muskelgefüge

Bisher haben wir mehr oder weniger vom Muskel-Bewegungsmenschen in seiner Ganzheit gesprochen. Es ist aber auch notwendig, wenigstens in aller Kürze, die Muskulatur in ihrem Feinbau und in ihrer Feingliederung zu betrachten.

Ehe wir vom Muskel im eigentlichen Sinne sprechen, erinnern wir uns nochmals an die elementar-organische Bewegung der Lymphe, des Blutes und des Mesenchyms.

Die Einheit der Bewegungsorganisation dürfen wir gerade bei der Betrachtung des einzelnen Bewegungsorganes, des Muskels und der Bewegungs-Organellen, der Muskelfasern und Muskelfibrillen nicht vergessen. Die *Bewegung steht über den Elementen*, die sie ergreift. Das Organ selbst mag mehr dem unmittelbaren Zeitprozess oder der Raumgestaltung angehören. Alle Gebilde der Bewegungsorganisation stehen zwischen Zeitfluss und Raumgestaltung, in der die Körperlichkeit ihren Ruheort findet. Das vollkommen ausgebildete Organ bleibt in seiner Funktion immer von der urphänomenalen Bewegung des Mesenchyms, der Lymphe und des Blutes durchströmt, belebt und bewegt. Das zirkulationsdynamische Gesamtleben können wir uns in folgender Reihe vor Augen stellen.

Zeitfluss:	Raumgestalt:
Mesenchym	Muskelfaserströme
Bewegungslymphe	(Muskelfibrillen)
freie Lymphe	individuelle Muskelspindeln
Organlymphe	
Blutdurchströmung	Muskelgruppen
(arterio-venöse	Muskelfacien
Kapillaren)	Sehnen
Bindegewebsfluss	
↓ elastische Faserströme	↓ Knochen

Die ursprünglichsten, dem Zeitgeschehen noch ganz verbundenen Muskelformen finden sich unter den Bildungen der glatten, splanchnogenen Muskulatur. Besonders charakteristisch sind hier die kurzen Muskelfasern der Aorta oder die dünnen Muskelhäute über Organflächen wie beim Endocard. Hier bilden sich vor allem syncytiale und verzweigte Muskelfasern. Spezialisiertere Formen bilden sich erst durch höhere Funktionen aus. «Wo die Wirkung auf engem Raum gesammelt werden soll, da schieben sich Syncytien zu dichteren Muskelschichten zusammen, wobei die Einzelzelle spindelförmig wird und höchstwahrscheinlich ihre syncytialen Verbindungen aufgibt» (Benninghoff). Die Spindelform ist also die Endstufe, die vielverzweigte (syncytiale, fast amöboide) Faserorganelle dagegen die Urform.

In diesem Sinne ergibt sich (nach Hueck) die Verwandlungsreihe:

Fibrocyten (vorw. bindegewebig)
Glatte – syncytiale Muskelfasern
Quergestreifte – spindelförmige Muskelfasern.

Es wird angenommen, dass die syncytialen glatten Muskelgewebe eine andere Innervation als die spindelförmigen haben. Neben der intramural*-sympathischen Innervation wird auch rein myogene Erregungsleitung innerhalb des Syncytiums für möglich gehalten (vgl. auch die *myogene* Erregungsleitung des Herzens).

Dass die Funktionen der glatten Muskulatur im Bereich der vegetativen Lebensprozesse eine ganz andere Art von «Bewegung» hervorrufen, geht schon aus der geschilderten Morphologie und aus der notwendig folgenden Funktion hervor: Keine Ansätze an festen Teilen, *Bewegung im Bewegten;* Peristaltik**, langsames Zusammenziehen und Lösen; langwährende «Halteleistungen» (Benninghoff), lang anhaltendes Verharren, weniger im Sinne eines Muskeltonus, sondern mehr schon im Sinne eines ätherischen Gewebeturgors, prozessual wachsende und schwindende Muskelbewegung nach organ-periodischen Verhältnissen.

Mikro-Organischer Aufbau des quergestreiften Muskels

Jede einzelne Muskelfaser ist vom Muskelprotoplasma (Synonyme: Cytoplasma, Sarkoplasma, Myoplasma)*** erfüllt. Zahlreiche Kerne sind in diesem wie ausgesät und befinden sich meist am Rande der Faser. Eine sehr feine elastische Haut, das Sarkolemm****, umgibt das Myoplasma der Faser. Das Myoplasma ist seinerseits in mehr oder weniger syncytiale Fibrillen***** differenziert. Die Sarkolemmhülle kann eine Länge von 15 cm erreichen! Bei einer Breite von kaum 0,1 mm, – Längendimension makroskopisch, Breitendimension schon mit blossem Auge kaum wahrnehmbar.

---

* Intramural = innerhalb der Organwandung befindlich; lat. intra = innerhalb, murus = Wand.
** Peristaltik = Bewegung des Umfassens, des Umgreifens, kreisförmig-spiralige Fortbewegung des Darm- und Mageninhaltes.
*** Cytoplasma = Zellplasma; Κύτος = Höhlung, Gefäss; Sarkoplasma = Muskelplasma; σάρξ = Fleisch.
**** Sarkolemm = Muskelhäutchen; λέμμα = Fassung; = strukturlose Hülle der Muskulatur.
***** Fibrille = Faser; lat. fibra = Faser.

An der elementaren Muskelfaser lässt sich besonders eindrucksvoll die Fragwürdigkeit des isolierten Zellenbegriffs veranschaulichen (vgl. Kapitel «Leben und Gestalt» S. 347). Die Muskelfasern sind innerhalb des Muskels, wie schon beschrieben, gleichzeitig in verschiedenen Spannungs- und Lösungszuständen und bilden ein dynamisches Gewebekontinuum (vgl. Muskeltonus).

Querstreifung der willkürlichen Muskulatur

Die Muskelfibrillen innerhalb der Muskelfasern bei der willkürlichen Muskulatur sind es, die bei mikroskopischer Betrachtung das Phänomen der Querstreifung zeigen. Sie sind in bezug auf ihre Längsachse optisch doppelbrechend. Dieses Phänomen ändert sich bei verschiedenen Spannungszuständen der Muskulatur und kann bei aktiver Phase ganz schwinden.

Die plastische Gestalt des Muskels ist nicht allein Ergebnis der Fülle des Myoplasmas und des Myoglobins* (es gibt rote und helle Muskelfasern), sondern auch des Gestalt- und Lage-haltenden Bindegewebes, das als Sarkolemm sich auf die einzelne Muskelfaser bezieht und innerhalb des Muskels die Fasern miteinander verbindet (Perimysium internum)**.

Das syncytiale Muskelbindegewebe der Aussenschicht fasst zuletzt den ganzen Muskel zusammen (Perimysium externum). Dieses Bindegewebe bildet für Muskelfibrillen und Muskelfasern innerhalb der Muskulatur die ernährenden (interstitiell-zwischenräumlichen) Elemente, – Lymphräume und Kapillarnetze führend, die sich bei der Muskelkontraktion sogar erweitern!

«Würde man alles Bindegewebe einschliesslich des Sarkolemms aus dem Muskel entfernen, dann würde er wie Brei auseinanderfliessen» (Benninghoff). Man sollte also die die plastische Muskelgestalt bildende Funktion des mesenchymalen Bindegewebssyncytiums nicht nur mechanisch auffassen, sondern als Ausdruck fliessend dynamischer Bildekräfte. Der Ätherität des Mesenchymgewebes danken wir die höhere Beweglichkeit, Leichtigkeit der Glieder und des Leibes, – mehr als den Gelenken. Denn in diesem Gewebefluss gleiten und fliessen die Muskelelemente aneinander vorbei. Das Bindegewebe in seinem embryonal-mesenchymalen Charakter, den es zeitlebens beibehalten sollte, und das Myoplasma, das immer dem Protoplasma der Myomeren und zugleich dem Blute (Myoglobin = Hämoglobin) verwandt bleibt, sie zusammen bilden die schwellend bewegten, schwerelosen Glieder, bilden die durchlebte Plastik des Leibes.

---

* Myoglobin = Muskelfarbstoff, entsprechend dem Blutfarbstoff = Hämoglobin.
** Perimysium = bindegewebige Hülle eines Muskels, wörtlich: das um den Muskel Befindliche; περί-μῦς = um den Muskel.

Gestalt und Funktion des einzelnen Muskels

Wir betrachteten in voriger Darstellung die Muskelorganisation von ihrer inneren, nur mikroskopisch zu erfassenden Gestalt- und Funktionsordnung bis zu ihrer gesamtmorphologischen (makroskopischen) Erscheinung in ihren Fascienhüllen. Damit haben wir die Voraussetzung geschaffen, um auf Gestalt und Funktion des einzelnen Muskels einzugehen.

Innerhalb der Polarität von Haut und Knochen entfaltet sich die Muskelorganisation:

$$\begin{array}{c} \uparrow \\ \\ \\ \\ \downarrow \end{array} \quad \begin{array}{l} \text{Haut} \\ \text{Fascienhülle der Muskulatur} \\ \text{Muskeln} \\ \text{Sehnen} \\ \text{Knochen} \end{array}$$

Was eine schwingende Saite im kräftigsten Schwingungsmoment rein von der Funktion her, gestaltlich vorübergehend, darstellt, das scheint sich in der idealtypischen Muskelgestalt verkörpert zu haben.

Ursprung (Origo)	Ansatz (insertio)
(meist wirbelsäulennah, fixiert)	(meist wirbelsäulenfern, mobil)

(Ursprung und Ansatz, fast immer ein Gelenk überbrückend und so zwei Glieder beugend oder streckend und gegeneinander bewegend.)

In der kontraktilen Phase nähern sich Ursprung und Ansatz und bewegen so die Glieder. In der Expansions- und Lösungsphase entfernen sie sich voneinander und geben so die Glieder frei.

Man unterscheidet beim Muskel zwischen

Muskelursprung:	Kopf (Caput)
Muskelmitte:	Bauch (Venter)
Muskelansatz:	Schweif (Cauda).

Am Rumpf finden sich hauptsächlich flächenhaft ausgebreitete Muskeln. Bei den Gliedmassen vorwiegend radiale, spindelförmige Muskeln.

Sehnen

Sehnen und Sehnenflächen (Aponeurosen) sind aus parallelen, zugfesten Fasern gebildet, die bei ihrer (mikroskopisch erkennbaren) schwach welligen Bildung eine gewisse Anzugsdehnung bei Einsetzen der Muskelkontraktion zulassen.

Die Sehnen strahlen meist direkt in das Knochengewebe oder ins Periost*
bzw. in Gelenksnähe ins Perichondrium ein. Es finden sich lineare, punktförmige
und flächenhafte Sehnenansätze. Muskelbauch und Sehnen ergeben erst den
besonderen Muskel (vgl. Abb. 89), der in der Anatomie mit «eigenem Namen»
aufgeführt wird.

Manche Muskeln setzen jedoch, wie schon bemerkt, mit ihren Sehnen nicht
am Knochen an, sondern an derben, oder wie bei der mimischen Gesichtsmuskulatur an sehr zarten intermuskulären Fascien, die ihrerseits als «Bindegewebsskelett» unmittelbar mit dem knöchernen Skelett zusammenhängen.

Muskeln, Muskelfascien, Sehnen und Sehnenscheiden

Unsere ganze muskulär-plastische Leibesoberfläche ist von einer mehr oder
weniger zarten, sehnigen Hülle, der Körperfascie (Fascia superficialis**) eingeschlossen, so wie der einzelne Muskel oder die Muskelgruppe vom Sarcolemm
eingehüllt ist.

Der Leib als Ganzer ist damit «Bewegungsorgan». In dieser Muskelorganhülle
verlaufen die grösseren Muskelgefässe und Nerven, wie im Perimysium die Kapillaren und die Nervenausläufer zu den Muskelendplatten ziehen (vgl. den Abschnitt
«Bewegungssinn»). Innerhalb dieser Fascie verhalten sich die einzelnen Muskeln
bei Beugung und Streckung wie einzelne Muskelfaserbündel in einem einzelnen
Muskel. Aber im Gegensatz zur eigentlichen Muskelhülle des Einzelmuskels, dem
Perimysium, nehmen die Fascien *nicht* an der unmittelbaren Muskelbewegung teil,
wobei Muskel und Sehnenfasern – bestimmte Haltezonen suchend – immerhin in
Fascien einstrahlen können. Als Zwischenmuskelscheiden finden Fascien in den
Tiefen der Gliedmassen am Knochen ihren Halt, wobei sie sehnige Formen ausbilden, die ihrerseits wiederum Muskelfasern Ursprung oder Ansatz bieten können.
Sehnenscheiden sind ebenfalls mit Fascien verwandt; Perimysium wird hier Peritenonium***.

Für die rhythmisch-plastische Gestalt des Bewegungsmenschen haben die
Fascien die grösste Bedeutung. Die Muskeln gewähren die schwellende Fülle, die
Fascie die Form. Dies gilt vor allem für die muskulär-plastische Gestalt der Gliedmassen. Ein Beispiel der Muskelfascie eines einzigen Gliedmassenmuskels gibt in
besonders charakteristischer Form der Sartorius, der «Schneidermuskel» des

---

* Periost = Knochenhaut; περί = um, herum; ὀστέον = Knochen. Perichondrium = περί; χόνδρος = Knorpel.

** Fascia superficialis = Oberflächenfascie; lat. Fascia = Band, Binde, die das
Muskelbündel zusammenhält; superficialis = zur Oberfläche gehörend.

*** Peritenonium = Sehnenscheide; περί = um, herum, τένων = Sehne.

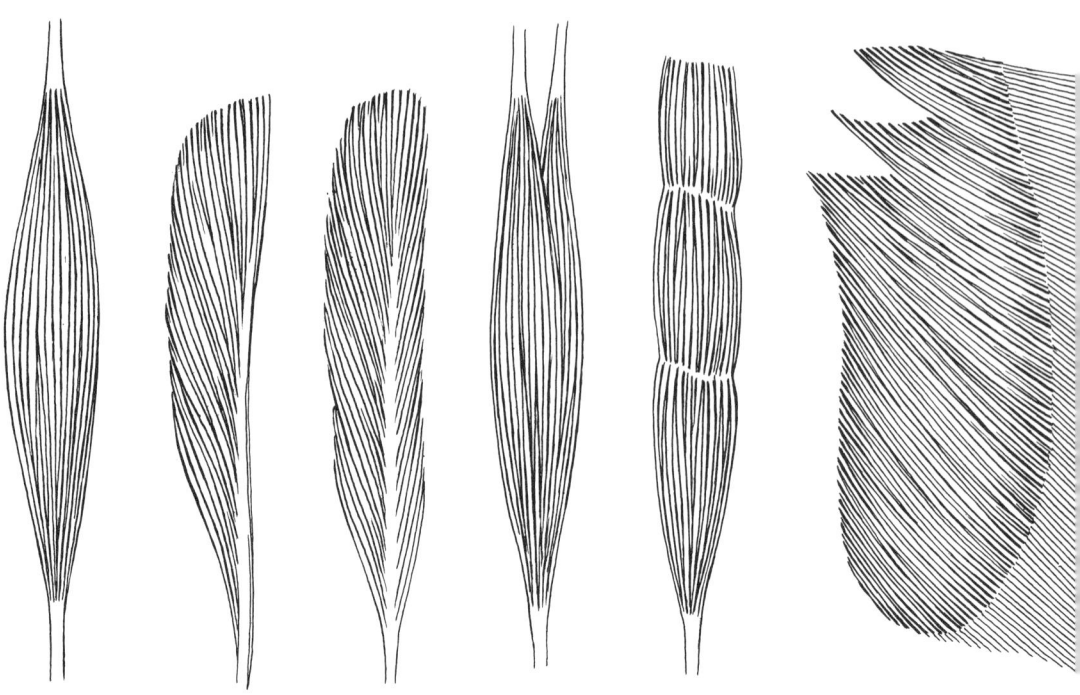

Abb. 89: *Die wichtigsten Muskeltypen* in der verschiedenen Anordnung ihres Fasernverlaufs. Von links nach rechts: 1. Einfacher Faserverlauf von Sehne zu Sehne. 2. Muskelfasern, die aus einer Sehnenplatte (= Aponeurose) schräg auf eine Sehne zulaufen. 3. Muskelfasern, die sich symmetrisch an eine Sehne heften. 4. Muskel mit mehreren Muskelbändern und Sehnenansätzen. 5. Durch Quersehnen geteilter Muskel (vgl. musculus rectus abdominis). 6. Muskel, der in einer breiten Fascie mündet (vgl. musculus obliquus abdominis).

Oberschenkels. Oder der in seiner Fascienhülle spiralig geführte, schräge Halsmuskel (Sternocleidomastoideus), der allein durch seine Fascienhülle beweglich in seinem gestaltlichen Gefüge gehalten wird. Er hat seinen Ansatz am Warzenbein und an der Nackenlinie des Hinterhauptes (Linea nuchalis terminalis), den Ursprung am Manubrium (= Handgriff) des Brustbeins und am medialen Schlüsselbeinende.

Ganze Muskelgruppen können plastisch in «Gruppenfascien» zusammenkomponiert sein, wie die Gesamtmuskulatur als bewegungsplastische Gestalt zu einem ganzheitlichen Bewegungsakkord in der Oberflächenfascie vereinigt ist.

Als letzte Hülle über der geschlossenen Oberflächenfascie des Muskelmenschen folgt nun noch *die Haut*, in deren drei Schichten: Epidermis, Corium und Subcutis* wiederum eine Dreigliederung ausgebildet ist.

Die Fascie ist funktionell und gestaltlich der Muskulatur unmittelbar verbunden, während sie mit der Haut nur durch ganz lockere Bindegewebsbrücken zusammenhängt. Durch diese lose Bindung wird die Haut noch einmal zu einem selbständigen Hüllorgan, zu einem sensiblen Mantel der ganzen Gestalt.

Die Muskulatur mit ihrer Fascienhülle dagegen bildet, wie dargestellt wurde, ein eigenständiges Rhythmus-, Bewegungs- und Wärmeorgan einer «Mitte» zwischen Knochenskelett und Haut.

Wärme und Bewegung

«Ein flammender Wille beflügelt den Schritt».
Fercher von Steinwand

Unsere Darstellung über die Bewegungsorganisation, über die plastisch-muskuläre Gestalt des Menschen, begann im ersten Abschnitt mit der Darstellung des reinen Bewegungswesens, welches wir als Intention bezeichnet haben. Sie soll im folgenden mit der Schilderung der Bewegungs-«Wärme» noch um einen weiteren Schritt vertieft werden.

Die Erscheinungen der Bewegung traten als unmittelbar geistige Wirkungen in das organische Raum- und Zeitgeschehen herein. In gleicher Weise offenbart sich die Wärme als ein Phänomen, durch das die menschliche Organisation ihre Reife, ihre Funktionsvollkommenheit erreicht.

Wärme ist mit dem Feuerelement, mit Licht verwandt, ja nahezu identisch. Beide, Licht und Wärme, sind innerhalb der physischen Welt qualitativ unwägbare, imponderable Kräfte, die auf die Körper schwereüberwindend, dehnend, lösend, Elastizität-verstärkend, schmelzend und in allen Fällen dynamisierend wirken.

Im mineralisch-chemischen Bereich wird Wärme bei Lösungs- und Schmelzprozessen gebunden. Bei der Kristallisation hingegen wird Wärme wieder frei.

---

* Epidermis = Oberhaut; ἐπι = auf, und δέρμα = Haut. – Corium = Lederhaut (latinisiert); χόριον = Hof, übertragen = Haut = Lederhaut. – Subcutis = Unterhaut = Zellgewebe; lat. sub = unter, cutis = Haut.

Wärme hebt die Substanz in aktiv tätige Verfassung herauf; bei Wärmeverlust fällt sie wieder in die Formdichte zurück, in der sie sich ursprünglich befand, sie erstarrt. Bei der Verbrennung organischer Substanzen wird Wärme frei und «Mineralisches», Asche, sinkt zur Erde, die bei der Lösung ihrerseits wieder Imponderabilien aufnimmt.

Das lebenerweckende Sonnenlicht lässt durch Licht und Wärme Pflanzen wachsen, bringt Blüten zur Entfaltung und zum Fruchten[62] und regt die Bewegung der Tiere an. Pflanzen und Tiere bleiben aber in ihrer Bewegung weitgehend von dem Element, in dem sie leben, und von der Wärme, die es vermittelt, abhängig.

Nur der Mensch ist durch bewusste Tätigkeit Herr seiner Wärme, die bei genauer und immer gleicher Temperierung ein wesentliches Element seiner Gesundheit ausmacht. Erst beim Menschen können wir von einem individualisierten Wärmeorganismus sprechen, wie wir vom Wärmeorganismus der Erde und des Sonnensystems sprechen können.

Der menschliche Wärmeorganismus offenbart sich in seiner Einheit in vier Wirkungsphasen:

Erstens in seiner Euthermie*, die den ganzen menschlichen Organismus zusammenschliesst und zu einer wärmehaften Einheit bildet[63].

Zweitens in seiner Homoiothermie**, die weitgehend gleichbleibende Wärmeregulation, die der Mensch mit den höheren Tieren gemeinsam besitzt.

Und drittens die Funktion der Wärmeaufnahme aus der Umgebung, wozu auch die Wärmeaufnahme aus der Nahrung gerechnet werden muss (vgl. das Kapitel über die Ernährung). Es handelt sich hier um den endothermen Wärmeaufnahmeprozess***, der im Leberstoffwechsel gipfelt.

Zuletzt die Funktion der Wärmestrahlung und Wärmeabgabe (exothermer Prozess***). Diese vierte Phase, für sich betrachtet, hängt innig mit dem arterielloxydativen Blutgeschehen im Organismus zusammen. Sie beginnt bei der Einatmung, wo sich der Sauerstoff der Luft mit dem «meteorischen Eisen»[64] des Blutes verbindet, – findet eine weitere Vertiefung in allen dissimilatorisch-abbauenden Prozessen des verbrennend-reinigenden Stoffwechsels, besonders der Niere, und gipfelt in der Wärmestrahlung der Kapillaren (des «peripheren Herzens»). In den exothermen Wärmephänomenen begegnet uns die Funktion der Verwandlung. Zwischen endothermen und exothermen Prozessen findet das

---

* Euthermie = vollkommene Wärmeorganisation: εὖ = wohl, vollkommen im Sinne von Wärmekonstanz, θερμός = warm.

** Homoiothermie = gleichbleibende Wärme; ὅμοιος = gleich.

*** endotherm = innenwarm, wärmeaufnehmend; ἔνδος = innen. exotherm = aussenwarm, nach aussen strahlen; ἔξο = aussen.

eigentliche eutherme Wärmeleben seine Verwirklichung, und zwar hauptsächlich wieder in der Bewegungsorganisation.

Wir sprachen schon von dem Wärmemantel unserer Muskulatur. Auf den Wärmeprozess bei dem Bewegungsgeschehen haben wir jetzt noch unseren Blick besonders zu richten.

Schon der gewöhnliche Muskeltonus ist nicht ohne ununterbrochene Wärmebildung möglich. Der ganz ohne unser Bewusstsein auch in der Ruhe sich vollziehende Spannungs- und Lösungsvorgang der Muskelfibrillen aller Muskeln ist zugleich Funktion eines wesenhaft-lebendigen Durchwärmtseins. Wesentlich ist also vor allem das eigentliche Bewegungsgeschehen unserer Gliedmassenmuskulatur und des ganzen Körpers im Hinblick auf das Wärme- und Stoffwechselgeschehen.

Durchblutung der Muskulatur

Bewegung, Wärme, Blut und Muskulatur bilden eine geschlossene Funktionseinheit, die sich am vollkommensten im zentralsten Muskel, – im Herzen zeigt, ein Phänomen, das sich aber überall, wo wir Muskulatur betrachten, in geringen Abwandlungen wiederholt. Bewegung, Wärme, Blut und Muskel sind morphisch und funktionell völlig miteinander verschränkt. So lähmt Abkühlung die Bewegung, wie mangelnde Durchblutung (Ischaemia*) zur Muskellähmung führen kann. Blutbewegung und Muskelbewegung sind im peripherischen Muskel ebenso funktionell verbunden wie im Herzen: kein Blut ohne Bewegung, keine Bewegung ohne Blut (vice versa). Was wir als «peripherisches Herz» bezeichneten, ist vor allem durch die ungeheure Kapillarnetzbildung in der Muskulatur repräsentiert[65].

Im Gegensatz zum Herzen, wo die Angioarchitektur** der Kapillaren dem sphärischen Organ enspricht (Abb. 90), ist die Angioarchitektur bei der übrigen Muskulatur dem Faserverlauf entsprechend vorwiegend radial angeordnet (Abb. 91). Meist tritt ein Hauptgefäss in der Mitte eines Muskelbauches ein (Muskelhilus), von wo aus es sich mehrfach verzweigt und im Endomysium das äusserst verfeinerte Kapillarnetz bildet. Venenkapillaren, wiederum am Hilus austretend, führen dann das Blut wieder herzwärts, ihnen folgen reiche Lymphgefässnetze. Das Blut wallt in den Bereich aktiver Bewegung hinein. Wille und Leistungsfähigkeit des Bewegungsorgans gehen Hand in Hand wie Bewegungs- und Herzrhythmus.

---

* Ischaemie = Durchblutungsstörung, von ἴσχω = ἔχω = halte, und αἷμα = Blut.
** Angioarchitektur = Struktur der Gefässanordnung; ἀγγαῖον = Gefäss und Architektur.

Die Energieprozesse des Muskels

Jeder Muskelaktion geht eine feine Wärmewelle voran. Die Intention des Willens spricht sich aus. Diese Wärmewelle bezeichnen wir als *initiale* Wärme*. Glykogen wird aktiviert und verwandelt sich in Glukose. Es folgt nun die eigentliche Muskelaktion der im Raum- Zeit-Prozess ablaufenden Bewegung durch die Kontraktion des Muskels. Eine zweite Wärmewelle, die *Aktionswärme* tritt auf. Nun folgt noch eine dritte Welle nach vollzogener Aktion, die *Ruhe-* oder Erholungswärme.

Wir haben es also beim Muskelenergieprozess mit einem dreifachen Wärmegeschehen zu tun:

1. Die initiale Wärmebildung hat *endotherme* Tendenz und ist Ausdruck der elementaren Willensbildung im Muskelenergiegeschehen.

2. Die Aktionswärmebildung steht auf dem Gipfel der Tätigkeit im rhythmischen Vollzug von Spannung und Lösung in der Muskulatur.

3. Die Verstrahlung der Ruhewärme (exotherm), Ausdruck der Widerherstellung der Ausgangssituation.

Dieses ganze Geschehen bildet einen Kräftekreislauf des selbstregulatorisch - regeneratorischen Muskelorganlebens.

Die mittlere Wärmewelle in der Phase höchster Tätigkeit ist Ausdruck des entscheidenden Energieumwandlungsvorgangs. Hier wird Muskelglukose in Milchsäure verwandelt, und zwar, wie Versuche gezeigt haben, ohne *Einwirkung von Sauerstoff*. Es handelt sich also bei dem ganzen Vorgang der Energie- und Wärmeentwicklung im tätigen Muskel nicht um ein oxydatives, sondern um ein *wärmeätherisches* Phänomen.

In der Erholungsphase des Muskels (dritte Wärmewelle) erst tritt Blutsauerstoff in das Geschehen ein, in dem nun ein Teil der Milchsäure zu CO_2 und H_2O «veratmet» wird, während sich ein anderer Teil der Milchsäure erneut zu Glykose zurückverwandelt und dem Energiegeschehen der Muskeltätigkeit erneut zufliesst. Im Fortgang des Geschehens bewirken immer neue Impulse neue Wärmeinkarnationen, Initialwärmewellen, neue Glykogenumwandlungen zu Glukose, die energetisch der Aktionswärmebildung zur Verfügung stehen usw.[66].

Ein Kreislauf dreifacher Wärmebildung ist geschlossen.

Die höchste Stufe der organisch muskulären Wärmeprozesse findet sich im Herzen. Das Herzorgan als Hohlmuskel erscheint wie ein Organ gewordenes Wärmewesen. Auch hier findet sich zwischen Systole und Diastole ein selbständiger Wärmegipfel in der sogenannten Anspannungszeit, wo das Kammerblut für einen Augenblick in den Herzkammern bis zur nächsten Eröffnung der Ausstrom-

---

* Initiale Wärme = Anfangswärme; lat. initium = der Anfang.

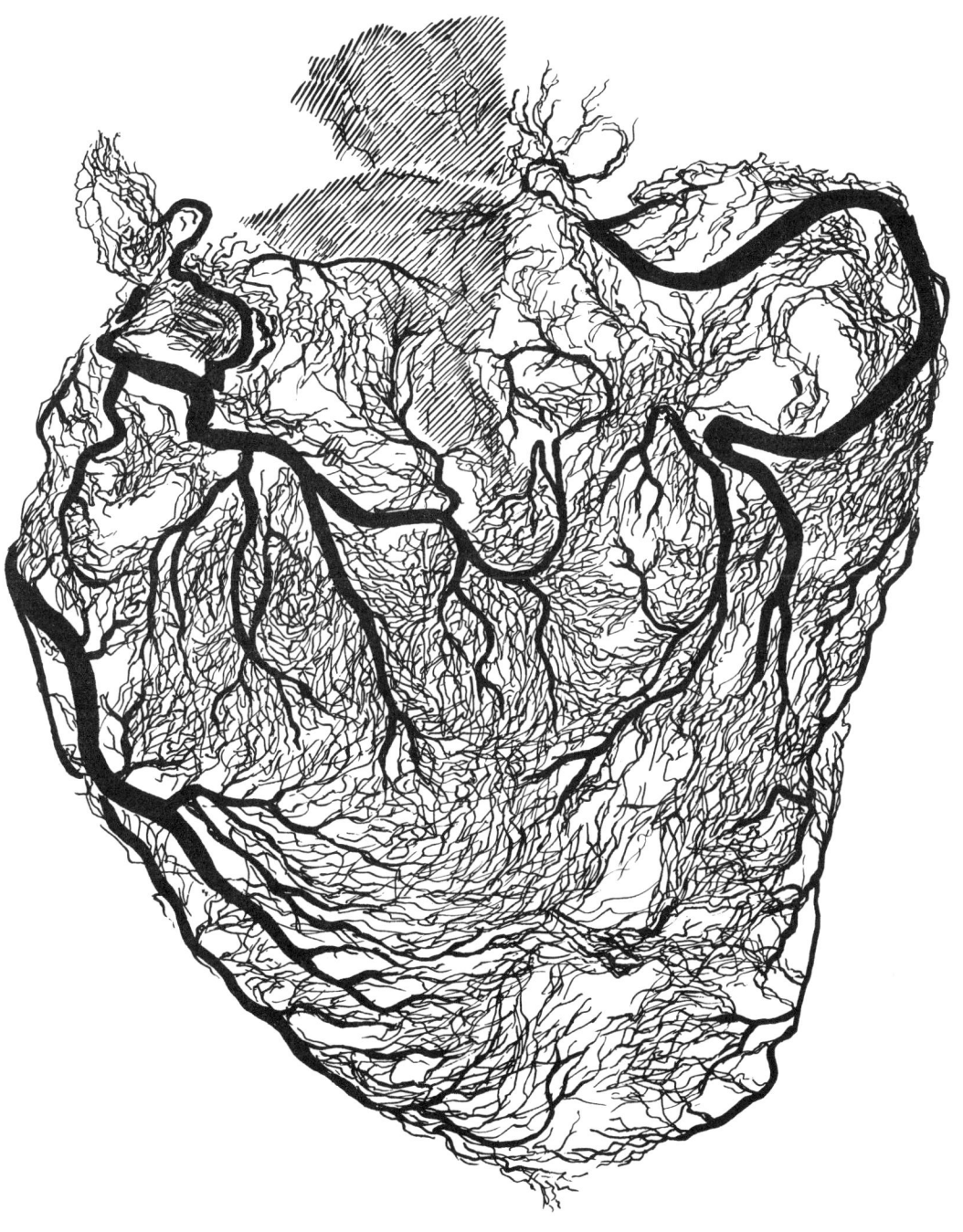

Abb. 90: *Blutgefässe und Kapillaren des Herzmuskels.*

Abb. 91: *Kapillares Gefässnetz in gestreckten Muskelfasern* (musculus rectus).

bahn, kurz vor Eintritt der systolischen Blutbewegung für sich allein verweilt. Hier sind weitere vertiefende Studien über das Wärmegeschehen zu erwarten.

Leben, Bewegung und Wärme im Herzen werden zum Realsymbol von Sein und Wesen der *Eigenwärme*.

Die autonome Wärme des Herzens, die sich immer neu erzeugt, wird uns in seiner Qualität zu einem besonderen Erlebnis: In dieser Wärme lebt das Ich. Wärme ist Ausdruck der Ichtätigkeit (R. Steiner). Bewegungssinn, Wärmesinn, Ich-Wahrnehmungssinn sind hier übergreifend höchste Metamorphosen organischer Tätigkeit. Hier verschmilzt die Idee des Lebens, die Idee der Bewegung, die Idee der Wärme mit der Idee des Menschen als Ich*.

Ein alter Mythos berichtet von einem Wärme-Umwandlungs-Prozess kosmischen Ausmasses, der sich durch die Äonen vollzieht. Der Vogel Phoenix verbrennt sich selbst; sein Ei wird im Eigenfeuer ausgebrütet und der Phoenix eines neuen Äons ist geboren.

Dem fügen wir hinzu, dass *Leben*, *Wärme* und *Bewegung* als Initialphänomene selber die Einheit des Lebensprozesses ausmachen und in jedem Moment desselben immer neu die Physis ergreifen. Sie sind immer verursachend und dürfen nie als Folge gelesen werden. Leben ist Geistigkeit, die sich im rhythmisch-organischen Zeitstrom in Permanenz und Immanenz funktional inkarniert. Stofflichkeit bildet die Tastatur, die sich das Leben selber bereitet, auf dem das ordnende, gestaltende Äther- und Seelenleben «musiziert».

Mit der Betrachtung der Bewegung der Muskelphysiologie und der ihr wesenhaft verbundenen Wärme sind wir an ein entscheidendes Problem der Anschauung des Menschen und der Welt herangetreten. Wir haben Bewegung und Wärme aus der kausal-mechanistischen Betrachtungsart herausgehoben und beide als *Urphänomene*, als nicht mehr weiter hinterfragbare *Verursacher* räumlich-zeitlicher Gestaltungen und Abläufe, darzustellen versucht.

Wärme, Licht, Leben, Bewegung, Klang, – sie alle sind Entitäten urphänomenal-ideeller Verwirklichungen in der Welt der Phänomene.

Der Bewegungssinn

Einheit von Wahrnehmen, Empfinden und Bewegen[67]

> Nerven, die motorisch sein sollen, gibt es nicht. Es gibt nur Empfindungsnerven.   Rudolf Steiner[68]

Bei unserer Betrachtung der morphologischen und funktionalen Dreigliederung haben wir uns bei Darstellung des *Bewegungsmenschen* mit der Tiefe und Reichweite der Willensorganisation beschäftigt.

Wiederum hatten wir im Bereich dieser Organisation drei Funktionsfelder zu durchschreiten, die gemeinsam innerhalb der Gesamtdreigliederung die Willens-

---

* Die Idee ist ewig und einzig, dass wir auch den Plural brauchen, ist nicht wohlgetan (Goethe).

Bewegungs-Organisation ausmachen, deren letzte uns unmittelbar in das Reich der reinen Bewegung gelangen liess. Im überblickenden Nacherlebnis fühlt man sich hier in eine vor- oder überorganische Urkräftewelt versetzt, wie sie Goethe in Fausts Gang zu den Müttern schildert: «Ein glühnder Dreifuss tut dir endlich kund, du seist am tiefsten, allertiefsten Grund[69].»

Die drei Willensorganisationsbereiche, die wir schilderten, waren:

> Enährendes Leben
> Generationsleben
> *Bewegungsleben.*

In allen drei Bereichen dieser Organisation herrschen Bewegungsfunktionen vor.

Im Mittebereich, im Generationsleben, gelangt Wesensbewegung nach kosmischen Zeitrhythmen geordnet in eine das Alltagsbewusstsein geradezu überwältigende Erlebensform. In der dritten Stufe, im Bereich des reinen Bewegungslebens, entzieht sich das Geschehen weitgehend unserem Fassungsvermögen! Wir ahnen hier die ungeheuren Dimensionen des im ätherischen Organmilieu heranflutenden Lebens im Stadium der Inkarnation, das durch unser ganzes Leben hindurch nächtlich unsere Grundexistenz speist, – während im Tagesprozess dieser Vorgang weitgehend aufgehalten wird, wodurch Bewusstsein entsteht (s. S. 252).

Für die Gesamtdreigliederung, die im Grunde eine «Neungliederung» ist, stehen die Funktionskräfte in ihren Teilbereichen wie im Ganzen nicht isoliert neben- oder übereinander, sondern durchdringen sich gegenseitig vollständig.

Im Zentralnervensystem haben wir das Zentrum des physisch ausgeformten, funktionell differenzierenden Bewusstseinspols in «zur Ruhe gekommener Bewegung». Seine Ausstrahlung findet sich bis in die äusserste und vom Nervenzentrum entfernteste Organperipherie.

Umgekehrt wirkt die elementare *Bewegungsdynamik* gegen den Bewusstseinspol, welchen sie nicht nur tangential berührt, sondern ebenfalls weitgehend durchdringt, so wie sich für unser Erleben der Raum- und der Zeitprozess durchdringen.

Zwischen diesen Polen erscheint in möglicher schöpferisch-individualisierender Freiheit das *rhythmische System*, seinerseits die genannten Polaritäten vollständig verbindend und umfassend. Der Rhythmusorganismus ist es daher, der die dynamische Einheit des Organismus sowohl veranlagt als gegen den Formpol und gegen den Willenspol behauptet und bei Störungen jederzeit wieder herzustellen vermag[70].

«Nervlichkeit», in die Form erstarrendes Leben[71] und «Bewegungsdynamik», Gestalt verneinendes, auflösendes, flutend bewegtes Leben werden erst durch die rhythmische Mitte zum *«Organismus»* gesteigert.

Kein Organsystem zeigt die harmonisch alles durchdringende Ordnung der dreigliedrigen Funktionseinheit so vollkommen wie der muskuläre Bewegungsorganismus. Aus diesem Grunde finden wir ihn in der allernächsten Verwandtschaft zum rhythmischen System, ohne dabei die vorherrschende Willensdynamik nur im geringsten eingeschränkt zu finden. Im Gegenteil. Das Muskelwesen schliesst ja im Bereich der innerorganisch-glatten Muskulatur unmittelbar an die protoplasmatisch-mesenchymalen Organbildungsströme an und ist damit der Blutbildung verwandt. Diese Beziehung finden wir auch bei der quergestreiften Muskulatur. Hier ist allerdings in erster Linie auf die glatte Muskulatur des Darmes und die Feinmuskulatur der Blutgefässe und der Organhüllen zu blicken. Besonders wesentlich offenbart sich die Bewegungsorganisation, wo trotz der Querstreifung *keine* primär-nervliche Induktion vorliegt wie beim Herzen oder bei der ebenfalls unwillkürlichen Pharynx-Larynx-Muskulatur*.

Darüber hinaus haben wir erwähnt, dass an mehreren Orten der Organismusperipherie quergestreifte Muskulatur erst nachträglich von Nervenfasern erreicht wird. Es ist festgestellt worden, dass Muskelfaser und Nerv erst im Laufe der Embryonalentwicklung miteinander in Verbindung treten. Aus den Ganglien des Rückenmarks wachsen Nervenfasern als vordere Wurzeln in Myoblasten, bzw. in die schon differenzierteren Myofibrillen ein. Primär ausgebildete Myofibrillen nehmen sekundär Nervenfasern auf. Nervenganglion, Nervenfaser und Muskel mit ihrer Blut- und Lymphversorgung bilden dann funktionell und trophisch eine Einheit. Aber schon bevor die Verbindung mit dem Nerv zustande gekommen ist, befindet sich die embryonale Muskulatur in einer periodisch spontan rhythmischen Bewegung – ähnlich der unwillkürlich glatten Muskulatur [72].

Die Muskulatur ist also in ihren elementaren Entwicklungsphasen *ohne Nerv* tätig, nicht aber ohne Lymphe und vor allem nicht ohne Blut!

Dies ist die Grundlage unserer Willens-Organisation, von der wir bei der Betrachtung der Entwicklung und der Funktion aller Muskulatur auszugehen haben.

Was bedeutet nun aber das Eintreten des Nervenelementes in das bewegungsdynamische Muskelprotoplasma? Drei Elemente haben sich in der quergestreiften Muskulatur zu einer neuen höheren Einheit verbunden: Blut, Myoplasma und Nerv. Was ist geschehen? Ein *Sinnesorgan* ist entstanden. Überall, wo im Organismus Blut und Nerv zusammentreten, haben wir es mit Sinnesorganbildung zu tun [73]. In diesem Falle mit der Bildung des *Bewegungs-Sinnesorgans*.

Bei der Betrachtung anderer Sinnesorgane wie beim Auge oder beim Ohr (vgl. das Kapitel «Nerven-Sinnessystem») sind wir gewohnt, einer geschlossenen Organindividualität zu begegnen. Es ist nun für den Bewegungs-Willensbereich unserer Organisation charakteristisch, dass sich das Sinnesorgan in den ganzen Muskelorganismus ausgebreitet hat.

---

* Pharynx = Kehlkopf; φάρυγξ = Kehle. – Larynx = Rachen; λάρυγξ = Kehlkopf – Luftröhre.

Eine Metamorphose ist vollzogen, die der «Sinnesfunktion» dieser Region wesenhaft entspricht: nicht die Sinnes*wahrnehmung*, sondern die Sinnes*tätigkeit* tritt hier entschieden hervor. Der Lebenssinn, der ebenfalls vorwiegend in dieser Region wirkt, zeigt auch die Organisationsform der Willens-Organsphäre. Er ist charakterisiert durch das Eintauchen sympathischer Nervenendigungen in Blut- und Lymphräume innerer, vegetativer Organe [74] und hat wie der Bewegungssinn, als typischer Sinn des Willensbereiches, seine charakteristische Ausbreitung über ganze Organsysteme hin.

Beim *Bewegungssinn* tauchen Nervenendorgane in den sog. motorischen Endplatten in die Muskelfibrillen ein, wo sie humoral [75] mit Blut und Muskelprotoplasma (Myoglobin) in ungezählten Organellen ein ausgebreitetes «Bewegungssinnesorgan» bilden. Alle diese Millionen von Nervenendplatten in den Muskeln bilden eine *Funktionseinheit*, die allein vom ätherischen Ganzen, nicht aber von den einzelnen, differenzierten Organellen her verständlich ist.

Dem Wesen der Dreigliederung gemäss gehen wir bei unserer Betrachtung auch hier vom Ganzen in die Teile. So haben wir wie in jedem Sinnesorgan auch im Bewegungssinn eine Organ-Dreigliederung, die sich morphologisch in der Dreiheit von Blut, Muskelelement und Nerv darstellt. Für die rein funktionelle Betrachtung ergibt sich daraus die Gliederung in

> Sinneswahrnehmung (Erkennen),
> Sinnesempfindung (Fühlen),
> Sinnestätigkeit (Wollen).

Bei den *Bewusstseins*sinnen tritt vor allem die Wahrnehmungs- und Erkenntnisfunktion hervor (zum Beispiel beim Auge). Bei den *Willens*sinnen, wie schon hervorgehoben wurde, ist es die *Sinnes-Tätigkeit*. Es braucht uns übrigens nicht zu verwundern, dass man bisher bei der Betrachtung des Sinneswesens in erster Linie auf die Erkenntnisfunktion abgehoben hat. Es entsprach dies der Einseitigkeit, in welcher die Sinnesphysiologie seit dem Anfang des neunzehnten Jahrhunderts befangen war, indem sie sich auf die Nervenprozesse im Organismus konzentrierte [75].

Die Betrachtung der Qualitätenfülle des Bewegungssinnes veranlasst uns dagegen, neue, nicht nur nervliche Aspekte ins Feld zu führen und damit, wie für jeden anderen Sinn, vor allem auch für den Bewegungssinn diese *Funktionsdreiheit* herauszuarbeiten.

In der Sinneswahrnehmung vergegenständlichen wir uns die Welt [75, 76]. Diese Vergegenständlichung wird in den einzelnen Sinnen und Sinnesbereichen in ganz verschiedener Weise vollzogen. Die Welt wird uns so zunächst bei der «Wahrnehmung» zum Objekt, wie auch der eigene Organismus bei der «Selbstwahrnehmung» geradezu zum Objekt verfremdet werden kann. Das Wahrnehmungsorgan wird dabei gewissermassen «physikalischer Apparat». Dies war der Ausgangspunkt der Physiologie des neunzehnten Jahrhunderts für die Hypothese von den sensiblen und motorischen Nerven, die jedes Bewegungsgeschehen einseitig aus der Nervenfunktion erklären wollte.

Bei jeder *Sinnestätigkeit* ereignet sich eine organische Identifikation von Sinnesorgan (z.B. Auge) und Sinneselement (z.B. Licht). Das Sinneselement ist schon an der Entstehung des Sinnesorgans unmittelbar beteiligt, so das Licht bei der Bildung des Auges. «Das Auge hat sein Dasein dem Licht zu danken. Aus gleichgültigen tierischen Hilfsorganen ruft sich das Licht ein Organ hervor, das seinesgleichen werde; und so bildet sich das Auge am Licht fürs Licht, damit das innere Licht dem äussern entgegentrete» (Goethe, Farbenlehre).

Die «Inkarnation» des Sinneselementes in der Organbildung, die intentionale Hinwendung des Organs zum Sinneselement, bilden eine Wesenseinheit, welche in der Steigerung als ichhafter Willensimpuls kosmischer Qualität erscheint.

Das *Tätigsein* des Sinnesorgans im *«Sein»* der Sinneselemente spielt schon unterbewusst eine wesentliche Rolle. Das Bewusstsein findet zu dieser ur-intentionalen Tätigkeit zunächst keinen unmittelbaren Zugang. Die Willensorganisation für sich allein kann umgekehrt nichts vom Nervenbewusstsein erfahren – und das Nervenbewusstsein hat seinerseits keinen unmittelbaren Zugang zur Tat- und Willensexistenz.

Sinnesorganbildung – wie Sinnesorgantätigkeit sind als im Sinnesprozess unbewusst schaffende Natur aufzufassen. Erst in der *Sinneswahrnehmung* vermögen wir uns der Welt und der eigenen Organisation scheidend und unterscheidend, urteilend und erkennend gegenüberzustellen und aus dem Ozean des Unbewussten aufzutauchen.

Die Sinnestätigkeit im Sinnesprozess bietet jedoch organenergetisch den weit umfassenderen Anteil am Gesamtgeschehen. Ihre Unüberschaubarkeit ist es, welche die Wissenschaft veranlasst hat, ihre Wirkungen als bloss *subjektiv* oder akzidentell beiseite zu lassen. Damit hatte man aber im einseitig naturwissenschaftlichen Denken das Menschenbild in einen aussenweltlich, aussenbestimmten *objektiven* und einen innerlich-*subjektiven* Teil gespalten und damit die Einheit der erkennenden und tätigen Person im Sinnesgeschehen vernichtet [76].

Das Wesen des Menschen erhebt sich aber, beide Polaritäten überhöhend und vereinigend, über diesen Dualismus, indem eine dritte mittlere Funktion sich innerhalb des Sinnesprozesses geltend macht, das eigentliche *Sinneserlebnis* oder die *«Sinnesempfindung»*.

Das Ich selbst ist es, das im Funktionsbereich der Sinnesempfindung die Polaritäten vereint und, beide qualifizierend, tätig ist. Die Verfremdung in die Objektivität, die den Menschen zu einem Ding unter Dingen macht, und die ihn in gleicher Weise überwältigende Disqualifizierung, durch die er zum blossen Subjekt wird, muss überwunden werden. Im Spannungsintervall der polaren

Funktionen erhebt sich die Intentionalität des frei schöpferischen Ichs, des Verwirklichers menschlicher Wirklichkeit[76]. Hier ergreift der «Wagenlenker» die Zügel des Gespanns, – hier wirkt der *Beweger der Bewegung* in Steuerung und Ordnung des Sinnesgefühls; hier ist die Bewegung das In-Sich-Selbst-Bewegt-Sein, – Bewegung in innerlich überräumlicher Unendlichkeit, – in überzeitlicher Ewigkeit, – Ichfindung und Ichtätigkeit in höchster Individuation, – mit universeller Schöpferkraft, – *Bewegung des Bewegers*.

So ergibt sich für unsere Betrachtung die Einheit von Wahrnehmen, Empfinden und Bewegen aus der Autonomie der Mitte heraus:

Wahrnehmung der Bewegung:

Der Wahrnehmende kommt in seiner Selbstbewegung zur Ruhe. In der Ruhefindung sondert er sich von der «bewegten Welt»; *Sinneswahrnehmung*.

Tun der Bewegung:

In der Bewegungstätigkeit ist der Bewegungswille mit dem Bewegungselement identisch, höchste Tätigkeit ohne Bewusstsein; *Sinnestätigkeit*.

Empfindung der Bewegung:

Das Gefühl, die Empfindung – der Sinn im Sinnesorgan (die Wirksamkeit der Steigerung innerhalb der Polarität) – ist die höchste Verwirklichung der bewegungselementaren Kräfte, aber jetzt in dieser «Mitte» mit *Bewusstsein* und mit Willensdynamik zugleich. Das in der *Empfindung* sich selbst findende Ich vereint in sich nicht nur die polaren Erlebnisweiten, sondern es greift über die Pole der Sinneswahrnehmung und der Sinnestätigkeit hinaus und vereint sie neu in der produktiv schöpferischen Existenz seiner weltverwandelnden Tätigkeit. In der Intentionalität des schaffenden und ordnenden Gefühls liegt alle sinnlich-sittliche Wirkung. Die Intention wird mit dem Bewegungsziel identisch: Was bewegt mich? Wohin bewege ich mich?

IX. Die Temperamente

> Die epitellurischen Organismen müssen, schon weil sie der Erde angehören, bestrebt sein, durchaus alle die wesentlichen Seiten tellurischen Lebens in sich zu wiederholen, so dass man sagen könnte: weil es die wesentlichsten Lebensseiten des Planeten sind, 1. als irdisch-starres, 2. als tropfbar-flüssiges, 3. als elastisch-gasiges, 4. als elektromagnetisch-feuriges zu erscheinen, so müssen diese vier Seiten auch im Leben des Einzeln-Lebendigen wiederholt werden.
>
> Goethe

> Der vollkommenste Mensch hat alle Konstitutionen samt ihren Veränderungen in seiner Gewalt.
>
> Novalis

Jahreslauf und Temperament*

Nachdem Blutkreislauf, Atmung, Lymphkreislauf und Ernährung wie auch die inneren Organe mit ihren seelischen Funktionsäusserungen geschildert wurden, bleibt nun noch die Darstellung der vier Grundseelenstimmungen der Temperamente, welche ihre charakteristischen Tingierungen aus der Organwelt erhalten.

Diese vier Seelenstimmungen offenbaren gleichzeitig ihren Zusammenhang mit den vier Elementen der äusseren Natur, so dass wir das Seelenleben je nach der besonderen Konstitution eines Menschen zwischen seiner Innenveranlagung einerseits und seiner charakteristischen Hinneigung zur Aussennatur und ihren Elementen andererseits ausgebreitet finden.

Durch die Temperamentenlehre, die uns von der griechisch-hippokratischen Heilkunst überliefert wurde, ist es uns möglich, den Organismus in dem grossen organisch-dynamischen Zusammenhang mit dem Erdleben darzustellen.

Auch das Menschenleben schwingt im leiblich-seelischen Bereich mit den Naturrhythmen, besonders mit den Kräften der jahreszeitlichen Konstitutionen zusammen. Das Organleben folgt der Ordnung des Erdlebens in makro-mikrokosmischer Entsprechung, so dass der Mensch im Miterleben der Jahreszeiten seine eigene Organisation in vielfältiger Weise leiblich belebt, seelisch erfrischt und die eigene Einseitigkeit und Verhärtung zu lösen vermag.

---

* Temperament von lat. temperamentum = Mässigung.

So folgen einander «Leibesfrühling» im inneren Säftestrom, Sommerwärme im Blut-Atemleben, Herbstesfruchtbarkeit in der Reife organischer Kräfte und winterliche Klarheit in der Formdichte der Nervenphysis.

In all diesen Lebensfunktionen ist vom Jahreslauf bis in die Lebenskonstitution der Organe hinein alles auf Harmonie veranlagt. Freilich nützt der in die Zivilisation eingespannte Mensch kaum mehr diesen verjüngenden Zusammenklang der inneren und äusseren Naturkräfte, sondern begibt sich statt dessen in eine gefährliche Isolation, in deren «Bequemlichkeit» das Vermögen unserer Organe, mit den Naturrhythmen mitzuschwingen und mitzuleben, nach und nach erschlafft.

Das Seelenleben erscheint den Naturrhythmen gegenüber wie ein Mittler zwischen Organismus und Welt. Die Seele lebt ebensosehr in den Lichtperioden des Tages wie in den Gezeiten der Nacht, in der Keimfrische des Frühlings wie in der Fruchtfülle des Herbstes, wie auch in allen anderen Qualitäten der Jahres- und Naturperioden. Dabei bleibt sie innig mit den tiefen organischen Prozessen verwurzelt. So werden wir im Inneren des Organischen deutlich charakteristische Verbindungen des seelisch-temperamenthaften Lebens mit den grossen, allgemeinen Weltprozessen des Naturlebens finden, in die sich die Seele hinauszuschwingen vermag.

Ehe das Besondere der einzelnen Temperamente aufgesucht werden soll, wollen wir in unserer Betrachtung von der allgemein-sphärischen Rhythmik der Jahreszeiten ausgehen, die den Menschen und das Erdleben umfasst.

In den vier Qualitäten der Jahreszeiten haben wir einen klar überschaubaren Kreislauf vor uns. Ihre dauernd sich verwandelnden Kräfteverhältnisse erscheinen in ihrer Ganzheit wie ein irdisch-kosmischer Organismus, der sich in weitesten Pulsationen darlebt.

Im Frühling vollzieht sich die lösende, befreiende Durchflutung der winterlichen Starre, in der alle Keime in kristallartiger Ruhe schliefen. Die Substanzen strömen in den Lebensfluss ein und steigen im keimenden Pflanzenleben auf, ja sie erheben sich im frisch-duftenden, feuchten Erdgeruch über die junge Vegetation empor und strömen ihr sphärebildend voraus.

Dann weitet sich im Sommer die Natur in labilem Luft-Wärmeprozess nach oben und empfängt die kosmische Befruchtung in ihren Blütenkelchen.

Die Herbstnatur geleitet die hochsommerliche Wärme in die Fruchtbildung, ins Innere der Pflanzenhüllen hinein, während die Lüfte sich von der letzten Wärmestrahlung losreissen und ihren Flügelschlag über Erd- und Himmelsräume hintragen, wobei sich die Fruchtfülle zur Erde hin versammelt und dem innerlichen Wärmebedürfnis der menschlichen Natur Nahrung spendet.

Der Jahreszeitenorganismus verdichtet sich zuletzt im Winter gegen die Erde, alle Kräfte ziehen sich zurück, und so weit die Kraft des Winters reicht, lässt er alle Lebensbewegung zum Kristall erstarren.

Diese Verwandlung der Jahreszeitenkräfte führt von Übergang zu Übergang, von Höhepunkt zu Höhepunkt, nirgends steht sie still, niemals behauptet sich eine einseitige Konstitution über ihre herrschende Zeit hinaus. Ihre Phasen bewirken vielmehr das reichste äussere und innere Wechselleben im Zeitorganismus.

Aus solchem Naturempfinden ging die diätetische Hygiene der Griechen hervor. Ihre ätherische Kultur ermöglichte es ihnen, das umfassende Mitgefühl mit den Tiefen des chthonisch-organischen Seins und mit lichthaft ätherischer Freiheit, Klarheit und Gestalt in ihrer Kunst zu wunderwürdiger Harmonie zu steigern.

Goethe hat dieses hellenische Lebensgefühl in der arkadischen Helena-Szene seiner Faustdichtung dargestellt·

> Hier ist das Wohlbehagen erblich,
> Die Wange heitert wie der Mund.
> Ein jeder ist an seinem Platz unsterblich,
> Sie sind zufrieden und gesund.
> Und so entwickelt sich am reinen Tage
> Zu Vaterkraft das holde Kind,
> Wir staunen drob; noch immer bleibt die Frage,
> Ob's Götter, ob es Menschen sind!

Neben der grossen naturhaften Kunst der Griechen steht ihre hygienisch-therapeutische Kultur ebenbürtig da, ja beide sind im Grunde nur Erscheinungsformen ein- und desselben naturhaft-geistigen Welt- und Lebensgefühls, Ausdrucksformen ein- und derselben schöpferischen Kraft.

Aus dieser Kraft heraus vermochten sie ätherisch-irdische Kräfteströme und ätherisch-kosmische Kräftewirkungen als göttliche Mächte im Zusammenwirken der vier Elemente zu erleben. Was am Himmel droben in Licht, Luft und Wolken wirkte, das waltete für sie auch unten im Umkreis der Erde und im Innern des Organismus in Feuer, Wasser und Erde und im Strom der Säfte als grosses Synorganon.

Der Kosmos der Elemente kreist auch in den Säften des Leibes, wirkt im himmlischen Licht wie im Licht des Auges, in der Sonnenwärme wie in der Wärme des Herzens, im Sturmwind wie im zartesten Atemhauch, in den strömenden Gewässern wie in den inneren Säften, im Felsengestein wie im tragenden Knochen. Die Griechen erlebten die Elemente eben nicht im Sinne blosser Stofflichkeit oder physikalischer Aggregatzustände, sondern als geistige, ja als göttliche Wesenskräfte, die unseren Leib aufgebaut haben, und in deren harmonischer Mischung (Eukrasia) der Mensch seine Kräfte entfaltet.

Die Zusammenschau der elementaren Natur mit der Wesensentfaltung des Menschen sollen Hippokratische Beispiele selbst zeigen:

«Wo aber die Jahreszeiten nicht sehr voneinander verschieden sind, da ist auch das Land sehr ebenmässig. So ist es auch mit den Menschen, wenn man darauf achtet. Denn manche Typen gleichen Wald und wasserreichen Bergen, andere dürren und wasserarmen Gebirgen, manche sind wie Wiesen und Sumpfgelände und wieder andere wie eine Ebene und kahles, trockenes Land. Denn die Jahreszeiten, die die Beschaffenheit der menschlichen Gestalt verändern, sind verschieden... Wo nämlich die Erdoberfläche fett, weich und gut bewässert ist, wo die Gewässer sehr an der Oberfläche liegen, so dass sie im Sommer warm und im Winter kalt sind, und wo das Land eine gute klimatische Lage hat, da sind auch die Menschen fleischig, schlecht gegliedert, nicht widerstandsfähig und in ihrer Seele meist feige. Denn Schlaffheit und Schläfrigkeit ist in ihnen und ihr Sinn für die Künste ist stumpf, nicht fein und scharf... Wo das Land aber kahl, wasserarm und rauh ist und vom Winter heimgesucht und von der Sonne ausgedörrt wird, da wird man finden, dass die Menschen hager, dürr, gut gegliedert, straff und stark sind, dass Arbeitsamkeit und Wachheit sich in hohem Grade bei derartigen Konstitutionen finden und dass ihr Charakter und ihr Temperament selbstbewusst und eigenwillig ist, dass sie an Wildheit mehr als an Sanftmut teilhaben, und dass sie für die Künste scharfsinniger und verständiger, und für den Krieg besser geeignet sind – und dass auch alles andere, was im Lande wächst dem Land entspricht...»

Die vier Elemente, die vier Ätherarten und die Temperamente

Salamander soll glühen,
Undene sich winden,
Sylphe verschwinden,
Kobold sich mühen.

Wer sie nicht kennte   *Und Eigenschaft,*
Die Elemente,   *Wäre kein Meister*
Ihre Kraft   *Über die Geister.*   Goethe

Nur der kann die Temperamente in ihrem überorganischen Dynamismus voll begreifen, der in ihnen zugleich die grossen Naturqualitäten des Lichtes, der Luft, des Wassers und der Erde erlebt.

Das phlegmatische Temperament entspricht der Rolle, die das Wasser in der Natur spielt, wie es fliesst und mäandert, alles durchdringt, befeuchtet und belebt, wie es steigt und fällt, wie es kristallisiert und erstarrt. In allen diesen Verwandlungen verhält es sich durchaus phlegmatisch, indem es alle Naturwirkungen miteinander zu vermitteln und auszugleichen sucht.

Das Feuer dagegen ist das Element der eruptiv cholerischen Natur. Leuchtend, lodernd, sprühend und wärmend vereinigt es alle seine Qualitäten zu stärkster Wirkung aus einer einzigen Kraft heraus. Goethe hat dies in seinem Lied der Schmiede ausgedrückt (Pandora).

In der durchlichteten Luft waltet das sanguinische Element. Ewig bewegt, stürmend und ruhend, mild und rauh, feucht und trocken, warm und kalt, zeichnet es sich durch seine Wechselhaftigkeit, aber auch durch seine Umgänglichkeit mit allen übrigen Elementen aus.

Im Erdelement treten die Stoffe in ihrer grösstmöglichen Trennung und Entmischung auf, im Gestein zusammengepresst oder als Mineral in dichter Kristallform und dabei immer wieder einmal bis zum reinsten Edelstein geläutert. Alles Leben hat sich im Erdelement einen tragenden Grund geschaffen. Alle Bewegung kommt in ihm zur Ruhe. So befestigt in «dauernden Gedanken» das melancholische Temperament, was in «schwankender Erscheinung schwebt» (Abb. 92).

Die vier Temperamente sind nichts anderes als das Wechselspiel der Seele mit dem organisch-ätherischen Leben. Was wir zunächst einheitlich als das Ätherische erleben, ist im Organismus, die Elementenvierheit der äusseren Natur spiegelnd, vierfach organisiert, so dass wir auch von vier Ätherarten sprechen müssen.

Auf Grund dieser Ätherarten und der ihnen entsprechenden Organbereiche müssen im Zusammenspiel der Seele vier Temperamente veranlagt sein. Unsere Darstellung wird zeigen, welche Möglichkeiten bei den verschiedenen Organdispositionen und Lebensaltern zur Entfaltung der Temperamente bestehen. Betrachten wir zunächst die vier Ätherarten in ihrem harmonischen Zusammenwirken im organischen Leben.

Der chemische Äther*, unmittelbar in allen flüssigen Prozessen wirksam, begegnet uns im physischen Zusammenhang am unmittelbarsten im Lymphwasser. Der Lichtäther wirkt am stärksten in allen Atemfunktionen.

Der Wärmeäther wirkt in Ernährung, Wachstum und Stoffwechsel. Der Lebensäther wirkt in allem, was im Organismus in Verdichtung und physische Ruhe übergeht, vor allem also im Knochen- und Nervensystem.

Die menschliche Natur beansprucht diese vier Ätherarten als Grundlage des Temperaments. Nicht so das Tier: Jede Gattung ist in ihrer Triebnatur von einer fixierten ätherisch-astralen Organisation her einseitig bis in die physische Prägung hinein bestimmt.

Das menschliche Temperament dagegen ist freie Seelenbewegung in der auf Harmonie veranlagten Ätherorganisation. Soweit sich nicht Krankheit geltend macht, sind die Temperamente auf Ausgleich veranlagt. Jedes Temperament ruft ein Gegentemperament hervor, in dessen Polarität die Möglichkeit eines dritten

---

* von Rudolf Steiner auch Klangäther genannt.

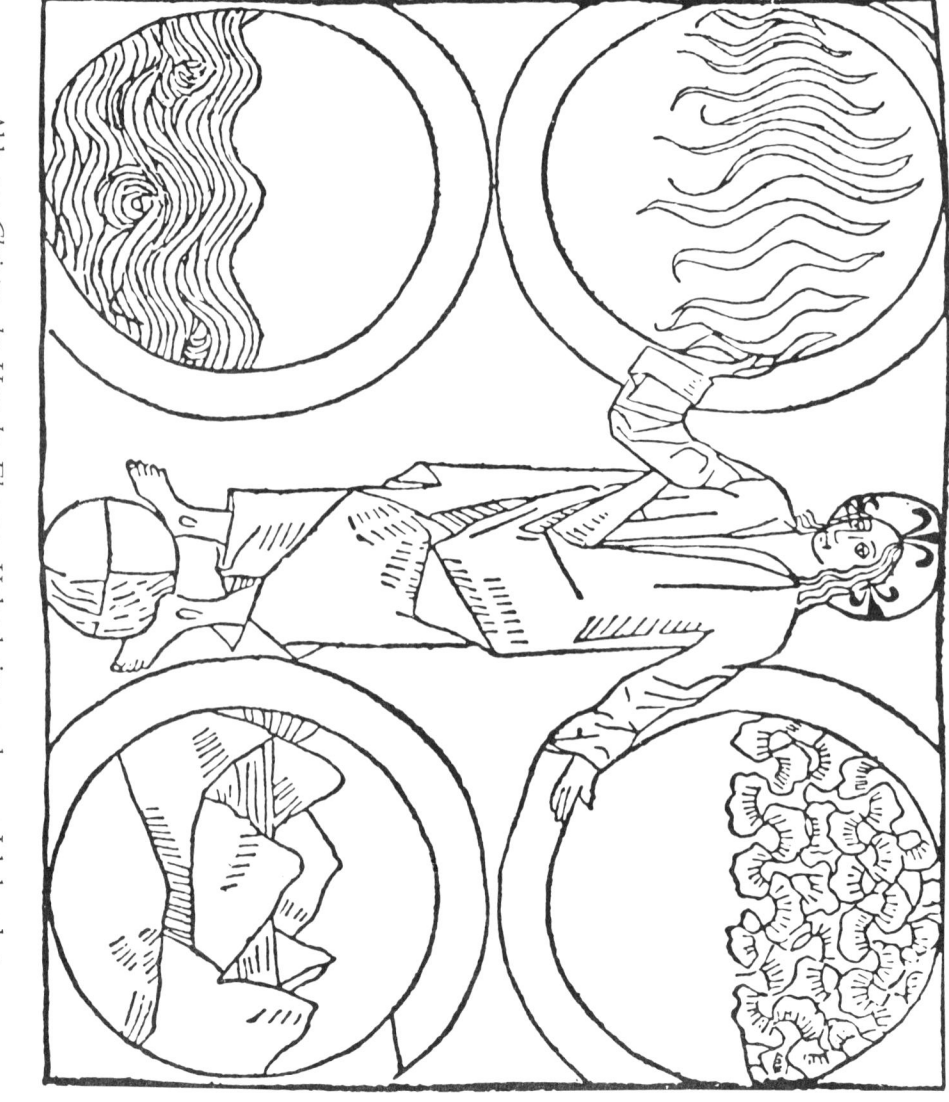

Abb. 92: *Christus, der Herr der Elemente*. Holzschnitt aus dem 14. Jahrhundert.

und vierten Temperamentes schlummert, so dass das Menschenwesen über der Temperamentenvierheit des ätherisch-seelischen Lebens frei ist.

Wir wollen daher bei unserer ganzen Betrachtung von der Einheit der vier Temperamente ausgehen, wie sehr auch die Erfahrung zunächst typische Einseitigkeiten in den verschiedenen Entwicklungsstufen zeitigt oder sogar gelegentlich pathologische Fixierungen auftreten können.

Gestalt und Funktion des Temperamentsorganismus

Geleitet von organisch-morphologischem Interesse betrachten wir nunmehr den Zusammenhang der Seelenstimmungen und Temperamentsäusserungen in der gleichen Reihenfolge, in der wir die Flüssigkeitsorganisation und die inneren Organe geschildert haben.

Das Lymphsystem repräsentiert den Flüssigkeitsmenschen vom Grund aus. Wir haben es als das allgemeinste protoplasmatische Organleben charakterisiert.

Das Wasser, mit welchem die Griechen das Phlegma des inneren Menschen beschrieben haben, ist unter den übrigen leiblichen Funktionselementen das am wenigsten erregbare Element. Es ist dagegen zu Ausgleich und Harmonisierung aller inner-organischen Spannungen, Entzündungen oder Verhärtungen geneigt. Die Lymphe bildet im Leibesleben, wie wir gesehen haben, das Prinzip des Ernährend-Flüssigen schlechthin.

Herrscht nun dieses wahrhaft «ätherische Element» im Gesamtorganismus vor, dann sprechen wir von der Vorherrschaft des phlegmatischen Temperaments.

Das phlegmatische Organelement kann sich aber auch ausserhalb des ernährenden Bereichs, im polaren Organfeld, im Nervensystem, genauer im Flüssigkeitsorganismus des Gehirns geltend machen (Grossköpfigkeit). Ob hier im Nervenbereich oder im Bereich der Ernährungs- und Wachstumsorganisation, immer verleiht die vorherrschende phlegmatische Organisation dem Organismus seine dysplastisch*-uncharakteristische, fliessende, verwaschene Gestalt, deren positives Sein gerade in der Freiheit des noch ungestalteten Zustandes liegt. Wie diese Temperamentskonstitution der Keimesruhe, dem embryonalen Schlaf, dem Wachstum, der Ernährung verwandt ist, so darf man von ihrer Verwandlung eine Belebung und Gestaltung für zukünftige seelenleibliche Entfaltung erwarten. Die phlegmatische Konstitution bewahrt den frühkindlichen Typus, dem sie bis in spätere Altersstufen treu bleiben kann.

* dysplastisch = ungestaltet; Dysplasie = Störung der plastisch-formenden Organfunktion.

An den ätherischen Charakter des phlegmatischen Systems können wir mit einer zweiten Temperamentskonstitution unmittelbar anknüpfen, mit der des cholerischen Temperaments. Dieses wurzelt ebenfalls im Ernährungsleben des Organismus, äussert sich aber im Gegensatz zur stillen Strömung der Lymphe in Wärme und Kraftentwicklung, wie sie sich im Pfortader-Lebergebiet entfaltet (blütenhafter Blutprozess der Leber).

Bei der Schilderung des cholerischen Temperaments greifen wir gewöhnlich zu kurz und fassen sein Wesen nur psychologisch, wenn wir uns lediglich an seiner anfallsweisen Äusserung im Zorne orientieren. Es muss uns an dieser Temperamentslage, wenn wir ihre organische Grundlage aufsuchen, in erster Linie die produktive Kraft interessieren, die als die Voraussetzung dieser charakteristischen Seelenfähigkeit erscheint, welche natürlich im extremen Fall in der Zornmütigkeit gipfeln kann. Die positive Organkraft dieses Temperaments liegt im ernährend-aufbauenden Funktionsbereich des Venensystems, da, wo es sich aus dem Darmgebiet mit den Wärmequalitäten des Traubenzuckers (Wärmeätherwirksamkeit) zur Leberpfortader sammelt und in der Leber als dem Haupt des Venensystems zum venösen Wundernetz blütenhaft entfaltet. Überwiegt in einem Menschen das Venen-Lebersystem, dann bildet sich eine Fülle von Blut- und Lebenskraft, eine Plethora (Blutfülle), die dem Bewusstseinsleben Gefahr bringen kann. Für Kraft und Stärke des Handelns ist aber Blutwärme- und Leberorganisation ganz entscheidend. Leberkraft ist wahre Lebenskraft.

Der Name Cholerik* ist freilich nicht von der hier geschilderten positiven Qualität des Venen- und Lebersystems hergeleitet, sondern von einer zweiten, ebenfalls sehr wichtigen Funktion der Leber, nämlich derjenigen der Gallenbildung. Die Galle überwindet im Verdauungsprozess die Fremdeinflüsse, die als Nahrung von aussen in den Organismus eintreten. Sie bringt sie zur vollständigen Auflösung, bevor sie assimiliert werden.

Was die Gallenausschüttung physiologisch, das ist der Zorn psychologisch. Im Zorn stützt sich die Seele gewissermassen auf das Gallenausschüttungsvermögen. Bei Gallenrückstauung ins Blut können wir unter Umständen von einer galligen Natur sprechen, oder wir sprechen von vergällter Freude (bei Ärger und Missmut). Wie die Galle das Fremde der Nahrung überwältigt, so überwältigt der Zorn fremden Willen, wenn die Seelenwärme des Temperaments mit eruptiver Gewalt über die organischen Grenzen tritt, um das störende Fremde zu überwinden. Darin liegt die «Mission des Zorns».

Unter allen Temperamenten nimmt das sanguinische Temperament eine besondere Stellung ein. Es ist im eigentlichen Sinne das «Temperament der Temperamente»[1]. Sagt man von einem Menschen, er habe Temperament, so ist damit gewöhnlich das leicht bewegliche, luftige, rasch wechselnde sanguinische gemeint.

* χολή = Galle.

Wie beim phlegmatischen Temperament die Lymphe als ein alles durchfeuchtendes und nährendes organisches Wasser die ganze Leiblichkeit einerseits belebt, andererseits aber in ihre Indifferenz zieht, so leistet beim sanguinischen Temperament das rasch bewegte, durchlüftete arterielle Blut eine intensive leibliche Differenzierung.

Es ist also nicht das «Blut» schlechthin Grundlage dieser entschiedenen Temperamentslage, sondern eben nur das frisch beatmete, rasch pulsierende, leicht bewegte arterielle Blut. Durch die Atmung steht es in unmittelbarem Zusammenhang mit der bewegten Atmosphäre. Gleichzeitig bewirkt es im Innern des Organismus die Oxydation, d.h. die aktiv gestaltenden, formenden und – gleichsinnig mit der Nervenwirksamkeit – abbauenden Prozesse.

Die organischen Grundlagen dieses Temperaments liegen vorwiegend in drei Bereichen: in erster Linie im Blut-Lungenbereich (Blut-Atmung), dann im hocharterialisierten Nierensystem (dem organischen Bereich eines labilen Gleichgewichtes in bezug auf den Flüssigkeitsspiegel des ganzen Organismus und in Ausscheidung und Retention) und schliesslich noch im Sinnesorganbereich (Blut-Nervenbereich). Alle drei Organbereiche kommen für das sanguinische Temperament insofern in Betracht, als sie alle der «atmenden» Seele unmittelbar mit gleicher Ätherität begegnen[2]. Alle genannten Organbereiche sind zugleich Bereiche höchster Arterialisierung.

Die generelle Bedeutung des sanguinischen Temperaments liegt darin, dass es wie das arterielle Blut alle Organe, alle übrigen Temperamente zu durchdringen und zu beleben vermag. Aus diesen Vereinigungen ergeben sich die positivsten Mischtemperamente, z.B. das

> sanguinisch-phlegmatische Temperament,
> sanguinisch-cholerische Temperament,
> sanguinisch-melancholische Temperament.

So wandelt auch das arterielle Blut proteushaft seine Qualitäten aus der Leichtblütigkeit in die Raschblütigkeit, in Kaltblütigkeit, in Warmblütigkeit und zuletzt in Schwerblütigkeit. Das Blut (Sanguis) pulsiert durch den ganzen Organismus, es hat eine Funktion für das Ganze wie die Lymphe. Insofern ist das sanguinische Temperament dem phlegmatischen unmittelbar benachbart.

Schwierig ist das sanguinische Temperament, wenn es zu einseitig wirkt und durch seine Unausgeglichenheit und Flüchtigkeit Gedankenbildung und Tatkraft durch das allzu bewegliche Gefühlsleben in gleicher Weise aufzulösen droht. In seiner positiven Wirkung hat es aber seine Bedeutung fürs ganze Leben; es ist ja das Temperament der Freude, der Festlichkeit, der Schönheit und der Kunst.

Das melancholische Temperament stützt sich in der Organisation auf den physischen Leib, auf den Form-Stoffpol des Organismus[3], auf das Knochen- und

Nervensystem. Überall da, wo die Wirkungen des Nerven-Knochenpols im Organismus funktionell zur Vorherrschaft gelangen, vollzieht sich in der lebendig bildbaren Leiblichkeit Formung, ja Überformung, die sogar bis zur Funktionslähmung eines Organs oder eines ganzen Organsystems fortschreiten kann. Es breitet sich dann die Konzentration und Ruhe des Denkens vom Haupte über den ganzen Organismus aus. Dabei schliessen sich zuerst die Sinnestore und wenden sich gewissermassen nach innen. Die Atemexkursion der Lunge vermindert ihren Ausschlag und verlangsamt ihren Rhythmus. Die Seelenempfindung des Organs verarmt. Das Herz verliert seine Impulskraft, schlägt langsamer, und der periphere Kreislauf zieht sich zurück.

Dringen aber die formativen Kräfte des Bewusstseins-Nervenpols in den unteren Organisationsbereich des Ernährungs- und Stoffwechselsystems, also in das Gebiet vor, das die ältere Anatomie das Hypochondrium nannte, und ergreifen die ernährenden Lebensorgane unter dem Zwerchfell, dann stocken auch hier die Funktionen, es stocken die Säfteströme, dicken ein, verdichten sich sogar bis zu kristalloiden Steinbildungen! Der Mensch wird zum «Hypochonder». So geschieht es beim Gallenfluss, der auf diese Weise in der Gallenblase zur schwarzen Galle (melaina cholé) und zuletzt zum Gallensteinkristalloid erstarrt. Der Blutstrom in den arteriellen Gefässen wird spärlich, da diese sich engstellen; die Pulsation wird hart. Auch im Venensystem gehen Veränderungen vor sich, das Blut dickt ebenfalls ein und wird dunkel. Die Darmtätigkeit wird belastet, das Darmlumen wird eingeengt, die Funktion wird krampfhaft und steht möglicherweise sogar still (spastische Obstipation).

Neben der Vorherrschaft des funktionell formenden und überformenden Nervensystems findet sich beim Melancholiker häufig ein konstitutionell schwerer mineralischer Aufbau des Skeletts. Findet sich die melancholische Seelenstimmung im weiblichen Organismus vorherrschend, dann erscheint der Skelett-Typus oft männlich und die ganze Erscheinung erhält etwas Maskulines.

Die Melancholie ist das reine Bewusstseinstemperament, das bis in die Gefährdung des Lebens, bis an den Todesprozess heranführen kann. Ihre positive Frucht ist das Gedankenleben, das bei ihr oft besonders tief und reich ausgebildet erscheint. Manchmal aber greift bei ihr das Bewusstsein über den Bereich hinaus, in dem es gesund wirksam ist, es denkt gleichsam mit den falschen Organen.

Temperament und Lebensalter

Die vier Temperamente, die wir auf der Grundlage der Organdispositionen dargestellt haben, gehören innerhalb gesunder Entwicklung eindeutig bestimmten Lebensaltern an, so dass der Mensch beim Durchleben der verschiedenen Altersperioden schon von der physisch-ätherischen Grundlage her sein Seelenleben mit allen Temperamenten nacheinander bereichern und beleben könnte, wenn er sich nicht aus besonderen Veranlagungen heraus an das eine oder das andere Temperament einseitig binden wollte.

Die Temperamentsverwandlung während der charakteristischen Lebensaltersübergänge ist eine allgemein beobachtete Tatsache. Die Metamorphose der Temperamente hat dabei verschiedene Ursachen. Die erste und augenfälligste liegt in der Verwandlung des Organismus, in der Inkarnation und Exkarnation der Wesensglieder. Die zweite, weitaus weniger typische Metamorphosenwirkung geht von der individuellen Ichentwicklung aus. Dieser Aspekt soll in dem Abschnitt «Die Einheit der Temperamente» geschildert werden.

Das Lebensalter des phlegmatischen Temperaments

Der Typus des phlegmatischen Temperaments verwirklicht sich am entschiedensten im Kleinkindalter, und zwar in der Entwicklungsphase des Milchkindes. Beim Säugling breitet sich der ernährende Lymphorganismus über alle Systeme aus und bewirkt so eine wahre menschliche Keimblattstufe des vegetativen Organlebens. Die Muttermilch als reine Lymphnahrung ist die ideale Lebensquelle des «Milchkindes». Sie entspricht am vollkommensten dem organischen Bedürfnis dieses Alters nach häufiger Nahrungsaufnahme und nach vollkommener Entsprechung dieser Nahrung mit der eigenen vom Lymphsystem bestimmten Organisation. Das Kind wird so im wahrsten Sinne des Wortes gestillt nach der Regel: «Das gesunde Kind entschläft an der Mutterbrust.»

Die phlegmatische Konstitution erhält den kleinkindlichen Typus, wenn sie sich über spätere Lebensperioden hinaus behauptet, und zwar nach der ernährenden, Fülle verleihenden, oder nach der nervlich-grossköpfig-lymphatischen Organisationsrichtung hin. Da sich beim phlegmatischen Temperament der ernährende Ätherleib über den ganzen Organismus ausgebreitet hat, hüllt er die übrigen Wesensgliederfunktionen mehr oder weniger vollständig ein. Beim Kleinkind ist dieser Zustand altersmässig notwendig, denn die höheren Wesensglieder, Ich und Astralleib wirken jetzt noch im Wachstum und in der innerlichen Differenzierung der Organe. Diese Dominanz der ätherischen Konstitution bleibt bei ideal-typischer Entwicklung bis zum Zahnwechsel erhalten, der mit dem Ende des ersten Jahrsiebents kulminiert.

Das Lebensalter des sanguinischen Temperaments

Das konstitutionell charakteristische Lebensalter des sanguinischen Temperaments ist die Kindheit, insbesondere die Zeit bis zur Pubertät hin. Nach Überwindung der frühkindlich-phlegmatischen Periode bildet sich in dem Lebensabschnitt, der bis gegen das Ende des zweiten Jahrsiebents reicht, dieses Temperament des schönsten Lebensgleichgewichtes der physisch-ätherischen und seelischen Kräfte mit dem Ausdruck harmonischer Leichtigkeit aus. Die ganze Organisation befindet sich hier im Stadium einer freien und höchst beweglichen Schwebung zwischen jener beim Phlegma geschilderten vegetativ-keimhaften Stufe des Kleinkindes und der auf die Pubertät vielfach folgenden kritischen Zeit bis zum achtzehnten bzw. einundzwanzigsten Lebensjahr. Gerade das Lebensalter des zweiten Jahrsiebents erbringt die schönste Verwirklichung ätherisch-seelischer Kräfte-Rhythmik, welche in der diesem Alter möglichen Harmonie ein wahrhaft ästhetisches Gleichgewicht erlangen kann.

Unter dieser harmonischen Veranlagung spiegelt der kindliche Organismus reine Menschlichkeit, eine abgekürzte Wiederholung jener Organisation, in der sich der Mensch der griechischen Kulturepoche befand. Knaben scheinen hier mädchenhaft anmutig – Mädchen von knabenhafter Herbheit. In dieser Periode werden vom siebenten Lebensjahr an zum erstenmal ätherische Kräfte frei. Dagegen bleiben astralische Funktionen immer noch organgebunden und wirken nur als rhythmisierende, noch nicht so sehr als formende Kräfte.

Das phlegmatische Konstitutionsalter liess die Gattungsnatur noch völlig in organischem Schlummer, in funktioneller Indifferenz; nun aber treten die Seelenkräfte, ohne sich schon vom organischen Zusammenhang zu lösen, in ein rhythmisches Bilde- und Gestaltungsspiel mit den Lebensprozessen.

> Sieh in dem zarten Kind zwei liebliche Blumen vereinigt,
> Jungfrau und Jüngling sie deckt beide die Knospe noch zu.
>
> Schiller

Phantasie ist die wesenhaft ätherisch-seelische Fähigkeit und das Bedürfnis unserer «Epheben» und «Koren» in diesem klassischen Alter der «Pädagogia»[4]. Diese auch in zeitlicher Hinsicht so flüchtigen Entwicklungsjahre der Vorreifezeit fordern in der pädagogischen Lebensgestaltung all das vom Erzieher, was die organische Lebensveranlagung des Kindes bereits bietet, nämlich künstlerisch-phantasiereiche Bewegung, Durchdringung aller Lebensfunktionen mit den befreienden und freilassenden, alle Organfunktionen steigernden Künsten. Dieser Lebensabschnitt ist ja selber in seiner Gattungsfreiheit menschlich wie das Kunstleben – ist Kunstkonstitution der menschlichen Natur.

Der Erzieher, der dies weiss und vor allem beherzigen kann, vermag aus diesem Lebensalter heraus Kunstfähigkeit, ja Genialität als bewahrte und herübergerettete Kindhaftigkeit ins spätere Leben herüberzuführen. Daher entspricht es pädagogisch dieser Epoche, dass das Kind in der Weiterentwicklung seiner organischseelisch-ätherischen Möglichkeiten durch generelle künstlerische Methodik geleitet wird.

Die Dominanz des kindhaft-sanguinischen Temperaments in späteren Lebensaltern behält überall da ihre Bedeutung, wo es gilt, Seelenleiblichkeit und Ätherität in freibeweglicher Harmonie, in künstlerisch phantasiereicher Lebendigkeit zu erhalten. Es ist daher eine der wichtigsten Aufgaben des Erziehers, mit der positivsten Periode des sanguinischen Temperaments verständnisvoll und schöpferisch – als «Erziehungskünstler» aus echter und durchgreifender Erziehungskunst – umzugehen, was dem melancholisch-pedantischen Berufstemperament des Lehrers häufig die grössten Schwierigkeiten bereitet.

Für die Wesensgliederbetrachtung des sanguinischen Temperaments ist der Blick auf die Arterialisierung, die Durchlüftung des Blutes und auf seine lebhafte Bewegung zu richten. Die Seelenkräfte wirken in lebendig-rhythmischem Spiel mit dem Ätherischen zusammen. Das rhythmisch-harmonische Kräftespiel zwischen Ätherleib und Astralleib bleibt beim einseitigen Sanguiniker auch im späteren Lebensalter erhalten. Für dieses Temperament muss das Harmonieverhältnis, wie es zwischen Atmung und Blutleben, zwischen Herz und Lunge in jugendlichem Schwung und jugendlicher Labilität besteht bleibt, als wesenhaft aufgefasst werden. Wir wollen hier die psychopathischen Zustände von der Betrachtung ausschliessen, wie sie sich in der Nachbarschaft des sanguinischen Temperaments als hysterische Konstitution finden.

Das Lebensalter des cholerischen Temperaments

Das typische Lebensalter des cholerischen Temperaments ist die Zeit der Lebensmitte bis zum siebten Jahrsiebent hinauf. Zuerst begegnet es uns in ausgeprägterer Form bereits um das dritte Lebensjahr herum, wenn das Kind zu sich selbst «Ich» zu sagen beginnt. Sogar die stämmig kraftvolle Leiblichkeit, die dem cholerischen Temperament entspricht, stellt sich in diesem Alter häufig, wenn auch nur für kurze Zeit ein, da die folgende Streckung den vorzeitig pyknischen Typus wieder auflöst.

Aber die Lebensperioden nach dem 42. Lebensjahr lassen das cholerische Temperament auf der unmittelbaren Grundlage des entsprechenden pyknischen Leibestypus am deutlichsten hervortreten, und zwar in den für das Temperament geschilderten positiven Aspekten. Der Mensch tritt nach überschrittener Lebensmitte in seinem Schicksal in die Phase der Verwirklichung der Lebensziele. Die ganze Kraft der Existenz mündet in die Wesensverwirklichung ein. Jetzt kann sich das «Ich» der Möglichkeit nach in vollkommenster Harmonie entfalten, wenn es bis dahin gelungen ist, die ätherische und die seelenleibliche Organisation in rhythmische Übereinstimmung zu bringen.

Das Lebensalter des melancholischen Temperaments

Wenn in der Konstitution des Menschen der Astralleib zu tief eingreift und sich so mit dem physischen Leib verbindet, dass sich der ätherische Lebensbereich nicht mehr frei zu entfalten vermag, die Rhythmik zwischen ätherischem und seelenleiblichem Leben zugunsten der astralisch-formenden Kräfte einseitig betont wird und dem ganzen Organismus Überformung und Sklerose droht, dann erscheint das melancholische Temperament.

Die Melancholie verwirklicht sich konstitutionell physisch am deutlichsten im Greisenalter. Die Kräfte, die durch das ganze Leben hindurch vom Haupte formend ausgehen, erfassen gegen das Lebensende hin immer stärker das rhythmische und das Stoffwechsel-Gliedmassensystem. Die überformende, zu Spasmus, ja zur Sklerose neigende Tendenz ist schon beim Melancholiker jüngerer Altersstufen zu beobachten. Daher erscheint das melancholische Temperament, je früher es beobachtet wird, um so problematischer, oftmals sogar direkt als Ausdruck krankhafter Disposition[5].

Wandlung der Temperamente in den Lebensaltern

Die leiblichen Organdispositionen, wie wir sie bis hierher dargestellt haben, reichen nicht aus, um die Seelenstimmungen in ihrer Temperamentsfärbung innerhalb der Lebensstufen und bei allgemeinen und individuellen Wandlungen zu erklären. Wir gewinnen ganz neue Gesichtspunkte für das Verständnis der Temperamente, wenn wir in unserer Betrachtung von der Gestalt in ihrer vorwiegend ätherischen Bestimmtheit jetzt weiterschreiten zu Funktionen, in denen innerhalb bestimmter Lebensalter seelische und geistige Gestaltungskräfte die organisch-ätherischen Verhältnisse noch unmittelbarer bestimmen. Es erscheint dann über dem morphologisch-physiologisch begründeten Temperamentsbild der ätherischen Gestalt, das gegebenenfalls gar nicht im gleichsinnigen Seelenausdruck wirksam zu werden braucht, ein seelisches oder geistiges Funktionstemperament. Diese Ergänzung muss nunmehr zur Temperamentskonstitution, die sich für jedes Lebensalter vom Physisch-Ätherischen her ergibt, noch hinzugefügt werden. Es ergeben sich dann folgende Möglichkeiten:

1. Temperament als Phänomen der (physisch) ätherischen Organisation (physiologisch-morphologisches Temperamentsbild).

2. Temperament als Phänomen seelischer Gestaltungskräfte (Funktionstemperament zwischen ätherischem und seelischem Leben).
(Bei dieser Zwischenstellung der Temperamentsfunktion kommen meist zwei

Temperamente im Wechsel in Betracht, z. B. das sanguinische [mehr seelische] und das phlegmatische [vorwiegend ätherische] Temperament.)

3. Temperamentgestaltung von der geistigen Natur des Menschen her (charakterologisches Temperament, das vom Ich bestimmt ist)[6].

Die Temperamentsentwicklung im ersten Jahrsiebent

Im ersten Jahrsiebent des menschlichen Lebens tritt die geschilderte dreifache Temperamentsdifferenzierung noch kaum in Erscheinung, sondern es herrscht zunächst die ätherisch-organische Grundveranlagung, die von der ätherischen Konstitution des Kleinkindes zunächst phlegmatisch bestimmt ist und erst langsam zur kindlichen Sanguinik überwechselt. Innerhalb dieses gesamttypischen Entwicklungsganges erscheint im dritten Lebensjahr zugleich mit dem ersten Icherlebnis des Kindes eine gewisse Cholerik. Dagegen muss Melancholie, besonders wenn sie sich bereits im Leibestypus ausprägt, Sorge bereiten. In der Melancholie drückt sich ein tiefes Eingreifen der Seelenfunktionen aus, was in diesem Alter auf eine Schwäche der ätherischen Organisation hinweist – oder was auf die Dauer eine solche Schwäche erzeugt.

Es gehört dagegen zum Wesen der Konstitution dieses Lebensalters, dass alle Wesensglieder – Ätherleib, Astralleib und Ich – noch vorwiegend im Aufbau der Organe begriffen sind und daher noch nicht als Bewusstseins-, Seelen- und Persönlichkeitskräfte hervortreten dürfen, wenn nicht die Organentwicklung schwer geschädigt werden soll[7]. Aber gerade diese Nachinnenwendung der Wesensglieder macht den Typus des Kindes der ersten sieben Jahre aus, das Bild des völlig in sich abgeschlossenen, nach innen belebten, nach aussen harmonischen und aktiven Wesens[8].

Die Temperamentsentwicklung im zweiten Jahrsiebent

Der Zahnwechsel charakterisiert von der physischen Seite die Lebensperiode des Übergangs vom ersten zum zweiten Jahrsiebent. Mit dem Erscheinen der bleibenden Zähne ist die physische Entwicklung in der Hauptesregion weitgehend abgeschlossen. Damit ist leiblich für Gedächtnis und Intellektualität die Grundlage geschaffen (Rudolf Steiner, Erziehung des Kindes). Es ist eine merkwürdige Tatsache, dass ein Kind, das vor dem Zahnwechsel das Gehör verliert, bald auch die Sprache, selbst wenn es diese schon vollkommen beherrscht hat, vergisst und taubstumm zu werden droht, weil eben diese physische Grundlage noch fehlte. Der Zahnwechsel ist gleichzeitig ein Gradmesser für die Konsolidierung des Organlebens im Physischen überhaupt. Das Ätherische, das bisher im Wachstum und Aufbau der Organe wirkte, waltet nun frei in den geistigen Funktionen als Gedächtnisfähigkeit und als Begriffsbildungsvermögen. Damit wird das Kind geistig beweglicher und empfänglicher für intelligible Zusammenhänge. Das vorwiegende Temperament dieses Lebensalters ist das sanguinische.

Das sanguinische Temperament erscheint hier mit der Möglichkeit einer besonders harmonischen Ausbildung im ätherischen Funktionsmilieu. Als Grundlage verfügt es über die Organfülle und ätherische Lockerheit, die das Kind aus der Entwicklungsperiode der ersten sieben Jahre mit herübergenommen hat, wie es auch bereits die kräftigere seelische Einstimmung des dritten Jahrsiebents andeutungsweise vorauszuerleben vermag.

Einen besonderen Einschlag erhält diese Temperamentsperiode im neunten Lebensjahr. Gleich wie im ersten Jahrsiebent auf der Grundlage der vorwiegend ätherisch-phlegmatischen Konstitution im dritten Lebensjahr mit dem Icherleben das cholerische Temperament einschiesst, ohne allerdings unbedingt charakterologische Bedeutung zu erlangen, so tritt im neunten Lebensjahr eine melancholische Beschattung ein, die bis in die Altersdisposition herabwirkt und auch aus ihr heraus wieder verständlich ist. Das neunte Lebensjahr bringt ja häufig eine Streckung der ganzen Gestalt mit sich, in der die kindlich-ätherische Fülle weitgehend aufgezehrt wird. Die asthenische Gestalt zeitigt im Kinde seelisch zum erstenmal das Erlebnis, ein Eigenwesen zu sein. Es findet seinen Abstand zu den Erwachsenen, es erwartet von seinen Lehrern kraftvolle Autorität. Oftmals ist diese Phase mit einer Blutkrise verbunden[9].

Die Reifezeit

Die Temperamentsentwicklung und Temperamentsverwandlung in der Reifezeit stellt uns vor besondere Rätsel. Um sie zu lösen, ist es notwendig, die Verschiedenartigkeit der Entwicklungsrichtung der Wesensglieder bei Knaben und Mädchen am Ende des zweiten Jahrsiebents zu kennen. Gemeinsam ist in der Entwicklung beider Geschlechter jetzt das erste entschiedenere Freiwerden der Seelenkräfte. Aber diese freiwerdenden Seelenkräfte haben bei den Geschlechtern eine ganz verschiedene Bedeutung und Wirkensrichtung. Das ist der Grund, warum Knaben und Mädchen dieses Alters sich oft eher abstossen als anziehen, nachdem sie vor Eintritt der Reifeperiode harmlos und frei miteinander umzugehen vermochten.

Bei den Knaben nimmt das freiwerdende Seelenleben eine Wendung ins Gemütsinnere. Der junge Mensch erscheint dann verschlossen, ja stumpf oder sogar interesselos. Im Innern ist dabei aber oft ein phantasievolles bewegtes Leben, das sich nur scheu verbirgt. Da die männliche Natur die Seelenleiblichkeit funktionell und formativ stark mit dem physischen Leib verbindet, stauen sich die

Kräfte im Innern, und das freie Seelenleben wird nur langsam aktiv. Das Wachstum ist meist gegenüber gleichaltrigen Mädchen verlangsamt, ja es erscheint manchmal wie gehemmt. Das Verhältnis zum eigenen Wesen wie zur menschlichen Umgebung wird schwierig, das eigene Ich wird nur wie ein fernes Ideal erlebt. Dagegen tritt beim Knaben, entschiedener als es in der weiblichen Organisation dieses Alters möglich ist, freie Ätheritität als Grundlage eines ersten selbständig individuellen Denkvermögens auf.

Beim Mädchen ist der Entwicklungsgang dieser Periode weit unproblematischer; denn bei ihm bleibt die physisch-ätherische Einheit, wie sie beim Kinde bisher bestand, voll und ganz erhalten, ja sie dehnt sich jetzt zu einer entschiedeneren Organfülle aus. Dagegen wird das Seelenleben, das sich beim Knaben nach innen wendet und die physisch-astralische Verbindung noch dichter werden lässt, hier völlig frei und umspielt die Erscheinung wie mit einem farbig-anmutigen Schleier. Das Mädchen erblüht zur Jungfrau. In diese frei gelöste Seelenhaftigkeit des jungen Menschen vermag sich schon etwas von der Ichnatur hereinzusenken und das Gemüt wie eine Morgenröte zu durchleuchten, so dass die Einheit der Persönlichkeit erscheint, von der der Knabe gleichen Alters noch weit entfernt ist. Freies, tatkräftiges, manchmal sogar dreistes Auftreten, in dem sich die Persönlichkeit von nun an selbständig behauptet, bildet die Grundlage des hier positiv erscheinenden Temperaments.

Durch die Pubertät ist das Menschenwesen in die weibliche und männliche Natur geschieden und bleibt gleichsam gespalten, bis beide getrennte Wesen durch die Geburt des Ichs wieder den Mittler und Vereiner in der liebeerfüllten Partnerschaft gewinnen. Diese Ichgeburt vollzieht sich etwa mit der Vollendung des dritten Jahrsiebents. Jetzt erst reift der Knabe zum Jüngling, und beide, Jüngling und Jungfrau, begegnen sich als Ichnaturen. Einzig und allein die Ichbegegnung ist es, was wir Liebe nennen und was viele Menschen nur mit gedämpftem Bewusstsein empfinden, die aber durch eine vollmenschliche Erziehung in vollem Bewusstsein eines ichhaften Erlebens erstrahlen kann (Rudolf Steiner, Pädagogischer Ergänzungskurs).

Schon die Betrachtung der Wesensgliederentfaltung der Reifezeit bis zur Ichgeburt lässt die besondere Temperamentskonstitution in der männlichen und weiblichen Natur deutlich erkennen.

So tritt nach dem vierzehnten Lebensjahr eine starke Verbindung der physischen und ätherischen Organisation beim Mädchen einerseits und der physischen und astralen beim Knaben andererseits ein. Die Leibesverdichtung und Schwere, die sich in der Pubertät beider Geschlechter geltend machen (in der männlichen Organisation tritt diese Verdichtung deutlicher in Erscheinung als in der weiblichen), bewirken im seelischen Erleben unter Umständen Melancholie, welche anfallsweise durch extreme Sanguinik überwunden werden kann. Sie kennzeichnet die vorwiegende Temperamentsveranlagung der Knaben (Flegelhaftigkeit).

Dieser Temperamentsdissoziation Melancholie – Sanguinik entspricht eine zweite bei den Mädchen im seelisch-ätherischen Bereich, die wiederum weniger auffällig und krass als die Verhältnisse beim Knaben erscheint, die aber um so allgemeiner verbreitet ist. Hier herrscht das phlegmatische gegenüber einem etwas verhüllt auftretenden cholerischen Temperament im komplementären Wechsel.

Die Spannungen Melancholie – Sanguinik, Phlegmatik – Cholerik drücken aus, was man als Stimmung der Flegeljahre bezeichnet. Die Labilität des Temperamentsumschlages vom melancholischen zum sanguinischen Seelenzustand (Knabentypus) einerseits und vom phlegmatischen zum cholerischen Temperament (Mädchentypus) anderseits, zeigt deutlich, dass in dieser Altersstufe der «Charakter», die ordnende Prägung von der Ichnatur her, noch nicht genügend wirksam ist[10].

Im Überblick über die drei ersten Jahrsiebente ergibt sich also folgendes Gesamtbild: Der organischen Einheit der Temperamente der Kleinkindzeit (alle Wesensglieder sind in den Organaufbau einbezogen) mit ihrem vorwiegend ätherisch-phlegmatischen Erscheinungsbild folgt im zweiten Jahrsiebent eine einfache Steigerung nach dem Kindhaft-Sanguinischen hin, wobei Knaben und Mädchen noch völlig die gemeinsame Temperamentslage bewahren. Mit der Reifezeit im Beginn des dritten Jahrsiebents erscheint eine doppelte Temperamentsdualität, Ausdruck vorwiegend männlicher oder weiblicher Gattungsbestimmtheit der Wesensglieder, die sich erst mit der Ichgeburt um das 21. Lebensjahr wieder harmonisiert.

Die dreifache Temperamentskonstitution in der vollen Lebensentfaltung (Lebensmitte)

Mit dem 21. Lebensjahr tritt für die Temperamentsentwicklung und ihre Verwandlung eine vollkommen neue Situation ein. Bisher waren die Temperamente das reine Ergebnis der physisch-ätherischen Grundveranlagung, wobei zuerst die stufenweise freiwerdenden ätherischen Kräfte (siebentes Lebensjahr) und dann mehr und mehr entbundene seelische Kräfte (vierzehntes Lebensjahr) die bisher geschilderten wechselhaften und farbigen Wirkungen auslösten.

Das höchste menschliche Wesensglied, das «Ich», war in seinen Funktionen bisher an die Gestaltung der Ichorganisation in der Tiefe des Leibeslebens gebunden. Nur die jungfräuliche Natur erschien schon vom Licht des menschlichen Geistwesens halbbewusst durchleuchtet, die wie die Morgenröte vor Tage ein liebliches Erwachen ankündigt.

Um die Zeit des 21. Lebensjahres (die Tradition gewährt zu diesem Termin die Mündigkeit nicht zufällig) tritt das Ich kraftvoll und selbständig hervor und ergreift von jetzt an nach und nach die Herrschaft über alle Wesensglieder. Dieser einsetzende Ichentwicklungsprozess und eine immer tiefer in die Leiblichkeit eingreifende, verjüngend wirkende Ichorganisation kulminiert gegen die Lebensmitte. Daher ist es verständlich, dass die Reihe der Temperamente von der Ichorganisation her geordnet in ganz neuer innerer Beziehung aufgerufen wird.

Das cholerische Temperament erscheint in der Lebensmitte in seiner kraftvollen Spannung in der physisch-ätherischen Konstitution als Tat- und Willenstemperament. Im rein Seelischen besteht jetzt die Möglichkeit zu harmonisch-freiem Wechsel zwischen phlegmatischer Gelassenheit und sanguinischem Lebensgenuss, und im Denken findet der Charakter seine Vertiefung in freier Bejahung der Melancholie.

Das Wärmetemperament der vollinkarnierten Ichnatur im Typus cholericus findet seine Polarität in der geistigen Seinserfahrung der «positiven Resignation», deren der Mensch erst in der Lebensmitte durch sein Bewusstsein fähig wird. Vom Physisch-Ätherischen her wirkt in tiefster Inkarnation die Ichnatur (Physisches wird geistig), vom Geistigen aus macht sich positive Resignation, d.h. bewusstes Erleiden geltend (bewusstes Geistiges wird ins physische Schicksal getragen). Das ist die höchste Form der Melancholie.

«Media vita in morte sumus – mitten im Leben sind wir im Tode.» Aus gleicher Erfahrung spricht dies Goethe zu Eckermann mit folgenden Worten aus: «Überhaupt werden wir finden, dass im mittleren Leben eines Menschen häufig eine Wendung eintritt und dass, wie ihn in der Jugend alles begünstigte und alles ihm glückte, nun mit einem Male alles ganz anders wird. Wissen Sie, wie ich es mir denke? Der Mensch muss wieder ruiniert werden!» So gilt für dieses Alter und seine Seinskonstitution voll und ganz das Goethewort: «Man muss seine Existenz aufgeben, um zu existieren.»

Erst in diesem Alter tritt der Mensch in die «Hochspannung» seiner polaren Wesenskräfte ein, die er nun in Freiheit gebrauchen kann. Wir haben diese ichhafte Polarität charakterisiert: im Leiblichen erscheint das Physische geistig, im Bewusstseinspol das Geistige physisch. In beiden Polen ist also das Ich der Möglichkeit nach schöpferisch, freimachend wirksam. So führt die Ichentwicklung den Menschen in der Lebensmitte an die deutlichste Verwirklichung dieses nie alternden Geistwesens heran. Während der Mensch vor dem 21. Lebensjahr insbesondere in der männlichen Wesensgliederdisposition unter dem Einfluss der formenden und das physische Sein ergreifenden Astralität seelisch und erscheinungsmässig «alt» wirken konnte, kulminieren nun die Schicksalskräfte. Der Mensch wird in diesem Sinne, wenn die Ichentwicklung einsetzt, zur Lebensmitte hin und über die Lebensmitte hinaus «jünger».

«Es ist ein Gott in uns! Der Mensch muss alt werden, der Gott wird jünger, blüht jährlich wieder auf. Wer das nicht weiss und kann und glaubt, dem können nicht Propheten und nicht Auferstandene helfen»[11]. Diese Charakteristik zeigt die Ichverwirklichung und die resignierende Erkenntnisfähigkeit. Die Melancholie eignet vom Geistigen unseres Bewusstwerdens her eben diesem Alter, das wir «das beste Mannesalter» oder mit vollem Recht das beste, fruchtbarste Lebensalter, das Alter der Tatkraft, des sozialen Wirkens nennen können. Tatkraft wirkt aus der vollen Ichinkarnation, Melancholie wirkt in der Erkenntnis der Verantwortlichkeit. Die Pole wirken ichhaft als Einheit. «Wer handelt, macht sich schuldig» (Goethe). In der Verantwortlichkeit der Zeit gegenüber erleben wir unsere Taten und Tatenfolgen und nehmen sie schmerzhaft bewusst in melancholischer Tiefe auf uns.

Zwischen diesen geschilderten Polen cholerisch-melancholischer Spannung kann sich als «Mitte» das seelische Temperamentsleben entfalten. Wir charakterisierten es als rhythmisch-harmonischen Wechsel zwischen phlegmatischer Gelassenheit und sanguinisch froher Lebensbejahung. Hier waltet die jovial-sichere, schöpferisch freie Stimmung des Menschen, der in sich selbst zur Meisterschaft des Lebens gelangt ist.

Jetzt erst hat sich das Menschenbild in sich so vollendet, dass es überhaupt massstäblich für seine Wesenserfüllung erscheint. Das Ich hat die Herrschaft und die Steuerung der drei Wesensglieder voll ergriffen und in Leib, Seele und Geist das Denken, Fühlen und Wollen erweckt.

Es ist das vierte Wesensglied, dem wir die harmonische Ausbildung der Dreigliederung des Menschen danken. Das Ich ist es also auch, das die Wesensgliederentfaltung in der Folge der Jahrsiebente aufrief, die Geburt des physischen Leibes, die Geburt des Ätherischen nach dem siebenten Lebensjahr, die Geburt des Seelischen um das vierzehnte Lebensjahr herum. In der Dreigliederung von Gestalt und Wesensfunktion verwirklicht das Ich die Ich-Organisation, die der Mensch der Tierwelt voraus hat.

Die Ordnung der Ich-Organisation bildet folgende Schwerpunkte im Sinne der Dreigliederung:

Haupt:
Physischer Leib und astralischer Leib (Ätherisches wird frei)
Organfunktion: Nervensystem
Wesensfunktion: Denken
Temperament: Melancholie

Brust:
Astralischer Leib und ätherischer Leib in rhythmischem Wechsel
Organfunktion: Atmung, Blutumlauf
Wesensfunktion: Fühlen
Temperament: Sanguinik-Phlegmatik

Stoffwechsel-Gliedmassensystem:
Ätherischer Leib, astralischer Leib und Ich
Organfunktion: Bewegung, Zeugung, Ernährung
Wesensfunktion: Wollen
Temperament: Cholerik

Erst mit der völligen Verwirklichung des Ichs in der Inkarnation der Lebensmitte hat sich auch die Dreigliederung bis in ihre seelischen und geistigen Konsequenzen verwirklicht. Vom Ich ging sie von der ersten Keimesentwicklung an aus. In der Ich-Organisation ist sie vollendet.

Erst die Lebensmitte entfaltet so das Temperamentsbild des dreigliedrigen Menschen.

Das Greisenalter

Das Greisenalter steht in direkter Polarität zum frühen Kindesalter. Nach unserer vorangegangenen Schilderung ergibt sich aus der Konstitution der Leiblichkeit um das zehnte Jahrsiebent die Melancholie. Der geistige Pol, der bei schwindenden Kräften immer machtvoller hervorzutreten vermag, kann allerdings eine geistig-seelische Haltung erbringen, die diese Melancholie aus der Altersschwäche nicht aufkommen zu lassen braucht.

> O wie schön verklärt das Licht das Haupt des Greises,
> Wie rein umstrahlt seinen Geist der Wahrheit Sonne,
> Der Erkenntnis Sterne sind seine Krone,
> Und Gottesfurcht ist seines Wandels schönste Ehre.
> Jesus Sirach 25, 6–8

Die Altersweisheit erscheint als eine «höhere Kindlichkeit», die sich bei bedeutenden Menschen über die Leiblichkeit oft zu ganz neuen Lebenshöhen hinaufschwingt, während der Leib sich zur Erde neigt. Sie – die «Milch der frommen Denkungsart» – ist von jenem Temperament getragen, das sich als Metamorphose des universell im Physischen der Kleinkindnatur wirkenden Phlegmas in die geistige Sphäre erweist.

Das Greisenalter ist eine wahrhaft reiche und erfüllte Periode, wenn sich dieses universelle Geisttemperament, diese vollkommene und durchlichtete Gelassenheit entfaltet[12]. In der Altersdisposition erfüllt sich das Jesuswort: «So ihr nicht werdet wie die Kindlein, so werdet ihr nicht ins Himmelreich kommen» (Ev. Markus 10).

Zwischen dem physisch-melancholischen Seinscharakter des Greisenalters und der geistig-universellen «höheren Form des phlegmatischen Seins» treten die Temperamente des entschiedeneren Seelenlebens jetzt naturgemäss um so stärker zurück, je mehr Altersschwäche und Sklerose alle ihre Regungen aufgezehrt haben oder je ausgeprägter der Geist der Altersweisheit hervorleuchtet. Äussern sich seelische Stimmungen jedoch entschiedener, dann erscheint gelegentlich aus zurückgestauter Lebenskraft (Plethora, Blutfülle) oder aus ungeduldiger Lebensverhaftung das cholerische Temperament, wie es Shakespeare in seinem König Lear schildert. Bei grösserer geistiger und physischer Schwäche tritt dagegen das sanguinische Temperament im kindischen «Altersschwachsinn» hervor.

Die Verwandlung der Temperamentsgliederung von der Lebensmitte zum Lebensabend ist eine der wunderbarsten Wandlungen, die sich in der Temperamentsentwicklung beobachten lässt. Auch sie steht unter der Leitung des Ichs, aber jetzt des Ichs, das sich zur Exkarnation vorbereitet.

Die Melancholie, die, wie wir schilderten, in der Lebensmitte im klar denkenden Haupte waltet, sinkt tiefer und tiefer in die totale Leibesfunktion bis in den Ernährungs-Bewegungsbereich herab. Der Astralleib verbindet sich tiefer und tiefer mit dem physischen Leib. Die Gestalt-Ruhe des Hauptes verkörpert sich im ganzen Organismus[13]. Der Ätherleib wird im gleichen Entwicklungsgange langsam frei, da der ganze Leib sich anschickt, Haupt zu werden. So ist es nicht verwunderlich, dass für das sanguinische Temperament bei immer tiefer eingreifender seelenleiblicher Verbindung kein freies Spiel mehr bleibt, zumal die ätherischen Kräfte der «Mitte» im rhythmischen System fortschreitend aufgezehrt und verwandelt werden. Im gleichen Sinne ist wirkliche Cholerik nur da denkbar, wo sich das Ich nicht aus dem Seinszusammenhang zu lösen vermag. Löst es sich jedoch in gesunder Weise, so löst sich mit ihm auch die Ich-Organisation, so dass für das kraftvolle Willenstemperament für dieses Leben keine Grundlage mehr bleibt.

«Nun kommt die Wandlung zu höheren Wandlungen»[14], nach welcher das Ich hoch oben im freien Äther der leibesentbundenen Wesenskräfte lebt.

Schema zu den Altersdispositionen der Temperamente

1. Jahrsiebent: Alle Wesensglieder leiblich wirksam. Phlegmatik herrscht im physisch-ätherischen Lymphorganismus in Erscheinung und Funktion vor. Cholerik angedeutet um das dritte Lebensjahr mehr in Funktion als im Typus. Sanguinik erscheint gegen das siebente Lebensjahr verstärkt, mehr in Funktion als im Konstitutionstypus. Melancholik im ersten Jahrsiebent bedenklich, meist durch Krankheit ausgelöst.

2. Jahrsiebent: Phlegmatik – Sanguinik (Cholerik). In Konstitution und Funktion bei Knaben und Mädchen in gleicher Weise vorwiegend. Melancholik vorübergehend in der Streckungsperiode des neunten Lebensjahres.

3. Jahrsiebent: Pubertät
   a) Knaben: Melancholisch-sanguinisch
      (sanguinisch-cholerisch)

b) Mädchen: Phlegmatisch-cholerisch
(phlegmatisch-sanguinisch)

c) besonders krisenhafte Temperamentsdualitäten dieses Alters:
melancholisch-cholerisch
phlegmatisch-sanguinisch.

Lebensmitte:

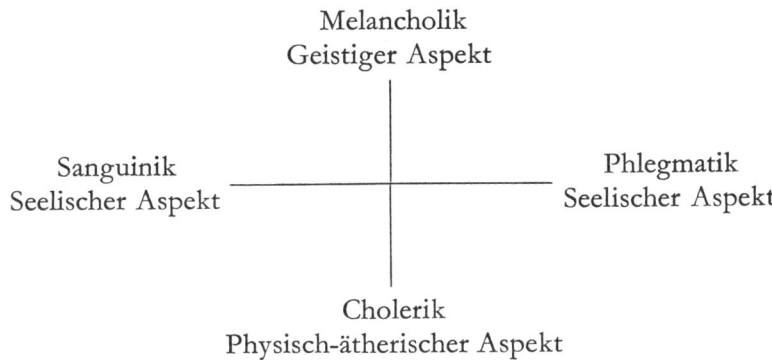

10. Jahrsiebent: Geistiger Aspekt: Phlegmatik
(Greisenalter)   Seelischer Aspekt: { Cholerik / Sanguinik

                Physischer Aspekt: Melancholik

Zur Darstellung der Temperamente im Lehrplan der zehnten Waldorfschulklasse

Die Betrachtung des strömend-flüssigen Organismus des Menschen als der ätherisch-leiblich bewegten, vom seelisch-geistigen Sein rhythmisierten und gestalteten Natur unseres Organismus führt im Menschenkunde-Unterricht der zehnten Klasse der Waldorfschule zur Darstellung der Temperamente. Durch das Erlebnis dieser Zusammenhänge vermag sich das Kind dieser Altersstufe durch eigene bewusstere seelische Erfahrung aus der physiologischen «Depression» der Pubertät zu erheben. Es gibt wohl kaum ein unmittelbareres Interesse, als wenn der Unterrichtsgegenstand wie ein Schlüssel zu einem ersten, für das Lebensalter höchst wichtigen Selbsterlebnis führt, zur Vorstufe echter Selbsterkenntnis im seelisch-leiblichen Bereich. Jedes Kind fragt in diesem Augenblick, wie es sonst selten zu fragen vermag: «Wie ist dies bei mir? Über welche Temperamente verfüge ich selbst?» Die Beispiele, die aus dem Temperamentserlebnis von einzelnen Kindern über Verhalten und Typus besonderer Seelenstimmungen mit grösstem Eifer herbeigebracht werden, zeugen von der unmittelbaren Fruchtbarkeit dieses

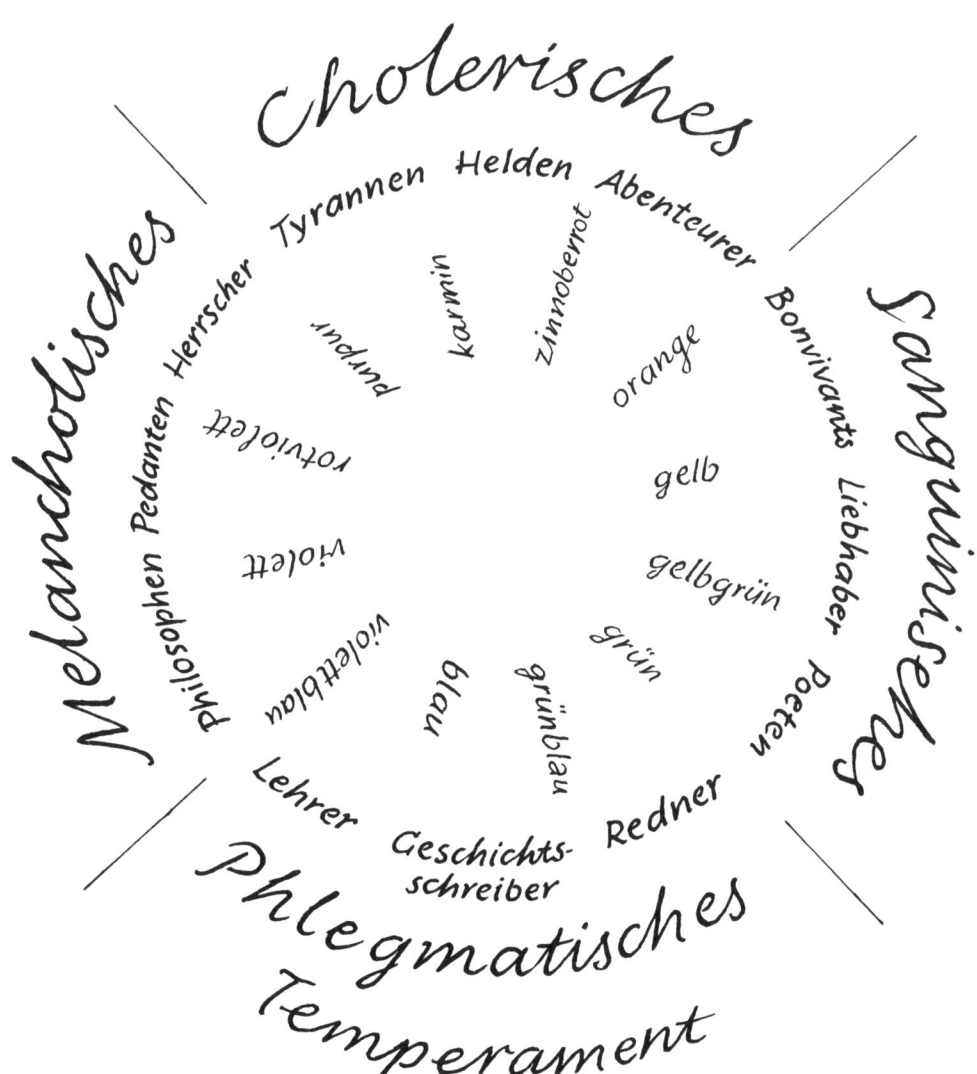

Abb. 93: *Temperamentsrose* von Schillers Hand, mit Goethe erdacht, wahrscheinlich in Jena, Anfang 1799.

Unterrichtsgebietes. Schüler und Lehrer erleben gemeinsam einen Höhepunkt des Menschenkundeunterrichtes.

Besonders fruchtbar sind hier auch bildliche Darstellungen der Temperamente. Von Friedrich Schillers Hand ist in Zusammenarbeit mit Goethe eine Temperamentenrose aus der Zeit um 1798/99 erhalten, in welche Goethes Bemühungen um die Erforschung der sinnlich-sittlichen Wirkungen der Farben hereingearbeitet sind.

Die Darstellung dieser Temperamentenrose vermag als Abschluss der Betrachtung eine allgemeinste Bestätigung zu geben für alles, was an Erfahrungen zusammengetragen wurde. Die Farben erhöhen unmittelbar die Erfahrung des Temperamentwesens, denn sie sind ja selber nichts anderes als «Temperamente», als «Stimmungen» aus dem Reich des Lichtäthers im Zusammenspiel mit dem organisch-astralen Geschehen; sie sind also am besten geeignet, das Wesen der Temperamente zu illustrieren[15].

Da erscheinen im zwölffachen Farbenkreis zwölf repräsentative Seinsstimmungen der Menschheit, für jedes Temperament drei charakteristische Manifestationen derselben, zwei polar übergängliche zu den Nachbartemperamenten und jeweils ein charakteristischer Zentraltypus. Für das sanguinische Temperament erscheint der «Liebhaber» zwischen Bonvivant und Poet; im melancholischen Temperament der «Pedant» zwischen Philosoph und Herrscher; der «Held» zwischen Tyrann und Abenteurer. Der «Lehrer» begegnet uns beim Übergang des phlegmatischen zum melancholischen Temperament.

Die Gegenüberstellung der Temperamente entspricht hier vor allem einer psychologischen Charakteristik aktiver und passiver Temperamentsqualitäten (phlegmatisch-cholerisch; sanguinisch-melancholisch), während wir unsere Anordnung von den Wesensgliedern herleiteten, die den Temperamenten zugrunde liegen (vgl. S. 325). Dies bestätigt die Fruchtbarkeit beider Temperamentsdarstellungen.

Die Kinder erleben im Unterricht diesen bis ins «farbige Kostüm» ausgestalteten Mummenschanz der Schicksalkonstitutionen und prüfen in höchster Spannung die ihnen verwandten Rollen, die sie selber vielleicht einmal zu spielen haben, wobei mit dem schönsten Humor, wie bei einem Schauspiel, das die Klasse aufführt, ein Ausgleich von Einseitigkeiten und strenge Selbstkorrektur einsetzt.

> Die ganze Welt ist Bühne,
> Und alle Frau'n und Männer blosse Spieler.
> Sie treten auf und gehen wieder ab,
> Sein Leben lang spielt einer manche Rollen,
> Durch sieben Akte hin. Zuerst das Kind,
> Das in der Wärt'rin Armen greint und sprudelt;
> Der weinerliche Bube, der mit Bündel

> Und glattem Morgenantlitz wie die Schnecke
> Ungern zur Schule kriecht; dann der Verliebte
> Der wie ein Ofen seufzt, mit Jammerlied
> Auf seiner Liebsten Brau'n; dann der Soldat,
> Voll toller Flüch' und wie ein Pardel bärtig,
> Auf Ehre eifersüchtig, schnell zu Händeln,
> Bis in die Mündung der Kanone suchend
> Die Seifenblase Ruhm. Und dann der Richter,
> In rundem Bauche, mit Kapaun gestopft,
> Mit strengem Blick und regelrechtem Bart,
> Voll weiser Sprüch' und Allerweltssentenzen
> Spielt seine Rolle so. Das sechste Alter
> Macht den besockten hagern Pantalon,
> Brill' auf der Nase, Beutel an der Seite;
> Die jugendliche Hose, wohl geschont,
> 'ne Welt zu weit für die verschrumpften Lenden;
> Die tiefe Männerstimme, umgewandelt
> Zum kindischen Diskante, pfeift und quäkt
> In seinem Ton. Der letzte Akt, mit dem
> Die seltsam wechselnde Geschichte schliesst,
> Ist zweite Kindheit, gänzliches Vergessen
> Ohn' Aug', ohn' Zahn, Geschmack und alles.
> Shakespeare, Wie es Euch gefällt

Die Temperamentsrose Schillers und Goethes war von menschenkundlich-ästhetisch-dramatischem Interesse getragen. Ebenso hat auch vor allem schon Shakespeare Bühne und Schauspiel verstanden.

Die Einheit der Temperamentenvierheit in der menschlichen Natur

Alle Lebensfunktionen des Erdlebens und des Organismus sind auf Daseinsharmonie und Steigerung angelegt. Die Grundlage dieser Harmonie und dieser Kräftesteigerung ist die vollkommene Zirkulation der organischen Kräfte in uns. Wir haben gesehen, dass es hauptsächlich vier Organsysteme sind, die harmonisch zusammenwirken können:

> Das belebende Lymphsystem,
> Das ernährende Venenblutsystem,
> Das atmende Arterienblutsystem,
> Das gestaltende Nerven-Knochen-System[16].

Jedes einseitige Überwiegen eines dieser Systeme würde im Menschen als «Fehlmischung», Dyskrasie, als gestörte Kräftemischung, also als Krankheit wirken. Die Seelenstimmung, die mit solch einer einseitigen Organkonstitution zusammen auftreten würde, wäre in ihrer organischen Fixiertheit eher als psychopathologischer Zustand wie als Temperament zu bezeichnen. Bei der Besprechung der Sanguinik berührten wir die angrenzenden Zustände der Hysterie. Bei der Melancholie wäre auf die jenseits der Grenze gesunder Seelendynamik liegende Neurasthenie und Schizophrenie hinzuweisen, bei der Phlegmatik auf dysplastische und bei der Cholerik auf manische Zustände.

Die Betrachtung der Temperamente muss aber davon ausgehen, dass der Mensch auf das harmonische Wechselspiel seiner «vier» Organbereiche rechnen kann, dass uns also die Möglichkeit gegeben ist, uns mit allen vier Organbereichen, mit allen vier Ätherwirkungen wechselweise frei zu verbinden und wieder zu lösen, so dass der ausgereifte Mensch durchaus fähig sein könnte, eine vierfache Temperamentskonstitution zu verwirklichen. Es leuchtet ein, dass die organische Evolution bis zur Lebensmitte jeweils ein bestimmtes Temperament betont hervortreten lässt. Dies ist, wie wir gesehen haben, innerhalb der Entwicklung notwendig. Aber der Wesenskern des Menschen darf nicht von einer temperamentsmässigen Altersstufenkonstitution für die Zukunft bestimmt werden. In jedem Augenblick ist ihm die Möglichkeit der «Wahl» eines harmonisierenden «Gegentemperamentes» gegeben.

Auf solche «Gegentemperamente» oder «Gesamttemperamente» hat Henrik Steffens in seiner Anthropologie deutlich hingewiesen. Nachdem er die Seelenqualitäten der einzelnen Temperamente aufgezeigt hat – für das sanguinische Temperament den «Genuss», für das melancholische Temperament die «Sehnsucht», für das cholerische Temperament die «Tat», für das phlegmatische Temperament den «Gleichmut» –, macht er mit Recht darauf aufmerksam, dass diese Qualitäten im Seelischen einander fordern. Das geniessende Temperament nimmt Sehnsucht, das tätige Gleichmut in Anspruch. Aber auch die Tat bezieht sich auf Genuss, wie die Sehnsucht auf Gleichmut bezogen werden kann. Jedes Temperament erhält seine Bedeutung nur durch den Kreis der übrigen, und einseitige Veranlagung begründet die entschiedene Forderung nach innerer Ergänzung.

Aus diesem Grund hat Rudolf Steiner in seiner Pädagogik auf die Pflege und Harmonisierung der Temperamente, vor allem während der ersten sieben Schuljahre, so grossen Wert gelegt. Jedes in sich selbst isolierte Temperament des Kindes erzeugt in diesem Alter noch vom Organisch-Ätherischen her die «komplementären» Temperamente, wenn es nur die entsprechende pädagogische Leitung geniesst.

Nach der Pubertät, aber vor allem in späteren Lebensaltern, sind solche harmonisierenden Regulationen schon viel schwerer. Andererseits greift möglicherweise nach dem 21. Lebensjahr der innere Arzt, das Ich, regulierend und harmonisierend ein. Wenn die Temperamentsdynamik im Sinne der Lebensalterentwicklung gesund fortgeschritten ist, dann verwirklicht sich die Ichaktivität gegen die Lebensmitte zu im «Gesamttemperament» in der Temperamentenvierheit. (Dies ist umso leichter möglich, je weniger unverarbeitete Entwicklungsreste im Wege stehen.) Das Ich wird selbst zum Zentraltemperament (Temperamentum temperatum, Idealtemperament nach P. V. Troxler).

Das vollkommen entwickelte Ich steht als Herr über den organischen Elementen und ruft im Schicksalsgang jeweils die notwendigen Temperamentskräfte auf den Plan des Wirkens. Wirkt das Ich in der ätherischen Lymphe, so bewirkt es phlegmatische Seelenstimmung; wirkt das Ich in der Seelenleiblichkeit, so entfaltet sich die sanguinische Seelenstimmung; wirkt das Ich in die Kräfteorganisation unmittelbar herein, dann entsteht cholerisches Wirken und im Physischen entsteht Bewusstsein, Melancholie. Wenn wir alle diese Kräfte auf den Zusammenhang des Menschen mit seinem Lebensumkreis beziehen, dann können wir erleben, wie das Ich melancholische Tiefe im Denken, cholerische Kraft in der sozialen Tat, sanguinische Beweglichkeit, Freude und Phantasie in der Kunsttätigkeit und phlegmatische Gelassenheit im Lebensgenuss aufruft.

Das Ich, das in freier Lebensmeisterschaft über jeder Einseitigkeit steht, wählt wie der Organist seine Register, um das Kunstwerk des Schicksals zu meistern. So wird es im Menschen der Erzieher nach der seelisch-geistigen Seite; der immer harmonisierende Arzt nach der physischen Daseinsseite hin und in der Vereinigung beider Wirkungsrichtungen zum schöpferischen Künstler des Schicksals.

Vom seelischen Standpunkt aus nannten wir das bewegliche sanguinische Temperament das Temperament der Temperamente. Von der Kraft her offenbart das cholerische Temperament als Wärme- und Willenstemperament am deutlichsten das Wesen der Ich-Inkarnation. Die Melancholie verwirklicht am vollkommensten menschengemässes Bewusstsein auf der Grundlage des physischen Leibes (Ich-Organisation). So hat jedes Temperament einen Qualitätsbereich, den die freie Natur der Persönlichkeit nicht missen könnte. Auch das phlegmatische Temperament gewinnt von hier aus an Bedeutung. Wir können es insofern als Grundlage aller Temperamente bezeichnen, als in ihm gewissermassen Gleiches in Gleichem wirkt, Ätherisches im ätherischen Milieu; es ist das gemässigste, das temperierteste Temperament, das protoplasmatisch alle Entwicklung in sich birgt und in seiner Wesenssubstanz empfänglich für alle Zukunftsentwicklung ist.

Können wir einem der vier Temperamente den Vorzug geben, dass es das menschengemässeste, das edelste oder das mächtigste sei? Es vollendet sich das Bild der Temperamentenvierheit als Einheit. Das kosmische Menschenbild des Evangeliums stellt das «Ich» in die Mitte der vier geflügelten Wesenheiten[17].

X. Leben und Gestalt

«... Die wichtigste Bildung des Tanzes der Stoffe nach der Weltenmusik ist das Eiweiss, das Protoplasma, wie es die Grundlage ist aller lebendigen Bildung ... Verhältnismässig spät, als letzte der Bildungen entstand erst die Zelle. Niemals ist es so gewesen, dass sich Organismen aus Zellen heraus gebildet haben; sondern die Zelle hat sich erst aus Lebendigem gebildet».

Rudolf Steiner[1]

Das Problem der Zelle

Für das Verständnis des Wesens des lebendigen Organismus ist bis zum heutigen Tage nichts hemmender gewesen als die Zellentheorie und die Lehre, der Organismus sei das Ergebnis eines umfassenden Zellteilungsprozesses. Es ist daher im Sinne unseres Mottos entscheidend, die in Betracht kommenden Phänomene in den richtigen Lebenszusammenhang zu stellen, um dem Lernenden nicht den Weg zu einem wahrheitsgemässen Menschenbild zu verbauen[2].

Es war Robert Hooke (1635-1703), der als erster die von ihm unter dem selbstkonstruierten Mikroskop untersuchten Pflanzenstrukturen (Kork, Holundermark usw.) als Zellen bezeichnete[3]. Während die allgemeine Medizin noch bis in die Mitte des 19. Jahrhunderts ihre Lebensanschauung auf die Säftelehre des Hippokrates gründete, drang diese Zellenlehre langsam immer tiefer in die biologischen Wissenschaften ein. Man hatte dabei entschieden übersehen, dass die zelligen Strukturen stets nur Ergebnisse einer Lebenstätigkeit, nicht aber ihr Ursprung sind[4].

Im allgemeinen ist «Anthropomorphismus», die Übertragung menschlicher Lebensverhältnisse auf Naturvorgänge, in der Wissenschaft mit Recht verpönt. Statt seiner schleicht sich aber eine viel schwerer zu erkennende Begriffsallegorie ein, um dem Bedürfnis nach festen, statischen Vorstellungen zu dienen: die technomorphe Begriffsbildung. Die neueste biologische Literatur wimmelt von solchen Begriffen. Im Grunde ist der Begriff Zelle bereits ein solcher.

Es braucht uns nicht wunderzunehmen, dass der Erforscher des reinen Phänomens, der lebensvollen Betrachtung lebendiger Wandlung und Umwandlung organischen Seins, Goethe, niemals solcher Begriffshülsen bedarf. Der Zellbegriff begegnet uns bei ihm weder in seiner Pflanzenbetrachtung noch in der gesamten zoologischen Morphologie[5].

Durch Rudolf Virchow wurde für die Biologie des Menschen und damit für die Gesamtbiologie die Zelle in ihre heute noch gültige Stellung erhoben, aus der sie bisher, trotz aller gewichtigsten Einwendungen, noch nicht gestürzt werden konnte. «Charakter und Einheit des Lebens sind (bei Virchow) so ausschliesslich an die Zelle gebunden; der Mensch, das ‚sogenannte' Individuum, wird zu einer Summe vitaler Einheiten, eben der Zellen als Individuen, Personen, Elementarorganismen, die einen ‚Organismus sozialer Art' darstellt» (Ricker).

Mit Virchows Zellularpathologie (1858) schwand endgültig das Bild eines Lebenskontinuums, das die Erscheinungen miteinander verbinden konnte, und machte einem biologischen Atomismus Platz [6].

In unserer Darstellung der Lymphe als eines gesamtleiblichen Protoplasmas und des Protoplasmas als einer zellulären Lymphe haben wir schon die ätherische Einheit des Organismus dargetan und das Auftreten der Zellstruktur als ein akzidentelles und sekundäres Phänomen aufgezeigt. Unser Leib ist kein Konglomerat von Zellen, sondern ein Kontinuum fliessender, ineinander übergehender und sich in Organsphären wandelnder Lebensprozesse. Dass hierbei zelluläre Strukturen auftreten, geschieht im Dienste übergeordneter Funktionen. Die zellige Ausformung und Sonderung aus dem Lebensfluss ist der Tribut an Differenzierungs- und Individualisierungsvorgänge, in welchen sich das Leben gegenüber physischen Daseinsbedingungen aus seelischen Formkräften heraus behauptet [7].

Aber betrachten wir uns einmal die Organbereiche nach ihrem «zelligen Aufbau» genauer. Zuerst das Blut, das man mit Recht ein flüssiges Organ genannt hat.

Das Blut bietet uns Zellen, und zwar in ihrer reinsten Form in den roten und weissen Blutkörperchen. Aber diese Zellen sind im Blute voneinander isoliert, sie schwimmen in völliger Trennung im Blutplasma. Das Plasma ist das verbindende, Lebenskontinuität schaffende Element, durch welches das Blut als flüssiges Organ erscheint.

Würde im Blut ein Zellverband, statt des strömenden Zeitkontinuums ein statisches Raumkontinuum entstehen (wie bei der Thrombose), dann würde das Leben in den Organen ebenfalls erstarren. Das charakteristische Leben des Blutes liegt also in seiner fliessenden Gesamtdynamik, während seine zelligen Elemente spezielle und differenzierte Aufgaben haben.

Aber auch festere Gewebe belehren uns in ähnlicher Weise über die Sonderstellung der zelligen Struktur im Organismus. Der Herzmuskel z.B. ist nicht aus Zellen aufgebaut, sondern er ist aus einem Synplasma hervorgegangen, dessen Plasmaströme ineinander überfliessen und ein vollkommenes Lebenskontinuum bilden. (Es kann aus dem gesamten Herzmuskel keine einzige «Muskelfaser» – Zelle – herauspräpariert werden.)

Die Skelettmuskulatur besteht auch nicht aus «Zellen», wie obenhin oft gemeint wird, sondern ebenfalls aus Plasmafäden, besser Plasmaströmen, in deren Sarkoplasma einzelne Zellkerne zerstreut im Gewebefluss auftauchen. Die glatte

Muskulatur ist ebenso als ein überzelliges Kontinuum aufzufassen, das ein Synplasma mit zahlreichen plasmatischen Einmündungen und Zusammenflüssen (plasmatische Gewebebrücken) bildet. In diesem Sinne nimmt die Muskulatur gewissermassen eine Mittelstellung zwischen dem reinen Plasmafluss und der sich individualisierenden Zelle ein. Auch das Bindegewebe, das den gesamten Organismus durchzieht, bildet ein gesamtleibliches synplastisch-synzytiales «Strömungskontinuum».

Das frühembryonale Mesenchym, die Vorstufe der Lymphe und des Plasmas unter Einschluss der bindegewebigen Elemente (Interzellularsubstanz), die wir als Perilymphe charakterisiert haben, stellt die Ureinheit des Organismus dar, in welcher die flüssigen Elemente und die später zur Ausdifferenzierung kommenden Strukturelemente noch eine Einheit bilden.

Neueste Untersuchungen an Gewebekulturen haben das Primat des Urmesenchyms (der Urlymphe) für die Organgestaltung erwiesen. «Bei Amphibienkeimen früher Entwicklungsstufen wurden zunächst reine Ektodermzellen gezüchtet. Es entstand ein unregelmässiger Komplex atypischer Epidermiszellen. Wenn aber gleichzeitig Mesenchymzellen gezüchtet wurden, so entstand eine Hautblase, deren Oberfläche von epithelartig angeordneten Epidermiszellen gebildet wird, während Bindegewebe als lockeres Netzwerk das Innere ausfüllt»[8]. Aus Untersuchungen des Embryologen Th. Huzella geht jedoch hervor, dass es nicht die Mesenchymzellen, sondern ihre mesenchymale Perilymphe ist, die diese Zellen in ihre Organordnung einfügt und ihr zügelloses Weiterwuchern sinnvoll begrenzt. Er hat nachgewiesen, dass das undifferenzierte embryonale Mesenchym alle späteren Organgestaltungen potentiell in sich trägt. So wird z.B. die Niere aus reinem Mesenchym gestaltlich induziert. Eine Gewebekultur ergänzt sich zu einem verkleinerten Herzorgan, wenn mesenchymale Flüssigkeit aus dem embryonalen Herzbereich induziert wird[9]. Die Organbildekraft der interzellulären Lymphe ist so stark, dass sie auch fremden Zellelementen von andersartigen Organfragmenten die ihr eigentümliche Organgestalt aufnötigt. Die fremden Zellen wachsen dann in das Äthergefüge des Mesenchyms ein (H. H. Vogel, Der Flüssigkeitsmensch).

Die Tatsache, dass die Leibesentwicklung aus Ei und Samen, also aus «Zellen» hervorgegangen ist, bestätigt nur unsere Auffassung, wenn wir ihr Wesen genauer betrachten. Es wird bei allem, was bei der Befruchtung geschieht, immer wieder nur auf Zell- und Zellkernstrukturen geblickt und dabei vollkommen vergessen, wie dies Geschehen unmittelbar vom Lymphleben, von Gewebsflüssigkeit und Blut, also von einer überzellulären Lebenssphäre abhängt[10].

Die morphologische Betrachtungsweise sieht aber in Ei und Samen polare Organprinzipien, die nie isoliert angeschaut werden dürfen, sondern die in ihrer Polarität einem potentiellen Gesamtorganismus angehören, dem gegenüber der Zellbegriff nicht genügt. Das Ei entwickelt sich in der weiblichen Keimdrüse, im Ovarium, paarig im kleinen Becken gelegen, in einem zentrifugalen Entwicklungsprozess, den wir dem zentripetalen Differenzierungsprozess des Samens gegenüberstellen müssen, der sich ausserhalb der Leibeshöhle, gewissermassen dem Gliedmassensystem eingeordnet, in den Testikeln entwickelt. Der Generationsorganismus ist also bei den Ovarien dem ernährend-ätherischen Organismus angegliedert, bei den männlichen Keimdrüsen entschieden dem Bewegungsorganismus[11].

Während sich die Samen von der Ursamenzelle (Spermatogonie) über die Spermatiden zu den reifen Spermien durch fortschreitende Teilung, Verkleinerung des Zelleibes bis zu reinen dichten Kernkörpern entwickeln, wobei das Protoplasma zu einer animal-astral differenzierten Bewegungsorganelle, dem Spermienschweif, umgewandelt wird, findet bei der Eibildung eine ganz wesentliche Vergrösserung des Ei-Protoplasmaleibes statt[12]. Darüber hinaus bilden sich um das Ei auf allen seinen Entwicklungsstufen (im Ovarium und auch nach der Befruchtung im Uterus) ätherisch-flüssige Hüllorgane, die die Umgebung seinem Entwicklungsgesetz unterwerfen. (Eifollikel im Ovarium; Eiweisshülle im Eileiter; Corona radiata bei der Einnistung in die Uterusschleimhaut nach der Befruchtung.)

Fassen wir also unsere Polaritätenerfahrungen an Ei und Samen zusammen. Wir finden dann, dass der Samen bei seiner Reifeentwicklung seinen ursprünglich vollständigen «Zellorganismus» verliert und als animal differenzierter Kern fähig wird, ein Ei zu befruchten. Die wiederholten Teilungen und Differenzierungen des Samens führen dabei gleichzeitig zur Kernverdichtung (Nachweis durch Kernfärbungen), die an die Grenze des Mineralischen nahe heranreicht. Selbst die Umgebung nimmt an der konstitutionellen «Mineralisierung» des Samenkerns teil. In den Zwischenzellen des Keimbindegewebes finden sich regelmässig Eiweisskristalloide, welche sogar in den Ursamenzellen vorkommen. (Solche organische Kristalloide sind auch charakteristischerweise in Nervenzellen und im Linsenepithel beschrieben worden.)

Die ganze Samenbildung verläuft von einer relativ lockeren und weiten Peripherie zu immer dichterem Physischem hin. Dies zeigt auch die Samenwanderung vom Entstehungsort ausserhalb der Leibeshöhle bis zur Eibefruchtung und der Verschmelzung des Samenkerns mit dem Eikern, wobei der Same sich ins extrem Kleine gliederte und dabei eigentlich ganz Kernkörper wurde.

Das Ei ist dagegen ganz Protoplasma, ganz Sphäre bildendes Organ. Der Same ist weniger als eine «Zelle», das Ei ist seiner protoplasmatischen Fülle und seiner inneren Gliederung nach bedeutend mehr als eine Zelle. Ja, man ist genötigt, im Ei einen organischen Zustand zu sehen, der in seinem Ätherischen universell vororganisch ist, während uns im Samen eine vollständig ins Physische ausdifferenzierte und individualisierte Körperhaftigkeit begegnet.

Das Ei ist ebensoweit von der Leibesgestaltung entfernt wie der Same vom aufbauenden Leben. Wenn sie sich aber durchdringen, ihre polare Existenz zugrunde geht, dann setzen alle jene rhythmischen Prozesse zwischen reinem Leben und differenzierter Form ein, die die organische Evolution bis zur Geburt und darüber hinaus durch alle Lebensstufen des individuellen Organismus ausmachen.

Die Bildung von Ei und Samen darf in diesem Zusammenhang also nicht als Grundargument dafür, die Zelle sei Ursprung des Organismus, herangezogen werden, sondern beide müssen als Polarität eines Organismus erachtet werden, innerhalb dessen sie die systolische und diastolische Dynamik des Wachsens und Werdens induzieren.

Vor ihrer Vereinigung sind beide das Ergebnis eines besonderen Wachstums und Reifens, bei dem die ernährende Organlymphe (diastolisch ganzheitliche Phase) hinter der spezifisch systolisch-zellularen Ausgestaltung der Keimzellen zurücktritt. Nach der Vereinigung dagegen übernimmt das Eiprotoplasma bereits die grossorganische Funktion, innerhalb der alle zellularen Prozesse nur rhythmisch verdichtende Durchgangsphasen sind, die immer wieder vom Ganzen her aufgelöst werden müssen.

Zellen sind daher niemals Uranfänge des Lebens, sondern Endzustände, wie auch die Einzeller uns nicht das Leben im Anfangsstadium zeigen, sondern innerhalb der Naturreiche letzte, höchst differenzierte Endstadien (Radiolarien, Foraminiferen usw.) sind, die sich in ihrer Formdifferenzierung nicht mehr weiterentwickeln können, sondern in der «Sackgasse» ihrer Vollkommenheit erstarren.

Die Überwindung der Zellenlehre ist der im Reich der Lebenslehre zu überwindende Newtonismus. Wie das Licht nach Goethes Anschauung nicht ein zusammengesetztes ist, so ist auch unser Organismus kein Konglomerat von Zellen, sondern ein Lebenskräftekontinuum.

Absolute Identität des Lichtes in sich selbst entspricht einer absoluten Identität des Lebens im Organismus.

Insofern im Organismus im Lebensstrom der dynamische Kräftegehalt zu vorübergehender Struktur und Solideszens als Organelle sich heraussondert, darf das da entstehende Gebilde nicht als solidarer Urzustand und Uranfang aller Organismen genommen werden, wie es der Virchowsche Satz «Omnis cellula ex cellula» (alle Zellen sind aus Zellen hervorgegangen) behauptet. Die Analogie zu Francesco Redis Satz «Omne vivum ex ovo» (alles Leben stammt aus dem Ei) besteht nicht zu Recht, da die Eizelle nicht, wie oft geglaubt, selber die Urzelle des Lebens ist, die durch unendliche Teilung den Organismus aufbaue, sondern vielmehr schon Totalorganismus in doppelter Hinsicht ist. Erstens in dem Sinne, dass jede Entwicklungsstufe schon ein in sich vollendetes Ganzes im jeweiligen Seinszustand darstellt – so schon das befruchtete Ei selbst, in dem das eigentlich zellige Prinzip, der Same, aufgelöst ist –, zweitens darin, dass der Teilung dieser Urzelle in viele Zellen dauernd die Auflösung dieser Vielheit zu höheren Einheiten mit Notwendigkeit folgt.

Die zellulare Entwicklungsphase ist immer nur systolisch-rhythmischer Zwischenzustand, dem die umfassendere diastolisch-gestaltauflösende Funktionsphase der Lebensentwicklung übergeordnet bleibt. Jede zelluläre Fixation würde dagegen das Ende der Lebensentwicklung sein, also der Tod.

Das Verhältnis von Leben und Gestalt im Organischen hat Rudolf Steiner für unser Verständnis durch eine Gestaltfunktionsschilderung entschlüsselt[13]. Er zeichnete drei Formen auf und charakterisierte ihr Verhältnis zueinander. Zunächst den reinen Kreis: «...Wenn wir dem blossen Kreis gegenüberstehen, dann können wir das Gefühl haben, dass die ganze übrige Welt nicht da sei, dass nur das sich im

Abb. 94: *Wandlung des Kreises:* Oben = in sich ruhende Sphäre; links = das Innere hat gesiegt; rechts = das Äussere hat gesiegt (nach Rudolf Steiner).

Kreise Abschliessende da sei. Wenn wir den gegliederten Kreis betrachten, dann können wir nicht mehr das Gefühl haben, dass das, was durch den Kreis ausgedrückt ist, allein in der Welt ist. Die Gliederung der Kreislinie drückt aus einen Kampf, gewissermassen eine Wechselbeziehung mit der Aussenwelt. Und es ist charakteristisch, dass derjenige, der nun sich lebendig hineinfühlt in die Form, bei dem gegliederten Kreis (links) fühlt: das Innere ist stärker als das Äussere. Und beim zackig ausgebildeten Kreis: das Äussere hat sich eingebohrt und ist stärker als das, was im Kreise liegt».

Diese drei Funktionsformen können als Schlüssel zum Verständnis organischer Zustände bis herab zu zelligen Organdifferenzierungen betrachtet werden. Die reine Kugelsphäre ist ein Lebenszustand, wie er uns vor aller Differenzierung, vor aller Organgestaltung in schwebendem, flüssigem Tropfen, im Ei in vollkommener, in sich beschlossener Ruhe begegnet.

Setzt sich das Protoplasma gegen die Umgebung in aktive Bewegung, dann erscheint das Bild: «das Innere hat gesiegt», und wir können es vielfältig als amöboid-protoplasmatische Erscheinung beobachten. Aber auch da, wo sich Organismen in sphärischen Bildungen einschalen, wie bei den Foraminiferen, behauptet sich das innere Leben gegen die Aussenwelt. Schwindet das Protoplasma im Lebenszusammenhang dahin, wie z.B. beim Altern der roten Blutkörperchen, dann erscheinen Stechapfelformen als Ausdruck der Funktion: «das Äussere hat gesiegt».

Immer wieder begegnet uns neben der universell lebendigen Sphäre die Gestalt bis zur toten Form:

Tropfen	–	Schneekristall
Foraminifere	–	Radiolarie
(Kalk)		(Kiesel)
Ei	–	Samen
(Sphärengestalt)		(Radialgestalt)
Blutzelle	–	Nervenzelle

Alle diese Polaritäten, die mit vielen Beispielen vermehrt werden können, deuten auf den eigentlichen Lebensprozess hin, der weder im Formlosen noch in der Überformung, sondern in rhythmischen Wandlungen besteht.

Darum kommt es bei der Entwicklung immer entschieden auf die Mitte, auf die rhythmischen Funktionen an.

Wenn wir in der Entwicklungsgeschichte des Menschen den Keimblättern begegnen, dann finden wir auch hier wieder die Polarität zwischen Entodermalem (Stoffwechsel – Ernährung) und Ektodermalem (Nerven – Sinnesorganismus). Die mittlere Organisation aber geht vom Mesenchym aus, bildet die Organe des Mesoderms (Herz – Blutkreislauf, Knochen – Muskelsystem) aus und erneuert das Ganze, indem alle geformten Bildungen wieder in mesenchymale Zustände aufgelöst und zurückgeführt werden. So ist auch jede zellige Gestalt immer nur ein transitorisches Gebilde, differenziert, um einer höheren Individualisierung der Gesamtleiblichkeit dienstbar zu sein.

XI. Mensch und Tier

> Das Tierreich ist nur ein Tier, d.h. die Darstellung der Tierheit mit allen ihren Organen, jedes für sich ein Ganzes. – Ein einzelnes Tier entsteht, wenn ein einzelnes Organ sich vom allgemeinen Tierleib ablöst und dennoch die wesentlichen Tierverrichtungen ausübt. Das Tierreich ist nur das zerstückelte höchste Tier: «Mensch».
>
> Oken

> Und so können wir annehmen, dass der Mensch ein Mittelgeschöpf unter den Tieren, d.i. die ausgearbeitete Form sei, in der sich die Züge aller Gattungen um ihn her im feinsten Inbegriff sammeln.
>
> Herder

Die Dreigliederung des Menschen ist das Ergebnis eines inneren organischen Gleichgewichtes, das nicht als blosse Naturgabe aufgefasst werden darf, sondern das als das Ergebnis der im Menschenwesen ringenden Ichnatur betrachtet werden muss. Dreigliederung und Aufgerichtetheit der menschlichen Gestalt sind miteinander identisch.

Ein umfassendes Studium dieser menschlichen Dreigliederung ist möglich durch die Betrachtung aller jener charakteristischen Abweichungen von der harmonischen Mitte, die uns in der Tierwelt begegnen.

Wenn Goethe von seinen Brüdern im stillen Busch, in Luft und Wasser spricht und nicht ruht, bis er das noch fehlende Glied in der «Reihe der Lebendigen», den bisher beim Menschen nicht bekannten Zwischenkieferknochen findet, so kann es den Anschein haben, als ob er auf dem Boden der «natürlichen Schöpfungsgeschichte» und einer Einheit von Mensch und Tier stünde.

In der Tat sind Goethes Metamorphosensätze und das von ihm entdeckte Gesetz der Kompensation Bildungsprinzipien, die in der Tierreihe wie in der menschlichen Entwicklung ihre Fruchtbarkeit erwiesen haben. Aber gerade diese beiden Bedingungen aller organischen Entwicklung und Vervollkommnung offenbaren bereits einen tiefen, nicht zu übersehenden Unterschied der tierischen und menschlichen Bildung:

Die sogenannte Höherentwicklung im Tierreich, wie das Auftreten differenzierterer Einzelorgane, ist stets begleitet von einer Rückbildung eines auf früherer Stufe bevorzugten Organisationsprinzips.

Der Ausbildung eines komplizierten Sinnesapparates geht der Verlust entsprechender Stoffwechselorganisation parallel. Stosszahn und Geweih treten alternativ, nicht gleichzeitig auf.

So tritt vor Goethes naturforschenden Blick erstmals eine Gliederung der tierischen Organisation in Kopf – Rumpf – Gliedmassen als Typus, der als Idee allen tierischen Formen zugrunde liegt, jedoch von keiner Art jemals erreicht wird. Sie sind alle Repräsentanten eines der drei Bildungselemente, und auch innerhalb der Betonung eines Gliedes (Kopf, Rumpf oder Gliedmassenorganisation) sind die kompensativen Einseitigkeiten ungezählt.

Nur ein Wesen offenbart den Typus in harmonischem Ebenmass: der Mensch. Bei ihm herrscht nicht das Gesetz der organischen Kompensation, sondern dasjenige der Gleichzeitigkeit, der Harmonie.

Die Prinzipien der Bildungsmetamorphose und der Kompensation erschöpfen sich beim Tier in einer unübersehbaren Vielfalt von Spielarten zwischen den genannten drei Gliedbereichen: stoffwechselbetonte «Kopftiere» (Medusen, Polypen), sinnes-nervenbetonte Gliedertiere (Insekten, Spinnen), sinnesbetonte Kopftiere (Vögel), stoffwechselbetonte Rumpftiere (Reptilien) und so fort.

Wird die menschliche Organisation in die vergleichende anatomische und physiologische Untersuchung der Tiere mit einbezogen, so drängt sich dem unbefangenen Blick dieser wesentliche Unterschied auf: Beim Tier Bevorzugung ganz bestimmter Organisations- und Funktionsprinzipien auf Kosten anderer Glieder eines idealtypischen Gesamtplanes, beim Menschen Ausgewogenheit sowohl der Systemgliederung als auch der konstituierenden Gliedorgane: Sinnes-Bewusstseinsorgane, rhythmische Organe oder Stoffwechsel-Willensorgane.

Im Menschen kommt der übersinnliche Typus aller tierischen Formen in höchster Vollkommenheit zur Anschauung.

Richten wir den Blick auf die spezifischen Organfunktionen, so finden wir die volle Bestätigung dessen, was das Studium der vergleichenden Morphologie schon ergeben hat. Die einseitige Übersteigerung eines ganzen Systems bzw. eines Organs wie der Kopforganisation und des Auges beim Raubvogel lässt die Funktion anderer Organe (z.B. unteres Gliedmassen-Darmsystem) weit hinter ihrer ursprünglichen Veranlagung zurücktreten. So kommt das Kugelgelenk der Hüfte beim Säugetier nicht im Sinne seiner vollen Bewegungsmöglichkeit (Rotation, Abduktion und Adduktion) in Funktion, sondern wird so gut wie ausschliesslich im Sinne eines Scharniergelenks (wie das Ellenbogengelenk des Menschen) eingeschränkt. Ähnliches gilt für das Schultergelenk und ganz besonders für das achsiale Drehgelenk der Speiche, das bei sämtlichen Lauftieren zwar im Sinne des menschlichen Typus veranlagt ist, aber rudimentär bleibt. Und selbst ein hochentwickeltes Organ wie das Auge beim Raubvogel ist einseitig auf Fernsichtigkeit hin orientiert. Nur beim Menschen kommt das Kugelgelenk der Schulter (bzw. der Hüfte) im Sinne seines idealen Bauplanes zur vollkommenen, freien Funktion.

Dasselbe gilt vom Speichenköpfchen, Ellbogengelenk (Gebärde des Gebens und Nehmens, des Segnens und Empfangens) und schliesslich von allen Organen, wenn sich dies auch bei den inneren Organen wie Herz, Lunge, Gehirn nicht ohne weiteres sinnenfällig aus der äusseren morphologischen Beschaffenheit ablesen lässt[1].

So erweist sich die menschliche Organisation auch im Hinblick auf ihre Physiologie als idealtypisches Vorbild für die Funktionen der gleichgesetzlichen tierischen Organe. Vom Typus her werden die Arten und deren spezielle Organbildungen erst verständlich. Der Typus aber ist der Mensch.

Die tierische Organisation weicht in jedem Falle und auf allen Stufen ihrer Bildungsmetamorphosen in bestimmter Weise vom harmonischen Typus ab. Es ist also ein differenzierendes, in die Spezialisierung hineinführendes Prinzip, das zur tierischen Organisation führt.

Die menschliche Organisation zeichnet sich dagegen durch Verzicht auf einseitige Bevorzugung spezieller Organe aus; sie bleiben, was ihre Differenzierung, Ausbildung und Leistung betrifft, durchweg weit hinter den jeweils entsprechenden tierischen Organen zurück, zugunsten der idealtypischen Bildung eines harmonisch ausgewogenen Ganzen. Das Prinzip der Universalität setzt sich gegenüber der – auch in der menschlichen Organik wirksamen – Spezifizierung durch.

Wenn die tierischen Bildungen aber Sonderformen eines idealtypischen, universellen Bauplanes sind, so ist leicht einzusehen, dass der Typus das Primäre, die Abweichungen von ihm aber das Sekundäre sind. «Das Tier gerät in Sackgassen» (Goethe). Der Verlust der Universalität zugunsten spezifischer Organleistung ist möglich, nicht aber eine «Höherentwicklung» aus einseitiger Sonderform in den Zustand noch unbestimmter Universalität. Ein Ganzes kann in seine Teile zerfallen, nicht aber ein Teilorgan einen ganzen Organismus hervorbringen. In diesem Sinne ist der einzelne Mensch mehr als die Vielheit der Tiere[2].

Der Modellcharakter der menschlichen Organisation für die tierische wird besonders deutlich, wenn man die Ausbildung einzelner Organe, wie z.B. der Gliedmassen, bei Mensch und Tier ins Auge fasst. Die ausserordentliche Vielfalt tierischer Extremitätenbildungen (Walflosse, Vogelflügel, Huf, Krallenbildung usw.) gehen aus einer einheitlichen Urform der fünfgliedrigen Gliedmassenknospe hervor. Der Mensch allein behält dieses Urmodell sämtlicher Gliedmassenabwandlungen, die fünffingrige Hand, bei. Es bestätigt sich also auch hier, was wir von der Gesamtorganisation gesagt haben.

Die morphologischen Untersuchungen zeitlich vergleichbarer Stadien bei Mensch und Tier haben darüber hinaus eine für die menschliche bzw. tierische Bildung fundamentale Unterscheidung zutage gefördert: Zeitlich beschleunigte Entwicklung beim Tier, Verzögerung beim Menschen. Die tierische Organisation überholt gewissermassen die Bildungsschritte des Menschen und eilt noch während ihrer intrauterinen Entwicklungsperiode rasch auf ihr endgültiges Gattungsziel zu[3].

Der Mensch entfernt sich nur zögernd von seinem Ursprung. Auch im Verlaufe seiner extrauterinen Entwicklung folgen Phasen, die biologisch wie Ruhepausen, geistig jedoch wie Rückverbindungen, Ursprungsbesinnungen anmuten können (Biologische Stauungsphänomene, Schad).

Obwohl biologisch und morphologisch der embryonale, frühkindliche Bildungszustand auch in der späteren Entwicklung des Menschen vorherrscht, zeigt sich im Unterschied zum Tier noch ein besonderes Phänomen: die intrauterinen Wachstumsgesetzmässigkeiten (Gewichts- und Längenzunahme) erhalten sich über die Geburt hinaus noch während des ersten Lebensjahres. Dieses Phänomen spricht mehr aus als nur eine biologische Eigentümlichkeit. Beim Tier erschöpft sich die Bildung während des intrauterinen Lebens. Das Bildungsziel ist ein ausschliesslich organisch-biologisches. Die extrauterine Anpassung an die Umwelt, Lern- und Nachahmungsphase, ist deshalb auch auf eine extrem kurze Zeit beschränkt.

Beim Menschen fällt ein ganzes Jahr einer gleichsam verlängerten Embryonalzeit in die nachgeburtliche Periode. Nun sind es nicht mehr die embryonalen Eihüllen, sondern die menschlich-sozialen Hüllen, die die Bildungskräfte vermitteln und modifizieren. Die Einsicht in diese Zusammenhänge lässt erst die Bedeutung der Organisation des Neugeborenen ermessen. Die Bildung des Menschen ist nicht eine ausschliesslich natürliche, sondern eine zunehmend geistig-moralische.

Die immerwährende Offenbarung und Verwirklichung der dreigliedrigen Urgestalt ist für den organischen wie geistigen Menschen das eigentliche Bildungsziel, denn geistige und organische Bildung sind bei ihm zur Identität veranlagt. Sich immer in dieser harmonisch-universellen physisch-geistigen Koinzidenz zu halten und zu entwickeln, ist seine wahre Gesundheit. Jegliche Spezialisierung, nach welcher Seite auch immer, führt zur Krankheit.

Die veranlagte innere Identität von organischer und geistiger Natur darf nicht aufgegeben werden. Der Verlust dieser Einheit ist ein echter «Tierbildungsprozess».

XII. Dreigliederung

Von der Zukunftsbedeutung einer organischen Natur- und Geistesanschauung

> Die ganze Welt ausser dem Menschen ist ein Rätsel, das eigentliche Welträtsel; und der Mensch ist selbst die Lösung.
> Rudolf Steiner

In der Menschenkunde schliesst sich im letzten Sinne alles Wissen und Erkennen zusammen.

Geht der Forscher von der Naturwissenschaft aus, so vollzieht sich für ihn in der Betrachtung der Erscheinungen durch die Naturreiche hindurch bis herauf zum Menschen mit Notwendigkeit eine Sublimierung. Er wird genötigt, in den Formen und Funktionen immer höhere Seinsformen: das Leben, das Seelische und zuletzt die Formen des Bewusstseins als Stufen der Phänomenfolge anzuerkennen. Auch dem geisteswissenschaftlich Forschenden ordnen sich seine Erfahrungen über die Natur des Menschen zu einer immer klareren Anschauung. Die mannigfaltigen Seelenregungen, Triebe, Bewusstseinsgrade, die zunächst in einem noch ungeordneten Erleben durcheinander wogten, entmischen sich im Lichte wachsender Einsicht und ergeben zuletzt ein eindeutig gegliedertes Bild des Menschen, als eines *denkenden, fühlenden* und *wollenden* Wesens[1].

Beide Wege, der naturwissenschaftliche und der philosophisch-geisteswissenschaftliche, lassen sich in ihrem Entwicklungsgang auf dieses Erfahrungsergebnis zu verfolgen. Dabei kann man erleben, wie sie in immer dichteren, wesentlicheren Beziehungen aufeinander zustreben und sich zuletzt zu einer höheren Anthropologie vereinigen. Physiologie, Psychologie und Philosophie waren bisher getrennte Forschungsgebiete, obwohl sie doch ihre Thematik vom dreigliedrigen Menschen empfangen hatten.

Rudolf Steiner erst brachte bei konsequent vollzogener Vereinigung von Natur- und Geisteswissenschaft[2] die Dreigliedrigkeit der menschlichen Natur zur Darstellung. Ihre Bedeutung kann uns bewusst werden, wenn wir die Entwicklung dieser Entdeckung im Lebensgang Rudolf Steiners und ihren geistesgeschichtlichen Zusammenhang betrachten: «Ich darf wohl sagen, dass ich damit die Ergebnisse einer dreissig Jahre währenden geisteswissenschaftlichen Forschung verzeichne.»

Durch diese Worte deutet Rudolf Steiner auf die Epoche seines Lebens, in der wir die Quellstudien zur Dreigliederungsentdeckung finden können, in die Epoche seiner Goethestudien (1879-1893)[3].

Wer die Einleitungen und Anmerkungen Rudolf Steiners zu Goethes naturwissenschaftlichen Schriften aufmerksam durcharbeitet, findet hier immer wieder Keime der Morphologie der Dreigliederung. Das Wesen der Dreigliederung tritt in seinem Gehalt dann 1899 in dem Aufsatz zu Goethes 150. Geburtstag «Goethes geheime Offenbarung» – wenn auch noch nicht dem Begriffe nach ausgesprochen – klar hervor. Rudolf Steiner schildert hier, wie Goethe in seinem «Märchen von der grünen Schlange und der schönen Lilie» die Kräftebeziehungen der seelisch-geistigen Natur des Menschen als Mikrokosmos darstellt. In der symbolisch-heiligen Handlung, durch die der «Jüngling» befähigt wird, das neubegründete Reich einer neuen Weltepoche zu regieren, übergeben ihm *drei Könige* ihre Insignien: Von dem ehernen König erhält er das Schwert mit dem Auftrag: «Das Schwert in der Linken, die Rechte frei.» Der silberne gibt ihm das Zepter, indem er den Satz spricht: «Weide die Schafe»; der goldene drückt ihm den Eichenkranz aufs Haupt mit den Worten: «Erkenne das Höchste.» Die drei Könige sind Symbole für die drei Grundkräfte der menschlichen Seele.

«Der Leib als Ganzes, nicht bloss die in ihm eingeschlossene Nerventätigkeit, ist physische Grundlage des Seelenlebens. Und wie das letztere für das gewöhnliche Bewusstsein sich umschreiben lässt durch Vorstellung, Fühlen und Wollen, so das leibliche Leben durch Nerventätigkeit, rhythmisches Geschehen und Stoffwechselvorgänge.»

In diesen Worten finden wir die erste Darstellung der grossen morphologischen Entdeckung.

Noch ehe Rudolf Steiner die neuen Erkenntnisse in pädagogisch-menschenkundliche und medizinische Mitteilungen einfliessen liess, trat er 1917, der Not der Zeit begegnend, mit der «*Dreigliederung des sozialen Organismus*» hervor, um an die Stelle überalteter und überlebter Sozialformen, die in chaotisch-verwirrtem Ringen der Interessengruppen das Sozialleben zu einem Teratom machten, einen gesunden Organismus zu entwickeln.

Rudolf Steiner geht bei der Schilderung des sozialen Organismus unmittelbar von der organischen Dreigliederung aus. Die Selbständigkeit der drei Systeme, die nicht durch eine «absolute Zentralisation» zusammengehalten werden, sondern in der vollkommenen wechselseitigen Ergänzung ihrer Kräfte eine Einheit ausmachen, wird unmittelbar zum Gleichnis, wie der soziale Organismus aus seinen eigenen Kräften heraus gestaltet werden müsste[4].

Als Glieder des sozialen Organismus haben wir das *Wirtschaftsleben*, das *Rechtsleben* und das *Kultur-* oder *Geistesleben*. Jedes dieser Glieder beansprucht für sich, wenn das Ganze gedeihen soll, die eigendynamische Entfaltung seiner Kräfte, d.h. kein Glied darf über ein anderes herrschen, jedes Lebensgebiet muss die Gesetze seiner Organisation aus sich selbst heraus entwickeln, nur so kann jedes in der Erfüllung seines Wesens dem anderen dienen.

Auch im sozialen Organismus gilt das Gesetz von Polarität und Steigerung; denn auch hier handelt es sich nicht um zufällig zueinander gebrachte Bereiche, sondern um echte Glieder eines organischen Ganzen.

Wirtschaftsleben und Kulturleben stehen in einem polaren Verhältnis zueinander, das Rechtsleben nimmt eine höhere organisierende Stellung in der Mitte ein. Dies sagt nicht, dass es über die beiden anderen Gebiete nach willkürlichen Bestimmungen verfüge, es ergibt sich daraus vielmehr, dass es die für jedes Gebiet systemgerechten Ordnungen rechtlich gewährleiste. Die Harmonie des Ganzen, die Freiheit besteht in dieser Rechtsfunktion. Man kann dann sagen:

Unbedingte Freiheit im Geistesleben, Freiheit der Lehre und der Forschung sowie des Unterrichts ist die Rechtsbestimmung der Kultur. Für die Wirtschaft gilt eine andere Wesensfunktion. Die Wirtschaft hat vor allem die Aufgabe, die physischen Bedürfnisse des Menschen zu befriedigen. Dies ist nur möglich, wenn die menschliche Gemeinschaft den freien Zugang zur gemeinsamen Naturgrundlage (Boden) und zu den Arbeitsmitteln (Kapital) für jeden einzelnen sowie eine der Gemeinschaft dienende Zirkulation rechtlich sichert. Brüderlichkeit ist die Freiheitsform der Wirtschaft. Jede Wirtschaftsform, die die Brüderlichkeit gefährdet, ist widerrechtlich.

Das Rechtsleben selbst repräsentiert sich durch die Legislative, in der wiederum die schöpferische Freiheit des Geisteslebens in verwandelter Form erscheint, durch die Exekutive, in welcher der Zusammenschluss der Gemeinschaftsverantwortung wirksam werden muss und durch die den beiden übergeordnete Konstitution – die Verfassung. In ihrem Wesen liegt es, stets aufs neue das Rechtsganze des sozialen Organismus im Sinne einer Herzfunktion der Wesensnatur des Menschen anzunähern, woran dann jeder Rechtsfall – aus welchem Sozialbereich er auch stammt – seinen Massstab findet. Wie das Rechtsleben bilden die polaren Gebiete der Wirtschaft und der Kultur in sich wieder jeweils einen selbständigen Organismus, der nach Polarität und Steigerung entschlüsselt werden kann. In der Wirtschaft verhalten sich das Produktionsgebiet und die Konsumtion zueinander polar. Die Zirkulation verbindet beide miteinander, ja sie macht überhaupt erst ihre Funktionen möglich. Sie ist das regulierende Prinzip, das gewissermassen die Rechtsfunktion in diesem Bereich in der Verwandlung wiederholt. «Gegenseitigkeit ist die Formel der Gerechtigkeit im Wirtschaftsleben» (Proudhon) – diese Gegenseitigkeit kann nur durch ein selbstlos dienendes Zirkulationsmittel gewährleistet werden.

Das Wesen der Kultur offenbart sich ebenfalls in drei Gliedern. Hier treten die Pole als Bereiche auf, die im Übersinnlichen urständen: Wissenschaft und Religion. Im Bereich der Religion treten göttlich-geistige Kräfte in die moralische Willenssphäre des Menschen ein. In der Wissenschaft dagegen erhebt sich der menschliche Geist zur Ideenwelt. Die Steigerung und Realisation geistig-menschlichen Seins in der Sphäre des Irdischen vollzieht sich in der Kunst.

«Wenn die Hoffnungen sich verwirklichen, dass die Menschen sich mit allen ihren Kräften mit Herz und Geist, mit Verstand und Liebe vereinigen und voneinander Kenntnis nehmen, so wird sich ereignen, woran jetzt kein Mensch denken kann» (Goethe).

Durch die umfassende Menschenkunde Rudolf Steiners, der diese Arbeit dienen will, ist die welterneuernde Epoche, von der Goethe in seinem Märchen spricht, eingeleitet.

Der soziale Organismus ist der wahre höhere Mensch, dem wir den Weg bereiten müssen.

Anmerkungen

Kapitel I

[1] Rudolf Steiner spricht dies ausdrücklich im 7. Vortrag von «Methodisch-Didaktisches» aus: «Da ist es von grosser Bedeutung zu wissen, dass man das, was im naturgeschichtlichen Unterricht im Kinde bewirkt werden soll, gründlich verdirbt, wenn man nicht im naturgeschichtlichen Unterricht beginnt mit der Auseinandersetzung über den eigentlichen Menschen... Das Wenige, das man dem Kinde vom Menschen beibringen kann, das bringe man ihm als Vorbereitung für allen anderen naturgeschichtlichen Unterricht bei.»

Im Menschen haben wir eine Synthese aller drei Naturreiche. Rudolf Steiner legt grossen Wert darauf, dass in dem Kinde ein Gefühl für diese Stellung des Menschen in der Natur geweckt wird, dass ihm durch die Darstellung die Wichtigkeit des Menschen innerhalb der Weltordnung zum Erlebnis gebracht wird. «Sie werden es aufmerksam machen auf die Hauptgliederung des Menschen in Kopf, Rumpf und Gliedmassen.»

Es folgt nun eine charakteristische Beschreibung der gestaltlichen Differenzierung von Kopf, Rumpf und Gliedmassen als Grundlage späterer Verständnisses der Dreigliederung unter Berücksichtigung wesentlicher Funktionen.

In vielen anderen Kursen hat Rudolf Steiner noch von der Bedeutung der Menschenkunde im Zusammenhang mit den Naturreichen, besonders mit dem Pflanzen- und Tierreich gesprochen (Basel 1920, Dornach 1921/22, Oxford 1922, Torquay 1924; vgl. E. A. Karl Stockmeyer, Rudolf Steiners Lehrplan für die Waldorfschulen). Wenn auch bei diesen Lehrplanangaben Rudolf Steiner den Einsatz der Menschenkunde zeitlich gegenüber der Pflanzenkunde und Tierkunde gelegentlich variiert, so bleibt doch die grundsätzliche Bedeutung derselben immer vorherrschend. Der ganze hier in Betracht kommende Fragenkreis ist in dem Buch «Tierform und Menschengeist, erste Tier- und Menschenkunde in der Pädagogik Rudolf Steiners» von Gerbert Grohmann behandelt.

[2] Vgl. Caroline von Heydebrand: «Vom Lehrplan der Freien Waldorfschule», siebente und achte Klasse.

[3] Die pädagogisch-menschenkundlichen Grundlagen für die Erziehungsarbeit in diesem Lebensalter hat Rudolf Steiner im sog. «Pädagogischen Ergänzungskurs» mitgeteilt.

[4] Noch viele Beispiele könnten hier gegeben werden, die wir uns aber an dieser Stelle sparen müssen. Nur auf die besondere Möglichkeit der Darstellung der Mineralogie möchte ich noch hinweisen, die nach Behandlung von Lauge-, Säure- und Salzbildung ebenfalls zum Erlebnis bringen kann, dass alles fest Erscheinende aus flüssigen, ja dem Leben selbst entstammenden Prozessen hervorgegangen ist.

[5] Vgl. Dr. E. Kolisko: Gedanken zur anthroposophischen Tierkunde, in «Gäa-Sophia», Dornach 1926.

⁶ Der junge Mensch sollte vor dem 21. Lebensjahr nur an Ideen «herangeführt» werden, die Ideen selbst muss er nach erlangter geistiger Mündigkeit selber finden, nur so gelangt er zu schöpferischem Lebenseinsatz.

Kapitel II

¹ Rudolf Steiner bringt in seinem Buch «Von Seelenrätseln» die erste systematische Darstellung der Dreigliederung des Menschen. Von jetzt an beherrscht diese morphologische Erkenntnis vor allem das Vortragswerk Rudolf Steiners, wo er das Menschenbild in sozialen, pädagogischen und medizinischen Themen behandelt.

² Rudolf Steiner: Das Kleinkind ist ein Sinneswesen. Vgl. auch «Die Erziehung des Kindes vom Gesichtspunkt der Geisteswissenschaft» und «Allgemeine Menschenkunde».

³ Goethe realisiert in seiner Lebenshygiene das Evangelienwort des Lukas (XI, 34–36): «Das Licht des Leibes ist dein Auge. Und wenn dein Auge klar und rein ist, wird auch dein ganzes Leibessein erleuchtet sein. Ist aber dein Auge trübe, so ist auch dein Leibessein von Finsternis erfüllt. Gib also acht, dass nicht in dir das Licht in Finsternis verwandelt wird. Und wenn dein Leibeswesen ganz und gar erleuchtet ist, so dass die Finsternis keinen Raum mehr darin hat, so wird in dir ein volles Leuchten sein, als ob ein heller Blick dich ganz und gar durchhellt» (aus der Evangelienübersetzung von Lic. E. Bock).

⁴ Goethe war sich seiner Gotteswahrnehmung voll bewusst, wenn er schreibt: «Betrachten wir das alles genauer, so hätten wir es kürzer, bequemer und vielleicht gründlicher, wenn wir eingeständen, dass wir, um das Vorhandene zu betrachten, eine vorhergegangene Tätigkeit zugeben müssen, und dass, wenn wir uns eine Tätigkeit denken wollen, wir derselben ein schicklich Element unterlegen, worauf sie wirken konnte, und dass wir zuletzt diese Tätigkeit mit dieser Unterlage als immerfort zusammenbestehend und ewig gleichzeitig vorhanden denken müssen. Dieses Ungeheure personifiziert, tritt uns als ein Gott entgegen, als Schöpfer und Erhalter, welchen anzubeten, zu verehren und zu preisen wir auf alle Weise aufgefordert sind» (Nat. Schr. Bd. 1).

⁵ Vergleich zwischen Platos und Goethes «Höhlengleichnis». «Da wo Plato im Griechentum steht, da steht Goethe innerhalb des fünften nachatlantischen Zeitraums» (Rudolf Steiner).

⁶ Zur Erkenntnistheorie der Morphologie. Morphologische Wissenschaft ist schon Kunst: «Da im Wissen sowohl als in der Reflexion kein Ganzes zusammengebracht werden kann, weil jenem das Innere, dieser das Äussere fehlt, so müssen wir uns die Wissenschaft notwendig als Kunst denken, wenn wir von ihr irgendeine Art von Ganzheit erwarten. Und zwar haben wir diese nicht im allgemeinen, im überschwenglichen zu suchen, sondern wie die Kunst sich immer ganz in jedem einzelnen Kunstwerk darstellt, so sollte die Wissenschaft sich auch jedesmal ganz in jedem einzelnen Behandelten erweisen... Um aber einer solchen Forderung sich zu nähern, müsste man keine der menschlichen Kräfte bei wissenschaftlicher Tätigkeit ausschliessen. Die Abgründe der Ahndung, ein sicheres Anschauen der Gegenwart, mathematische Tiefe, physische Genauigkeit, Höhe der Vernunft, Schärfe des Verstandes, bewegliche, sehnsuchtsvolle

Phantasie, liebevolle Freude am Sinnlichen, nichts kann entbehrt werden zum lebhaften, fruchtbaren Ergreifen des Augenblickes, wodurch ganz allein ein Kunstwerk, von welchem Gehalt es auch sei, entstehen kann» (Goethe, Nat. Schr. Bd. 1).

«... alle Seelenkräfte in Anspruch nehmen. Man dachte nicht, dass man nach der Sonderung wieder verknüpfen müsse, dass man Vernunft und Sinnlichkeit zum Einklang zu rufen habe» (Goethe, Nat. Schr. Bd. 4).

[7] Die «Gestalt» eines Naturgegenstandes und das Interesse, das wir an der Gestalt nehmen, führt uns in den Forschungsbereich der Morphologie, die von Goethe als Methode begründet worden ist. μορφή (lat. Forma) bedeutet in unserem wissenschaftlichen Sprachgebrauch Gestalt, nicht «Form», mit welcher wir ausschliesslich regelhafte, gesetzhafte «Formen» bezeichnen. Man hat daher von geometrischen Formen und von lebendigen Gestalten zu sprechen. Für die Tiergestalt hat Goethe den Begriff Typus gewählt. (τύπος = Schlag, Eindruck; τυπόω = präge, bilde; τυπάς-άδος = Bildhauerschlegel – Hammer.) Goethe über das Wesen der Gestalt: «Der Deutsche hat für den Komplex des Daseins eines wirklichen Wesens das Wort Gestalt. Er abstrahiert bei diesem Ausdruck von dem Beweglichen, er nimmt an, dass ein Zusammengehöriges festgestellt, abgeschlossen und in seinem Charakter fixiert sei.»

[8] Der Gestaltwesenheit Pandora entspricht auch die Gestalt der Panthalis im Faust II.

[9] Über das Wesen des Gehaltes als dem dynamischen Begriff der Qualität der Ichnatur, die Goethe mehr verhüllt als offenbar macht, werden wir im Fortgang der morphologischen Darstellungen immer wieder zu sprechen haben.

[10] Hochbedeutende Beiträge in der hier verfolgten Richtung, das Wesen der Gestalt zu erforschen, hat C. G. Carus gegeben, besonders in seinem Werke «Von den Urteilen des Knochen- und Schalengerüstes», «Physis, Geschichte des leiblichen Lebens», und vor allem in seiner «Symbolik der menschlichen Gestalt».

[11] In sehr positiver Weise setzt sich Benninghoff-Goerttler mit dem Gestaltproblem auseinander. Aber auch hier erscheint sie noch als blosse Komposition der Teile. Die Zelle wird bereits als Einheit aufgefasst, die ein Ganzes aufbauen soll. Deutlich wird immerhin die Notwendigkeit einer Ganzheitsbetrachtung hingestellt.

[12] Goethe in seinem Aufsatz über den Granit: «... und so wird jeder, der den Reiz kennt, den natürliche Geheimnisse für den Menschen haben, sich nicht wundern, dass ich den Kreis der Beobachtungen, den ich sonst betreten, verlassen und mich mit einer recht leidenschaftlichen Neigung in diesen gewandt habe. Ich fürchte den Vorwurf nicht, dass es ein Geist des Widerspruches sein müsse, der mich von Betrachtung und Schilderung des menschlichen Herzens, des jüngsten, mannigfaltigsten, beweglichsten, veränderlichsten, erschütterlichsten Teiles der Schöpfung zu der Beobachtung des ältesten, festesten, tiefsten, unerschütterlichsten Sohnes der Natur geführt hat. Denn man wird mir gerne zugeben, dass alle natürlichen Dinge in einem genauen Zusammenhange stehen, dass der forschende Geist sich nicht gerne von etwas Erreichbarem ausschliessen lässt...»

[13] «Als mir im Jahre 1788 der Begriff der Pflanzenmetamorphose deutlich aufging, wollte ich demselben nicht lange nachhängen, ohne dass mir das selbe Gesetz auch bei den übrigen organischen Wesen aufzufinden gelingen sollte» (Goethes Nat. Schr. Sophienausg. Bd. 13, Paralip. 23).

Die Metamorphose ist bei Goethe ein durch die Naturreiche fliessend hindurchgehendes Prinzip: «Aperçu der Pflanzenmetamorphose, insofern sie successiv und doch simultan ist. Metamorphose der Insekten, die uns durch Succession auffallend ist. – Anwendung auf die Mammalien. Hier wird uns das Simultane höchst bedeutend, vorzüglich durch Subordination der Teile. Identität der Teile ist nicht schwer zu bemerken. Man beschaue die Rückensäule des Tiers; von der letzten Schwanzphalange bis zum obersten Halswirbel findet man Übergang aus Übergang. Der Atlas deutet durch seine Figur auf eine Schale, auf ein aufzunehmendes Gefäss. Dass die drei hintersten Knochen des Schädels aus Wirbelknochen abzuleiten seien, lässt sich mit Augen des Leibes gar wohl erkennen» (Goethes Nat. Schr. Sophienausg. Bd. 13, Paralip. 21).

[14] Es folgen nun noch weitere für unsere Studie wesentliche Hinweise: «Allgemeine Idee zu einem Typus.

        Rumpf, Rückgrat, Brustgrat.
        Länge und Stärke des ersten,
        Kürze und Weiche des zweiten.
        Kopf oberer Teil.

N.B. Eigentliche Existenzbase des Lebens, unter sich zusammenhängend.
Hilfsmittel des Lebens: Untere Kinnlade, Arme, Füsse.»

[15] Wir haben hier frei nach Goethes letztem Brief zitiert. Es lautet dort: «Die Thiere werden durch ihre Organe belehrt, sagten die Alten. Ich setze hinzu: die Menschen gleichfalls, sie haben jedoch den Vorzug, ihre Organe dagegen wieder zu belehren.»

[16] Wir fragen, warum Goethe nicht eindeutiger Typus und Dreigliedrigkeit als Einheit aufgefasst hat. Seinem Forschungsweg musste der Typus als ideelle Wirklichkeit über Tier und menschlicher Organisation stehen, weil in den einzelnen Geschöpfen einzelne Teile gewissermassen unsichtbar bleiben und nur durch den «geistigen Punkt der Vergleichung», der über beiden steht, erfasst werden können, denn «wir dürfen behaupten, dass der Knochenbau aller Säugetiere, um vorerst nicht weiter zu gehen, nicht allein im Ganzen nach einerlei Muster und Begriff gebildet ist, sondern dass auch die einzelnen Teile in einem jeden Geschöpfe sich befinden und nur oft durch Gestalt, Mass, Richtung, genaue Verbindung mit anderen Teilen unserem Auge entrückt und nur unserem Verstande sichtbar bleiben. Alle Teile, ich wiederhole es, sind bei einem jeden Tiere gegenwärtig; nur unsere Bemühung, unser Scharfsinn muss sie aufsuchen und entdecken, aber jener Begriff ist der Ariadneische Faden. Geben und Entziehen. Allgemeines Gesetz der Bildung» (Paralipomenon 205). Immer wieder sind es Einzelheiten menschlicher oder tierischer Bildung, die Goethe veranlassen, den Typus über Mensch und Tier zu stellen, wenn z. B. beim Menschen der Zwischenkieferknochen scheinbar verschwindet, oder ursprünglich getrennte Knochen (Schläfen und Felsenbein) miteinander verschmolzen erscheinen. So gelangt Goethe aus der Ebene der Detailbetrachtung zu dem Urteil: «Wir können den Menschen nicht als das Urbild der Tiere, die Tiere nicht als das Urbild des Menschen anschauen.» Wie nahe er dem reinen Typus in der Menschensphäre allerdings ist, beweisen gleich die folgenden Sätze, wo Goethe auf die Anatomie des menschlichen Körpers hinweist, die aller vergleichenden Anatomie zugrunde gelegt wurde, und wo er sagt: «dass sich bei den übrigen Säugetieren alle diejenigen Teile finden, woraus der menschliche Körper besteht.» Dennoch sucht Goethe zunächst ein allgemeines Bild des Typus, welchem der Mensch ebenfalls untergeordnet sein soll, denn der Typus soll auch jene Besonderheiten einschliessen, die selbst beim Menschen einen gewissen Grad von Spezifität erreichen. Aus diesem Grunde sucht Goethe nach einem

Typus, «nach welchem alles künftig beobachtete verglichen... werden könnte. Sowenig der Mensch als irgendein Tier kann der Typus sein» (Paral. 204). Diese Notiz, wie alle skizzenhaften Aufzeichnungen zur Metamorphose der Tiere, sollte nicht statisch aufgefasst werden, denn wirklich tritt ja gerade beim Menschen der Typus als Gliederung durchaus ideell hervor und will in seiner Bedeutung ideell verstanden werden, d.h. aber, dass er sich in der blossen Gestalthaftigkeit immer nur mehr oder weniger verwirklicht.

Wir beschliessen unsere Typusbetrachtung mit dem Hinweis auf das Erkenntnisprinzip, das Goethe immer wieder antönt, dass der Mensch als ein «Bild des eigenen Geistes» unter der organischen Verwendung der Kräfte nach innen jenes allgemeine Prinzip auch für die Tierwelt verwirklicht. Schlüssig wird für die Phänomenologie Goethes der Zusammenhang erst, wenn das vollkommene Prinzip der Gliederung als Dreigliederung im Sinne Rudolf Steiners in die Morphologie des Typus eintritt.

Der Mensch, der das Urbild erfasst und es mit sinnlichen wie mit geistigen Augen schaut, trägt es auch als Organisationsprinzip in sich selber, sonst könnte er es in der Natur nicht erkennen.

[17] Begriffe wie die der «Ganzheit» werden heute gerne vorgeblendet anstelle wirklicher Bemühungen um differenzierte Erkenntnisse.

[18] Dreigliederung: Der Begriff «Dreieinigkeit» deutet auf Einheit, der Begriff «Dreifaltigkeit» auf Vielheit. Beide Begriffsfunktionen sind im Begriffe Dreigliederung enthalten, denn Gliederung ist Vielheit in der Einheit im Gegensatz zu einer nur äusserlichen Dreiteilung. C. G. Carus (Physis) schreibt: «Das schöne Gesetz des Gleichgewichtes, aus dem hervorgeht, dass immer im Organismus, wie nach einer Seite mehr verausgabt wird, auf der anderen Seite sogleich ebenso viel sich wieder zurückzieht und mangeln muss, betätigt sich in diesen Gebilden (er spricht hier von verschiedenen Skelett-Typen) auf das merkwürdigste.»

Kapitel III

[1] Rudolf Steiner beschreibt diese Funktionen beim Aufbau einer Toneurythmieübung: Schreiten als innere Erregung; Bewegung als in sich bleiben; Gestalten als nach aussen Abschliessen. Diese drei Funktionen nennt er einen «Dreiklang» (s. Eurythmie als sichtbarer Gesang).

[2] Mit der «Raumgestalt» des Menschen hat sich Graf Bothmer in seiner gymnastischen Erziehung in fruchtbarer Weise verbunden. (Vgl. auch Olive Whicher: Die menschliche Bewegung im kosmisch-irdischen Raume, in «Bothmer, Gymnastische Erziehung», Dornach 1959.)

[3] De Sno: Die Uterusstellung des Menschen spricht im Vergleich zur Tierwelt deutlich die Funktion der Aufrechten aus.

[4] Rudolf Steiner zeichnete einen Oberschenkelknochen in einer Waldorfschulklasse, indem er entwicklungsgemäss in einem Strom ein festes Gebilde als Kern umflossen darstellte.

[5] «Fortan werde ich daher als eine begründete Wahrheit voraussetzen dürfen, dass die reine Mitte echt menschlicher Bildung und Gestalt, eben darum das Symbol einer

hohen göttlichen Idee, eben darum ein zeitliches Ebenbild ewigen göttlichen Wesens und eben darum auch die schönste aller ähnlichen irdischen Bildungen genannt werden dürfe, weil sie, nach Art ihrer Gliederung, unter allen uns denkbaren die mit höchster Weisheit und mit vollendetstem Tiefsinn innerlich und äusserlich konstruierte und ausgeführte ist» (Carus, Symbolik).

[6] Skelett = σκελέτον im Gegensatz zur heutigen Schreibweise; σκέλλω = austrocknen; σκέλος = Schenkel, Bein, Gebein.

[7] Die Schädelstätte bezeichnet den Gerichts- und Bestattungsort Jerusalems.

[8] Vgl. Hans Holbein d. J.: «Ein Totentanz»; «Gebeyn aller Menschen».

[9] Das Schlangenskelett besteht nur aus Wirbel-Rippengliedern. Es fehlt der eigentliche vollausgebildete Schädel (nur Rachengreiforgane sind vorhanden) sowie die Ausbildung des Schulter- und Beckengürtels. Die Rippen sind stark beweglich und ersetzen die Gliedmassen.

[10] Vgl. Goethe-Lavater: Physiognomik. «Der Schädel ist aufzufassen als die höchste Ausbildung des tierischen Typus, als dasjenige Organ, in welchem die Idee, welche im Tiere zur Erscheinung kommt, ihre angemessenste Entfaltung erlangt... Dieses Höhere, was sie auf einer untergeordneten Stufe sein könnte, aber nicht ist, das wird sie im Schädel. So stellt sich der Schädel als die Vollendung und Ausgestaltung dessen, was in den untergeordneten Organen nur angedeutet ist, dar.» «Im Jahre 1776 finden wir aber auch, dass Goethe Klarheit darüber gewinnt, wovon auszugehen ist, wenn man die Gestalt des tierischen Organismus betrachten will. Er erkannte, dass die Knochen die Grundfesten der Bildung sind, ein Gedanke, den er später aufrecht erhalten hat, indem er bei den anatomischen Arbeiten durchaus von der Knochenlehre ausging» (R. Steiner: Einleitungen zu Goethes Nat. Schr. Bd. 1).

Goethe nennt das Knochensystem die «Grundsäulen des Körpers». Er behandelt «die Knochen als einen Text, woran sich alles Menschliche anhängen lässt» (an Lavater und Merk, Nov. 1781). «Ich hatte mich indessen ganz der Knochenlehre gewidmet, denn im Gerippe wird uns ja der entschiedene Charakter jeder Gestalt sicher und für ewige Zeiten aufbewahrt.»

[11] Die Verknöcherung der Wirbel beginnt am Ende des zweiten Fetalmonats (Benninghoff-Goerttler).

[12] Goethe spricht von der Gliederung der Pflanze von Knoten zu Knoten, was exakt auch für die Wirbelorganisation gesagt werden kann: «Gehen wir gerade auf die Gliederung los, denn hier finden wir uns unmittelbar im Pflanzenreiche; die Gliederung der edleren Pflanze ist hier nicht eine fortgesetzte Wiederholung des unveränderten Selbigen ins Unendliche. Gliederung ohne Steigerung gibt uns kein Interesse, wir landen da, wo uns am meisten zugesagt ist: gesteigerte Gliederung, successive gegliederte Steigerung, dadurch Möglichkeit einer Schlussbildung.»

[13] C. G. Carus (Physis) entwickelt die Skelettbildung aus rhythmisch-periodischen Ringwirbelbildungen, wie sie im Sinne von primären Urwirbeln schon bei Insekten und Würmern veranlagt sind. «Und wenn es schon eine Freude ist, an einer kunstreichen Fuge dem Geiste des Musikers zu lauschen, wie er aus einfachstem Grundsatz hervor durch vielfältigste Modulationen und Kombinationen ein grosses Ganzes hinausführt, oder dem Geiste des Architekten, wenn er aus gewissen einfachen mathematischen Figuren in tausendfältiger Abänderung und Verschlingung das Kunstwerk eines gotischen

Münsters hinaufbildet, so ist die Freude doch eigentlich weit tiefer begründet, diese wunderbaren Prachtbauten von Tausenden lebendiger Gattungen in ihren geheimnisvollen Entwicklungen zu verfolgen...» Carus unterscheidet nun drei Stufen der Wirbelentwicklung: a) Urwirbel, b) Sekundärwirbel, c) Tertialwirbel: «Mit Urwirbel und Secundarwirbel jedoch sind die Metamorphosen des Gebildes noch nicht beschlossen, sondern wie nach höheren Gesetzen alle Bildungsreihen mindestens auf einer Dreigliederung ruhen, so tritt zu jenen beiden... noch der Tertialwirbel hinzu.»

[14] «Der Wirbelbogen ist das, was dem Nervengebilde angehört, was eine Abteilung der Zentralmasse der Nerven, Hirn und Rückenmark zu umfassen, zu schützen bestimmt ist – kurzum das sensible (empfindende) Element des Wirbels» (Carus, Physis).

[15] «Der Atlas deutet durch seine Figur auf eine Schale, auf ein aufnehmendes Gefäss. – Atlas gleichsam der Kelch der Blüte» (Goethe).

[16] Hyrtl geht ebenfalls auf diese Dreigliedrigkeit der Wirbelsäule ein, indem er ausführt: sie besteht eigentlich aus drei übereinandergestellten kurzen Säulen, welche somit zusammen mehr tragen können als eine gerade Säule, deren Länge der Summe der drei kurzen Säulen gleich ist.

[17] «Die Bedeutung der einzelnen Formbestandteile des Kreuzbeins als Wirbelelemente wird durch die Untersuchung jugendlicher Knochen, wo die Verwachsung der fünf falschen Wirbel zu einem Knochen noch nicht vollendet ist, aufgeklärt. ... Man denke sich fünf rasch an Grösse abnehmende und mit langen und massigen Querfortsätzen sowie mit eben solchen festgewachsenen Rippenhälsen (wie bei den Halswirbeln) ausgestattete Wirbel, an ihren Körpern und an den Enden ihrer Querfortsätze und Rippenhälse miteinander verwachsen, so hat man einen einfachen pyramidalen Knochen mit unterer Spitze geschaffen, welcher dem Kreuzbein gleicht» (Hyrtl).

[18] Die physiognomische Bedeutung des Antlitzes ist in wesentlicher und gründlicher Weise von Norbert Glas in seinem Buch «Das Antlitz offenbart den Menschen» dargestellt.

[19] Goethe spricht von einem inneren Licht (Ottiliens Tagebuch in den Wahlverwandtschaften).

[20] Der Zusammenschluss des Kieferbogens ist entwicklungsgeschichtlich durch die Abstammung vom Kiemenbogen klar begründet, darüber soll im Abschnitt «Über die Entwicklung des dreigliedrigen Schädelorganismus» Genaueres dargestellt werden.

«Der Oberkiefer, der im Mittelpunkt der Gesichtsentwicklung steht, kommt nämlich von allen Knochen sozusagen am unfertigsten zur Welt, er dehnt sich erst nach der Geburt aus und gewinnt dadurch wesentlichen Einfluss auf die Gestaltung des Gesichtsschädels. Da beim Neugeborenen der Körper des Oberkiefers noch nicht vorhanden ist, so erklärt sich daraus die geringe Höhe des Gesichtsschädels bei dem Neugeborenen und auch bei den Kindern der ersten Lebensjahre. Ein Vergleich des Schädels eines Erwachsenen mit dem eines Kindes macht die bestehende Verschiedenheit sofort klar: Beim Neugeborenen und beim Kleinkind überwiegen die Schädelkapsel und die Augenhöhlen, während das Kiefergerüst sowohl in seinem Nasenabschnitt (Oberkiefer) als auch in seinem Mundhöhlenabschnitt (Unterkiefer) noch nicht gut entwickelt ist; infolgedessen erscheint das Gesicht im Ganzen niedrig. In der weiteren Entwicklung verlängert sich das Gesicht und gewinnt gleichzeitig an Tiefe...» (Clara).

[21] Der Bau des Unterkiefers entspricht unmittelbar der Analogie des Zungenbeins.

Die hier bestehende Analogie wird uns im letzten Schädelabschnitt «Über die Entwicklung des dreigliedrigen Schädelorganismus» beschäftigen.

[22] In dieser Art findet sich die Gliedmassenorganisation niederer Meerestiere als radial aus der Peripherie eingestrahlte Urgliedmassen, jetzt in Zahnbildung umgewandelt.

[23] Die Sinnesorganzonen innerhalb der Schädelanlage werden in der Embryologie als Sinneskapseln bezeichnet, womit ausgedrückt ist, dass die Sinnesorganelemente in den Knochenbau eingefügt und von diesem umwachsen werden.

[24] Unter den Tieren sind es besonders die Vögel, die das Auge und eine erstaunliche Sehkraft entwickeln. Gerade bei Vögeln beherrschen die Kopfkräfte die gesamte Leibesorganisation.

[25] Das Ohr als Sinnesorgan in Stoffwechsel-Gliedmassenzuordnung ist bereits von Lorenz Oken in seiner «Allgemeinen Naturgeschichte» so aufgefasst worden. Auch Rudolf Steiner charakterisiert es in seiner «Meditativ erarbeiteten Menschenkunde» in diesem Sinne. Eine unmittelbare Bestätigung findet sich in den Zusammenhängen zwischen Ohr und Leber.

[26] Falk schreibt über die pneumatischen Räume: «Der eigentliche Zweck der Nebenhöhlen ist sehr umstritten. Gegen die Auffassung, dass es sich um Hohlräume zur Resonanz oder zur Vorwärmung der Luft handelt, spricht die Engigkeit der Nebenhöhlenostien. Das Fehlen von Schleimdrüsen macht die Befeuchtung der Nase durch die Nebenhöhlenschleimhaut unwahrscheinlich. Auch wird durch die Lufträume der Kopf nur unwesentlich leichter (!?)... Für den Geruch bedeuten die Nebenhöhlen ebenfalls keine Förderung.»

[27] Über die Verstärkungspfeiler des Schädels findet sich bei Benninghoff-Goerttler im Lehrbuch der Anatomie des Menschen in dem Kapitel «Statik des Schädels» eine ausführlichere Darstellung und genaue Abbildungen.

[28] Mangelnde Aufrichte der Schädelmitte beim mongoloiden Krankheitsbild, ebenso bei der kongenitalen Lues.

[29] Lorenz Oken folgte 1807, ohne sich auf Goethe zu berufen.

[30] «Die verbreitete Meinung, dass das Nervensystem diese Segmentbildung diktiert, ist unrichtig, vielmehr folgt das Nervensystem sekundär durch Formierung der Spinalnerven und Ganglien der vorausgegangenen Gliederung der Somite. Stört man durch operative Eingriffe am Keimling die mesenchymale Urwirbelanlage, so wird auch die segmentale Ordnung der Spinalnerven durcheinandergebracht. Noch der primitive Urwirbel knüpft nun seine Verbindung zum zentralen Nervensystem – zum Rückenmark – über den Spinalnerven, der sich der vom Urwirbel diktierten Ordnung, eben der Metamerie, unterwirft. Diese Urwirbel (Somite) differenzieren sich in der weiteren Entwicklung in Skelett, Muskulatur und Bindegewebe, das zur Haut und zu den Eingeweiden hinwandert» (Schliak).

[31] Benninghoff-Goerttler gibt zur Schädelentwicklung folgendes Material: «Obwohl aber zu keiner Zeit festgestellt werden kann, dass ausgeformte Wirbel in den Schädel aufgenommen werden, so hat doch eine Angliederung von Rumpfmaterial an den Schädel stattgefunden. Aus dem Verhalten der Austrittsstellen der Nerven muss geschlossen werden, dass die Grenze zwischen Schädel und Wirbelsäule bei höheren Tieren nach Caudal gerückt ist. Während bei den Rundmäulern der letzte Nerv, der durch den Schädel austritt, der N. facialis und stato-acusticus (VII. und VIII. Hirnnerv) ist und bis

zu den Amphibien der N. vagus (X. Hirnnerv) als letzter den Schädel durchsetzt, ist bei allen höheren Tieren die Schädelgrenze so weit nach hinten vorgeschoben, dass Wurzeln von Rumpfnerven (N. hypoglossus, XII. Hirnnerv) vom Schädel umfasst werden. Der Schädel hat sich caudalwärts verlängert, indem er das Anlagematerial von Wirbeln in sich aufgenommen hat.»

[32] «An dem Schädelmodell des menschlichen Embryos hängen an dem Primordial Cranium Knorpelspangen, die den Kiemenspangen (Schlundspangen) entsprechen, wie sie bei Fischen und vielen Amphibien zeitlebens zur Stütze der Kiemen dienen. Die Kiemenspangen umgeben bei Fischen den Kopfdarm, ähnlich wie die Rippen die Brusteingeweide umschliessen. Dort, wo ein Spangenpaar sich zentral vereinigt, liegt ein Mittelstück, die Copula, die sich ähnlich wie das Brustbein verhält. Zwischen zwei Kiemenbogen ist die Schlundwand durchbrochen und durch diese Kiemenspalten strömt das durch das Maul aufgenommene Atemwasser an den gefässführenden Kiemen vorbei nach aussen. Die erste Kiemenspange ist vergrössert, mit Zähnen besetzt und damit zu einem Kieferbogen, Mandibularbogen, geworden... Die zweite Spange wird als Zungenbeinbogen, Hyoidbogen bezeichnet, die folgenden sind die Kiemenspangen im engeren Sinn... Beim Menschen werden vier Schlundbogen und fünf Schlundtaschen angelegt... Aus der ersten entsteht die Paukenhöhle, aus der zweiten die Tonsillarbucht. Die Schlundbogen haben Umbildungen erfahren, die zu den grossartigsten Beispielen von ‚Funktionswechsel' in der Stammesgeschichte gehören... Die erste Kiemenspange (Mandibularbogen) liefert die ‚Mandibula primitiva'... ferner die Gehörknöchelchen Hammer und Amboss usw.» (Benninghoff).

[33] Der Oberkiefer entsteht dabei allerdings als Deckknochen ursprünglich lateral von den Nasenkapseln und wächst zum umfangreichsten Knochen des Gesichts heran (Benninghoff).

[34] Gelegentlich stösst auch der Fachgelehrte an das Problem der Gliederung an, ohne jedoch wahrzunehmen, dass hier eine Erweiterung der Forschungsmethode dringend notwendig wäre. So konstatiert Benninghoff die Kopf-Rumpf-Gliederung: «Die Grenze zwischen Kopf und Rumpf kennzeichnet zugleich die Einflussgrenze spezifischer ‚Organisatoren'. Sie liegt gewissermassen in der Interferenzzone eines Kopforganisators mit spinocaudaler morphologischer Wirkungsrichtung und eines Rumpforganisators mit prosencephaler Induktionsrichtung. Die individuelle Variabilität in diesem Grenzgebiet und alle Kopfmissbildungen verweisen auf eine besondere (phasenspezifische) Empfindlichkeit an dieser Grenze...» Zweifellos wird hier die Qualität der Gestalt als solche schon gefühlt, aber ihre Bedeutung wird durch kausales Denken mit Hilfe qualitätsloser Begriffe («Organisatoren») zugedeckt. Der Begriff eines Organisators wird erst gehaltvoll, wenn man die Wesensgliederfunktionen des Ätherischen, des Seelischen und Ichhaften in der leiblichen Dreigliederung gestaltlich abzulesen vermag.

[35] Rippen sind entwicklungsgeschichtlich echte Gliedmassen.

[36] Sieben Rippenpaare sind unmittelbar durch kurze Knorpelstücke mit dem Brustbein verbunden, drei Rippen durch Knorpelbrücken indirekt, zwei Rippen endigen frei.

[37] Rudolf Steiner nennt das Brustbein auch Brustgrat. Goethe spricht beim Brustbein von einer «Gegenwirbelsäule». Auch C. G. Carus formuliert Vorstellungen, die in ähnlicher Richtung gehen.

[38] Rudolf Steiner (Allgemeine Menschenkunde): «Wenn Sie die Gliedmassen, die

an unseren gesamten Leib angesetzt sind, also die eigentliche Wesenheit des Gliedmassenmenschen ins Auge fassen, dann werden Sie in der Umkleidung mit Muskeln und mit Blutgefässen das Wesentliche suchen müssen. Gewissermassen sind unserem Muskel- und Blutsystem für Arme und Beine, Hände und Füsse die Knochen nur eingesetzt... in Blut und Muskeln liegt die Organik des Willens.»

[39] Meist bildet sich das erste selbständige Gliedmassenerlebnis zur Kugel-Kopfgestalt nach dem dritten Lebensjahr aus.

[40] «Je mehr die Rippen dem Kopfe zugeneigt sind, desto mehr gelingt es ihnen, sich abzuschliessen, aber je weiter nach unten gelegen, desto mehr misslingt es ihnen. Die letzten Rippen kommen nicht mehr zusammen, weil ihnen da diejenige Kraft entgegenwirkt, die dann in den Gliedmassen von aussen kommt» (Rudolf Steiner, Allgemeine Menschenkunde). Vgl. auch O. J. Hartmann: «Dynamische Morphologie».

[41] Wir folgen hier der Darstellung Eugen Koliskos: «Die Dreigliederung».

Kapitel IV

[1] Das Sinnes-Nervensystem kann dem Waldorflehrplan gemäss unmittelbar an die Betrachtung des Skeletts und der Bewegungsmechanik angeschlossen werden, und zwar vor allem unter dem Aspekt des physischen Erlebens, das für das Pubertätsalter heilsam wirkt. Besonders gut gelingt dies beim Auge, das vorübergehend durchaus als ein physikalischer Apparat betrachtet werden darf.

[2] Ventrikel, Reste des embryonalen Gehirnbläschens.

[3] Arterieller Druck und Venendruck übertragen sich auf den Liquor, der arterielle Druck bei der Ausatmung im zweiten und dritten Drittel und bei der Einatmung im ersten Drittel; der Venendruck bei der Einatmung im zweiten und dritten Drittel, bei der Ausatmung im ersten Drittel und im Sinne eines Rückstoss-Phänomens verstärkt beim Husten und bei der Zwerchfellbauchpresse usw. (Schmitt; Ärztliche Mitteilungen; Hyrtl).

Die Subarachnoidalräume des Gehirns und Rückenmarks verkehren durch das grosse Hinterhauptsloch miteinander und der in ihnen angesammelte Liquor cerebrospinalis kann zwischen beiden Organen zu- und abströmen. Wird nämlich der Blutgehalt des Gehirns vermehrt, wie es bei jeder Ausatmung geschieht, und das Gehirnvolumen dadurch vergrössert, so muss der Liquor cerebrospinalis aus der Schädelhöhle in die Rückgrathöhle ablaufen. Letztere ist ganz geeignet, ein Plus dieses Liquor aufzunehmen, da sie nicht wie die Schädelhöhle aus starren, durchaus knöchernen Wänden besteht, sondern in den Interstitien je zweier Wirbelbogen durch elastische, nachgiebige Membranen abgeschlossen wird. Nimmt der Blutgehalt, und somit das Volumen des Gehirns während der Inspiration wieder ab, so geht der Liquor cerebrospinalis wieder in die Schädelhöhle zurück, von welcher er sozusagen zurückgesaugt wird (Hyrtl).

[4] Bei der Encephalitis (Economo 1917) kommt es besonders zu einer Störung und Zerstörung in diesem Gebiet, die Folge ist oft das plötzliche Auftreten eines moralischen Schwachsinns. Wenn die Herzenskräfte das Haupt nicht mehr erwärmen, wenn die Ätherkräfte des Blutes nicht mehr aufbauend wirken, dann vollzieht der Krankheitsprozess im Physischen, was in seelisch-geistiger Beziehung in den Organfunktionen schon mangelte, wodurch sich das Geschehen schicksalhaft fixiert.

⁵ Portmann führt diese Gliederung in seinem Buch «Einführung in die vergleichende Morphologie...» an und fügt hinzu: «Wie zurückhaltend man eine solche Gliederung aufnehmen muss, so hilft sie doch zu einem Verständnis für die Eigenart im Hirnbau der einzelnen Gruppen... Die grossen Unterschiede der Gestaltung des Körpers und der Bewegungsweise, die Kontraste der Lebensart, alle die Anpassungen an spezielle Umweltverhältnisse, die den Reichtum des Wirbeltierlebens ausmachen, sie alle finden ihren Ausdruck vor allem in der reichen Variation des somatischen Apparates, in der sehr wechselnden Ausbildung der Integrationsorte, des Kleinhirns, des Mittelhirns und der Hemisphären (Grosshirn).» Die Dreigliederung erscheint nur beim Menschen eindeutig.

⁶ Man nennt dieses peripherste System intramurales oder Wandnervensystem. Durch dieses peripherste Nervenelement behalten herausgeschnittene Organe, z.B. ein Darmstück, noch für kurze Zeit Bewegungsautonomie.

⁷ Zentrale Korrespondenz-Organe zum sympathischen Nervensystem finden wir in bestimmten Kernzonen des Gehirns (im sog. Höhlengrau des Zwischenhirns mit Tuber cinereum).

⁸ «Es leuchtet von selbst ein, dass wenn man alle Geflechte ausführlich schildern wollte, welche zu den verschiedenen Organen der Körperhöhlen auslaufen, die engen Grenzen eines Lehrbuches bald überschritten sein würden... Auch häufen sich die Varietäten so sehr...» usw. (Hyrtl).

⁹ Die in den sympathischen «Plexus eingeschalteten kleinen Knoten sind... als untergeordnete Centra anzusehen, in welchen neue Nervenfasern entstehen... Die Bildung neuer Nervenfasern in den Knoten der Geflechte muss schon a priori postuliert werden, denn die peripherischen Verästelungen des Plexus sind zu zahlreich, um sich nur auf die Wurzeln des Sympathikus aus den Rückenmarksnerven, oder auf die Strahlungen der Strangknoten zu den Ganglien der Geflechte reduzieren zu lassen. Es muss in dieser Beziehung jedes Ganglion sich wie ein untergeordnetes Gehirn verhalten, welches neue Nervenfasern entwickelt...» (Hyrtl).

In diese Richtung deuten auch die Feststellungen Benninghoffs: «Die Zahl der postganglionären Fasern (des sympathischen Systems) ist grösser als die der präganglionären, d.h. das periphere Nervennetz ist umfangreicher als die Verbindung zum Zentralnervensystem.»

¹⁰ In Augenblicken höchster Gefahr wirken diese polaren Nervenkräfte in rascher Folge wie Pendelschläge nacheinander. Zuerst das sympathische System: Bisher unbekannte Kräfte schiessen ein und Handlungen der «Geistesgegenwart» wirken unter Umständen lebensrettend. Der physische Spannungszustand, in dem dies geschieht, wird vielfach in seinen Folgen als Schock bezeichnet. Er kann über das Sympathikus-Wirken bis zu tiefer Ohnmacht führen. Dem Schock folgt mit der Regelmässigkeit des Pendelschlages der Kollaps, der durch das Wiedereingreifen der zentralnervösen Funktionen bestimmt ist (kalter Schweiss, Zittern, beschleunigte Verdauung, Kreislaufversagen). Nervlich wird das Geschehen jetzt vom «parasympathischen» System beherrscht, das vielfach mit dem sympathischen Nervensystem gemeinsam als autonomes Nervensystem bezeichnet wird. Das parasympathische System ist als Gegenspieler des sympathischen das Vollzugssystem des Zentralnervensystems. Seine Ursprünge liegen in bestimmten Gehirnabschnitten und im Sacralmark. Unter den Hirnnerven ist es besonders mit dem Vagus eng verbunden.

[11] Es wäre für den Leser gewiss wertvoll, eine gründlichere Behandlung des Nervensystems hier vorzufinden. Wir haben uns jedoch zur Erfüllung der Thematik dieses Buches streng auf die einfachste morphologische Gliederung beschränkt. Eine gründlichere Behandlung der Histologie und Physiologie des Nervensystems hätte den uns zur Verfügung stehenden Raum gesprengt.

[12] Es ist immer wieder erstaunlich zu hören, dass Nervensubstanz für sich schmerzunempfindlich ist. Kopfschmerzen gehen nicht von der Nervensubstanz des Gehirns aus, sondern von den Gehirnhäuten, wo sich Blut und Nerv begegnen. Nur da können Schmerzen auftreten.

[13] Man konnte z. B. nachweisen, dass bei experimenteller Abblendung des Lichtes bei Tieren die Blutneubildung nachlässt, ja versiegt. (Vgl. Holtzapfel.)

[14] Von der Willensnatur der Sinne spricht Rudolf Steiner immer wieder. Das Kind vor dem siebenten Lebensjahr ist vorwiegend ein Sinnesorganwesen, d. h. aber ganz von der Willensnatur durchdrungen.

[15] Als «physikalischer Apparat» soll das Auge gerade in der Pubertätszeit dargestellt werden, wo es darauf ankommt, der physischen Entwicklungsphase im Kinde das entsprechende seelische Erlebniskorrelat zu verschaffen (Waldorflehrplan).

[16] «Und dieser Äther (den wir aus dem organischen Kohlenstoff in der Kohlensäure des venösen Blutes entwickeln, Z. d. V.)... ist das, was nun die menschliche Organisation geeignet macht, sich den geistigen Einflüssen zu öffnen, was die astral-ätherischen Wirkungen aus dem Kosmos aufnimmt. Da werden von diesem Äther, den der Kohlenstoff zurücklässt, die kosmischen Impulse angezogen, die wiederum gestaltend auf den Menschen wirken, die z. B. sein Nervensystem so bereiten, dass es der Träger der Gedanken werden kann. Dieser Äther muss fortwährend z. B. unser Auge durchdringen, damit die Augen sehen können, damit die Augen den äusseren Lichtäther aufnehmen können. Wir verdanken es also dem Kohlenstoff, dass wir eine Ätherbereitung in uns haben, die der Welt entgegenkommen kann» (Rudolf Steiner, Der Mensch als Zusammenklang...).

[17] Mit der Darstellung des Auges als eines dreigliedrigen Sinnesorgans konnten wir nur wenige methodische Hinweise geben, die eine ausführliche Darstellung im Rahmen einer vollständigen morphologisch aufgefassten Sinneslehre fordern. Besonders wird der Leser hier eine entsprechende Schilderung des Ohres vermissen, das ja wie das Auge im Sinnesorganismus ebenfalls eine repräsentative Stellung einnimmt. Eine Dreigliederung des Ohres fällt ja schon bei flüchtiger Betrachtung auf: Äusseres Ohr, Mittelohr, Innenohr. Eine gründliche Darstellung dieses Organs findet sich im medizinischen Jahrbuch des Goetheanums 1950 von Paul Paede.

Kapitel V

[1] Der Begriff der «Entmischung» spielt in der neueren Pathologie eine wichtige Rolle. Vgl. Hueck und Letterer.

[2] Ausführliche Auseinandersetzung mit der Zellularpathologie Virchows nach Ricker in dem Kapitel «Leben und Gestalt».

[3] Protoplasma, urplastische Substanz, πρῶτος = der Erste, τὸ πλάσμα = Gebilde, urplastische Substanz (Purkinje 1837).

[4] 1. Goethe spricht in Faust II vom Ätherischen: «Des Lebens Pulse schlagen frisch lebendig, ätherische Dämmerung milde zu begrüssen.»

2. C. G. Carus: System der Physiologie, Einleitung, Idee und Äther als Pole des Lebens.

3. R. Steiner: Darstellung der Lebensphänomene als «ätherische Bildekräfte» (Theosophie, Allgemeine Menschenkunde).

[5] Viele Organismen, die noch kein Blut im eigentlichen Sinne ausgebildet haben, zeichnen sich durch ihre Lymphe aus. Diese Lymphe ist die Trägerin von Ernährung und Atmung in einem. Beispiel: Die Weichtiere, Schnecken, Muscheln usw. haben eine Körperflüssigkeit, die zugleich ernährt und atmet – Einheit von Lymphe und Blut; statt des Hämoglobins führt diese Organflüssigkeit kupferhaltiges Eiweiss, Hämocyanin (offener Kreislauf – Hämo-Lymphe). Noch deutlicher treten diese Verhältnisse bei den Coelenteraten, Echinodermen und Würmern auf.

[6] Chylus, Chymus, beides der ernährende Saft, Milchsaft, Nahrungssaft der Pflanzen und Tiere (von Chyma – das Gegossene).

[7] «Die aufgenommene Nahrung fordert zu ihrer Verdauung den Saftfluss aller Verdauungsdrüsen entlang des Verdauungskanals heraus. Das sind im Lauf von 24 Stunden vom Munde bis zum Ende des Dünndarms zusammengerechnet insgesamt 4–5 Liter, d.h. dem Quantum nach die Flüssigkeitsmenge des Blutes selber (Flut). Diese Menge wird im Dickdarm wieder zurückresorbiert (Ebbe). Dadurch wird in der Gesamtflüssigkeit ein Gefälle des Fliessens erzeugt und auch ein «Rückstrom von quellender Flüssigkeit.» (Vgl. auch die Nierenabsonderung, von der durch die «Harnkanälchen» eine grosse Menge lymphartigen Wassers wieder rückresorbiert wird, und zwar ins Lymph-Venensystem.) «Die Strömungen im Ernährungs-Lymphbereich – unter Einschluss der Stoffwechselabsonderungsvorgänge – rufen Strömungen des Hin- und Rückflusses hervor in langer Dünung, im Gegensatz zu den rhythmischen Wellen» (Schickler: Vorläufige Ausarbeitung...).

[8] R. Steiner spricht von Kosmischer Ernährung, die durch den Lichtäther der Sinnesorgane aufgenommen wird, gegenüber der irdischen Ernährung durch unsere Verdauung.

[9] Die Stillfähigkeit einer Mutter hängt daher nicht unbedingt allein von der Entwicklung der Brust ab, vielmehr ist es häufig so, dass eine zarte Brustanlage vorzüglich und ganz gegen die Erwartung die Anforderung des Stillens erfüllt, während die überfüllige Brust gelegentlich nur mangelhaft in Funktion tritt. Oft wird die Milchbildung durch gesunde Arbeit, durch Bewegung des ganzen Körpers und der Arme gefördert. Dies macht deutlich, was in der Schwangerschaft und Stillperiode beachtet werden sollte. Bewegung und Wärme fördern den Säftestrom. Abkühlung der Arme, besonders durch kaltes Wasser, bringt – manchmal sogar schockartig – die Lymph-Milchströmung zum Versiegen.

Über Brustentwicklung, Milchbildung und Gliedmassenorganisation führt K. König folgende wesentliche Tatsachen an: «Damit aber wird auch verständlich, warum in so allerfrühester Zeit der Embryonalentwicklung die Milchleisten entstehen. Schon in der sechsten Embryonalwoche erscheinen die Milchleisten zu beiden Seiten des Stammes und reichen von der Armknospe bis hin zur Beinknospe. Die Milchleiste scheint daher eng mit dem Entstehen der Gliedmassen verbunden zu sein und zeigt damit wieder die enge Verknüpfung, die das aus ihr sich bildende Organ mit dem Skelett hat. Morphologisch müsste man die Milchlinie in Wahrheit so beschreiben, dass man sie als eine potentielle Gliedmassenregion bezeichnet. Obwohl nur an ihren beiden Endpunkten die jeweiligen Arm- und Bein-Knospen entstehen, bilden sich entlang dieser Milchlinie weitere Gliedmassenknospen aus. Beim Menschen entsteht an jeder Seite nur je eine solche Knospe, die dann zur Brustdrüse wird. Damit aber lernen wir dieses Organ als eine verwandelte und nicht zur vollen Ausbildung gekommene Gliedmasse sehen. Statt sich vollständig auszustülpen, tritt eine partielle Invagination auf, welche zur Bildung der Milchdrüse selbst führt. Die Brust aber beginnt in der Pubertät zu wachsen und vergrössert sich; sie ist ein verwandelter Arm. Und als solcher weist sie hinüber in die Existenz der späteren Generation und reicht ihr den Sauerteig für das werdende Brot. Die Milchleiste erscheint deshalb so früh, weil sie gar keine Milchleiste, sondern eine Extremitätenleiste ist, von der ein Teil in Brüste umgewandelt wird. Damit aber offenbart sich der intime Zusammenhang zwischen der Bildung der Gliedmassen und der Entstehung der Muttermilch. Das der Erde verschworene Geschlecht der Säuger ist auch diejenige Klasse der Tiere, welche die Ausbildung der Extremitäten in besonderer Art vollzieht.»

Über die Qualität der Muttermilch gegenüber jeder künstlichen Kindesernährung ist in der Literatur viel geschrieben worden. (Vgl. auch Dr. zur Linden.) Die Lymphnahrung folgt der intrauterinen «Ernährung» aus dem mütterlichen Placentarblut. Sie ist noch ganz menschlich-organische Nahrung. Wie weit ist dagegen schon jede andere Ernährungsform von der Natur des Neugeborenen entfernt! Das gesunde Brustkind gewährt in dem Pfirsichblütenduft seiner Haut und seiner Ausatmung den «sinnlich-sittlichen» Ausdruck dieser reinen Ernährung. Dieses von Hebammen und Kinderärzten oft berichtete Phänomen verschwindet mit dem Moment, wo das Kind «irdische» Nahrung erhält.

[10] Es handelt sich hier vor allem um Venen des Augapfels (Wirbelvenen), die gegenüber den Arterien (Ciliararterien) stark dominieren. Bei Vögeln findet sich mitten im Glaskörper der sogenannte Fächer, eine Blutadernhaut, die mit der Iris verwandt ist. Es handelt sich um einen Entwicklungsrest der den Glaskörper durchziehenden Arteria centralis, die aufgegeben werden muss, wenn das Auge zum durchsichtig-optischen Organ werden soll.

[11] Statolithen = Kalksteinkonkremente, die sich auf den feinen Nervenfasern des statischen Organs durch den Lymphstrom hin- und herbewegen und so ein Raumgefühl erwecken.

[12] R. Steiner (Allgemeine Menschenkunde) über das Gehirnwasser. – Die Menge des Gehirnwassers beträgt im mittleren Lebensalter etwa 146 ccm. Dieser Liquor verschwindet rasch nach Eintritt des Todes. Er ist eiweissarm, 1:200–1:400, gegenüber dem Blut. Normalerweise befinden sich im Liquor nur vereinzelte Zellen, die aber im Krankheitsfalle stark zunehmen können (nach Benninghoff-Goerttler). Das Gehirn verliert an Eigengewicht dadurch, dass es im Gehirnwasser schwimmt. Herabsetzung des absoluten Gewichtes auf 39,7 g beim Manne und 29 g beim Weibe. (Erstmalig nachgewiesen 1911 von Mestrezat-Förster im Handbuch der Neurologie VII, 2; mitgeteilt von I. Rohen, Ärzte-Rundbrief, Stuttgart 11. 9/10.)

Das Gehirnwasser bildet, so wie es Gehirn und Rückenmark ständig umspült, gleichsam eine morphologische Erinnerung an das Fruchtwasser (Liquor amnii), das den Embryo umgibt. Der Liquor cerebrospinalis ist ganz zweifellos die Lymphe des Gehirns, da spezielle Lymphgefässe fehlen. Gehirn und Rückenmark sind bei Beginn ihrer Entwicklung ganz in mesenchymales Gewebe eingebettet, das sich dann in eine gallertige Substanz umwandelt, aus der die Dura und Arachnoidea «gerinnt». Das Fruchtwasser hat tatsächlich ausserordentlich viel Verwandtschaft mit dem Liquor cerebrospinalis. Beide Flüssigkeiten sind so gut wie zellfrei und von ganz geringem Eiweissgehalt (Liquor cerebralis 2 mg% Eiweiss). Der Wasseranteil ist hier wie dort 99%, das spezifische Gewicht gleich (1007–8) (H. H. Vogel: «Der Flüssigkeitsmensch»).

[13] Braus: Die Lymphströmung wird nur als Seitenbahn des Blutkreislaufes behandelt; Gegenbauer lässt die Lymphe als «Plasma Sanguinis» aus den Blutgefässen ausströmen und durch den Stoffwechsel verändert wieder ins Blut zurückkehren.

[14] Lymphströmung ist verwandt mit Pflanzenströmung. «Die Pflanze zeigt Strömungen aller Art. Die Armleuchteralge ist von jeher als ein wunderbares Beispiel der Saftströmung angeführt worden. Von einem Propulsator oder Motor ist nichts zu sehen. Von hier aus zu den kunstvollen Saftströmungen der Bäume führen vielerlei Übergänge. Es ist dasselbe Urphänomen des Lebens, fortwährend gesteigert. Die Saftströmungen sind Ausdruck des sich Differenzierens der Polarität in der Pflanze. Was stärker wächst, zieht auch einen Saftversorgungsapparat nach sich. – Wachstum und Saftströmung sind unzertrennlich» (E. Kolisko, Nicht das Herz treibt das Blut).

Kapitel VI

[1] Rudolf Steiner bezeichnet den ätherischen Leib auch als Zeitleib.

[2] Hier ist der Ort, wo wir aus der Sache heraus auf die Begriffe «ätherisch» und «Ätherischer Leib», «astral» und «Astralischer Leib» eingehen müssen.

Rudolf Steiner schildert den Ätherleib in seiner «Theosophie» folgendermassen: «Die Äusserungen der Lebenskraft nimmt der Mensch durch die gewöhnlichen Sinne nicht wahr... Aber so wenig der Blindgeborene mit Recht die Farben ableugnet, so wenig dürfen die gewöhnlichen Sinne die Lebenskraft ableugnen. Die Farben sind für den Blindgeborenen da, sobald er operiert worden ist; ebenso sind für den Menschen die mannigfaltigen, durch die Lebenskraft geschaffenen Arten der Pflanzen und Tiere, nicht bloss die Individuen, auch als Wahrnehmungen vorhanden, wenn sich ihm das Organ dafür erschliesst... Er nimmt nun nicht mehr bloss die Farben, Gerüche usw. der Lebewesen, sondern das Leben dieser Lebewesen selbst wahr. In jeder Pflanze, in jedem Tier empfindet er ausser der physischen Gestalt noch die lebenerfüllte Geistgestalt. Um einen Ausdruck dafür zu haben, sei diese Geistgestalt der Ätherleib oder Lebensleib genannt.»

«Der Lebensleib ist noch etwas dem Menschen Äusserliches. Mit dem ersten Regen der Empfindung antwortet das Innere selbst auf die Reize der Aussenwelt... Damit stellt sich zwischen den physischen Leib und den Ätherleib einerseits und die Empfindungsseele andererseits noch ein besonderes Glied der menschlichen Wesenheit hin. Es ist der Seelenleib oder Empfindungsleib...»

«Der Leib liegt als das gröbste Gebilde inmitten anderer, die ihn und sich selbst gegenseitig durchdringen. Als eine Lebensform erfüllt den physischen Körper der Ätherleib; an allen Seiten über diesen hinausragend erkennt man den Seelenleib (Astralgestalt).»

Zum weiteren gründlichen Studium sei besonders auf die «Geheimwissenschaft» verwiesen.

[3] Thrasybulos Georgiades: «Was ist aber der Rhythmus? Rhythmus ist weder ein Gegenstand wie etwa eine Kunstgattung oder ein Kunstwerk, noch führt er zu einer isolierten Betrachtungsweise, wie etwa der stilistisch-ästhetischen. Was ist aber der Rhythmus? Eine Definition vermag ich nicht zu geben. Schon deswegen nicht, weil Rhythmus nichts ist. Was wir Rhythmus nennen, ist lediglich etwas auf das geistige, d.h. ganzheitliche Sein hinweisendes... Eine Definition des Rhythmus können wir nun nicht geben. Halten wir wenigstens einen wesentlichen Zug fest: Die Kontaktfläche, an der sich das Geistige entzündet, leuchtet uns als Rhythmus auf... Am nächsten stehen wir ihm, wenn wir uns vergegenwärtigen, dass er sich gerade dort verflüchtigt, wo wir ihn fassen wollen: Suchen wir ihn als musikalisches Element, als Ordnung der Töne in der Zeit, so wird er Sprache; suchen wir ihn als Element der Sprache, so wird er Musik; als Zeit – so versteinert er zum festen Körper; als abstraktes Gesetz der Zeitgliederung – so wird er Vers, oder auch Mehrstimmigkeit. Ein Proteus? Eher ein unsichtbarer Gott, der tausenderlei Gestalt annimmt und doch unangreifbar bleibt.»

[4] Goethes Gesetz von Polarität und Steigerung als Schlüssel zum Verständnis der Dreigliederungsdynamik: «Die Erfüllung aber, die ihm (dem Prosahymnus an die Natur von 1782) fehlt, ist die Anschauung der zwei grossen Triebräder aller Natur: der Begriff von Polarität und von Steigerung, jene der Materie, insofern wir sie materiell, diese ihr dagegen, insofern wir sie geistig denken, angehörig; jene ist in immerwährendem Anziehen und Abstossen, diese in immer strebendem Aufsteigen. Weil aber die Materie nie ohne Geist, der Geist nie ohne Materie existiert und wirksam sein kann, so vermag auch die Materie sich zu steigern, so wie sich's der Geist nicht nehmen lässt, anzuziehen und abzustossen; wie derjenige nur allein zu denken vermag, der genugsam getrennt hat, um zu verbinden, genugsam verbunden hat, um wieder trennen zu können» (Weimar, 24. Mai 1828).

[5] Gestaltungsbewegung im Ei bei und nach der Bildung des animalischen Pols beim Huhn nach Grosser, Grundriss der Entwicklungsgeschichte des Menschen, Berlin 1948.

[6] Splanchnikus = Eingeweide (verwandt mit Splen = Milz), was sich in der Breite ausbildet. Das Gebiet des Nervus splanchnicus = Eingeweide-Sympathikus.

[7] Rudolf Steiner spricht in der «Okkulten Physiologie» von der «Bluttafel», die vom Sinnes-Nervensystem her und von den inneren Organen her – vermittelt durch das sympathische Nervensystem – «beschrieben» wird. Unsere Darstellung der Beschreibung der Bluttafel ist in gleichem Sinne zu denken, indem vor allem seelenleibliche Kräfte eingreifen.

[8] ὀργάς = üppiger Erdboden; ὀργή = heftiger Trieb, Charakter; ὀργάω = strotzen von Feuchtigkeit, Saft und Kraft, Nahrung; ὄργια = heiliger, geheimer Götterdienst; ἔργον (ϝέργον) = Werk, Arbeit, das *Wirken*, Tätigkeit; ἐργάξωμαι = arbeiten; ἐργαστήριον = Arbeitsstätte. Wichtig auch die Form ἔρδω = opfere.

⁹ Unter dem Verlauf dieser Furche lassen sich die Muskeln, die zur rechten und linken Kammer gehören, nach Durchtrennung oberflächlich beide miteinander verbindender Muskellagen vollständig voneinander lösen. Man erkennt dann, dass das Herz aus der Vereinigung polarer Blutströme hervorgegangen ist.

¹⁰ Beim selten vorkommenden Situs inversus ist die Rechts-Links-Ordnung der inneren Organisation, vor allem die des Herzens, vertauscht.

¹¹ Kein blosser Ausgleich, keine schwache Vermittlung und Nivellierung liegt vor, wie so oft fälschlich dargestellt wird.

¹² Die Wissenschaft nennt das Reizleitungssystem sehr richtig das autonome System.

¹³ «Das Phänomen des stetig in jener merkwürdigen Bahn durch Tag- und Nachtseite strömenden Blutes wird nie allein durch den Mechanismus des Herzens und der Arterien erklärt werden..., denn das Leben begreift wohl den Mechanismus in sich... aber der Mechanismus umfasst nicht das Leben» (Carus, Physiologie). Das Herz als Bewusstseinsorgan im Erlebnis der Griechen: κῆρ von κέαρ = Herz; κῆρες = Schicksalsgottheiten (mit dem Todeslos verbunden).

¹⁴ «...alles das, was wir mit dem Worte Stimmung, was wir mit dem Worte Gemüt bezeichnen, von welchem oft bei einem und demselben Zuge von Vorstellungen in der denkenden Seele, und ohne zum Bewusstsein kommenden Grund, allein der Grad von Traurigkeit, Heiterkeit, Neigung, Verlangen oder Abneigung und Hass diktiert wird, den wir gerade empfinden, kurz dass alles dieses, was in die Region der dunkeln und doch gerade so mächtigen, ja unwiderstehlichen Gefühle gehört, mit jenen unbewussten Offenbarungen der tief innersten Idee unseres Daseins als Blutleben im genauesten Zusammenhange stehen werde, dies ahnet man, sobald man das geistige Auge auf diese Gegenstände richtet und jede nähere Untersuchung bringt es... immer mehr und mehr zur Gewissheit. ... So wird man auch... das richtige Gefühl der Völker anerkennen und bewundern, welche in frühester Zeit und in den verschiedensten Sprachen Blut und Herz mit Gemüt und Mut fast gleich bedeutend genommen haben und noch nehmen» (Carus, Physiologie).

¹⁵ πλεύρα = Seite, Rippe = Lungenfell und Rippenfell.

¹⁶ πνεῦμα = Geist, Windhauch, Luft; πνέω, πνεῦσαι = atme, schnaufe; πνοή, πνοιή = der Atem, das Wehen.

¹⁷ Dieses Gähnen findet sich manchmal bei Sterbenden – vor dem des Singultus – des letzten Atemtypus vor dem Eintritt des Todes.

¹⁸ Wie der Vorgang der Zusammenfügung und regelmässigen Gestaltung der festen Körper in der unorganischen Natur, so ist auch der Vorgang der Knochenbildung nahe mit jenen des Tönens und Klingens verwandt (G.H.v. Schubert).

¹⁹ «Sterne sprachen einst zu Menschen,
 Ihr Verstummen ist Weltenschicksal;
 Des Verstummens Wahrnehmung
 Kann Leid sein den Erdenmenschen...» (R. Steiner)

²⁰ «Nur beim Menschen», sagt Benninghoff, «ist zwischen der Nasenhöhle und dem Kehlkopf ein neuer Zwischenabschnitt entstanden, der Mesopharynx, innerhalb dessen sich nun der Luft- und der Nahrungsweg frei im Raume kreuzen. Der Kehlkopf liegt weit unterhalb des Nasen-Rachen-Raumes, so dass die bei den Säugern physiologische (und nahezu auch obligatorische!) Nasenatmung beim Menschen durch eine Mund-

atmung ersetzt werden kann... Der hochstehende Kehlkopf der Tiere ermöglicht die Nasenatmung ohne Unterbrechung der Nahrungsaufnahme, während der Mensch nur schlucken kann, wenn die Atmung unterbrochen wird... Der (bei den Tieren) vor dem Gehirn gelegene Nasenschädel schiebt sich zusammen mit dem Ober- und Unterkiefer unter die Schädelbasis. – Das geschieht im Zusammenhang mit der Entwicklung der aufrechten Haltung des Menschen... Das besonders entwickelte Stirnhirn überwölbt schliesslich das Augendach, und Mund und Nasenhöhle werden in eine Gesichtsebene zurückgeschoben. Als wichtigstes Ausdrucksmittel des Kehlkopfes und damit auch seines Gehirns hat sich beim Menschen zusätzlich die Sprache entwickelt. Die Möglichkeit, (die Stimme) zu Worten und Klangbildern im beweglichen Ansatzrohr oberhalb des Kehlkopfes zu formen, unterscheidet den Menschen vom Tier.»

[21] Rudolf Steiner zählt gelegentlich die Atmung ebenfalls zum Stoffwechselsystem: «Wenn wir den Stoffwechsel heraufverfolgen bis zum Atmen, so finden wir ja, dass der Mensch aus sich heraus gestaltet den Kohlenstoff» (Der Mensch als Zusammenklang...).

[22] «Die den strömenden Luftmassen innewohnenden Kräfte sind von ungeheurer Stärke» (Schmitt).

[23] Die Bildung des Rachens, Pharynx und Mesopharynx ist in dieser Weise nur beim Menschen vorhanden.

[24] In der Literatur wird meist nur vom fortschreitenden Wachstum der Nebenhöhlen-Schleimhäute gesprochen, welches wir als vegetative Begleiterscheinung dieses Astralisierungsvorganges auffassen.

[25] Auf Grund von Wachstumsstörungen an der Knorpelknochengrenze bei kongenitaler Lues ist es meist nicht möglich, dass sich gesunde Pneumatisation ausbildet. Der Nasensattel und der mittlere Schädel richtet sich nicht auf (Sattelnase).

[26] Labium anterius plicae salpingo palatinae mit Torus musculi levatoris musculi veli palatini.

[27] Die inspiratorischen und exspiratorischen Druckschwankungen in den Nebenhöhlen sind experimentell nachgewiesen. Wird ihre Beatmung zu schwach, dann kommt es zu Nebenhöhlenentzündungen. Besonders charakteristisch sind die Mittelohreiterungen, die eintreten, wenn durch Verschluss der Ohrtube die Luft im Mittelohr durch die Schleimhäute resorbiert und nicht mehr ergänzt wird. Der Mittelohreiterung geht oft ein Tubenkatarrh mit Verschluss der Tuba auditiva voraus. Dann wird das Trommelfell angesaugt, Hammer, Amboss und Steigbügel werden in die Kuppel des Mittelohres heraufgepresst und versagen als schwingende Klangbrücke. Es gibt mehrere Phänomene, die die «exspiratorische Einatmung» des Hauptes drastisch demonstrieren. Beim Gähnen zum Beispiel kann im Übergang von Inspiration zu Exspiration die verschlossene Tuba plötzlich aufgehen und knackend Luft ins Mittelohr gesaugt werden; das von aussen eingepresste Trommelfell wird dabei plötzlich wieder entspannt. Bei Exspirationsstoss (Niessen) dringt ebenfalls Luft in Nebenhöhlen und es können bei Nasenverschluss Schleimtropfen und damit Infektionen ins Innere gepresst werden. Der natürliche Schleimstrom beim Schnupfen fliesst rachenwärts. Das Schneuzen befreit nur den vordersten Nasenabschnitt, während das «bäuerliche» Aufziehen die Wege gründlicher befreit und niemals zu Nebenhöhlen- und Mittelohrinfektionen führt. Die Druckschwankungen bei Inspiration und Exspiration in den Nebenhöhlen wurden bereits in den

dreissiger Jahren durch Karl Schmücker nachgewiesen. (Karl Schmücker: «Die manometrische Messung des Luftaustausches in der Kiefernhöhle und ihre praktische Bedeutung.» Zeitschrift f. H. N. O. -heilkunde 30. Jg. 1932, s. 638 ff.).

[28] «Was der menschlichen Sprache und Singfähigkeit zugrundeliegt, reicht eigentlich viel weiter als die sogenannten Sprach- und Singorgane. Der Kehlkopf, der Nasen- und Rachenraum, der Gaumen, die Zunge, die Mundhöhle, Lippen, Zähne und so weiter gehören den verschiedenen Organsystemen an. Beim Tier z. B. dienen sie ganz verschiedenen Funktionen. Sie sind teils Atmungs-, teils Verdauungs-, teils Bewegungsorgane und Gliedmassen. Es ist die Sing- und Sprechfähigkeit des Menschen, die diese höchst verschiedenartig funktionierenden und anatomisch ganz verschiedenartigen Organe zu einem Organismus funktionell zusammenfasst» (Kolisko, Physiologisches und Therapeutisches...).

[29] Wer z. B. der Sprache eines heiseren Redners zuhört, wird selber heiser.

[30] «Bei der Stimmbildung... weichen die Conus elastici mit den Stimmbändern unter dem Stoss des anblasenden Luftstromes auseinander und geraten dadurch ganz wie bei einer Gegenschlagpfeife in Vibration. Die Schwingung findet weder in Richtung des Luftstroms statt, noch rein seitlich, sondern in einer schrägen Richtung, gewissermassen in einer Mittellage zwischen beiden Möglichkeiten. Sie unterbrechen damit den unter Druck stehenden Luftstrom periodisch, so dass die Luft durch die abwechselnd geöffnete und geschlossene Glottis (Stimmritze) in Stössen durchtritt. Diese Schwingung des Luftraums erzeugt einen Ton. Der Stimmeinsatz beginnt also mit geschlossener Stimmritze und gespanntem Stimmband (sog. Phonationsstellung). Jedoch ist die Stimmritze nicht luftdicht verschlossen, und es hängt von der Stärke des zu entwickelnden Tones ab, wieviel Luft sie durchlässt» (Benninghoff).

[31] R. von Ranke Graves, Griechische Mythologie I.

[32] Hier beziehen wir uns auf Darstellungen des Kunstunterrichts von Dr. E. Schwebsch.

Kapitel VII

[1] Rudolf Steiner charakterisiert in den Anmerkungen zu Goethes naturwissenschaftlichen Schriften die Entsprechung der Schädelgliederung als der dem Typus am nächsten kommenden zu den untergeordneten Organen.

«...aber hier ist ihre Verkörperung (die der unteren Organisation) dem, wonach sie strebt, noch nicht völlig angemessen, ihre Äusserung und ihr Wesen ihrer inneren Möglichkeit noch nicht gleich, sie könnte mehr sein, etwas Höheres sein, als sie ist, und dieses Höhere, was sie auf einer untergeordneten Stufe sein könnte, aber nicht ist, das wird sie im Schädel. So stellt sich der Schädel als eine höhere Bildung den niederen Organen gegenüber, als die Vollendung und Ausgestaltung dessen, was in den letzteren nur angedeutet ist... Und weil dies so ist, darum ist man berechtigt, in einzelnen Teilen des Kopfes entsprechende Umbildungen niederer Organe zu sehen.»

[2] Hypochondrium: τὸ ὑποχόνδριον, Raum der Leibeshöhle unter dem Zwerchfell, so weit er noch von Rippen und Rippenknorpeln geschützt ist.

³ Dies Bild der Beere gebraucht Hueck in seiner Morph. Pathologie. G. Husemann in ganz ähnlichem Sinne in «Erdengebärde und Menschengestalt». Es weist mit entschiedener Deutlichkeit auf den pflanzenhaft ätherischen Charakter des Organs hin.

⁴ Die Sternzellen (Kupferschen Sternzellen) gehören dem Lymphorganismus an, dessen gestaltbildenden Elementen an dieser Stelle besonders gedacht werden muss. Bisher betrachteten wir das Lymph-Protoplasmaelement als den rein flüssigen Organzustand.

Die einfachste Lymphorganbildung besteht in der Ausgestaltung strömender Netze, zwischen deren Maschen wiederum Lymphe strömt. Solche Protoplasmanetze erscheinen auf höherer Bildungsstufe als Syncytium und schliesslich zuletzt als Zellverband, von dem sich einzelne Zellen abzulösen vermögen, um zu wandern oder neue Plasmaverbindungen einzugehen. Den ganzen Bildebereich nennt man das Reticulo-endotheliale System (endothelial – weil die Bildung der inneren [Blut-]Gefässwandungen dieser Lymphplasmaorganik entstammt).

Zu diesem System gehören ausgebreitete Zonen des Organismus, so der Thymus, die Milz, das Knochenmark, das Lebergewebe, die verbreiteten Lymphknoten und die mannigfaltigen Mandelbildungen.

«Frappierend ist neben seinen im einzelnen noch wenig bekannten Stoffwechselleistungen die Mannigfaltigkeit seiner wanderzellbildenden Reaktionen. Ein- und derselbe Gewebekomplex bildet zum Beispiel im lymphoretikulären Gewebe, je nach dem Reiz, der ihm aus der Gewebsflüssigkeit kommt, immer wieder andere, sich aus dem Reticulumgerüst loslösende freie Zellen: das eine Mal speichernde und zellzerstörende Makrophagen, Histiozyten und Monozyten, das andere Mal Plasmazellen mit der Fähigkeit der Antikörperbildung, heparin- und histaminhaltige Mastzellen, wenn allergische oder hypergische Reaktionen lokaler oder allgemeiner Natur notwendig sind, Fibrozyten aber, wenn es gilt, neue Fasern in das Gewebe einzubauen, und schliesslich Lymphozyten in so ungeheuren Mengen, dass sie alle andere Zellproduktion in den Hintergrund drängen» (Zilch).

⁵ Die Leber ist eine Wasserdrüse, sagt G. Husemann.

⁶ «Man findet mit dem Mikroskop immer nur Einschlüsse irgendwelcher Art in den Zellen: Pigmente, Eiweisskörper, Lipoide, Glycogen oder zahlreiche Zellorganellen wie Plastosomen, Mitochondrien und den Golgiapparat. Auch das elektronenoptische Bild hat uns bisher in dieser Hinsicht keine entscheidenden Aufklärungen geben können... Alle überhaupt im Blute kreisenden Stoffe gelöster, kolloidaler oder korpuskulärer Art, z.B. Kohlehydrate, Eiweiss, Fette, aber auch Hormone, Fermente, Medikamente, Giftstoffe und Gewebetrümmer können durch das Eingreifen der Leber verändert werden. Das heisst, sie können abgebaut oder synthetisiert und damit dem Körper in neuer Form dienstbar gemacht, oder sie können ausgeschieden werden» (Benninghoff-Goerttler).

⁷ Die Gallengänge nehmen einen charakteristischen Zickzackverlauf (Blitzfiguren) als Ausdruck der hier stark wirksamen astral-sekretorischen Kräfte. Die Blutkapillarnetze und die Gallengangkapillarnetze berühren einander nicht!

⁸ Der Mensch wird von seiner Embryonalzeit her mit einer zu grossen Leber geboren (G. Husemann). In der Leber bleibt uns ein embryonales Organ erhalten:

Alter	Lebergewicht in % des Körpergewichts
V. Monat	5,9
IX. Monat	5,0
Neugeborener	4,4
2. Lebensjahr	4,3
5. Lebensjahr	3,8
10. Lebensjahr	3,6
Erwachsener	2,4

Pankreas	100 g	
Ohrspeicheldrüse	10 g	
Leber	1500 g (ohne Blut)	
	Sie ist die schwerste Drüse des Körpers.	

[9] G. Husemann gibt eine sehr einleuchtende Stufenfolge der kosmologischen Ordnung der Leber:

Saturn:	Wärmeproduktion	Morula-artiger Bau
Sonne:	Kohlenstoffassimil.	Glykogen
	Pflanzliche Wuchsform	
Mond:	Wasser, Eiweiss	Tangente-Radius zwischen Vena port.
		Vena hepatic. animalisch
Erde:	Blutabbau	
	Galle	Erde
	Eisendepot	

(nach Husemann, gekürzt)

[10] Rudolf Steiner schildert im «Heilpädagogischen Kurs» Willensschwäche als Leberschwäche. Seit dem Ende der dreissiger Jahre haben die Leberkrankheiten zugenommen, sie sind zu einer Zeitkrankheit ersten Ranges geworden. Bei Kindern verläuft dabei die Hepatitis zu 50% ohne Gelbsucht (G. Husemann).

[11] Der Längsdurchmesser der Niere beträgt 10–12 cm. Der Querdurchmesser 5–6 cm. Die Dicke 4 cm. Gewicht je 120–200 g. Die rechte Niere ist kleiner und leichter als die linke.

[12] Die Arteria renalis tritt meist in mehrere Äste aufgegliedert, etwa 3–4, in den Nierenhilus ein. Gelegentlich kommen noch akzessorische Nierenarterien vor, die direkt von der Aorta abzweigen.

[13] Man spricht bei Nieren und Augenfettlagern von hungerfestem Fett, weil sie auch bei Hunger und aufzehrenden Krankheiten noch lange ihren Bestand im Dienste ihrer Funktion wahren.

[14] H. Ferner, Entwicklungsgeschichte des Menschen.

[15] Goethe gebraucht diese Ausdrücke in seiner Meteorologie (Gespräch mit Eckermann, 22. 3. 1824).

[16] Dieser Plasmaaustausch zwischen Gefässystem und Bindegewebe ist ein sehr umfangreicher.

¹⁷ Die Nierenentwicklung hat viel Verwandtschaft mit der Entwicklung des Auges. «Der sprossende Urnierengang (der spätere Harnleiter) ist dem vordringenden Augenbläschen zu vergleichen. Er induziert aus dem mesenchymalen Gewebe das tubuläre Organ, an dem sich der entsprechende Einstülpungsvorgang abspielt... Wie beim Auge liegt hier ebenfalls ein polar wirksames Prinzip, eine Art ‚Selbstbegegnung' vor, aus der sich die eigentliche Bildung des Nephrons und dessen Funktion ergibt; beim Auge ist es ein venöses Adergeflecht, das den Augenbecher umhüllt und damit zur typischen Sinnesorganbildung beiträgt; beim Glomerulus ist es ein arterielles Aderknäuel, das in den Tubulus-Becher eindringt» (H. H. Vogel: «Die Niere»).

¹⁸ Die harnbereitenden Kanälchen fasst man unter der Bezeichnung Nephrone zusammen. Sie beginnen mit den Nierenkörperchen (Glomeruli), die sich in den Nierenkanälchen (pars contorta, pars recta), Henlesche Schleife, dünnen Teil, dicken Teil differenzieren. Sie endigen mit den Sammelröhrchen, die den Harn der Mündung eines Hauptsammelrohrs (Ductus papillaris) zuführen.

¹⁹ Auch die im Glomerulusfiltrat vorhandenen Aminosäuren und das Vitamin C werden im Tubulusbereich wieder zurückresorbiert.

²⁰ Der Begriff Primärharn und Ultrafiltrat (wir haben uns für den Ausdruck Glomerulusfiltrat entschieden) ist deshalb so irreführend, weil unter Harn ein bereits aus dem Lebenszusammenhang herausgefallenes Ausscheidungsprodukt verstanden wird. Das Glomerulusfiltrat dagegen ist eine dem Liquor cerebrospinalis und der Bindegewebslymphe verwandte lebendige Flüssigkeit. Der Gehalt an Elektrolyten (Na, K, Ca, Cl, H_2Co_3, H_2PO_4, SO_4), Aminosäuren, Glukose, Harnsäure, Harnstoff, Kreatinin sind dem Blutplasma gleich, während in bezug auf die Eiweisskonzentration zwischen Plasma und Glomerulusfiltrat einerseits und Liquor cerebrospinalis und Bindegewebslymphe andererseits zum Teil grosse Unterschiede bestehen. So ist die Eiweisskonzentration des Glomerulusfiltrates gegenüber der des Plasmas sehr gering – dagegen im Vergleich zu der des Liquors cerebrospinalis immer noch hoch.

Eiweiss der Bindegewebslymphe	1–2%
Eiweiss der Darmlymphe	4%
Blut-Plasma-Eiweiss	7%
Glomerulusfiltrat	30 mg%
Liquor cerebrospinalis	2 mg%

Glukose ist interessanterweise in Plasma, Liquor cerebrospinalis und im Ultrafiltrat ungefähr in der gleichen Konzentration enthalten, zu etwa 70–90 mg%.

²¹ Den Funktionszusammenhang von Nieren und Augen hat Hollwich bereits 1950 und auch in späteren Arbeiten dargestellt. Die Harnbildung geht im Tierversuch bei sonst Nierengesunden zurück, wenn die Augen verbunden wurden. Vgl. Walter Holtzapfel, «Auge und Stoffwechsel».

²² Charakteristisch für die Niere ist es auch, dass ihre Krankheiten im zeitlichen Ablauf und in der Prognose ganz verschiedenartig erscheinen können. Bald beobachten wir einen plötzlichen, bald einen ganz schleichend einsetzenden Beginn, in einigen Fällen tritt überraschend schnell der Tod ein, in anderen ebenso schnell völlige Heilung, wieder in anderen Fällen zieht sich die Krankheit lange Zeit hin, und kann noch nach Jahrzehnten schliesslich den Tod bewirken (vgl. H. H. Vogel, Die Niere).

²³ «Wir müssen zugestehen, dass die Milz trotz so vieler Mikroskopie und der Verwirrung durch täglich sich massenhaft mehrende Literatur heutzutage nicht viel Besseres ist, als wie sie zu Galens Zeiten war: ein mysterii plenum Organon» (Hyrtl).

²⁴ Dieses *milt* hat sich in der englischen und dänischen Benennung der Milz unverändert erhalten. Altfranzösisch: le mou von mollis = weich (Hyrtl).

²⁵ Gewöhnliche Kapillaren haben ein Lumen von 5–15 μ; hier handelt es sich um Bluträume von 80–150 μ Durchmesser; 1 μ = $^1/_{1000}$ mm.

²⁶ Im Zusammenhang mit dieser krankheitsüberwindenden Funktion hat der Pathologe Rössle die Milz geistvoll als «Organgewordene Entzündung» bezeichnet.

²⁷ Letterer schreibt unter dem Abschnitt Ontologie der Antikörper: «Aus den bisherigen Resultaten wird man annehmen müssen, dass zwar den undifferenzierten und wandlungsfähigen Zellen des histiozytären Systems eine beherrschende Rolle bei der Antikörperbildung zukommt, dass aber die Orte der Bildung je nach der Beibringungsweise und der Art des Antigens wechseln. Je nachdem sind Milz, Leber und Lymphknoten das generell vorhandene retikulohistiozytäre System und auch der Typ der Zellen verschieden beteiligt.» Immerhin spricht der Umstand der Milzreaktion bei allen allgemein infektiösen und konsumierend entzündlichen Krankheiten das besondere Wesen der Milz aus, zumal sie das vollkommenste retikulohistiozytäre Organ rein mesenchymaler Abkunft ist.

²⁸ Welches zum Beispiel durch die Nahrung im Überschuss oder auch gelegentlich biologisch inaktiv in den Organismus gelangt sein kann..

²⁹ «Die Bauchspeicheldrüse, Pankreas, hält in ihrem... Baue den Typus der Speicheldrüsen ein, zählt also zu den zusammengesetzten acinösen Drüsen, mit länglichen, keulenförmig gestalteten Acini» (Hyrtl).

³⁰ Die anatomischen Bezeichnungen der Bauchspeicheldrüse, Caput und Cauda, gehen nur von der äusserlich aufgefassten Form aus, ohne auf die Funktion und das Wesen des Organs in der Begriffsbildung einzugehen. Wir vermeiden es daher, von «Kopf» und «Schwanz» der Drüse zu sprechen.

³¹ «Aufregung, Ärger, Hetze... dürften keine geringe Rolle spielen, so dass wir die Pankreopathien zu einem Teil vielleicht schon unter den Begriff der Zivilisationskrankheiten einordnen und auf diese Weise die Zunahme ihrer Häufigkeit erklären können» (Heinsen).

³² Durch die Mittelstellung des Geschmackssinns in der organischen Reihe der Sinnesorgane wird es verständlich, dass man in der Kunst bei der Beurteilung des Stils sich nicht auf eine bestimmte Sinnestätigkeit stützt, sondern im universellen Begriff von Geschmack spricht.

³³ Die Aktivierung der Amylase erfolgt durch Chloride (Salzsäure) aus dem Magen (Kohlehydratverdauung) im Optimum bei pH 6,8; die Aktivierung des Trypsins durch die Enterokinase; für die Lipase wirkt unmittelbar die Galle.

³⁴ Langerhans, Pathologe, 1847–1888.

³⁵ Vgl. K. König: «Das System der Drüsen mit innerer Sekretion.» Es handelt sich hier um einen Lichtätherstrom von oben und von unten.

³⁶ Sowohl der Hypophysenvorderlappen als auch das Nebennierenmark lösen isoliert eine Glykosurie aus, jedoch mit dem Unterschied, dass das Adrenalin gleichsinnig mit den Glukagon-A-Organellen, das Hypophysenvorderlappenhormon jedoch hem-

mend und schliesslich zerstörend auf das Insulin B-Zellsystem wirkt (Diabetes häufig bei Hypophysenüberfunktion – Akromegalie.)

[37] Bei den Tieren ist ein ständiger Umbau im Inselsystem festzustellen (Entstehen und Vergehen der Insel-Organellen A- und B-Zellen im Zusammenwirken der azinösen Pankreasteile, wobei immer eine Seite der Polarität überbetont wird! Beim Igel ist der rein quantitative Anteil nach Winterschlafzeit und Sommerwachzeit schwankend. A- zu B-Zellen im Wachzustand im Juni 1:3,3; Blutzucker 125%; im Winterschlaf Dezember 1:6,2; Blutzucker 50 mg%.

[38] Was auch daraus hervorgeht, dass bei Vögeln nur mit extrem hohen Insulindosen überhaupt ein vorübergehender Einfluss auf den Blutzuckerspiegel möglich ist. Eine längere Hypoglykämie ist kaum zu erreichen. Bei Winterschläfern, z.B. beim Igel, kann man durch Insulingaben im Sommer und bei mässiger Unterkühlung ohne weiteres einen künstlichen Winterschlaf hervorrufen.

Es sei hier noch auf eine Besonderheit des B-Zellensystems hingewiesen. In den B-Zellen findet sich das «Inselzink», das offenbar für die «Aktivierung des Insulins» eine bedeutsame Rolle spielt. Es wurde festgestellt, dass das Insulin mit dem Zink einen unlöslichen Komplex bildet. Das darüber hinaus vorhandene Zink verhindert ein Freiwerden von Insulin. Die im Blut vorhandene Glukose geht mit dem Inselzink eine lösliche Verbindung ein und setzt eine entsprechende Menge Insulin ins Blut frei. Soweit die bisher herrschende Anschauung. Die Frage ist nun, ob dem «Inselzink» wirklich «nur» eine Art zeitweilige Blockierungsfunktion für das Insulin zukommt oder ob es nicht vielmehr eine ähnliche Rolle spielt wie vergleichsweise das Eisen im Blut, d.h. dass es für das Ich als Katalysator bei der Zuckerverwandlung in Wärme wirkt. Überblicken wir die besonderen Eigenschaften des Zinks: metallisches Zink ist bei gewöhnlicher Temperatur ein grobkristallinisches, ausgesprochen sprödes Metall. Zwischen 100 und 150°C ist es jedoch sehr geschmeidig, um bei etwa 300°C wieder so brüchig zu werden, dass man es zu Pulver zerstampfen kann. Dieses Intervallphänomen – brüchig-geschmeidig-brüchig bei zunehmender Erwärmung – könnte einen Hinweis für die erwähnte katalysatorische Funktion sein.

Eine andere Eigenschaft ist sein gegenüber allen anderen Schwermetallen mit Abstand grösster Ausdehnungskoeffizient. Ein drittes, nicht unwichtiges Verhalten ist die Tatsache, dass es in der Nähe des Siedepunktes an der gewöhnlichen Luft zu Zinkoxyd verbrennt (H.H. Vogel: Die Bauchspeicheldrüse).

Kapitel VIII

[1] Victor von Weizsäcker: «Der Gestaltenkreis.»

[2] G.W.F. Hegel: «Naturphilosophie», S. 603: «Dies ist aber nur die äussere, d.h. gar keine Notwendigkeit. Die Ursache ist selber wiederum ein Ding, nach dessen Ursachen wieder zu fragen ist, und so fort, immer zu etwas anderem, in die schlechte Unendlichkeit, welche die Unfähigkeit ist, das Allgemeine, den Grund, das Einfache, welche die Einheit Entgegengesetzter ist und daher das Unbewegbare, das aber bewegt ist, zu denken und vorzustellen.»

³ C.G. Carus: «Physiologie», Bd. II, § 814, S. 591.

⁴ Vgl. E. Blechschmidt: «Vom Ei zum Embryo.»

⁵ Intention = Zielgerichtetheit, von Lat. tentus – gespannt; intentio = Spannung, Ausdehnung; intendere = beabsichtigen, intendieren. Davon: Anspannung, innere Stärke, Innigkeit, Gehalt. Als Adjektiv – intensiv, lebhaft. Von Goethe und Schiller im Sinne von höchster Zielsetzung, – «Steigerung» in Ästhetik und Naturlehre verwendet.

⁶ Rudolf Steiner: «Einleitungen zu Goethes Naturwissenschaftlichen Schriften», Dornach 1975.

⁷ Cicero: «Traum des Scipio.» Nach der Übersetzung von R.A. Schröder: «Daher, – so geht es weiter in der Mahnung an den jüngeren Scipio: Rühre dich wohl und halte dafür, dass nicht du sterblich seiest, sondern dieser Leib. Denn du bist auch nicht der, den jenes Bild da vortäuscht, sondern wo jedermanns Geist ist, da ist jedermann. Nicht in der Gestalt, auf die man mit den Fingern weisen kann. Wisse also, dass du ein Gott bist: wenn nämlich der ein Gott ist, der da lebt und empfindet, der da gedenkt und voraussieht, der diesen Leib, dem er zum Herrn gesetzt ist, so regiert, lenkt und bewegt wie jener höchste Gott die Welt» (hier Anschluss an unser Zitat).

⁸ Victor von Weizsäcker: Bewegung ein überräumlicher, überzeitlicher Prozess. «Da es die Biologie mit Lebewesen zu tun hat, kennt sie kein System widerspruchsloser Aussagen, sondern sie muss einen Weg der Bemächtigung eigentümlicher, ja einmaliger Ereignisse und Wesen gehen. Die Gegenwart enthält ihre eigentliche Verwirklichung, aber doch nur als Gegenwart von aus Vergangenheit in die Zukunft durchgehenden Wesen. Diese Wirklichkeit spielt sich also *nicht im Raum* und in der *Zeit* ab, sondern sie läuft durch Raum und Zeit hindurch und besteht in diesem Durchgang und nicht im Darinenthaltensein» (Der Gestaltenkreis).

⁹ Bewegung pflanzlich-vegetativer Organismen erinnert an die Bewegungsart der vegetativen Organmuskulatur (glatte Muskelfasern). 1. Hierher gehört das einfache Strömen und Kreisen der Säfte in Pflanzen und niederen tierischen Organismen; Stoffwechselbewegungen (Assimilation, Dissimilation) – Bewegungen, die ohne deutlichen Rhythmus verlaufen. 2. Oscillationen (Eiweisspendelschwingungen). 3. Öffnen und Schliessen der Blüten (Licht und Dunkelheit). 4. Falten und Spreiten der Blätter (Wärme, Kälte, Feuchte, Trockenheit). 5. Heliotropismus, Geotropismus. Alle diese «Bewegungsformen» sind keine eigenrhythmisch-intentionale Bewegungen, sondern unmittelbare Aktionen des Kosmos und mittelbare Reaktionen des Organismus.

¹⁰ Wohlbold: «Das Wunder des Instinkts.»

¹¹ A. v. Arnim: «Goldne Wiegen schwingen» (Gedicht).

¹² Vgl. Grimm: «Deutsches Wörterbuch.»

¹³ G. H. v. Schubert: «Geschichte der Seele», S. 4.

¹⁴ R. Steiner: «Eurythmie als sichtbare Sprache», S. 20.

¹⁵ W. Holtzapfel: «Zur Heilpädagogik», «Raumesrichtungen der menschlichen Gestalt.»

¹⁶ Die Knochenbildung der Osteoblasten und Osteoklasten beim Knochenwachstum widerspricht dem funktionellen Geschehen aus dem «Flüssigen» heraus nicht.

¹⁷ R. Steiner: «Das Rätsel des Menschen, sein irdischer und sein kosmischer Ursprung.» – Hier wird eine Funktionsordnung der Gesamtorganisation des Menschen in ihrer kosmischen Bezogenheit angegeben: «Ersterbendes Leben» (Saturn); «Bewahrendes

Leben» (Jupiter); Atmendes Leben (Mars); «Zirkulationsleben» (Sonne); «Stoffwechselleben» (Venus); «Bewegendes Leben» (Merkur); «Erneuerndes Leben» (Mond).

Diese Funktionsreihe liegt unserem Versuch zugrunde, Funktion und Gestaltung der Dreigliederung in ihrer gesamtorganischen Einheit zur Darstellung zu bringen.

[18] Goethe: «Zur Morphologie.»

[19] A. Strindberg: «Ein drittes Blaubuch.»

[20] Goethe an Herder.

[21] Man denke auch an die «gerade und krumme Linie». R. Steiner in «Erziehungskunst, Methodisch-Didaktisches».

[22] Rauber-Kopsch: «Lehrbuch der Anatomie des Menschen», Bd. I, S. 119ff.: «Am Musculus errector spinae werden zwei, auch funktionell verschieden zu bewertende Teile unterschieden. Der laterale Trakt (Musculus sacrospinalis) erstreckt sich vom Becken bis zum Occiput und setzt sich aus langen Muskeln zusammen... Der mediale Trakt (Musculus multifidus) liegt versteckter als der laterale... und besteht aus einem medialen Teil mit Ursprung und Ansatz an den Dornfortsätzen und einem lateralen Teil, dessen einzelne Muskelindividuen schräg von den Quer- zu den Dornfortsätzen ausgespannt sind.

Beim Lebenden zeichnen sich die beiden vom Errector spini gebildeten kräftigen Muskelstränge als Längswulst zu beiden Seiten der Medianfurche des Rückens ab.»

[23] R. Steiner: «Allgemeine Menschenkunde.»

[24] A. Strindberg: «Höhere Zwecke.»

[25] V. Seelbach: «Das Schlüsselbein.» «Das Schlüsselbein eignet besonders dem Menschen und erreicht bei ihm seine differenzierteste Gestalt und reichste Funktion. Um es voll würdigen zu können, ist ein Blick auf seine Evolution ebenso nötig wie ein Vergleich seiner Bildung bei den Säugetieren.

Die Clavicula ist Bestandteil des Schultergürtels, der von den Amphibien bis zu den Vögeln mehr oder weniger fest zwischen Sternum und Wirbelsäule eingefügt ist. Er gliedert sich in einen dorsalen und einen ventralen Teil, der sich ventral weiter untergliedern kann (siehe Goodrich). Beide Teile gehen aus einer Ersatzknochen-Anlage hervor – dorsal: Scapula, ventral: Coracoid –; ihr fügt sich jeweils eine Deckknochen-Anlage an – dorsal: Cleithrum, ventral: Thoracale, bei den Säugern Clavicula genannt –. Die ventrale Verbindung zwischen Schultergelenk und Sternum wird bis zu den Vögeln vom Coracoid mehr oder weniger starr übernommen, während das Thoracale nur bei den flugtüchtigen Vögeln als Sonderbildung grössere Bedeutung erlangt: Die proximalen Enden beider Knochen verschmelzen und bilden die Furcula, der eine abstützende Funktion bei den Flugbewegungen zukommt («Strebepfeiler», Grau).

Bei den Säugetieren werden Bau und Funktion des Schultergürtels neu gegriffen: Mit der Verlagerung der Gliedmassen unter den Rumpf rudimentiert die ursprüngliche Verbindung zum Sternum – Ausnahme beim Schnabeltier Ornithorhynchus – und wird zum Processus coracoideus des Schulterblatts. Bei Grab-, Kletter- und Flattertieren übernimmt die Clavicula in verschieden beweglicher Weise die Funktion des Coracoid; bei Läufern und Springern (z.B. Huf- und Raubtieren) unterbleibt ihre Ausbildung weitgehend. Bei Hund und Katze findet man an ihrer Stelle in einem Sehnenquerstreifen liegende Knochenspangen oder -plättchen, die keine Berührung mit dem Schultergelenk oder Sternum haben.

Der nur über Sehnen und Muskeln mit dem übrigen Skelett verbundene Schultergürtel der meisten Säuger eignet sich vorzüglich, um bei Lauf und Sprung die Körperschwere elastisch aufzufangen. Die Bewegungsmöglichkeit der Vordergliedmassen ist hierauf jedoch weitgehend eingeschränkt, und bei vielen sind sogar einzelne Kopfbewegungen mit ihnen gekoppelt, z.B. das Kopfnicken des Pferdes beim Gehen. Die anatomische Untersuchung (Abb. 1) zeigt, dass ein Teil des M. deltoideus (M. cleidobrachialis) an dem Schlüsselbein-Sehnenstreifen mit einem Teil des M. cleidomastoideus verbunden ist. Dadurch können viele Huf- und Raubtiere nur bei festgestellter Gliedmasse Kopf und Rumpf bewegen und nur bei festgestelltem, erhobenem Kopf die Gliedmasse nach vorn bringen.

Beim Menschen befreit das Schlüsselbein die Kopf- von der Armbewegung. Letzterer schenkt es den vollen Bewegungsreichtum, z.B. ermöglicht es die grosse Drehbewegung des Oberarms. Ausserdem fixiert es die Lage des Schultergelenks in der Rückenebene des Brustkorbs, wodurch der Bewegungsspielraum der Arme, z.B. gegenüber dem der Affen (Abb. 2), weiter gesteigert wird.

Die aufrechte Gestalt ermöglicht es dem Menschen, Überblick und Distanz zur Welt zu gewinnen; Freiraum und Eigenständigkeit der Armbewegung begaben ihn, seine Abhebung von der Welt tätig zu überwinden.»

Literatur: H. Grau in Ellenberger-Raum: «Handbuch der vergleichenden Anatomie der Haustiere», Berlin, 18. Aufl. 1943. – E. S. Goodrich: «Studies on the Structure and Development of Vertebrates», London 1958. – A. Portmann: «Einführung in die vergleichende Morphologie der Wirbeltiere», Basel, 2. Aufl. 1959. – A. S. Romer: «Vergleichende Anatomie der Wirbeltiere», Hamburg 1959. – A. H. Schultz: «Die Primaten», in: «Die Enzyklopädie der Natur», Bd. 18, Lausanne 1972.

[26] Fr. Schiller: «Die Glocke.»

[27] Goethe: «Zur Morphologie.»

[28] R. Steiner: «Vergangenheits- und Zukunftsimpulse im sozialen Geschehen.»

[29] R. Steiner: «Pädagogischer Ergänzungskurs», 2. Vortrag: «Das Urteilen ist eigentlich gebunden an den mittleren Organismus und namentlich an die Arme und Hände. Vorstellen tun wir mit dem Kopf ... Sie können sich sagen: der mittlere Organismus ist eigentlich dazu da, die Gefühlswelt zu vermitteln, das ist im Wesentlichen der Sitz des rhythmischen Organismus des Menschen. Das Urteilen hat doch eine tiefe Verwandtschaft mit dem Fühlen ... Wenn wir ein Urteil fällen, dann haben wir das Gefühl der Bejahung und Verneinung ... Nun ist beim Menschen, weil er vorzugsweise ein urteilendes Wesen sein soll, sein Organismus in Einklang gebracht mit dem rhythmischen Organismus, aber zu gleicher Zeit von dem fortdauernden rhythmischen Organismus befreit. So haben wir ... in der Verbindung zwischen rhythmischem Organismus und dem befreiten Armorganismus, physisch-sinnlich ausgedrückt, die Art, wie das Gefühl zusammenhängt mit dem Urteil.»

Abb. 1: Die Muskeln der Schultergliedmassen bei Mensch, Pferd und Hund. Man beachte die bei den Tieren – im Gegensatz zum Menschen – rudimentäre Ausbildung des Schlüsselbeins. (Nach H. Braun, Handbuch der Anatomie der Haustiere, hg. von Ellenberger/Baum, 18. Aufl., Berlin 1943.)

Abb. 1

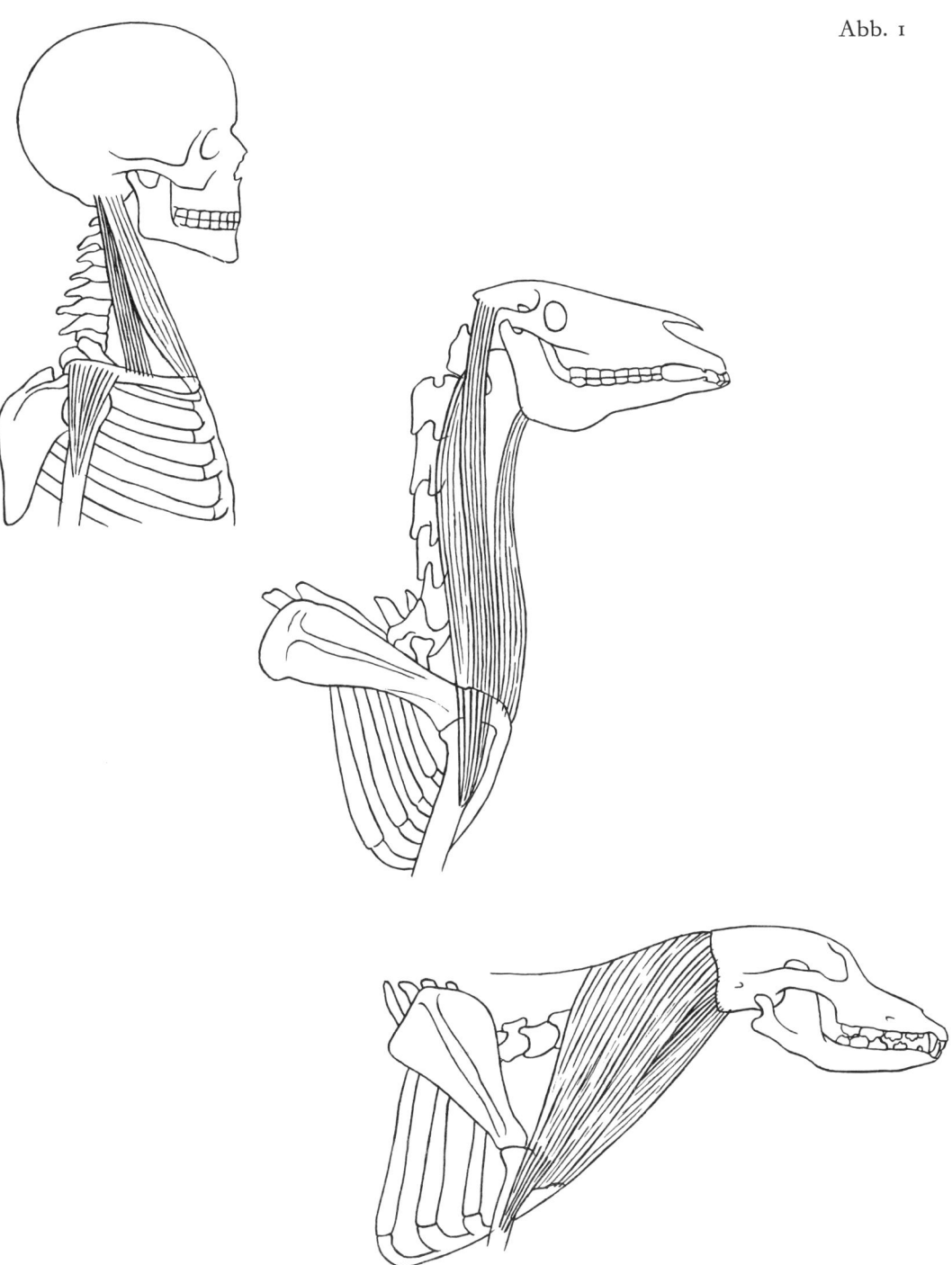

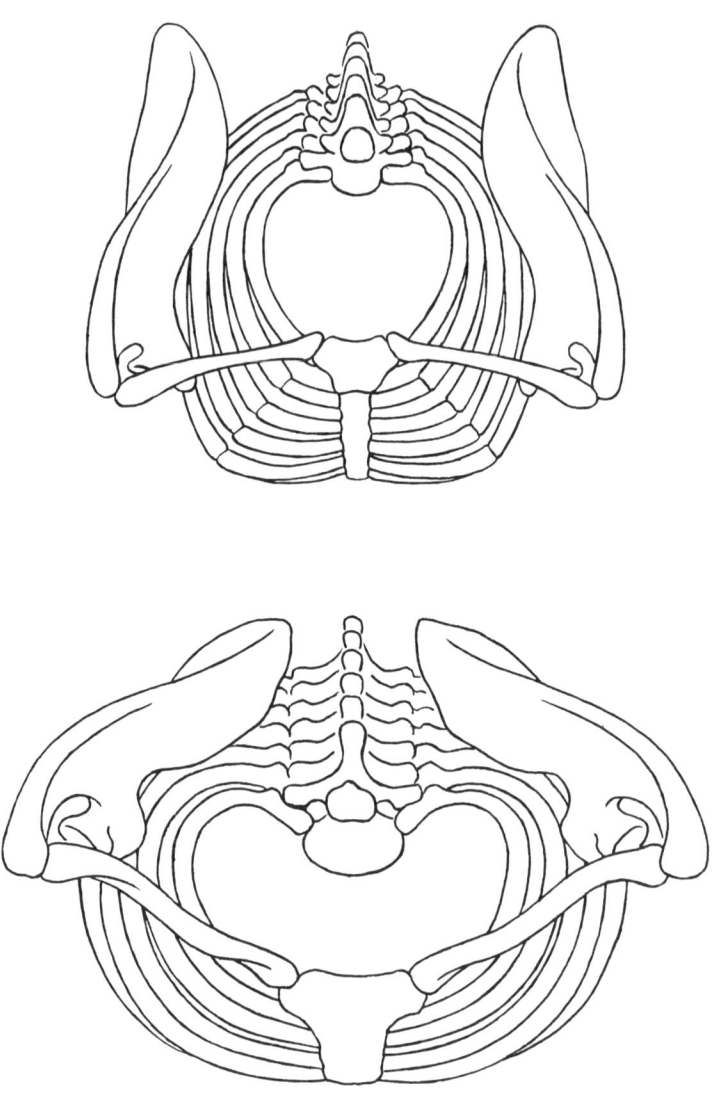

Abb. 2: Brustkorb und rechter Teil des Schultergürtels bei Mensch (unten) und Affe (oben). (Nach A. H. Schultz, Die Primaten, in: Die Enzyklopädie der Natur, Band 18, Lausanne 1972.)

30 R. Steiner: «Allgemeine Menschenkunde»; «Pädagogischer Ergänzungskurs».

31 R. Steiner: «Sprachgestaltung und Dramatische Kunst.» G. Husemann: «Beiträge zu einer Erweiterung der Heilkunst nach geisteswissenschaftlichen Erkenntnissen» (29. Jg., Heft 3, 1976): «Untersuchung zur Sprachentwicklung in Abhängigkeit von der Fingerbeweglichkeit des Kindes» (Bericht über eine Arbeit von Prof. M. Kolzowa).

32 Schon beim Embryo sind die Beugestellungen der Arme und Hände für den Menschen besonders charakteristisch (Blechschmidt).

33 Benninghoff: Das Heben der Arme gehört zur «Streckfunktion», das Senken zur Beugefunktion. – «Obwohl das Senken des erhobenen Armes allein durch die Schwerkraft bewirkt werden kann, ist doch die Arbeitsfähigkeit der Senker aus der reinen Seithebung mehr als doppelt so gross wie die der Heber. Auch das Rückführen des Armes aus der Vorhebung kann durch Muskeln geschehen, deren Arbeitsleistung doppelt so gross ist wie die der Antagonisten. Es entfalten also wie beim Bein die Muskelgruppen die grösste Arbeitsleistung, die die Gliedmassen aus der erhobenen, abducierten Lage in die Grundstellung zurück führen. Die Kraftentfaltung ist somit bei den Bewegungen am grössten, bei denen die Arme auf den Körper zu bewegt werden und etwas an den Körper heranziehen oder bei denen der Rumpf gegen die fixierten Arme bewegt wird... Das Übergewicht der Armsenker über die Armheber wird verständlich, wenn man die einseitige und willkürliche Betrachtung des frei bewegten Armes verlässt und jene Bewegungsakte berücksichtigt, bei denen das Ende der Gliederkette fixiert ist und der Körper gegen den Arm zu bewegt wird. Schliesslich sei bemerkt, dass aus der Grundstellung heraus die Einwärtskreiseler über die Auswärtskreiseler das Übergewicht haben, so dass der frei herabhängende Arm in leichter Pronationsstellung gehalten wird... Ferner kann der gebeugte Unterarm durch die Oberarmdrehung mit grösserer Kraft auf den Körper zu als von ihm weggeführt werden. Auch hier kehrt die selbe Regel wieder, dass die Bewegungen des Armes auf den Körper zu mit grösserer Kraft ausgeführt werden als die entgegengesetzten, obwohl diese letzten gegen die Schwere erfolgen» («Anatomie» I, S. 254).

34 Vgl. Benninghoff.

35 Fr. Graf v. Bothmer: «Gymnastische Erziehung.»

36 Dietrich Starck: «Embryologie»: «Jeder Somit differenziert sich in Myotom, Sklerotom und Dermatom. Die Zahl der Somiten ist beim menschlichen Embryo grösser als die Zahl der Wirbelsegmente. (3) 4 Occipitalsomite – (7) 8 Cervicalsomite – 12 Thoracalsomite – 5 Lumbalsomite – 5 Sacralsomite – 8–10 Caudalsomite.

37 Das Stratum lucidum der Haut zeigt noch in der späteren Lebenszeit diesen Entwicklungszustand.

38 Schon von dieser Gegebenheit her ist es daher verfehlt, bei der Muskulatur den Begriff der «Zelle» zu verwenden. Es ist charakteristisch, dass man selbst bei voll ausgebildeten Muskeln nicht eigentlich von Zellen sprechen kann, sondern vielmehr dem Phänomen des Bewegungsorgans gemäss allgemein mehr von «Muskelfasern» spricht. Muskelfasern können ganze Faserströme bilden, die miteinander zu spindelförmigen Einheiten wie in einem Wellenfluss vereint bleiben; wie sich der Muskel in seiner Ganzheit ja auch makroskopisch als «Welle» oder «Woge» unserem Auge darstellt. Von Muskelzellen zu sprechen, ist vom Phänomen her unsachgemäss, da der Begriff der Zelle Form, Abgeschlossenheit, ja oft sogar Starrheit involviert, während muskuläre Gestal-

tungen von ihren Kräfteströmungen, von ihrer Dynamik und Elastizität herrühren (vgl. Hueck: «Morphologische Pathologie», S. 22 und unser Kapitel «Leben und Gestalt»).

«Hier finden sich ganze Faserströme, Flüsse und Wirbel, die in ihrer Gesamtheit als Muskeln über gemeinsame rhythmische Elastizität in Spannungs- und Lösungsbewegungen verfügen. Die Muskelfaserfibrillen bilden häufig untereinander netzförmig fliessende Verbindungen (Syncytien), durch die das Myoplasma frei zu strömen vermag. Diese Syncytien sind vor allem bei Eingeweidemuskeln weit verbreitet (flächenhaft ausgebreitete Muskelgeflechte).

Für die Körperbewegungsmuskulatur sind jedoch die reinen Spindelformen, die sich an die Körper- und Gliedmassenachsen anschliessen, charakteristisch.

[39] Für das Verständnis dieser Gegebenheiten ist die Identität des Klangäthers mit dem Chemischen –, dem Flüssigkeitsäther wesentlich. Das periodische System der Elemente erscheint als «Harmonielehre» des Klangäthers. Vgl. Bindel-Blickle: «Zahlengesetze in der Stoffeswelt…»

[40] R. Steiner: «Meditativ erarbeitete Menschenkunde»: «Die musikalischen Kräfte sind mehr aus der äusseren Welt, aus der aussermenschlichen Welt, aufgenommen… Durch alles, was in der Natur vor sich geht, geht ja eine geheimnisvolle Musik, die irdische Projektion der Sphärenmusik. In jeder Pflanze, in jedem Tier ist eigentlich ein Ton der Sphärenmusik inkorporiert, das ist auch in bezug auf den menschlichen Leib der Fall.»

[41] Vgl. Gestaltungskreis = «Gestaltenkreis» (Weizsäcker).

[42] R. Steiner: «Die Gliedmassen sind wie eingesetzt.» Vgl. «Erziehungskunst, Methodisch-Didaktisches».

[43] Haben die eigenständigen Mesenchyminseln der Glieder vielleicht sogar etwas mit der pathologischen Form der Myopathien mit peripherem Muskelschwund zu tun, die ja oft nur vom Fuss bis zu den Knien reichen, bzw. bis zu den Oberarmen? Die Glieder bilden sogar ein «selbstdifferenzierendes System», das sich unabhängig von den nervlichen Zentren entwickelt. Man hat hier ganz erstaunliche Tatsachen gefunden: Wenn Gliedknospen von Embryonen verpflanzt werden, ehe Nervenfasern in sie eingewachsen sind, dann differenzieren sich die Gliederenden dennoch normal! Ja sogar wenn Ursegmente (mesenchymale Substanz, die den Gliedknospen zugrunde liegt) zerstört oder entfernt werden, so entwickelt sich dennoch die Muskulatur des betroffenen Gliedes in seiner gewöhnlichen Weise. Es bleibt noch die Frage, ob das Mesoderm der Gliedknospe fähig ist, eine eigengesetzliche Differenzierung zu bewirken, oder ob sogar das darüberliegende Ektoderm massgeblich in den Prozess der Gliedmasseneinstrahlung und -einformung einbezogen ist. Dies ist ja bei den Zähnen der Fall, die wir an den Gliedmassen des Schädels als die periphersten Glieder durchaus in Analogie zu Fingern und Zehen entstanden denken können. Vom Ektoderm aus senkt sich die Zahnleiste, eine einfache Verstärkung des Mundepithels, in das tieferliegende Mesoderm ein und gliedert sich dabei bis zur Ausbildung der Zähne, die man als radial vereinfachte, extrem sklerotisierte «Eingliederungen» auffassen kann, die wie in funktionslosen Gelenken in ihre Alveolen eingefügt sind.

Bei Markierungsversuchen an Hühnerembryonen und Amphibienlarven hat es sich gezeigt, dass der aktivste Wachstumsteil eines Gliedkeimes seine äusserste Peripherie ist, also nicht seine Wurzelzone. Gliedmassen wachsen und gliedern sich also von aussen nach innen und gewinnen erst zuletzt Anschluss an das Rumpfskelett, an Schulter- und Beckengürtel. Der Bewegungsorganismus hat seine eigene kosmische Dynamik. Auch das Kreislaufgeschehen, die kapillare Venenperipherie und die umkreisbildende Lymphströmung müssen hier mitbetrachtet werden, wenn das Wesen einströmender, ernährender, bewegender und Willen anfachender Kräfte aus dem «Umkreis» verständlich werden soll.

44 Das Krankheitsbild der Dysmelie legt diesen Tatbestand durch den pathologischen Befund offen. Die Hand ist gegebenenfalls schon vollkommen ausgebildet, während Unterarm und Oberarm in Folge der Schädigung (Kontergan) nicht mehr zur Entwicklung kommt. Blechschmidt hat die Ausgestaltungsfolge der Gliedmassen von der Peripherie gegen das Leibeszentrum hin zuerst genauer beschrieben.

45 Viscerale Muskulatur entsteht aus nicht segmentiertem Mesoderm der Splanchnopleura (Starck).

46 Querstreifung des Muskelgewebes kommt also bei somatischer, wie bei visceraler Muskulatur vor, – bestimmend ist letztlich die Funktion (Benninghoff).

47 «Die genetisch-morphologische Eingruppierung der äusseren Augenmuskeln ist bisher nicht mit Sicherheit möglich, denn diese Muskeln entstehen aus lokalisierten mesenchymatischen Anlagen in einem Körperabschnitt, in dem echte Somiten nicht vorkommen, andererseits aber auch kein Coelom auftritt. Ihre histologische Struktur ist nach dem Gesagten kein Wegweiser für ihre genetische Deutung. Auch die Innervation lässt in diesem Fall keine Deutung zu, denn die Augenmuskelnerven sind weder mit Sicherheit den Spinalnerven noch den Branchialnerven homologisierbar. Ihr histologischer Aufbau aus quergestreiften Muskelfasern ist aus ihrer Beziehung zur Umwelteinstellung (Blickorientierung) zureichend erklärt. Die Muskulatur der Iris (Musculi sphincter und dilatator pupillae; siehe S. 417) und die Muskulatur der apokrinen Hautdrüsen (Myoepitheliale Elemente) entstehen aus dem Ektoderm. Diese Muskulatur ist bei Säugetieren aus glatten Muskelzellen aufgebaut. Beim Vogelauge kann die Irismuskulatur jedoch auch aus quergestreiften Muskelfasern bestehen» (Dietrich Starck: «Embryologie», S. 606).

48 «Haltung» (ἕξις) wurde im Altertum der Ordnungscharakter der physisch-materiellen Welt bezeichnet: «Überhaupt wird uns die Haltung (ἕξις) als das Feststehende, Ausdauernde im Vergleich mit der wandelbaren Affektion (διάθεσις) der Dinge bezeichnet. Sie ist das feste Band, welches die Körperlichkeit zusammenhält, ... ja die Kraft, welche jedem Körper seine eigentümliche Form gibt, so dass nichts Körperliches ohne Haltung gedacht werden kann (G. H. v. Schubert, «Geschichte der Seele», Anm. zu § 5).

49 Benninghoff: «Über das Mienenspiel der Gesichtszüge», Bd. I.

50 «Es muss bedacht werden, dass die bewegte und gefaltete Gesichtshaut nur die Oberfläche des Gesichts darstellt, das unter der Haut noch einen gestalteten Untergrund besitzt. Diese Gestalt verkörpert einen bestimmten Baustil, der selbst schon einen seelischen Stil zum Ausdruck bringt. Erst auf dieser Grundlage erhebt sich der Gebrauch der Gesichtszüge in der Mimik – und wir pflegen meist die Form des Gesichtes zusammen mit der mimischen Haltung der Gesichtshaut als den Gesichtsausdruck zu bezeichnen; ohne zwischen der Grundgestalt und dem mimischen Ausdruck zu unterscheiden.

Dabei wird die Annahme gemacht, dass zwischen Baustil und Bewegungsstil Einklang bestehe» (Benninghoff: «Anatomie» I, S. 514).

[51] Kongruenz des Bewegungsrhythmus und des Herzrhythmus. Vgl. Zink: «Sehen und Bewegen», in: «Der Beitrag der Geisteswissenschaft zur Erweiterung der Heilkunst», Bd. I, Dornach 1950.

[52] Vgl. Dietrich Starck: «Embryologie», S. 529, Abb. 486.

[53] Vgl. Dietrich Starck, ebenda.

[54] Auf diese Zusammenhänge hat Karl König zuerst hingewiesen: Siehe den Aufsatz «Das logogenetische Grundgesetz» in der Zeitschrift «Natura», Arlesheim.

[55] «Die Vokalismuskulatur zeigt auch histologisch Besonderheiten, die wahrscheinlich durch ihre herkunftsgemässe Beziehung zur Herzmuskulatur erklärt werden können. Sie soll sich auch physiologisch von der viel schneller ermüdbaren Skelettmuskulatur unterscheiden» (Benninghoff: «Anatomie» I, S. 190).

Dazu auch: «Herzmuskel und Kehlkopfmuskulatur»; in «Die Gewebe», vierter Teil: Gewebe und Systeme der Muskulatur; bearbeitet von Gösta Häggquist. Handbuch der mikroskopischen Anatomie. Berlin, Göttingen, Heidelberg 1956.

[56] Hier ist noch einmal daran zu erinnern, dass die Skelettsubstanzverdichtung ungewöhnlich spät entsteht, im Gegensatz zu allen Weichteilen und vor allem der Muskulatur.

[57] Zitiert nach G. H. von Schubert: «Geschichte der Seele», S. 89.

[58] Benninghoff spricht von der Verschiebungs-Beweglichkeit der «inneren Gelenke» des «bindegewebigen Skeletts». «Anatomie» I.

[59] Goethe: «Farbenlehre», Bd. I, S. 78/79.

[60] Braus: «Anatomie» I.

[61] G. H. von Schubert: «Geschichte der Seele.»

[62] Bei niederen Organismen führt eine Erhöhung der Wärme um 10° zu einer Verdoppelung der Wachstumsgeschwindigkeit.

[63] Pflanzen in ihrer vorwiegenden Ätherität sind dagegen einseitig endotherm organisiert; Tiere nach Massgabe ihrer Astralität exotherm. Hierzu kommt noch die «Stenothermie» der Meerestiere, – Leben mit der Temperatur des umgebenden Elementes (Isothermie). Wechselwarme, einfach organisierte Landtiere (Poikilothermie), Heterothermie der Übergangsformen. Selbstregulatorische Eigenwärme der höheren Wirbeltiere. Euthermie = höchste Stufe = Wärmekonstanz.

[64] Meteorisches Eisen: Wir gebrauchen diesen Ausdruck in Nachfolge G. H. von Schuberts, der die Beziehung des Bluteisens zur Atmung über den bloss chemischen Aspekt der beiden Eisen-Sauerstoff-Verbindungs-Möglichkeiten (fero-feri = Eisen) hinaus damit im Sinne eines kosmischen Substanzprozesses charakterisieren wollte (vgl. das Kapitel: «Die Atmung»).

[65] Im Lehrbuch der Anatomie von Rauber-Kopsch (20. Auflage) sind hierzu folgende Zahlen angegeben:

Auf 1 mm^2 Muskulatur kommen beim Pferd 1400, beim Hund 2600 Kapillaren. Die Gesamtlänge der Muskelkapillaren beim Menschen wird auf 100000 km, die Gesamtoberfläche auf 6300 m^2 geschätzt (Bargmann).

[66] Wärme und Bewegungsphasen nach A. Bleichert in «Landois-Rosemann» Physiologie: Im Bestreben, die Phänomene dem Bewegungs- und Wärmephänomen im Dienste möglichster Anschaulichkeit einzugliedern, habe ich Wärme und Bewegungsphasen, wie

sie A. Bleichert in «Landois-Rosemann» angibt, unter Beibehaltung der Reihenfolge unter menschenkundlichen Gesichtspunkten und nach der qualitativen Bedeutung der Phänomene zu gliedern gesucht.

Wo Bleichert von *Initialwärme* spricht, möchte ich diesen Begriff nur für die *«Aktivierungswärme»* anwenden, «die schon vor dem Beginn der *mechanischen* Ereignisse der Muskelkontraktion einsetzt...» und die Wärme, die die Muskelkontraktion begleitet als Arbeitswärme, als mittlere Phase des Wärmeflusses hervorheben, der dann die dritte Phase als Erholungsphase (wie bei Bleichert) folgt.

Für den genauer Interessierten gebe ich die Bleichertsche Darstellung im Auszug, da sie Anregungen für weitere Studien über Wärme und Bewegung geben kann:

«Für das Studium der Energiefreisetzung im Muskel ist der Nachweis des zeitlichen Ablaufs der Wärmebildung während der Kontraktion unerlässlich. Dieses ungewöhnlich schwierige experimentelle Problem ist im Wesentlichen von A.V. Hill und seiner Schule bearbeitet und für den Skelettmuskel gelöst worden ... Als Ergebnis solcher Untersuchungen haben sich *zwei verschiedene Phasen der Wärmebildung* ergeben:

1. die mit der Kontraktion verbundene initiale Wärme,
2. die nach der Beendigung der mechanischen Ereignisse auftretende Erholungswärme.

Die initiale Wärme beginnt bereits in der Latenzzeit(!) Die weitere Analyse der initialen Wärme erfordert vor allem eine Berücksichtigung der Arbeitsbedingungen des Muskels, denn die gesamte Wärme ist bei einer isotonischen Kontraktion unter sonst gleichen Bedingungen grösser als bei einer isometrischen. Bei einer isometrischen Kontraktion (Anspannung und Erschlaffung) ist die initiale Wärme aus drei Anteilen zusammengesetzt:

1. Aktivierungswärme, die von Hill dem Energie liefernden Fundamentalvorgang zugeordnet wird und die unabhängig ist von den Spannungsänderungen;
2. mechanische Verlustwärme, durch innere Dehnung und Entdehnung;
3. Verkürzungswärme, die (unabhängig von der Belastung) der Verkürzung der kontraktilen Elemente parallel geht. Sie beträgt am Froschmuskel pro Zentimeter Verkürzung 0,008 cal/cm². Bei einer isometrischen Kontraktion fehlt die mechanische Verlustwärme durch Dehnung der elastischen Elemente. Dafür ist aber die Verkürzungswärme entsprechend der stärkeren Verkürzung der kontraktilen Elemente grösser, so dass die gesamte initiale Wärme die der isometrischen Kontraktion übertrifft.

Die gesamte initiale Wärme einer Kontraktion beträgt rund 0,003 cal/g Muskel.

Da die Bildung der initialen Wärme weder durch Sauerstoffmangel noch durch Hemmung der Glycolyse beeinflusst wird, kann sie nicht auf Oxydation oder glycolytischen Prozessen beruhen.»

Für unsere Darstellung ergibt sich also, dass die Aktivierungswärme (Hill), d.h. die Initialwärme und die Arbeitswärme (Verkürzungswärme, Bleichert) – der aufbauendätherischen Seite des Gesamtgeschehens zugerechnet werden muss.

An die Kontraktion, besonders deutlich nach einem Tetanus (anhaltende Verkürzung des Muskels, wenn ihn zahlreiche rasch folgende Reize treffen), schliesst sich die zweite Phase der Wärmebildung an (bei unserer Darstellung also die dritte). Diese Erholungswärme ist umso grösser, je länger der Tetanus gedauert hat.

Die Bildung der Erholungswärme muss ausschliesslich chemischen Prozessen zugeschrieben werden. Sie ist daher in hohem Masse von der Sauerstoffversorgung abhängig.

Da im Verlauf der Erholungsprozesse nicht nur exotherme, sondern auch endotherme chemische Reaktionen ablaufen, ist die jeweils gemessene Wärmebildung die Summe der von den chemischen Reaktionen gebildeten und verbrauchten Wärmemengen usw. ...

Diese (Erholungs-)Phase der Wärmebildung kann nur zu einem kleinen Teil auf glycolytischen Prozessen beruhen, denn sie ist auch noch bei Hemmung der Milchsäurebildung nachweisbar. Bei genügender Sauerstoffversorgung wird in der Erholungsphase erheblich mehr Wärme gebildet als unter anaeroben Bedingungen (aerobe Erholungswärme). Auch dauert die aerobe Wärmebildung wesentlich länger an. Bei ausreichender Sauerstoffversorgung geht die Bildung der Erholungswärme der Sauerstoffaufnahme parallel. Das Verhältnis der von einem Muskel gebildeten initialen Wärme zur Erholungswärme ist nicht konstant. Bei Einzelzuckungen liegt es nahe bei eins. Die Erholungswärme ist also etwa gleich der initialen Wärme. Bei tetanischen Kontraktionen nimmt aber die Erholungswärme stärker zu als die initiale Wärme.»

Wesentlich zur Ergänzung unserer Ausführungen sind auch die weiteren Darstellungen bei «Landois-Rosemann», S. 488 ff.

[67] Es wird hier an die Sinneslehre Rudolf Steiners angeknüpft. Wesentliche Anregungen bei V. von Weizsäcker, «Der Gestaltenkreis», Theorie der Einheit von Wahrnehmen und Bewegen.

[68] Rudolf Steiner: «Exkurse in das Gebiet des Markus-Evangeliums»:

«Die motorischen Nerven sind auch Empfindungsnerven; nur sind sie dazu da, die entsprechenden Bewegungen in den Muskeln selbst zur Empfindung zu bringen. Es wird gar nicht viel Zeit dazu gehören, so werden die Menschen es einsehen, dass der Muskel allerdings nicht in Bewegung gebracht wird durch Nerven, sondern dass er in Bewegung kommt durch unseren astralischen Leib..., was in diesem zunächst nicht unmittelbar so wahrgenommen wird, wie es ist. Denn das ist ein Gesetz, dass das, was wirken soll, nicht unmittelbar wahrgenommen wird... Und dass wir etwas von unseren Muskelbewegungen kennen, dazu haben wir die motorischen Nerven, wie man sie unrichtig nennt... Dies ist jedoch nur eine Art von solchen Wahrheiten, die immer mehr und mehr die Menschen davon überzeugen werden, dass der Mensch wirklich ein geistiges Wesen ist, wirklich eingesponnen ist in die Weltensphärenharmonien, bis in seine Muskeln hinein... Gerade wie der Ton in einer gewissen Beziehung in eine höhere Sphäre heraufkommt, wenn er aus dem musikalischen Ton zum menschlichen gesprochenen Wort wird, so ist es auch im Weltenzusammenhange: Die Sphärenharmonie wird etwas Höheres, wenn sie zum Weltenwort, zum Logos wird... Und wenn die Menschen ... sich als Geistwesen kennengelernt haben, werden sie nicht mehr an der Phantasterei festhalten, dass die Muskeln durch die motorischen Nerven in Bewegung kommen, sondern sie werden erkennen, dass die Muskeln aus der persönlich gewordenen Sphärenharmonie heraus bewegt werden.»

[69] Faust wird der raum-zeitlichen Welt entrückt: «in der Gebilde losgebundne Reiche» ... «Gestaltung, Umgestaltung, des ew'gen Sinnes ew'ge Unterhaltung».

[70] Rudolf Steiner bezeichnet das rhythmische System als den Arzt in uns, ... harmonische Durchdringung der Wesensglieder («Weltenwunder, Seelenprüfungen und Geistesoffenbarungen»).

[71] R. Steiner: «Die sieben Lebensstufen», vgl. Anm. 17.

[72] Denervierte Muskulatur fällt infolge ausfallender trophischer Funktionen, die der

Nerv ebenfalls vermittelt, auf einen primitiven Zustand zurück, der zwar keine organgerechte Muskelfunktion, aber in den Muskelfibrillen noch immer «Spontankontraktionen zu vollziehen vermag» (Hinweis von Prof. H. Hensel, Marburg).

73 Rudolf Steiner charakterisiert die Vereinigung von Blut und Nerv als das Wesen des «*Sinnesorgans*».

74 A. Pischinger: «Das System der Grundregulation.»

75 V. v. Weizsäcker: «Der Gestaltenkreis», S. 134.

76 H. J. Scheurle: «Die Überwindung der Subjekt-Objektspaltung in der Sinneslehre.» Marburg 1976.

Kapitel IX

1 Das sanguinische Temperament hätte insofern auch an erster Stelle in unserer Reihenfolge stehen können, wir hätten uns nur damit den Weg für das Verständnis des Organisch-ätherischen erschwert. Caroline von Heydebrand beginnt in ihrem Buche «Vom Seelenleben des Kindes» mehr vom seelischen Gesichtspunkt aus mit vollem Recht mit dem sanguinischen Temperament.

2 Es wurde bereits auf die vier Ätherarten hingewiesen. Hier handelt es sich um den Lichtäther im Menschen.

3 Im physischen Leib wirkt von den Ätherarten am meisten der Lebensäther.

4 Pais = παῖς = Knabe; aber auch als Paidaia = das Knabenalter, das das Mädchen mit einschliesst; παιδαγωγία = Erziehung.

5 Diese Melancholie des Kleinkindes erscheint fast regelmässig als Phänomen des Hospitalismus, als Folge fehlender Mutterliebe oder als Folge übermässiger früher seelischer Überforderung des Kindes, wobei die leibliche Entwicklung zurückbleibt.

6 Eine vierte Möglichkeit der menschlichen Lebensäusserung, die aber nicht als echtes Temperamentsbild gezählt werden sollte, erscheint in der Krankheit, beim «Versagen der Person» als reine Bestimmtheit des Menschen aus der Leiblichkeit.

7 Rudolf Steiner weist auf diese Zusammenhänge in vielen pädagogischen Vorträgen hin.

8 Die Hülsenbeckschen Kinder von Philipp-Otto Runge.

9 Vgl. W. Holtzapfel: «Krankheitsepochen der Kindheit», Jugendbiographie des jungen Novalis und der «schönen Seele» in Goethes Wilhelm Meister.

10 Natürlich findet sich in der Erfahrung auch das Bild des phlegmatischen Knaben oder das Bild des melancholischen Mädchens – wie umgekehrt des sanguinischen Backfisches und des cholerischen Flegels –, aber diese Temperamente stützen sich dann auf eine individuelle Konstitution, die auch für das spätere Leben von Bedeutung bleibt, weniger auf die hier als Grundlage der Betrachtung gewählten Funktionen der Wesensglieder, die das Allgemeingültige sind.

11 Aus Goethes Briefwechsel mit Zelter.

12 G. H. v. Schubert, in «Geschichte der Seele»: «...das phlegmatische Temperament, welches öfters die Sinnesart des höheren Alters zu sein pflegt.»

13 Der ganze Organismus wird im späteren Alter von den Kopfkräften erfasst. Vgl. die Schilderung des greisenhaften Atemtypus, wie auch alle Wandlungen gerade im Bewegungs-, Ernährungs- und Generationssystem.

¹⁴ Goethewort vor seinem Tode von Jenny von Pappenheim, der Freundin Ottiliens, Goethes Schwiegertochter, überliefert nach Lily Braun, «Im Schatten der Titanen».

¹⁵ «Es ist weit mehr physiologisches bei den Farbenerscheinungen als man denkt.» Goethe an Soemmerring 1794.

¹⁶ Diese vier humoral-funktionellen Systeme schliessen weitere Systeme, denen in der jüngsten Zeit mit grösstem Recht höchste Wichtigkeit zuerkannt wird, ein.

¹⁷ «Jedem Alter des Menschen antwortet eine gewisse Philosophie. Das Kind erscheint als Realist; denn es findet sich so überzeugt von dem Dasein der Birnen und Äpfel als von dem seinigen. Der Jüngling, von inneren Leidenschaften bestürmt, muss auf sich selbst merken, sich vorfühlen, er wird zum Idealisten umgewandelt. Dagegen ein Skeptiker zu werden, hat der Mann alle Ursache; er tut wohl, zu zweifeln, ob das Mittel, das er zum Zwecke gewählt hat, auch das rechte sei. Vor dem Handeln, im Handeln hat er alle Ursache, den Verstand beweglich zu erhalten, damit er nicht nachher sich über eine falsche Wahl zu betrügen habe. Der Greis jedoch wird sich immer zum Mystizismus bekennen; er sieht, dass so vieles vom Zufall abzuhängen scheint; das Unvernünftige gelingt, das Vernünftige schlägt fehl, Glück und Unglück stellen sich unerwartet ins Gleiche; so ist es, so war es, und das hohe Alter beruhigt sich in dem, der da ist, der da war und der da sein wird» (Goethe, Nat. Schr. Bd. 4).

Kapitel X

¹ Rudolf Steiner: «Das Hereinwirken geistiger Wesenheiten in den Menschen», Freiburg 1955.

² Die Beziehung, die der Naturkundeunterricht der 11. Waldorfschulklasse auf die Menschenkunde nehmen kann, liegt darin, das Lebenserleben, das bei der Organbetrachtung der 10. Klasse gewonnen wurde, entschieden zu erweitern und mit dem Erleben der gestaltenden Seelenkräfte zu verbinden.

Im Lehrplan der Waldorfschule heisst es: «Es wird die Zellenlehre durchgenommen ... Die Zellenlehre wird so dargestellt, dass überall die grossen kosmischen Verhältnisse, die sich auch im Kleinsten spiegeln, berücksichtigt werden. In der Zellteilung z.B. wiederholt der Organismus kosmologische Urtatsachen.» Unsere Aufgabe ist es, zu diesen Gesichtspunkten noch einige wenige morphologische Betrachtungen hinzuzufügen.

³ Robert Hooke war in dem, was er als Zelle fand, auf ein Phänomen gestossen, das seinem geistigen Atomismus entschieden entgegenkam: «So erstaunlich merkwürdig sind die Werke der Natur, dass diese Poren, die die Ernährungsgefässe für den grossen Körper zu sein scheinen, doch so ausserordentlich klein sind, dass die Atome Epikurs wohl noch zu gross sein würden, um hier hineinzupassen...» (R. Hooke, «Micrographia», London 1667).

⁴ «Ein Denken, das sich nur von den Teilen zum Ganzen zu bewegen vermag, muss notgedrungen der Zelle die primäre Existenz zuschreiben und den Gesamtorganismus als die Summe dieser Zellen ansehen, demnach den Sitz der Ursachen für die Lebensvorgänge des Ganzen (einschliesslich seiner Krankheiten) im Innern der Zelle suchen.

Einem Denken, das vom Ganzen zu den Teilen zu schreiten vermag, zeigt sich, dass, was in der Zelle vor sich geht, nicht als Ursache, sondern als End-Effekt der Lebensvorgänge des Organismus als Ganzem zu werten ist. Daher brauchten wir, um das Leben in seiner makrokosmischen Betätigung kennenzulernen, gar nicht zu berücksichtigen, dass es Zellen gibt, und was in ihnen vor sich geht. Das Gleiche gilt für das Studium der physischen Materie selber» (Lehrs, Mensch und Materie).

[5] «Wollen wir also eine Morphologie einleiten, so dürfen wir nicht von Gestalt sprechen, sondern, wenn wir das Wort brauchen, uns allenfalls dabei nur die Idee, den Begriff oder ein in der Erfahrung nur für den Augenblick Festgehaltenes denken. Das Gebildete wird sogleich wieder umgebildet, und wir haben uns, wenn wir einigermassen zum lebendigen Anschaun der Natur gelangen wollen, selbst so beweglich und bildsam zu erhalten, nach dem Beispiele, mit dem sie uns vorgeht» (Goethe, Nat. Schr. Bd. 1).

[6] «Die Zelle ein Individuum? Wenn man angesichts der abgeschwächten, insbesondere der bildlichen Anwendung des Begriffes der Individualität, auf die man häufig stösst, im Zweifel sein könnte, was Virchow unter ihr verstanden wissen will, so hat er in einer Klarheit, die nichts zu wünschen übrig lässt, zu erkennen gegeben, dass er der Zelle in der Tat eine Individualität beilegt, die die des Einzelvollmenschen sogar übertrifft... Die Zelle als ein wählendes und handelndes Individuum anzusehen, hat mit Naturwissenschaft nichts zu tun. Diese Auffassung gehört der Naturphilosophie und zwar einer primitiven anthropomorphistischen Stufe derselben an» (Ricker).

[7] «Wie wir nun einen solchen Wunderbau betrachten und die Art, wie er hervorsteigt, näher einsehen lernen, so begegnet uns abermals ein wichtiger Grundsatz der Organisation: dass kein Leben auf einer Oberfläche wirken und daselbst seine hervorbringende Kraft äussern könne, sondern die ganze Lebenstätigkeit verlangt eine Hülle, die gegen das äussere rohe Element, es sei Wasser oder Luft oder Licht, sie schütze, ihr zartes Wesen bewahre, damit sie das, was ihrem Innern spezifisch obliegt, vollbringe. Diese Hülle mag nun als Rinde, Haut oder Schale erscheinen, alles, was zum Leben hervortreten, alles, was lebendig wirken soll, muss eingehüllt sein. Und so gehört auch alles, was nach aussen gekehrt ist, nach und nach frühzeitig dem Tode, der Verwesung an. Die Rinden der Bäume, die Häute der Insekten, die Haare und Federn der Tiere, selbst die Oberhaut des Menschen, sind ewig sich absondernde, abgestossene, dem Unleben hingegebene Hüllen, hinter denen immer neue Hüllen sich bilden, unter welchen sodann, oberflächlicher oder tiefer, das Leben sein schaffendes Gewebe hervorbringt» (Goethe, Nat. Schr. Bd. 1).

[8] Fromme: «Das Mesenchym.»

[9] Th. Huzella: «Die zwischenzellige Organisation auf der Grundlage der Interzellulartheorie und der Zellularpathologie.»

[10] «Die Zelle ist... weder das morphologische noch das physiologische Element der Vorgänge im Körper. An dieser Erkenntnis wird nicht das geringste geändert dadurch, dass der Körper aus zwei Zellen entsteht; auch die Sexualzellen dürfen nicht der Zellenlehre zuliebe aus ihren Beziehungen zur Gewebsflüssigkeit und zum Blute gelöst werden, die ihnen zukommen und ohne die ihr Stoffwechsel vor und der u.a. in Wachstum und Vermehrung bestehende Stoffwechsel nach ihrer Vereinigung nicht zu verstehen ist» (Ricker).

Auch neuere Forscher bestätigen diese Anschauungen: H. Müller («Medizinische Klinik» 44, 65, 1949) kam zu dem Ergebnis: «dass der Organismus nicht aus Zellen zusammengesetzt ist, die als einzige Lebenszentren die von ihnen gebildete tote Interzellularsubstanz und das tote Plasma des Blutes beherrschen und dass die nach dieser Theorie einzig mögliche Gewebsneubildung durch mitotische oder amitotische Teilung gleichartiger Zellen – die Neubildungsvorgänge nicht zu erklären vermag. Die Gewebe sind zum Teil syncytial gebaut, die Grundsubstanzen sind kein totes Zellprodukt, sondern nehmen als lebende Substanzen an den Lebensvorgängen des Organismus teil.» Lepeschinskaja («Über die Entstehung von Zellen», 12. Beiheft zur Sowjetwissenschaft, Berlin 1959) hat die Entwicklung von Zellen aus lebender Materie und die Entwicklung von Kernen in den Zellen nachgewiesen und nimmt an, «dass sich die Zellen nicht nur durch Teilung vermehren, sondern auch durch Zerfall der Zellen in feinstes Granulat, das sich von neuem entwickelt und neue Zellen mit neuen Eigenschaften entwickelt (Zellbildung aus freiem Zytoplastem)».

[11] «Der Mensch muss darauf kommen, welch grosser Unterschied in ihm liegt, wenn er sich betrachtet als Hauptes- und als Gliedmassenmensch, mit allem, was mit den Gliedmassen zusammenhängt, namentlich den Sexualorganen, die immer nur nach innen gelegene Fortsetzungen der Gliedmassenorgane sind» (Rudolf Steiner: Geisteswissenschaftliche Behandlung sozialer und pädagogischer Fragen).

[12] Die Teilungsfolge bei der Samenentwicklung aus dem Urkeimgewebe führt im Laufe des männlichen Lebens zur Absonderung von Billionen solcher Spermien, während die Ovarien im ganzen nur 400000 Eianlagen aufweisen, von denen 200–500 ausreifen und befruchtungsfähig werden (Braus).

Auch die Eigrösse und ihre innere Differenzierung lässt sich schlecht mit der klassischen Zellgestalt von Kern, Protoplasma und Membran in mikroskopischer Grössenordnung vereinen. Dies zeigt sich schon beim Hühnerei. Der Dotterreichtum (Zell-Leib) kann gewaltige Grössen erreichen: Beim japanischen Riesenhai misst er 22 cm, beim Strauss 10,5 cm, bei fossilen Vögeln werden Dotterdurchmesser von 16 cm gemessen. Das menschliche Ei ist das grösste unter den Eiern aller Lebendgeborenen.

[13] Rudolf Steiner: «Wege zu einem neuen Baustil.» Vgl. auch Georg Hartmann: «Erziehung aus Menschenerkenntnis» und Friedrich Kempter: «Akanthus.»

Kapitel XI

[1] In diesem Zusammenhang ist es immerhin von Interesse, dass z.B. das Gehirn des Delphins sowohl der Form nach als auch im Hinblick zu seiner Masse im Verhältnis zum Gesamtkörpergewicht den menschlichen Verhältnissen sehr nahe kommt und doch nur zu einem ganz geringen Teil funktionell in Anspruch genommen wird. Der Mensch allein ist in der Lage, jene Bezirke in Funktion zu nehmen, die beim Delphin offenbar brachliegen.

[2] Die vorangegangene Anschauung von Mensch und Tier findet ihre volle Bestätigung durch die vergleichende Embryologie. In seinem Buch «Mensch und Tier» hat Poppelbaum schon 1928 darauf hingewiesen, dass die menschliche Keimesentwicklung eine Erinnerung, ein dynamisches Bild der kosmisch-tellurischen Bildung darstellt. Er

zeigt weiter, und darin ist ihm die neuere anthropologische Forschung gefolgt, dass in den ersten Bildungsstadien nach der Befruchtung etwa bis zur dritten Woche bei Amphibien und Säugern, und bis zum dritten Monat etwa bei Anthropoiden (Gorilla, Schimpansen) die vergleichende morphologische Betrachtung nur unbedeutende unterscheidende Merkmale zur menschlichen Entwicklung ergibt; dass der Mensch in bestimmten Frühstadien seiner Keimesentwicklung gleichsam das Urmodell abgibt für vergleichbare embryonale Stadien der von seinem Urbild absteigenden Tierreihe (Deszendenz).

³ Am Beispiel der Ausbildung des Gebisses (Milchgebiss und bleibendes Gebiss) und der Keimdrüsen weist Poppelbaum auf die unterschiedliche Entwicklungsdynamik von Mensch und Tier hin: Beginn des Zahnens bei den meisten Säugern bereits im Mutterleib und pausenloser Übergang zum bleibenden Gebiss, z. B. beim Affen im zweiten Lebensjahr. Funktionsbeginn der Keimdrüsen im fünften Lebensjahr bei den Anthropoiden. Zahnen beim Menschen dagegen erst in der zweiten Hälfte des ersten Lebensjahres; Abschluss des Milchgebisses im dritten Lebensjahr; Pause bis zum sechsten Lebensjahr; Ausbildung des bleibenden Gebisses vom sechsten (siebenten) Lebensjahr bis zum zehnten; Funktionsreife der Keimdrüsen im vierzehnten Lebensjahr. (Auf das Problem der Akzeleration in jüngerer Zeit kann hier nur hingewiesen werden.)

Kapitel XII

¹ Johann Nikolaus Tetens (1736–1807): «Er kam bei seinen Forschungen über die Seele zu einer Unterscheidung der Seelenfähigkeiten, welche gegenwärtig in das allgemeine Bewusstsein übergegangen ist: Denken, Fühlen und Wollen. Vorher unterschied man nur das Denk- und das Begehrungsvermögen» (R. Steiner: «Rätsel der Philosophie»).

² Dies geschah schon in seiner «Philosophie der Freiheit», die er auch «seelische Beobachtungsresultate nach naturwissenschaftlicher Methode» genannt hat, vor allem aber dann in seinem ganzen anthroposophischen Lebenswerk.

³ Biographischer und bibliographischer Abriss der Goethestudien Rudolf Steiners.

Rudolf Steiner kam bereits als Student der technischen Hochschule in Wien 1879, also achtzehnjährig, durch Karl Julius Schröer mit dem Werk Goethes in Berührung. Durch eigene Studien in Optik, Botanik und Anatomie (dieses Fach hörte er bei Hyrtl) «entdeckte» er Goethe als Naturforscher. 1883 (zweiundzwanzigjährig!) wurde er auf Empfehlung Schröers dazu berufen, innerhalb der «Deutschen Nationalliteratur» die Herausgabe von Goethes Naturwissenschaftlichen Schriften mit ausführlichen Einleitungen und Kommentaren zu besorgen. Auf Grund dieser Arbeiten wurde er 1889 zur Mitarbeit an der grossen Weimarer Sophienausgabe nach Weimar ans Goethearchiv berufen. Wiederum wurde ihm die Herausgabe der Naturwissenschaftlichen Schriften übertragen. Diese Arbeiten, die ein tiefes Verständnis der Goetheschen Naturanschauung bei dem jugendlichen Forscher offenbarten, wurden von ganz selbständigen Werken ergänzt und erweitert. So erschien bereits 1886 «Grundlinien einer Erkenntnistheorie der Goetheschen Weltanschauung», 1897 «Goethes Weltanschauung» und 1899 (im Magazin für Literatur, Berlin) der bedeutungsvolle Aufsatz «Goethes Geheime Offenbarung» zu Goethes hundertfünfzigstem Geburtstag, wo er das «Märchen» behandelt.

In diese Epoche fällt aber auch die Begründung seiner eigenen Erkenntnistheorie, die die Grundlage für sein ganzes späteres Wirken bildete: «Wahrheit und Wissenschaft» Oktober 1891 und «Die Philosophie der Freiheit» 1893.

[4] «Ein gesundes Denken und Empfinden, ein gesundes Wollen und Begehren mit Bezug auf die Gestaltung des sozialen Organismus kann sich nur entwickeln, wenn man, sei es auch mehr oder weniger bloss instinktiv, sich klar darüber ist, dass dieser soziale Organismus, soll er gesund sein, ebenso dreigliedrig sein muss wie der natürliche Organismus» (Rudolf Steiner: Kernpunkte).

Damit, so führt Rudolf Steiner aus, ist kein Analogiespiel zwischen dem natürlichen und dem gesellschaftlichen Organismus gemeint, bei dem versucht wird, die Erkenntnisse des ersteren auf das soziale Leben herüber zu verpflanzen, sondern es handelt sich darum, das Erleben des Lebensgemässen als Empfindungsweise auch im sozialen Organismus anwenden zu können. Der soziale Organismus muss durchaus selbständig aus seinen eigenen Gesetzen heraus erforscht und verstanden werden.

Verzeichnis der Abbildungen

1. Der dreigliedrige Mensch	12
2. Schlangenskelett	38
3. Wirbelsäule des Menschen	41
4. Chorda dorsalis	43
5. Typus des Brustwirbels	46
6. Typus des Lendenwirbels	47
7. Halswirbel	50
8. Atlas und Epistropheus	51
9. Kreuzbein	53
10. Ansicht des Schädels von hinten	57
11. Schädelentwicklung aus fünf Knochenkernen	57
12. Gesichtsschädel von vorne	60
13. Schädel in seitlicher Ansicht	61
14. Oberkieferbogen/Unterkieferbogen	63
15./16. Die pneumatischen Räume des Schädels in Frontal- und Seitenansicht	64/65
17. Architektonische Raumgliederung des inneren Schädelbaues	69
18. Schädel von unten	70
19. Schädelbasis von innen	71
20. Schema der embryonalen Schädelbasisentwicklung	74
21. Das Brustskelett	77
22. Hebung und Senkung der Rippen und des Brustbeins bei Inspiration und Exspiration	79
23. Rippenbogen und Rippenwirbelgelenkverbindung	80
24. Becken und Beckengürtel	82
25. Architektur des Beckenbaues	83
26. Die Weichteilorgane im weiblichen kleinen Becken	84
27. Das männliche und das weibliche Skelett	87
28. Skelett der linken Hand	90
29. Linker Fuss	91
30. Gliederung des Arm- und Beinskelettes	93
31. Schultergürtel	95
32. Ansicht des menschlichen Gehirns von oben	99
33./34. Embryonale Gehirnentwicklung	100
35. Der Nervenmensch	104
36. Gliederung des Auges	109
37. Die Linse	109
38. Wirbelvenen der Aderhaut	110

39. Beziehung des Auges zum Nervenmenschen 111
40. Das Gehör- und Gleichgewichtsorgan............................... 114
41. Oberflächenlymphbahnen der Leber................................ 120
42. Armlymphsystem.. 123
43. Kammerwasser der hinteren und vorderen Augenkammer 125
44. Raumgefüge eines Radiolarien-Skeletts 133
45. Bildung der Chorda dorsalis 137
46. Protoplasmaströmung bei der frühen Eientwicklung 140
47. Blutinseln und Dottersackgefässe 141
48. Vollständige Gefässbildung über der Dotterscheibe 144
49. Der Kapillar-Kreislauf 150
50. Schematische Übersicht über den Kreislauf 153
51. Diastole und Systole des Herzens 157
52. Strömungsdiagramm... 158
53. Verlauf der Pulswelle 161
54. Beziehung der Herzachsen zu den Körperachsen...................... 164
55./56. Die Muskelfaserströme des Herzens............................ 166/167
57. Die Herzkammern.. 168
58. Horizontalschnitt durch den Brustkorb 169
59. Embryonaler Aufbau der Herzscheidewand 171
60. Embryonalentwicklung der Lunge 180
61. Darstellung beider Lungenflügel 181
62. Lungenbläschen mit arterio-venösem Kapillarnetz 183
63. Zwerchfellschenkel 192
64. Zwerchfellkuppel 193
65. Entwicklung der Nasenmuscheln 196
66. Steigen und Fallen des Gehirn- und Rückenmarkwassers bei Inspiration und Exspiration 198
67. Die Syrinx, der Kehlkopf eines Singvogels.......................... 201
68. Veränderung der Stimmritze 203
69. Kehlkopf (Längsschnitt).. 205
70. Kehlkopf (Horizontalschnitt) 206
71. Der Magen 215
72. Entwicklung des Darmschlingensystems 217
73. Baucheingeweide... 218
74. Lage der Leber 220
75. Schema der Durchblutung des Leberläppchens 222
76. Lage der Nieren.. 226
77. Nierenquerschnitt 228
78. Nierengefässschlinge 230
79. Innerer Bau der Niere.. 230
80. Bau der Milz 234
81. Zentrifugale Venenströmung...................................... 236
82. Lage der Pankreasdrüse 239
83. Bildung des Knochens aus dem «Flüssigen» 259

84. Rumpfmuskulatur des Lendenbereichs (im Querschnitt)	267
85. Gestaltung der Rumpfmuskulatur	268
86./87. Übersicht über die gesamte Rumpfmuskulatur	270
88. Läufer	279
89. Die wichtigsten Muskeltypen	306
90. Blutgefässe und Kapillaren des Herzmuskels	311
91. Kapillares Gefässnetz in gestreckten Muskelfasern	312
92. Christus, der Herr der Elemente	324
93. Temperamentsrose	342
94. Wandlung des Kreises	352

Literaturhinweise

Anthony/Venerath: Die Funktionsprüfung der Atmung, Leipzig 1962.
Anthroposophie und Medizin, Dornach 1963.
Baldszun, G. A.: Warum ist es absurd, das Herz als Pumpe zu denken? «Erziehungskunst» Oktober 1963.
Bauer, H.: Zur Geometrie der Kegelschnitte, «Erziehungskunst» Juni 1965.
Benninghoff/Goerttler: Anatomie des Menschen, München/Berlin 1961.
Biedermann, W. Frh. v.: Goethes Gespräche, Leipzig 1909.
Bindel/Blickle: Zahlengesetze in der Stoffeswelt und in der Erdenentwicklung, «Beiträge zur Substanzforschung» Bd. I, 1952.
Blechschmidt, E.: Die Frühentwicklung der Greifbewegungen, in der Zeitschrift «Bild der Wissenschaft» Nr. 9, 1965.
Braus, H.: Anatomie des Menschen, Berlin 1929.
Bun-ichi-Hasana: Über den Einfluss der Labyrinthreizung auf die Leber, Zeitschrift für Biologie 99.
Burdach, C. F.: Anthropologie, Stuttgart 1847.
Carus, C. G.: Symbolik der menschlichen Gestalt, Dresden 1938.
– System der Physiologie, Leipzig 1847.
– Physis, Geschichte des leiblichen Lebens, Stuttgart 1851.
– Zwölf Briefe über das Erdleben, Zelle 1926.
Clara, M.: Entwicklungsgeschichte des Menschen, Leipzig 1943.
De Snoo, K.: Menschwerdung, Jena 1942.
Eckermann, J. P.: Gespräche mit Goethe, Leipzig 1921.
Ennemoser, J.: Der Geist des Menschen in der Natur, Stuttgart 1849.
Eschenbach, W. v.: Parsival, nach der Übersetzung von San Marte, Leipzig 1858.
Falk, P.: Einführung in die Hals-Nasen-Ohrenheilkunde, Leipzig 1943.
Gäa-Sophia, Jahrbuch der Naturwissenschaftlichen Sektion der Freien Hochschule für Geisteswissenschaft am Goetheanum, Bd. V «Die Tierwelt», Dornach 1930.
Gegenbauer, C.: Lehrbuch der Anatomie des Menschen, Leipzig 1899.
Georgiades, Th.: Musik und Rhythmus bei den Griechen, Hamburg 1958.
Glas, N.: Das Antlitz offenbart den Menschen, 3. Auflage, Stuttgart 1974.
– Das Auge und die Pflege des Sehsinnes, «Weleda Nachrichten» Nr. 1, 57, Ostern 1960.
Goerttler, K.: Entwicklungsgeschichte des Menschen, Berlin/Göttingen/Heidelberg 1950.
Goethe, J. W.: Naturwissenschaftliche Schriften, hg. von Rudolf Steiner in Kürschners deutscher Nationalliteratur, Neuauflage Dornach 1975.
– Briefe, hg. von Ph. Stein, Berlin 1924.
Goethe in unserer Zeit, Rudolf Steiners Goetheanismus als Forschungsmethode, Dornach 1949.

Grohmann, G.: Die Dreigliederung der Pflanze in ihrer Beziehung zum Menschen, in «Der Beitrag der Geisteswissenschaft zur Erweiterung der Heilkunst» Bd. I, Dornach 1950.
- Tierform - Menschengeist, Stuttgart 1954.

Grosser, E.: Grundriss der Entwicklungsgeschichte des Menschen, Berlin 1948.

Häggquist, G.: Handbuch der mikroskopischen Anatomie, Berlin/Göttingen/Heidelberg 1956.

Hartmann, G.: Erziehung aus Menschenerkenntnis, 3. Aufl., Dornach 1976.

Hartmann, O. J.: Menschenkunde, Frankfurt a. M. 1959.
- Dynamische Morphologie, Frankfurt a. M. 1959.

Hauschka, M.: Rhythmische Massage, menschenkundliche Grundlagen, Boll 1972.

Hauschka, R.: Substanzlehre, 6. Aufl., Frankfurt a. M. 1976.
- Ernährungslehre, 6. Aufl., Frankfurt a. M. 1977.
- Heilmittellehre, 2. Aufl., Frankfurt a. M. 1974.

Hegel, Fr. W.: Naturphilosophie, Stuttgart 1942.

Heinroth, J. Chr. A.: Anthropologie, Leipzig 1822.

Heinsen, H. A.: Die internistische Behandlung der Pankreopathien, Lübeck 1953.

Heizmann: Bilderatlas zu Hyrtls «Lehrbuch der Anatomie des Menschen»: Descriptive und topographische Anatomie, Wien/Leipzig 1896.

Hensel, H.: Allgemeine Sinnesphysiologie, Berlin/Heidelberg/New York 1966.

Heydebrand, C. v.: Zum Lehrplan der Freien Waldorfschule, 2. Aufl., Stuttgart 1975.

Hiebel, Fr.: Goethe – Die Erhöhung des Menschen, Bern 1961.

Hippokrates: Werke, Stuttgart 1940.

Holtzapfel, W.: Seelenpflegebedürftige Kinder, Bd. I, 2. Aufl., Dornach 1976.
- Auge und Stoffwechsel, in «Beiträge zu einer Erweiterung der Heilkunst», Stuttgart Juli/August 1952.
- Kopf und Gliedmassen, mütterliche und väterliche Vererbungseinflüsse, in «Beiträge zu einer Erweiterung der Heilkunst», Stuttgart Juni 1961.

Hueck, W.: Morphologische Pathologie, Leipzig 1937.

Husemann, Fr.: Das Bild des Menschen als Grundlage der Heilkunst, Bd. I, 7. Aufl., Stuttgart 1977, Bd. IIa/b, 2. Aufl., Stuttgart 1974/78.
- Goethe und die Heilkunst, Dresden 1936.

Husemann, G.: Erdengebärde und Menschengestalt, Stuttgart 1962.

Huzella, Th.: Die zwischenzellige Organisation auf der Grundlage der Interzellulartheorie und der Zellularpathologie, Jena 1941.

Hyrtl, J.: Lehrbuch der Anatomie des Menschen, Wien 1885.

Kipp, Fr.: Höherentwicklung und Menschwerdung, Stuttgart 1948.

Kolisko, E.: Die Dreigliederung des menschlichen Organismus, in «Die Drei», 2. Jg., Heft 6, Stuttgart 1922.
- Die zwölf Gruppen des Tierreiches, in «Gäa Sophia», Dornach 1930.
- Nicht das Herz treibt das Blut, sondern das Blut das Herz, in «Die Drei», 2. Jg., Heft 9, Stuttgart 1922.
- Physiologisches und Therapeutisches zum Kehlkopf, in: Valborg Werbeck-Svärdström «Die Schule der Stimmenthüllung», 2. Aufl., Dornach 1975.

- Vom ersten Unterricht in der Chemie, «Erziehungskunst», Heft 6 1931/32 und Hefte 1-3 1932/33.

Kollmann, J.: Handatlas der Entwicklungsgeschichte des Menschen, Jena 1907.

König, K.: Geisteswissenschaftliche Beiträge zur Funktion der Milch ..., in «Beiträge zu einer Erweiterung der Heilkunst», Stuttgart Juli/August 1956.

Kraus, L. A.: Kritisch-etymologisches medizinisches Lexikon, Göttingen 1844.

Lehrs, E.: Mensch und Materie, Frankfurt a. M. 1966.

- Vom Geist der Sinne, Frankfurt a. M. 1973.

Letterer, E.: Allgemeine Pathologie, Stuttgart 1959.

Lucerna, C.: Das Märchen, Goethes Naturphilosophie als Kunstwerk, Leipzig 1910.

Manteuffel-Szoege, L.: Die Energiequellen des Blutkreislaufes und die mechanische Tätigkeit des Herzens, in «Beiträge zu einer Erweiterung der Heilkunst», Stuttgart Jan./Febr. 1965.

- Über die Bewegung des Blutes. Hämodynamische Untersuchungen, Schriftenreihe Menschenwesen und Heilkunst 13, Stuttgart 1977.

Mathaei, R. M.: Neue Funde zu Schillers Anteil an Goethes Farbenlehre, Goethejahrbuch Köln 1958.

Novalis: Sämtliche Werke, hg. von Minor, Jena 1923.

Paede, P.: Das Ohr als Abbild des dreigliedrigen Organismus, in «Der Beitrag der Geisteswissenschaft zur Erweiterung der Heilkunst», Bd. I, Dornach 1950.

- Eine dynamische Anatomie des Herzens, Ärzterundbrief 9/10, Stuttgart 1948.

Petry, G.: Neuere Einsichten in die menschliche Embryonalentwicklung, in «Universitas», 18. Jg., Heft 5, 1963.

Peyer, B.: Goethes Wirbeltheorie des Schädels, Zürich 1950.

Pischinger, A.: Das System der Grundregulation, Grundlagen für eine ganzheitsbiologische Theorie der Medizin, Heidelberg 1975.

Poppelbaum, H.: Entwicklung, Vererbung und Abstammung, 2. Aufl., Dornach 1974.

- Mensch und Tier, 7. Aufl., Dornach 1975.
- Tierwesenskunde, 2. Aufl., Dornach 1954.

Portmann, A.: Biologische Fragmente zu einer Lehre vom Menschen, Basel 1944.

- Einführung in die vergleichende Morphologie der Wirbeltiere, Basel 1959.

Ranke, J.: Der Mensch, Leipzig 1886.

Rein, H.: Einführung in die Physiologie des Menschen, Berlin 1941.

Ricker, G.: Pathologie als Naturwissenschaft, Berlin 1924.

Riemer, Fr. W.: Mitteilungen über Goethe, Leipzig 1921.

Rusznyak/Földi/Szabó: Physiologie und Pathologie des Lymphkreislaufes, Budapest 1947.

Schad, W.: Stauphänomene am menschlichen Knochenbau, in «Elemente der Naturwissenschaft», Heft Nr. 3, Dornach 1965.

- Säugetiere und Mensch, Stuttgart 1971.

Schaefer, K. G.: Environmental on Consciousness, New York 1962.

Scheurle, H. J.: Überwindung der Subjekt-Objekt-Spaltung in der Sinneslehre. Marburg 1976.

Schickler, E.: Ist die Herzlehre Rudolf Steiners mit den Ergebnissen der Hochschulwissenschaft vereinbar? Ärzterundbrief, 2. Jg. 1/2, 1948.

Schiek, F.: Grundriss der Augenheilkunde, Berlin 1943.

Schliak, H.: Segmentprobleme, Suttgart 1964.
Schmitt, J. L.: Atemheilkunst, München/Berlin 1956.
Schmücker, K.: Die Manometrische Messung des Luftaustausches in der Kieferhöhle und ihre praktische Bedeutung, in Zeitschrift für H.N.O. Heilkunde, 30. Jg. 1932.
Schubert, G. H. v.: Geschichte des Lebens, Leipzig 1806.
– Geschichte der Natur, Erlangen 1836.
– Geschichte der Seele, Stuttgart 1877.
Schubert, R.: Die Kabiren vom Gesichtspunkt der Anatomie, in «Gäa Sophia», Bd. II, Dornach 1927.
Schwenk, Th.: Das sensible Chaos, 4. Aufl., Stuttgart 1976.
Seelbach, V.: Das Schlüsselbein, Manuskript, 1977.
Selawry, A.: Grundphänomene des Blutkreislauforgans, Ärzterundbrief, 2. Jg., Heft 3, Dez. 1948.
– Zinn und Zinn-Therapie, Ulm 1963.
Shettles Landrum, B.: Ovum Humanum, München/Berlin 1960.
Sobotta, J.: Atlas der descriptiven Anatomie des Menschen, München 1933.
Spalteholz, W.: Handatlas und Lehrbuch der Anatomie des Menschen, Zürich/Stuttgart 1953.
Starck, D.: Embryologie des Menschen, Frankfurt 1965.
Steffen, A.: Goethes Geistgestalt, 2. Aufl., Dornach 1977.
Steffens, H.: Anthropologie, Stuttgart 1922.
Steiner, R.: Allgemeine Menschenkunde als Grundlage der Pädagogik, GA 293, 7. Aufl., Dornach 1973.
– Anthroposophie. Eine Einführung in die anthroposophische Weltanschauung, GA 234, 4. Aufl., Dornach 1974.
– Die Erziehung des Kindes vom Gesichtspunkte der Geisteswissenschaft, Dornach 1978.
– Erziehungskunst, Methodisch-Didaktisches, GA 294, 5. Aufl., Dornach 1974.
– Die Geheimwissenschaft im Umriss, GA 13, 29. Aufl., Dornach 1977.
– Geisteswissenschaftliche Behandlung sozialer und pädagogischer Fragen, GA 192, Dornach 1964.
– Geistige Zusammenhänge in der Gestaltung des menschlichen Organismus, GA 218, 2. Aufl., Dornach 1976.
– Der Goetheanismus, ein Menschen-Umwandlungsimpuls und Auferstehungsgedanke, Dornach 1942.
– Goethes Weltanschauung, GA 6, 5. Aufl., Dornach 1963.
– Grundlinien einer Erkenntnistheorie der Goetheschen Weltanschauung mit besonderer Rücksicht auf Schiller, GA 2, 6. Aufl., Dornach 1960.
– Die Kernpunkte der sozialen Frage in den Lebensnotwendigkeiten der Gegenwart und Zukunft, GA 23, 6. Aufl., Dornach 1976.
– Meditativ erarbeitete Menschenkunde, in «Erziehung und Unterricht aus Menschenerkenntnis», GA 302a, 2. Aufl., Dornach 1977.
– Menschenerkenntnis und Unterrichtsgestaltung, Pädagogischer «Ergänzungskurs», GA 302, 4. Aufl., Dornach 1978.
– Die Philosophie der Freiheit, GA 4, 14. Aufl., Dornach 1978.

- Rhythmen im Kosmos und im Menschenwesen, GA 350, Dornach 1962.
- Von Seelenrätseln, GA 21, 4. Aufl., Dornach 1976.
- Theosophie, GA 9, 30. Aufl., Dornach 1978.
- Wege zu einem neuen Baustil, 2. Aufl., Stuttgart 1957.
- Weltenwunder, Seelenprüfungen und Geistesoffenbarungen, GA 129, 4. Aufl., Dornach 1960.

Steiner, R./I. Wegman: Grundlegendes für eine Erweiterung der Heilkunst nach geisteswissenschaftlichen Erkenntnissen, GA 27, 5. Aufl., Dornach 1977.

Stockmeyer, E. A. K.: Rudolf Steiners Lehrplan für die Waldorfschulen. Eine Quellensammlung für die Arbeit der Lehrerkollegien, 3. Aufl., Stuttgart 1976.

Suchantke, G.: Einführendes über die Dreigliederung des menschlichen Organismus, in «Natura», 4. Jg. Heft 4/5, Arlesheim 1929.

Troll, W.: Goethes morphologische Schriften, Jena.

Troxler, I. P. V.: Blicke in das Wesen des Menschen, Stuttgart 1921.

Vogel, D.: Freiheitliche Ordnung von Kultur, Staat und Wirtschaft, Manuskriptveröffentlichung, Wöllstein 1948.

Vogel, H.: Goethes Menschheitsidee in Naturschau und Dichtung, dargestellt an Faust II, Erlangen 1937.

Vogel, H./H. H. Vogel: Jenseits von Macht und Anarchie, 2. Aufl., Meisenheim 1970.
- Die Bauchspeicheldrüse. Ein Beitrag zum Verständnis ihrer Physiologie und Pathologie, in «Beiträge zu einer Erweiterung der Heilkunst», Heft 4, Stuttgart 1965.
- Die Niere, in «Beiträge zu einer Erweiterung der Heilkunst», Heft 1/2, Stuttgart 1966.
- Die Wirbelsäule, Eckwälden 1964.
- Blut und Lymphe, Eckwälden 1967.

Vogel, L.: Das Bild der Krankheit in Natur- und Geistesanschauung Goethes, Tübingen 1945.
- Die Verwirklichung des Menschen im sozialen Organismus, Eckwälden 1973.
- Die Temperamente, in «Erziehungskunst», Febr. 1962.

Wachsmuth, G.: Erde und Mensch, 3. Aufl., Dornach 1965.

Wegman, I.: Der dreigliedrige Mensch als Grundlage unserer Heilmittellehre, in «Natura», 2. Jg., Heft 2, Arlesheim 1926.

Westenhöfer, M. W.: Der Eigenweg des Menschen, Berlin 1942.

Zilch, M. J.: Lymphsystem und Lymphatismus, München 1963.

Zink, K. H.: Sehen und Bewegen – ein Metamorphosen- und Dreigliederungsproblem, in «Der Beitrag der Geisteswissenschaft zur Erweiterung der Heilkunst», Bd. I, Dornach 1950.

Zur Linden, W.: Geburt und Kindheit, 10. Aufl., Frankfurt a. M. 1978.

Sach- und Namenregister

Acetylcholin 238
Aderhaut 110, Abb. 38
Adrenalin 245
Aisthesis 112
Akkomodation 108, 112
Aktionswärme 310
Allantois 179
Altersdisposition 340f
Alveolen 182f
Amnion 127, Abb. 45
Amphibium 136f
Amylase 241, 243
Anasarka 128
Anastomosen, arterio-venöse 150f, 216
Angina pectoris 241
Angioarchitektur des Herzens 309
Angioarchitektur des Muskels 309
Anneliden 146
Aorta 159, 167, Abb. 50
Aortenansatz 156, Abb. 50
Aortenbogen 159, Abb. 50
Aortenklappe 156
Aortenzwiebel 156
Apollo 206
Aponeurose Abb. 89
Arachnoidea 98
Aristoteles 161
Arme 274f
Armskelett 92, Abb. 30
Arteriae arcuatae 227
Arteriae interlobulares 227
Arterialisation 188
Arterialität 152
Arterielle Blutwelle 159f
Arteriolen 159
Articulatio, acromio-clavicularis 273

Articulatio, sterno-clavicularis 273
Artikulation 200, 275
Aschhoff-Tawarascher Knoten 172
Astralorganisation 184f
Asymmetrie der Lungenflügel 184
Atembewegung des Gehirnwassers 199f
Atembewegung der Nieren 225
Atemorganismus 184f
Atemrhythmus 189
Athene 206
Ätherarten, die vier 323f
Ätherkräfte 211
Atlas 54f, Abb. 8
Atmen 189
Atmosphäre 176
Atmung 176f, 186, 189
  der Erde 177f
  des Neugeborenen 187
Atmungstypen 189f
Aufrechte 34f
Aufrichtekraft 35, 179
Aufrichtung der Schlange 42
Auge 107f, 124, Abb. 36
  innere Gliederung 108f, Abb. 36
Augenblase 108
Augendiagnose 112
Augenentwicklung 108
Augenhintergrund 110
Augenkammer 108
Augenkammerlymphe 100, 124f
Augenmuskulatur 291f
Ausatmung 98, 187, 195
Ausscheidung 210f, 229
Ausstrombahn Abb. 50
Ausstromklappen 152, 166
Autochthone Muskeln 283

Baer, C. E. v. 276
Basilius der Heilige 300
Bauchaorta Abb. 50
Baucheingeweide Abb. 73
Bauchraum 210f
Bauchspeicheldrüse 238f
Bauchwandmuskulatur 194
Bauer, H. 94
Beatmung des Mittelohrs 197
Becken 80f, Abb. 24
   -bau Abb. 25
   -bodenebene Abb. 26
   -ebene 286
   -gürtel 81
   männliches 81
   -organisation 210f
   -ring 81, 273
   weibliches 81
Bein 85, Abb. 30
Benninghoff 170, 209, 238, 273f, 298, 301f, 303
Bewegung 247f, 256f
   der Gliedmassen 275
   kosmisch-planetarische 191
   des Organismus 203
   der Pflanze 255
   des Tieres 255
Bewegungsgestalt 35f
Bewegungsorganismus 89, 184
   der Gliedmassen 271f
Bewegungsorganisation des Darmes 216
Bewegungssinn 248, 312f
Bewegungssinnesorgan 315f
Bewegungs-Wille 254
Bicuspidalis 155
Bildekräfte 103
Bildende Kraft 32
Bildung 26
Bindegewebe 303
Blase Abb. 26
Blasengrube 85
Blechschmidt 284
Blut 112, 147f, 348
   -bildung 142
   -eisen 238
   -inseln 141, Abb. 47
   -körperchen 182
   -kreislauf 106, 145f, 147
   -kreislauf, Entwicklung des 139f
   -pulsbewegung 151
   -salze 148
   -tafel 160
   -ufer 141f
   -zucker 148
   -zuckerspiegel 245
Bogengangsystem Abb. 40
Bowmansche Kapsel 229, Abb. 78
Braus, H. 227, 233, 283, 299f
Bronchialbaum 179, 182
Bronchialkreislauf 183
Brust 163
   Aorta Abb. 50
   -bein 78f, 96, Abb. 31
   -grat 96
   -korb 76f, 163
   -kyphose 40
   -lymphgang 122, 154
   -raum 210f
   -skelett 76f, Abb. 21
   -wirbel 45f, Abb. 5
   Zwerchfellbewegung 163
Bulbus 156, Abb. 50

Calcaneus Abb. 29
Calvaria 68, 260
Caput pancreatis 240
Carotiden Abb. 50
Carpus Abb. 30
Carus, C. G. 162, 176, 247
Chladnische Klangfiguren 281
Chorda dorsalis 40, 280, 288
   Bildung der Abb. 45
Chylus 122, 216f
Chymus 122, 214f
Cicero 251f
Ciliarmuskel 108
Clara 236
Clivus 68
Coelenteraten 145
Coelom 288

Coincidentia oppositorum 154
Colon 216f
Condylen 54
Conus elasticus 204
Corium 307
Corpus ciliare 110
Corpus pancreatis 240
Cortisches Organ 191

Darm 179
  -bein 81f
  -beinschaufeln 83
  -schlingensystem Abb. 72
  -zotten 216
Dentales 207
Dermatom 282
Diabetes 245
Diastase 243
Diastole 142, 150, 156
Dickdarm 216
  -windungen 217
Dionysos 174f, 207f
Dissimilation 178
Dotter 141
  -sackgefässe Abb. 47
  -scheibe (beim Hühnchen) 144
Dreher Abb. 8
Dreieinheit 264f
Dreigliederung 11, 12, 29f, 72, 154, 210, 261f, 338f, 354, 358f
  des Ernährungs- und Verdauungsorganismus 210
  des Gesamtnervensystems 102
  der Gliedmassenordnung 92f
  des Kreislaufs Abb. 50
  morphologisch-funktionelle 97f
  des Schädels 75
  des sozialen Organismus 359f
Dreigliedriger pneumatischer Mensch 191f
Dreigliedriges Gehirn 101
Dreigliedrigkeit (des Atmungsmenschen) 185
Dreigliedrigkeit (der Rippenorganisation) 79
Dreiheit 316

Dreiteiliges Schreiten 277f
Ductus thoracicus 216
Dünndarm 214f
Dürer, A. 86
Duodenum 214
Dura mater 98
Durchblutung der Muskulatur 309
Dyskrasie 117, 345
Dysplastische Zustände 345

Edda 174
Eientwicklung 349f
Eigenbewegungssinn 113, 248
Eigenwärme 312
Eihäute 127
Einatmung 98, 195
Eingeweidemuskulatur 288
Einscheidung 210
Einstrombahn 152
Einstromklappe 155, 166
Eiweissverdauung 241
Elemente, die vier 321f
Elle 92, 249, Abb. 28
Ellenbogengelenk Abb. 30
Embryo 127f
Embryonale Gehirnentwicklung Abb. 33, 34
Embryonale Schädelbasisentwicklung Abb. 20
Embryonalentwicklung der Lunge, 179f, Abb. 60
Embryonalentwicklung des Skeletts 88
Embryonalzeit 138
Empedokles 116, 121, 139
Empfinden 313f
Endarterien 160, Abb. 49
Endokard 165
Endokardduplikaturen 170
Endolymphe 129
Endplatten, motorische 316
Endstromgebiet 150
Entwicklung des befruchteten Eies 140
Entwicklung des dreigliedrigen Schädels 67f
Entwicklung der Schädelbasis 73f

413

Entzündung 112
Epidermis 307
Epiglottis 202
Epistropheus Abb. 8
Erdkunde 13
Erkenntnis, Goethesche 22
Ernährung 186, 209f
  irdische / kosmische 154
Erregungsleitung, myogene 302
Eukrasie 117
Eurythmie 13, 297
Eurythmische Kunst 278
Euthermie 308
Evolutionsreihe der Tiere 42
Excavatio rectouterina 85
Excavatio vesicouterina 85
Exspiration 177
Extremitätenbildung 356

Facies abdominalis 293
Facies dolorosa 293
Facies hippokratika 293
Fascien 305f
Faust (Goethe) 232, 280
Felsenbein 62, 126
  Pyramide 67
Femur Abb. 30
Fercher von Steinwand 307
Fibula Abb. 29, 30
Fichte, J. G. 277
Finger Abb. 30
Fische 284f
Fliessgestalt (der Milz) 233
Flossen 284f
Flügelzellen (der Leber) 221
Form 26
  -gestalt 35
  -kräfte 105
  -pol 97
Fruchtwasser 127f
Fuss 94f, 249
  -skelett Abb. 30
  -wurzelknochen Abb. 29

Gähnen 190

Galen 232
Galle 223f
  schwarze 328
Gallenblase 223
Ganglion coeliacum 103, 105
Ganglion stellatum 103, 105
Gastrovascularsystem 146f
Gebein 37, 85
Geburt 187
Gedankensinn 113
Gegenbauer, C. 68
Gehalt 26
Gehirn 98f, Abb. 32
  -höhlen 98
  -kammern 126f
  -wasser 98, 199, Abb. 66
Gehörgang, äusserer Abb. 40
Gehör- und Gleichgewichtsorgan Abb. 40
Gehörnerv Abb. 40
Gehörsinn 102
Gelenkkette 44
Gelenkkopf Abb. 24
Generationsleben 314
Generationsorgane 83
Generationsorganisation 138
Gemüt 173f
Georgiades, Thr. 136
Gerinnungsfähigkeit 148
Gerippe 76
Geruchsinn 102, 113
Gesang 190f
Geschmacksempfindung 293
Geschmackssinn 113, 242f
Gesetz von Polarität und Steigerung 136
Gesichtsarchitektur 199
Gesichtsmuskulatur 290
Gesichtsschädel 58f
Gestalt 23
  aufrechte 35f
  des dreigliedrigen Menschen 173
  -gliederung (des Muskels) 301f
  muskulär-plastische 262f
Glaskörper 108
Gleichgewichtssinn 102, 113
Gliederung des Schädels 56

Gliederung der Wirbelsäule 54
Gliedknospen 88f
Gliedmassenbildung 248f
Gliedmasseneinstrahlung 89
Gliedmassenorganisation 85, 260f, 273f
Gliedmassenmuskulatur 283f, 286
Gliedmassenschädel 56, 58f, 89
Gliedmassenskelett 85f, 92f
Gliedmassensystem 85
Glomerulus 229, Abb. 78
   -filtrat 231
Glukagon 244
Glykogen 224, 244
   -assimilation 245
   -umwandlung 310
Goethe, J.W. 21, 55, 75, 96, 107, 112, 118, 130, 131f, 145, 163, 170, 178, 237, 248, 252f, 262, 264, 293, 299, 317, 319, 337
Golf 108
Greisenalter 332, 339f
Grimm, Gebrüder 175
Grosser, O. 140
Grosshirn 101
Gutturales 207
Gymnastische Übungen 13
Gyrus, praecentralis / postcentralis 275

Hackenbein (Ferse) 89
Haeckel, E. 68, 133
Halslordose Abb. 3
Halswirbel 49f, Abb. 7
Hamilton, W. J. 74
Hämoglobin 147, 182
Hämosiderin 235
Hammer 115
Hand 94f, 249, Abb. 28
   -wurzelknochen 92, Abb. 28
Hände 274f
Harn 229
   -kanälchen 230, Abb. 79
   -leiter 225
Haupt, pneumatisches 195f
Hauptbein Abb. 28
Hauptskelett 55f

Hauptesorganisation 260f
Hauptespol 260
Hauschka, R. 177
Haut 258, 307
Häute 98f
Hebbel, F. 200
Hegel, F.W. 173, 247
Herder, J. G. 354
Hermes 206
Herz 152f, 163f
   -achsen Abb. 54
   -block 173
   -gestalt 164
   -hülle, endotheliale 142
   -kammer, rechte/linke 152, 155, 165, Abb. 57
   -kelch 164
   -kranzgefässe 156
   -kreuz 170, 172
   (Mechanismus) 174f
   -mitte 142
   -muskel 155, 295f, 348
   -muskelbildung 142
   peripherisches 160
   -polaritäten 168f
   -rhythmus 135, 172
   -scheidewand 170f
   -schlauch, endothelialer 142
Hinterhauptbein 57, 67
Hippokrates 321f
Hirnblase 101
His'sches Bündel 172
Hochdruck 177
Hohlmuskel (Herz) 165, 310
Hohlmuskel (Rumpf) 283, 295
Hohlvene 154, Abb. 50
Höhlengleichnis 21
Homoiothermie 308
Hooke, R. 347
Hornhaut 108
Hörsaiten 126
Hörsinn 113
Hueck, W. 18, 302
Hüftbein 81
Hüftgelenkpfanne 81

Humerus Abb. 30
Humorallehre 116f
Husemann, G. 44
Huzella, H. 349
Hydrogenium 177
Hygienisch-therapeutische Kultur 321
Hypochondrium 219, 233, 328f
Hypophyse 85, 96, 244
Hypophysengrube 85
Hyrtl, J. 40

Ich 152, 241, 245f, 294, 312
 -geburt 318f, 335f, 346
 -natur 354
 Organisation 135, 338, 346
 -träger 148
 -wahrnehmungssinn 115, 312
Idee 21
 des Menschen 295
Ikterus, hämolytischer 237
Ilio-coecalklappe 216
Inkarnation 147f
Innenohr Abb. 40
Innervation 302
Inselorgane der Pankreasdrüse 244f
Inspiration 177, 194f
Instrument (Kehlkopf) 204f
Interzellularsubstanz 118
Intestinum ileum 214
Intestinum jejunum 214
Intima 159
Iris 108, 112
Ischaemie 309

Jochbein 62
Jochvene 122
Jupiter 238

Kahnbein Abb. 28
Kaltblüter 245
Kammerdiastole 156, Abb. 50
Kammersystole 156, Abb. 50
Kammerwasser 108
Kant, I. 20
Kapillarendothel 182

Kapillarperipherie 150
Kapillarsystem 149f
Kaumuskulatur 291
Kehldeckel 202
Kehlkopf 96, 180, 200, 202f, 295f, 297, Abb. 69, 70
 -hochstand 202
 -muskulatur 203, 297f
Keilbein 62
 -höhle 66, 197f
Kephalogenese 280f
Kieferhöhle 197f
Kiementaschen 179
Kind 106
Klafter 249
Klang-Ätherbereich 285
Kleinhirn 101
Kniegelenk 92
Kniescheibe 92
Knochen 258
 Digitationen 260
 Impressionen 260
 -mark 148
 -system 34f
Knorpelskelett 202
Kohlendioxyd 177
 -atmosphäre im Embryonalblut 188
Kohlensäure-Sauerstoffaustausch 182
Kolisko, E. 147, 150, 284
Kompensation, Gesetz der 354f
Konsonanten 202, 207
Konstitution 293
Kopf-Darm-Kiemenregion 290
Kopf-Füssler 86
Kopfskelett 92
Kosmische Ernährung 106, 154
Krankheit 138f, 357
Krasis 117
Kreislauf 139f, 152f, Abb. 50
 astralischer 151f
Kreuzbein 81, Abb. 9, 24
 -kyphose Abb. 3
Kugelgelenk 81, Abb. 28
 -pfanne Abb. 24
Kunstunterricht 13

Labiales 207
Lachen 189, 293
Langerhans'sche Inseln 244
Lanzettfischchen 146
Lebensjahr, einundzwanzigstes 336f
Lebensmitte 331
Lebenssinn 103, 113
Lebensstoff 178
Leber 138, 214, 219f, Abb. 74
 -arterie 219f
 -läppchen 221f, Abb. 75
Lehrplan (der Waldorfschule) 11, 362f
Leibesdrüsen 219
Lemniskate 88
Lendenwirbel 48f, Abb. 6
Lens cristallina 108
Leonardo da Vinci 102, 106, 156, 275
Ligamentum vocale Abb. 70
Linea alba 269
Linea nuchalis terminalis 306
Linea terminalis Abb. 24
Linguales 207
Linse 108, Abb. 37
Linsenfasern 108
Linsenkern Abb. 4
Lipase 241
Liquor cerebrospinalis 98, 126
Luftmensch 194
Luftröhre 202
Lunge 179f, Abb. 50
Lungenarterie 152
Lungenblätter 179
Lungenfell 185f
Lungenflügel Abb. 61
Lungenpentagramm 182
Lungensäckchen 179
Lymphe 118, 121f, 126f
Lymphbahnen 119, Abb. 41
Lymphbewegung 126
Lymphknoten 122
Lymphorganismus 118f, 128f
Lymphzisternen 122

Magen 214f
Mamillarlinie 265

Manische Zustände 345
Manubrium 306
Marsyas 206
Märchen, das (Goethe) 295, 359
Masseter 291
Mediastinalraum 295
Mediastinum 159, 182
Melogenese 280f, 285f
Menschenbild 12
Menschenkunde 11f
Mesenchym 68f, 117f, 295, 349
 perichordales 280f, 287
 -strom 72
Mesenchyma in loco 296
Mesopharynx 201, 208
Metacarpus Abb. 30
Metamerie 281
Metamorphose 21, 30f, 143
 der Darmmuskulatur 290f
 des Herzmuskels 297
 des Kiemenskeletts 74
 der Temperamente 329f
Metamorphosengesetz 25
Metamorphosenlehre 147
Meyer, C. F. 188
Milchsäure 310
Milz 138, 232f, 236f
 -arterie 233
 Bau der Abb. 80
 Lymphnetz 235
 (Venenströmung) Abb. 81
Mimik 292f
Mitte 170, 179, 295
 dreifache 208
 merkuriale 254
 Organe 284
 des pneumatischen Menschen 200
 rhythmische 137
Mittelhandknochen Abb. 28
Mittelhirn 101
Mittelohr 195, 197, Abb. 40
Mondbein Abb. 28
Mondzyklus 138
Morgenstern, Chr. 211

Morphologie 18f
  Goethesche 24
Motorische Endplatten 316
Mundhöhle 201, 214
Musculi intercostales 283
Musculi intertransversarii 283
Musculi obliqui interni/externi 283
Musculus 276
  biceps 276
  coraco-brachialis 273
  deltoideus 269, 273
  erector spinae 269
  erector trunci 283
  gastrognemius 276
  glutaeus maximus 269
  gracilis 276, 278
  infraspinatus 273
  orbicularis oculi 290f
  orbicularis oris 290f
  pectoralis major et minor 273
  quadriceps femoris 276
  rectus abdominis 283
  rectus femoris 278
  sartorius 276, 278, 305
  semimembranosus 276
  semitendinosus 276
  sternocleidomastoideus 291, 306
  subscapularis 273
  trapecius 291
  tricipitis 273
  vocalis 203
Musica humana 300
Musica mundana 300
Muskel 302f, 305f
  -ansatz 304
  -arbeit 149
  -endplatten 305
  -energieprozess 310f
  -fascien 305
  -faserströme 165, Abb. 55, 56
  -mitte 304
  -protoplasma 302
  -tonus 298f
  -ursprung 304

Muskulatur 258f
  Entwicklungsgeschichte der 280f
  glatte 287
  des Kopfes 289f
  quergestreifte 288
  des Rumpfes 265f
  splanchnogene 291
  vegetative/viscerale 288
Mutation (der Stimme) 204
Muttermilch 123f, 188
Myocard 296
Myomerenbildung 281f
Myoplasma 302
Myotome 282

Nabelvene 219
Nachtseite des Organismus 170
Nahrungsaufnahme 213f
Nasenbein 62
Nasenhöhle 195f
Nasenmuscheln 66, 195f, Abb. 65
Nasennebenhöhlen 66, 197
Natur 26f
Nebennierenwirksamkeit 244
Nervenfunktion 138
Nervenmensch 102f, Abb. 35
Nervensystem, autonomes 185
Nervensystem, peripheres 103f
Nervensystem, zentrales 103
Nervus phrenicus 185
Nervus vagus 184
Nervus vestibulo cochlearis Abb. 40
Neungliederung 314
Neurasthenie 345
Niere 225f, 232f, Abb. 76
Nierenbecken 225
Nierenhilus 225
Nierenkelche 221
Nierenlager 225
Nierenmark 225
Nierenpapillen 225
Nierenpyramiden 225
Nierenquerschnitt Abb. 77
Nierenrhythmus 231f
Nierenrinde 225

Notogenese 280f
Novalis 34, 116, 176, 319f

Oberarm Abb. 30
Oberarmkopf Abb. 30
Oberkiefer 58
Oberkieferbein 62
Oberkieferbogen Abb. 14
Oberschenkel Abb. 30
Oberschenkelkopf Abb. 30
Ödembildung 128
Ohr Abb. 40
   -lymphe 124, 126f
   -trompete 197, Abb. 40
Oken, L. 354f
Organ 162f
Organismus, der rhythmische 130f
Organon 162f
Os frontale 56
Os trapezium 89
Ösophagus 214
Ovarialtuben 85
Ovarium 85, 96

Pädagogia 330
Pädagogik Rudolf Steiners 11
Paede, P. 159
Palm 249
Pan 206
Pandora (Goethe) 24
Pankreas 214, 238f
   Caput 240
   Cauda 240
   Corpus 240
Pankreasdrüse, Lage der Abb. 82
Pankreatitis 240
Papillarmuskeln 166
Parzival 175
Perichondrium 305
Perikard 165
Perilymphe 129, 284
Perimysium 303
Periodizität, kosmische 139
Periost 305
Peristaltik 216, 302

Peritenonium 305
Peritonealorgane 83
Peritoneum 83
Perpendicularplatte 66
Pflugscharbein 66
Pfortader Abb. 50
   -kreislauf 216
Phagocytose 221f
Phalangen Abb. 30
Pharynx 214
Pharynx-Larynx-Muskulatur 315
Phlegmatisches Temperament 322
Phrenes 194
Phrenicus 185, 296
Physiognomie 292f
Placenta Abb. 60
Placentarkreislauf 179, 187
Plantarflexion 277
Plasma 143
Plasmodium 165
Plastik der Bauchmuskulatur 265f
Plastik, griechische 263
Plato 251
Pleuren 186
Plexus brachialis 286
Plexus lumbosacralis 286
Plexus solare 105
Pneuma 161
Pneumatisation des Hauptes 197f
Pneumatisation der Lunge 186f
Pneumatische Räume 195, Abb. 15, 16
Pneumatischer Schädel 63
Pneumatisches System 66f
Pol, animaler 142, 168
Pol, astraler 142
Pol, ätherischer 142
Pol, Nerven- 173
Pol, Stoffwechsel- 173
Pol, vegetativer 140, 167
Polarität 96, 106f, 134, 154, 207
   Kopf-Gliedmassen 88
   männlich-weibliche 86
   des Nervensystems 103f
   und Steigerung 299, 360
Polaritäten im Blutkreislauf 147

Portmann, A. 170
Prometheus 224
Pronation 92, 274, Abb. 28
Protoplasma 119f
Protoplasmaströmung Abb. 46
Proudhon, P. J. 360
Pterygion 284
Pubertät 188
Pubertätsgeschehen 14
Pulsation 142, 296
Pulsus, altus/durus/mollis/parvus/tenuis 160f
Pulswelle 160, Abb. 53
Pupille 108
Puppe 143
Purkinje, J. E. 121

Querstreifung der Muskulatur 303f

Rachenraum 195
Radiolarien Skelett Abb. 44
Radius 89, 92
Raum 132
Raumgliederung (des Schädelbaues) 68
Raupe 143f
Rechtshändigkeit 168
Rectum 216
Reifezeit (Pubertät) 334f
Reizleitungssystem 170f, 173
Rete mirabile 221
Retikulo-endotheliales System 148
Retina 108
Rhythmisches System 97, 314
    autonomes 137
Rhythmogenese 281, 295
Rhythmus 36, 130f, 135f
    Bewegungsorgane 297
    der Inselorgane 245f
    Kammer- 172
    Vorhof- 172
Ringknorpel 203
Rippen 78, Abb. 21, 22
    -bogen 79, Abb. 23
    -fell 185f
    -hals 79
    -köpfchen 79

Rohen, J. 213
Rückenmark 102
Rückenmarkkanal 98
Rückenmarkwasser 199, Abb. 66
Rückenmuskulatur 271
Rückensaite 44, 72
Rückgrat 42
Rumpfmuskulatur 269
Rumpforganisation 260f
Rumpfseitenwandlinie 284
Rumpfskelett 92

Säftelehre 347
Säfteorganismus 116
Samen 349f
Sanguinisches Element 323
Sarkolemm 302
Sarkoplasma 302
Saturn 238
Sauerstoff 177, 310
    -atmung 229
Schad, W. 357
Schädel 72, Abb. 10, 13
    -basis 67, 96
    -bildung 73f
    -entwicklung 67f, Abb. 11
    Gehirn- 39
    Gesichts- 58f, Abb. 12
    -grube 72, Abb. 19
    -kapsel 56, 98, 148
    pneumatischer 63
    Sinnesorgan- 39, 59f
    Stoffwechsel-Gliedmassen- 39
Schambein 81
Scharniergelenk 355
Scheitelbein 57
Schienbein 92, Abb. 29
Schildknorpel 203
Schiller, F. 190, 274, 330f
Schillers Reliquien (Goethe) 75
Schizophrenie 345
Schläfenbein 57
Schlangen 42
Schlangenskelett Abb. 2
Schleich, C. L. 130

Schlemmscher Kanal Abb. 43
Schluchzen 190
Schluckakt 202
Schlüsselbein 273, Abb. 31
Schmecken 243f
Schmetterling 143f
Schnecke (Innenohr) 115
Schossfuge 81
Schreiten 277f
Schubert, G. H. v. 162, 257, 297
Schulter 273
    -blätter Abb. 31
    -gürtel 94f, 223, Abb. 31
    -gürtelebene 273f, 286
Segelklappen 155
Segmentation 281
    des perichordalen Mesenchyms 68, 281
Sehnen 304f
    -platte 306
    -scheiden 305
Sehnerven Abb. 39
    (Kreuzung) Abb. 39
Sehsinn 102, 113
Selachier 245
Semilunarklappe 155
Sensus communis 102
Septum transversum 296
Seufzen 190
Shakespeare, W. 191, 343
Siebbein 62
    -zellen 66, 197f
Sigmoid 216
Singultus 190
Sinn 113f
Sinneselement 317
Sinnesempfindung 317f
Sinnesgolf 106
Sinneslehre 113
Sinnesmensch 112f
Sinnesorganisation 106f, 242
Sinnesorganismus 112f
Sinnesorganlymphe 124f
Sinnesprozess 113
Sinnes-Nervensystem 97f
Sinnestätigkeit 113, 316f

Sinusknoten 172
Sinusoide 221
Sitzbein 81
Skelett 37f, 86
    des Fusses Abb. 29
    der Hand Abb. 28
    männliches/weibliches Abb. 27
    -muskulatur 348
    (Raumprozess) 258
Sklera 108
Sklerose 112, 332
Sklerotom 281f
Sobotta, J. 110
Somatopleura 283f
Somiten 281
Sonnengeflecht 103, 105
Speiche 92, Abb. 28
Spindelform (Muskel) 301
Spinnwebenhaut 98, 126
Splanchnopleura 288
Sprache 190f, 202f, 291
Sprachgestaltung 275f
Sprachorganismus 200
Sprungbein Abb. 29
Stammhirn 101
Starck, D. 286, 296
Stärkeumwandlung 241
Statolithen 126
Stauung der Nervensubstanz 102
Stauungsphänomen des Blutes 155
Steffens, H. 345
Steiner, R. 19, 85, 113, 176, 178, 200, 210, 248, 250, 257, 271, 274f, 298f, 313, 323, 345, 347f, 352, 358, 362
Stellknorpel 203
Sternzellen 221f
Stickstoff 177
Stimmbänder 203
Stimmbildung 200
Stimmritze Abb. 68
Stirnbein 62
Stirnhaupt 56
Stirnhirn 102
Stirnhöhle 66, 197f
Stoffwechsel-Gliedmassensystem 83

Strindberg, A. 262, 271f
Strömungsdiagramm Abb. 52
Strömungswirbel-Diagramm 156
Subcutis 307
Subjekt 317
Supination 92, 274
Symmetrieverhältnisse (des Brustkorbs) Abb. 58
Sympathie 105
Sympathischer Grenzstrang 103
Sympathisches Nervensystem 103f, 185
Symphysis Abb. 24
Synzytien 165
Syrinx Abb. 67
Systole 142, 156, 174

Tachykardie 174
Tastsinn 113
Tauler, J. 173
Tela chorioidea 98, 126
Temperament 293
Temperamente, die 319f, 341
Temperamentenvierheit 344
Temperamentsentwicklung 333f
Temperamentskonstitution 336
Temperamentsorganismus 325f
Temperamentsrose Abb. 93
Tensor fasciae latae 276
Thorax 78
   -skelett 184
Tibia Abb. 29, 30
Tiefdruck 177
Tier 143
Tierbildungsprozess 357
Todesaugenblick 160
Trachea 202
Trachealring 203
Tractus nervi optici Abb. 39
Tragen 269
Tränenbein 62
Tränennasengang 125
Traubenzucker 224, 244
Trauer 293
Tricuspidalis 155
Troll, W. 18

Trommelfell Abb. 40
Troxler, P. V. 37, 139, 162, 346
Trypsin 241
Tuba auditiva 197, Abb. 40
Tunicatenlarve 40
Tunicatenorganismus 40
Turgor 252
Typus 22, 29f, 294, 355f

Ulna Abb. 28, 30
Ultrafiltrat 231
Unterkiefer 58
Unterkieferbogen Abb. 14
Unterricht 362
Urbild 22
Ur-Inspiration 187
Urmesenchym 117
Urpflanze 22
Ursegmente 89
Urtier 30
Urtypus 72
Urwirbelbildung 68
Uterus 85, 96, Abb. 26

Vagus 238
Vasa afferentia 229
Vegetationsscheibe 141
Vena arteriosa 161
Vena portae 219
Vena subclavia 216
Vena umbilicalis 219
Venenblut 98
Venengeflechte 98
Venolen Abb. 49
Venosität 152
Venöser Kreislauf Abb. 49
Venöses Blut Abb. 50
Venus 239
Verdauungsorganismus 213f
Verlängertes Mark 101
Vertikalisation 264
Vestibulum oris 214
Vieleckbein 89
Vierelementenlehre 161
Vierhügelzone (des Gehirns) 101

Virchow, R. 348
Visceralskelett 202
Vogel-Organisation 136f, 245
Vogel, H. H. 241, 349
Vokale 207
Vokalisation 200
Vorhof (des Herzens) 152, 155
Vorhofkammerklappe 155
Vox humana 207

Wachstum, dichotomisches 179
Wadenbein 92
Wagner, R. 250
Wahrnehmen 313f
Wahrnehmung 112f
Warzenbein 195
Warzenfortsatzbein Abb. 13
Warzenfortsatzzellen 197
Wärme 307f
   endotherme/exotherme 308
   initiale 310
   -organismus 308
   -regulation 102
   -sinn 113, 312
Wasserstoff 177
Weinen 190, 293
Wespenbein 94
Willenspol 272
   des Hauptes 262f
   der Mitte 262f
Wirbelbogen 44
Wirbelfortsätze 44

Wirbelkörper 44
Wirbelring 68
Wirbelsäule 40f, Abb. 3
Wirbelvenen Abb. 38
Wolfram von Eschenbach 175
Wortsinn 113
Wundernetz 221

Zahnleiste 89, Abb. 14
Zahnwechsel 329
Zähne 89
Zeit 132f
Zeitfunktion 27
Zeitgestalt 282
Zeitleib 132
Zelle 347f
Zellularpathologie 348
Zentralnervensystem 103, 314
Zucker-Glykogenstoffwechsel 241f
Zuckerstoffwechsel 102
Zunge 207f
Zungenbein 291
Zungenmuskel 291f
Zwerchfell 98, 159, 186, 192f, 296f, Abb. 50
   Entwicklung 295f
   -hochstand 186
   -kuppeln 219, Abb. 61
   -schenkel Abb. 61, 63
Zwischenhirnabschnitte 101
Zwischenkieferregion Abb. 17
Zwischenrippenmuskeln 283

Georg Hartmann
Erziehung aus Menschenerkenntnis
Vom pädagogischen Impuls der Anthroposophie Rudolf Steiners.
Aus dem Inhalt: Charakteristik der Gegenwart – Besondere Zeiten haben ihre besonderen Aufgaben – Von der Dreigliederung des menschlichen Organismus – Der Mensch als Sinneswesen – Seelenwesen – Geistwesen – Von den Entwicklungsstufen des Kindes – Vom Lehrplan – Von der Weltanschauung des Lehrers – Von der freien Schule im freien Geistesleben.
3. erweiterte Auflage. 128 Seiten, mit zahlreichen Abbildungen, kartoniert

Rudolf Grosse
Erlebte Pädagogik
Schicksal und Geistesweg
Aus dem Inhalt: Am Gymnasium – Die Freie Waldorfschule in Stuttgart – Emil Molt – Unterrichtsgestaltung und Lehrerpersönlichkeiten – Mit unseren Lebensfragen vor Rudolf Steiner – Die Rudolf Steiner-Schule in Basel – Der Lehrer ein Künstler und die Pädagogik eine Kunst – Pädagogische Miniaturen – Das Lehrerkollegium – eine erzieherische Gemeinschaft – Am Goetheanum – Das Geistesstreben der Jugend.
2. Auflage. 304 Seiten, zahlreiche Abbildungen, kartoniert

Martin Georg Martens
Rhythmen der Sprache
Ihr Leben im Jahreslauf
Aus dem Inhalt: Rhythmus, Takt, Melos – Die Silbe – Die Rhythmen: Anapäst, Daktylus, Jambus, Trochäus, Amphibrachus, Amphimacer, Bacchius und Antibacchius, Jonikus, Choriambus, Antispast, Päon, Pyrrhichius, Tribrachus, Epitrit, Spondäus, Molossus. – Die Rhythmen im Jahreslauf – Literatur. 90 Seiten, kartoniert

Hermann Poppelbaum
Die Untergründe des Sports
Geistige und seelische Tatsachen   2., veränderte Auflage. 36 Seiten, kartoniert

Joachim Schultz
Rhythmen der Sterne
Erscheinungen und Bewegungen von Sonne, Mond und Planeten.
Bearbeitet von Suso Vetter.
Aus dem Inhalt: Der Tierkreis und seine tägliche Bewegung – Der Sonnenlauf im Tag und im Jahr – Das Wandern des Frühlingspunktes und das Weltenjahr – Die drei Sonnen und die Zeitgleichung – Die Sonnen- und Mondfinsternisse – Die Schleifenbildungen der Planeten – Die Planetoiden. 2., durchgesehene Auflage. 140 Abbildungen und 12 zweifarbige Tafeln mit Planetenbahnen. 240 Seiten, Leinen

Philosophisch-Anthroposophischer Verlag, Goetheanum, CH-4143 Dornach